❖ 城市轨道交通系列教材 ❖

电客列车检修
DIANKE LIECHE JIANXIU

昆明地铁运营有限公司 编

西南交通大学出版社
·成都·

图书在版编目（CIP）数据

电客列车检修/昆明地铁运营有限公司编. —成都：西南交通大学出版社，2015.3
城市轨道交通系列教材
ISBN 978-7-5643-3807-7

Ⅰ.①电… Ⅱ.①昆… Ⅲ.①城市铁路－轨道交通－列车－车辆检修－教材 Ⅳ.①U239.5

中国版本图书馆 CIP 数据核字（2015）第 049037 号

城市轨道交通系列教材

电客列车检修

昆明地铁运营有限公司　编

责 任 编 辑	李　伟
封 面 设 计	墨创文化
出 版 发 行	西南交通大学出版社 （四川省成都市金牛区交大路 146 号）
发 行 部 电 话	028-87600564　028-87600533
邮 政 编 码	610031
网　　　　址	http://www.xnjdcbs.com
印　　　　刷	成都中铁二局永经堂印务有限责任公司
成 品 尺 寸	185 mm×260 mm
印　　　　张	30
字　　　　数	748 千
版　　　　次	2015 年 3 月第 1 版
印　　　　次	2015 年 3 月第 1 次
书　　　　号	ISBN 978-7-5643-3807-7
定　　　　价	96.80 元

图书如有印装质量问题　本社负责退换
版权所有　盗版必究　举报电话：028-87600562

编委会

主　任　王　征

副主任　赵　磊　宋政严

委　员　朱统世　王树文　徐　斌　张　杰　任　晔
　　　　李志辉　罗曦春　宋　建　孟红波　樊　盈
　　　　周　云　林云松　魏成阳　许敏娟　何志彬
　　　　李志敏　刘　兰　达世鹏　孟　敏　赵建国
　　　　王　娜　王贵有　杨伟俊　李淑红　蔡贵雄
　　　　郭永权　杨　飀

策　划　朱统世

出版说明

城市轨道交通诞生于19世纪中叶的英国伦敦,经历了近150多年的发展历史。它技术成熟、安全可靠、形式多样、用途广泛,以其大载客量、快捷、准时、环保而成为解决日益严重的城市交通堵塞的最有效手段。

随着我国经济社会的发展,内地城市化进程大大加快,城市交通问题已然成为制约城市发展的一大问题。为此,国家确立了优先发展城市公共交通的城市发展战略。2009年年底,国务院批准几个城市轨道交通建设计划。到目前为止,除北京、上海、广州已建成并使用的城市轨道交通线路外,许多二线城市已在建或拟建城市轨道交通线路。根据统计,到2015年年底,我国拥有城市轨道交通的城市将达到30个。未来10年,我国内地将新建城市轨道交通线路60多条,新建线路里程在不断扩大;北京、上海、广州等一线城市的城市轨道交通已经形成网络化格局,并呈现密集态势。我国城市轨道交通迎来了最好的发展时机。

城市轨道交通的发展,急需大量德才兼备的各类专业人才,如运营、供电、驾驶与检修等。为满足企业对人才特别是高、中级技能型人才培养的迫切需要,同时为适应职业教育"校企合作、工学结合"的教改形势,促进轨道交通行业职业教育教材体系趋于完善,西南交通大学出版社与昆明地铁运营公司及几所高中职学校共同策划,拟出版一套(有20余种)适合高、中级职业学校城市轨道交通类专业学生学习以及城市轨道交通营运公司员工培训的教材,首期推出以下6种(余下的后续出版):

《信号检修》
《通信检修》
《电客列车司机》
《车站值班员》
《电客列车检修》
《变电检修》

  本套教材侧重运营和维修知识的介绍，编写者根据近几年城市轨道交通的发展，将最新的技术资料收入其中；紧扣职业教育的特点及企业岗位需求，在讲述基本专业知识的基础上，注重实际操作技能的培养。内容系统完整，文字通俗易懂，图文并茂。为配合教学需要，还配有适量练习题。

  希望本套教材的出版，能对城市轨道交通职业教育，对正在运行和将要运行的相关城市轨道交通营运公司的用人产生积极影响。受编者水平和时间的限制，本套教材的不足或错漏之处在所难免，欢迎读者批评指正。

西南交通大学出版社

2015 年 1 月

序

经过多年的发展，我国城市轨道交通将在 2015 年迎来发展的一个高峰。从已经开通和正在修建的城市轨道交通线路来看，我国的城市轨道交通建设已呈现稳健、持续的态势。城市轨道交通的发展无疑给我们的城市带来诸多益处，让城市魅力得到展现。

为更好地落实"十二五"城市轨道交通人才发展规划，强化人才培养和实践锻炼，加快建设一支数量充足、结构合理、素质过硬的专业技术人才队伍，尽快满足并确保城市轨道交通安全运营对专业技术人才的需要，昆明地铁运营有限公司本着立足当前、着眼长远、瞄准前沿、务求实用的原则，编写了这套既可为企业培训所用，亦可为开设有城市轨道交通课程学习的职业学校所用的专业系列教材。

这套教材与其他的城市轨道交通教材不同，它既突出企业管理新理念，又突出职业学校"产学结合、校企合作"的办学新理念。企业化培训教学，是由国际劳工组织开发推广的以现场教学为主、技能培训为核心的一种教学模式。因其教学模式具有灵活性、针对性、现实性、经济性的特点，即通过科学高效的培训，可大大提高职工业务技术、操作技能水平和应急处理能力，在国内外现代企业中被广泛应用。而我国职业教育发展到今天，校企合作成为一种必然选择。无论哪种职业教育，只有注重培养质量，注重学校学习与企业实践相结合，注重学校与企业资源、信息共享，才能使自身筋骨更强劲，道路更宽广。

这套教材针对地铁一线生产岗位需要，以应知应会、实作技能为重点，涵盖了地铁行车组织、调度指挥、客运、供电、工务、通信、信号等专业系统知识。教材内容通俗易懂、信息量大、专业性强，侧重地铁运营管理中的新技术、新设备，既立足应用实际又有适度超前，部分章节在各类地铁教材中属于首次涉及，因而对培训者与学习者来说具有重要意义与参考价值。编排体例上进行了分类处理，分章节模式和模块模式，对涉及地铁运营、调度岗位的采用章节模式，对涉及地铁维修岗位的采用模块模式。

这套教材由昆明地铁运营有限公司人力资源部组织筹划，体现了公司及客运站段、维保中心专业部室骨干人员的技术力量与智慧，公司工程师以及上海地铁专家对教材内容进行了评审。在此，谨对撰写者付出的辛劳，对专家们给予的大力支持表示衷心感谢！

王 征

2015 年 1 月

前言

随着城市化进程的加快,大运量的轨道交通系统在城市中起着越来越重要的作用。各大城市的交通发展告诉我们,只有采用大运量的地铁交通系统,才能从根本上改善城市的公共交通状况。昆明地铁顺应城市发展和建设的需要,大力发展地铁建设,远期规划达到了9条地铁线路。高速发展的地铁交通系统对人员素质提出了很高的要求,因此,人才的培养成为了重中之重。

地铁系统主要包括线路、通信、供电、信号、车辆、机电设备等。其中,地铁车辆是地铁系统中最关键,也是最复杂的设备,涉及机械、电气、控制、材料等多个领域。

城市轨道交通是以列车编组形式,运送相当规模客流量的城市公共交通方式。由于车辆通常是由电力驱动的,因此又直接称为电客列车。

为了安全、准点、快捷地完成旅客运输任务,除了车辆的正确使用外,还必须按照规定的修程对车辆进行检修、维护,及时排除运营故障、攻关疑难故障、整改惯性故障,保持并提高地铁车辆的技术状况。因此,提高一线员工的维修水平至关重要,需要一套系统及完整的培训资料作为指导。对于地铁各型车辆,昆明地铁运营有限公司组织编写了相应系列的培训资料,本书即是首期工程车辆培训资料系列的重要组成部分。

本书分为理论部分、实操部分及考核模拟题部分。其教学目标主要为提升车辆各级检修工的理论、实操能力。各个水平、级别的检修工均能按需求从本书中得到提高。理论部分重点、难点突出,对车辆各主要部件的结构、原理及性能等进行了讲解,分为 12 个模块,依次为:城市轨道交通概论、车体及内装、车门系统、空调系统、车钩缓冲装置、制动系统、转向架系统、牵引系统、列车控制及诊断系统、辅助系统、ATC 系统、安全门。实操部分重点对车辆各关键部件的拆装、调整、维修、维护进行了介绍,包含车门、转向架、车钩、制动系统、车体、牵引系统、辅助系统、控制及诊断系统等内容。模拟题包含了理论与实操部分,便于各级检修工参与各级技能鉴定。

本书由昆明地铁运营有限公司组织编写,由彭飞担任主编;参编人员及具体分工为:"城市轨道交通概论"由韩春芳编写;"转向架系统"、"车钩缓冲装置"由刘红敏编写;"车体及内装"、"车门系统"由徐磊编写;"制动系统"、"空调系统"由袁济东编写;"牵引系统"、"ATC 系统"由彭飞编写;"列车控制及诊断系统"、"辅助系统"由李家宇编写;"安全门"由徐磊、李兴柱、张涛、李庆东共同编写。本书由上海申通地铁集团有限公司徐斌主审,任晔、张杰、罗曦春、李志辉等完成审定。

由于编者水平有限,本书在内容和编排上有不足或疏漏之处,敬请读者批评指正。

编 者

2014 年 10 月

车辆检修工职业技能模块化教学

```
总模块
├── Y 样题
│   ├── YB 实操样题
│   └── YA 理论样题
├── S 实操知识
│   ├── SH 安全门实操
│   ├── SG 辅助系统实操
│   ├── SF 列车控制及诊断系统实操
│   ├── SE 牵引系统实操
│   ├── SD 制动系统实操
│   ├── SC 转向架实操
│   ├── SB 车门实操
│   └── SA 列车安全防护措施
└── L 理论知识
    ├── LL 安全门
    ├── LK ATC系统
    ├── LJ 辅助系统
    ├── LI 列车控制及诊断系统
    ├── LH 牵引系统
    ├── LG 转向架系统
    ├── LF 制动系统
    ├── LE 车钩缓冲装置
    ├── LD 空调系统
    ├── LC 车门系统
    ├── LB 车体及内装
    └── LA 城市轨道交通概论
```

车辆检修工职业技能模块化教学

L 理论知识

- **LA 城市轨道交通概论**
  - LA1 城市轨道交通的组成
  - LA2 城市轨道交通线路
  - LA3 城市轨道交通供电和接触轨
  - LA4 城市轨道交通信号技术
  - LA5 城市轨道交通信号技术
  - LA6 城市轨道交通车辆
  - LA7 安全和应急预案

- **LB 车体及内装**
  - LB1 车体的类型及特征
  - LB2 车体的基本结构
  - LB3 地板的作用及特点
  - LB4 侧墙内饰板的作用及特点
  - LB5 顶板的特点
  - LB6 客室座椅的特点
  - LB7 立柱和扶手的特点
  - LB8 贯通道的组成及作用

- **LC 车门系统**
  - LC1 城市轨道交通车辆车门类型
  - LC2 客室车门的类型及特征
  - LC3 客室车门的基本结构特征
  - LC4 昆明地铁首期工程电客列车客室车门
  - LC5 车门控制

- **LD 空调系统**
  - LD1 空调系统说明
  - LD2 车辆空调系统的部件结构及功能说明
  - LD3 制冷原理简介
  - LD4 制冷剂
  - LD5 车辆空调系统的控制
  - LD6 车辆空气调节的方式
  - LD7 影响人体卫生和舒适性的因素
  - LD8 故障处理维护

- **LE 车钩缓冲装置**
  - LE1 车钩的用途和分类
  - LE2 地铁车辆车钩的类型及组成
  - LE3 半永久车钩

- **LF 制动系统**
  - LF1 制动技术基础
  - LF2 制动控制技术
  - LF3 微机控制单元EP2002
  - LF4 制动系统器件
  - LF5 维护信息

- **LG 转向架系统**
  - LG1 转向架的组成结构
  - LG2 转向架的作用
  - LG3 转向架的分类
  - LG4 转向架各主要部件

- **LH 牵引系统**
  - LH1 牵引系统的组成
  - LH2 牵引设备

- **LI 列车控制及诊断系统**
  - LI1 列车控制和监控系统
  - LI2 HMI智能显示装置
  - LI3 蓄电池
  - LI4 电气控制设备

- **LJ 辅助系统**
  - LJ1 辅助供电系统
  - LJ2 照明及辅助设备
  - LJ3 乘客信息系统
  - LJ4 火灾报警系统

- **LK ATC系统**
  - LK1 列车自动控制系统的结构和基本功能

- **LL 安全门**
  - LL1 安全门的类型及特征
  - LL2 安全门的基本结构
  - LL3 安全门控制

车辆检修工职业技能模块化教学

- **S 实操知识**
  - **SA 列车安全防护措施**
    - SA1 列车作业前防护措施
    - SA2 列车作业前接地放电安全措施
  - **SB 车门实操**
    - SB1 电动塞拉门尺寸测量
    - SB2 电动塞拉门尺寸调节工艺
    - SB3 电动塞拉门润滑操作
  - **SC 转向架实操**
    - SC1 轴箱端盖开盖检查
    - SC2 轮对轮径尺寸及内侧距尺寸测量
    - SC3 齿轮箱换油
    - SC4 车钩高度调节维护检修
    - SC5 列车地板面高度测量及调节
  - **SD 制动系统实操**
    - SD1 电动列车制动闸片检修
    - SD2 空压机换油
  - **SE 牵引系统实操**
    - SE1 受流器检查测量调整
    - SE2 避雷器泄电流测试工艺
  - **SF 列车控制及诊断系统实操**
    - SF1 列车控制诊断系统
    - SF2 HMI维护
    - SF3 电气控制设备
  - **SG 辅助系统实操**
    - SG1 辅助供电系统
    - SG2 照明及辅助设备系统
    - SG3 乘客信息系统
    - SG4 火灾报警系统
  - **SH 安全门实操**

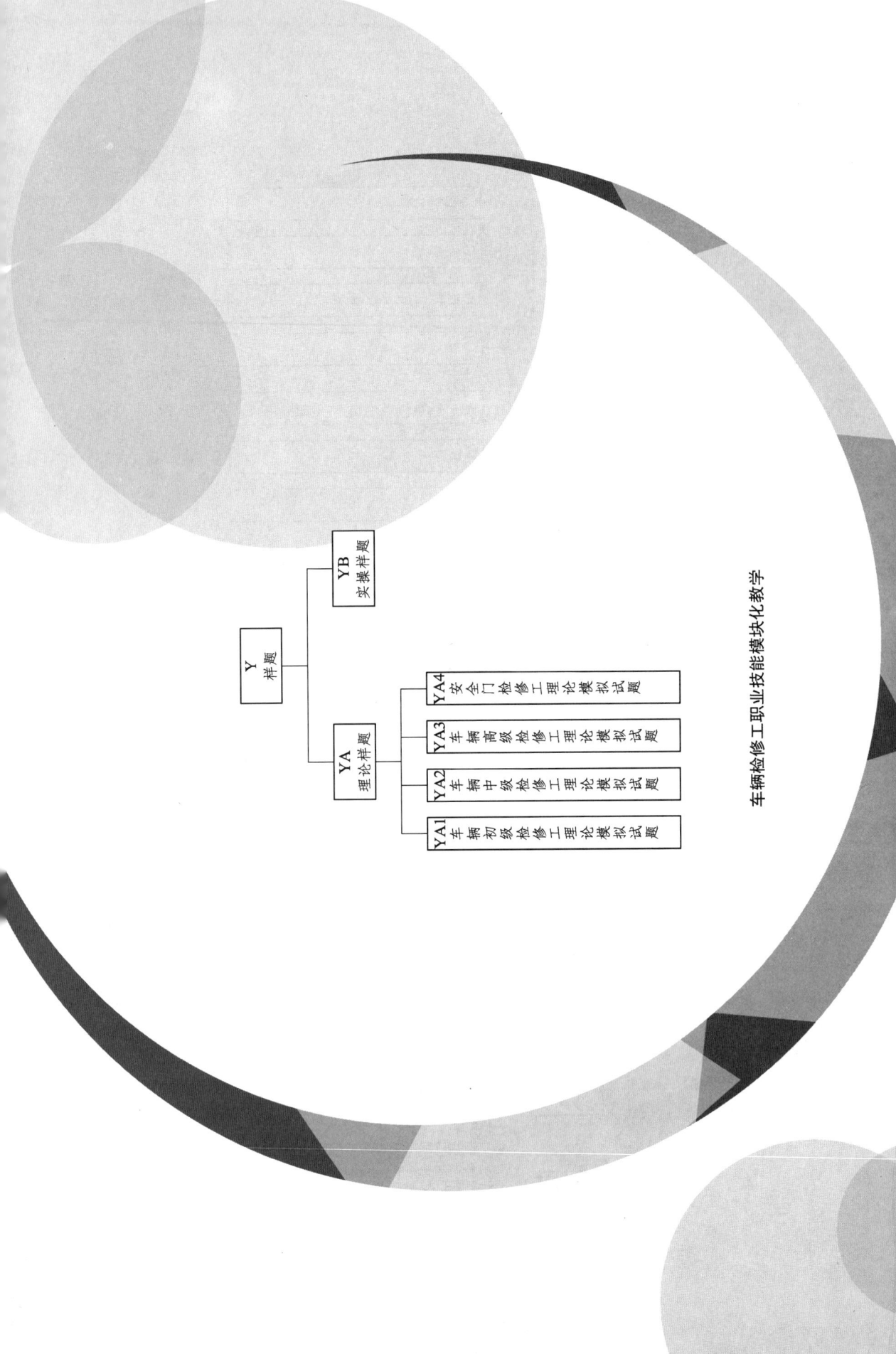

目 录

总模块 L 理论知识

- **分模块 LA 城市轨道交通概论** ……………………………………………… 1
  - 子模块 LA1 城市轨道交通的组成 ……………………………………… 1
  - 子模块 LA2 城市轨道交通线路 ………………………………………… 5
  - 子模块 LA3 城市轨道交通供电系统和接触轨 ………………………… 11
  - 子模块 LA4 城市轨道交通通信技术 …………………………………… 13
  - 子模块 LA5 城市轨道交通信号技术 …………………………………… 14
  - 子模块 LA6 城市轨道交通车辆 ………………………………………… 15
  - 子模块 LA7 安全和应急预案 …………………………………………… 17

- **分模块 LB 车体及内装** …………………………………………………… 20
  - 子模块 LB1 车体的基本类型及特征 …………………………………… 20
  - 子模块 LB2 车体的基本结构 …………………………………………… 22
  - 子模块 LB3 地板的作用及特点 ………………………………………… 24
  - 子模块 LB4 侧墙内饰板的作用及特点 ………………………………… 24
  - 子模块 LB5 顶板的特点 ………………………………………………… 24
  - 子模块 LB6 客室座椅的特点 …………………………………………… 24
  - 子模块 LB7 立柱和扶手的特点 ………………………………………… 25
  - 子模块 LB8 贯通道的组成及作用 ……………………………………… 25

- **分模块 LC 车门系统** ……………………………………………………… 29
  - 子模块 LC1 城市轨道交通车辆车门类型 ……………………………… 29
  - 子模块 LC2 客室车门的类型及特征 …………………………………… 32
  - 子模块 LC3 客室车门的基本结构 ……………………………………… 34

目　录

子模块 LC4　昆明地铁首期工程电客列车客室车门 …………………… 36
子模块 LC5　车门控制 ………………………………………………… 43

● 分模块 LD　空调系统 …………………………………………………… 70
　子模块 LD1　空调系统说明 …………………………………………… 70
　子模块 LD2　车辆空调系统的部件结构及功能说明 ………………… 75
　子模块 LD3　制冷原理简介 …………………………………………… 86
　子模块 LD4　制冷剂 …………………………………………………… 89
　子模块 LD5　车辆空调系统的控制 …………………………………… 90
　子模块 LD6　车辆空气调节的方式 …………………………………… 95
　子模块 LD7　影响人体卫生和舒适性的因素 ………………………… 96
　子模块 LD8　空调故障处理维护 ……………………………………… 97

● 分模块 LE　车钩缓冲装置 ……………………………………………… 100
　子模块 LE1　车钩的用途和分类 ……………………………………… 100
　子模块 LE2　地铁车辆车钩的类型及组成 …………………………… 101
　子模块 LE3　半永久车钩 ……………………………………………… 130

● 分模块 LF　制动系统 …………………………………………………… 133
　子模块 LF1　制动技术基础 …………………………………………… 133
　子模块 LF2　制动控制技术 …………………………………………… 136
　子模块 LF3　微机控制单元 EP2002 ………………………………… 146
　子模块 LF4　制动系统器件 …………………………………………… 154
　子模块 LF5　维护信息 ………………………………………………… 169

目　录

- 分模块 LG　转向架系统……………………………………………………171
  - 子模块 LG1　转向架的组成结构………………………………………171
  - 子模块 LG2　转向架的作用……………………………………………172
  - 子模块 LG3　转向架的分类……………………………………………173
  - 子模块 LG4　转向架各主要部件………………………………………180
- 分模块 LH　牵引系统……………………………………………………215
  - 子模块 LH1　牵引系统的组成…………………………………………215
  - 子模块 LH2　牵引设备…………………………………………………220
- 分模块 LI　列车控制及诊断系统………………………………………252
  - 子模块 LI1　列车控制和监控系统……………………………………252
  - 子模块 LI2　HMI 智能显示装置………………………………………263
  - 子模块 LI3　蓄电池……………………………………………………287
  - 子模块 LI4　电气控制设备……………………………………………293
- 分模块 LJ　辅助系统……………………………………………………306
  - 子模块 LJ1　辅助供电系统……………………………………………306
  - 子模块 LJ2　照明及辅助设备…………………………………………316
  - 子模块 LJ3　乘客信息系统……………………………………………324
  - 子模块 LJ4　火灾报警系统……………………………………………332
- 分模块 LK　ATC 系统……………………………………………………335
  - 子模块 LK1　列车自动控制系统的结构和基本功能…………………335
  - 子模块 LK2　列车自动控制系统的子系统……………………………337

目 录

- 分模块 LL 安全门 ··· 339
  - 子模块 LL1 安全门的类型及特征 ······················· 339
  - 子模块 LL2 安全门的基本结构 ··························· 342
  - 子模块 LL3 安全门控制 ······································ 358

总模块 S 实操知识

- 分模块 SA 列车安全防护措施 ······························· 370
  - 子模块 SA1 列车作业前防护措施 ······················· 370
  - 子模块 SA2 列车作业前接地放电安全措施 ········· 371
- 分模块 SB 车门实操 ··· 372
  - 子模块 SB1 电动塞拉门尺寸测量 ······················· 372
  - 子模块 SB2 电动塞拉门尺寸调节工艺 ················ 378
  - 子模块 SB3 电动塞拉门润滑操作 ······················· 384
- 分模块 SC 转向架实操 ·· 388
  - 子模块 SC1 轴箱端盖开盖检查 ··························· 388
  - 子模块 SC2 轮对轮径尺寸及内侧距尺寸测量 ····· 392
  - 子模块 SC3 齿轮箱换油 ······································ 398
  - 子模块 SC4 车钩高度调节维护检修 ··················· 401
  - 子模块 SC5 列车地板面高度测量及调节 ············ 405
- 分模块 SD 制动系统实操 ······································ 407
  - 子模块 SD1 电动列车制动闸片检修 ··················· 407

目 录

- 子模块 SD2　空压机换油 …………………………………………………… 415
- **分模块 SE　牵引系统实操** ………………………………………………… 417
  - 子模块 SE1　受流器检查、测量、调整 …………………………………… 417
  - 子模块 SE2　避雷器泄电流测试工艺 ……………………………………… 420
- **分模块 SF　列车控制及诊断系统实操** …………………………………… 424
  - 子模块 SF1　列车控制诊断系统 …………………………………………… 424
  - 子模块 SF2　HMI 维护 ……………………………………………………… 426
  - 子模块 SF3　电气控制设备 ………………………………………………… 428
- **分模块 SG　辅助系统实操** ………………………………………………… 430
  - 子模块 SG1　辅助供电系统 ………………………………………………… 430
  - 子模块 SG2　照明及辅助设备系统 ………………………………………… 431
  - 子模块 SG3　乘客信息系统 ………………………………………………… 433
  - 子模块 SG4　火灾报警系统 ………………………………………………… 435
- **分模块 SH　安全门实操** …………………………………………………… 439
- **Y　样题** ……………………………………………………………………… 443
  - YA　理论样题 ………………………………………………………………… 443
  - YB　实操样题 ………………………………………………………………… 456
  - 中英文对照 …………………………………………………………………… 458
- **参考文献** …………………………………………………………………… 460

总模块 L 理论知识

分模块 LA 城市轨道交通概论

随着城市化进程的加快，城市地面道路拥堵、"出行难"的问题越来越突出。城市轨道交通因运能大、速度快、安全、准点、节约资源、保护环境等优点，日益成为广大市民出行的首选，深受市民的欢迎。

城市轨道交通是一种独立、封闭、自成体系的有轨交通系统，其运行不受其他因素的影响，能够按设计的能力正常运行，完成快捷、安全、舒适地运送乘客的任务。由于城市轨道交通采用电力牵引，能够实现大运量运输的要求，因此，具有良好的社会效应和经济效应。尽管城市轨道交通建设周期长、投资大、技术要求高，但其优越性也是目前其他交通模式无法比拟的。

子模块 LA1 城市轨道交通的组成

城市轨道交通建设的初衷和最终目的是解决城市居民的出行难题，因此能否被市民接受、满足市民的乘坐意愿，投用线路的实际效果与规划、设计的初衷是否吻合，都已被公认是判断城市规划是否合理、市民出行难的状况能否得到改善的重要依据。

一、城市轨道交通是多专业多工种的联动体

城市居民乘坐公共交通工具出行要求一般可以归纳为：出行成本低、路途耗时少、路程相对较短、搭乘方便和准时到达等。城市公交车虽然能有效降低出行成本，也能满足方便搭乘的要求，但是因道路拥堵和受制于交通信号等因素，不得不经常变换行车速度，使路途用时和准时到达成为不确定因素。同样，出租车虽然不受线路的局限，且乘客搭乘车辆也比较方便，但乘客出行成本较高，因受制于路况因素，路途耗时同样难以控制。唯有自成体系、独立、封闭的运行系统，才可以不受城市路况和道路交通信号灯的影响，确保迅速快捷运行，只要车站选位合理，方便乘客的目标也并不难实现。因此，城市轨道交通是目前唯一能满足城市居民出行需求、解决市民出行难的城市公共交通工具。

城市公共交通工具应采用大运量的运载工具，可有效降低乘客乘坐成本；不受地面道路影响的独立运行系统，可减少路途用时；合理设置车站，可满足乘客方便搭乘；允许频繁起动和制动的动力源，可有效提高运行速度；采用清洁能源、实现"零排放"，可有效保护环境。为实现这些目标，自成体系、不受城市道路影响、采用轮轨运行方式和以电能为动力的城市轨道交通应运而生。

安全、快捷、准点运送乘客的城市轨道交通，将运营安全视为第一要务。轮轨式电客列车因其摩擦力小、起动快、制动便捷、运量大等特点而成为城市轨道交通的载客工具。列车运行采用集中调度、统一指挥的控制原则，行车组织则按预先编制的运行图进行控制。围绕行车组织和运营服务形成了既各自独立又相互联系的多个专业。这些不同性质的专业在功能实现方面，除了需要确保本专业系统的可靠运行外，更需要各专业间的相互配合、协同动作，以确保安全运行目标的实现。

行车组织、车辆检修、设备运行管理、司机驾驶、车站管理等都是涉及行车而又具有不同技术要求的专业。此外，还有通信、信号、供电、工务、机电等设备保障专业。就城市轨道交通运营系统而言，各专业仅是整个庞大系统的子系统，是以专业系统自身的正常运行来确保整个系统正常运行的局部独立系统。

城市轨道交通系统的正常运行是指整个系统联动地运行，可以将城市轨道交通系统比作一个庞大的"联动机"，这个联动机围绕"安全行车"这个中心，系统内的各专业、工种都互相配合、有序联动，而且具有很强的时效性。

为了使城市轨道交通这个联动系统的运行更加安全可靠，效率更高，城市轨道交通系统在各子系统专业不断采用新技术的基础上，采用了以计算机控制为中心的各种自动化设备，代替人工的行车组织、设备运行和安全保证系统。如列车运行自动控制（Automatic Train Control，ATC）系统，可以实现列车自动防护、列车自动监控和列车自动运行；电力自动监控和数据采集（Supervisory Control And Data Acquisition，SCADA）系统，可以实现对主变电所、牵引变电所、降压变电所设备及系统的遥控、遥信、遥测；车站自动化系统（Building Automation System，BAS）、火灾报警系统（Fire Alarm System，FAS），可以实现车站环境控制自动化和消防、报警系统的自动化；自动售检票（Automatic Fare Collection，AFC）系统，可以实现自动售票、检票、分类等功能。所有系统都由控制中心的计算机系统实行统一指挥，实施分级控制，并确保在系统内各自运作、紧密配合。列车运行状况反馈至控制中心，列车运行的实时数据在控制中心进行汇总、统计、分析，系统间的协调、配合由控制中心调度人员统一管理。一旦列车运营状况发生变化或发生事故，由调度人员，根据运行信息，按具体情况，及时制定应急处理方案，统一指挥、实施。

二、各专业的功能和作用

城市轨道交通自主独立运营和自成体系的特点决定了城市轨道交通具有多专业、多工种联动的特点，不同功能的专业又必须共同确保城市轨道交通系统的正常运营。各专业和工种的定义，以及各专业的不同功能和作用如下。

1. 定 义

（1）专业定义。

从定义分析，专业有广义、狭义和特指3种解释。

广义的专业：某种职业不同于其他职业的一些特定的劳动特点。

狭义的专业：主要指某些特定的社会职业。这些职业的从业人员从事的是比较高级、复杂、专门化程度较高的脑力劳动。一般人所理解的专业大多就是指这类特定的职业，也是本章所述的专业定义。

特指的专业：即高等学校中的专业。高校的专业是社会分工、学科知识和教育结构三位一体的组织形态，其中，社会分工是专业存在的基础，学科知识是专业的内核，教育结构是专业的表现形式，三者缺一不可，共同构成高校人才培养的基本单位。本章所述的专业不是指这类高校或中等专业学校根据社会分工需要而划分的学业门类。

（2）专业与工种的关系。

一个专业通常包含多个工种。工种是指按生产操作的技术内容划分的工作种类。不同专业中的相同名称的工种在技术操作方面的要求不同。如钳工作为一个工种是利用手工工具对工件进行加工的总称。但在不同的专业中从事的加工对象、技术要求又往往是不同的，因此，不同专业可以有相同的工种，如车辆检修钳工、线路维修钳工、信号检修钳工等。

城市轨道交通就是包含了多个专业和多个工种、具有独立营运能力的联动系统。由于工作目标和服务对象各不相同，又可以将各专业划分为运营管理和设备保障两大类。

2. 运营管理涉及的专业和部分工种

运营管理的最终工作目标是为乘客提供安全、快捷、准点、方便和舒适的出行工具，所以凡是直接涉及乘客出行的专业和工种均应纳入运营管理的范围。

（1）行车管理。

行车管理是城市轨道交通系统内的重要专业之一，主要负责对系统内所有车辆的运行实施管理。由于城市轨道交通的列车是按运行图运行的。所以，编制运行图、下达行车命令、突发事件时的行车调整、有关行车组织的即时命令发布等，均是行车管理专业的工作职责。行车调度、客运调度、设备调度、列车调度、车站行车值班员等都是专业内的重要工种。

（2）客运管理。

客运管理是对乘客运送全过程的管理，是乘客能切身感受到城市轨道交通服务质量的重要专业。专业服务的对象是广大乘客，专业宗旨是为乘客提供优质服务，专业评价标准是乘客满意度。运营管理又包含两个重要的子专业：客流组织和客运服务，前者主要是组织乘客有序流动；后者是为乘客提供优质服务。

（3）安全管理。

城市轨道交通系统中安全运营始终是第一要务。广大乘客的生命、设备的安全运行、突发事件时的人员疏散和事故处理、反恐防恐的措施制定和实施，都是安全管理专业的工种范畴。从工作性质分，安全管理又分为乘客和员工的人身安全管理、运行和服务设备设施的安全管理以及突发事件时的应急处置三大内容。

（4）行车值班员。

行车值班员是设在车站的一个重要工种，隶属于行车管理专业，负责按运行图或调度命令，对途经车站的列车进行正常行车控制或调整，对车站客流进行组织或疏导。

（5）列车驾驶员。

列车驾驶员负责驾驶列车运送乘客，是行车管理专业的一个重要工种。由于城市轨道交通列车在运行过程中不设列车服务员，因此，驾驶员除了负责列车驾驶外，还要利用列车广播、车厢显示屏等手段为乘客提供服务。当列车突发故障时，更要承担安全疏导乘客的任务。

（6）车站服务员（简称站务员）。

顾名思义，车站服务员就是在车站为乘客提供服务的人员，是设置在车站的一个重要工种。仅从理论而言，车站服务员是乘客出行过程中唯一能接触到的城市轨道交通工作人员，乘客也正是通过服务人员的言行举止对轨道交通运营企业的工作质量进行评判。随着城市轨道交通各专业自动化技术的不断提高，目前已实现了乘客"自助式出行"的目标，即在正常情况下乘客完全可以在"无人服务"的状况下，自主完成出行。因此，车站服务员需要进一步提高服务意识，尤其在轨道交通运营遇到突发事件时，更应主动为乘客提供服务。

3. 设备保障类作业

各专业都采用技术先进、性能可靠、操作简便的专业设备，并不断进行技术改造和完善，为城市轨道交通实现既定目标提供了可靠的物质保障。

（1）线路。

城市轨道交通采用的是轮轨系统，线路是列车运行的依托，线路专业可以称为整个乘客运送系统的基础。在城市轨道交通系统中，一般又将隧道、桥梁、车站建筑、监护等作为子专业纳入线路专业。

（2）车辆。

作为运送乘客的载运工具，车辆的性能直接决定了乘客目标的实现质量。在出行过程中，乘客除了在车站就是在列车上，乘客在途中的安全依赖于列车的安全运行；列车行进速度则直接决定了乘客的快捷和准点；车厢载客量、车厢硬件设备则决定了乘客出行过程的舒适度。总之，车辆专业是城市轨道交通十分重要的专业之一，直接关系到城市轨道交通营运目标的实现。车辆检修钳工、车辆检修电工、列车空调检修工等均是车辆专业中的主要工种。

（3）通信。

通信专业的任务是建立一个能实现系统内调度指挥及公务业务联系的通道。如为乘客提供营运信息，为公安部门提供视频和无线资源，为消防管理部门提供无线资源等。此外，轨道交通各系统间的语音、数据、图像通信也要依靠通信专业实现。这些通信的服务范围，覆盖运营控制中心、车站、停车场、隧道及列车。为满足行政管理的要求，必须保证在城市轨道交通范围内各单位、部门间的通信联络畅通。由于城市轨道交通与外部的通信联系也都由通信专业建立和实现，因此，通信专业对内负责确保系统行政和运行调度的指令传输畅通，对外负责各专业和行政部门对外的通信联络需求。有线通信和无线通信是通信的两个主要专业。

（4）信号。

信号是信息的表现形式，信息则是信号的具体内容。换言之，信号是信息传递的一种手段。城市轨道交通需要利用信号实现行车指挥和列车运行现代化，保证列车运行安全，提高运输效率；此外，还需要利用信号将运营信息告知乘客，实现乘客客流组织和完成乘客运送任务。因此，信号是轨道交通系统的关键专业之一。信号借助于通信系统进行传输，传输的信号既可以是模拟信号也可以是数字信号。

（5）变配电。

采用电力作为列车驱动能源的城市轨道交通系统自身并无发电系统，而是由国家电网供电。国家电网供给的往往是高压电，由于需要经过长途输送，所以需要进行逐级降压后才能使用。又因直流电无电抗压降，同电压等级下的压降较小，且直流供电接触网结构也较简单，所以城市轨道交通大都采用直流供电制式。故逐级降压和整流式变配电系统是变配电的主要工作内容。

（6）接触网（接触轨）。

在牵引变电站经过降压、整流后的直流电通过供电接触网（接触轨）送达列车，供列车使用。

接触网（接触轨）是连接固定电源和移动列车的中间传导系统。行进列车不但有速度变化，在水平和垂直平面内的位置也在不断发生变化，接触网（接触轨）供电系统必须始终保持对列车的供电状态。

（7）自动售检票（AFC）系统。

售检票系统引入计算机管理后，实现了售票、检票的自动化作业，不但使乘客的"自助式"服务得以实现，也大大节省了劳动力成本，为提高服务质量提供了物质基础。同时，在数据统计方面，尤其各时间段的断面客流统计和各车站客流变化的分析方面，均有了可靠的工具，为客流组织、车站设施布置，甚至车站规模确定，都能提供可靠的数字依据。随着城市轨道交通网络化的不断完善，AFC系统对各运营线路的独立核算、轨道交通与其他城市公共交通工具的计费衔接等都能预置接口。

（8）车站机电设备。

车站机电设备包括车站自身的硬件设备系统和为乘客服务的设备系统两大类。属于前者的有车站火警自动报警系统（FAS）、车站自动管理系统（BAS）、车站给排水系统等；属于后者的有车站通风系统、车站空调系统、自动扶梯系统、站台屏蔽门系统等。车站机电设备的完好率将直接决定车站安全和乘客的感受，因此，车站机电设备系统虽然不直接决定城市轨道交通的运营质量，但能充分体现城市轨道交通的服务质量。

综上所述，城市轨道交通系统因其封闭、独立和自成体系的运营方式，使安全、准点、快捷地运送乘客的目标得以实现；多专业、多工种的联动和新设备、新技术的应用是城市轨道交通系统的最大技术特点。

子模块 LA2　城市轨道交通线路

城市轨道交通线路是由不同材料的部件所组成的，具有规定的强度和稳定性，以及能保证列车以规定的速度平稳、安全、正点和不间断地运行的整体工程结构。随着轨道交通的迅速发展，轨道交通线路的构成已不再局限于传统的铁路结构。如磁悬浮交通（以高架为主）及跨座式单轨交通（高架、地面、地下都可采用）采用桥梁为列车的走行基础；而现代城市有轨电车交通（以地面为主）采用的轨道结构也与传统的轨道结构有非常大的区别。但不管是磁悬浮交通、跨坐式单轨交通，还是现代城市有轨电车交通，其轨道结构相对于传统轨道结构而言比较简单。故在本章中主要介绍传统的铁路轨道，它结构复杂、零配件众多，而且在国内外城市交通中被普遍采用。

传统的轨道结构一般由钢轨、轨枕、道岔、道床、联接零件和轨道加强设备等组成，是城市轨道交通列车行车的基础，也是城市轨道交通运营的重要设备之一。其作用是引导地铁车辆运行，直接承受地铁车辆车轮的垂直力和水平力，还承受地铁车辆弹簧振动而产生的冲击力、列车运行及制动时产生的纵向力，以及因地铁车辆摇晃和列车通过曲线时所产生的侧向推力；此外，还受雨、雪、风以及气温变化的影响，无缝线路还承受一定的温度应力，并把这些力均匀地传给路基和桥隧建筑物。

一、线路的类型及特点

城市中心区域往往是高楼林立、街道繁华、交通拥挤，由中心城区向外，建筑、道路逐渐减少，空间逐渐开阔，到城市最外圈，一般都比较空旷。城市的这些特点决定了城市轨道交通线路的铺设形式主要有三大类型：地下线路、地面线路和高架线路。

地下线路主要由隧道、整体道床、侧沟、轨枕、钢轨、扣件、钢轨联接零件等组成。

地面线路主要由路基、道床、侧沟、轨枕、钢轨、扣件、钢轨联接零件等组成。

高架线路主要由高架桥、整体道床、侧沟、混凝土支撑块、轨枕、钢轨、扣件、钢轨联接零件等组成。

二、车站的分类与结构

城市轨道交通车站是轨道交通系统的重要建筑物。它是提供旅客乘降、换乘和候车的场所，保证旅客方便、安全、迅速地进出站，并有良好的通风、照明、卫生、防灾设备等，为旅客提供舒适、清洁的环境。

1. 车站的分类

城市轨道交通车站通常按车站结构、轨道设置及运营功能来进行分类。

（1）按空间位置分类。

按车站的空间位置进行划分，城市轨道交通车站有地面站、地下站和高架站 3 种形式，主要为适应不同线路的形式。

① 地面站。

地面站设置在地面层。由于占用地面空间，最容易造成轨道交通线路所经过的地面区域分割，所以，一般在城乡结合部采用此类型的车站，它最大的优点是造价低。

② 地下站。

受地面建筑群的影响，轨道交通线路设置于地下，其车站也随之设置于地下，主要为节省地面空间。根据其埋深，又可分为浅埋式车站和深埋式车站两种。对其造价进行比较，埋深越大的车站，造价越高。

③ 高架站。

高架站置于高架桥梁的桥面，在结构上比较简单，造价大大低于地下站。

（2）按线路设置功能分类。

一般而言，一条运营线路，除了始、终点站以外，均为中间站，但这样划分的意义不大，所以有必要按线路设置功能进行细分，具体如下：

① 功能折返站。

城市轨道交通的大部分中间站，因受地理位置的限制，基本不设置道岔，直接由上下行正线贯穿。其缺点是后方车辆无法越行，也没有调车作业的条件，当发生车辆故障或其他意外事件时，没有办法进行应急处理。设计规范规定 2~4 个运营站设置一个具有调车、存车作业能力的车站，在站内增设道岔、渡线、存车线或折返线等设备，从而增加该车站的行车功能。

像这样具有调车、存车或折返能力的车站都可以称之为功能折返站。

功能折返站，仅仅是具备了调车、存车、折返的功能而已。设置的目的是为了在特殊情况下应急备用。当运行正常，未有特殊事件发生时，这些功能基本上是闲置的，所以，在日常运营过程中，功能折返站是不需要全部启用的。

② 运转折返站。

城市轨道交通在市区与郊区有不同的运量，每一条运营线路都较长，通常从城市的一侧郊区通往城市的另一侧郊区，这样就存在运营线路的中段客运密度较大、两端客运密度较小的问题。

为有效利用运能，可以从客运量出发，在城市的市区范围，选择客流量密集的地段，增加列车往返的对数，相当于公交系统的区间车一样，部分列车到站后改变方向而进行折返运行，这样，既使客流量密集地段的乘车拥挤得到一定程度的缓解，又使车辆的利用得到合理的安排。

选择折返点位置的依据，第一要根据客流量的调查，第二要根据车站的线路配置，确定是否具有折返的功能。

像这样既具有折返功能，又在日常客运过程中正式实施了运转折返的车站称为运转折返站。

运转折返站与功能折返站的主要区别是，功能折返站不一定为运转折返站，而运转折返站首先必须具备功能折返的条件；否则，不能进行折返作业。

（3）按运营管理职能分类。

按照运营管理的职能进行划分，将一条运营线划分为若干个区域，每一范围设置一个区域性车站，这样就形成客运专业公司、区域站、普通站 3 个层面的三级管理格局。

（4）按车站换乘功能分类。

在城市轨道交通系统内部，把两条或多条运营线路交叉的车站称为换乘站。

在城市轨道交通线路形成网络化局面时，凡网络交叉点设置的车站均为换乘站，其余车站为非换乘站。

换乘站的类型很多，通常有共线式、并列式、交叉式、叠置式 4 种形式。

① 共线式换乘站。

两条运营线，在某一段范围内，设置成共线的形式，在这一范围内的所有车站均为共线站，这样的换乘方式称为共线换乘。

共线换乘分为共线顺向换乘与共线逆向换乘，其中有上行转上行、上行转下行、下行转上行、下行转下行的方式。

② 并列式换乘站。

两条运营线路在某一车站以接近于平行的位置关系而交汇，这样的形式称为平行并列式换乘站。

平行换乘的车站，也可以将两条运营线的站内股道相间排列，有条件的情况下还可以增加两线之间的联络渡线或存车线等，以提高车站的运行能力。

③ 交叉式换乘站。

当城市轨道交通线路形成网络化的局面时，二线交叉或多线交叉的机会是极大的，这样的车站可以称之为交叉式换乘站。

两线交叉，条件许可的应首先创造平行换乘的条件，就是说，虽然二线的走向是交叉的形式，但可以通过线路平面方向的调整，于接近车站交汇时将线路设置为接近平行，出站后再发生交叉，这样两条线路之间的位置关系有立体交叉式转为平行并列式。

④ 叠置式换乘站。

在两条或多条运营线的交叉地段设置车站，一般设置成多层式的地下车站，使不同运营线路的车站在同一位置形成叠置式。叠置式有两种情况：第一是同层同线，第二是同层异线。

从乘客的换乘方便出发，叠置式换乘站可以不断优化。一条线路通过第一个车站时设置于上层，出站后经过下坡道到第二站时，改设为车站的下层。同样，另一条相对应的线路，在第一站时位于下层，到第二站时位于车站的上层。这样，两条线路在相邻的两个车站之间，通过改变高程而变换了空间层次。

通过这样的优化，可以为乘客的换乘带来极大的便利。如果一个乘客在本站不能实现同站台换乘的话，到达下一站就必然能实现同站台换乘的目的。但这种优化的方案还要取决于各种条件的许可。

2. 车站的结构功能

车站的建筑主体结构主要由站台、站厅、设备用房、管理用房、辅助用房及列车运行空间等组成；车站的附属结构有出入口、通道、风亭（风井）等。此外，车站还设有自动化售票设备、自动检票设备、自动电梯设备、屏蔽门等设备。

三、停车场的线路与轨道的种类

所谓城市轨道交通停车场，是指用于列车停放、检修、调试或其他各类用途的基地，它包括各种线路和用房，通常每一条轨道交通线路至少设一个停车场。

停车场内，用于城市轨道交通列车在结束正线运行后，入库、车辆检修、试车、调车等作业的线路统称为车场线。

1. 车场线线路的种类

（1）停车线是专供列车停放的线路。停车线通常铺设于室内，称为停车库。

（2）检修线是专门对车辆进行检修的线路，也有直接把带检查地沟的停车线作为检修线路的。专门的检修线通常铺设于室内，称为检修库。

（3）试车线是专门对新车或检修列车进行动态调试的路线。

（4）出入场线连接正线和站场线，是列车往返车场与正线的必经线路。

除以上主要车场线路外，还有为进行列车连接、摘挂与解体作业的调车线；设在站场的一端，作为临时牵出车辆的牵出线；供城市轨道交通车辆装卸货物的材料线；停放城市轨道交通特种车辆的特种线；还有静调线、洗车线、镟轮线及联络线等。其中，有些线路铺设于室内，有特种停车库、静调库、洗车库、镟轮库等。

2. 车场线轨道的类型

车场线路的轨型：出入场线及试车线，采用 60 kg/m 的钢轨；其他线路，主要用于调车作业，其运行速度较低，所以一般选用 50 kg/m 的钢轨。

车场线路中，停车线、检修线、洗车线、镟轮线、静调线等与列车检修有关的线路一般都设置为库内线路，其余为露天线路。库内线路一般为整体道床，大体上分为 3 种类型，第一类是一般整体道床，第二类是带检查地沟的整体道床，第三类为立柱支撑块式轨下基础。露天线路多为木枕或混凝土枕普通碎石线路。

四、桥梁的结构与分类

1. 桥梁的结构

桥梁是跨越河流、湖泊、河谷、峡谷或其他道路的建筑。桥梁主要由上部结构、下部结构和墩台基础组成。

（1）上部结构主要是指墩台之间的梁体部分，是指桥梁墩台帽或盖梁顶面（拱桥为拱座顶面）以上的部分。其作用是直接承受荷载，并将力传递给下部结构。

（2）下部结构是指桥墩及桥台，其主要作用是支撑上部结构，将上部结构传来的力往下传给基础。

（3）墩台基础是指基础顶面或承台顶面以下的部分，其作用是将桥梁的全部荷载传至地基。

2. 桥梁的分类

（1）按桥梁的长度分类。

① 小桥：长度在 20 m 及以下的桥梁。

② 中桥：长度在 20 m 以上至 100 m 的桥梁。

③ 大桥：长度在 100 m 以上至 500 m 的桥梁。

④ 特大桥：长度在 500 m 以上的桥梁。

（2）按桥梁所用的建筑材料分类。

① 钢桥：桥跨结构的主体采用钢梁，钢梁由型钢拼接而成。常见的钢梁有钢桁梁及钢板梁两种。

②　钢筋混凝土桥：采用钢筋混凝土梁或预应力钢筋混凝土梁架设而成的桥梁。这种桥梁由于其造价低廉、坚固耐用、易于养护而被广泛应用，目前城市轨道交通中除大跨度桥外均采用这种类型的桥梁。

③　石桥：采用石料建造的桥，石料就地取材，造价低、经久耐用。但这种类型的桥梁在城市轨道交通一般不被采用。

（3）按桥梁结构类型分类。

①　梁式桥：主体部分是梁，梁由支座支撑在桥墩和桥台上。

②　拱桥：桥跨结构是拱。拱桥根据拱上结构分为实腹拱桥和空腹拱桥。

③　刚架桥：梁部结构与桥墩连成一体，根据墩台与桥跨的不同形式可分为门式刚架桥和斜腿刚架桥。

④　斜拉桥：由梁、斜缆索和高出桥面的墩塔组成，斜拉桥适用于较大跨度的连续桥梁。

⑤　悬桥：是用柔性缆索作为主要承载杆件的桥，桥面用吊索或吊杆挂在缆索上，同时设有特殊的加劲桁架或加劲梁以增强其刚度。

⑥　箱形桥：桥梁为整体箱形框架的桥。

（4）按桥梁所在的位置分类。

①　上承式桥：桥面位于主要承重结构上部的桥。

②　下承式桥：桥面位于主要承重结构下部的桥。

③　中承式桥：部分桥面位于主要承重结构的上部，另一部分位于主要承重结构的下部。

（5）按桥梁所跨越的障碍物分类。

①　河川桥：用来跨越河流、湖泊的桥梁。

②　跨线桥：用来跨越公路、铁路的桥梁。

③　高架桥：用来跨越深谷、低地，或沿既有道路连续架设并代替路堤的桥梁。

五、隧道的结构与分类

1. 隧道结构

隧道是围护车辆、行人或各种专业设施通行的设备，有铁路隧道、公路隧道、人行隧道及各种管线隧道。

城市轨道交通的隧道是连接地下车站并为轨道及相关设施、设备铺设提供必要空间的地下建筑物。当轨道铺设于隧道内部时，隧道既是轨道设施的下部建筑，又是轨道设施的围护建筑，使城市轨道线路完全处于封闭状态。

城市轨道交通隧道主要由洞身、衬砌、洞门和附属建筑物等组成。

（1）洞身：隧道结构的主体部分，是列车通行的通道，其净空应符合国家规定的铁路隧道建筑限界的要求，其长度由两端洞门的位置来决定。

（2）衬砌：承受地层压力，维持岩（土）体稳定，阻止坑道周围地层变形的永久性支撑物。

（3）洞门：位于隧道出入口处，用来保护洞口土体和边坡稳定，排除仰坡流下的水。它由端墙、翼墙及端墙背部的排水系统组成。

(4)附属建筑物:
① 连接上下行线路,安置抽水泵房的联络通道。
② 为防止和排除隧道漏水或结冰而设置的排水沟和盲沟。
③ 为机车排出有害气体的通风设备。
④ 接触网、电缆槽、消防管道等。

2. 隧道分类

根据隧道的断面形式分,有矩形、拱形、圆形、多圆形及椭圆形等多种隧道,其中最主要的是圆形隧道和矩形隧道两种。

通常,车站前后为矩形隧道,区间为圆形隧道。

圆形隧道内径一般为 5.5 m,由 6 块钢筋混凝土管片装配成环。

矩形隧道单线净断面宽×高一般为 4.3 m×5 m,双线净宽为 9.5~14.6 m,为现浇钢筋混凝土结构。

车站之间的隧道线路,通常采用高站位、低区间的方式,主要是为了:
(1)节省车站工程费用;
(2)缓和与地下管线、建筑物之间的矛盾;
(3)列车进站上坡有利制动,出站下坡有利加速,节能省电,减少隧道温升。

为解决区间隧道最低处的排水问题,通常设计了联络通道,并在上下行隧道之间设置了排水泵房,以排除区间隧道的积水。

对于长大区间隧道,由于车站的风井还不能完全满足排风的需要,因此,于隧道的中部,在联络通道结构内增设风井,这样既可以排水,又可以排风。

地下隧道的施工方法,除了取决于隧道的功能以外,还要考虑地形、地貌、地质、水文、环境等多种因素,施工方法主要有明挖法、矿山法、盾构法等。其中,明挖法主要应用于埋深较浅的地段,或隧道与地面线衔接处的敞开段;盾构法通常用于埋深较大地段隧道的开挖。

子模块 LA3 城市轨道交通供电系统和接触轨

我国城市轨道交通供电系统的受电方式,都为集中供电;国外也有采用分散式和集中、分散混合供电的方式。

一、供电系统的基本要求

供电系统必须可靠。城市轨道交通电客列车和车站设备都是为乘客提供服务的设备,在运营过程中,一旦供电中断,受影响最大的是行车和客运两个部门。所以,城市轨道交通供电系统必须具有高度的可靠性。为此,各变电站采用两路进线,并互为备用;电源容量设计时应为发展预留余地,而且应选用先进、可靠的电气设备,采用模块化的计算机控制系统,实现实时监控、调度自动化的运行模式;同时,以专人定时巡检为辅助手段。

二、供电系统的负荷分类

1. 按供电对象的重要性分类

按供电对象的重要性，将供电系统分为三级：

（1）一级负荷。

对于城市轨道交通电客列车、通信、信号设备、消防设备等用电设备，必须确保对其进行不间断供电；为此，必须采用两路电源供电，当任何一路电源失电后，应自动、迅速切换至另一路电源。

（2）二级负荷。

对于城市轨道交通空调、自动扶梯等用电设备，应确保对其运行连续供电，万一停电，会影响客运服务质量，但并不影响列车运行安全；设计时，可以采用一路供电。

（3）三级负荷。

对于城市轨道交通的商业用电、广告照明等用电设备，应确保对其进行正常供电，这些用电设备并不直接影响客运服务质量，其用电可以根据电网负荷情况进行调整。

2. 按用电设备负荷变化及用途分类

（1）负荷变化不大的低压交直流供电。

（2）负荷变化大的直流供电。

（3）负荷变化大的交流供电。

（4）夜间供电。

（5）非重要用电设备供电。

三、接触轨

1. 接触轨的基本要求

在城市轨道交通牵引供电系统中，直流 750 V 供电一般采用第三轨。它的优点是隧道净空高度低、结构简单、造价低，缺点是人身和防火方面安全性差，与架空式接触网难以衔接。

2. 接触轨的结构形式

接触轨系统主要由接触轨、接触轨支架或绝缘子、绝缘防护罩、弯头、连接板、膨胀接头、锚结、隔离开关、电缆等主要零部件组成。其中，接触轨、弯头、连接板、膨胀接头、锚结一般由接触轨厂家配套。

接触轨通过支架、绝缘子固定。接触轨弯头可使受流器完好地导入、导出接触轨。接触轨膨胀接头用来满足由于环境温度改变和电流通过接触轨导致轨温升高而使接触轨产生热胀冷缩的需要。接触轨锚结固定于接触轨锚段中间，从而使接触轨的热胀冷缩能够均匀向接触轨两端或膨胀接头的工作行程方向伸缩。连接板分为供电点连接板和接触轨连接板，供电点连接板用于馈出电缆与接触轨的过渡连接；接触轨连接板用来连接接触轨。接触轨支架、支座的作用是将接触轨固定于走行轨一侧的特定位置，对接触轨进行支撑和定位，能够承载系统中所有可能出现的静载和动载。静载包括接触轨的自重、摩擦力、曲线应力等几种载荷。动载包括由于车辆的运行造成轨道道床或土建结构的振动、运动车辆受流器的冲击、短路故障造成的电动力冲击及风力等。

接触轨按与集电靴的摩擦方式可分为上磨式、下磨式和侧磨式3种。

（1）上磨式接触轨：安装在专用绝缘子上，弓字形轨底朝下。集电靴自上与之接触受电。上磨式接触轨的优点是固定方便；缺点是集电靴在其上面滑行，无法加防护罩。

（2）下磨式接触轨，底朝上，由绝缘体紧固在弓形肩架上，肩架固定装在轨枕一侧。下磨式接触轨的优点是可以加装防护罩，对工作人员较为安全。

接触轨单位制造长度一般为15 m。当线路的曲线半径大于190 m时，钢铝复合轨可以在施工现场直接打弯；当线路的曲线半径小于或等于190 m时，钢铝复合轨要在工厂加工预弯。

（3）正线接触轨一般布置在车辆行车方向的左侧，在道岔区等个别地段布置在车辆行车方向的右侧。在道岔区，为避免车辆通过受流器时与接触轨相撞，接触轨需断轨。

子模块LA4　城市轨道交通通信技术

信息传递和交换的过程称为通信。通信系统是指完成信息传递交换过程的技术系统的总称。城市轨道交通通信系统是应用于轨道交通，为实现各种信息交互功能的通信系统的总称。

一、通信系统的作用

在城市轨道交通系统中，通信系统的主要作用是为实现各种信息的交互功能。通信系统的重要任务是建立一个视听与数据链路网，实现轨道交通运转指挥调度。此外，通信系统还为工作人员提供公务信息交互平台；为乘客提供信息服务；为各专业系统及外网提供信息传递通道；为公安部门提供视频和无线资源；为消防系统提供通信保障；为公网移动业务提供接入平台。城市轨道交通通信系统提供包括语言、文字、数据、图像等全方位和集成化的信息服务。其范围覆盖运营控制中心、车站、停车场、隧道、列车、网络运营监控中心（COCC）、集团本部等区域。

二、广播系统的作用

城市轨道交通的广播系统是行车管理的专用设备，它的主要作用是对乘客广播，通知列车到站、离站、路线换乘、时间表变更、列车误点、安全状况等信息；或播放音乐改善候车环境；在突发或紧急情况时，对乘客进行及时有效的疏导，组织、指挥事故抢险及防灾，提高应急响应能力；另外，广播系统还可以对运营人员进行广播，发布有关通知信息，协调工作，提高服务质量。广播系统用以实现城市轨道通信网络的互联互通，使整个城市轨道交通系统达到行政指挥和运行调度的有机完整结合。目前，城市轨道交通在国内发展如火如荼，城市轨道交通正向网络化运营方向发展,通信系统作为网络化运营的基本支撑系统正在发挥越来越重要的作用。

子模块 LA5　城市轨道交通信号技术

城市轨道交通的基本任务是安全、准时、高效率、高密度地运送旅客。因此,必须采用可靠的列车运行控制设备来指挥列车的运行,以确保列车的安全运行。从传统的"闭塞、联锁",到现代化的列车运行自动控制(ATC)系统,是长期实践经验的积累、技术不断改进和发展的结果。

城市轨道交通信号系统中,已经普遍采用基于计算机实时控制的列车运行自动控制(ATC)系统。ATC 系统是自动控制技术、计算机技术和数据通信技术在信号系统中的集中体现,也可以说是现代化信息技术在城市轨道交通信号系统中的综合运用。利用 ATC 系统的列车运行实时数据信息,可以实现乘客导向系统的列车信息预报,以及列车和站台实时信息广播;尤其在城市轨道交通网络化运行时,实现城市轨道交通的综合监控和统一调度。

信号系统随着信息技术的不断发展也产生了革命性的变化,轨旁的地面信号已由车载信号所替代,其信号内容,已经发生根本性的变化,列车接收目标速度、目标距离或进路地图,由车载计算机,直接控制列车的自动运行,实现列车超速防护和车站的程序定位停车。尤其是近几年,基于无线通信的列车自动控制系统(CBTC),已在城市轨道交通信号系统中采用,为信号系统中摆脱传统的轨道电路和地面信号,为进一步缩短行车间隔,真正实现列车自动运行,奠定了基础。

一、城市轨道交通信号系统的作用

城市轨道交通信号系统在运营过程中至关重要,是指挥列车安全运行的关键设备,只有在列车运行前方的轨道区段没有列车占用、道岔位置正确、敌对或相抵触的信号没有建立等条件满足,才允许向列车发出允许前行的信号,所以列车只要严格遵循信号系统的指示运行,就能够确保列车的安全运行;反之,如果列车不遵循信号的指示运行,将导致事故。所以,信号系统担负着确保运输安全的重要使命,有了信号系统的保障,则可以杜绝和减少列车运行事故。

二、车载 ATC 设备的组成

不同的 ATC 系统,对应于不同的车载设备。典型的模拟轨道电路"速度码"制式的车载ATC 设备包括 ATC 机柜、显示单元、速度表、速度传感器、TWC 发送天线、ATP/TWC 接收线圈、车载对位天线、标志器检测线圈等。

车载 ATC 设备,视 ATC 系统而异。数字编码轨道电路"目标速度"制式的 ATC 系统,其车载设备中不设标志器接收线圈和对位天线;显示单元增加了数字显示。它通过接收在站台区域设置的 TWC 环线信息及环线交叉点的定位信息等,实现车地信息交换和车站程序对位停车。

三、列车运行自动控制（ATC）系统的组成

列车运行自动控制（ATC）系统由列车自动监控（ATS）子系统、列车自动防护（ATP）子系统、列车自动运行（ATO）子系统三部分组成。

四、列车操纵模式

列车的操纵模式，根据信号系统和列车控制方式而异，一般有以下方式：

1. ATO 模式

在 ATO 模式下，司机根据操作规程，关闭列车门，完成出发检查后，按下出发按钮，列车自动启动运行，在区间根据地面限速指令，自动调整列车的运行速度，列车到达下一站，自动完成程序对位停车控制。这种模式下，司机的任务是，到站开启列车门、到点关闭列车门和按压出发按钮。

2. 手动 ATP 模式

在该模式下，司机关闭车门和执行发车检查后，手动启动列车 ATP 子系统进行速度控制和超速防护，车站的停车控制也由司机负责操纵。这种模式下，列车的运行基本上依赖于司机，但是有 ATP 超速防护。

3. 慢速前行模式（CLOSE IN）

在手动 ATP 模式下，列车收不到有效的机车信号，或显示为零限速，这时司机在确保安全的情况下，按低于 20 km/h 的速度慢速运行，当列车收到有效的速度后，可以转为手动 ATP 模式。

4. 反向模式（RMR）

这种模式下，司机处于列车的尾部，列车收不到速度命令，有司机控制以不超过 5 km/h 的速度反向运行，距离不大于 10 m，否则车载 ATP 子系统会施加全常用制动。

5. ATC 关闭和旁路模式

在该模式下，车载 ATC 系统可以有电，但其输入、输出均被隔离，不起作用，列车由司机人工驾驶，负责运行安全。

子模块 LA6　城市轨道交通车辆

城市轨道交通是以列车编组形式，运送相当规模客流量的城市公共交通方式。由于车辆通常是由电力驱动的，因此就直接称为电客列车。

电客列车在全封闭或部分封闭的专用轨道线上，依靠列车受流器（受电弓）从接触轨（接

触网）获取电能，根据信号及预先编制的运行图，在行车组织部门的指挥下有序行驶，所以，电客列车是城市轨道交通系统中各专业技术成果的综合载体。由于电客列车是运载乘客的工具，应满足乘客对乘车舒适、准时的要求，因此，电客列车在城市轨道交通系统中有着至关重要的地位。

一、车辆的类型

城市轨道交通车辆按有无动力可分为动车和拖车两类。

（1）动车（M）：带有牵引动力装置的车辆。动车又分为有受电弓（受流器）的动车（Mp）和无受电弓（受流器）的动车（M）。

（2）拖车（T）：无牵引动力装置的车辆。拖车又分为有驾驶室的拖车（Tc）和无驾驶室的拖车（T）。

二、车辆的编组

按照预期的目的，将各独立的车辆连接起来，成为一个运行体，就称为车辆编组。

车辆编组应考虑：线路坡度、运营密度、站间距离、舒适度、安全可靠性、工程投资、客流量大小等因素。如必须满足单向高峰小时断面客流量的需求；兼顾信号系统设备所能达到的行车密度，即系统设计能力；既满足高峰时的客流要求，又能提高平时的车辆满载率，实现节能和降低运营成本；考虑编组对初、近、远期客流变化的适应能力；结合运行交路的设计，合理选择车辆编组，实现电客列车经济、合理、高效地运行。

1. 按车辆有无动力编组

根据列车编组中有无动车数量，车辆编组又可分为全动车编组和动、拖混编两类。

全部由具有动力的车辆连接而成的列车，称为全动车编组列车，这种编组的优点是摘编方便、编组灵活，可以充分利用黏着，以发挥再生制动或电阻制动的作用，减少基础制动带来的粉尘污染。由于整车功率大，提高了列车起动加速度和制动减速度，缩短了起动和制动的时间，有利于提高列车运行效率和运行图的兑现率。

由具有动力的车辆和不具有动力的拖车混合连接而成的列车，称为动、拖混编列车。这种编组形式虽然由于动车数量减少而降低了列车的整体功率，但起动和制动的加、减速度，仍能满足客运量及行车间隔的要求。换言之，动车数量的减少，是以能满足客运组织要求为前提的。然而，由于动车数量的减少，可以有效地节省投资、降低运营成本和维修费用。

2. 按车辆数量编组

一组能独立运行的列车编组，至少应该包含满足客流的运载空间、足够的运行动力、驾驶控制室、列车受流器、制动系统等单元。目前，城市轨道交通大都采用3节以上的编组。

多节编组时，无论采用8节编组、6节编组或4节编组，带驾驶室的拖车（Tc）始终编在列车的两端，其他车型在列车中的位置则可以互换，但一般情况相对固定。

三、多车联挂运行的特点

多车联挂必须满足的前提条件是，各型车间的电气、风管路及控制电缆和传递牵引力的车钩等尺寸相同，能可靠联挂。

为了保证联挂后列车的正常运行及运营安全，联挂后的列车控制司机室应可对两列车施加制动或进行制动缓解作业，同时可以向两列车进行客室广播和司机室间的通信。特别应注意的是，被救援故障列车的故障（包括紧急制动故障等），都不应影响救援列车的正常运行。

联挂列车的牵引动力必须满足在联挂运行时，一列空载的救援列车牵引一列超载的故障列车，仍能在线路最大坡道和最小供电电压条件下，实现牵引起动运行。

子模块 LA7 安全和应急预案

城市轨道交通系统是城市公共交通的重要组成部分之一，由于城市轨道交通系统是一个独立的、封闭的系统，其结构复杂且客流密集，一旦发生灾害事故就会形成比较严重的后果，甚至可能导致城市或区域经济和社会功能的瘫痪，因此，城市轨道交通的安全问题一直受到广泛的关注。

一、事故的分类及处理

1. 事故的分类

（1）按事故责任分类，事故可分为责任事故和非责任事故。

① 责任事故，是指由于人们违背自然规律或客观规律，违反法律、法规、规章和标准等行为造成的事故。

② 非责任事故，是指遭遇不可抗拒的自然因素或目前科学无法预测的原因造成的事故。

（2）按事故后果分类，事故可分为伤亡事故和非伤亡事故。

① 伤亡事故，是指造成人身伤害的事故。

② 非伤亡事故，是指只造成生产中断、设备损坏或财产损失的事故。

（3）按事故监督管理行业分类，事故可分为企业职工伤亡事故、火灾事故、道路交通事故、水上交通事故、铁路交通事故、民航飞行事故、农业机械事故、渔业船舶事故等。

（4）按地铁企业内部事故分类，事故可分为行车事故、设备事故、工伤事故、火灾事故、客伤事故、自然灾害等。

① 行车事故，是指在行车过程中造成人员伤亡、设备损坏，影响达到一定时间或危及行车安全的事故。

② 设备事故，是指因违反操作规程、维修保养规程或技术、设备性能原因而造成设备损坏或影响正常运营危及生产安全的事故。

③ 工伤事故，是指从业人员在生产或运营过程中发生人身伤亡的事故。

④ 火灾事故，是指在生产或运营过程中发生因燃烧、爆炸等造成人员伤亡，或造成经济损失、影响正常运营等后果的事件。

⑤ 客伤事故，是指在城市轨道交通运营中或城市轨道交通运营区域内发生的城市轨道交通运营单位外的人员（一般是指乘客）伤亡事故。

⑥ 自然灾害，是指地震、海啸、洪水、暴风雪等。

（5）按行车事故等级分类，事故可分为重大事故、大事故、险性事故和一般事故。

① 重大事故，是指列车发生冲突、脱轨、火灾或爆炸造成下列后果之一：人员死亡3人或者死亡、重伤25人及其以上者，双线中断时间在150 min及其以上，根据列车破损的规定，电客列车中破损（40%）一辆。

② 大事故，是指列车发生冲突、脱轨、火灾或爆炸造成下列后果之一：人员死亡、重伤2人及其以上者，双线中断时间在90 min及其以上，根据列车破损的规定，电客列车中小破损（10%）一辆。

③ 险性事故，是指事故性质严重，但未造成损害后果或者损害后果不够认定为大事故的行车事故。

④ 一般事故，是指调车冲突、脱轨、信号冒进、司机漏乘、错办发车凭证等。

（6）按生产事故分类，事故可分为特别重大事故、重大事故、较大事故和一般事故。

① 特别重大事故，是指造成30人以上死亡，或者100人以上重伤，或者1亿元以上直接经济损失的事故。

② 重大事故，是指造成10人以上30人以下死亡，或者50人以上100人以下重伤，或者5 000万元以上1亿元以下直接经济损失的事故。

③ 较大事故，是指造成3人以上10人以下死亡，或者10人以上50人以下重伤，或者1 000万元以上5 000万元以下直接经济损失的事故。

④ 一般事故，是指造成3人以下死亡，或者10人以下重伤，或者1 000万元以下直接经济损失的事故。

2. 事故的处理

（1）实事求是、尊重科学的原则。

实事求是：是唯物辩证法的基本要求。事故调查工作必须坚持实事求是，坚决克服主观主义，保证做到客观公正，必须从实际出发，在深入调查的基础上，客观、真实地查清事故真相。

尊重科学：是事故调查工作的工作准则。生产安全事故调查工作具有很强的科学性和技术性，特别是事故原因的调查，往往需要做很多技术上的分析和研究，利用很多技术手段，如进行技术鉴定或试验等。因此，要在科学的基础上，多做技术分析和研究，充分发挥专家和技术人员的作用，查明事故原因。

（2）"四不放过"的原则。

事故原因没有查清不放过；事故责任者没有受到教育不放过；群众没有受到教育不放过；防范措施没有落实不放过，简称"四不放过"原则。"四不放过"原则可以起到"举一反三"的预防效果。

（3）公正、公开的原则。

公正，就是实事求是，以事实为依据，以法律为准绳，既不包庇事故责任人，也不得借故对事故责任人打击报复，更不得冤枉无辜。公开，就是对事故调查处理的结果要在一定的范围内公开。

这一原则的作用是引起全社会对安全工作的重视，能使较大范围的干部群众吸取事故的教训，可以减少事故的负面影响。

（4）分级管辖的原则。

事故的调查处理是依照事故的严重程度，根据事故的级别来进行的。

二、应急预案编制的目的

编制应急预案的目的是，做好城市轨道交通事故灾难的防范与处置工作，保证及时、有序、高效、妥善地处置城市轨道交通事故灾难，最大限度地减少人员伤亡和财产损失，维护社会稳定，支持和保障经济建设。

分模块 LB　车体及内装

子模块 LB1　车体的基本类型及特征

一、车体的基本类型

城市轨道交通车辆的主体结构是车体，车体按结构功能分为车钩、车体、车门、车窗、贯通道和内装设施。车体是提供旅客乘坐和司机驾驶的部分，其主要功能是运载旅客，承受和传递载荷，安装传动机构、电气设备和内装设施。昆明地铁首期工程电客列车采用6辆编组，使用 DC 750 V 第三轨受电的 B 型车辆。电客列车适合于昆明的当地条件，如环境、气候、运营线路的电源供应、轨距、无线通信和信号系统等。

二、车体的特点

（1）昆明地铁首期工程电客列车由两个单元组成，有拖车和动车或头车（带司机室）和中间车之分。

（2）城市轨道交通车辆由于服务于市内公共交通，车体的外观造型、色彩协调于城市市容规划；车内设置的座椅数量少、车门数量多而且开度大，服务于乘客的设备简单。

（3）对车辆的质量限制较为严格，要求轴重轻，以降低高架线路的工程投资。

（4）车体采用轻量化设计，车体承载结构采用大型中空截面铝合金挤压型材、高强度复合材料或不锈钢。车体其他辅助设施尽量采用轻型高科技新材料。

（5）车体的防火要求严格，特别是运行于地下隧道的地铁车辆一旦发生火灾，后果不堪设想，故采用了防火、阻燃、低烟和低毒的材料。

（6）车体的隔音和减噪措施有严格要求，以最大限度地降低车辆噪声对乘客和沿线居民的影响。

三、车辆限界的要求

1. 车辆限界

车辆符合昆明市轨道交通首期工程车辆限界和《地铁限界标准》（CJJ 96—2003）中 B1 型（接触轨供电）车辆限界的规定。接触轨中心线距走行轨线路中心线距离按（1 444±5）mm 执行。

开、关门时门不能侵入限界，8 级风时列车能安全运行，9 级风时空车能安全停留。

正常运行条件和非正常运行条件时的车辆外形轮廓线、车辆动态（包络线）限界计算书以及车辆外形轮廓线和动态包络线标注完整尺寸，考虑了下述所有正常条件和任何一个非正常条件的综合作用。

（1）正常条件。

① 车辆速度从 0 到 100 km/h；

② 车辆载荷在 AW0 到 AW3 工况之间；

③ 车轮磨耗度在全新和磨耗到限之间；

④ 对正常磨损和车辆悬挂系统的新调整，包括设定的正常公差和潜在的变化；

⑤ 所有由于 0.1 g 横向加速度引起的车辆侧向和滚动位移；

⑥ 在高架线路上由于 9 级风的侧面风力引起的车辆侧向和滚动位移。

（2）非正常条件。

① 任何一个一系弹簧元件失效或破损；

② 任何转向架空气弹簧破损的情况；

③ 由于 11 级风风力引起的车辆侧向和滚动位移；

④ 转向架空气弹簧超限度膨胀。

考虑到背风面的负压现象，在任何情况下，还需加上 20% 的系数。

2. 车体主要结构尺寸

Tc 车体长度：19 650 mm。

M 车体长度：19 000 mm。

Tc 车长度：20 354 mm。

M 车长度：19 520 mm。

列车长度：118 788 mm。

车辆外部最大宽度：2 800 mm。

车辆高度：3 800 mm。

车辆地板面距轨面高度：1 100 mm。

客室地板面沿车辆纵向中心线到天花板的最小高度：2 100 mm。

客室内乘客站立区最小高度：1 900 mm。

客室车门采用电动塞拉门。

客室车门：8 对/辆，4 对/侧。

客室车门净开宽度：≥1 300 mm。

客室车门开启时门槛以上高度：≥1 860 mm。

司机室侧门：2 套/Tc 车。

司机室侧门净开门宽度：≥570 mm。

司机室侧门开启时门槛以上高度：1 850 mm。

客室侧窗数：6 套/辆，3 套/侧。

贯通通道宽度：≥1 300 mm。

贯通通道高度：≥1 900 mm。

客室座椅：纵向布置。

子模块 LB2　车体的基本结构

一、车体的特征

昆明地铁电客列车为铝合金车体，其特点如下：

（1）能大幅度降低车辆自重，在车辆长度相同的条件下，与碳素钢车体相比，铝合金车体的自重降低 30%～35%，强度质量比约为碳素钢车体的 2 倍。

（2）具有较小的密度及杨氏模量，所以铝合金对冲击载荷有较高的能量吸收能力，可降低振动，减少噪声。

（3）可运用大型中空挤压型材进行气密性设计，提高车辆密封性能及乘坐舒适性。

（4）采用大型中空挤压型材制造的板块式结构，可减少连接件的数量和质量。

（5）减少维修费用，延长使用寿命。

（6）承受外部阻力，传递牵引力、隔音、减振、保暖。此外，车体还用于固定空气管路、线缆及列车设备。

（7）在 Tc 车司机室端的底架上设置了防爬器，车体底架和顶盖各设置了两根边梁，其作用是在严重撞击的情况下，防止过载穿透到车体客室。防爬器是一种可承受压力、相对客室区域较小的、可更换式吸能元件，用来吸收撞击时产生的能量，减少事故中伤害乘客的风险。

二、车体的基本结构

昆明地铁车辆车体为整体承载结构，主要由大型中空挤压铝型材焊接而成。Tc 车由底架、端墙、顶盖、司机室结构和左右侧墙组成，如图 LB2-1 所示；M 车无司机室，如图 LB2-2 所示。车体承受垂直、纵向、扭转等载荷，传递牵引力。铝合金车体结构与内装填充材料一起使得车辆具有隔音、减振及保暖等功能。此外，铝合金车体还用于安装空气管路、电气线缆及列车设备。

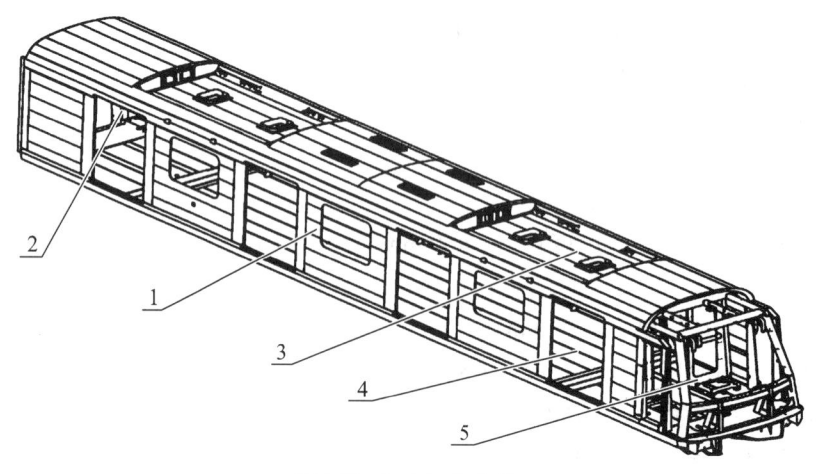

图 LB2-1　Tc 车车体

1—侧墙；2—端墙；3—顶盖；4—底架；5—司机室

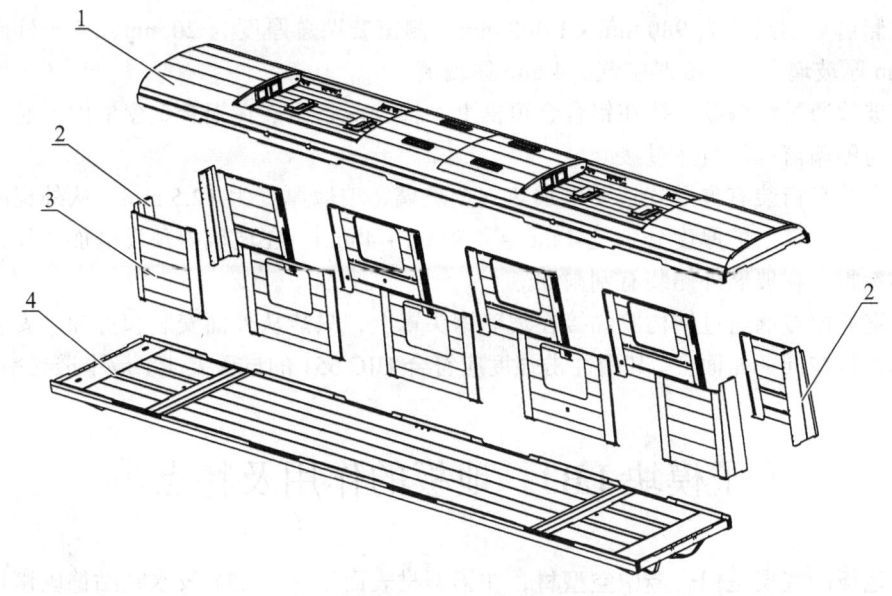

图 LB2-2 M 车车体

1—顶盖；2—端墙；3—侧墙；4—底架

底架由焊接机器人在特殊工装上将以下几个预装小部件焊接而成：

（1）底架边梁。

（2）延伸在枕梁间，由6块挤压型材构成的长地板。

（3）枕梁、缓冲梁、牵引梁（车钩安装板）构成的底架端部结构。

注意：① 固定在底架上的部件主要采用了螺母、螺栓联接形式紧固，易于更换。

② 侧墙主要由大断面挤压铝型材的侧墙板和门立柱焊接而成。

③ 非司机室端的端墙由大型铝挤压型材的端墙立柱和端墙板焊接而成，设计时考虑了便于贯通道的安装。

④ 顶盖由两根顶盖边梁及纵向圆弧顶盖等部件组成，主要通过焊接机器人焊接而成。顶盖预留了空调安装槽，安装槽由铝型材焊接而成。顶盖设置有排水槽，可以充分排水，防止积水。

三、司机室的结构

司机室是地铁车辆的一个重要组成部分，位于 Tc 车的 I 位端。司机室设备布置合理，造型体现时代的气息、城市的风格，而且在事故情况下可保障司机的安全。

司机室是一种抗高纵向载荷的全宽型司机室，可随整车同时承受至少 1 000 kN 的纵向压缩载荷而其结构不会发生塑性变形，能满足快速轨道交通的使用要求和安全性要求。

司机室结构与 Tc 车其他部件（底架、侧墙、顶盖）构成的空间内，可安装司机操纵台、司机室座椅及各种司机室设备。

四、车窗的形式及特点

客室每一侧布置3扇侧窗，装有无色双层中空安全钢化玻璃，具有良好的隔热、隔音性能。

客室侧窗玻璃尺寸为 980 mm × 1 400 mm。侧窗玻璃总厚度为 20 mm，从车外向车内依次为 5 mm 厚玻璃、11 mm 厚空气、4 mm 厚玻璃。

中空玻璃通过结构胶黏接在铝合金窗框上，橡胶压条镶嵌在铝合金窗框的安装槽内作为侧窗玻璃与侧墙窗框的自然过渡。

司机台的车窗装有夹层式透明电加热安全玻璃，玻璃厚度为 12.5 mm。从外到内为玻璃层、胶片层，玻璃层的厚度分别是 4 mm + 4.5 mm + 4 mm。在玻璃内预设电加热丝，冬季可进行加热除霜，在玻璃外侧装有刮雨器。

司机室前窗玻璃通过结构胶黏接在玻璃钢头罩上，只能从外面安装和拆卸。安装后，前窗玻璃和头罩在同一曲面上。其耐冲击强度应符合 UIC 651 的试验要求，最小透光率为 80%。

子模块 LB3 地板的作用及特点

客室地板的底层是铝合金中空型材，在铝型材表面用 3M7231 胶水粘贴德国诺拉生产的橡胶地板布，两块地板布之间用冷焊的方式连接在一起，具有耐磨、阻燃和防滑的性能。防火性能满足 DIN 5510 的要求，使用寿命不少于 12 年。

子模块 LB4 侧墙内饰板的作用及特点

侧墙板采用非饱和聚酯玻璃钢材料整体成型，预埋有 LCD 和广告框的安装接口。侧墙板上、下部通过支撑过渡安装到车体侧墙的 C 形槽上。在侧窗两侧，侧墙板通过工业搭扣粘贴在车体侧墙上。侧墙板两端由侧墙压条固定到车体侧墙上。

门立柱罩为不饱和聚酯玻璃钢整体模具成型，可通过铰接轴承打开，以便检修内部设备、电缆等。

侧墙板具有良好的隔音和隔热效果。

子模块 LB5 顶板的特点

客室顶板由中顶板、照明灯灯盖和侧顶板 3 部分组成。中顶板采用 6 mm 铝蜂窝板，周边采用铝型材框架，离地板面高度为 2 100 mm。顶板两侧为多孔的空调通风口，最外侧为客室照明灯灯盖和侧顶板。

子模块 LB6 客室座椅的特点

为适应城市轨道交通车辆短途、大运量的特点，以及为乘客提供舒适的乘坐条件，客室座椅采用靠侧墙纵向布置的方式，Tc 车布置有 6 个长座椅，M1 和 M2 车客室配有 6 个长座椅和 2 个短座椅。根据设计要求，昆明地铁首期工程电客列车每个长座椅可坐 6 人，每个短座椅可坐 3 人。座椅支架材料选用铝合金材料，采用全焊接结构。支架通过不锈钢螺栓连接到车体侧墙 C 形槽上。座椅面采用玻璃钢材料。座椅强度要求每个座位能承载 100 kg。

子模块 LB7　立柱和扶手的特点

为了方便站立乘客，在客室内设有立柱及纵向扶手。在客室中间、座椅两侧及上方、车门两侧、端墙、司机室隔墙附近均布置扶手。每车立柱的扶手包括 4 根中立柱、侧立柱（安装在每个座椅两侧）、中间扶手杆（与中立柱通过管接头相连）、侧扶手杆（和中间扶手杆通过一定数量的扶手拉杆与顶部相连）。2 根中立柱之间有 1 根中间扶手杆、3 个扶手拉杆和 3 个管接头。每根中立柱和扶手拉杆用 1 个顶部连接结构与纵横梁连接。每根中立柱置于地板插座上。侧立柱上部通过顶部连接结构与外侧纵梁连接，下部与座椅端板连接，如图 LB7-1 所示。

图 LB7-1　立柱和扶手

子模块 LB8　贯通道的组成及作用

一、贯通道的作用

（1）车辆与车辆之间的连接。
（2）调节车厢内的客流密度。
（3）当列车某节车空调故障时，在列车起动和制动时，车厢间的空气通过贯通道可达到流动调和的作用。
（4）确保旅客通过连接区域的安全性，使连接区域具有良好的装饰性。

二、贯通道的组成

昆明地铁电客列车贯通道主要由折棚、侧护板、顶护板、渡板、渡板连杆、车体框、护板安装座、踏板和踏板支撑等组成,如图LB8-1所示。

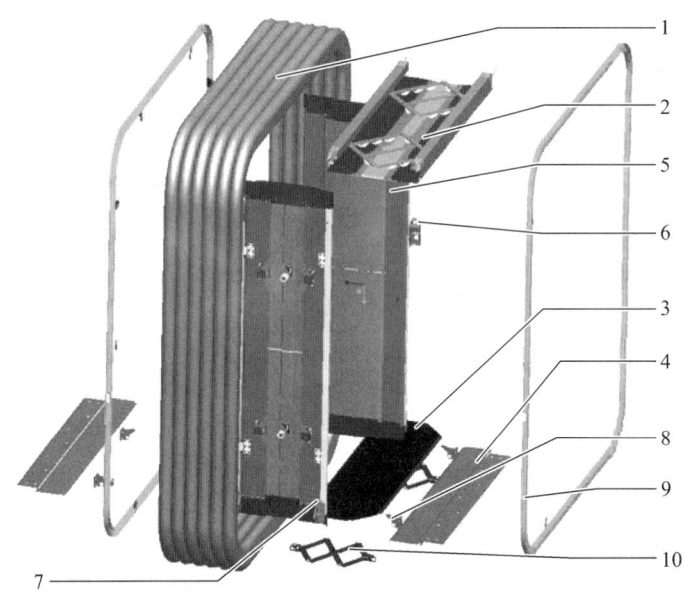

图 LB8-1　贯通道

1—折棚组成；2—顶护板组成；3—渡板组成；4—踏板组成；5—侧护板组成；6—上护板安装座组成；
7—下护板安装座组成；8—踏板支撑组成；9—车体框组成；10—渡板连杆组成

1. 折棚组成

折棚由棚布、端框、面料框等组成。每个折棚组成由6折环状折棚构成,如图LB8-2所示,折棚材料具有防火性、高强度、防老化等特性。每折棚布缝制边缘用铝型材制成的中间框压夹,折棚端部与连接框和端框相连。端框由铝型材焊接而成,表面喷塑处理,通过安装螺栓与车端相连。

2. 侧护板组成

侧护板由中间护板、边护板及连杆等组成。侧护板组成通过安装架与安装在车端的护板安装座固定,由于配有快速锁闭机构,侧护板组成可迅速安装在车端,并可快速开启,如图LB8-3所示。边护板为铝型材,表面喷漆。中间护板、边护板通过连杆连接形成一体。中间护板、边护板可在同一平面内实现拉伸和压缩,在中间护板弹性范围内实现轻微的转动(即侧滚运动)。中间护板、边护板上下均装有裙边,裙边由橡胶制成,当侧护板上下运动时,裙边有弹性变形,使侧护板能与车体的运动保持一致。

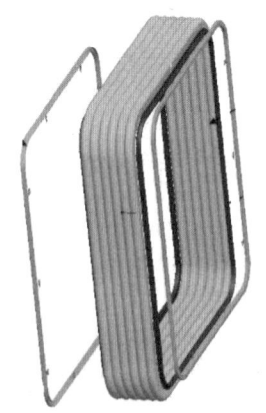

图 LB8-2　折棚

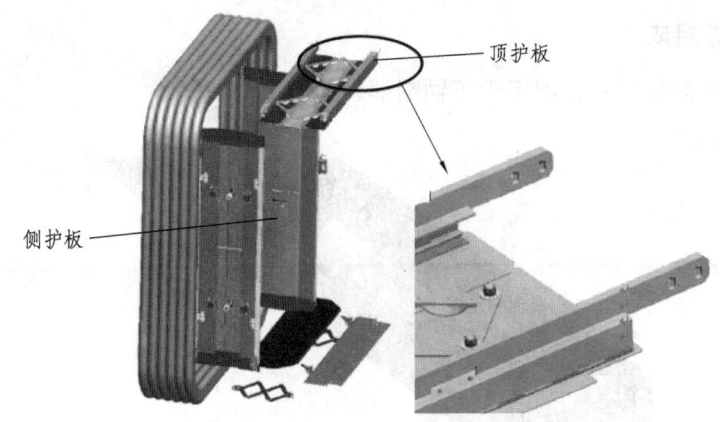

图 LB8-3 侧护板和顶护板

3. 顶护板组成

每个折棚组成配有一套顶护板组成,具有完整的顶装饰面。顶护板由边梁、边护板、中间护板及连杆机构等组成,中间护板通过连杆机构将边护板连接在边梁上,如图 LB8-3 所示。由于连杆机构为铰接式,可适应车辆运行中车端的各种角度变化。

4. 渡板和踏板组成

渡板由渡板体、折页及磨耗条等组成,渡板体和踏板体由扁豆花纹不锈钢板制成,有防滑性能。踏板页由光面不锈钢板制成,如图 LB8-4 所示。

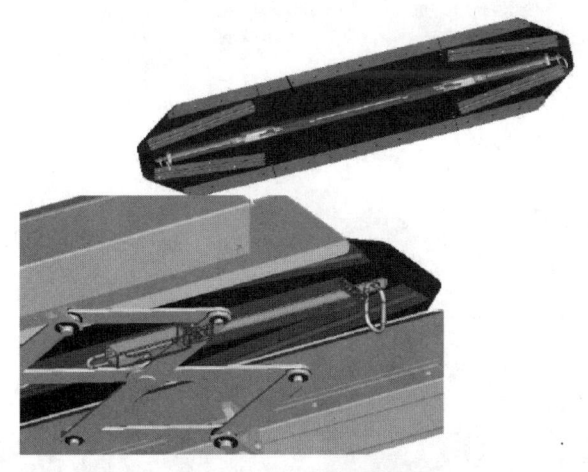

图 LB8-4 渡板和踏板

5. 上、下护板安装座组成

上护板安装座组成带有快速锁闭机构,只要将拉手提起旋转 60° 就可拆下侧护板上端连接。两护板安装座分别独立安装在车体上。

6. 车体框组成

车体框与车体框胶条黏接成一体,胶条与车体端接触,固定在车体的端部。

7. 踏板支撑组成

踏板支撑调整好位置后,固定于车辆端部,如图 LB8-5 所示。

图 LB8-5　踏板支撑

分模块 LC 车门系统

一般城市轨道交通车辆共有 4 种车门,即客室车门、司机室侧门、紧急疏散门、司机室通道门。例如,上海地铁 11 号线每辆车安装了 10 个客室车门(每侧 5 个),供乘客上、下车使用。在 A 型车司机室安装有 2 个司机室车门,1 个紧急疏散门,1 个司机室通道门;整列车共 4 个司机室侧门,2 个紧急疏散门,2 个司机室通道门。昆明地铁首期工程电客列车有 3 种车门,即客室车门、司机室侧门、司机室通道门。

子模块 LC1 城市轨道交通车辆车门类型

一、按驱动方式分类

1. 气动式车门

气动式车门由压缩空气驱动传动气缸,再通过机械传动系统和电气控制系统完成车门的开关动作。机械传动系统的作用是,将传动气缸活塞杆的运动传递至车门,使车门动作。电气控制系统的作用是为了保证车门动作可靠和行车安全。车门的电气控制系统一般采用电子控制技术,可根据乘客和司机的不同要求编制程序修改操作过程;自动监控装置具有全方位监控车门的系统、自动故障报警和记录等功能。为了防止车门夹伤乘客,现代自动车门还具有防夹功能,根据欧洲标准规定,在关门时的最大挤夹力应小于 250 N。图 LC1-1 为气动式车门驱动装置。图 LC1-2 是气动式车门的结构。

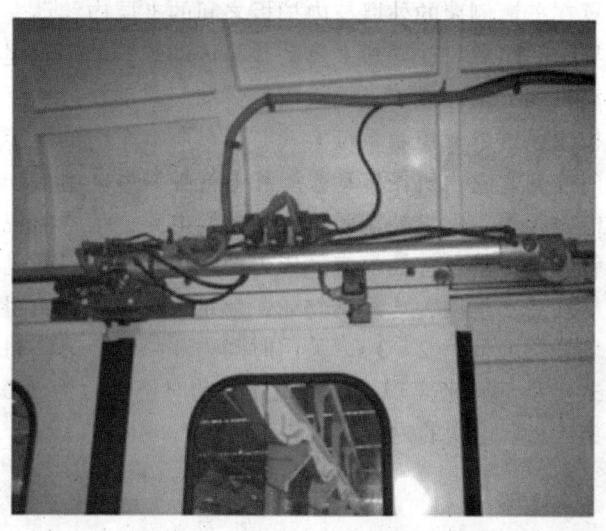

图 LC1-1 气动式车门驱动装置

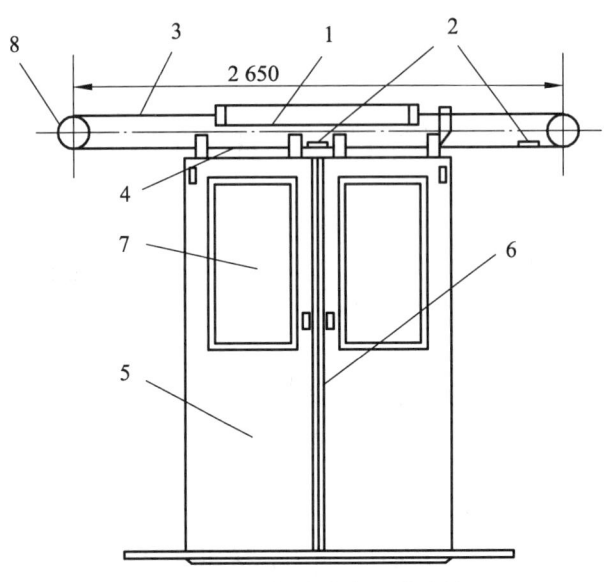

图 LC1-2　气动式车门的结构

1—气缸；2—行程开关；3—钢丝绳；4—导轨；5—门页；
6—橡胶密封条；7—车门玻璃；8—定滑轮

2. 电动式车门

电气驱动车门由电动机、传动装置、控制器、闭锁装置和紧急开门装置组成。齿形皮带与两个门翼相固定，闭锁和解锁所需的扭矩由电动机提供。另一种电气驱动装置为电动机通过一根左右同步的螺杆和球面支承螺母驱动滚珠摆动导向件和与其固定的门翼。

二、按开启方式分类

1. 内藏嵌入式车门

开、关车门时门翼在车辆侧墙的外墙与内护板之间的夹层内移动，传动装置设于车厢内侧车门的顶部，装有导轮的门翼可在导轨上移动并与传动装置的钢丝绳或皮带相连接，借助气缸或电动机驱动传动机构，从而使钢丝绳或皮带带动门翼动作。北京地铁采用了该种形式的车门，司机可操纵按钮通过电气控制系统实现对列车所有车门的同步动作，也可对没关好的车门单独进行再关门控制。它由机械传动系统和电气控制系统组成。机械传动系统包括传动气缸、传动系统和电磁阀等；电气控制系统包括控制电路、信号监视电路等。气动门的风源由总风缸通过总风管供给，总风管压缩空气压力经减压阀减压，通过支管截断塞门、电磁阀充至传动气缸内，推动活塞运动，再经钢丝绳、导轮、滚轮、导轨组成的机械传动部分使门动作。双向对开拉门开门时间为 2～3 s，关门时间为 3～4 s，门移动有快慢两挡速度，通过双重活塞双向作用式传动气缸来实现，门翼快速运动时挤夹力为 740 N，慢速运动时挤夹力为 320 N。图 LC1-3 是北京地铁的内藏嵌入式车门。

图 LC1-3　北京地铁的内藏嵌入式车门

2. 外挂式车门

外挂式车门与内藏嵌入式车门的主要区别仅在于开、关车门时，门页和悬挂机构始终处于侧墙的外侧，车门驱动机构的工作原理与内藏嵌入式车门相同。图 LC1-4 和图 LC1-5 分别是外挂式车门和外挂式车门开关状态示意图。

图 LC1-4　外挂式车门

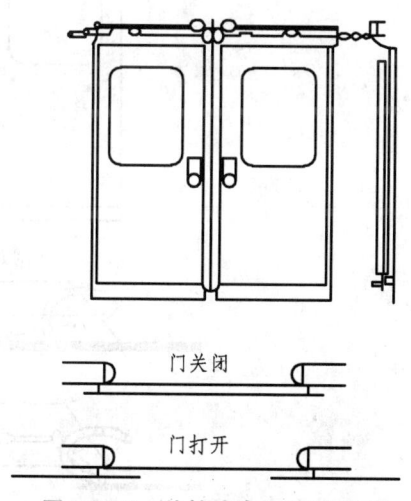

图 LC1-5　外挂式车门开关状态

3. 塞拉门

塞拉门借助于车门上端的传动机构和导轨，车门开启状态时，门翼贴靠在侧墙的外侧，车门在关闭状态时，门翼外表面与车体外墙成一平面，这不仅使外表美观，而且也有利于在高速行驶时减少空气阻力，车门不会因空气产生涡流而产生噪声，也便于自动洗车装置对车体的清洗。图 LC1-6 和图 LC1-7 分别是塞拉门实物和塞拉门开关状态简图。

图 LC1-6 塞拉门实物

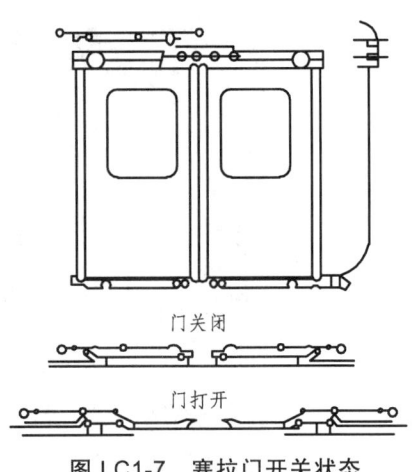

图 LC1-7 塞拉门开关状态

4. 外摆式车门

外摆式车门开门时，通过转轴和摆杆使车门向外摆出并贴靠在车体外墙板上，门关闭后门翼外表面与车体外墙成一平面。这种车门的结构特点为开门时具有较大的门翼摆动空间。图 LC1-8 是外摆式车门开关状态简图。

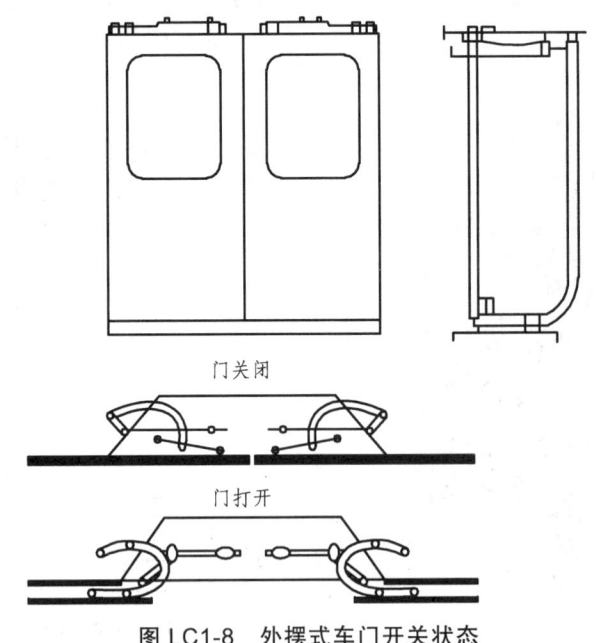

图 LC1-8 外摆式车门开关状态

子模块 LC2　客室车门的类型及特征

一、客室车门的类型

昆明地铁首期工程的 B 型电客列车客室车门为双页电动塞拉门，此类车门外观美观，密封性较好，机械故障发生概率较大。每列车共有 48 页客室车门，其中每节车 8 页门。客室车门系统组成如图 LC2-1 所示。

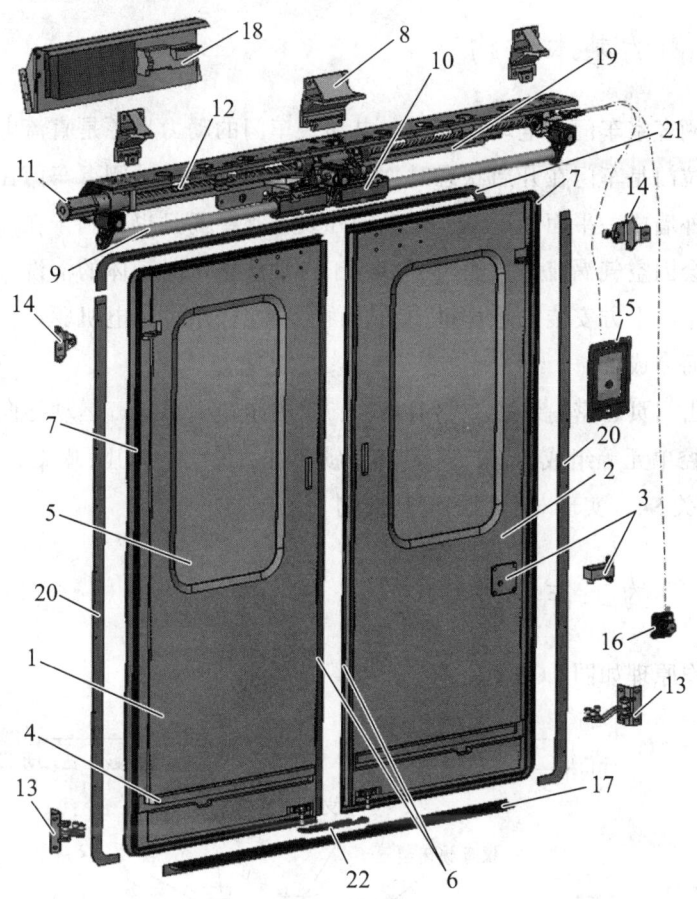

图 LC2-1　客室车门系统组成

1—左门页；2—右门页；3—切除装置；4—下导轨；5—门窗；6—护指胶条；7—周边密封胶条；8—安装支架；9—导柱；10—携门架；11—直流电机；12—驱动丝杠；13—摆臂组件；14—平衡轮；15—紧急出口装置；16—乘务员钥匙开关（紧急入口装置）；17—门槛；18—EDCU 组件；19—上导轨；20—侧压条；21—上压条；22—嵌块

二、客室车门的特征

（1）要有足够的有效宽度。

（2）车门要均匀分布，以方便乘客上、下车。

（3）要有足够数量的车门，以使乘客上、下车时间满足运行密度要求。

（4）车门附近要有足够的空间，方便乘客上、下车时周转。

（5）要确保乘客的安全。

（6）要具有较高的可靠性。

子模块 LC3 客室车门的基本结构

一、塞拉门的基本结构

昆明地铁车辆客室车门是电动式车门。电动式车门的动力来源是直流电机。

双页电动塞拉门是车门在开启状态时，门页贴靠在侧墙的外侧，车门在关闭状态时，门页外表面与车体外墙成一平面，这不仅使车辆外观美观，而且也有利于在高速行驶时减小空气阻力，车门不会因空气涡流产生噪声，也便于自动洗车机对车体的清洗。塞拉门的开、关动作是门页借助车门上方安装的悬挂机构和导轨的导向作用，由电机驱动机械传动机构使门页沿着导轨滑动而完成的。

塞拉门主要由门页、密封装置、驱动机构、门关闭锁闭机构、运动导向机构、车门旁路系统以及电子门控单元等组成。车门还装有门锁闭开关 S1、门切除开关 S2、紧急解锁开关 S3 和门关到位开关 S4，实现对车门的电气控制。

二、塞拉门的工作原理

塞拉门的工作原理如图 LC3-1 所示。

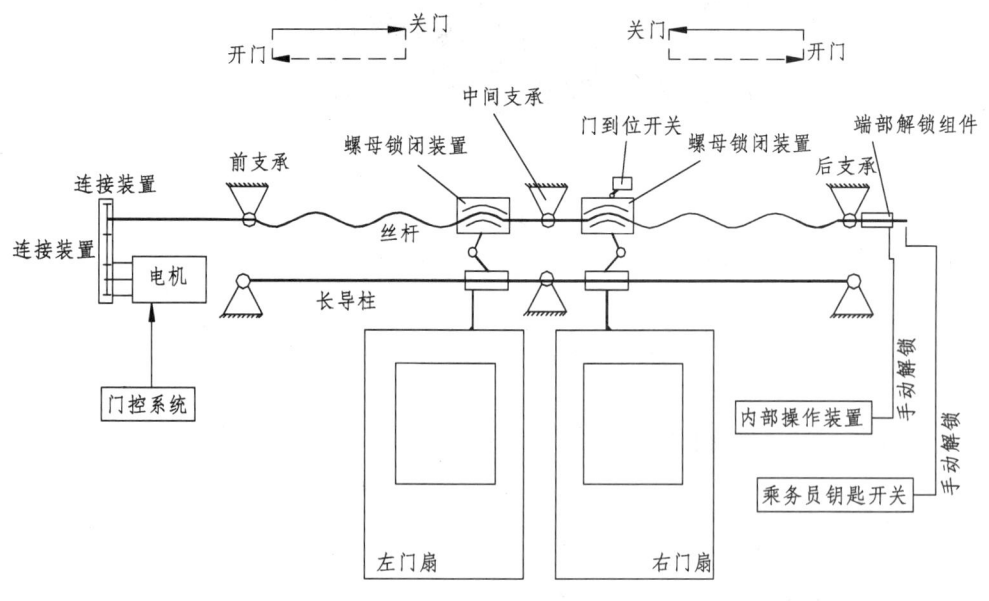

图 LC3-1 塞拉门的工作原理

三、司机室侧门的基本结构

昆明地铁首期工程车辆的司机室侧门，在司机室两侧各设有手动单页折页门，如图

LC3-2 所示。司机室侧门用于安全出入司机室,与外部环境实现物理、热量和声音隔离,保护司机的安全。

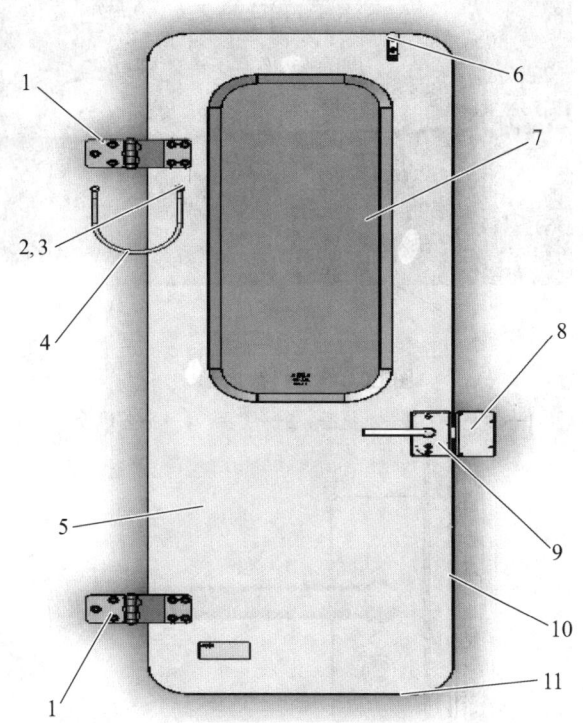

图 LC3-2　手动单页折页门

1—铰链组件；2—内六角圆柱头螺钉；3—接地垫圈；4—接地电缆；5—门页；6—缓冲头组件；7—门窗；8—开关盒组件；9—门锁；10—周边密封胶条；11—防滑贴

1. 门　页

门页采用铝框架、铝蜂窝及铝蒙板的铝制夹层结构制造,热固化成型,铝板边缘卷边包裹在铝骨架上,以增强机械附着强度。

门页上均安装有密封玻璃,玻璃与门外表面齐平。门页周边安装有 EPDM 橡胶密封条,橡胶条符合 DIN 5510 防火标准。另外,车体上还配有一个密封框,确保门页与车体之间的密封效果。

门页的后面放置了一根接地线,用以连接门页和车体,以免门页上的电流击伤人员。

2. 门　锁

在前门页的中间部位配有一个带有手柄的门锁,其锁舌与安装在车体上的开关盒相配合,以锁上车门。门锁内部如图 LC3-3 所示,采用手柄和保险锁扣的方式。门锁外部如图 LC3-4 所示,采用手柄和 7 mm × 7 mm 方孔钥匙锁的布置方式。

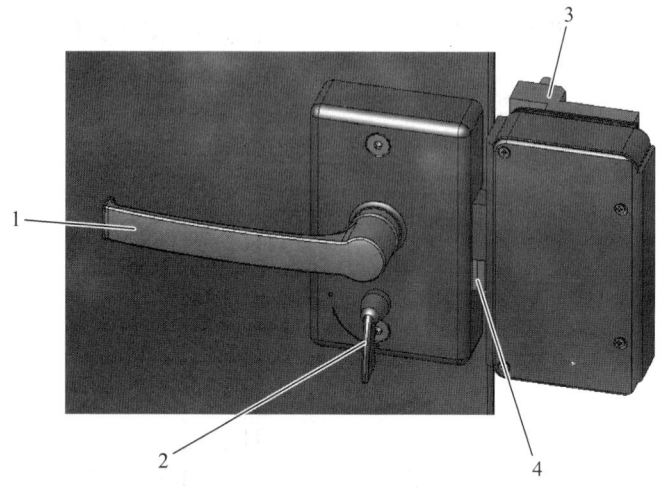

图 LC3-3 门锁内部

1—内把手；2—小把手；3—锁舌；4—安全锁舌

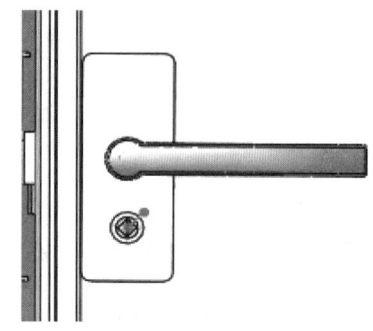

图 LC3-4 门锁外部

3. 司机室侧门密封

司机室侧门门页四周均安装有 EPDM 密封胶条，相应的门框四周安装有密封框，当门关闭时密封框压缩密封胶条，使密封胶条产生足够的变形量从而形成密封。

子模块 LC4 昆明地铁首期工程电客列车客室车门

一、客室车门的主要技术参数

客室门净开宽度：$(1\ 310 \pm 5)$ mm。

客室门净通过高度：1 880 mm。

客室侧门塞拉行程（外摆）：48～54 mm。

客室门门页平行度：0～2 mm。

客室门密封度：(17 ± 2) mm。

客室门对中性：0～2 mm。

客室门"V"形：2～5 mm。

客室门护指胶条密封度（带电时测量）：（44.3±4）mm。

客室门 S4 间隙（带电时测量）：4～6 mm。

客室门关门定位销：左右 1～2 mm，上下高度 2 mm（最佳高度 3 mm）。

客室车门外紧急解锁扭力值：<6 N·m。

客室侧门门页厚度：32 mm。

玻璃结构：5 mm（外侧）+11 mm（中空）+4 mm（内侧）。

供电电压：DC 110 V（波动范围：77～137.5 V）。

功耗：待机<15 W，正常操作≤160 W，峰值<440 W（<500 ms）。

EDCU 服务接口：USB。

EDCU 通信接口：MVB、CAN。

EDCU 工作温度范围：-25～+70 ℃。

电机防护等级：IP32。

EDCU 防护等级：IP32。

开门/关门时间：（3.0±0.5）s。

开、关门延时时间：0～3.0 s，可调。

最小障碍物尺寸：25 mm×60 mm（宽×高）。

防挤压力：峰值力 F_p<300 N；在第一次关门过程中的有效力 F_e<150 N；第二次及第三次关门过程中的平均有效力 F_e<200 N。

隔音量：100～5 000 Hz 时，不小于 31 dB（A）。

隔热性能：K≤4.6W/（m²·k）。

二、门　页

门页除了必需的紧固、支撑和导向件以外，内表面是平滑的。每页门上均安装有玻璃，玻璃与门外表面齐平。门页周边安装有橡胶密封条。门页前缘安装有专用的护指胶条，以防止乘客被夹伤。橡胶密封条符合 DIN 5510 防火标准。

在门页的每个上部后边缘上，平衡轮（安装在车体门口上）在闭合位置与门页咬合，阻止由于任何垂直向上施加的作用力而使门页发生位移。

在每页门的前边下部有一止挡销，当门关闭时止挡销与门槛嵌块中的槽配合。该固定装置可以阻止门页在此区域内的偏移（由横向力引起），此外，门页上任意点的其他偏移也会由于固定装置而得到减少。

门页的运动轨迹是由轨道产生的，轨道形状决定了门页横向和纵向关联运动的轨迹。上部轨道被安装在驱动机构上。每个携门架有一个滚轮在上部轨道里滚动。下部轨道安装在门页上。两个摆臂组件安装在车体门口上，和下部轨道一起产生门页的横向导向力。

三、电动门的驱动装置

电动门的驱动装置如图 LC4-1 所示。

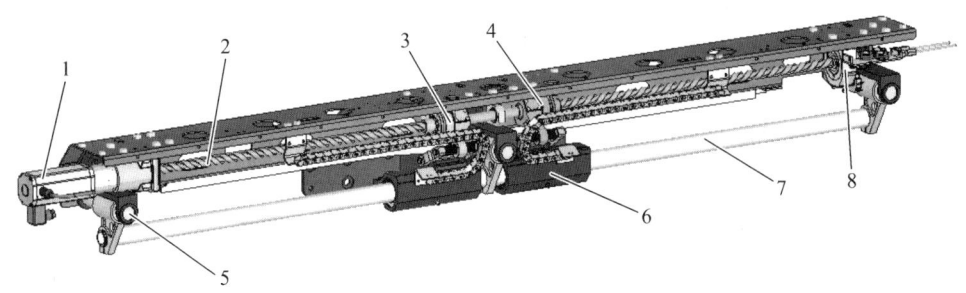

图 LC4-1　电动门的驱动装置

1—直流电机；2—丝杆；3—丝杠螺母；4—铰链机构；5—短导柱；
6—携门架；7—长导柱；8—解锁单元

车门的运动由一个带减速箱的直流电机驱动丝杆（丝杆一半是右旋的，另一半是左旋的）来实现。电机通过联轴节直接驱动丝杆。丝杠螺母通过铰链机构与携门架柔性相连，门页安装在携门架上。车门通过上下导轨实现运动导向。

在丝杆的右端设有解锁单元，一旦操作紧急出口、入口装置，在钢丝绳的拉动下解锁单元可将车门手动解锁。

长导柱安装在 3 个挂架上，3 个挂架分别在 3 根短导柱上移动，3 根短导柱通过整个机构的一个基架安装在车体上。长导柱为门的横向移动提供自由度，并保证在开、关门过程中使门板与车体平行。短导柱承受门板的质量并为车门提供纵向移动自由度。

电动门的驱动装置采用直流减速电机。直流减速电机又名齿轮减速电机，是在普通直流电机的基础上，加上配套的齿轮减速箱。齿轮减速箱的作用是，提供较低的转速、较大的力矩。同时，齿轮箱不同的减速比可以提供不同的转速和力矩。这大大提高了直流电机在自动化行业中的使用率。减速电机是指减速机和电机的集成体。这种集成体通常也可称为齿轮电机。减速电机广泛应用于钢铁行业、机械行业等。

直流减速电机的优点是：能耗低，性能优越，效率高，振动小，噪声低，节能高；选用优质钢材料，钢性铸铁箱体，齿轮表面经过高频热处理；结合国际技术要求制造，具有很高的科技含量；节省空间，可靠耐用，承受过载能力高，功率可达 95 kW 以上；采用了系列化、模块化的设计思想，有广泛的适应性；经过精密加工，确保定位精度，同时配置了各类电机，形成了机电一体化，完全保证了产品的使用质量特征。

普通直流电机的电枢在转子上，而定子产生固定不动的磁场。为了使直流电机旋转，需要通过换向器和电刷不断改变电枢绕组中电流的方向，使两个磁场的方向始终保持相互垂直，从而产生恒定的转矩，驱动电机不断旋转。

无刷直流电机为了去掉电刷，将电枢放到定子上，而转子制成永磁体转子，这种结构正好和普通直流电机相反；然而，即使这样改变还不够，因为定子上的电枢通过直流电后，只能产生不变的磁场，电机依然转不起来。为了使电机转起来，必须使定子电枢各相绕组不断地换相通电，这样才能使定子磁场随着转子的位置不断地变化，使定子磁场与转子永磁磁场始终保持左右的空间角，产生转矩推动转子旋转。

电机的定子绕组多做成三相对称星形接法，同三相异步电机十分相似。电机的转子上粘有已充磁的永磁体，为了检测电机转子的极性，在电机内装有位置传感器。驱动器由功率电子器件和集成电路等构成，其功能是接收电机的启动、停止、制动信号，以控制电机的启动、停止和制动；接收位置传感器信号和正反转信号，用来控制逆变桥各功率管的通断，产生连续转矩；接收速度指令和速度反馈信号，用来控制和调整转速；提供保护和显示等。

无刷直流电机的位置传感器编码使通电的两相绕组合成磁场轴线的位置超前转子磁场轴线的位置，所以不论转子的起始位置处在何处，电机在启动瞬间就会产生足够大的启动转矩，因此，转子上不需另设启动绕组。由于定子磁场轴线可视作同转子轴线垂直，在铁心不饱和的情况下，产生的平均电磁转矩与绕组电流成正比，这正是直流电机的电流-转矩特性。

由于无刷直流电机是以自控式运行的，所以不会像变频调速下重载启动的同步电机那样在转子上另加启动绕组，也不会在负载突变时产生振荡和失步。

四、门锁闭装置

如图 LC4-2 所示，变升程丝杆的螺旋槽分为 3 段：普通工作段、零升程自锁段和过渡段。在与门连接的传动螺母上，有 2 个滚动销，滚动销在丝杆螺旋槽中滚动。

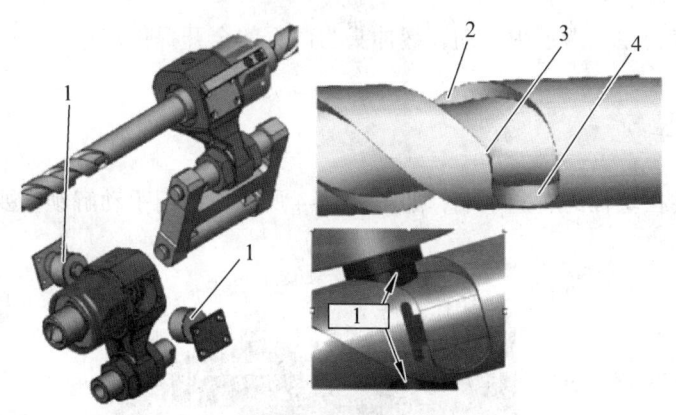

图 LC4-2　门锁闭装置

1—滚动销；2—普通工作段；3—过渡段；4—零升程自锁段

在普通工作段螺旋槽中，电机驱动时，丝杆可以驱动传动螺母以实现电动开、关门，无电时，传动螺母可以驱动丝杆以实现手动开、关门，当传动螺母的滚动销进入丝杆的零升程自锁段时，仅丝杆能驱动传动螺母以实现锁闭或解锁，而传动螺母却不能驱动丝杆试图解锁，从而实现对门的锁闭和电机开、关门的自动切换。

五、携门架

图 LC4-3 为携门架的结构。丝杆螺母通过铰链板和携门架上的连接座与携门架相连，携门架通过直线轴承在长导柱上滑动。

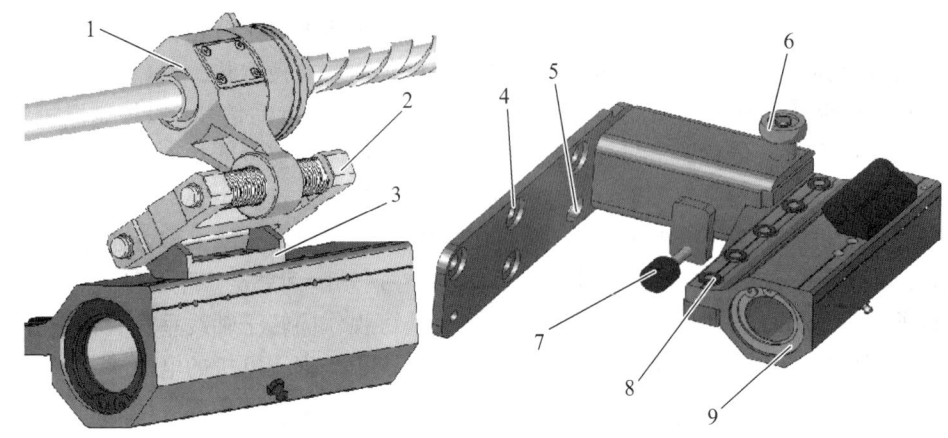

图 LC4-3 携门架

1—丝杆螺母；2—铰链板；3—连接座；4—螺栓孔；5—偏心轮孔；6—滚轮；
7—缓冲头；8—偏心轮装置；9—直线轴承

携门架通过其上面的螺栓孔与门页螺栓连接，并提供了一个偏心轮孔，通过此孔安装偏心轮装置来调节门页的"V"形。携门架自带有一个偏心装置，通过此偏心装置来调节门页与车体之间的平行度。

携门架通过滚轮在上滑道中运动，缓冲头为门页的全开提供定位。

六、解锁单元

解锁单元安装在丝杠的右侧末端，如图 LC4-4 所示。车门手动解锁需要与紧急出、入口装置配合使用。

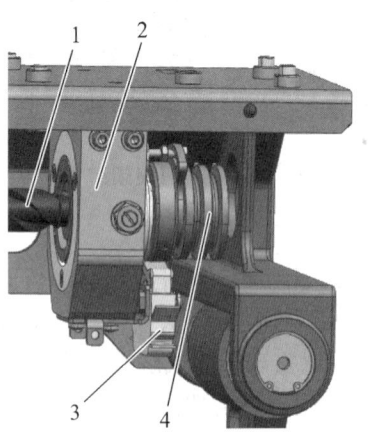

图 LC4-4 解锁单元

1—丝杆；2—手动解锁装置；3—紧急解锁开关；4—解锁轮

在门锁闭到位的情况下，操作紧急出、入口装置将通过钢丝绳旋转解锁轮。当解锁轮往解锁方向旋转时，通过手动解锁装置转动丝杆从而使门机械解锁，同时解锁轮的旋转将触发紧急解锁开关，此时司机室 HMI 显示屏上将显示相应车门的紧急解锁信息。

当紧急出、入口装置操作到位后,手动解锁装置将通过内部特定装置脱离丝杆,丝杆可以自由转动,乘客可以手动将门打开。

紧急解锁开关仅在紧急出、入口装置复位后才能复位。紧急解锁开关的 NC(常闭)触点与车门安全回路串联,NO(常开)触点与 EDCU 连接。

七、门关闭、锁闭开关

如图 LC4-5、图 LC4-6 所示,检测装置包含 2 组限位开关,用于检测驱动螺母是否进入关闭或锁闭位置,并提供"门关闭或锁闭"信号。

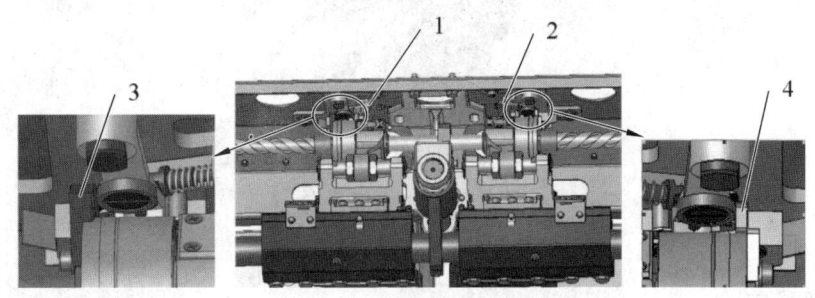

图 LC4-5　开关组件

1—门关到位开关组件;2—门锁到位开关组件;3—左螺母上的撞板;4—右螺母上的撞板

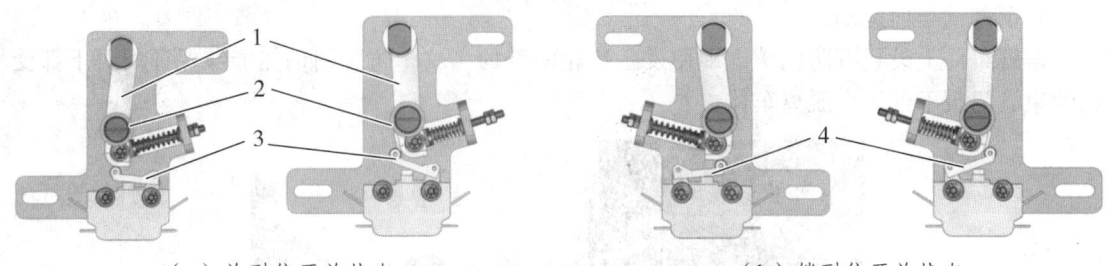

(a)关到位开关状态　　　　　　　　(b)锁到位开关状态

图 LC4-6　关到位与锁到位开关组件

1—铰链臂;2—滚轮;3—门关到位开关;4—门锁到位开关

每一个开关包含有 NO(常开)及 NC(常闭)触点,机械上联动,但电气上互相独立。NC 触点用于列车安全回路,NO 触点用于门内部的检测电路。

在机构顶部安装有关到位开关组件与锁到位开关组件。

当门到达关闭位置时,左螺母上的撞板拨动开关组件中的滚轮使铰链臂旋转脱开,释放关到位开关。当螺母中滚动销进入锁闭位置时,右螺母上的撞板拨动开关组件中的滚轮使铰链臂旋转,释放锁到位开关。

开门时,当螺母中的滚动销离开锁闭位置时,右螺母上的撞板脱开开关组件中的滚轮,铰链臂在弹簧的作用下旋转触发锁到位开关,发出解锁信号。当门离开关闭位置时,左螺母上的撞板脱开开关组件中的滚轮,铰链臂在弹簧的作用下恢复触发关到位开关,发出开门信号。

开关组件用螺钉通过腰形孔安装在机构顶部,松开螺钉可对开关组件的位置进行调节。

八、运动导向

1. 上部导向

上部左右各设置一个滑道,如图 LC4-7 所示。上导轨安装在门机构上,通过携门架上的滚轮实现门页的横向和纵向运动。滚轮通过卡簧安装在滚轮轴上。

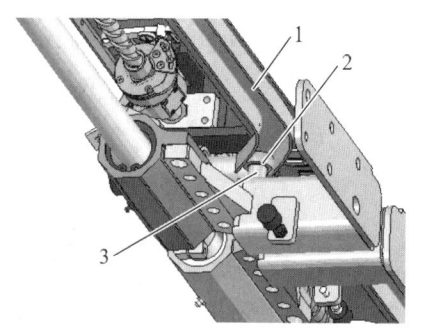

图 LC4-7　上部导向

1—上导轨；2—滚轮；3—滚轮轴

2. 下部导向

如图 LC4-8 所示,下导轨安装在门页下部,并与安装在车体上的摆臂组件相配合,以保证门页下部的导向运动。

摆臂组件上设置有防脱销,即使发生滚轮断裂的事故,防脱销仍然能够保证门页下部受到约束,门页下部不会脱离车体。

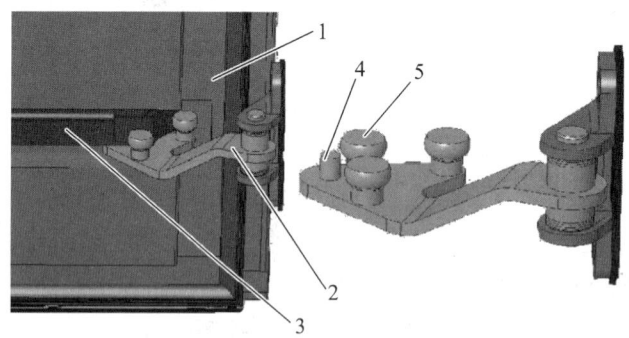

图 LC4-8　下部导向

1—门页；2—摆臂组件；3—下导轨；4—防脱销；5—滚轮

九、密　封

如图 LC4-9 所示,车体门框上左右均安装有用螺钉固定的铝合金密封型材,周边使用密封胶。左门页与右门页前端接触处采用重叠、凹凸的护指胶条密闭车内空间,并防止在关门时挤伤乘客。

在门关闭状态下,门页周边密封胶条与上压条、侧压条、门槛紧密压接贴合,确保车门在关闭时与车体具有良好的密封性能。

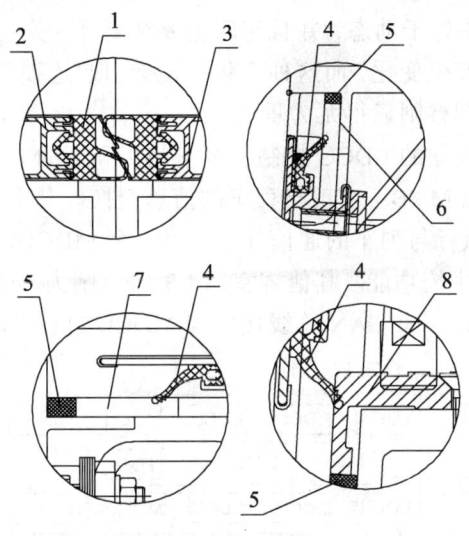

图 LC4-9 密封

1—凹凸护指胶条；2—左门页；3—右门页；4—周边密封胶条；5—密封胶条；
6—侧压条；7—上压条；8—门槛

子模块 LC5 车门控制

一、车门功能及控制

（1）客室侧门接入 5 条列车线：零速列车线、门允许列车线、开门列车线、关门列车线、重开闭列车线。

另外，车门还可以通过网络将门开关指令及零速信号传送给 EDCU。

（2）客室侧门具有如下主要功能：

① 开、关门功能；

② 障碍物探测功能；

③ 车门故障切除功能；

④ 紧急解锁功能；

⑤ 车门安全回路及旁路功能；

⑥ 外部操作功能（每车 2 套门）；

⑦ 车门故障显示、存储和诊断功能；

⑧ 单门维护按钮开关门功能（仅用于维修人员本地操作）；

⑨ 零速保护功能。

二、车门控制单元

昆明地铁首期工程车辆的车门均由微处理器电子控制，客室车门由激活端司机通过按钮进行开、关控制。因为它采用了电机驱动、先进的计算机控制，故要求车门调节必须精确到位。由于列车运行的过程中处于动态，并且车门也要往复开、关，加之正常磨耗及人为因素，致使车门的各项几何尺寸产生变化，而这种变化往往会引起连锁反应，使车门产生各种故障，所以对车门尺寸进行定期调整则显得尤为重要。

每个客室门均由一个独立的 EDCU 控制。客室门 1 和 2 的 EDCU 配有 MVB 总线接口，以便通过多功能车辆总线（MVB）实现与列车的信息交换。其中，一个带有 MVB 总线接口的 EDCU（MDCU）用来执行与列车的通信任务；另一个 MDCU 则作为主控冗余，在前一个 MDCU 故障的情况下接管主控功能。其他客室门（3~8）则为不带 MVB 总线接口的（本地）控制单元（LDCU），可通过一个 CAN 总线接口与 MDCU 进行单独通信，如图 LC5-1 所示。

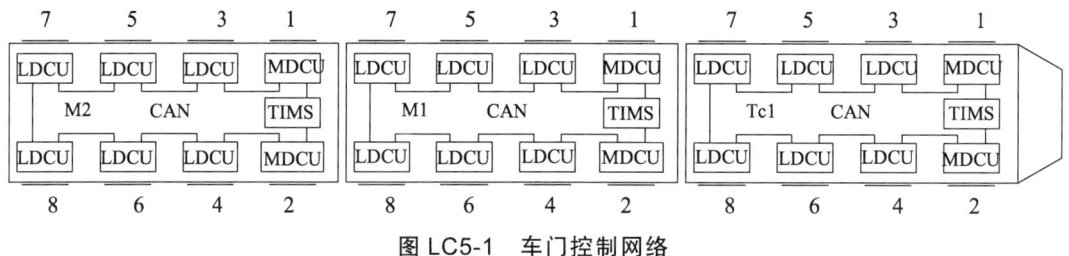

图 LC5-1　车门控制网络

EDCU 包括内部电源、微控制器和程序存储器。微控制器驱动车门电机，并控制电机转矩以及电机电流和速度。

EDCU 可以编程，输入和输出信号由软件控制，并可通过更新软件来实现车门功能的更改，可以通过位于每个 EDCU 上的 USB 接口实现软件的加载。

接通电源电压激活 EDCU 可引发客室门的以下动作：

① 客室门锁闭；
② 客室门被激活并保持关闭；
③ 客室门未锁闭。

此时，EDCU 不能监测车门的位置。在一个未锁闭的客室门上，将启动一个初始化程序，该程序将以恒速关闭门直到门达到关上和锁紧位置。此过程中障碍物检测系统正常工作。

1. 控制元件

车门控制元件如表 LC5-1 所示。

表 LC5-1　车门控制元件

元　件	代　号	位　置
主门控单元（MDCU）	A1	门 1~2 的 EDCU 安装板
本地门控单元（LDCU）	A2	门 3~8 的 EDCU 安装板
电　机	M1	门机构
门位置传感器	BQ1	集成在电机 M1 上
电源隔离开关	QF1	EDCU 安装板
内侧车门指示灯（黄色）	H1	门入口
车门切除指示灯（红色）	H2	门入口

续表 LC5-1

元件	代号	位置
蜂鸣器	B1	门机构
锁到位开关	S1	门机构
隔离开关	S2	门入口
紧急解锁开关	S3	门机构
关到位开关	S4	门机构
连接器	XT1	EDCU 接线端子排
连接器	XT2	机构接线端子

2. EDCU 部件

EDCU 门控单元如图 LC5-2 所示。

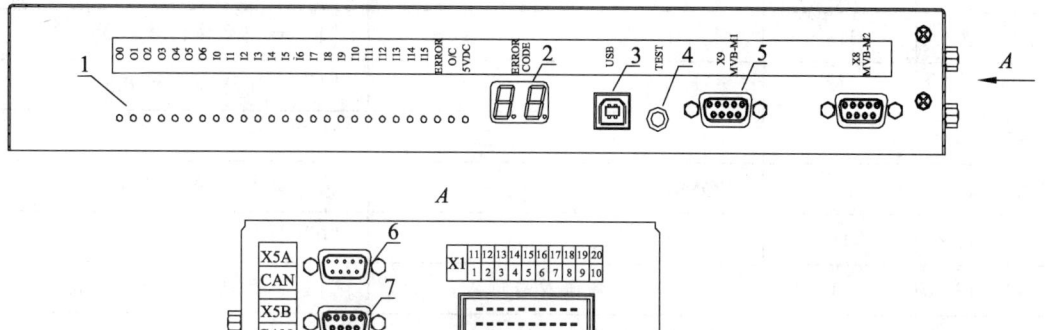

图 LC5-2　EDCU 门控单元

1—LED；2—LED 代码；3—USB；4—维护按钮；5—MVB；6，7—CAN

EDCU 门控单元部件如表 LC5-2 所示。

表 LC5-2　EDCU 门控单元部件

部件	说明
LED（1）	用于指示输入/输出、电机状态、安全继电器、DC 5 V 和故障指示
LED 代码（2）	显示故障代码
USB（3）	带有一个 USB 插头的服务接口，用于加载软件（EDCU 软件/PC 加载软件）；用于诊断（PC 诊断软件）
维护按钮（4）	零速时，维修人员可通过操作维护按钮开、关本地车门；初始化电机电流曲线：掀下时间超过 1.5 s（接通电源）
MVB（5）	连接列车控制系统和 MDCU 的数据总线，两个插座 Sub-D 9-孔
CAN（6）	连接 MDCU 和 LDCU 的数据总线，一个插座 Sub-D 9-针
CAN（7）	连接 MDCU 和 LDCU 的数据总线，一个插座 Sub-D 9-孔

3. EDCU 输入和输出信号

EDCU 输入和输出信号说明如表 LC5-3 所示。

表 LC5-3　EDCU 输入和输出信号说明

引　脚	LED	信　号	状　态
X1：1	I0	紧急解锁开关	"1"＝门紧急解锁
X1：2	I2	隔离开关	"0"＝门隔离
X1：3	I4	关到位开关	"0"＝门关到位
X1：4	I6	门地址编码	位 1
X1：5	I8	门地址编码	位 3
X1：6		COM1	输入口 I10～I13 公共端
X1：7	I11	关门列车线	"1"＝关门
X1：8	I13	门允许列车线	"1"＝门允许信号有效
X1：9	I14	零速列车线	"1"＝车速不大于 0.5 km/h
X1：10	I15	未使用	
X1：11		COM0	输入口 I0～I9 公共端
X1：12	I1	锁到位开关	"0"＝门锁到位
X1：13	I3	安全互锁回路输入端	"1"＝高电平，"0"＝低电平
X1：14	I5	安全互锁回路输出端	"1"＝高电平，"0"＝低电平
X1：15	I7	门地址编码	位 2
X1：16	I9	门地址编码	位 4
X1：17	I10	开门列车线	"1"＝开门
X1：18	I12	重开闭列车线	"1"＝再关闭
X1：19		COM2	输入口 I14 公共端
X1：20		COM3	未使用
X2：1		PHB 电机驱动	脉冲信号
X2：2		PHA 电机驱动	脉冲信号
X2：3		NC	未使用
X2：4		VP－门位置传感器电源	负极
X2：5		POS2 门位置传感器信道	脉冲信号
X2：6		PHC 电机驱动	脉冲信号
X2：7		NC	未使用

续表 LC5-3

引 脚	LED	信 号	状 态
X2：8		VP+门位置传感器电源	正极
X2：9		POS1 门位置传感器信道	脉冲信号
X2：10		POS3 门位置传感器信道	脉冲信号
X3：1		NC	未使用
X3：2		POW-电源负	
X3：3	O4NO		未使用
X3：4	O5NO		未使用
X3：5		ENB1 使能输入	由门紧急解锁触发
X3：6		NC	未使用
X3：7	O1	车门切除指示灯	"1" = 内侧 H2 红色指示灯亮
X3：8	O3	蜂鸣器	"1" = 鸣响
X3：9		POW+电源正	DC +110 V
X3：10		COM4	未使用
X3：11	O4NC		未使用
X3：12	O5NC		未使用
X3：13		COM5	未使用
X3：14		ENB2 使能输入	未使用
X3：15	O0	内侧车门指示灯	"1" = 内侧 H1 橙色指示灯亮
X3：16	O2		未使用

4. EDCU 的 LED 指示

除了上述 EDCU 所有的输入/输出口配有 LED 外，以下各项也配有 LED 信号说明指示，如表 LC5-4 所示。

表 LC5-4 EDCU 的 LED 信号说明

LED	信 号	状 态
ERROR	门故障指示	"亮" = 主要故障
LED 代码	门故障指示	数字代表当前故障代码（详见车门故障诊断说明）
O/C	安全继电器状态 开/关门状态指示	"1" = 内部安全继电器闭合 "闪烁" = 门驱动电机处于开/关门状态
DC 5 V	5 V 电源指示	"1" = EDCU 内部 5 V 电源电压正常

5. MDCU 地址编码

MDCU 的编码需对应车号和门号,按照表 LC5-5 电子门控器的输入端 I6(X1:4)、I7(X1:15)、I8(X1:5)和 I9(X1:16)实现编码。

表 LC5-5 MDCU 地址编码

车号	门号	位 4(I9)	位 3(I8)	位 2(I7)	位 1(I6)
Tc1	1	0	0	0	1
Tc1	2	0	0	1	0
M1	1	0	0	1	1
M1	2	0	1	0	0
M2	1	0	1	0	1
M2	2	0	1	1	0
M3	1	0	1	1	1
M3	2	1	0	0	0
M4	1	1	0	0	1
M4	2	1	0	1	0
Tc2	1	1	0	1	1
Tc2	2	1	1	0	0

6. LDCU 地址编码

LDCU 的编码只需对应门号,按照表 LC5-6 电子门控器的输入端 I6(X1:4)、I7(X1:15)、I8(X1:5)和 I9(X1:16)实现编码。

表 LC5-6 LDCU 地址编码

门号	位 4(I9)	位 3(I8)	位 2(I7)	位 1(I6)
3	0	0	1	1
4	0	1	0	0
5	0	1	0	1
6	0	1	1	0
7	0	1	1	1
8	1	0	0	0

7. 列车控制系统和 EDCU 间的信号

(1)采用硬连线的列车线。

① 信号从列车控制系统到 EDCU,如表 LC5-7 所示。

表 LC5-7 从列车控制系统到 EDCU 的信号

No.	X1	I/O	信 号	信号电平	类型
1	13	I3	安全互锁回路输入端	"1" = 高电平	电平
2	14	I5	安全互锁回路输出端	"1" = 高电平	电平
3	17	I10	开门列车线	"1" = 开门	脉冲
4	7	I11	关门列车线	"1" = 关门	脉冲
5	8	I13	门允许列车线	"1" = 允许信号有效	脉冲
6	9	I14	零速列车线	"1" = 零速	电平
7	18	I12	重开闭列车线	"1" = 再开闭	脉冲

② 信号从门入口区域到 EDCU，如表 LC5-8 所示。

表 LC5-8 从门入口区域到 EDCU 的信号

No.	X1	I/O	信 号	信号电平	类型
1	1	I0	S3 紧急解锁开关	"1" = 紧急解锁	电平
2	12	I1	S1 锁到位开关	"0" = 锁到位	电平
3	2	I2	S2 隔离开关	"0" = 隔离	电平
4	3	I4	S4 关到位开关	"0" = 关到位	电平

③ 信号从门入口区域到列车控制系统，如表 LC5-9 所示。

表 LC5-9 从门入口区域到列车控制系统的信号

No.	XT1	I/O	信 号	信号电平	类型
1	13/14	—	安全互锁回路	S1、S3、S4 干触点（NC）	电平
2	13/14	—	S2 隔离开关	S2 干触点（NO）	电平

④ 信号从 EDCU 到门入口区域，如表 LC5-10 所示。

表 LC5-10 从 EDCU 到门入口区域的信号

No.	X3	I/O	信 号	信号电平	类型
1	15	O0	内侧车门指示灯	"1" = 指示灯亮	脉冲
2	7	O1	车门切除指示灯	"1" = 指示灯亮	脉冲
3	8	O3	蜂鸣器	"1" = 鸣响	脉冲

8. 通过网络传输的信号

① 信号从 MDCU 到列车控制系统，如表 LC5-11 所示。

表 LC5-11　从 MDCU 到列车控制系统的信号

No.	信 号	信号说明	类型
1	疏散请求	"1" = 紧急解锁装置操作	电平
2	门隔离	"1" = 隔离	电平
3	门完全开启	"1" = 开启	电平
4	安全互锁回路	"1" = 安全互锁回路接通 "0" = 安全互锁回路断开	电平
5	门关闭锁紧——DCS 关门状态	"1" = 关闭	电平
6	零速列车线有效	"1" = 列车线有效	电平
7	开门列车线有效	"1" = 列车线有效	脉冲
8	重开闭列车线有效	"1" = 列车线有效	脉冲
9	关门列车线有效	"1" = 列车线有效	脉冲
10	门驱动电机电路断路	"1" = 有故障/等级 3	电平
11	门"锁到位开关"故障	"1" = 有故障/等级 3	电平
12	门"关到位开关"故障	"1" = 有故障/等级 3	电平
13	门 3 s 内未解锁	"1" = 有故障/等级 3	电平
14	门位置传感器故障	"1" = 有故障/等级 3	电平
15	门未经许可离开锁到位位置	"1" = 有故障/等级 3	电平
16	内部安全继电器故障	"1" = 有故障/等级 3	电平
17	安全互锁回路异常故障	"1" = 有故障/等级 3	电平
18	关门过程中的障碍检测触发指定次数	"1" = 有故障/等级 2	电平
19	开门过程中的障碍检测触发指定次数	"1" = 有故障/等级 2	电平
20	门锁装置故障	"1" = 有故障/等级 2	电平
21	输出口 O0 输出短路	"1" = 有故障/等级 2	电平
22	输出口 O1 输出短路	"1" = 有故障/等级 2	电平
23	输出口 O3 输出短路	"1" = 有故障/等级 2	电平
24	诊断存储器故障	"1" = 有故障/等级 2	电平
25	数据总线通信故障	"1" = 有故障/等级 2	电平

故障等级说明：

等级 3（严重故障）：影响车辆功能；

等级 2（中等故障）：不降低车辆操作功能。

② 信号从列车控制系统到 MDCU，如表 LC5-12 所示。

表 LC5-12 从列车控制系统到 MDCU 的信号

No.	信　号	信号说明	周　期
1	车厢号	列车号＋车辆号	1 024 ms
2	时间日期	年、月、日、时、分、秒	512 ms
3	零速信号	"1"＝有效	128 ms
4	开左侧门	"1"＝有效	128 ms
5	开右侧门	"1"＝有效	128 ms
6	关左侧门	"1"＝有效	128 ms
7	关右侧门	"1"＝有效	128 ms
8	开关门优先选择信号	"1"＝执行网络开关门	128 ms
9	开门延时	单位为 1＝1 ms	128 ms
10	关门延时	单位为 1＝1 ms	128 ms
11	顺序开门延时	单位为 1＝1 ms	128 ms
12	开门时间	单位为 1＝1 ms	128 ms
13	关门时间	单位为 1＝1 ms	128 ms
14	生命信号	信号由 0 向 255 累加，之后再从 0 重新开始	128 ms
15	第 1 次关门防挤压力	单位为 1＝1 N	1 024 ms
16	第 2 次关门防挤压力	单位为 1＝1 N	1 024 ms
17	第 3 次关门防挤压力	单位为 1＝1 N	1 024 ms
18	第 4 次关门防挤压力	单位为 1＝1 N	1 024 ms
19	第 5 次关门防挤压力	单位为 1＝1 N	1 024 ms
20	障碍物检测延时	单位为 1＝1 ms	1 024 ms
21	防挤压再关门延时	单位为 1＝1 ms	1 024 ms
22	障碍物检测次数	1～5 次	1 024 ms
23	检测到障碍后开门距离	单位为 1＝1 ms	1 024 ms
24	检测到障碍重开门到指定位置保持力	单位为 1＝1 N	1 024 ms
25	防挤压最后一次开门距离	单位为 1＝1 ms	1 024 ms
26	检测到障碍最后一次重开门到指定位置保持力	单位为 1＝1 N	1 024 ms
27	重开闭功能的重开距离	单位为 1＝1 ms	1 024 ms
28	重开闭时自动关门延迟时间	单位为 1＝1 ms	1 024 ms

9. 诊断代码说明

车门诊断系统将检测以下所有的诊断数据。通过在 EDCU 的 "ERROR CODE" 数码管闪动编码指明所有的诊断代码。所有这些诊断代码都可以读出，如表 LC5-13 所示。

表 LC5-13 诊断代码说明

诊断代码：01	
名　　称	门驱动电机电路断路
必要前提	门驱动电机启动（开门或关门方向）
诊断标准	门驱动电机启动，但没有检测到相符的电流值
诊断删除	如果再次启动门驱动电机且测量到相符的电流值
处理方法	检查电机电路、接线、EDCU 输出电路和电机
诊断代码：02	
名　　称	门"锁到位开关"故障
必要前提	初始化已经完成，锁到位开关指示门处于锁到位位置，门位置传感器指示门处于锁到位位置
诊断标准	门位置传感器检测到门已经离开锁到位位置，而锁到位开关仍指示门处于锁到位位置
诊断删除	重新给 EDCU 上电
处理方法	调节门锁到位开关位置；更换门锁到位开关；检查 EDCU 输入电路和接线端子排线头是否脱落
诊断代码：03	
名　　称	门"关到位开关"故障
必要前提	初始化已经完成，关到位开关指示门处于关到位位置，门位置传感器指示门处于关到位位置
诊断标准	门位置传感器检测到门已经离开关到位位置，而关到位开关仍指示门处于关到位位置
诊断删除	重新给 EDCU 上电
处理方法	调节门关到位开关安装位置；更换门关到位开关；检查 EDCU 的输入电路和接线端子排线头是否脱落
诊断代码：04	
名　　称	门 3 s 内未解锁
必要前提	门驱动电机启动（开门方向）且门锁到位开关指明门锁到位
诊断标准	门驱动电机启动（开门方向），当在 3 s 后，锁到位开关依然指明门锁到位，且门位置传感器检测不到门运动
诊断删除	开门方向上，门位置传感器检测到门正常运动；且门锁到位开关指明门未锁到位
处理方法	检查门驱动机构的自由运动、门的调节、安全继电器的功能和 EDCU 的输出电路

续表 LC5-13

诊断代码：05	
名　　称	门位置传感器故障
必要前提	门驱动电机启动（开门或关门方向）
诊断标准	在门运动过程中，没有来自门位置传感器各相的计数脉冲
诊断删除	如果门位置传感器各相均有不少于一个的计数脉冲
处理方法	检查门位置传感器和 EDCU 的输入电路
诊断代码：06	
名　　称	门未经许可离开关到位位置
必要前提	门处于关到位位置
诊断标准	门在没有任何开门进程的情况下，离开了关到位位置
诊断删除	门回到关到位位置
处理方法	检查紧急解锁装置、紧急解锁开关的调节和接线；检查门驱动机构、门锁闭装置；检查门关到位开关和 EDCU 输入线路的调节和接线
诊断代码：07	
名　　称	内部安全继电器故障
必要前提	无
诊断标准	内部安全继电器的状态（由内部硬连接电路检查的安全继电器状态信号）与继电器的启动信号不符
诊断删除	安全继电器的逻辑状态与启动信号相符
处理方法	检查给电机供电的继电器外围电路的接线；更换 EDCU
诊断代码：08	
名　　称	"安全互锁回路异常"故障
必要前提	无
诊断标准	当安全互锁回路输入端为高电平时，若安全互锁回路中的开关发生故障，安全互锁回路将处于异常状态
诊断删除	当安全互锁回路输入端为低电平，或安全互锁回路恢复正常状态
处理方法	检查"锁到位开关"、"关到位开关"、"紧急解锁开关"、"隔离开关"；更换损坏的开关；检查 EDCU 的输入电路和接线端子排线头是否脱落
诊断代码：09	
名　　称	关门过程中的障碍检测触发指定次数
必要前提	门驱动电机启动（关门方向），且门锁到位开关指明门未锁到位
诊断标准	在关门进程中连续启动预先设定次数的障碍检测，门仍没有达到锁到位位置

续表 LC5-13

\multicolumn{2}{|c|}{诊断代码：09}	
诊断删除	如果门锁到位开关指明门锁到位
处理方法	清除门导轨上的障碍物；检查 EDCU 的门位置传感器信号输入；检查调节门驱动机构、调节门锁到位开关
\multicolumn{2}{|c|}{诊断代码：10}	
名　　称	开门过程中的障碍检测触发指定次数
必要前提	门驱动电机启动（开门方向）
诊断标准	在开门进程中，连续启动指定次障碍检测，门未达到开到位位置
诊断删除	门在锁到位位置，执行开门命令，且在开门进程没有中断的情况下达到开到位位置
处理方法	检查 EDCU 的门位置传感器信号输入；检查调节门驱动机构、调节锁到位开关；检查接线及 EDCU 的输入电路
\multicolumn{2}{|c|}{诊断代码：11}	
名　　称	门锁闭装置故障
必要前提	门处于关到位位置，电机要求锁死停止
诊断标准	门偏离关到位位置次数超过限定值
诊断删除	EDCU 重新上电
处理方法	检查门锁闭装置；检查紧急解锁开关接线是否松脱
\multicolumn{2}{|c|}{诊断代码：12}	
名　　称	输出口 00 故障输出短路
必要前提	输出 00 启动
诊断标准	输出 00 启动，EDCU 检测到发生短路情况
诊断删除	输出 00 启动，EDCU 没有检测到短路情况
处理方法	检查与 EDCU 输出端 00 连接的零件、EDCU 的接线和输出
\multicolumn{2}{|c|}{诊断代码：13}	
名　　称	输出口 01 故障输出短路
必要前提	输出 01 启动
诊断标准	输出 01 启动，EDCU 检测到发生短路情况
诊断删除	输出 01 启动，EDCU 没有检测到短路情况
处理方法	检查与 EDCU 输出端 01 连接的零件、EDCU 的接线和输出
\multicolumn{2}{|c|}{诊断代码：14}	
名　　称	输出口 03 故障输出短路
必要前提	输出 03 启动
诊断标准	输出 03 启动，EDCU 检测到发生短路情况

续表 LC5-13

诊断代码：14	
诊断删除	输出 03 启动，EDCU 没有检测到短路情况
处理方法	检查与 EDCU 输出端 03 连接的零件、EDCU 的接线和输出
诊断代码：15	
名　　称	诊断存储器故障
必要前提	EDCU 重新上电
诊断标准	从诊断存储器读取存储数据时，校验码出错
诊断删除	如果 EDCU 重新上电初始化时，校验码正确
处理方法	更换 EDCU
诊断代码：16	
名　　称	数据总线通信故障
必要前提	无
诊断标准	与车辆 TCMS 的总线通信中断
诊断删除	与车辆 TCMS 的总线通信恢复
处理方法	检查车辆数据总线电缆、连接器和总线接口

三、车门信号显示和警告

1. 司机室显示屏（HMI）

在运行中，应查看司机显示屏上的客室门状态指示，如图 LC5-3 所示。

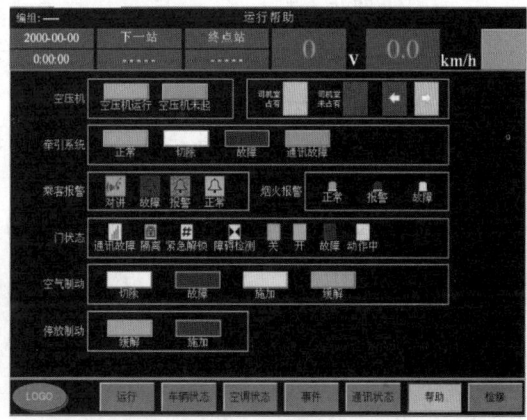

图 LC5-3　HMI 客室门状态指示

在门系统画面内，会提供关于每个客室门特定状态的信息。此信息指示如表 LC5-14 所示。

表 LC5-14 司机显示屏车门状态

序号	图标	状 态
1	 ıll	车门通信故障
2	 🔒	车门隔离
3	#	车门紧急解锁
4	▶◀	车门障碍物检测
5	(灰色)	车门关闭
6	 (浅灰)	车门打开
7	(黑色)	车门故障
8	(白色)	车门动作中

四、司机室指示灯

（1）开右门按钮（81-S01）或开右门备用按钮（=81-S101）上的红色指示灯：点亮表示 ATC 允许操作列车右侧门。

（2）开左门按钮（81-S02）或开左门备用按钮（=81-S102）上的红色指示灯：点亮表示 ATC 允许操作列车左侧门。

（3）关右门按钮（81-S13）或关右门备用按钮（=81-S113）上的绿色指示灯：点亮表示列车右侧客室门均关好。

（4）关左门按钮（81-S14）或关左门备用按钮（=81-S114）上的绿色指示灯：点亮表示列车左侧客室门均关好。

（5）司机室操纵台右侧设置有"所有车门关闭（81-P01）"绿色指示灯：点亮表示左侧及右侧车门全关闭好。

五、客室门本地指示灯

如图 LC5-4 所示，每套门内部上方安装有两个车内指示灯，橙色指示灯（H1）及红色指示灯（H2），同时车门在特定状态中蜂鸣器（B1）鸣响。表 LC5-15 为指示灯与铃声的逻辑关系。

总模块 L 理论知识

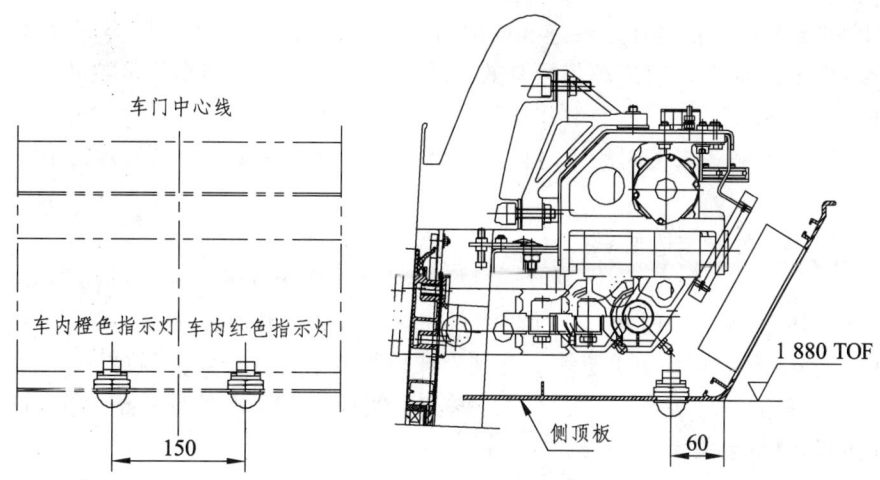

图 LC5-4　客室门本地状态指示灯

表 LC5-15　指示灯与铃声的逻辑关系

序号	车门状态	H1	H2	B1铃声
1	车门处于开门过程中	亮	灭	不鸣响
2	车门处于全开状态	亮	灭	不鸣响
3	车门处于关门过程中	闪烁	灭	鸣响
4	关门障碍物探测过程	闪烁	灭	鸣响
5	车门处于全关状态	灭	灭	停止鸣响
6	车门紧急解锁	亮	灭	鸣响
7	车门切除	灭	亮	不鸣响

六、车门操作

车门的操作受零速列车线、门允许列车线、开关门信号等决定。其逻辑关系如表 LC5-16 所示，其中"1"表示有效，"0"表示无效，"—"表示"0 或 1"。

表 LC5-16　车门操作控制逻辑

零速	门允许	开门	关门	门的状态
0	—	—	—	关
1	0	—	0	保持
1	0	—	1	关
1	1	1	0	开
1	1	—	1	关

七、"零速"信号

开启客室门须"零速度"信号有效。如果"零速度"信号被取消，则开启的客室门将立即开始关闭。"零速度"信号通过硬连线或网络（网络控制模式下）传输至EDCU。

① $v \leq 0.5$ km/h时，零速列车信号有效，结合门允许列车线则车门可被开启；紧急情况下车门可以手动解锁。

② $v > 0.5$ km/h时，未关闭的车门自动关闭，车门障碍物探测功能失效，不能开门。

八、"门允许"列车线

仅在列车相应一侧的"门允许"列车线存在时方可实现开启客室门。在这种情况下，内部安全继电器（位于EDCU中）直接由此硬连线信号激活，允许驱动门页进行开门运动。

操作客室门只能在"零速度"信号存在时方可实现。零速状态下，若"门允许"列车线无效，开启的车门不会关闭。

九、车门操作按钮及开关

司机室左右侧墙上布置有相应车门控制开关按钮，如图LC5-5所示。

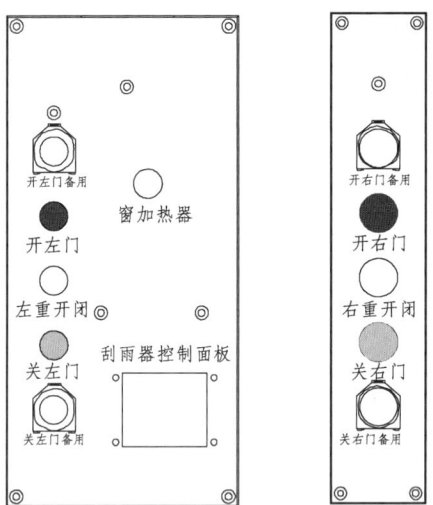

图LC5-5　车门左右控制开关按钮

司机室操纵台左侧设置有"门模式选择"旋钮开关；司机室操纵台右侧设置有"所有车门关闭"绿色指示灯。

司机室右侧的继电器柜中设置有"门零速旁路"、"门关好旁路"、"车门使能旁路"、"开关门控制切换"、"ATC切除"等一系列与车门操作有关的旋钮开关。

司机室右侧的继电器柜中设置有"车门控制"，"Tc车开左门"，"Tc车开右门"，"Tc车门控单元1、3、5供电"，"Tc车门控单元2、4、6供电"，"Tc车门控单元7、8供电"等与车门控制有关的断路器。

M1车的电气柜中设置有"M1左边门控制"，"M1右边门控制"，"M1车门控单元1、3、5供电"，"M1车门控单元2、4、6供电"，"M1车门控单元7、8供电"等与车门控制有关的断路器。

M2 车的电气柜中设置有"M2 左边门控制"、"M2 右边门控制"、"M2 车门控单元 1、3、5 供电"、"M2 车门控单元 2、4、6 供电"、"M2 车门控单元 7、8 供电"等与车门控制有关的断路器。

车门操作按钮及开关如表 LC5-17 所示。

表 LC5-17 车门操作按钮及开关

名 称	代 号	功 能
ATC 切除	=91-S105	合位：车门允许信号不受 ATC 控制，此时允许信号由零速信号代替；零速有效，左、右门允许均有效，开左、右门按钮上的红色指示灯均点亮
车门使能旁路	=91-S10	合位：旁路 ATC 车门允许信号，此时允许信号由零速信号代替；零速有效，左、右门允许均有效，开左、右门按钮上的红色指示灯均点亮
门零速旁路	=81-S109	合位：当零速信号故障时，激活开关给门控"零速"信号
门模式选择	=91-S106	①"全自动"：通过 ATC 系统自动开启、关闭车门； ②"OFF"：手动开启、关闭车门； ③"半自动"：ATC 系统自动开启车门，手动关闭车门
门关好旁路	=81-S110	带铅封。合位：绕过门安全回路，允许牵引
开关门控制切换	=81-S112	硬线：默认状态，此时 EDCU 响应列车硬连线发出的车门开关指令、零速信号； 网络：开关闭合，此时 EDCU 响应列车 MVB 网络发出的车门开关指令、零速信号
所有车门关闭	=81-P01	绿色指示灯：点亮表明所有客室车门全关好
关左门	=81-S14	带绿色指示灯按钮： 按下按钮执行手动关左门操作； 绿色指示灯亮，表明左侧车门全关好并锁闭到位
关左门（备用）	=81-S114	带绿色指示灯按钮（有保护盖）： 按下按钮执行手动关左门操作； 绿色指示灯亮，表明左侧车门全关好并锁闭到位
开左门	=81-S02	带红色指示灯按钮： 按下按钮执行手动开左门操作； 红色指示灯亮，表明 ATC 允许操作左门
开左门（备用）	=81-S102	带红色指示灯按钮（有保护盖）： 按下按钮执行手动开左门操作； 红色指示灯亮，表明 ATC 允许操作左门
左重开闭	=81-S105	按下按钮后，左侧未关闭的车门重新打开再关闭，已关闭的车门不动作

续表 LC5-17

名 称	代 号	功 能
关右门	=81-S13	带绿色指示灯按钮： 按下按钮执行手动关右门操作； 绿色指示灯亮，表明右侧车门全关好并锁闭到位
关右门（备用）	=81-S113	带绿色指示灯按钮（有保护盖）： 按下按钮执行手动关右门操作； 绿色指示灯亮，表明右侧车门全关好并锁闭到位
开右门	=81-S01	带红色指示灯按钮： 按下按钮执行手动开右门操作； 红色指示灯亮，表明 ATC 允许操作右门
开右门（备用）	=81-S101	带红色指示灯按钮（有保护盖）： 按下按钮执行手动开右门操作； 红色指示灯亮，表明 ATC 允许操作右门
右重开闭	=81-S106	按下按钮后，右侧未关闭的车门重新打开再关闭，已关闭的车门不动作
车门控制	=81-F101	闭合后，给列车车门控制电路、列车安全回路供电
Tc 车左开门	=81-F111	Tc 车左侧门安全回路供电
Tc 车右开门	=81-F112	Tc 车右侧门安全回路供电
门控单元 1、3、5	=82-F101	Tc 车 1、3、5 号 EDCU 供电
门控单元 2、4、6	=82-F102	Tc 车 2、4、6 号 EDCU 供电
门控单元 7、8	=82-F103	Tc 车 7、8 号 EDCU 供电
M1 左边门控制	=81-F211	M1 车左侧门安全回路供电
M1 右边门控制	=81-F212	M1 车右侧门安全回路供电
M1 车门控单元 1、3、5 供电	=82-F201	M1 车门控单元 1、3、5 供电
M1 车门控单元 2、4、6 供电	=82-F202	M1 车门控单元 2、4、6 供电
M1 车门控单元 7、8 供电	=82-F203	M1 车门控单元 7、8 供电
M2 左边门控制	=81-F311	M2 车左侧门安全回路供电
M2 右边门控制	=81-F312	M2 车右侧门安全回路供电
M2 车门控单元 1、3、5 供电	=82-F301	M2 车门控单元 1、3、5 供电
M2 车门控单元 2、4、6 供电	=82-F302	M2 车门控单元 2、4、6 供电
M2 车门控单元 7、8 供电	=82-F303	M2 车门控单元 7、8 供电

十、开启客室门的条件

1. 允许开门条件

当满足下列条件时,才允许 EDCU 驱动电机执行开门操作:
(1)没有操作隔离装置;
(2)没有操作紧急解锁装置;
(3)"零速"信号有效;
(4)"门允许列车线"为高电平;
(5)门处于非开到位位置;
(6)没有产生过锁到位开关故障;
(7)没有产生过关到位开关故障。

2. 通过激活"开门"列车线实现开门

"开关门控制切换开关"在硬线位时,列车开门需要激活开门列车线,当检测到"开门列车线"信号从低电平跳变到高电平,且保持高电平状态 200 ms 以上,认为"开门列车线"信号有效;若满足"允许开门"的条件,车门开始开启。

当列车出现紧急情况仅由蓄电池供电时,若门控器接收到 MVB 网络发送的"紧急操作信号",则整列车门将进行顺次开门,每节车单侧每 1 s 开 1 页门。

门开启到开门终点位置后保持在这一位置,直到再次接收到关门指令。

如果在开门过程中,"开门列车线"信号从高电平跳变为低电平,门仍然会开启到开门终点位置。

开门过程中"门允许信号"失效,门仍然会开启到开门终点位置,在终点位置后,门保持不动。

3. "网络开门指令"开门

"开关门控制切换开关"在网络位时,当检测到"网络开门指令"信号从 0 跳变到 1,认为"网络开门指令"信号有效;若满足"允许开门"的条件,且无网络故障的情况下,车门开始开启。

当列车出现紧急情况仅由蓄电池供电时,若门控器接收到 MVB 网络发送的"紧急操作信号",则整列车门将进行顺次开门,每节车单侧每 1 s 开 1 页门。

门开启到开门终点位置后保持在这一位置,直到再次接收到关门指令。

如果在开门过程中,"网络开门指令"从 1 跳变为 0,门仍然会开启到开门终点位置。

开门过程中"门允许信号"失效,门仍然会开启到开门终点位置,在终点位置后,门保持不动。

4. "维护按钮"开门

若满足"允许开门"的条件,维修人员可通过操作 EDCU 上的维护按钮打开相应的门,再次操作维护按钮,若满足"维护按钮关门功能"的条件,则开门顺序会转变为关门顺序。

十一、关闭客室门的条件

1. 通过激活"关门"列车线实现关门

"开关门控制切换开关"在硬线位时,检测到"关门列车线"信号从低电平跳变到高电平,且保持高电平状态 200 ms 以上,认为"关门列车线"信号有效,若满足下述"允许关门列车线关门"条件,则延时 3 s 后,车门开始关闭。

(1)没有操作隔离装置;
(2)没有操作紧急解锁装置;
(3)"零速"信号有效;
(4)门未关锁到位;
(5)门关闭至锁到位位置后保持在这一位置。

如果在关门过程中,"关门列车线"信号从高电平跳变为低电平,门仍然会关闭到锁到位位置。

2. "网络关门指令"关门

"开关门控制切换开关"在网络位时,检测到"网络关门指令"信号从 0 跳变到 1,认为"网络关门指令"信号有效,若满足下述"允许关门"条件,则延时 3 s 时间后,车门开始关闭。

(1)没有操作隔离装置;
(2)没有操作紧急解锁装置;
(3)"零速"信号有效;
(4)门未关锁到位;
(5)门关闭至锁到位位置后保持在这一位置。

如果在关门过程中,"网络关门指令"信号从 1 跳变为 0,门仍然会关闭到锁到位位置。

3. "重开闭列车线"关门

检测到"重开闭列车线"信号从低电平跳变到高电平,且保持高电平状态 200 ms 以上,认为"重开闭列车线"信号有效,若满足下述"允许重开闭列车线关门"条件,门将打开至开到位位置,延时 2 s 后,门重新关闭。

(1)没有操作隔离装置;
(2)没有操作紧急解锁装置;
(3)"零速"信号有效;
(4)门未关锁到位。

4. "维护按钮"关门

维修人员可通过操作 EDCU 上的维护按钮关闭相应的门,若满足下列条件,门将关闭到位,并保持关锁到位位置。

(1)没有操作隔离装置;
(2)没有操作紧急解锁装置;
(3)"零速"信号有效;
(4)门未关锁到位。

再次操作维护按钮,若满足"维护按钮开门功能"的条件,则关门顺序会转变为开门顺序。

5. 丢失"零速"信号的关门功能

未操作"隔离装置"的情况下，若"零速"信号无效，则未关锁到位的门将立即执行关门操作。

在关门过程中，若检测到关门方向上有障碍物，关门防挤压功能将被禁止。

6. 复位"紧急解锁装置"的关门功能

未操作"隔离装置"的情况下，复位"紧急解锁装置"，未关锁到位的门将立即执行关门操作。

十二、紧急装置

如图 LC5-6 所示，每套门均设有一个车内紧急出口装置；每节车每侧各设有一个紧急入口装置（乘务员钥匙开关）。

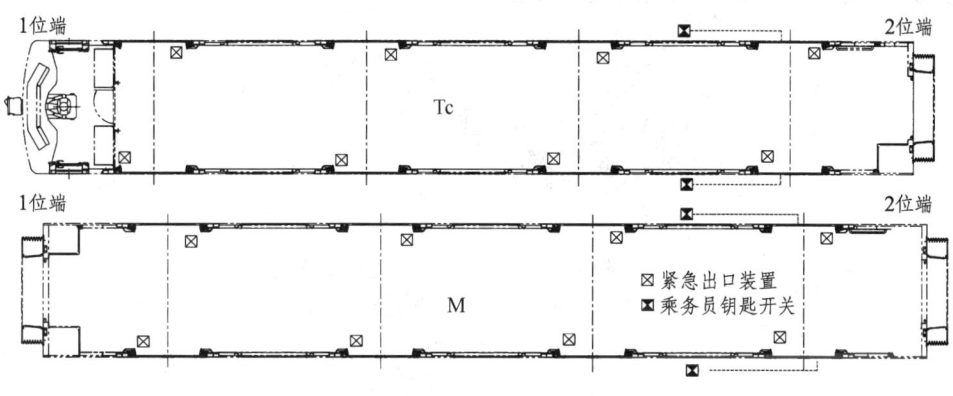

图 LC5-6　紧急装置布置

1. 紧急装置

每套门右侧均设有一紧急出口装置，安装在门立柱罩板上，距内装地板面高度 1 725 mm，如图 LC5-7 所示。

紧急出口装置采用下拉式操作，设有透明罩板，紧急情况下，乘客扯开透明罩板，拉动手柄，车门解锁。乘务员可使用方孔钥匙（7 mm×7 mm）操作四方轴，打开罩板，然后操作拉手解锁车门。手动向上收起手柄复位。

（1）操作紧急出口装置后，可解除车门的锁闭状态，司机室显示屏上显示相应的门紧急解锁信息，此时车门安全回路将被切断。

（2）若列车在零速时操作紧急出口装置，乘客可以手动打开车门，在列车起动前必须复位操作装置。紧急出口装置复位后车门将自动关闭（通电情况下）。

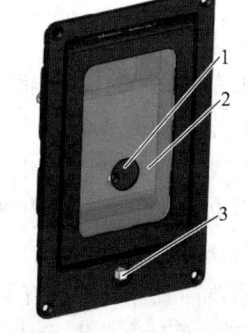

图 LC5-7　紧急解锁装置

1—拉动手柄；2—透明罩板；3—四方轴

（3）若列车在非零速时操作紧急解锁装置，一旦车门被解锁，列车将实施"牵引封锁"，乘客若想手动开门，则开门力不小于 300 N，可持续 5 min，以防止车门被乘客拉开。

2. 紧急入口装置

每辆车的两侧各设一紧急入口装置（乘务员钥匙开关）分别用于打开图 LC5-8 中的 7、8 号门。

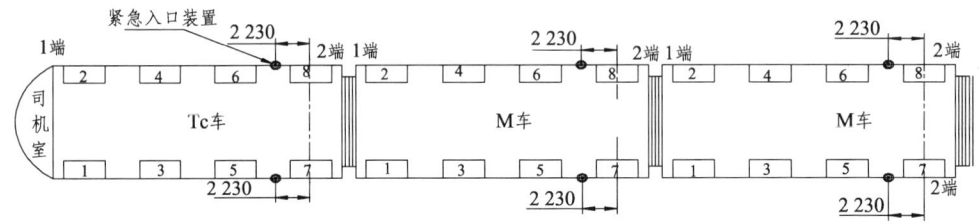

图 LC5-8　紧急入口布置

如图 LC5-9 所示，乘务员钥匙开关采用机械式开关，当操作乘务员钥匙开关后，车门将被机械解锁，同时车门的紧急解锁开关触发，此时如果发送列车线指令，被操作的车门将不会响应列车线指令，直到乘务员钥匙开关复位。

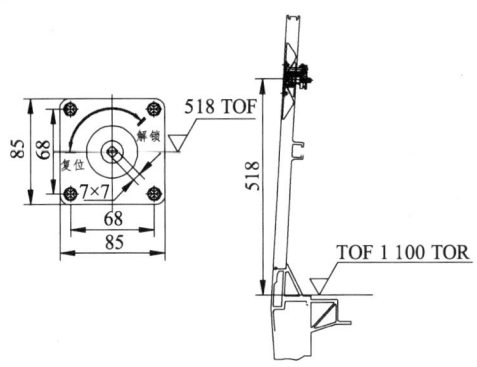

图 LC5-9　紧急入口装置

乘务员钥匙开关采用 7 mm × 7 mm 方孔钥匙操作，复位后车门将自动关闭（通电情况下）。

十三、障碍物探测

电机电流监控：每次开、关门过程中电机正常开、关门电流曲线已被存储并自动调整；如果电机的实际电流超过额定值，障碍检测被激活。

最大电流值并不恒定，由门的位置和前几次开、关门运动的电流决定。

即使当电子门控器的电源关闭时，最大电流值也被存储。如果电子门控器换到其他任何门上，有必要通过按下维护按钮的方式对其进行初始设置，按下时间超过 1.5 s（从接通电源开始计算）。

路程/时间监测：通过门位置传感器的检测，将门的运动分成几个距离段，如果在给定的时间内门未通过这些距离段，障碍检测被激活。

1. 开门过程障碍探测

开门时若有障碍，会使开门循环停止 1 s，在 3 次（可调）开门尝试后门将会停在此位置，此时任何有效的关门指令都可将门关闭。

2. 关门过程障碍探测

当列车静止且发送关门指令后,如果关门时碰到障碍物,最大的关门力持续 0.5 s 后,车门重新打开至 200 mm(双边打开距离,可调),停止 1 s(可调)后再重新关闭,而其他已关闭车门不需重开。

如果障碍物被清除,门将关闭并锁闭,如果在 3 次(可调)循环后障碍物仍然存在,车门将保持打开的状态等待障碍清除。此时,司机室显示屏将显示该车门故障信息。如果此时需要关门,司机可激活"重开闭"按钮进行关门。

最小障碍物探测尺寸为 25 mm × 60 mm(宽 × 高)。

门关闭且锁闭后,10 mm × 50 mm(宽 × 高)的障碍物(其长边垂直放在门前沿和门框之间或两门页之间)能用小于 150 N 的力从密封条中抽出。

十四、车门隔离

在每套门系统的右门页(从内往外看)上安装有一套门隔离锁,以实现车门退出服务功能。当车门处于关闭且锁闭的位置时,从内侧或外侧可用 7 mm × 7 mm 方孔钥匙实现车门隔离。

如图 LC5-10 所示,隔离锁安装在右边门页下部,用方孔钥匙在门内侧或外侧旋转四方轴,带动转臂旋转,使锁舌伸出,锁舌端部运动到压条内侧,此时门被机械隔离,无法进行开门动作。同时,锁舌伸出后推动拨杆旋转,拨杆旋转触发隔离开关 S2,隔离开关 S2 触发后,其常闭触点断开,向 EDCU 发出隔离信号,EDCU 会关闭门的所有运动功能,保留故障诊断及通信功能,并使车门切除红色指示灯持续点亮,同时司机室显示屏(HMI)上将相应客室门以图标标示。

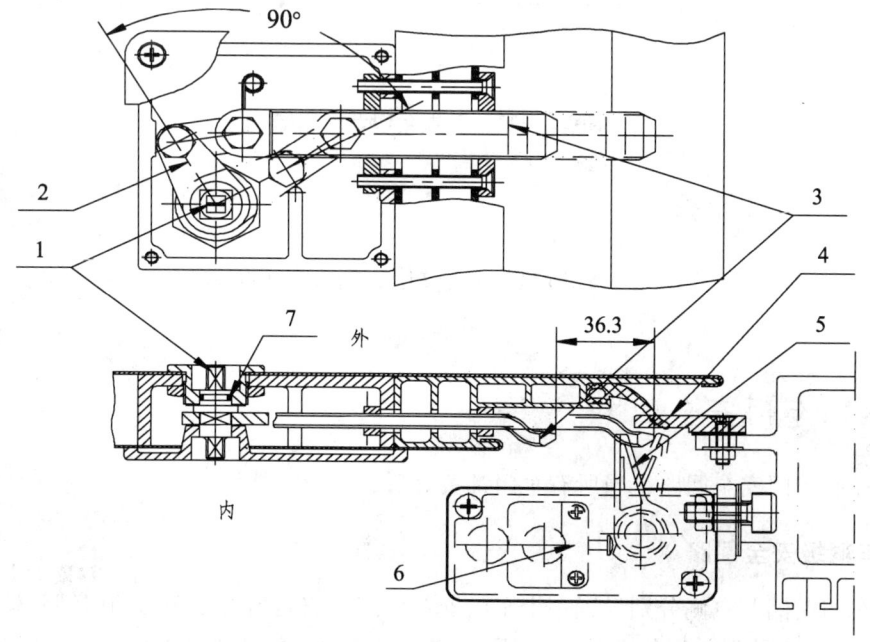

图 LC5-10 隔离装置

1—四方轴;2—转臂;3—锁舌;4—压条;5—拨杆;6—隔离开关 S2

另一方面，隔离开关 S2 触发后其常开触点将闭合，此时隔离开关 S2 将与安全回路串联的门锁到位开关 S1、紧急解锁开关 S3 及门关到位开关 S4 旁路掉。其本地车门开关接线如图 LC5-11 所示。

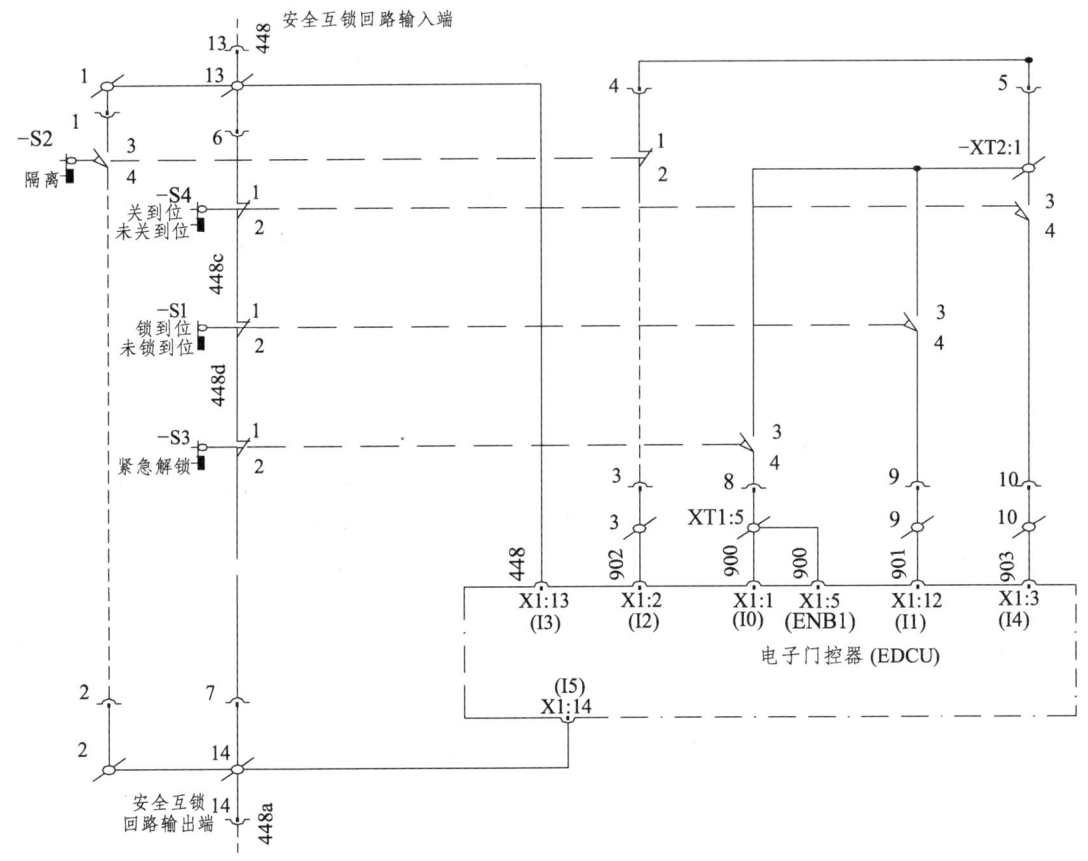

图 LC5-11　本地车门开关接线

十五、电源开关

为便于维护工作，客室门系统的电源可通过位于门控单元安装板上的电源开关 QF1 进行本地切断。

十六、车门安全回路

列车设有车门安全回路，当所有车门都关好后，列车才能牵引。

1. 车辆级安全回路

每节车的左侧及右侧分别设置一个车门安全回路，它是由本地车门的门锁到位开关 S1、紧急解锁开关 S3 及门关到位开关 S4 串联而成，当本地车门被机械隔离后，隔离开关 S2 优先于其余开关。其安全回路如图 LC5-12 所示（以 Tc 车左侧门为例）。

总模块L 理论知识

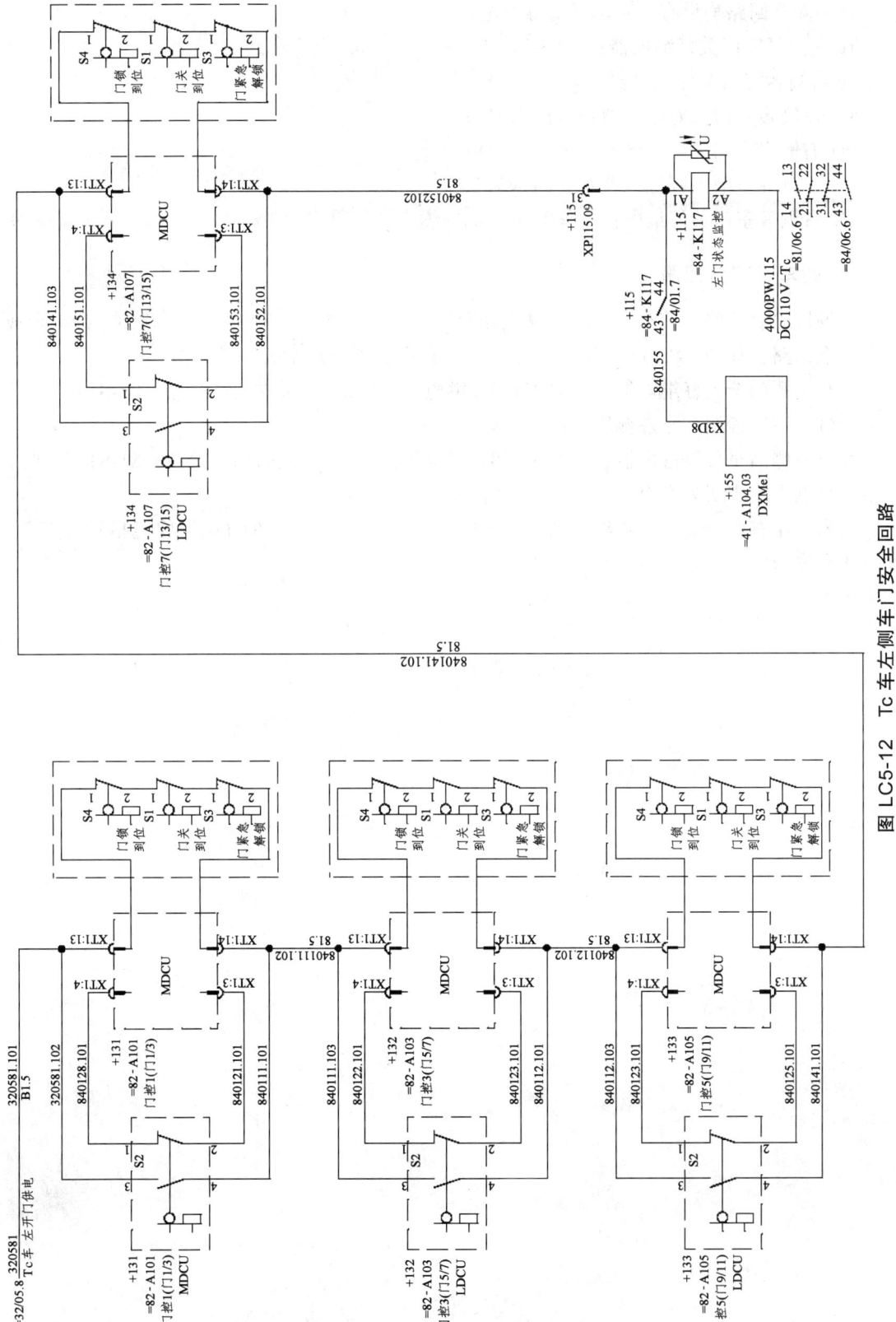

图 LC5-12 Tc 车左侧车门安全回路

每一安全回路均设有一个车门关好继电器。
Tc 左侧客室门关好继电器：= 84-K117；
Tc 右侧客室门关好继电器：= 84-K118；
M1 左侧客室门关好继电器：= 84-K217；
M1 右侧客室门关好继电器：= 84-K218；
M2 左侧客室门关好继电器：= 84-K317；
M2 右侧客室门关好继电器：= 84-K318。

2. 列车级安全回路

车辆编组后，将每节车内的安全继电器分别接入列车的左、右侧安全回路中，最终形成列车安全回路，如图 LC5-13 所示。列车安全回路中设置有门全关好继电器。

列车左侧门全关好继电器：= 81-K110，继电器激活后，"关左门"按钮 = 81-S14 上的绿色指示灯点亮，表明列车左侧客室门均关好。

列车右侧门全关好继电器：= 81-K109，继电器激活后，"关右门"按钮 = 81-S13 上的绿色指示灯点亮，表明列车右侧客室门均关好。

当列车左右两个安全回路继电器都激活时，"所有车门关闭 = 81-P01"绿色指示灯点亮，列车才允许牵引。

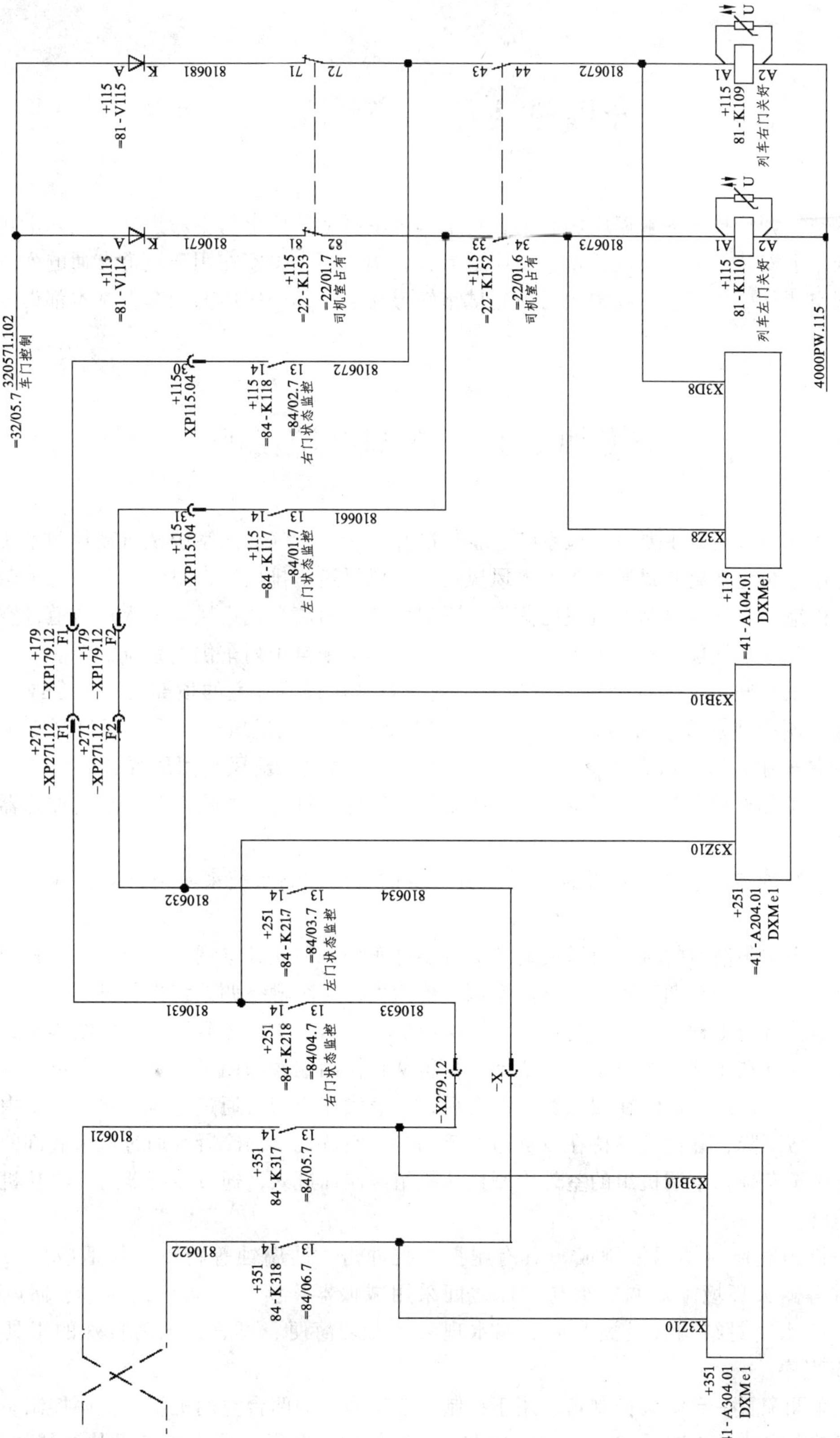

总模块 L 理论知识 69

图 LC5-13 列车安全回路

分模块 LD　空调系统

随着空气调节技术的普遍应用和乘客对乘车环境舒适性要求的不断提高，近几十年来，在城轨列车上安装空气调节设备得到了广泛重视，国外不少国家在用于轨道交通的列车上已全部实现空调化。近年来，我国大力新建城市轨道交通，其中所用的列车上基本都设置了空调系统。

子模块 LD1　空调系统说明

客室空气调节装置主要由通风系统、空气冷却系统、空气加热系统及自动控制系统等组成。其通风系统包括离心式通风机、送风风道、回风风道、排风口；空气冷却系统为蒸发压缩式制冷机组，空气经过制冷机组的蒸发器降温除湿后由离心式通风机送入送风道；空气加热系统包括吸入空气预热器和车内空气加热器，其热能来自于列车供电系统的电能。

目前，城市轨道交通的列车客室空调系统一般是在每节客室的顶部安装一台或一台以上的空调（制冷或热泵）机组，分散地向客室车厢内各部位送风。夏季，通过制冷机组和送风风道向车厢内送冷风；冬季，通风机仅向车厢内送风（新风与回风混合后的混合风，或是经空气预热器预热后的混合风），另由安排在车厢内的辅助电热设备（空气加热器）对车厢加热。

空调系统的启动、工作与监控都是由其自身的自动控制系统来实现自动控制、自动调节的。

目前，全国各城市的城市轨道交通车辆有多种车型，但就其空调系统而言基本相同，因此，现仅以昆明地铁首期工程电客列车空调系统为例，对车辆空调系统进行讲解。

昆明地铁首期工程电客列车为 6 节车编组而成，分为两单元。空调机组的结构形式为车顶单元式，安装在车顶，每节车安装 2 台。机组从箱体两端底部回风，两端部送风，新风从机组两侧导入。新风和回风在回风腔内混合后，经蒸发器冷却后通过送风机送入客室内，使室内温度缓缓下降，并使其维持在较舒适的范围内。空调机组的冷凝水通过机组底部的排水孔，直接排至车顶。空调机组的室外冷凝风从机组两侧面进入，通过冷凝器后，再从机组顶部向上排出。

空调机组壳体由不锈钢制成，具有耐振、抗冲击、防腐蚀等特点，能适应风吹、日晒、雨淋等露天环境。空调机组与车体之间采用减振器连接，空调机组的送、回风口采用防风、防水密封结构，避免漏风、漏水现象，安装简便、可靠，无需特殊的工具和复杂的操作程序。

每个车厢配置一台空调控制盘，用于控制一节车厢内的两台空调机组。空调控制系统包括安装于控制盘内的 KPC、断路器、接触器、过载保护元件等。通过 KPC 及执行器的动作、选择开关、传感器的温度检测等，来共同实现空调系统的控制、保护和故障诊断功能。KPC是整个空调控制系统的核心单元，按其设定的程序准确控制空调系统的正常工作，完成通风、半冷、全冷、预冷、停机等各项操作。KPC采集各传感器以及各元件的保护信息，进行数据的运算、处理，并与车辆控制系统通过MVB网络进行通信。通过MVB通信口，可实现信息读取、参数设定等功能，同时，控制系统将对空调机组进行诊断，将空调系统各元件的状态信息以及故障信息发送给车辆控制器，并可在司机室显示屏显示。

司机室通风单元安装在司机室顶部，通过风道将客室主风道内低温空气引入司机室，达到对司机室降温的目的。司机室通风单元由司机手动控制，可根据需要通过调节风量开关和送风口导叶片方向调节送风量和送风方向；司机室通风单元内安装有电加热器，可通过调节模式开关和温度控制器旋钮来实现司机室内温度的控制。

客室空调机组外形如图LD1-1所示，客室空调控制盘外形如图LD1-2所示，司机室通风单元外形如图LD1-3所示。

空调系统技术参数如表LD1-1~LD1-3所示。

表LD1-1　客室空调机组

空调机组型号	KG29N
电　源	
压缩机	3ϕ、AC 380 V（$1\pm5\%$）、（50 ± 1）Hz
轴流风机	3ϕ、AC 380 V（$1\pm5\%$）、50 Hz
离心风机	3ϕ、AC 380 V（$1\pm5\%$）、（50 ± 0.5）Hz
控制回路	DC 110 V（77~137.5 V）
工作参数	
运行环境条件	-10~+42 ℃
制冷量	29 kW（额定工况条件：室内干球温度29 ℃，室内湿球温度23 ℃；室外干球温度35 ℃）
机外静压	约140 Pa
通风量	4 250 m³/h
新风量	1 300 m³/h
制冷剂	R407c
制冷剂充注量	2×3.5 kg
外形尺寸（长×宽×高）	3 700 mm×1 600 mm×400 mm
质量（净重）	675 kg
涂　层	外壳材质为不锈钢

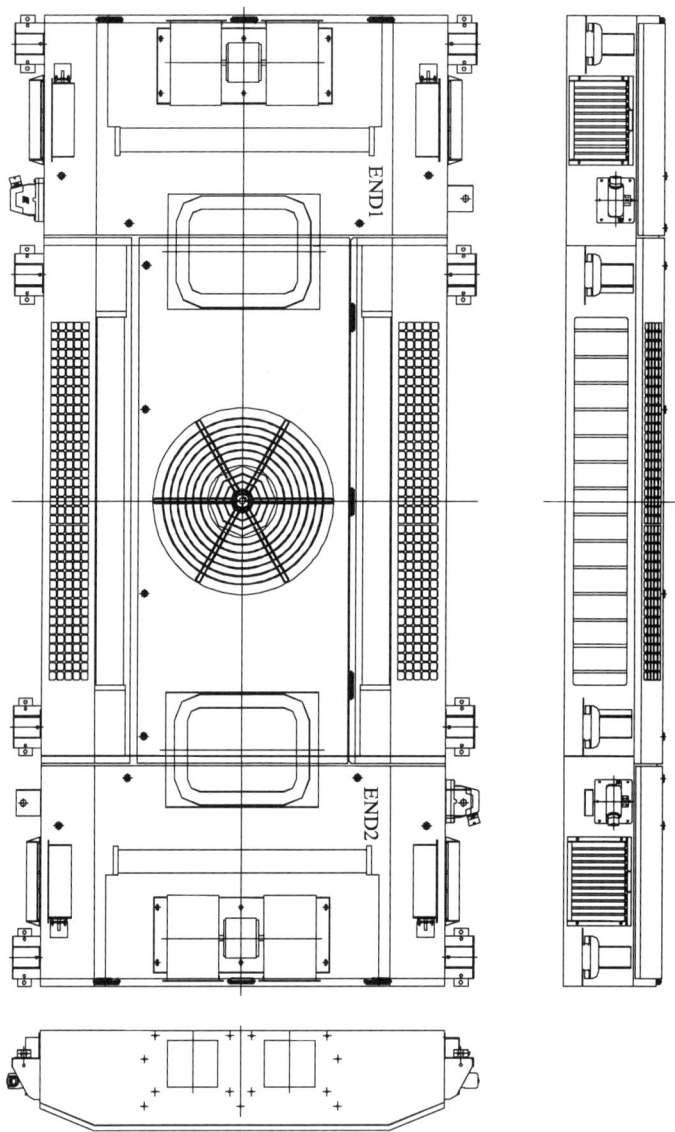

图 LD1-1　客室空调机组外形

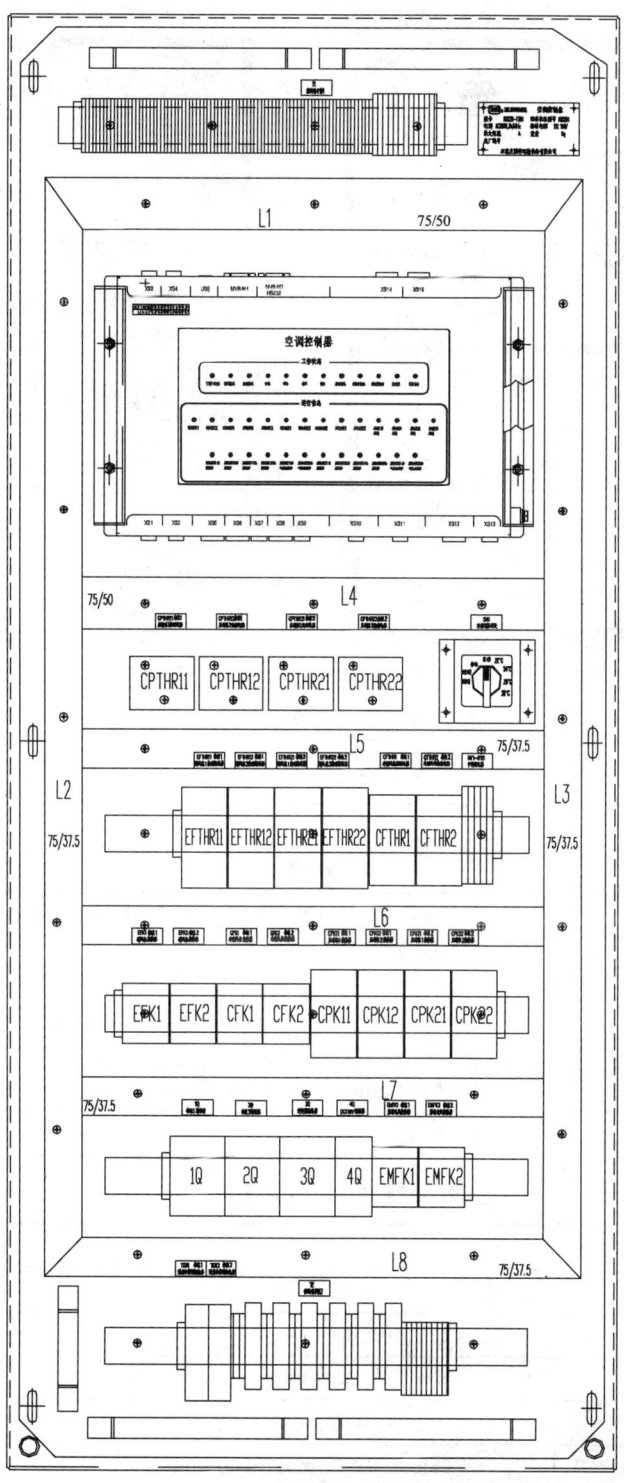

图 LD1-2 客室空调控制盘外形

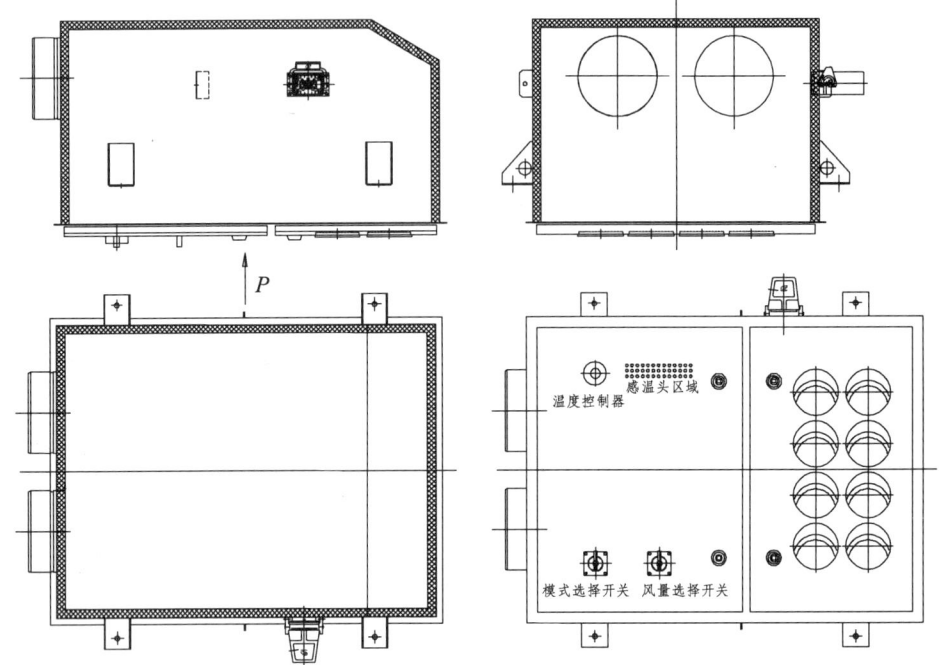

图 LD1-3　司机室通风单元外形

表 LD1-2　客室控制盘

客室控制盘型号	KGC29-1T2N
电源	
主回路	3φ、AC 380 V（1±5%）、（50±0.5）Hz
控制回路	DC 110 V（77～137.5 V）
工作参数	
运行环境条件	−10～+42 °C
外形尺寸（长×宽×高）	1 400 mm×600 mm×163 mm
质量（净重）	46 kg

表 LD1-3　司机室通风单元

司机室通风单元型号	HQD10
电源	
离心风机	AC 220V 50 Hz
工作参数	
通风量	0、240、410、645 m³/h（0、1、2、3 四挡）
外形尺寸（长×宽×高）	727 mm×542 mm×400 mm
质量（净重）	48 kg
涂　层	外壳材质为不锈钢。面板在司机室裸露部分喷漆：底漆 RAL1002；面漆 RAL7035；表面纹理

子模块 LD2　车辆空调系统的部件结构及功能说明

一、客室空调机组结构

客室空调机组结构如图 LD2-1 所示。

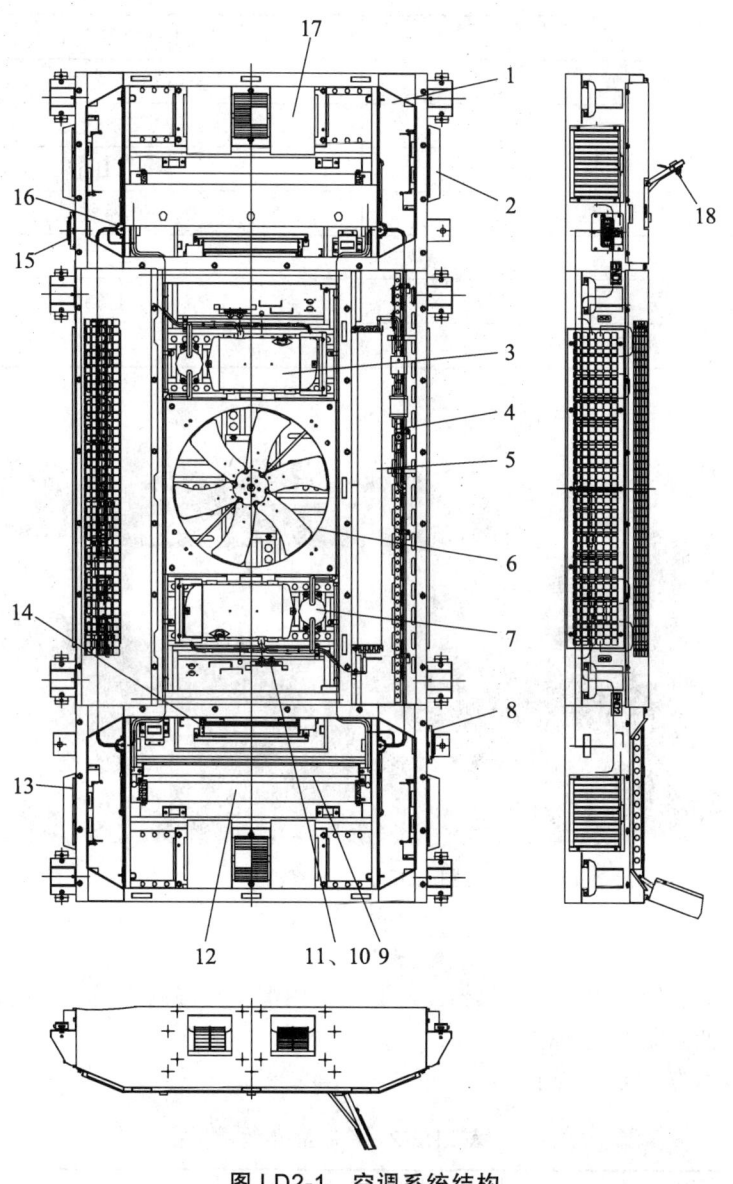

图 LD2-1　空调系统结构

1—箱体；2—风阀一；3—压缩机；4—视液镜；5—冷凝器；6—冷凝风机；7—气液分离器；
8—控制回路连接器；9—混合风滤网；10—高压压力开关；11—低压压力开关；
12—蒸发器；13—新风口及新风滤网；14—风阀二；15—主回路连接器；
16—热力膨胀阀；17—离心风机；18—门锁

1. 压缩机

压缩机为全封闭卧式涡旋类型。压缩机吸入来自蒸发器的制冷剂蒸气,将其压缩为高温高压制冷剂气体,从排气管排出进入冷凝器。

压缩机参数如表 LD2-1 所示。

表 LD2-1 压缩机参数

型 号	ZRH72KJE-TFD-650
类 型	全封闭卧式涡旋压缩机
输入功率	3.5 kW
防护等级	IP56
润滑油类型	脂类油
原注油量	1.774 L
再注油量	1.656 L
每个空调机组中的数量	2

压缩机外形如图 LD2-2 所示。

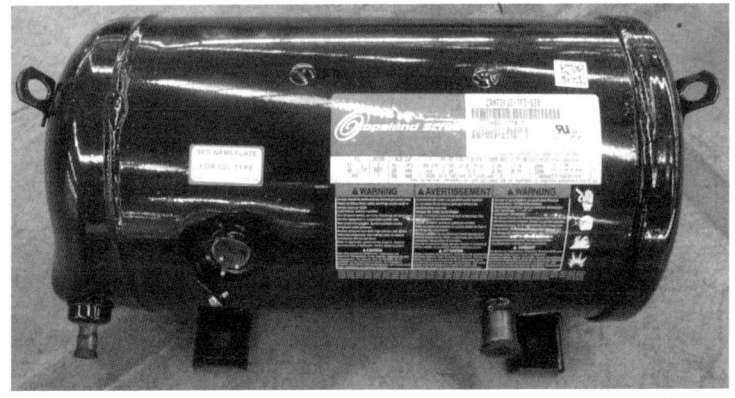

图 LD2-2 压缩机

2. 冷凝器

冷凝器为铜管、铝翅片管式换热器。冷凝器管内高压高温制冷剂气体被管外循环空气冷却,冷凝成高压低温制冷剂液体。

冷凝器参数如表 LD2-2 所示。

表 LD2-2 冷凝器参数

型 号	D29F1000
管 路	内螺纹铜管,交错排列
散热片	覆亲水膜铝箔;内螺纹铜管与亲水膜铝散热片间机械胀紧
框 架	铝 板
每个空调机组中的数量	2

冷凝器外形如图 LD2-3 所示。

图 LD2-3 冷凝器

3. 轴流风机

强制外界空气循环通过冷凝器，强化冷凝器换热。轴流风机将空气从机组两侧吸入，吸入的空气吸收冷凝器管内制冷剂气体热量，使其冷凝；被加热的管外空气被轴流风机从机组顶部排出。

轴流风机参数如表 LD2-3 所示。

表 LD2-3 轴流风机参数

型号	D29C1000
类型	轴流式
风量	12 000 m³/h
静压	≥100 Pa
额定功率	1.1 kW
电机防护等级	IP56
绝缘等级	F 级，适应在湿热环境下工作
每个空调机组中的数量	1

轴流风机外形如图 LD2-4 所示。

图 LD2-4 轴流风机

4. 干燥过滤器

由于制冷剂本身含有的水分或系统未严格干燥而带来的水分溶解于制冷剂中，当温度下降时，水分就会析出。含有水分的制冷剂在制冷系统中流到膨胀阀时，由于温度急剧下降，析出的水分就会结冰堵塞阀孔，造成冰塞，导致制冷循环系统无法正常进行。

干燥过滤器中的干燥剂用来吸收制冷循环系统中的水分，过滤器用来清除系统中的一些机械杂质，如金属屑和氧化皮等，防止进入膨胀阀堵塞阀孔和进入压缩机刮伤气缸及气阀，避免系统中出现"冰堵"和"脏堵"现象。干燥过滤器安装在储液器与膨胀阀之间的输液管上。

干燥过滤器安装在液管上冷凝器的出口处，其滤芯是100%分子筛，可除去制冷剂中的水分和杂质，防止水或杂质对系统及部件造成损害，如图LD2-5所示。

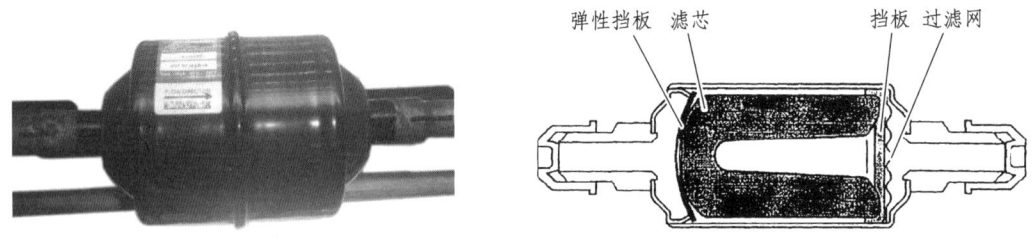

图 LD2-5　干燥过滤器

5. 视液镜

视液镜安装在干燥过滤器出口液管段；通过视液镜指示器的颜色和外部法兰所贴标签上的参照色进行比较，可显示出系统中是否具有过多的水分，如图LD2-6所示。

图 LD2-6　视液镜

6. 离心风机

室外新风和室内回风混合后，通过蒸发器冷却，经离心风机送入空调系统主风道而进入客室，降低客室温度。

离心风机参数如表LD2-4所示。

表 LD2-4　离心风机参数

型　号	D29B1000
类　型	离心式
风　量	2 125 m³/h
静　压	≥340 Pa
额定功率	750 W
电机防护等级	IP56
绝缘等级	F 级，可在潮湿的环境下长期运行
每个空调机组中的数量	2

离心风机外形如图 LD2-7 所示。

图 LD2-7　离心风机

7．蒸发器

蒸发器管内的液态制冷剂蒸发吸热，降低管外室内回风和室外新风的混合风温度、湿度。蒸发器参数如表 LD2-5 所示。

表 LD2-5　蒸发器参数

型　号	D29E1000
管　路	内螺纹铜管，交错排列
散热片	覆亲水膜铝箔；内螺纹铜管与亲水膜铝散热片间机械胀紧
框　架	铝板
每个空调机组中的数量	2

蒸发器外形如图 LD2-8 所示。

图 LD2-8　蒸发器

8. 混合风滤网

空调机组蒸发器前安装混合风滤网，对进入室内的空气过滤净化，防止尘土及其他可能附在蒸发器翅片上的固体物质堵塞蒸发器，导致制冷系统能力下降。混合风滤网如图 LD2-9 所示。

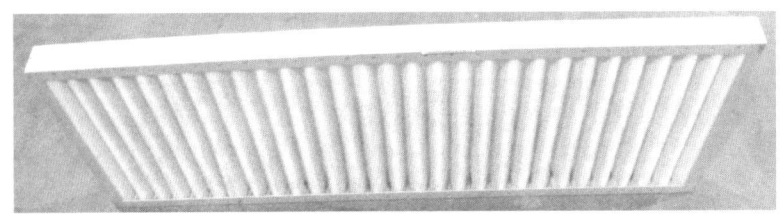

图 LD2-9　混合风滤网

9. 温度传感器

温度传感器有新风、送风和回风温度传感器，分别设置在机组新风阀口、离心风机送风口和车内；KPC 控制器通过采集温度来控制空调机组运行在所需的运行模式，为乘客提供最舒适的环境。温度传感器外形如图 LD2-10 所示。

图 LD2-10　温度传感器

10. 回风风阀

空调机组包括两个电动回风风阀，每个风阀由伺服电机驱动，安装在回风入口内。紧急通风运行时回风风阀关闭。机组正常操作时风阀保持打开状态。回风风阀外形如图 LD2-11 所示。

图 LD2-11　回风风阀

11. 新风风阀

空调机组包括 4 个电动新风风阀,分别位于蒸发腔侧板、左右新风入口处。在空调机组预冷模式下,新风风阀为关闭状态,机组正常操作时风阀保持打开状态;根据车内乘客负载信号可控制在全开、半开开度状态。新风风阀外形如图 LD2-12 所示。

图 LD2-12　新风风阀

12. 风阀执行器

风阀执行器参数如表 LD2-6 所示。

表 LD2-6　风阀执行器参数

执行器型号	LMS24-FS/100WM
电　源	DC 24 V
运行时间	90 s/90°
力　矩	5 N·m

风阀执行器外形如图 LD2-13 所示。

图 LD2-13　风阀执行器

13. 充注阀

充注阀参数如表 LD2-7 所示。

表 LD2-7 充注阀参数

型　号	2.04.04.0058
每个空调机组中的数量	4

充注阀工作原理：充注阀是一种带气门芯的单向检修用阀，旋开阀帽可接压力表或充注设备接头等。

充注阀外形如图 LD2-14 所示。

图 LD2-14 充注阀

14. 高压压力开关

高压压力开关参数如表 LD2-8 所示。

表 LD2-8 高压压力开关参数

型号		ACB-QB33
动作值	电路断开	（2.90 + 0.15）MPa
	电路接通	（2.40 ± 0.15）MPa
每个空调机组中的数量		2
气密性试验压力		4.0 MPa
耐压试验压力		5.0 MPa
工作温度		－30 ~ 100 ℃
使用寿命		100 000 次

高压压力开关工作原理：高压压力开关位于排气管路靠近压缩机排气口处，用于检测压缩机排气压力，防止压力过高，保护压缩机。

高压压力开关更换要点：用钥匙打开轴流风机盖板，拆下 DT 连接器，烧开连接管路，松开固定螺栓，即可取下。

高压压力开关外形如图 LD2-15 所示。

图 LD2-15 高压压力开关

15. 低压压力开关

低压压力开关参数如表 LD2-9 所示。

表 LD2-9 低压压力开关参数

型　号		LCB-QA11
动作值	电路断开	（0.1±0.03）MPa
	电路接通	（0.2±0.03）MPa
每个空调机组中的数量		2
气密性试验压力		3.0 MPa
耐压试验压力		4.0 MPa
工作温度		$-30 \sim 100\ ℃$
使用寿命		10 000 次

低压压力开关工作原理：低压压力开关位于回气管路靠近压缩机回气口处，用于检测回气压力，防止压力过低，保护压缩机。

低压压力开关更换要点：用钥匙打开轴流风机盖板，拆下 DT 连接器，烧开连接管路，松开固定螺栓，即可取下。

低压压力开关外形如图 LD2-16 所示。

图 LD2-16 低压压力开关

16. 新风口及新风滤网

空调机组包括 4 个新风口，位于蒸发腔外部侧板上。每个新风口外侧有一个新风滤网，材质为不锈钢丝网，可以在机组外部直接抽出，便于清洗和维护。新风口及新风滤网外形如图 LD2-17 所示。

图 LD2-17 新风口及新风滤网

二、客室空调控制盘

客室空调控制盘结构如图 LD2-18 所示。

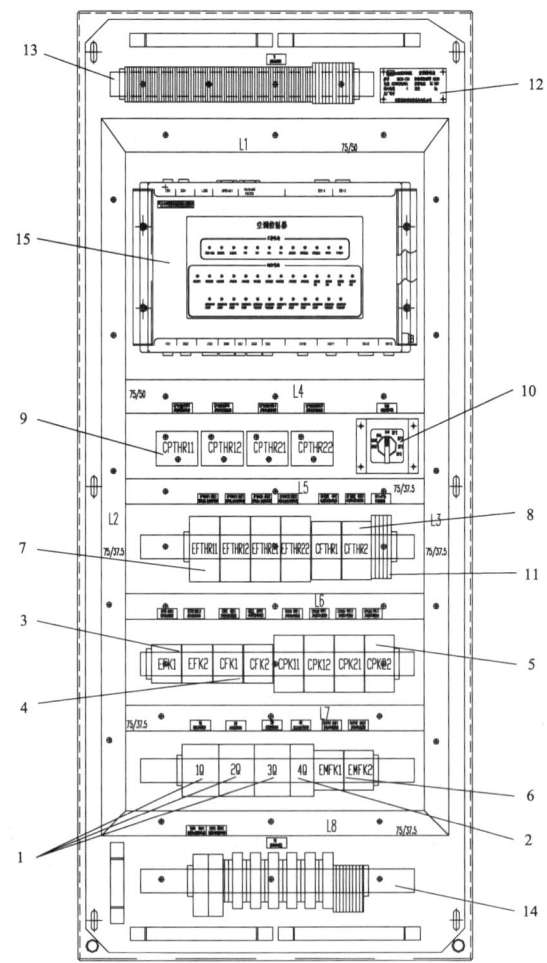

图 LD2-18 客室空调控制盘结构

1—主回路空气开关；2—控制回路空气开关；3—离心风机接触器；4—轴流风机接触器；5—压缩机接触器；6—紧急通风接触器；7—离心风机热磁断路器；8—轴流风机热继电器；9—压缩机速动热继电器；10—功能选择开关；11—中间继电器；12—控制盘铭牌；13—接线端子排 T1；14—接线端子排 T2；15—微机控制器

客室空调控制盘技术说明如下：

本控制盘采用微机控制器 KPC 控制。每个空调系统在客室内及机组的新风口和送风口处均设置 NTC 型温度传感器检测回风温度、新风温度和送风温度，分别取其平均值作为客室温度、室外温度和送风温度。将客室温度与 KPC 内部设定的温度比较后，自动进行通风、预冷、半冷、全冷等工作状态。

本控制盘使用微机控制器 KPC 及面板指示灯来显示运行情况。执行元件采用西门子接触器，保护元件采用空气断路器及热继电器。

客室空调控制盘主要部件说明如下：

（1）微机控制器 KPC 型号为 Q60O0001，为带有 MVB 网卡的空调专用控制器。
（2）接触器型号为 3RT1016-1KF41、3RT1025-3KF40，为西门子公司产品。
（3）热磁断路器型号为 3RV1021-1CA10，整定值为 2.2 A，为西门子公司产品。
（4）速动热继电器型号为 TH-N20FS，整定值为 13 A，为三菱公司产品。
（5）热继电器型号为 3RU11-16-1DB0，整定值为 3.1 A，为西门子公司产品。

三、司机室通风单元

司机室通风单元结构如图 LD2-19 所示。

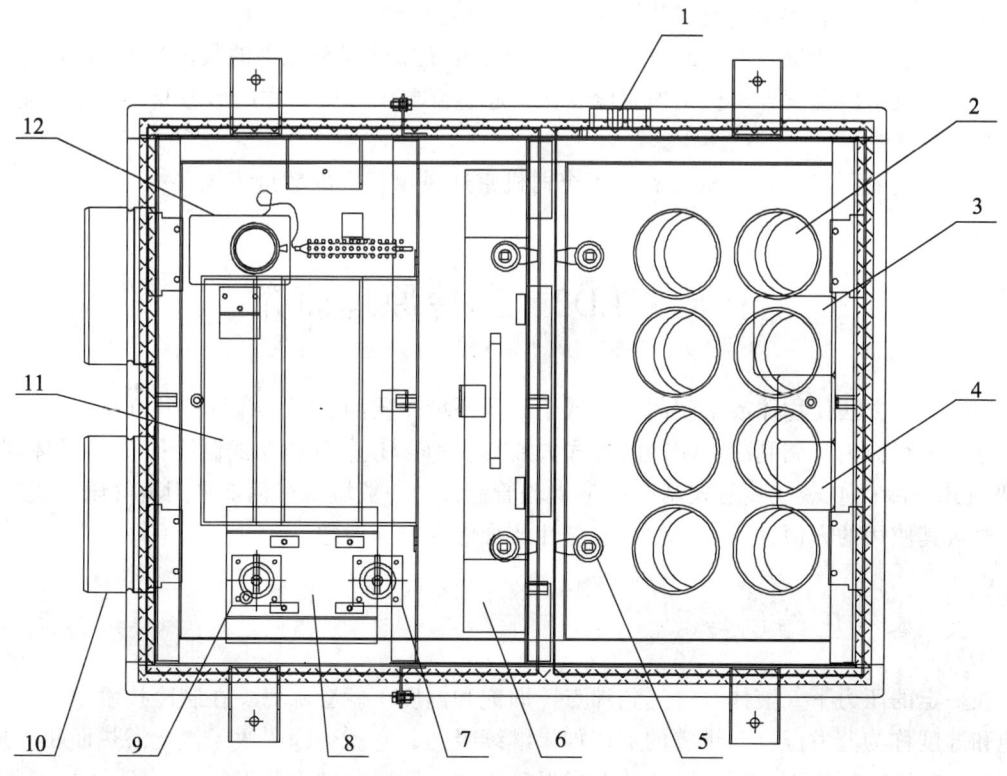

图 LD2-19　司机室通风单元结构

1—连接器；2—出风口；3—接触器；4—空气开关；5—门锁；6—电加热器；7—风速选择开关；8—调速变压器；9—模式选择开关；10—进风口；11—离心风机；12—温度控制器

司机室通风单元技术说明如下：

司机室通风单元的外罩由不锈钢板制成，通风单元内集成有控制模块以及所有必需的电气模块，可实现手动风量及制热量调节。司机室通风单元通过离心风机由进风口从客室主风道引入经空调处理后的冷风，由出风口送入司机室。司机室内送风的方向由通风单元出风口导向器进行控制，可根据司机喜好任意调整送风角度，从送风口送出的空调风能直接吹到司机座位区域。司机室内安装有电加热器，可通过调节模式开关和温度控制器旋钮来实现室内温度的控制。

司机室通风单元主要部件说明如下：

（1）离心风机型号为G79F0000，转速为2 800 r/min，额定输入功率为0.18 kW，绝缘等级为F级，每个司机室通风单元中的数量为1。

（2）电加热器型号为D30D1000，功率为2 kW，电源为AC 380 V、50 Hz，每个司机室通风单元中的数量为1。

（3）风速选择开关型号为D3000001，每个司机室通风单元中的数量为1，通过挡位调节可实现风量调节。

（4）模式选择开关型号为D3000002，每个司机室通风单元中的数量为1。

（5）接触器型号为3RT2015-1AV01，每个司机室通风单元中的数量为1。

（6）空气开关型号为C65N-3P-10A-C，每个司机室通风单元中的数量为2，通过挡位调节可实现通风、半暖、全暖模式的转换。

（7）温度控制器型号为ALS-C1050L1，每个司机室通风单元中的数量为1，可调节温度旋钮预设司机室内温度，司机室内温度变化引起感温包内部感应物质形态变化，以此调节温度控制器的通断。

（8）调速变压器型号为866385，每个司机室通风单元中的数量为1。

子模块LD3　制冷原理简介

用一定的方法使物体或空间的温度低于周围环境介质的温度，并且使其维持在某一范围内，这个过程称为空调制冷。制冷的方式大致有5种：① 蒸气压缩式制冷；② 半导体制冷；③ 吸收式制冷；④ 蒸气喷射式制冷；⑤ 涡流管制冷。一般城轨车辆都采用蒸气压缩式制冷，这主要从其使用的方便性、安全性、经济性及维修等方面考虑。

一、蒸气压缩制冷

在一定的压力下，液体温度达到沸点（即饱和温度）就会沸腾。在制冷技术中，常把这个饱和温度称为蒸发温度，沸腾的液体如果继续吸热，它就会因吸收了汽化潜热而相变成饱和蒸气。在同一压力下，不用的液体蒸发温度不同，所吸收的汽化潜热也不同。

蒸气压缩制冷机组主要是由压缩机、冷凝器、膨胀阀和蒸发器4个部件组成，并用管道连接，形成一个封闭的循环系统。工作过程为：制冷剂液体在蒸发器中吸收被冷却物质（如室内的空气）的热量，而汽化成低压低温的蒸气后被压缩机吸入。压缩机消耗一定的机械功将制冷蒸气压缩成压力、温度都较高的蒸气并将其输入冷凝器。高温、高压的制冷剂蒸气在冷凝器内被环境空气（或水）冷却，制冷剂蒸气放出热量后被冷凝成液体，此时的制冷剂液体还处于高压、高温状态。高温、高压的制冷剂液体经过膨胀阀节流降压、降温后进入蒸发器。此时的制冷剂液体已变成低温、低压的制冷剂蒸气，再被压缩机吸入。如此周而复始地循环。

昆明地铁首期工程电客列车空调系统制冷剂为 R407c。空调机组的制冷系统原理如图 LD3-1 所示。

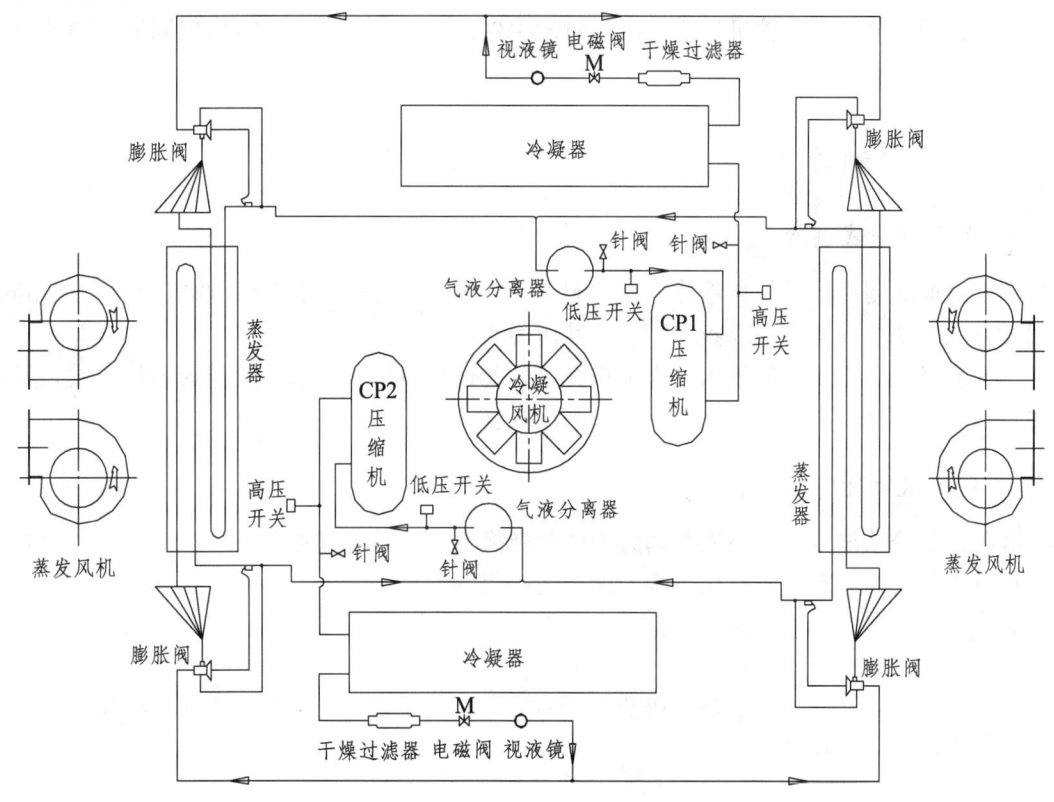

图 LD3-1　制冷系统原理

在制冷循环中，压缩机从蒸发器吸入制冷剂 R407c 气体，将其压缩成高温、高压的 R407c 蒸气，排入风冷冷凝器，经与外界空气进行热交换，放出热量冷凝成高压的 R407c 液体，然后经膨胀阀降压后变成低温、低压的液体，进入蒸发器，并吸收由室内流过蒸发器的空气的热量，蒸发成低压蒸气再被压缩机吸入，完成一个制冷循环。制冷剂不断地从室内吸收热量，在室外放出热量，从而达到使室内降温、除湿的效果。

二、蒸气吸收式制冷

蒸气吸收式制冷系统是由发生器、冷凝器、制冷节流阀、蒸发器、吸收器、溶液节流阀、溶液热交换器和溶液泵组成。整个系统包括两个回路：一个是制冷剂回路，一个是溶液回路。系统中使用的工作流体是制冷剂和吸收剂，称之为吸收式制冷的工质对。吸收剂液体，对制冷剂有很强的吸收能力。吸收剂吸收了制冷剂气体后形成溶液。溶液加热又能放出制冷剂气体。因此，可以用溶液回路取代压缩机的作用，构成蒸气吸收式制冷循环。制冷剂回路由冷凝器、制冷剂节流阀、蒸发器组成。高压制冷剂气体在冷凝器中冷凝，产生的高压制冷剂液体经节流后到蒸发器蒸发制冷。溶液回路由发生器、吸收器、溶液节流阀、溶液热交换器和溶液泵组成。在吸收器中，吸收剂吸收来自蒸发器的低压制冷剂气体，形成富含制冷剂的溶液，将该溶液用泵送到发生器，经过加热使溶液中的制冷剂重新蒸发出来，送入冷凝器；另一方面，发生后的溶液重新恢复到原来的成分，经冷却、节流后成为具有吸收能力的吸收液，进入吸收器，吸收来自蒸发器的低压制冷剂蒸气。在蒸气吸收式制冷中，吸收器好比压缩机的吸入侧；发生器好比压缩机的排出侧；对发生器内溶液进行加热，提供提高制冷剂蒸气压力的能量。

三、其他制冷方式

1. 蒸发喷射式制冷

蒸发喷射式制冷也是依靠液体汽化来制冷。这一点和蒸发压缩式及吸收式制冷完全相同，不同的是怎样从蒸发器中抽取蒸气，并将其压力提高。

蒸发喷射式制冷机除采用水作为工作介质外，还可以用其他制冷剂作为工作介质，如用低沸点的氟利昂制冷剂，可以获得更低的制冷温度。

2. 吸附式制冷

吸附式制冷系统也是以热能为动力的能量转换系统。其工作原理是，一定的固体吸附剂对某种制冷剂气体具有吸附作用。吸附能力随吸附剂温度的不同而不同。周期性的冷却和加热吸附剂，使之交换吸附和解析。解析时，释放出制冷剂气体，并使之冷凝为液体；吸附时，制冷剂液体蒸发，产生制冷作用。

所以，吸附制冷的工作介质是吸附剂——制冷剂工质对，工质对有多种，按吸附机理的不同，有物理吸附与化学吸附。

3. 气体膨胀制冷

利用高压气体绝热膨胀阀时，对膨胀剂做功，同时气体的温度降低。用这种方法可以获得低温。与液体汽化制冷相比，空气膨胀制冷是一种没有相变的制冷方式，所采用的制冷剂主要是空气。此外，根据不同的使用目的，制冷剂也可以是 CO_2、O_2、N_2、He 或其他理想气体。

4. 涡流管制冷

涡流管制冷是使压缩气体产生涡流运动并分离成冷、热两部分，其中冷气流用来制冷。

5. 热电制冷

热电制冷又称温差电制冷，它是利用热电效应（即帕尔帖效应）的一种制冷方法。常用的有半导体制冷。

子模块 LD4 制冷剂

空调冷却系统中，将室内的热量连续不断地转移到室外环境空气中去的工作物质称为制冷剂。理论上，能在蒸发器中吸收被冷却介质的热量而汽化，并在冷凝器中放出热量而液化的物质都可以作为制冷剂，但作为空调制冷系统必须要考虑所选用的制冷剂能使整个空调制冷系统安全、可靠、高效和经济地工作，因此对制冷剂有一定的要求。

一、对制冷剂的要求

1. 热力学要求

制冷剂的蒸发压力在要求的蒸发温度下不能过低，应略高于大气压力，以防外界空气渗入而降低制冷能力。在要求的冷凝温度下，冷凝的压力不能过高，压力过高一方面给系统的密封增加难度，同时还要提高系统高压部分的耐压能力，增加了设备的质量和成本；另一方面又使压缩机的压缩功增大，压缩机的实际排气量减小。

另外，制冷剂的临界温度要高，以便于用环境空气（或水）来冷却，而凝固温度要低，以便于获得较低的蒸发温度。

制冷剂的单位容积制冷量也应越大越好。这样当制冷量一定时，单位容量制冷量越大，制冷剂的循环量就可以减少，同时可缩小压缩机和系统的尺寸。

2. 物理性质要求

制冷剂的黏度和密度要小，以减少制冷剂在制冷装置中的流动阻力。制冷剂的导热系数与放热系数尽量大些，以提高换热器的传热效率，减小传热面积。

制冷剂有一定的水溶性。制冷剂最好不含水分，但实际上制冷系统中难免渗入极少量的水分，若制冷剂能溶解少量的水分，在蒸发温度低于 0 ℃ 时，系统就不易产生"冰寒"现象而影响制冷装置的正常运转。

制冷剂与润滑油的互溶性对制冷装置换热器的传热及压缩机的润滑条件有重要影响。互溶性好则有利于润滑油渗透到各运动部件的摩擦面以改善润滑条件，并且在蒸发器等各换热器的传热面上也不易形成油膜面阻碍传热。缺点是制冷剂含油量增加会引起蒸发温度升高，造成制冷能力下降。

在密封式压缩机中，还要求制冷剂有良好的电气绝缘性能。

3. 化学性质要求

制冷剂应有良好的化学稳定性。在制冷剂的工作温度和工作压力范围内，应不分解、不聚合，无燃烧和爆炸的危险。

4. 生理学性质要求

制冷剂应对人体无毒、无刺激性气味。

二、轨道车辆空调的制冷剂

上海地铁一号线车辆空调机组采用的制冷剂为 R22；广州地铁一号线空调机组制冷剂采用的是 R134a，二号线空调机组制冷剂采用的是 R407c；昆明地铁首期工程电客列车空调机组采用新型环保制冷工质 R407c。

氟利昂是饱和碳氢化合物的卤素衍生物的总称，目前用作制冷剂的主要是甲烷（CH_4）和乙烷（C_2H_6）的衍生物。用卤素原子代替原化合物中的一部分或全部氢原子就能得到不同性质的氟利昂。氟利昂以符号"R"配以二位数字（甲烷族）或三位数字（乙烷族）表示。所配的数字第一位表示氢原子数，不含氢原子为 1，以后每多一个氢原子再加 1，第二位表示氟原子数。

氟利昂的优点：无毒，燃烧和爆炸的可能性小，对金属不腐蚀，绝热指数小，因而压缩机的排气温度较低。

氟利昂的缺点：单位容积制冷量较小，因而制冷剂循环量大；密度大，引起的流动阻力大；放热系数低；含有氢原子的氟利昂遇明火（400 ℃）会分解出少量剧毒的光气；对天然橡胶和树脂有腐蚀作用；易于泄漏，又不易发现，要求系统有良好的密封性；此外，价格也较高。

R407c 是由 HFC-32、HFC-125 和 HFC-134a 按质量百分比 23%、25%、52%混合而成的共沸制冷剂，目前国外主要将其用于大、中型制冷系统 HCFC-22 的替代物品。R407c 的成分中 R134a 所占比例超过 50%，因此 R134a 的存在使得 R407c 不能与矿物质油共用，但采用 R407c 新型环保制冷工质压缩机容积制冷量变化大。

子模块 LD5　车辆空调系统的控制

一、空调的控制模式

1. 关机模式

当空调控制器收到"关机"信号或者空调控制板上模式选择开关处于"停机"挡位时，空调系统将处于关机模式。

2. 自动模式

当空调控制板上模式选择开关处于"自动"、"22 ℃"、"24 ℃"、"26 ℃"、"28 ℃"挡位时，控制器接收来自 VCU 的运行信号，空调系统处于自动模式。

在自动模式下，按 UIC 553 标准，空调系统根据室外温度计算设定温度后，通过对室内温度和设定温度的比较，决定空调机组的工作状态。温度适宜时，仅通风；温度偏高时，减载运行；温度很高时，全载运行。另外，当处于极端高温时（高于 45 ℃），压缩机也将减载运行。

在自动模式下，空调控制系统接收到通过 MVB 传来的首次上电信号，且同时有制冷需求时，空调系统将自动启动预冷。在预冷过程中，司机可以在显示屏 HMI 手动取消预冷。启动预冷后，空调新风门关闭，回风门打开，空调运行在全回风模式，以使客室内温度迅速降低；当车内温度达到设定值或预冷时间达到 15 min 时，将自动停止预冷进入正常工作状态。

在整车空调系统均位于"自动"位时，通过司机室显示屏 HMI 可控制整列车温度在计算温度的 ±2 ℃ 范围内调节。在客室可控制单个车厢温度在 22 ℃、24 ℃、26 ℃、28 ℃。

根据不同的外界环境和车内条件，自动模式实现 3 种子模式：

① 没有制冷需求，通风子模式；
② 0＜制冷需求≤50%，50%制冷子模式；
③ 50%＜制冷需求≤100%，100%制冷子模式。

在空调机组的压缩机启动之前，系统将先进行一个安全检查来对制冷回路进行评估。当收到"OK"信号时，制冷回路开始运转；当出现压力错误或者压缩机负载过载等问题时，空调系统将自动转换到安全模式。

3. 紧急模式

当车载辅助电源系统发生故障或在 MVB 网络故障的情况下，空调系统将自动启动紧急通风模式。通过蓄电池供电的紧急逆变器自动开始工作，向两台空调机组内的送风机提供交流电源，此时，空调机组内的回风门将被关闭，只有新风进入车厢。在紧急情况下，向客室提供的新风量约为 3 200 m³/h；通过客室风道的正压作用，能够为司机室提供 60 m³/h 的新鲜空气。

4. 测试模式

当空调控制板上模式选择开关处于"测试 1"、"测试 2"挡时，系统处于测试模式。测试模式下，当模式选择开关处于"测试 1"挡时，控制系统单独强制 1 号机组全冷运行；当模式选择开关处于"测试 2"挡时，控制系统单独强制 2 号机组全冷运行，运行时间各为 15 min，用以对两台机组主要设备部件进行测试。

5. 维护模式

当模式选择开关置于除"停机"外的任意挡位时，通过 PTU 维护软件，可以使系统处于维护模式，此时 PTU 维护软件发送的命令具有最高优先权。维护模式时可对系统单个主要设备部件进行检测，也可以对多个设备部件同时进行检测。

二、司机室空调系统控制

1. 整车空调系统开关

在司机台上有 1 个空调系统开关旋钮，可分别控制整车空调的开启、关闭，在空调开关左侧设有一个空调状态指示灯，可用来显示空调系统开启或关闭状态。当空调系统得电后，将空调旋钮打到"开"位置时，开启整列车的空调系统；将空调旋钮打到"关"位置时，关闭整列车的空调系统，整车空调系统开关如图 LD5-1 所示。

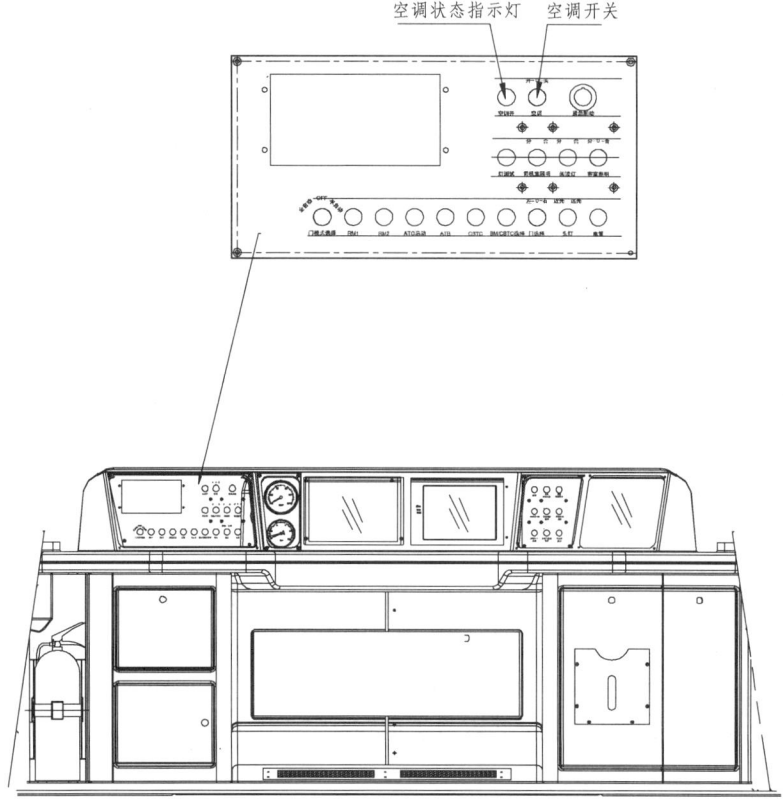

图 LD5-1　整车空调系统开关

2. 整车空调温度调节

在司机室显示屏 HMI 界面上包含了整车内空调系统模式的设置，选择"自动"位，空调系统根据温度传感器自动工作；可手动调整整车空调系统设定温度"−2K"、"−1K"、"+1K"、"+2K"，实现对室内温度的控制；"预冷关闭"位可关闭预冷模式；在隧道发生火灾时，可点击"火灾模式"，此时新风阀全关，空调机组维持工作状态不变。整车空调温度调节示意图如图 LD5-2 所示。

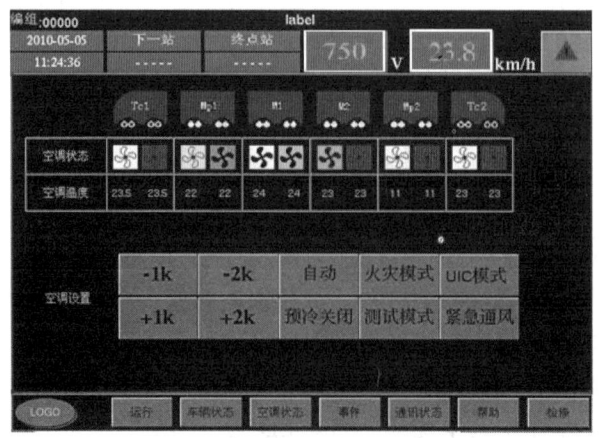

图 LD5-2　整车空调温度调节示意图

3. 整车空调运行状态显示

整车空调运行状态显示如图 LD5-2 所示。

在司机室显示屏 HMI 上可显示整列车空调运行状态，如表 LD5-1 所示。

表 LD5-1 空调运行状态

优先级	符号	指示的状态
1		空调故障
2		空调警告
3		空调运行于"紧急通风"模式，由蓄电池供电
4		空调运行于"通风"模式，由辅助电源供电
5		空调运行于"限制制冷"模式，由辅助电源供电
6		空调运行，无故障
7		空调关闭，无故障

4. 司机室通风单元控制

对于 Tc 车，除了安装在车顶的两个空调机组外，在司机室内还配备了一个通风单元。它安装在司机室的天花板上，通过引入相邻客室的空调风来实现司机室内的空气调节。司机室内部的空气调节通过司机室通风单元上的旋钮开关来实现。司机室通风单元的旋转开关如图 LD5-3 所示。

图 LD5-3 司机室通风单元通风挡位开关、功能选择开关示意图

在司机室通风单元上设有通风挡位开关和功能选择开关。

通风挡位开关作用如下：

Ⅰ = 低速通风，"通风" 240 m³/h；

Ⅱ = 中速通风，"通风" 410 m³/h；

Ⅲ = 高速通风，"通风" 645 m³/h。

功能选择开关作用如下：

全暖：电加热全开；

半暖：电加热半开；

停机：电加热器关闭、通风机关闭；

通风：电加热器关闭、通风机工作。

全暖位、半暖位与通风设有连锁保护。

三、客室空调系统控制

每节车厢的空调柜内都有一个空调控制单元，它包括空调控制板和紧急逆变器。客室空调系统的控制由空调控制板上的空调模式选择开关来实现。空调柜的布置、空调模式选择开关如图 LD5-4 所示。

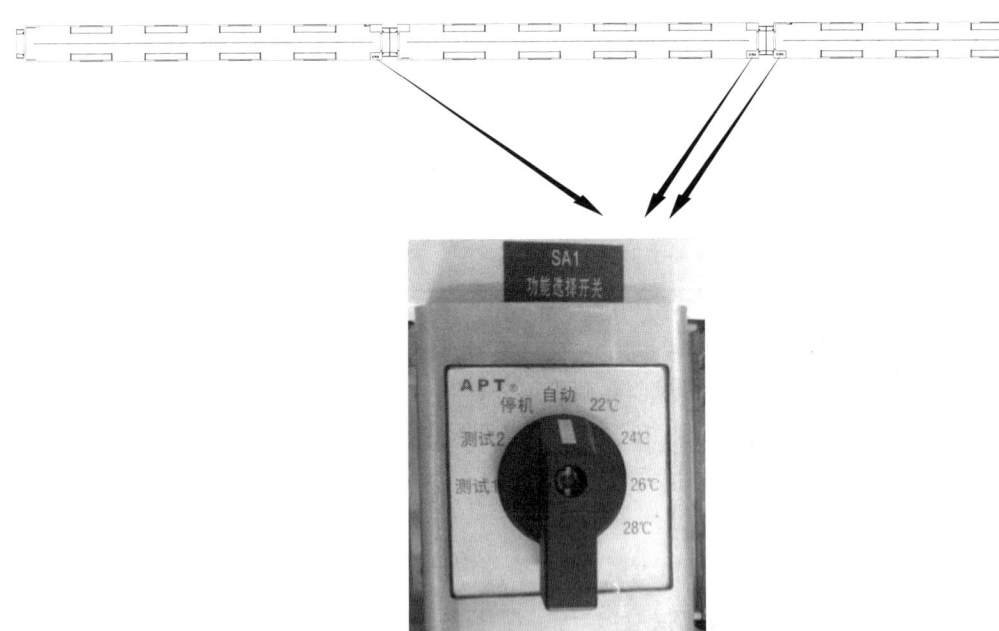

图 LD5-4　空调模式选择开关示意图

在启动列车后，车厢的空调系统可以在占有的司机室内打开。

客室空调系统的控制可以分为下列几种模式：

"停机"：此时空调系统处于待机状态，只有控制器带电并工作。在必要时，将启动空调系统紧急通风模式（此时，客室空调系统不服从司机室集控）。

"自动"：此时空调系统处于自动模式，并且服从司机室集控。

"22 ℃"、"24 ℃"、"26 ℃"、"28 ℃"（手动模式）：如果某一个车厢内太冷或者太热，可以手动对单个车厢的温度设定进行调整。

"测试1"、"测试2"：检修人员用于调试和维修。

注意：在正常运行时，空调系统没有故障，则所有的空调开关都应设置在"自动"位。

在控制器面板上设有故障显示指示灯，可以直观地显示空调系统故障的情况，如图LD5-5所示。

图 LD5-5　空调控制器指示灯示意图

① 各状态指示灯为单色灯，工作时为绿色，非工作状态时灯灭；
② 各故障指示灯为单色灯，发生故障时为红色，无故障时灯灭；
③ 各电机指示灯为双色灯，正常工作时为绿色，故障时为红色，停机时灯灭。

子模块 LD6　车辆空气调节的方式

空气调节就是把经过处理后的空气，以一定的方式送入室内，使室内的空气温度、湿度、洁净度和气流速度控制在适当的范围内。

车辆客室内的空气调节，应包括夏季对车外新鲜空气和车内再循环空气进行除尘、冷却、减湿及冬季对车外新鲜空气和再循环空气进行除尘、加热、必要时的加湿处理，并把处理后的空气以一定的流速送入车内。同时，将车内的污浊空气排至车外。因此，车辆客室空调装置应由通风系统、空气冷却系统、空气加热系统、空气加湿系统和自动控制系统等组成。

通风系统一般是指机械强迫通风，由离心式通风机、滤尘装置、送风风道、回风风道组成。它起着空气过滤、空气输送及空气分配等作用。离心式送风机将车外新鲜空气吸入车内与再循环空气混合，并滤清灰尘与杂质后，再送入客室内，以保持客室内空气的洁净度和空气的流速。

空气冷却系统一般采用蒸气压缩式制冷设备的蒸发器作为空气冷却器。在夏季，制冷设备工作时，由通风机吸入客室内、外的空气，经空气冷却器冷却后送入客室内，以保证夏季客室内空气的温度达到指定要求。

由于空气冷却器的表面温度通常低于空气的露点，因此，空气在通过空气冷却器冷却时也得到了减湿处理，从而保证了客室内空气的相对湿度达到指定要求。

一般车辆空气加热系统由空气预热和客室加热两部分组成。在冬季，由于室外温度较低，因此，由送风机吸入客室内的空气必须经过预热处理，另外，客室内还装有加热装置，以补偿客室内的热损失，从而保证冬季车内空气的温度达到指定的范围。

加湿系统仅在某些对车内相对湿度要求较高的车辆内安装。在冬季，由于车外空气温度较低，但空气被加热而温度升高后，其相对湿度就非常低，而某些客车由于定员量少，乘客的散湿量也小，为此对于乘客对环境要求较高的车辆须对空气进行加湿处理。

自动控制系统包括自动调节和控制各种空气参数的仪表及设备，它用于控制各个系统按照给定的调节方案，协调地进行工作，以保证车内所要求的空气参数维持在一定的范围内。

车辆上所采用的空气调节装置有集中式和分散式两种类型。集中式空气调节装置是指一节车厢配有一套带通风、制冷、加热等系统的装置；分散式空气调节装置是指一节车厢安装有多套空气调节机组。因为每台空调机组常将压缩冷凝机组和空气冷却机组等组合在一起，故又称为单元式。

城市轨道车辆空气调节的送风系统一般多采用一次回风系统。所谓一次回风系统，是指经过处理的空气来源一部分是新鲜空气，一部分是室内的回风，回风与新风在空气冷却器前混合。

子模块 LD7　影响人体卫生和舒适性的因素

城市轨道交通车辆的运输任务是单一的运送短途乘客，这就要求客室内要有卫生清洁和舒适的环境条件。根据人们的生活实践和人体对生理卫生上的要求以及车内的特点，可分析出影响车内人体卫生和舒适性的主要因素：

① 客室内的空气温度；
② 人体周围空气的流动速度；
③ 客室内空气的洁净度。

因为在正常的气候条件下，一般能够使身体内所产生的热量和向外界发散出去的热量保持平衡，人就感到舒服。而当人处在空气温度不能使人保持热量平衡时，就会感到不舒服。

在客室内空气的相对湿度也是影响人体舒适的重要因素，当人体周围的相对湿度较大时，将要影响人体的蒸发散热，而使人们感到温热。

在客室内的空气的流速，同样影响人体的散热。车内空气流速的增大可以加速人体表面的对流散热，尤其是当人体周围空气的湿度和相对湿度都较高的情况下，增大空气流速会促进人体表面汗液的蒸发,从而增加散热效果,给乘客一种舒适的感觉。

在客室内,由于人的呼吸,二氧化碳(CO_2)将增加,当增加到一定浓度后就会影响人的健康。

综上所述,客室内的温度、相对湿度、流速、洁净度等参数是影响乘客舒适性的重要因素。

子模块 LD8　空调故障处理维护

空调故障处理维护如表 LD8-1 所示。

表 LD8-1　空调故障处理维护

故障内容	故障原因	故障判断方法	处理
1 不出风	(1)离心风机的配线故障: ① 连接器处断线 ② 配线处螺丝松弛	查看电路接通情况 查看电路接通情况	修理 拧紧
	(2)电动机烧损或断线	测量线圈电阻	更换电机
	(3)控制线路及电器故障	检查电路及电器元件	修理或更换
2 风量小	(1)离心风机电机反转	检查离心风机转向	调换相线
	(2)混合风滤网堵塞	检查过滤网	清洗滤网
	(3)蒸发器结霜或冰	检查(目视)	送风运转融化冰、霜
	(4)蒸发器散热片脏堵	检查(目视)	清洗
	(5)送风道等处堵塞	检查	修理
	(6)风机叶片积垢	检查	清洁
3 不冷	(1)压缩机不转: ① 电机断线、烧损 ② 高压压力开关动作 ③ 低压压力开关动作 ④ 配线端子安装螺丝松弛 ⑤ 电气控制柜电器件不良 ⑥ 接触器、线圈烧毁或触头故障 ⑦ 压缩机故障 ⑧ 轴流风机电机的热继电器动作 ⑨ 轴流风机电机烧损或断线 ⑩ 离心风机电机烧损或断线	测定线圈电阻 见第6项 见第7项 查看接通情况 检查电气件 检查元件 检查压缩机 检查电机电流 测线圈电阻 测线圈电阻	更换压缩机 拧紧 查明原因后修理 修理或更换 修理或更换 修理或更换 修理或更换 修理或更换

续表 LD8-1

故障内容	故障原因	故障判断方法	处理
3 不冷	（2）压缩机运转制冷剂泄漏	① 室内吸入和排出空气温差小	修理制冷循环系统
		② 回气温度过高	重新充注制冷剂
		③ 压缩机运转电流小	
4 冷量不足	（1）回风滤尘网堵塞	检查滤尘网（目视）	除去筛孔堵塞物
	（2）蒸发器、冷凝器过脏	检查（目视）	清扫
	（3）蒸发器结冰	检查（目视）	送风融化冰
	（4）控制柜设定温度过高	检查	调整或修理
	（5）少量制冷剂泄漏	压缩机运转电流比其他压缩机略小	修理制冷剂循环系统
	（6）制冷剂充注过多	电流过大	重新充注制冷剂
	（7）风量不足	见第2项	
5 振动噪声大	（1）风机电机轴承异常		修理风机
	（2）风机叶轮不平衡	检查风机的平衡性	调整或更换
	（3）紧固部位松弛	检查各紧固部位	拧紧
6 高压压力开关动作	（1）冷凝器过脏	检查冷凝器	清扫
	（2）制冷剂充注过多	电流比正常值大	重新充注制冷剂
	（3）轴流风机反转	检查	将相序调整正确
	（4）排气管段堵塞	检查高压管路及配件等	修理
	（5）轴流风机不转： ① 电机烧损	测量线圈电阻是否平衡	更换电机
	② 电机的轴承损伤	检查	更换球轴承
	（6）空气或不凝性气体混入系统中	电流比正常值大	查明原因，修复后重新充注制冷剂
7 低压压力开关动作	（1）制冷剂泄漏	压缩机电流小	检查、修理制冷系统
	（2）温度传感器感温不正确	电阻值与温度不对应	校准传感器或更换
	（3）风量不足	见第2项	
	（4）低压管路堵塞	检查（目视）	检查、修理制冷系统
	（5）蒸发器散热片堵塞	检查	清扫

续表 LD8-1

故障内容	故障原因	故障判断方法	处　理
8 漏水	（1）回风口漏水，回风短风道密封不良	检　查	正确安装、密封
	（2）出风口漏水	① 蒸发器脏堵	清洗蒸发器或滤尘网，并进行修理
		② 送风面密封处漏水	检查送风面密封情况，正确安装机组
	（3）车内风道内凝露形成水珠，从出风口吹出		风道保温

分模块 LE　车钩缓冲装置

子模块 LE1　车钩的用途和分类

车钩缓冲装置是车辆最基本的也是最重要的部件之一。车钩是用来实现机车和车辆，或车辆和车辆之间的联挂，使列车中各车辆彼此保持一定距离，并且传递和缓和列车在运行中或在调车时所产生的纵向力或冲击力。

车钩按开启方式分为上作用式和下作用式两种。通过车钩钩头上部的提升机构开启的叫上作用式（一般货车大都采用）；借助车钩钩头下部推顶杠杆的动作实现开启的叫下作用式（客车采用）。车钩按其结构类型分为螺旋车钩、密接式自动车钩、自动车钩及旋转车钩等。螺旋车钩使用最早，但因缺点较多已被淘汰。密接式自动车钩多为高速铁路车辆所用。中国除在大秦铁路重载单元列车上使用旋转车钩外，现一律采用自动车钩。所谓自动车钩，就是先将一个车钩的提杆提起后，再用机车拉开车辆或与另一车辆车钩碰撞时，能自动完成摘钩或挂钩动作的车钩。

自动车钩可分为两种基本类型：非刚性车钩和刚性车钩。

一、非刚性车钩

非刚性车钩允许两个相连接的车钩钩体在垂直方向上有相对位移。当两个车钩的纵轴线存在高度差时，两个车钩呈梯形状，并各自保持水平位置。由于钩体的尾端相当于销接，这就保证了车钩在水平面内的位移。因此，这类车钩是一种非密接式连接，车钩间隙都会大于 3 mm。非刚性车钩如图 LE1-1 所示。

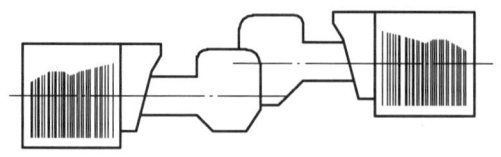

图 LE1-1　非刚性车钩

二、刚性车钩

刚性车钩不允许两个相连接的车钩钩体在垂直方向上有相对位移，且对前后间隙要求限制在很小的范围内。如果联挂之前两车钩的纵向轴线高度已有偏差，那么在联挂后，两车钩的轴线处在同一条直线上并呈倾斜状态。两钩体尾端具有完全的销接，这就能够保证两联挂车辆之间具有相对水平位移和垂向角位移，保证具有这些相对位移的必要性是由于线路的水平面及纵剖面是变化的,另外还是由车体在弹簧上的振动和作用于车辆上的力所决定的。所以,这类车钩为密接式连接,车钩间隙在 3 mm 以下。刚性车钩如图 LE1-2 所示。

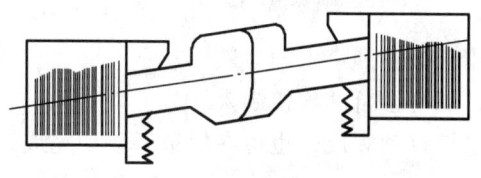

图 LE1-2 刚性车钩

非刚性车钩与刚性车钩相比有如下优点:

简化了两车钩纵向中心线高度偏差较大的车辆相互联挂的条件(不同类型的车辆、车轮及其他部件磨耗程度不同的车辆,以及空车和重车),不需要复杂的钩尾销连接结构和复杂的对心装置。

刚性车钩与非刚性车钩相比有如下优点:

(1)减小了两个车钩连接表面之间的间隙,从而也降低了列车的纵向力,提高了列车运行的平稳性。

(2)由于车钩零件的位移减小,并且在这些零件上作用的力也减小,因此改善了自动车钩内部零件的工作条件。

(3)减小了车钩连接面的磨耗。

(4)减小了由于两联挂车钩相互冲击产生的噪声,这对于城市轨道车辆和客车尤为重要。

(5)避免了在意外撞车事故时,发生一个车辆爬到另一个车辆上的危险。

由于这些特点决定了刚性车钩主要用于地下铁道车辆、城市轻轨车辆及高速列车上。非刚性车钩较普遍地应用于一般铁路客车及货车上。

按照牵引连接装置的连接方式,车钩可分为全自动车钩、半自动车钩和半永久车钩。目前,昆明地铁车辆所使用的是福伊特公司提供的车钩及缓冲器,包括头车半自动车钩、中间半自动车钩和半永久车钩。

子模块 LE2 地铁车辆车钩的类型及组成

一、全自动车钩(AC)

1. 全自动车钩的特点及功能

全自动车钩在车钩头上设置有空气管路接口和电气连接器,车钩可以实现机械联挂、空气管路连接和电气连接。电气连接器配置动作风缸及相应的机构,可以实现机械、空气和电气的全自动连接和分离,完全由司机在司机室内完成操作,即所谓的全自动车钩。

全自动车钩的功能:无需人工操作干预,就可将一个单元传动到另一个单元,实现两个单元的联挂。即便有水平和(或)垂直偏差,也可实现平稳地自动联挂。车钩系统允许被联挂的列车沿竖曲线和平曲线运动，并支持旋转运动。全自动车钩一般设置在列车的端部，在两列车联挂运行、救援以及库内调动列车时使用。除了机械联挂外，也可实现电动或气动联挂。

减振器确保了减振作用对缓冲和牵引均有效。

车钩实现机械联挂后，风管会自动连接起来。

解钩既可通过驾驶室遥控自动完成，也可在轨道旁手动完成。解钩和分离后，车钩会再次进入联挂准备状态。

图 LE2-1 为全自动车钩组成结构。

2. 全自动车钩的技术数据

抗压强度（屈服强度，$R_{p0.2}$）：1 250 kN。

抗拉强度（屈服强度，$R_{p0.2}$）：850 kN。

车钩长度（从车钩面至安装板）：(1 525 ± 5) mm。

车钩质量：约 440 kg。

液压静力减振器（缓冲器）：

冲击载荷，缓冲（最大）：1 100 kN。

缓冲行程（最大）：150 mm。

吸收能力，缓冲：约 145 kJ。

橡胶垫钩尾座（EFG 3）：

缓冲行程（最大）：55 mm。

牵引行程（最大）：40 mm。

弹簧阻力，缓冲（静态）：680 kN × (1 ± 10%)。

牵引时弹簧阻力（静态）：390 kN × (1 ± 10%)。

吸收能力，缓冲（静态）：约 14.1 kJ。

牵引时吸收能力（静态）：约 7.075 kJ。

电动头：

塞孔触点数量，镀银：16。

塞孔触点数量，镀金：4。

插头触点数量，镀银：16。

插头触点数量，镀金：4。

盲塞数量：39。

车钩最大摆角：

水平：±25°。

垂直：±6°。

对中装置：

再对中角：±15°。

联挂要求的最低速度：0.6 km/h。

全自动车钩外形如图 LE2-2 所示。

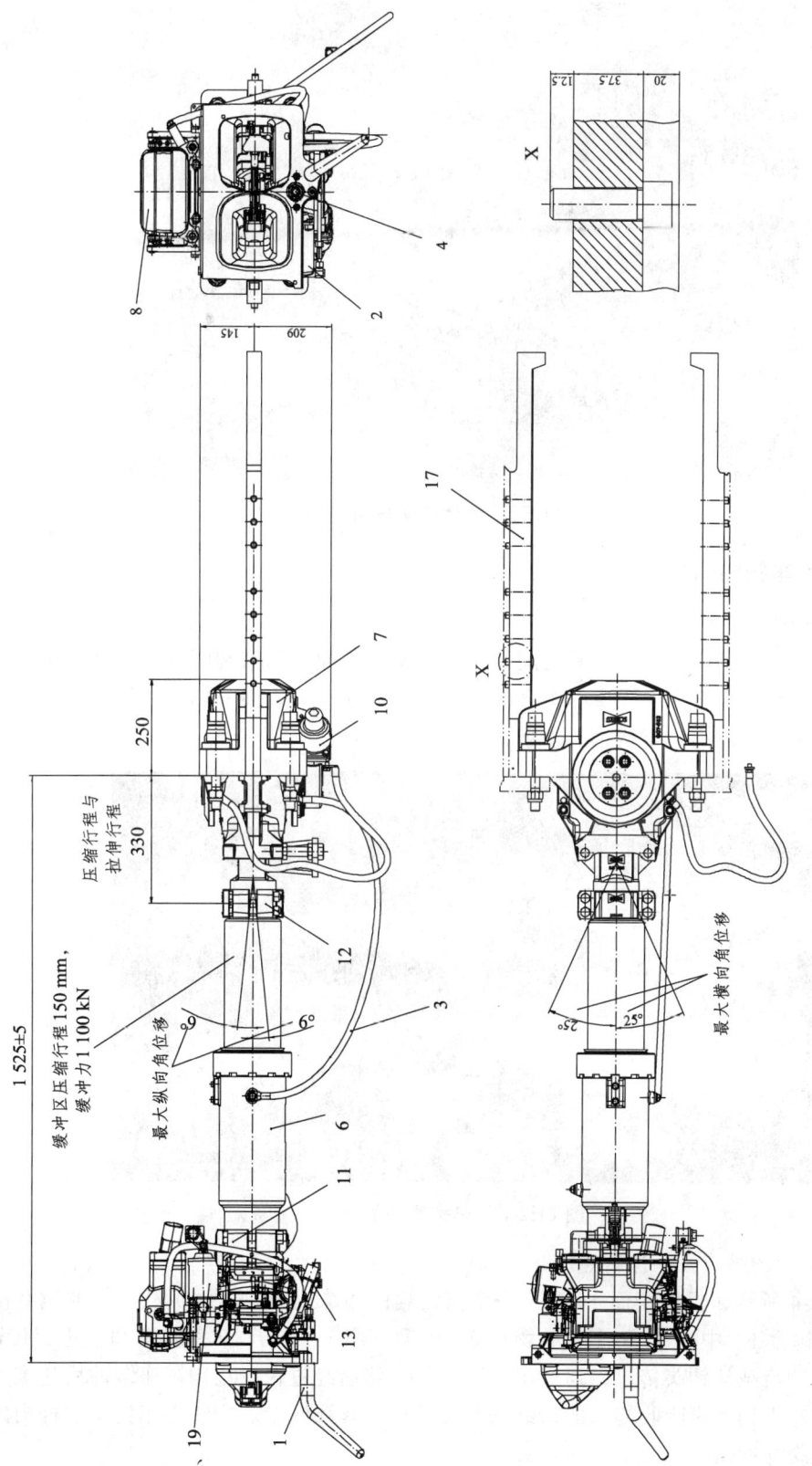

图 LE2-1　全自动车钩

1—车钩头；2—解钩缸；3—接地；4—风管连接；5—电动头的控制机构；6—车钩牵引杆；7—橡胶垫钩尾座；8—电动头；9—气动元件；10—对中装置；11、12—套管连接；13—附件；14—过载保护装置

图 LE2-2 全自动车钩

3. 全自动车钩的组成

（1）车钩钩头。

车钩钩头的车钩锁确保两节车厢之间的机械连接。表面有凸锥和凹锥，允许车钩自动对齐和同心，在水平和垂直方向提供一个大的联挂范围。在车钩表面一侧，采用导向喇叭和延长线来扩展偏准联挂范围。车钩钩头外形如图 LE2-3 所示。

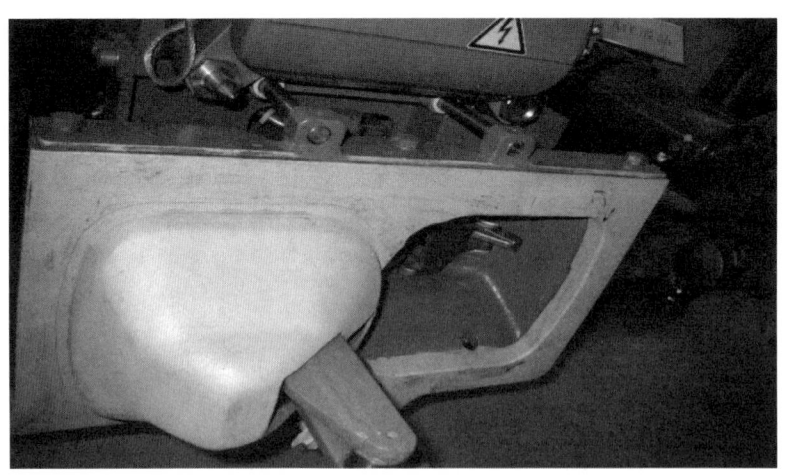

图 LE2-3 车钩钩头外形

① 车钩钩头的组成及工作特点。

如图 LE2-4 所示，机械端面 14 配有一个宽而扁的边缘以吸收压缩负载。拉伸负载由钩锁（钩板 4、钩舌 1、中枢 5、拉簧 6、棘爪 2、弹簧支座 7、卡子 10 和前端 11）进行传输。牵引负载和缓冲荷载从钩头传出，通过车钩牵引杆，然后经过橡胶垫钩尾座缓冲后达到规定负载值。任何超出钩尾座吸收能力的荷载均会被传送至车厢底架。安装在车钩牵引杆内的液压减振器可以缓冲冲击。

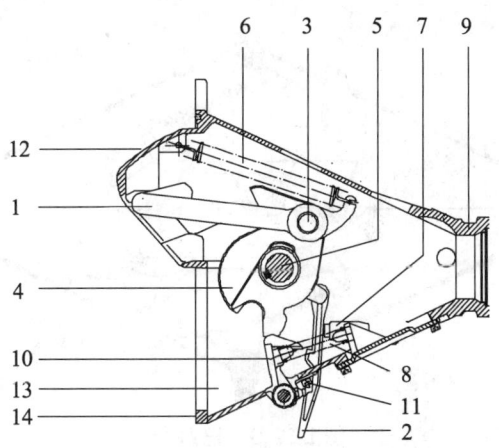

图 LE2-4 车钩钩头

1—钩舌；2—棘爪；3—钩舌销；4—钩板；5—中枢；6—拉簧；7—弹簧支座；8—压簧；
9—车钩头外壳；10—卡子；11—前端；12—凸锥；13—凹锥；14—车钩端面

② 车钩三态。

铁路客用列车使用 15 号车钩及小间隙车钩的车钩三态指：锁闭、开锁和全开。地铁车辆全制动车钩三态指：准备联挂、已联挂、未联挂。

a. 准备联挂（见图 LE2-5）。

钩舌缩进凸锥内部并由棘爪保持在该位置。钩舌靠近凸锥边缘，由弹簧拉紧钩板。棘爪伸出车钩头外壳侧面上方，与卡子啮合在一起。

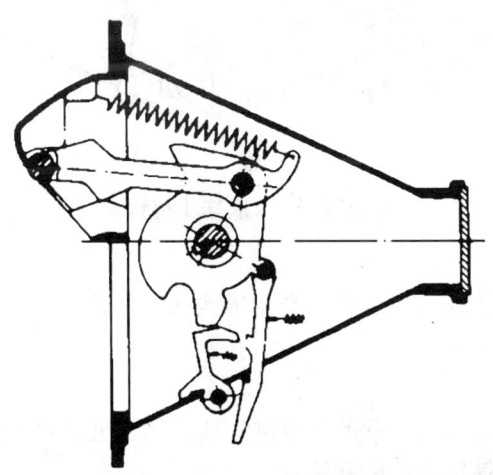

图 LE2-5 准备联挂

b. 已联挂（见图 LE2-6）。

当车钩表面配合时，凸锥将弹簧加载卡子向后压向棘爪，释放棘爪。拉簧将车钩锁拉至已联挂位置，直至钩舌与钩板啮合。钩板被压在车钩头外壳内的挡块上。当车厢联挂后，锁紧装置会形成一个平行四边形形状，这样可以将牵引荷载均匀地分布在两个钩锁装置上。意外解钩是不可能的。车钩锁只受到拉伸负荷的影响，负荷均匀地分布到两个钩舌上。

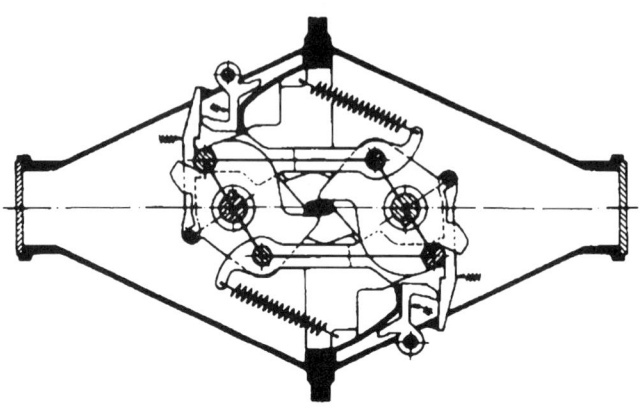

图 LE2-6 已联挂

c. 未联挂（见图 LE2-7）。

解钩期间，弹簧加载钩板逆时针转动，直至钩舌从钩板上释放。当棘爪与卡子啮合在一起时，保持车钩锁的位置。列车分离时，弹簧加载卡子向前移动并释放棘爪。车钩锁在拉簧的作用下转动，直至棘爪与卡子前端相啮合，车钩锁再次准备联挂。

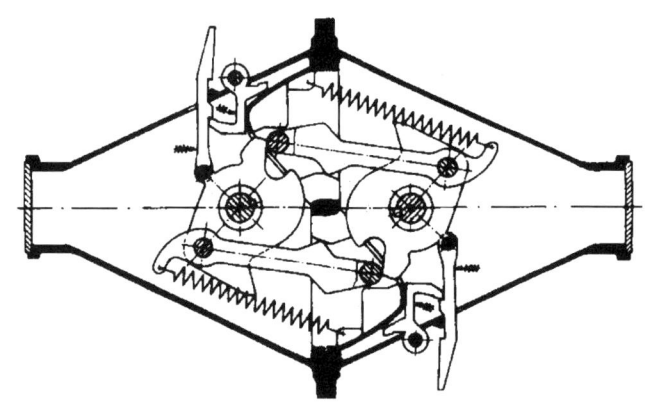

图 LE2-7 未联挂（解钩）

（2）解钩缸。

解钩缸的作用是解除钩锁装置锁紧状态。解钩既可通过驾驶室遥控自动完成，也可在轨道旁手动开始（在紧急情况下）。

① 远程控制解钩。

自动解钩通过安装在机械头下面的气压缸完成。通过使用推动按钮，气压缸装上压缩空气，使车钩锁的钩板顺时针转动，解开钩舌。

② 手动解钩。

从轨道侧手动解钩时，可从使用钩头凹锥侧触及的解钩绳（只能在紧急情况下这样做）。

（3）总储气管和解钩管的风管连接。

主风缸管（MRP）和解钩管（UP）的风管接头安装在车钩端面，装在一个普通外壳中，如图 LE2-8 所示。

主风缸管连接的接口 3 伸到车钩表面上方约 8 mm 处，并被压紧在配对车钩的接口上，因此为空气连接提供了密封。

主风缸管配备有压力阀。联挂期间，配对车钩的簧压阀门挺杆打开主风缸管连接，在车钩已解锁且车厢分离时自动关闭主风缸管风路。

解钩管的风管连接仅在解钩操作期间传导空气。因此，无需阀门，代之以利用弹簧笼来建立解钩管连接。

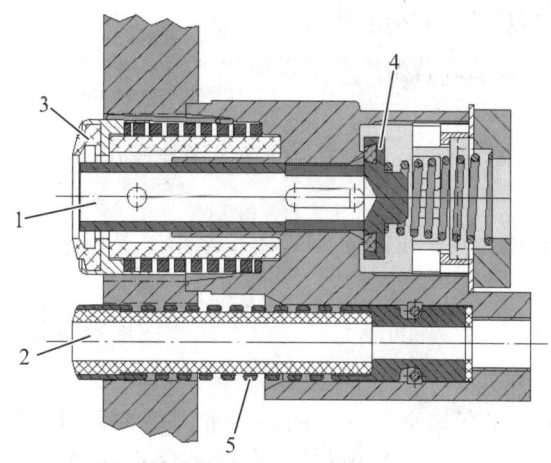

图 LE2-8　主风缸管和解钩管连接

1—阀门挺杆；2—解钩管连接；3—管嘴；4—阀板；5—弹簧笼

（4）电动头的控制机构。

电动头操纵机构包括一个拉杆系统和一个气动缸，它位于车钩钩头后方，用于将顶部安装的电动头前移或后移，如图 LE2-9 所示。

图 LE2-9　电动头的控制机构

① 启动电动头的控制机构。电动头的控制机构通过气压缸的活塞启动，由压缩空气通过主风管推进，用二位五通定向阀来控制供气，因此，电动头的连接总是在机械联挂操作之后实现，而电动头的分离则在机械联挂之前进行，以免破坏电动触点。

为确保均匀的压力接点和列车电线的安全连接，控制机构应加载弹簧。在电动头之间建立连接之后，操纵机构的气动缸保持受压，以便将电动头安全地连接到配对车钩上。

② 手动分离电动头。在不分开机械接头和气源接头的情况下，单独手动分离电动头是可能的。必须关闭安装在机械头凹锥侧面的球阀，从而允许电动头手动运动。然后操作员用一个 24 mm 的扳手将电动头移动到其内缩位置。

③ 护盖。配备弹簧装置的旋转型护盖可以避免各触点受到环境影响。电动头前行或逆行时，护盖分别自动开启或关闭。

④ 对中装置。电动头配备有定心元件，可确保联挂操作期间电动头的同心性。

（5）车钩牵引杆。

车钩牵引杆将机械车钩钩头与 EFG 3 型橡胶垫牵引装置相连。车钩牵引杆装备有液压静力减振装置。

① 连接。车钩牵引杆的前后端配有法兰，分别通过使用容易分开的卡环，允许联挂到车钩钩头和橡胶垫钩尾座。

② 能量的耗散。安装在车钩牵引杆内的液压静力缓冲器可吸收超过 EFG 3 牵引装置吸收能力的重型缓冲负载。能量吸收确保达到最大 150 mm 的压缩行程和最大 1 100 kN 的负载（见图 LE2-10）。超过缓冲器吸收能力的任一冲击都将释放牵引装置中的抗撕裂元件，以免损坏车厢底架。

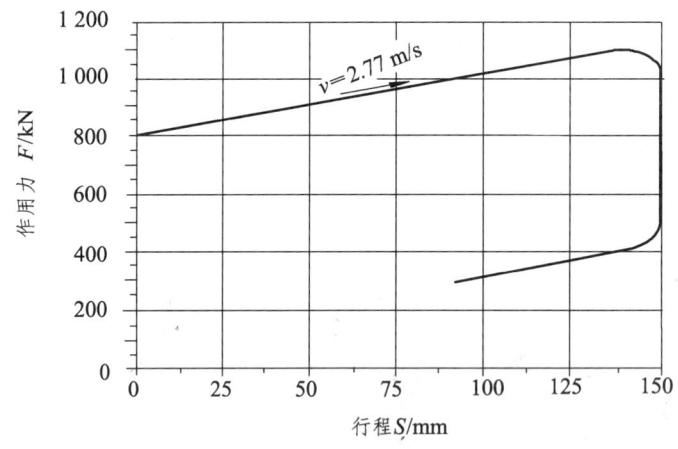

图 LE2-10　液压缓冲器的特点

（6）橡胶垫钩尾座。

EFG 3 型橡胶垫钩尾座具有再生能量吸收和衰减特性，可充分保证正常联挂和运行。牵引荷载和缓冲荷载受到分体式橡胶垫的缓冲，这些橡胶垫牢固地安装在缓冲装置中并承受剪切应力，如图 LE2-11 所示。压缩和拉伸的最大行程分别为 55 mm 和 40 mm（见图 LE2-12）。缓冲装置安装在轴承座上，配有轴颈和免维护衬套，保证车钩的水平旋转机动性，如图 LE2-13 所示。

图 LE2-11 橡胶垫钩尾座

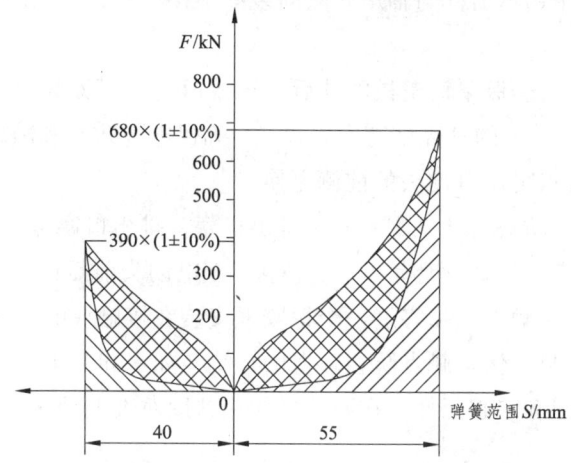

图 LE2-12 橡胶垫钩尾座（D095）的弹簧特性

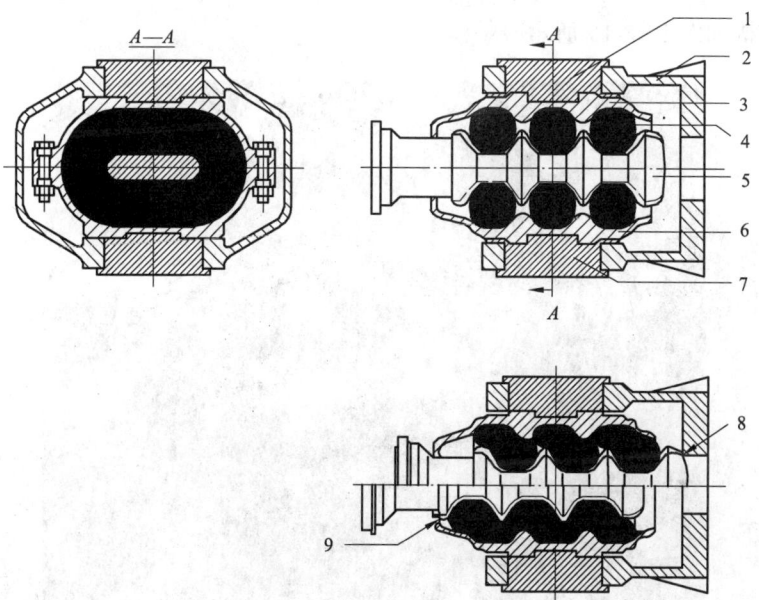

图 LE2-13 缓冲装置的工作模式

1—轴颈；2—轴承座；3—上壳；4—橡胶垫；5—中心件；6—下壳；
7—轴颈；8—缓冲停止；9—牵引停止

EFG实现了车钩的万向运动、垂直和水平摆动及扭转运动。另外，EFG上可安装一个对中装置，该对中装置位于轴承座下方。可调节式垂直支架将车钩固定在其水平中间位置。

① 垂直车钩支撑和高度调节。车钩质量及作用于车钩上的垂直荷载均由橡胶垫以及用两根六角螺钉固定在钩尾座上的一个附加支撑弹簧承载。支撑弹簧防止列车运行中车钩在未联挂位置弹起，并实现车钩垂直位置的调节。

② 连接车钩牵引杆。橡胶垫钩尾座的自由端为法兰形，可装配一个卡环连接钩尾座和车钩牵引杆。

③ 与车厢底架锚固。轴承座用4根螺钉固定在车厢底架上的锚定板上。

④ 保护性接地。车钩牵引杆与轴承座之间装配了接地线，以引导电流绕过绝缘橡胶垫。

（7）电动头。

安装在顶部的电动头确保车辆机械联挂后列车线通过不同类型的电接触实现自动连接。

① 电线与接点。电动头的外壳配有密封设备，确保电缆防水和减轻应力。利用绞线将电缆导线与触点相连。接点可从电动头的前侧更换。

② 通风与排泄。电动头的外壳配有一个排出口塞，排出口塞也起到使外壳通风的作用。

③ 避免接触和污染。电动头配有一个保护盖，随电动头前后运动自动打开和关闭。保护盖防止车钩缩回后位时对触点的损害。一个橡胶框安装在接触块的周边，当车钩处于联挂位置时，橡胶材料形成密封，保护触点防止环境的影响，如水和灰尘的进入。

④ 对中。电动头配有定心元件，在联挂操作中帮助对准电动头。

（8）对中装置。

图LE2-14所示的对中装置可确保在解钩时将车钩保留在其中点，也可以防止车钩横摆。对中装置的结构如图LE2-15所示。

图LE2-14　对中装置

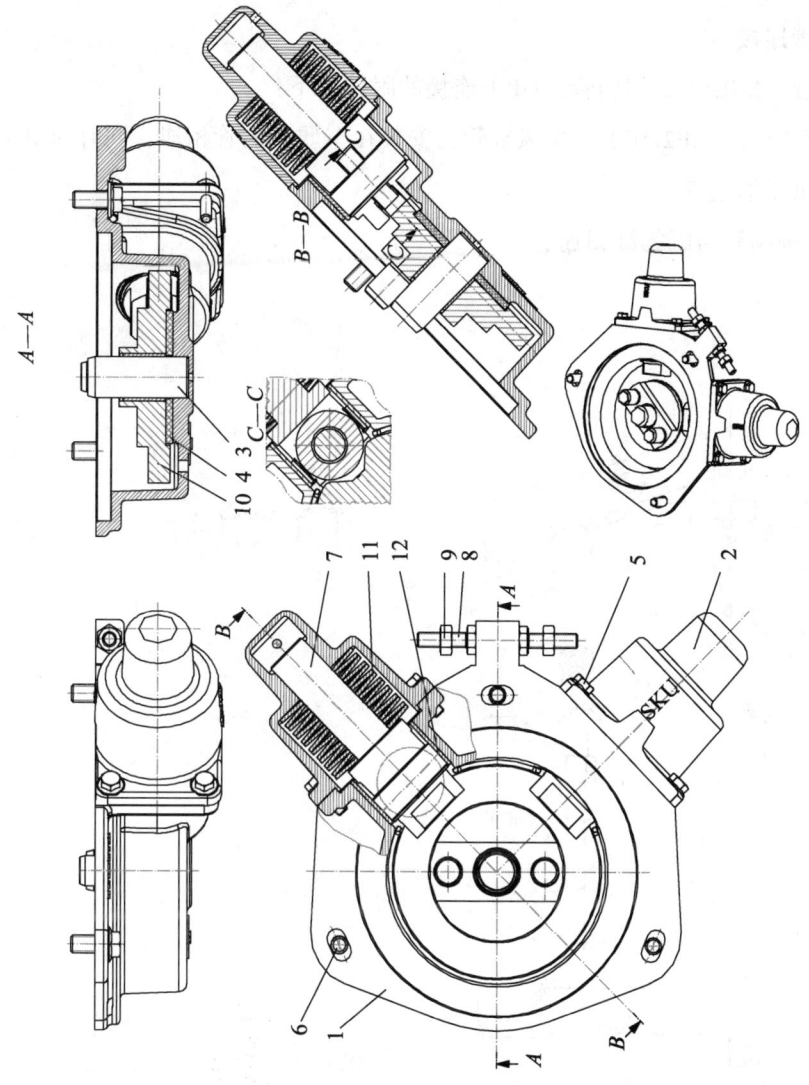

图 LE2-15 对中装置

1—外壳；2—弹簧盘；3—枢轴；4—滑动板；5, 6—锁紧螺钉；7—带滚子的心轴；
8—六角头螺钉；9—六角螺母；10—凸轮盘；11—碟形弹簧；12—衬套

① 固定。对中装置用3根锁紧螺钉固定在橡胶钩尾座底侧。

② 工作模式。旋转凸轮盘安装在对中装置的外壳内。该凸轮盘与橡胶垫牵引装置的下方轴颈刚性连接，在车钩水平摆动时旋转。凸轮盘周边设置了两条凹槽，两根带滚轴的弹簧式轴柄被压入凹槽中，保证了车钩固定在中间位置。

解钩并将车辆分离后，车钩可自动以±15°的摆角重新对中。超过此角度时，车钩将停在偏心位置，必须由手动推回中间位置。

③ 手动摆动。急弯道上的联挂超出了自动车钩的对接范围（如修理厂内）。为实现在急弯道上的联挂，可以手动方式将对中装置摆出对中范围。

④ 水平调节。可根据纵向车轴，通过外壳后侧的两个螺钉对车钩重新进行水平调节。

（9）风管连接。

主风缸管（MRP）和解钩管（UP）连接的附件如下：

① 管套（见图 LE2-16）将主风缸管与安装在车厢上的管相连，同时向电动头操纵机构的气动缸提供压缩空气。

② 管将解钩管与解钩缸相连。

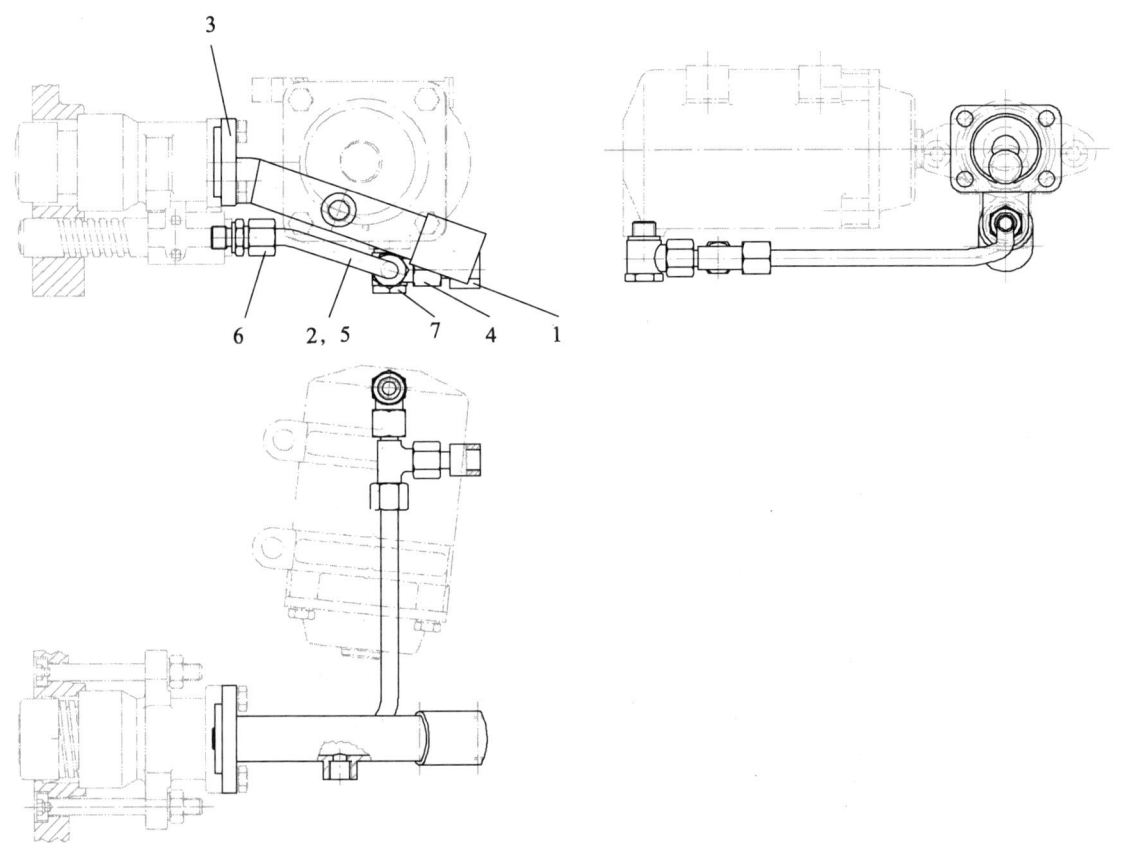

图 LE2-16　风管连接

1—管接头；2—管；3—管套；4—弯管接头；5—支架管套；6—直凸锥螺柱管接头；7—可旋转螺旋接头

（10）气动车钩控制元件。

该子配件控制电动头的控制机构、解钩缸、向驾驶室传递"已解钩"信号。

当该子配件漏气时，可造成意外解钩。解钩阀装备有节流通风设备。当车钩处于已联挂状态时，由于解钩阀（见图 LE2-17）有可能出现漏气，因此，解钩管内的压力会逐渐上升，有可能最终导致解钩缸活塞意外延伸，从而将车钩锁解钩。

为防止出现这种误操作，需为解钩阀配备一个直径孔口为 $\phi 1\,mm$ 的通风管（见图 LE2-17）。该方法能够可靠地防止在解钩管内积聚压力。

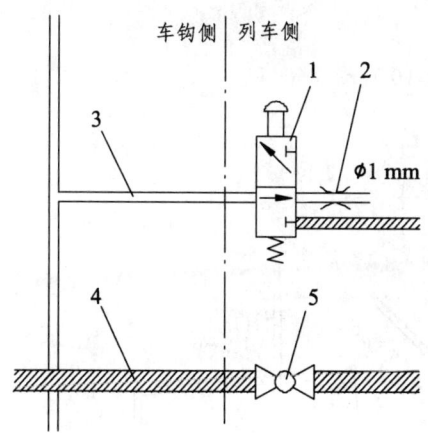

图 LE2-17 带节流阀的解钩阀

1—解钩阀；2—通风管；3—解钩管；4—主储气筒管；5—关闭阀

① 准备联挂位置（见图 LE2-18）。

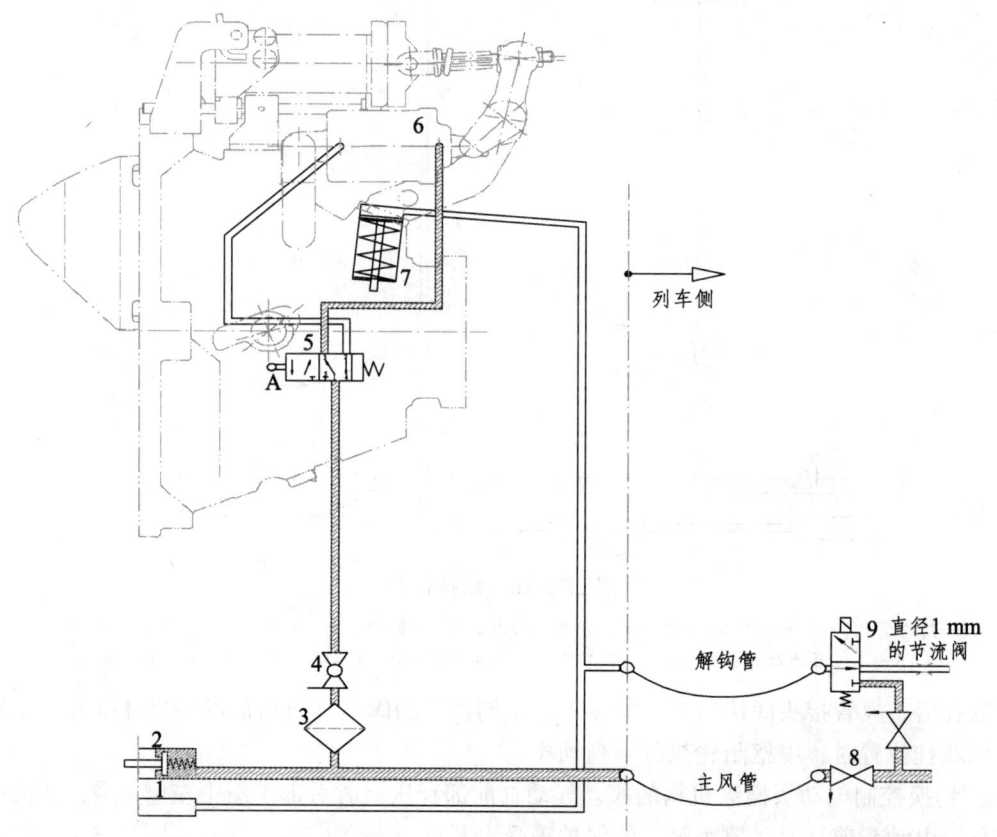

图 LE2-18 准备联挂位置

1—解钩管；2—主风缸管的风管连接，带阀门挺杆；3—过滤器；4—关闭阀（标准位置：打开）；
5—二位五通阀；6—电动车钩工作缸；7—解钩缸；8—主风管的关闭阀；9—解钩阀

主储油管的阀挺杆被对面的阀挺杆关闭，解钩管未加压。将移动电动头操纵机构的双动气缸压在其前部（图中的右手侧），这使电动头保持在缩回的位置，发出电信号"准备联挂"

（有可能在驾驶室内发出）。

② 联挂位置（见图 LE2-19）。

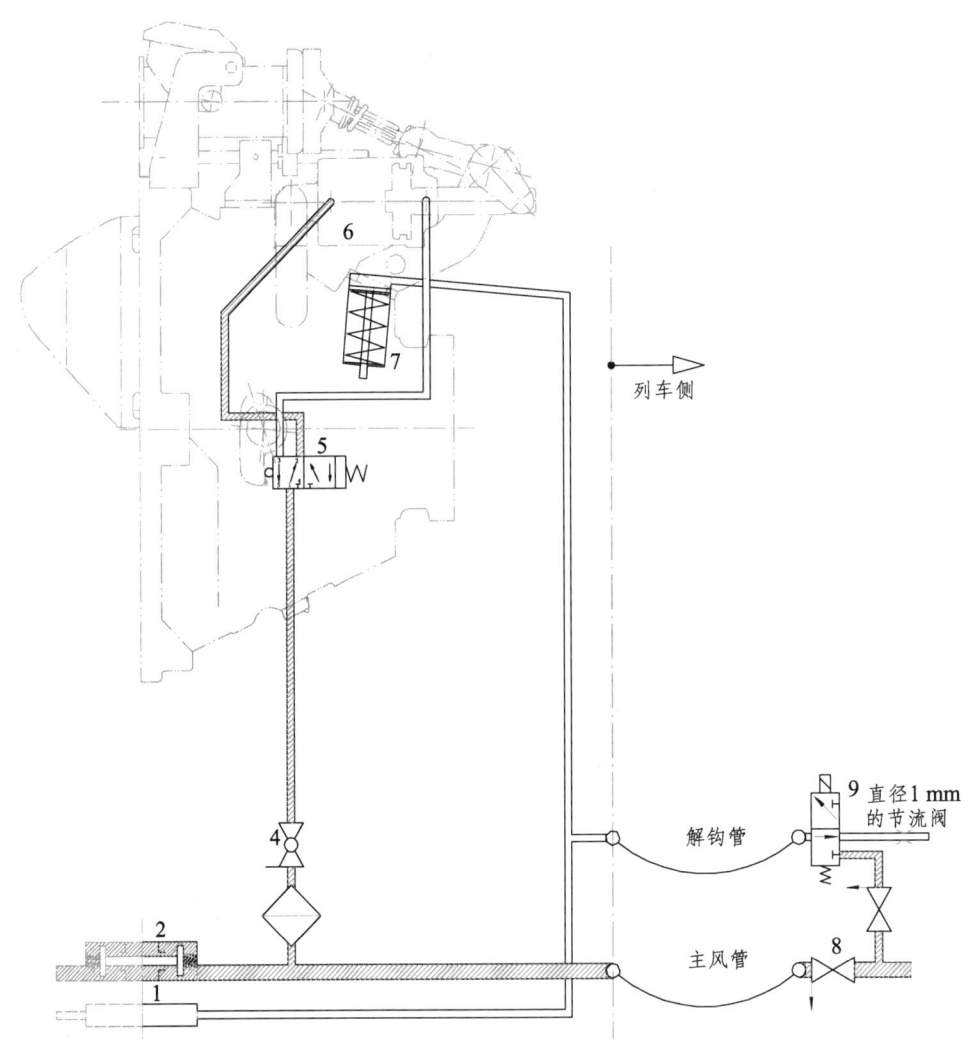

图 LE2-19　联挂位置

1—解钩管；2—主风缸管的风管连接，带阀门挺杆；3—过滤器；4—关闭阀（标准位置：打开）；
5—二位五通阀；6—电动车钩工作缸；7—解钩缸；8—主风管的关闭阀；9—解钩阀

联挂后，风管接头的接口管一同按下。主储油管的阀挺杆被对面的阀挺杆推开。车钩锁转到已联挂位置时，中枢凸轮执行下列动作：

a. 切换控制电动头操纵机构的阀。气动缸前部释压同时后部（图中左侧）受压，使电动头前移。电动头前行时，覆盖触点的保护盖受力开启。

b. 电动头连接之后，立即由电动头内部桥路发送"已电气联挂"信号。

总储气管阀打开，风管接头连接，解钩管卸压。用以操作电动头的气动缸后部保持受压，以确保电动头间有均匀的接触压力，并防止其在操作期间分离。

③ 自动解钩。

当司机触发解钩操作时，切换解钩阀，对解钩管进行加压，然后解钩管通过分支线将压缩空气提供给解钩缸。将解钩缸的活塞朝钩板方向按压，并将车钩锁转到已解钩位置。同时，经由解钩管连接传送的压缩空气使配对车钩的解钩管和解钩缸受压。

此外，中心枢轴凸轮对控制电动头操纵机构的阀进行切换。使气动缸前部受压，后部释压。电动头移到内缩位置，护盖受压关闭。

联挂位置，电动头已解钩（见图 LE2-20）。

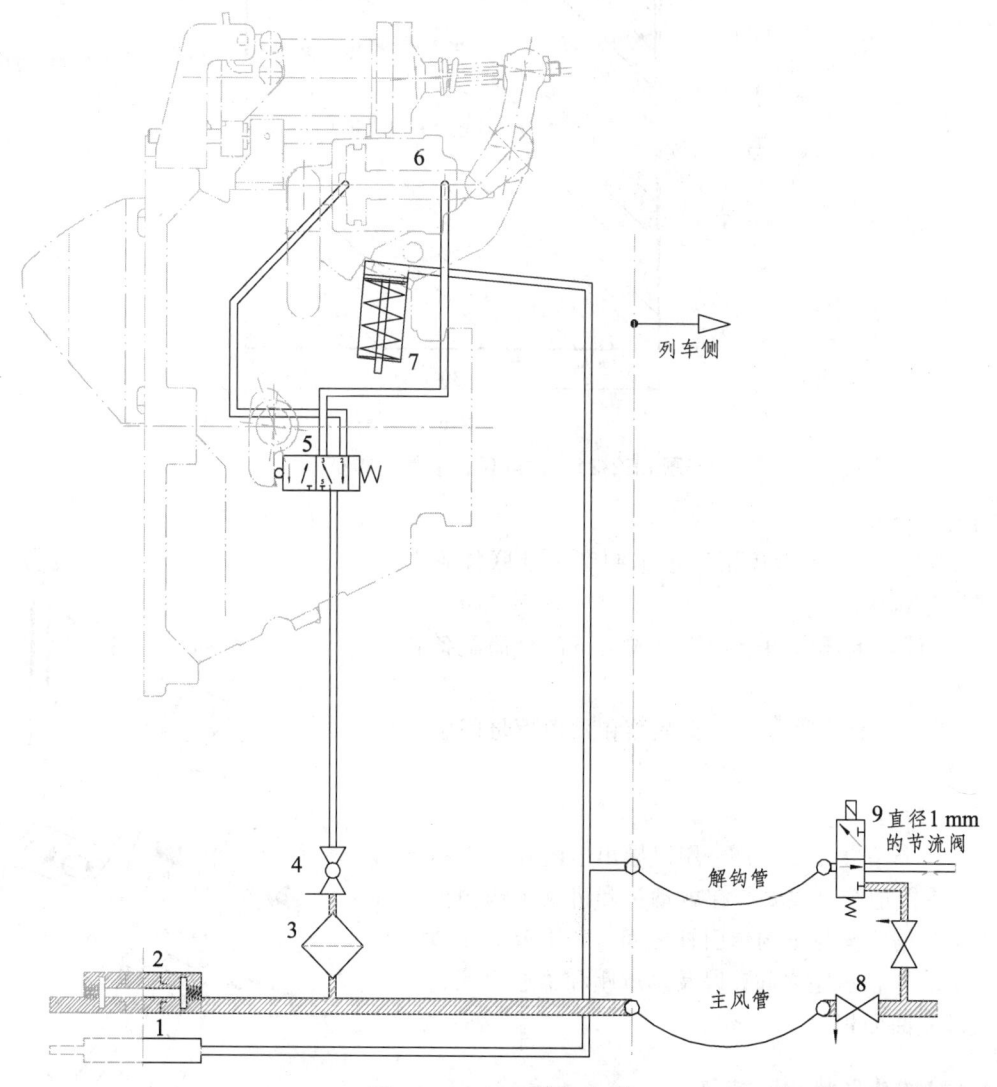

图 LE2-20　已联挂位置
1—解钩管；2—主风缸管的风管连接，带阀门挺杆；3—滤器；4—关闭阀（标准位置：打开）；
5—二位五通阀；6—电动车钩工作缸；7—解钩缸；8—主风管的关闭阀；9—解钩阀

如果出于操作原因而无法或无需联挂输电线，则可以转动带有出口的球阀来关闭电动头操纵机构。这样就切断了气缸供气，因此可以用手将电动头推到其内缩位置。

（11）过载保护装置。

用 4 个螺钉将安装在轴承座后方的过载保护装置固定在车厢底架上。该装备有抗撕裂元件，在超过无损减振器能力时，可保护底架不受损（液压静力缓冲器和橡胶垫牵引装置）。

如果出现过载情况，则按压防撕裂元件，使其穿过冲头，以降低其直径，从而将冲击能转换成变形能和热能，并且将整个车钩总成在导轨上向后滑动（朝车厢方向），直至其被两个凸起阻挡在导轨末端。

图 LE2-21 为过载保护装置的能量吸收特征。

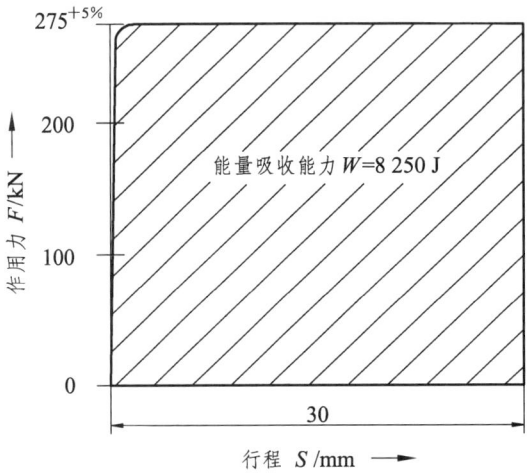

图 LE2-21　过载保护装置的特征

（12）卡环。

一个容易分开的卡环用以把车钩牵引杆联挂到钩头和橡胶垫钩尾座。

① 设计。卡环由两个套筒组成。下部套筒配备有放泄孔。

② 连接。套筒通过六角头螺栓和六角螺母固定，并用锁紧垫圈加固，如图 LE2-22 所示。

（13）接地。

车钩配备有接地绞合线，用以导出电流并旁通不导电的组件。接地绞合线安装在电动头和机械车钩钩头之间。机械车钩钩头与车钩牵引杆之间、车钩牵引杆和橡胶垫牵引装置轴承座之间，以及轴承座和锚板之间，绞合线的横截面面积为 95 mm^2。

4. 机械头形状和联挂范围

（1）机械头形状。

车钩表面设置了一个凸锥和凹锥，这样在车厢联挂时可保证车钩的对接、对中及对准效果。联挂所需的最小速度为 0.6 km/h。

当联挂之后，钩锁会提供刚性无缝的机械、气动和电气连接。

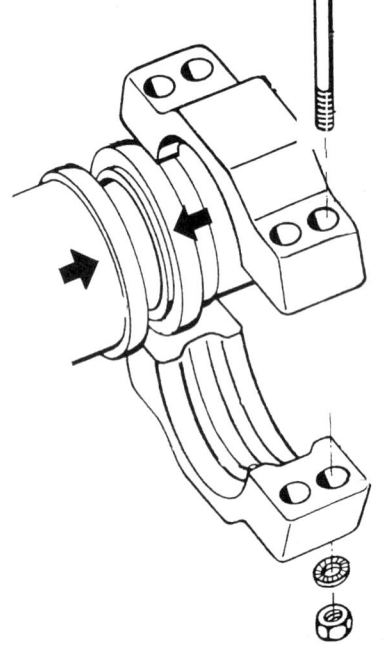

图 LE2-22　套筒连接

图 LE2-23 所示的导套喇叭 5 和加长件 3 增大了图 LE2-24 所示的联挂范围。

（2）联挂范围。

图 LE2-24 为型号 35 车钩钩头联挂范围。在细线条部位自动聚集和联挂是可能的。聚集范围为平直轨道上的联挂。在曲线上联挂时，聚集范围将缩小。

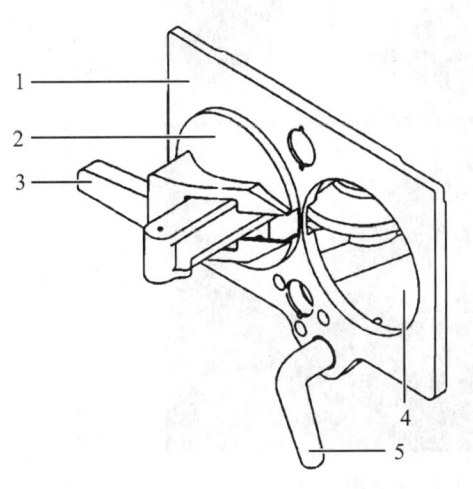

图 LE2-23 钩头形状　　　　　图 LE2-24 车钩钩头的联挂范围

1—正面；2—凸锥；3—加长件；4—凹锥；5—导套喇叭

二、半自动车钩

如果车钩和电连接器的连接或分离只能以手动方式，这种车钩就称为半自动车钩。半自动车钩一般设置在列车中部，用于列车的分段运行。昆明地铁首期工程的列车选用了福伊特公司提供的车钩及缓冲器，包括头车半自动车钩、中间半自动车钩和半永久车钩。

1. 头车半自动车钩

头车半自动车钩的主要作用是用一列功能运行都正常的 6 节编组列车去救援一列故障的 6 节编组列车。这种情况只有在紧急情况下才会发生，也就是说当一列故障列车由于技术问题不能自行运行，必须马上拖走，以保证其他列车安全通过。头车半自动车钩如图 LE2-25 所示。头车半自动车钩的组成结构如图 LE2-26 所示。

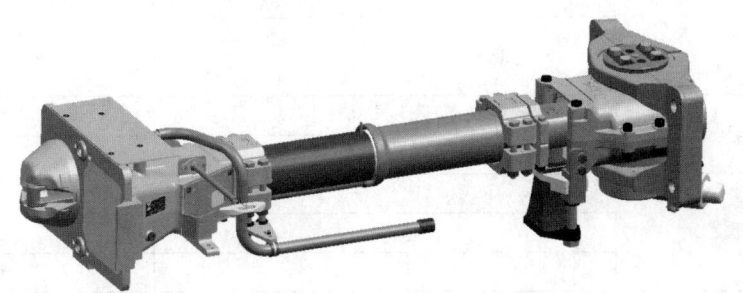

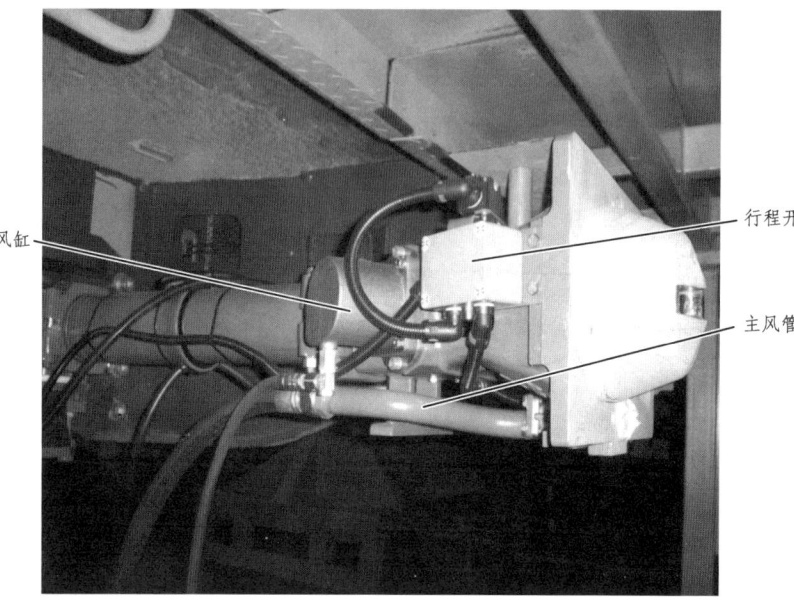

图 LE2-25 头车半自动车钩

头车半自动车钩技术参数如表 LE2-1 所示。

表 LE2-1 头车半自动车钩技术参数

参 数	参数类型		数 值
抗压强度（$R_{p0.2}$）	屈服强度		720 kN
抗拉强度（$R_{p0.2}$）	屈服强度		850 kN
长 度	枢轴到车钩表面		（1 125±5）mm
总 重			约 279 kg
压溃管	行 程	缓 冲	约 100 mm
	最大载荷	缓 冲	约 800 kN
	能量吸收	缓 冲	约 80 kJ
橡胶垫缓冲装置	行 程	缓 冲	约 55 mm
		牵 引	约 40 mm
	弹簧力（静态）	缓 冲	570 kN×（1±10%）
		牵 引	320 kN×（±10%）
	能量吸收	缓 冲	约 14 kJ
		牵 引	约 7 kJ
电动车钩头	固定触头数量		2
	移动触头数量		2
摆动范围	水 平		±25°
	垂 直		±6°
	轴 向		±3°
对中装置	重对中角度		±15°
最小操作压力			0.6 MPa
涂 漆	根据涂漆规范		KBP

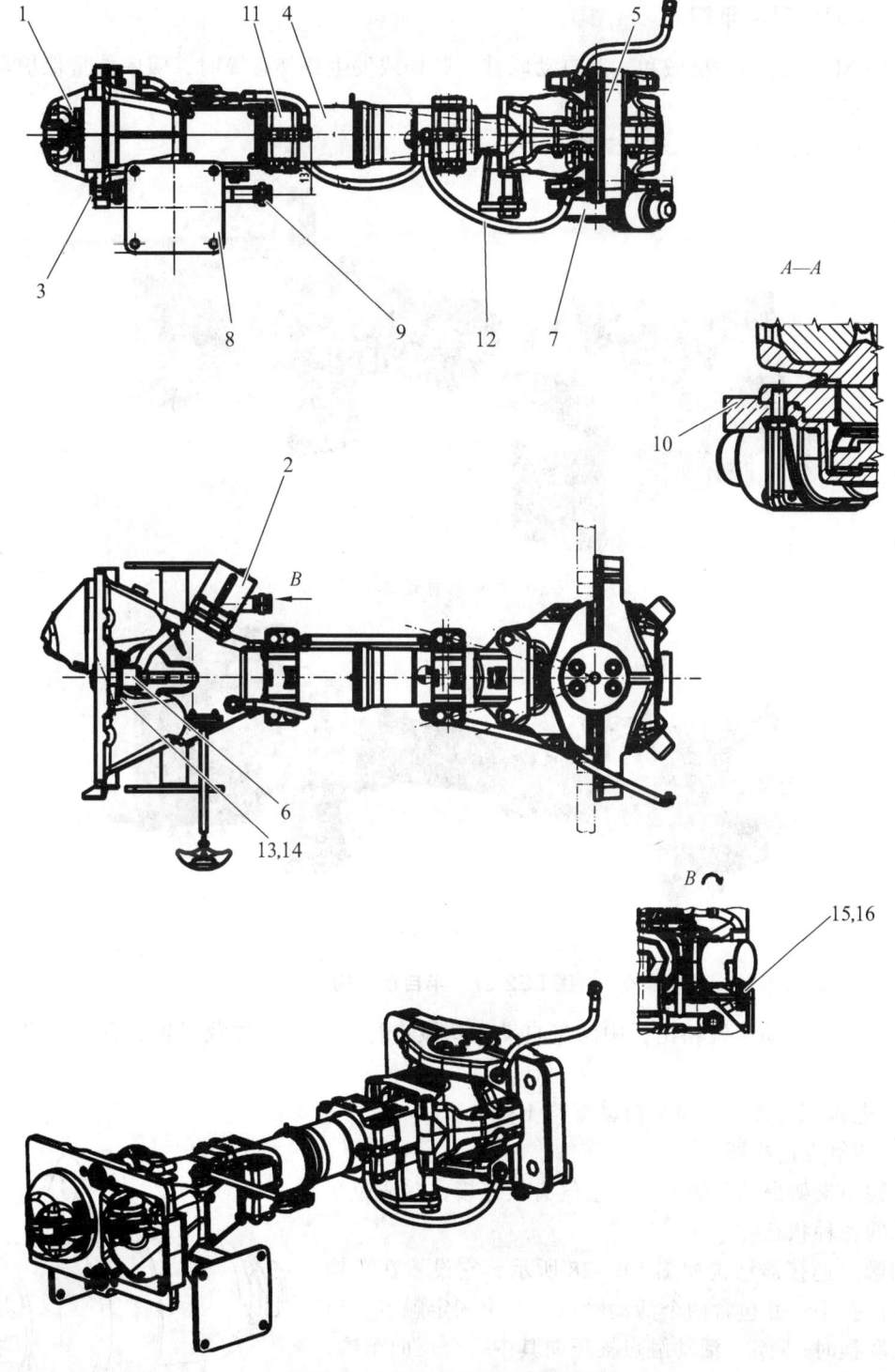

图 LE2-26 车钩组成结构示意图

1—车钩头；2—解钩风缸；3—风管接头；4—钩身；5—橡胶垫缓冲装置；6—电动车钩头；7—对中装置；
8—电缆吊架；9—管件；10—防旋转锁；11—卡环连接件；12—接地系统；13—内六角螺钉；
14—六角螺母；15—减径管；16—转动接头

2. 中间半自动车钩

M2—M2 车之间的机械和气路自动联挂；联挂或发生意外碰撞时，吸收能量保护司乘人员和设备安全。

半自动车钩结构如图 LE2-27 所示。

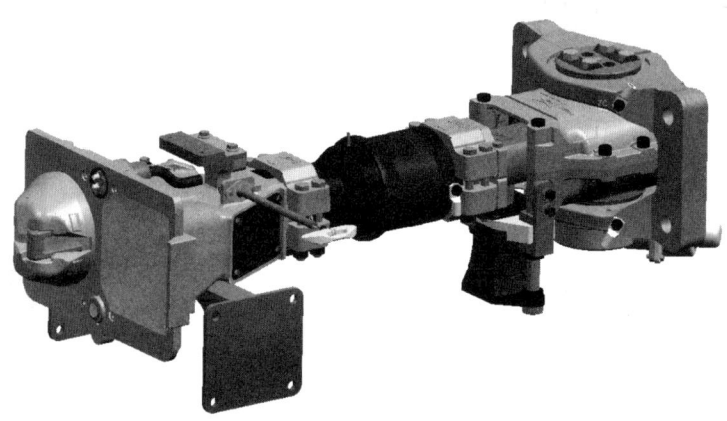

（a）中间半自动车钩 1

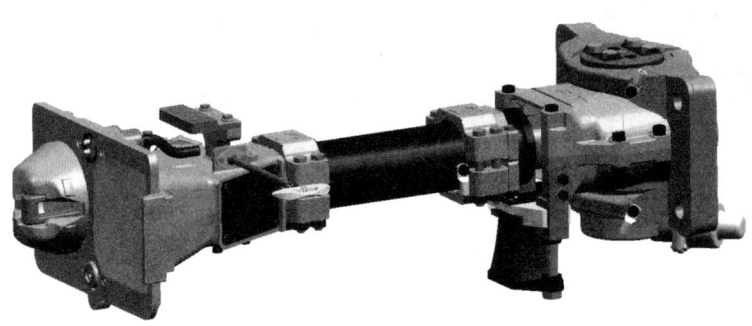

（b）中间半自动车钩 2

图 LE2-27 半自动车钩

与头车半自动车钩相比，中间半自动车钩没有行程开关与过载保护装置，但多出如下部件：

① 电钩箱支架（中间半自动车钩 1 处）。
② 四触点连接器。

电钩箱支架提供车辆内部的电气有效连接，并适应车辆运动的各种状态。

四触点连接器结构如图 LE2-28 所示，它设置在车钩表面的内孔中，并包含两个活动触点和两个固定触点。当车钩头联挂时，固定、活动触点被压向其中一个反向车钩，同时建立电气连接，并与列车配线相连。列车正常状态下，四触点连接器是紧密连接的，若列车发生脱钩，四触点连接断开，则在列车旁路中产生相应的信号，列车紧急制动，避免事故发生。

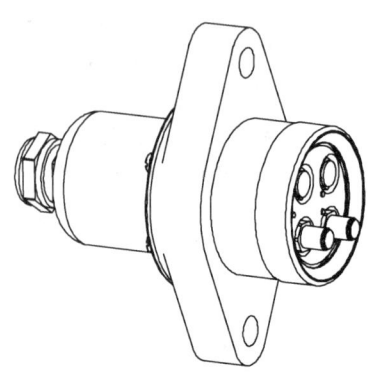

图 LE2-28 四触点连接器

三、半自动车钩的功能

半自动车钩的功能可以根据不同的操作模式分类。

以下功能可用于联挂和解钩操作：

① 联挂功能：接近车厢自动联挂，在联挂范围内即使存在车钩横向或竖向偏移，通过远程控制可解锁联挂的车辆。

② 解钩功能：在紧急情况下可手动解锁联挂的车辆。分离解钩的车辆后，车钩锁不在准备联挂位置。车厢联挂后，风管立即连接。解钩的车厢分离后，风管立即分离，工作压力保持恒定。车厢联挂后，电动车钩钩头立即连接。解钩的车厢分离后，电动车钩钩头立即分离。

以下功能可用于多机重联操作：

① 缓冲和牵引方向上的机械连接；

② 列车组车辆之间可沿任意方向移动；

③ 能量吸收元件缓冲车厢之间的冲撞。

解钩的车钩可使用以下功能：

① 永久对中功能；

② 永久支撑。

车钩的其他功能：

① 车钩倾斜度可通过支撑弹簧进行调节；

② 可通过对中装置对车钩进行纵向对准。

在多机重联操作期间，力流通过以下部件（部件按照从前到后的顺序列出）：

① 车钩钩头钩锁传输拉伸载荷，车钩表面传输压缩载荷；

② 车钩钩头和钩身之间的卡环连接件；

③ 钩身；

④ 车钩牵引杆和橡胶垫缓冲装置挂钩之间的卡环连接件；

⑤ 橡胶垫缓冲装置。

在多机重联操作期间，能量吸收元件可提高运行舒适度，避免乘客受伤以及货物和车辆损坏。

以下部件是能量吸收元件：

① 橡胶垫缓冲装置用于缓冲万向移动和冲撞力，同时提高运行舒适度。

② 在出现巨大撞击时，橡胶垫缓冲装置可防止车辆的损坏。

③ 压溃管以破坏性方式缓冲碰撞，保护车厢免受损坏。

四、工作原理

1. 联　挂

车辆接近时，车钩钩头对准、联挂并自动建立牢固且可靠的车钩间机械连接。与此同时，风管接头对接，并连接联挂车厢的风管。

2. 解 钩

通过远程控制可以将车钩从车辆解钩。自动解钩装置可解开车钩锁。车辆分离后，车钩再次处于准备联挂状态。车辆分离后，风管随即断开。车钩可手动解钩。

3. 万向移动

接头可使联挂车厢实现万向移动。

4. 能量吸收

车钩能量吸收元件按顺序启动，所受压力超过能量吸收元件最大负荷时下一元件启动。

过载保护：在出现巨大撞击时，橡胶垫缓冲装置将会与轴承座分离，车钩通过车辆底架下的轴承座。之后，列车组其他能量吸收元件方起作用。

联挂范围：自动联挂范围如图 LE2-29 所示。只要对应车钩的中心 M 处于阴影范围内，即可自动连接。

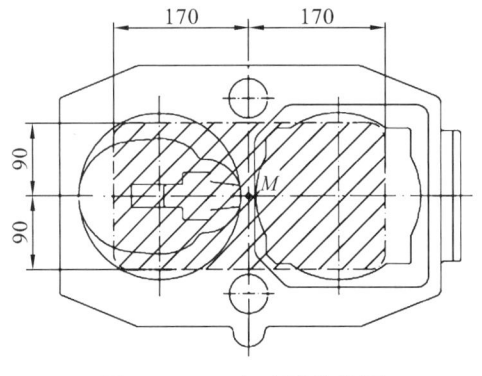

图 LE2-29　自动联挂范围

5. 车钩各部件说明

（1）车钩钩头，如图 LE2-30 所示。

车钩钩头包括钩头外壳，车钩锁位于钩头外壳内。钩头外壳前侧形状特殊，该轮廓包括凸锥和凹锥。凸锥和凹锥周围是宽平车钩端面 c。

车钩锁可旋转。车钩锁由钩舌 2、钩板 4、中心枢轴 5 和拉伸弹簧 6 构成。

车钩钩头的功能：车钩钩头通过车钩锁机械连接两节车厢。

凸锥面 a 和凹锥面 b 为滑动面和对中面。垂直、水平角度偏移的联挂范围取决于轮廓。

在联挂位置，拉伸弹簧 6 将车钩锁保持在钩板 4 的挡块位置并将其锁定就位。

车钩锁传输牵引力，车钩表面 c 传输缓冲力。

车钩钩头的工作原理：

拉伸弹簧 6 将钩锁固定在钩头外壳的限位挡块 e 处，车钩以最小速度对碰，速度应大于 0.6 km/h 小于 3 km/h。联挂时，车钩钩头对中并滑动，彼此对接。

（2）车钩三态。

车钩锁有 3 个可能位置：准备联挂位置、联挂位置、解钩位置。

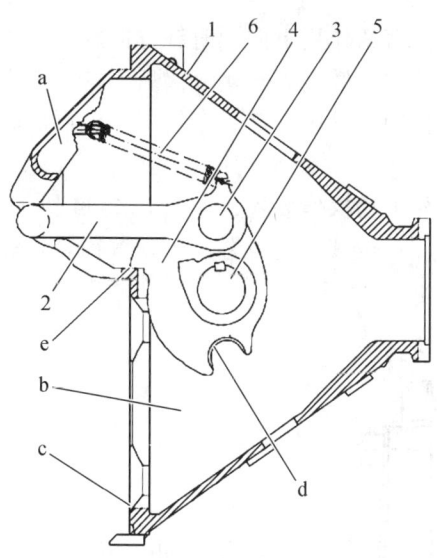

图 LE2-30 车钩钩头简图

a—凸锥；b—凹锥；c—车钩端面；d—卡环法兰；1—钩头外壳；2—钩舌；
3—钩舌销；4—钩板；5—中枢；6—拉簧

① 准备联挂位置（见图 LE2-31）。

钩舌筋板接近凸锥面边缘。拉伸弹簧将钩板压向钩头外壳内部的挡块。

② 联挂位置（见图 LE2-32）。

两个车钩钩头联挂时，进入凹锥的钩舌紧靠对应车钩的钩板。钩锁在拉伸弹簧力的作用下旋转，直到钩舌啮合到钩板槽中。锁定后，钩锁在拉伸弹簧的作用下进入联挂位置。钩锁锁定，检查车钩锁的准备联挂位置和联挂位置是否一致。这种钩锁称为一位锁。

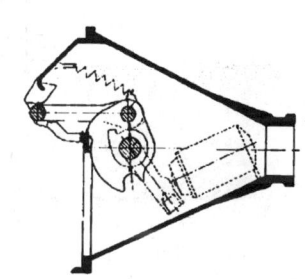

图 LE2-31 准备联挂位置

钩舌和钩板形成平行四边形。车钩锁只承受均匀分布在平行四边形以内的两个钩舌上的拉力。拉力是平衡的，不可能出现车钩锁的意外解锁。正常磨损不会对钩锁的安全性造成影响。

③ 解钩位置（见图 LE2-33）。

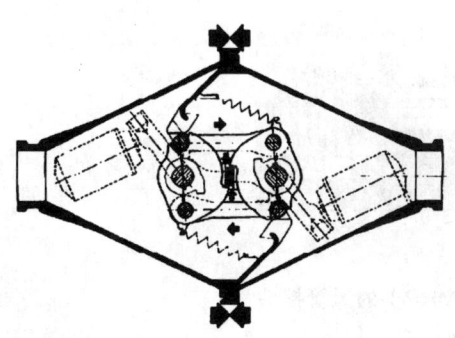

图 LE2-32 联挂位置

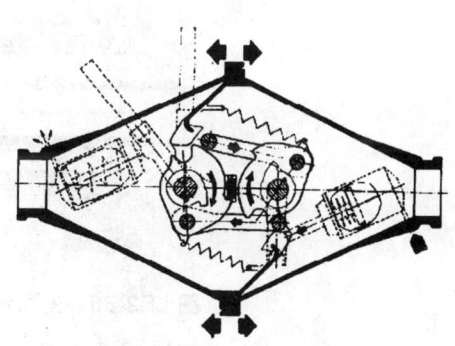

图 LE2-33 解钩位置

解钩时，车钩锁在拉伸弹簧的作用下向顺时针方向旋转，直到钩舌与钩板槽分离。此位置时，钩锁被与钩板槽啮合的钩舌锁定。车辆分离后，钩舌滑出钩板槽并与钩锁分离。钩锁在拉伸弹簧的作用下旋转，将钩舌推至前部，车钩锁即可再次联挂。

（3）解钩装置。

解钩装置包括解钩气缸和手动操作装置，如图 LE2-34 所示。解钩气缸位于钩头外壳处。解钩气缸的活塞杆使车钩锁旋转至其解钩位置。手动解钩装置是车钩钩头的一部分。解钩杆与中心枢轴紧固连接。

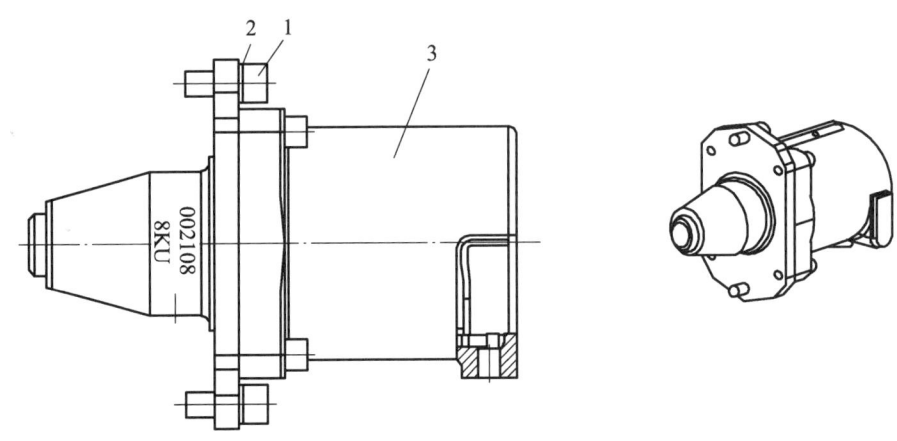

图 LE2-34　解钩装置

1—内六角螺栓；2—锁紧垫圈；3—解钩气缸

解钩装置的功能：解钩装置将车钩锁从联挂位置转到解钩位置。

解钩装置的工作原理：车钩锁可自动或手动解钩，可以从两车辆之间进行自动解钩。解钩气缸的活塞杆延伸并使钩锁旋转。手动解钩仅限紧急情况。

（4）主风缸管（MRP）的风管接头。

如图 LE2-35 所示，主风缸管风管接头位于车钩表面的中心。接头包括管嘴和阀门。管嘴从车钩表面伸出。管嘴包括一个套筒和一个垫片。套筒是用弹簧安装的，并由弹簧紧固以免从孔中掉落。该阀位于车钩表面后部。阀门包括阀套和阀门挺杆。

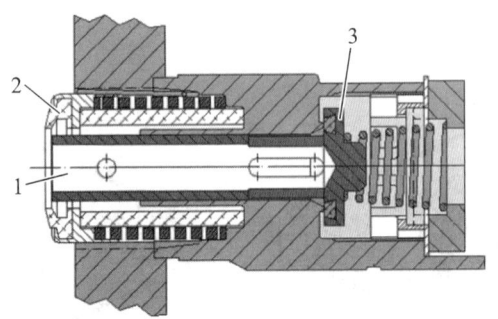

图 LE2-35　主风管（MRP）的风管接头

1—阀门挺杆；2—管嘴（套筒及垫片）；3—阀板

主风缸管（MRP）和解钩管（UP）的管接头安装在车钩端面。

接头的接口管设计高出车钩端面约 8 mm，在联挂过程中对应的接口管被压下，它可为空气连接提供密封。止动弹簧防止接口管从气缸筒内滑出。

总储气管的风管接头配备有压力阀，在车钩解钩时可以确保主风管的闭合。在联挂期间，配套车钩的簧压阀杆确保主风管开启。

解钩管的风管接头仅在解钩操作期间传导空气，因此不包含压力阀。风管接头主风管位于车钩表面下部中心，包括管嘴和阀门。管嘴突出于车钩表面。管嘴包括套筒和垫片。套筒由弹簧紧固。该阀位于锁钩表面后部。阀门包括阀套和阀门挺杆。

主风缸管的风管接头的功能和工作原理：解钩时，关闭主风缸管阀门。联挂时，两个风管接头的阀门挺杆相互挤压打开风管。同时，两个管嘴相互紧密挤压。

（5）钩身。

钩身包括压溃管、钩身前端和后端（配有轴肩），如图 LE2-36 所示。

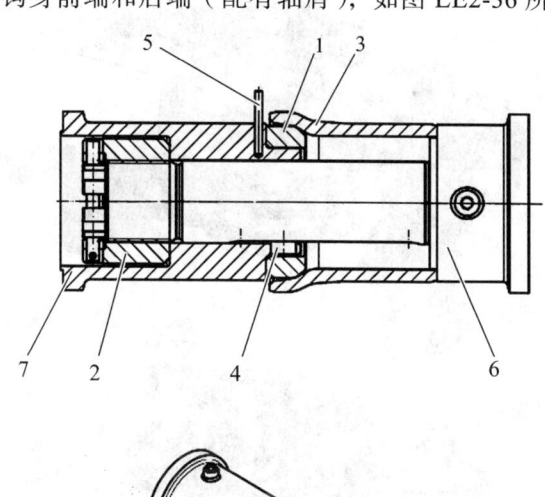

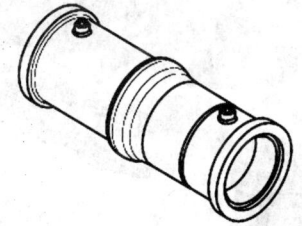

图 LE2-36　钩身

1—冲头；2—防松螺母；3—压溃管；4—销；5—弹簧圆柱销（变形指示器）；6—挂钩；7—中间块

钩身具有支撑功能，可防止转动，并形成列车组中的作用力线。附着部件通过卡环连接在轴肩上。在列车组中，缓冲装置保护车钩和车厢，防止过载（超出正常运行载荷）造成损坏，同时吸收撞击能量进行缓冲。各能量吸收设备均有设定的预载荷。特征值有断开力、行程、端面载荷及吸收能力。

压溃管以破坏性方式缓冲过大撞击力。在列车组中，牵引力和缓冲力都沿着作用力线传输。超过能量吸收元件断开力的撞击均受到缓冲。超过能量吸收元件最大负载的撞击力在不经过进一步缓冲的情况下传递。如果使用多个能量吸收元件，较硬元件的断开力调整为较软元件的最大负载。压溃管将撞击能量转换为摩擦和变形能量，一个有预设压力的冲头装在压溃管上。预设压力可保证操作中力的统一传导。巨大撞击力将冲头压入变宽的压溃管。能量吸收按照与冲程成比例的方式增加。撞击后，钩身内存在撞击产生的间隙，产品不能再使用，需要安装新的压溃管才能再次操作产品。

如果超过了已定义的释放载荷（如重冲击和碰撞），该压溃装置能够对能量进行消耗。这一装置由预载压溃管和冲头组成。冲头压入压溃管并使之胀大，从而将缓冲能量转换为变形能量。所有超过压溃装置吸收能力的冲击能量都将传到车体。

（6）橡胶垫钩尾座。

橡胶垫钩尾座包括一个缓冲装置（EFG3）和一个垂向支撑及支座，如图 LE2-37 所示。它的特殊设计能够允许车钩不超过纵向车轴的竖向和横向摆动以及回转运动。橡胶垫钩尾座的设计目的是为了对限定的牵引力和缓冲力进行缓冲，如果超过了限定的冲程，将把牵引力和缓冲力传向车体。

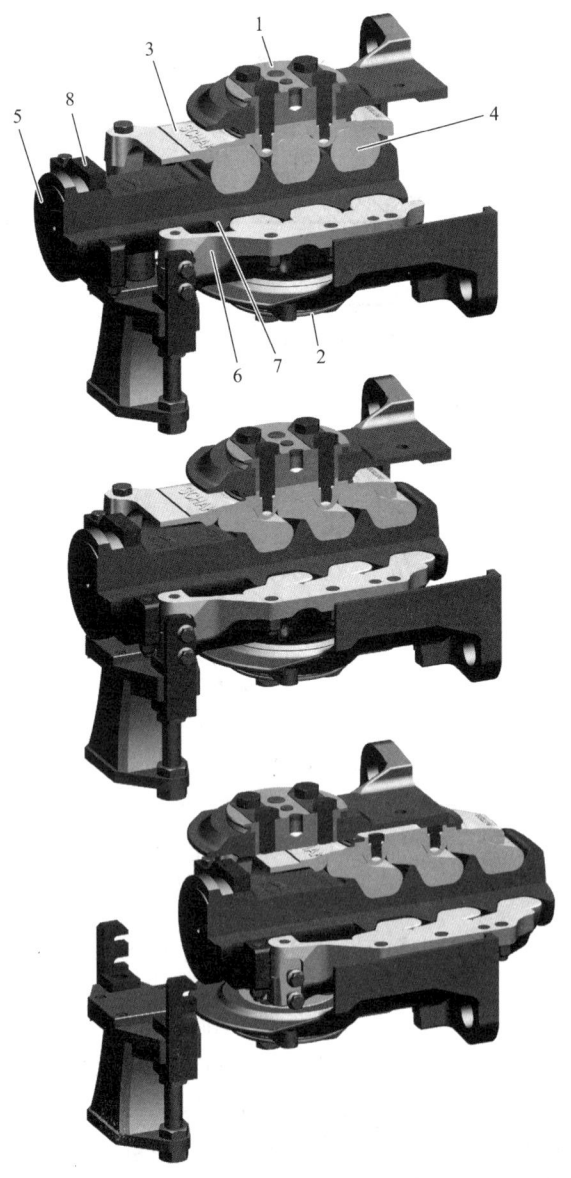

图 LE2-37　橡胶垫钩尾座

1，2—轴颈；3—上壳；4—橡胶垫；5—牵引杆；6—下壳；7，8—挡块

缓冲装置自由端为法兰盘形状，可装配一个卡环，将该装置与车钩牵引杆连接在一起。橡胶垫缓冲装置是缓冲装置的一部分。列车组内沿任意方向的移动通过橡胶垫装置和轴承座弹性予以缓冲，适用于沿牵引力和缓冲力方向的纵向移动以及垂直移动和旋转。图 LE2-38 显示了橡胶垫缓冲装置在牵引力和缓冲力方向纵向移动的缓冲特性。缓冲受限位挡块 7、8 限制。

在出现巨大撞击时，轴颈和橡胶垫装置之间的紧固螺钉将会断开，车钩通过车辆底架下的轴承座。

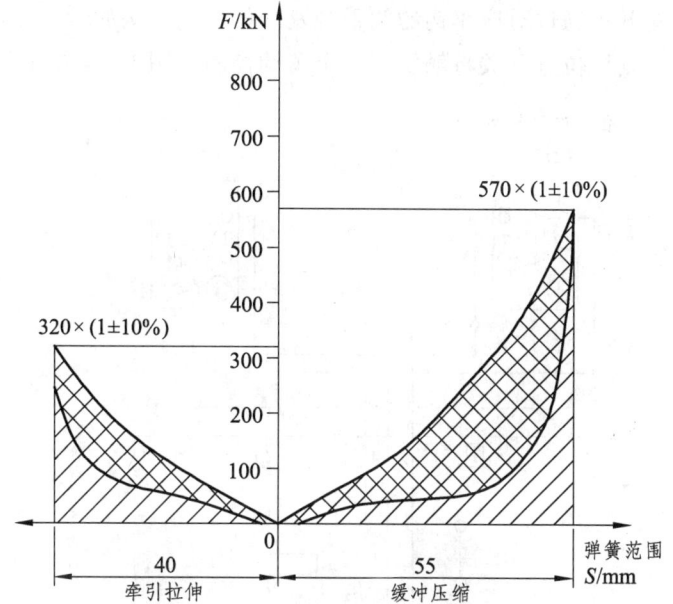

图 LE2-38　橡胶垫钩尾座弹性特性

支撑弹簧承受解钩车钩的主要质量。车钩的高度可通过拧紧支撑弹簧的螺钉进行调节，如图 LE2-39 所示。

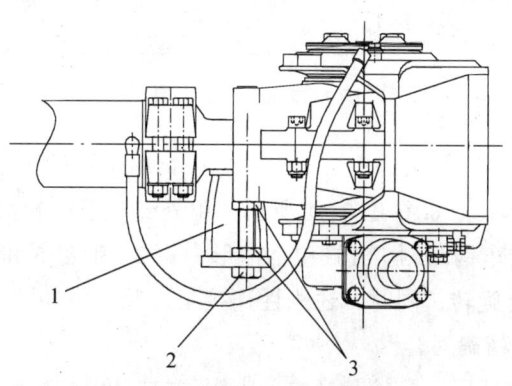

图 LE2-39　垂向支撑

1—支撑弹簧；2—六角头螺栓；3—六角螺母

（7）车钩头上的电气装置。

电气装置包括中心枢轴处的位置开关、钩舌上的位置开关、接线盒、电缆、紧固件、柱塞。

中心枢轴处的位置开关检测车钩锁的位置，使用相应的信号控制车钩。柱塞感测是否存在对应车钩的钩舌。通过位置开关，使用信号控制车钩。钩舌处的开关感测是否存在副车钩，使用相应的信号控制车钩。

车钩锁位置变化引发中心枢轴的旋转，从而触发中心枢轴处的位置开关。当中心枢轴达到预定范围时，操作位置开关，将车钩锁的位置信号发送到列车控制系统。

位于钩舌的位置开关通过对应车钩的钩舌触发。如果副车钩的钩舌锁定在钩板槽中，车钩锁处于联挂位置，则该位置开关将触发下一个车钩控制。图 LE2-40 显示的是接线图。

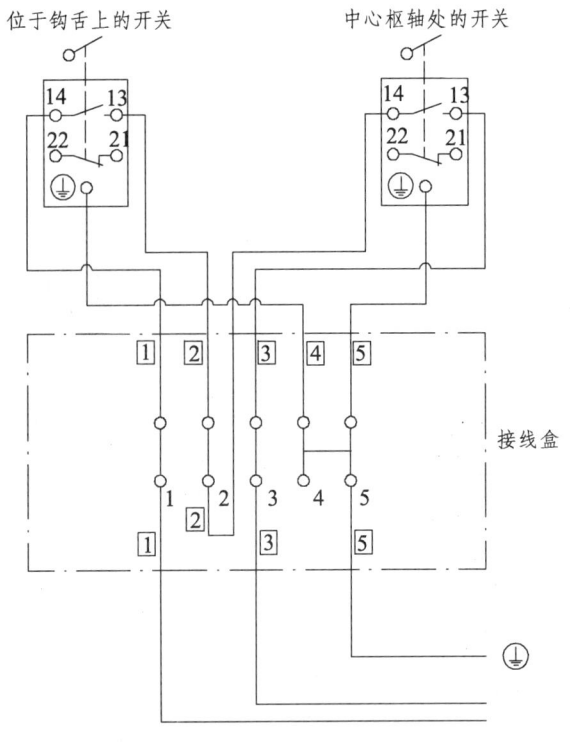

图 LE2-40　接线图

（8）对中装置。

对中装置位于轴承座上，如图 LE2-41 所示，由外壳 1 及凸轮盘 6 组成。外壳紧固地连接至轴承座。气缸 2 位于车钩两侧。气缸包括盘形弹簧 3、带辊 5 和气缸杆 4。带辊位于凸轮盘上。凸轮板可在外壳内旋转，同时，还刚性连接至橡胶垫缓冲装置的轴颈。它配有两个外围槽 9。这些与气缸位置精确对合。

盘形弹簧将带辊气缸杆压入凸轮盘槽中。带辊气缸杆和槽自行对中并将车钩固定在中心位置。车钩处的横向负载将获得一定补偿。如横向负载较大，车钩迫使凸轮盘旋转。凸轮盘槽偏离气缸中心位置，将带辊气缸杆压入气缸内。如果车钩偏离超出重对中角度，带辊不在槽内且无法反作用，车钩将自由摆动。

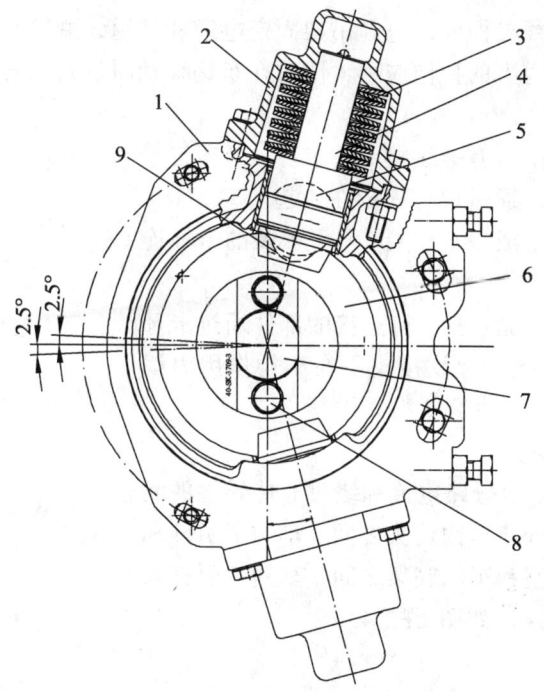

图 LE2-41 对中装置

1—外壳；2—气缸；3—盘形弹簧；4—气缸杆；5—带辊；6—凸轮盘；7—销；8—轴承座；9—槽

对中装置可永久使用。在小曲线上，如修配间中，车钩的联挂范围可能不足以实现自动联挂。车钩可手动摆动到对应车钩的联挂范围。可根据纵向车轴，通过外壳后侧的两个螺钉对车钩重新进行水平调节。

（9）管件及电缆吊架。

如图 LE2-42 所示，管件附在风管接头的后部。管件是管型材件，其一侧装有法兰，另一侧带螺纹。其功能为管套筒拉长风管接头。

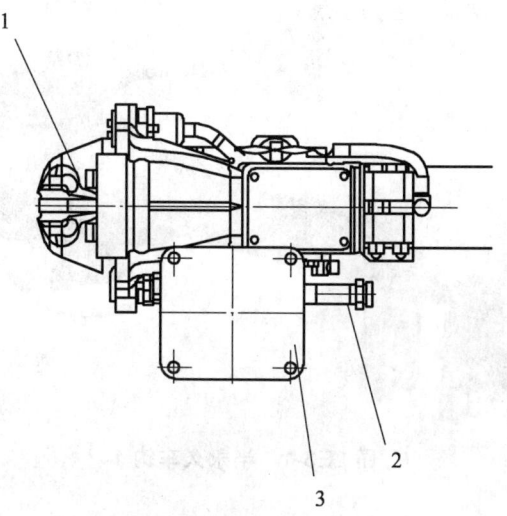

图 LE2-42 管件及电缆吊架

1—车钩钩头；2—管件；3—电缆吊架

电缆吊架由紧凑型线夹构成，电缆吊架固定电缆和管道，并防止其下垂或损坏。电缆吊架降低作用在电缆和管道上的拉伸应力，同时在车钩移动时进行引导。

（10）卡环连接件。

卡环连接件包括两个带有螺纹接头的卡环。卡环位于待连接组件的轴肩周围，通过螺钉固定在一起。

卡环连接件可以水平或垂直安装。水平安装的卡环连接件下部卡环带有排放孔。

卡环连接件是一种夹紧连接。待连接的部件通过卡环连接件螺钉紧紧夹在一起。螺纹接头不在车钩作用力线上，易拆卸。

（11）接地。

接地线连接到车钩，以分路电流和绕过非传导性的元件。它们位于车钩牵引杆与车钩钩头之间、车钩牵引杆和车钩牵引杆之间、轴承座和车厢底架之间、车钩牵引杆和车厢底架之间。接地线连接如图LE2-43所示。

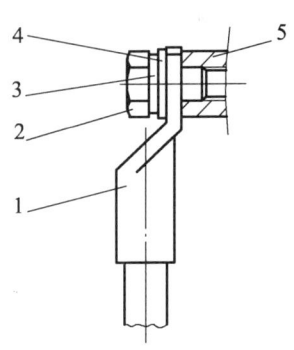

图 LE2-43　接地线连接

1—电缆接线头；2—六角头螺钉；
3—锁紧垫圈；4—垫圈；
5—接地插座

子模块 LE3　半永久车钩

一、半永久车钩的分类

半永久车钩分为两种，一种是带凹锥的半永久牵引杆车钩，一种是带凸锥及压溃管装置的半永久车钩，如图LE3-1和图LE3-2所示。两种车钩使用在Tc车与M1车之间的连接和M1与M2之间的连接。两半永久车钩连接后使用卡环连接固定。联挂或发生意外碰撞时，吸收能量保护司乘人员和设备安全。

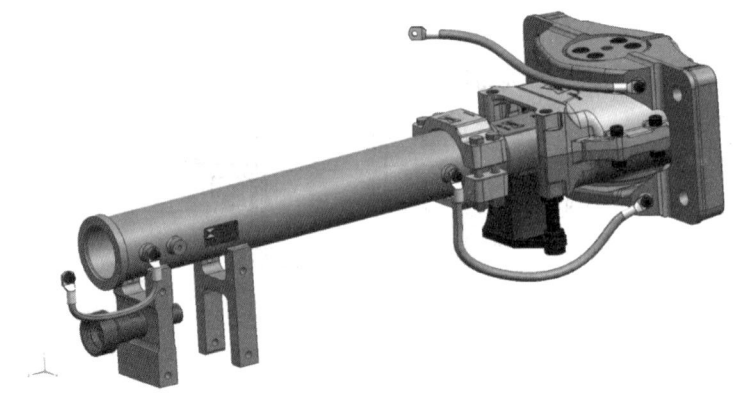

图 LE3-1　半永久车钩1

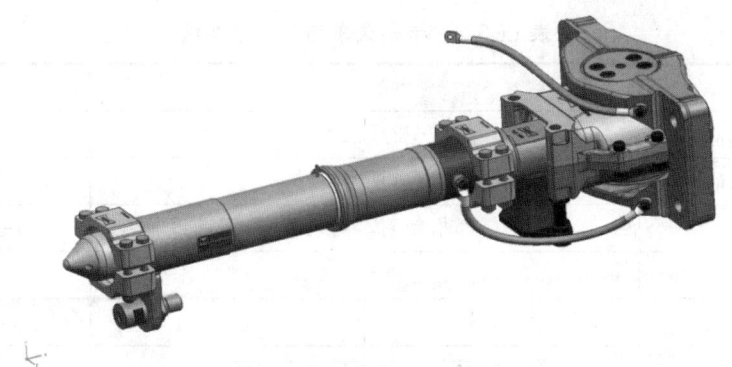

图 LE3-2　半永久车钩 2

二、半永久车钩的技术参数

半永久车钩 1 的技术参数如表 LE3-1 所示。

表 LE3-1　半永久车钩 1 技术参数

参　数	参数类型		数　值
抗压强度（$R_{p0.2}$）	屈服强度		1 200 kN
抗拉强度（$R_{p0.2}$）	屈服强度		850 kN
长　度	枢轴到车钩表面		（1 125±5）mm
总　重			约 192 kg
橡胶垫缓冲装置	行　程	缓　冲	约 55 mm
		牵　引	约 40 mm
	弹簧力（静态）	缓　冲	570 kN×（1±10%）
		牵　引	320 kN×（1±10%）
	能量吸收	缓　冲	约 14 kJ
		牵　引	约 7 kJ
摆动范围	水　平		±25°
	垂　直		±6°
	轴　向		±3°
最小操作压力			0.6 MPa
涂　漆	根据涂漆规范		KBP

半永久车钩 2 的技术参数如表 LE3-2 所示。

表 LE3-2 半永久车钩 2 技术参数

参　数	参数类型		数　值
抗压强度（$R_{p0.2}$）	屈服强度		720 kN
抗拉强度（$R_{p0.2}$）	屈服强度		850 kN
长　度	枢轴到车钩表面		（1 125±5）mm
总　重			约 205 kg
压溃管	行　程	缓冲	约 200 mm
	最大载荷	缓冲	约 800 mm
	能量吸收	缓冲	约 160 kJ
橡胶垫缓冲装置	行　程	缓冲	约 55 mm
		牵引	约 40 mm
	弹簧力（静态）	缓冲	570 kN×（1±10%）
		牵引	320 kN×（1±10%）
	能量吸收	缓冲	约 14 kJ
		牵引	约 7 kJ
摆动范围	水　平		±25°
	垂　直		±6°
	轴　向		±3°
最小操作压力			0.6 MPa
涂　漆	根据涂漆规范		KBP

三、半永久车钩与自动车钩的对比

（1）功能方面：全自动及半自动车钩具有远程控制自动联挂的结构功能。而半永久车钩利用卡环连接件实现手动联挂和解钩。其他功能及部件作用性能均相同。

（2）结构方面：半永久车钩与半自动车钩相比，没有机械钩头、电钩、过载保护装置，但是多出电气连接箱支架接口（半永久车钩 2）。其他装置及部件性能与半自动车钩相同。

分模块 LF 制动系统

城市轨道交通车辆必须安装制动系统，其作用就是根据需要使车辆按规定减速、停车。制动系统是车辆安全保证的重要环节，也是车辆先进与否的重要标志之一。

子模块 LF1 制动技术基础

一、制动概念

人为地制止物体的运动，包括使其减速、阻止其运动或加速运动，均可称为制动。反之，对已经实施制动的列车，解除或减弱其制动作用，称之为缓解。

对于城市轨道交通车辆，为了使运动中列车能迅速减速或停车，必须对其施加制动；列车在下坡道上运行时需要对其施加制动；为避免停放的车辆因重力和风力作用而溜走，也需要对其施加制动（停放制动）。

为使列车能施加制动和缓解而安装在列车上的一整套设备，称为列车制动装置。它一般分为两大部分：

（1）制动机，即制动控制系统，产生制动原动力并进行操作和控制的部分。

（2）基础制动装置，即制动执行系统，传递制动原动力并产生制动力的部分。

二、制动方式

要改变运动物体的运动状态，必须对其施加外力。由制动装置产生和列车运动方向相反的外力，称之为制动力。这是人为的阻力，和列车运行时由于各种原因自然产生的阻力相比，一般要大得多。在列车制动减速过程中，列车的运行阻力（自然阻力）也在起作用，但其起主要作用的还是列车制动力（人为阻力）。

按动能转移方式，制动方式可以分为摩擦制动和动力制动。

1. 摩擦制动

列车动能通过摩擦副的摩擦转变为热能，然后消散于大气中。常用的摩擦制动有闸瓦制动、盘形制动和磁轨电制动。

（1）闸瓦制动又称踏面制动，是最常用的一种制动方式，如图 LF1-1 所示。制动时闸瓦压紧车轮，车轮与闸瓦间发生摩擦，列车的动能大部分通过车轮与闸瓦间的摩擦变成热能，经车轮与闸瓦最终逸散到大气中去。闸瓦制动是通过闸瓦与车轮踏面的机械摩擦产生制动力。

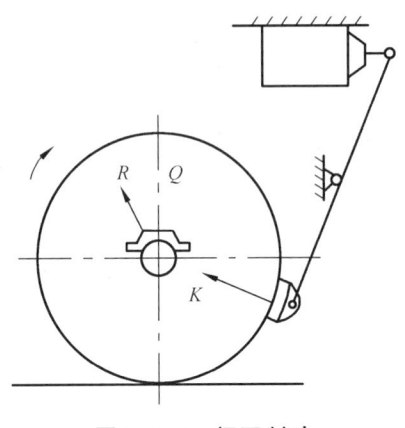

图 LF1-1　闸瓦制动

闸瓦制动效果的好坏，主要取决于摩擦热能的消散能力。使用这种制动方式时，闸瓦摩擦面积小，大部分热负荷由车轮承担。列车速度越高，制动时列车的热负荷也越大。如用铸铁闸瓦，温度可使闸瓦熔化；即使采用较先进的合成闸瓦，温度也会高达 400～450 ℃。当车轮踏面温度增高到一定程度时，就会使踏面产生磨耗、裂纹或剥离，这样既影响使用寿命也影响行车安全。可见，传统的踏面闸瓦制动适应不了高速列车的需要。

（2）盘形制动有轴盘式和轮盘式之分。制动时，制动缸通过制动夹钳使闸片夹紧制动盘，使闸片和制动盘之间产生摩擦，把列车的动能转化为热能消散于大气中，并产生制动力，如图 LF1-2 所示。

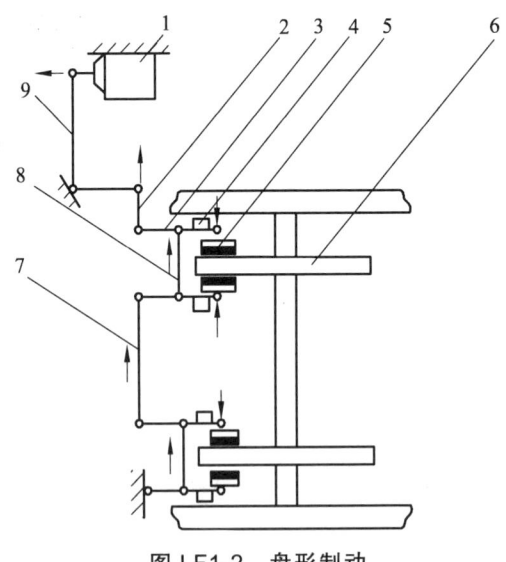

图 LF1-2　盘形制动

1—制动缸；2—拉环；3—水平杠杆；4—缓解弹簧；5—夹钳及闸片；6—制动盘；
7—中间拉杆；8—水平杠杆拉杆；9—转臂

盘形制动的优点：盘形制动可以双向选择摩擦副，因此可以获得比闸瓦制动大得多的制动功率；由于作用力不在车轮踏面上，盘形制动可以大大减轻车轮踏面的热负荷和机械磨耗；制动平稳，几乎没有噪声；盘形制动的摩擦面积大，而且可以根据需要安装若干套，制动效果明显高于铸铁闸瓦，尤其适用于速度在 120 km/h 以上的高速列车。

盘形制动的缺点：
① 制动盘使簧下质量及冲击振动增大，运行中消耗牵引功率。
② 车轮踏面没有闸瓦的磨刮，轮轨黏着将恶化。
（3）磁轨制动。

制动时将电磁铁放下，使磨耗板和钢轨吸合，列车的动能通过磨耗板和钢轨的摩擦转化为热能，然后经钢轨和磨耗板最终消散于大气中。

磁轨制动能得到较大的制动力，但由于对钢轨的损伤比较大，因此常用于高速列车紧急制动的一种补充制动手段。

2. 动力制动

动力制动也称电制动，列车制动时，将牵引电机变为发电机，使动能转化为电能，对这些电能的不同处理方式形成了不同方式的动力制动。城轨车辆上采用的动力制动形式主要有再生制动和电阻制动，都是非接触式制动方式。

（1）再生制动。再生制动是把列车的动能通过电机转化为电能后，再使电能反馈回电网。显然这种方式既能节约能源，又能减少制动时对环境的污染，并且基本上无消耗。因此，这是一种理想的制动方式。

（2）电阻制动。将发电机发出的电能加于电阻器中，使电阻器发热，即电能转变为热能，也称之为能耗制动。电阻器上的热能靠风扇强迫通风逸散于大气中。电阻制动一般能提供较稳定的制动力，但车辆底架下需要安装体积较大的电阻箱。

三、黏着制动

在制动时，以闸瓦制动为例，钢轨、车轮、闸瓦这三者之间有 3 种可能：

（1）纯滚动状态：靠滚动着的车轮与钢轨接触点在接触瞬间的静摩擦（不发生相对滑动）阻力作为制动力，车轮沿钢轨边滚动边减速停止。在此过程中，车轮与钢轨之间是静摩擦；车轮与闸瓦之间是动摩擦。若能达到这种状态，则可实现的制动是轮轨间静摩擦阻力的最大极限值，但这是一种难以实现的理想状态。

（2）滑行制动：这种情况与第（1）种情况相反，即车轮与闸瓦之间为静摩擦；车轮与钢轨之间为动摩擦，车轮的滚动减速变为了滑行（车轮在车辆未停止前即被闸瓦抱死，在钢轨上滑行）减速。由于动摩擦系数远远小于静摩擦系数，此时的制动力将大大减小，制动距离延长，同时轮轨之间还会产生大量的热量造成车轮踏面擦伤，因此，这是一种必须避免的事故状态。

（3）黏着状态：由于列车的重力作用，车轮与钢轨的接触处是一椭圆形的小面积，且车轮和钢轨都是弹性体，在制动时，车轮在钢轨上处于连滚带滑（基本上是滚动）的状态，这种状态被称之为黏着状态。黏着状态下车轮和钢轨之间的最大水平作用力称之为黏着力。而黏着力和轮轨间垂直载荷的比值，称为黏着系数。依靠黏着滚动的车轮和钢轨黏着点来实现列车的制动，称为黏着制动。黏着制动时，可实现的最大制动力不会超过黏着力。

根据轮轨之间的静摩擦系数 μ、黏着系数 Ψ、动摩擦系数 ϕ，这三者存在 $\mu > \Psi > \phi$ 的关系。在上述 3 种情况中：可实现的制动力的最大值以第（1）种状态时为最大，但实际上这是达不到的；第（2）种状态最小，这不但会擦伤轮轨，而且还会延长制动距离；第（3）种状态介于这二者之间,它随气候与速度等条件的不同可以有相当大的变化。所以采用黏着制动,必须对那些可利用的黏着条件加以研究,以获取可能的最大制动力。

四、制动距离

由于司机将控制手柄放置制动位的瞬时不能立即使制动缸的压力上升至要求压力,需要有一段时间。因此,当控制手柄放置制动位后,制动缸压力上升至要求压力的70%时,这段时间称为"空走时间",而这段时间内列车所走的距离称为"空走距离"。制动缸压力达到70%后至列车完全停止,这段距离称为有效制动距离。而将控制手柄放置制动位时至列车完全停止,这段距离称为制动距离。

制动距离是反映制动系统综合性能的重要指标。

子模块 LF2 制动控制技术

一、城市轨道交通车辆制动控制原理

城市轨道交通车辆制动控制采用的是数字和模拟两种控制系统的结合体。首先,司机在制动时通过手柄改变了主控制器上的可变电阻的阻值,基准值发生器(又称为参考值转换器)通过分析可变电阻上的信号,产生相应的脉宽调制信号。然后,该脉宽调制信号通过列车指令线被送入空气制动电子控制单元。在制动电子控制单元内,脉宽调制信号被转换成一系列相对应的数字指令信号和模拟指令信号,之后这些信号对空气制动控制单元进行操作、控制,使制动控制单元产生和制动等级相对应的预控压力 CV。可见它采用的是二级控制,简称为"电控制气,气再控制气"。

城市轨道交通车辆一般采用的是再生制动、电阻制动(以上两种统称为电制动)和摩擦制动(称为空气制动)3 种制动方式。它们分别为第一、第二和第三优先级制动,并且还采取了程序制动措施。

程序制动是,充分利用电制动,尽量减少空气制动,即在制动力未达到其指令的 75% 时,同时在黏着力允许的条件下用足电制动,也就是说电制动不仅供动车制动使用而且还要承担拖车制动的任务,当两节动车的电制动能满足一个单元(两动一拖)的制动要求时,则这一单元车就不再使用空气制动;反之,则要使用一些空气制动弥补电制动的不足。另外,随着列车速度的下降其电制动力也将不断减弱,当列车速度降低至一定速度时,电制动力已不能再满足制动所需的要求,这时电制动力将逐渐被切除,所有的制动力则由空气制动来承担。

昆明地铁首期工程电客列车配备有两套制动系统:电制动系统(ED 制动)和电空制动系统(EP 制动)。

电制动(ED 制动)由动车(M1、M2 车)牵引系统提供,由车辆控制单元(VCU)和牵引逆变器控制单元(DCU)无级控制。电制动分为再生制动和电阻制动。再生制动时,制动能量反馈给电网,如果电网无法或只能部分吸收制动能量或者电网超压时,那么剩余的能量将通过制动电阻吸收(电阻制动)。再生制动控制系统监控电网状态,并在制动时优化电网吸收能量的功能，因此，再生制动的能力取决于电网条件。如果电制动力不能满足总的制动力要求，不足的制动力由列车所有车辆的空气制动补充。因此，制动的优先级别为：再生制动→电阻制动→空气制动。

制动控制单元（BCU）控制空气制动。每个转向架空气制动由 BCU 独立控制。紧急制动通过整合在 EP2002 系统独立的紧急制动回路控制。

城市轨道交通车辆制动模式包括常用制动、快速制动、紧急制动和停放制动。

（1）常用制动：在正常运行状态使用，靠压缩空气通过制动缸和制动夹钳的作用将闸片压紧在制动盘上（盘形制动），施加制动。手动操作模式下如要施加常用制动，需将司控器手柄移至制动位，制动设置点直接与手柄位置成比例。常用制动时，电制动优先。空气制动根据减速要求提供剩余的减速力。最大常用制动平均减速度为 $1.0\ m/s^2$，常用制动具有防滑保护和冲动限制（$0.75\ m/s^3$）。在正常情况下，常用制动是为调节或控制列车速度所实施的制动。

（2）快速制动：当司机主控制器位于快速制动位时，列车施加快速制动。快速制动以紧急制动减速度 $1.2\ m/s^2$ 进行制动而不断开安全回路，是紧急情况下的一种制动方式，属于可恢复性制动。当司控器离开快速制动位，快速制动指令将撤销。快速制动具有防滑保护，并受冲动限制。快速制动由电制动和空气制动产生，每辆车以相同的减速度制动。

（3）紧急制动：减速度设计为 $1.2\ m/s^2$，仅由空气制动完成，手动操作时，司机可通过紧急制动按钮来施加紧急制动，若列车在运行过程中，方向手柄移至零位（ATO 模式下），或警惕按钮松开时间超过设定时间时，将触发紧急制动。当紧急制动触发时，高速断路器断开。

（4）停放制动：属于被动施加的制动方式，靠弹簧的张力将制动夹钳作用在制动盘上，施加制动；当需要缓解停放制动时，将基础制动单元器上的停放制动缸充入压缩空气，抵消弹簧的张力来缓解，因此，停放制动采用"充气缓解、排气施加"的制动方式，与常用制动的作用原理相反，是相互独立的制动功能。停放制动仅在静止时采用，防止列车滚动。停放制动由车辆控制电路控制并受 VCU 监控。通过按压停放制动按钮激活停放制动，按压停放制动缓解按钮缓解停放制动。停放制动还可手动缓解，通过转向架上的停放制动缓解拉环逐个缓解停放制动。停放制动手动缓解后在第一次充风后自动复位。

二、空气压缩机的作用

城市轨道交通车辆是以三辆车为一单元，所以其供气装置也是以单元来设计的，每一单元设置一套空气压缩机组。而空气压缩机作为供气设备的重要组成部分，向空气制动系统和辅助系统提供工作所需要的压缩空气。

下面以昆明地铁首期工程电客列车为例，简单介绍空气压缩机的工作情况。

在昆明地铁首期工程电客列车上安装的是 VV120 型空气压缩机。该型号空压机的结构特点为：3 个气缸，W 形结构，两级密封；紧凑型自承式法兰，模块式结构；低噪声、低振动；优化的油润滑式闭合循环油路；无磨损、扭转刚性离合器；带黏液耦合器的风扇叶轮；内置式大功率干式空气滤清器；新式免维护弹性支座。

1. 空气压缩机的功能结构

该空气压缩机造型小巧，可进行无框悬挂，因此，该空气压缩机也特别适合于低置安装，如图 LF2-1 所示。利用弹性零件 11 和超柔性调准装置的新型支座，使传送到车厢的振动降到最低。风扇 4 配置了一个黏液耦合器。这样，冷却装置会根据环境温度和压缩机出口温度自行进行无级调节，从而保证压缩机以一个适宜的工作温度来运行。黏液耦合器同时作为滑动离合器使用，以使在风扇结冰或被异物（如树枝等）卡住的情况下不会造成设备损坏。

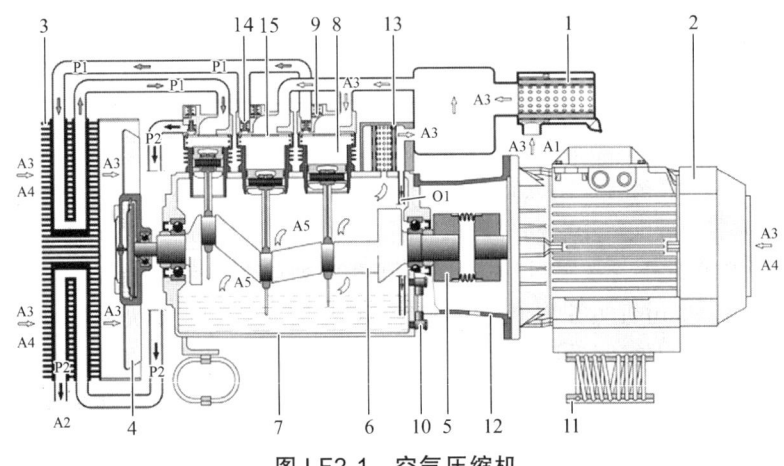

图 LF2-1 空气压缩机

1—空气滤清器；2—电动机；3—冷却器；4—带黏液耦合器的风扇叶轮；5—波纹管联轴器；6—曲轴；
7—曲轴箱；8—气缸；9—防护阀；10—油位显示管；11—弹性零件（图示为钢丝弹簧）；
12—中间法兰；13—压缩空气除油过滤元件；14—压力阀；15—吸入阀；
A1—进气口；A2—排气口；A3—抽吸气体；A4—冷却空气；
A5—含油气体；P1—中间压力；P2—高压；O1—注油

该压缩机可用三相交流电机、直流电动机或液压马达驱动。考虑到耐用性和保养简易性，采用 KB SFS 标准三相电动机进行驱动最为理想。

通过一个新式且同样无需保养的持久耐用的波纹管联轴器 5 实现到压缩机的连接，此联轴器用中间法兰 12 来进行保护。该联轴器扭转刚度很大，因此不会造成压缩机的扭振。通过自对中法兰构造，避免了经常性地调准电动机和压缩机的繁琐工作。

内置干式空气滤清器 1 的高分离度保证了对压缩机的最佳保护。保养工作只限于更换滤芯，明显比油浴式空气滤清器更方便快捷。可通过观察真空指示器，根据实际的脏污程度来调整更换周期。

所有轴颈以及活塞和气缸均采用喷射润滑油的方法进行润滑。连杆浸入油池，在每次运转时即会被润滑。润滑油会自行流回油池，无需附加装置（如滤油器、油泵或阀门等）。这种浸入润滑方式在冬季等特殊外界条件下也能可靠进行。因为曲轴箱 7 的排气也是通过气体除油过滤元件 13 被导回吸气组，所以不会有润滑油流到外面。

系列安装的辅助冷却器 3 使压缩空气出口温度很低，此低温能让下游的空气干燥设备有最佳的运行状态。同时，可借助两侧安装的油位显示管 10 准确读取曲轴箱中的油位。

2. 空气压缩机的工作方式

该压缩机分两级工作，两个气缸在低压级，一个气缸在高压级。在每个气缸上面的气缸盖中安置了组合式吸入阀 15 和压力阀 16，如图 LF2-1 所示。

图 LF2-2 为空气压缩机简图。由低压气缸吸入并被干式空气滤清器清洁的气体经预压缩后，通过中间冷却器3经强烈的二次冷却后，气体进入高压气缸中，被压缩至最终压力。高压级之后的二次冷却器4对进入储压罐之前的压缩空气进行二次冷却。

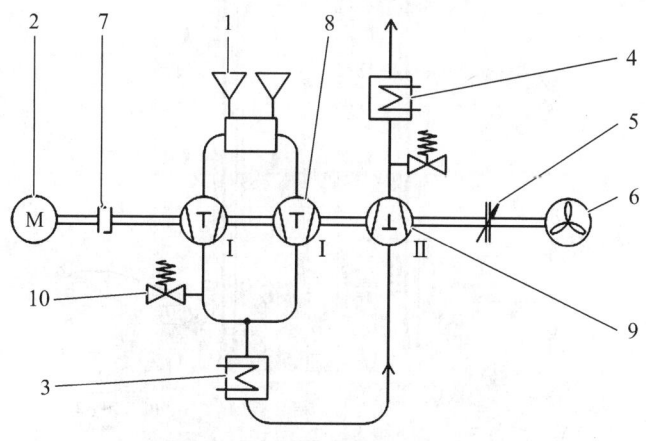

图 LF2-2　空气压缩机简图

1—干式空气滤清器；2—电动机；3—中间冷却器；4—二次冷却器；5—黏液耦合器；6—风扇叶轮；7—联轴器；8—2个气缸 $\phi 95$，第Ⅰ级（低压）；9—1个气缸 $\phi 75$，第Ⅱ级（高压）；10—防护阀

三、干燥过滤器

大气中总含有水蒸气，当超过饱和点（相对湿度100%）时，水分将凝结成水滴、雾或雪。一般来说，随着温度的升高，空气能吸收的水分会更多。这就解释了空压机在压缩过程中，当温度上升时，为何没有水分凝结，而只有当空压机中的冷却器发挥作用时才发生凝结。气路在相对湿度低于35%时，才能减少腐蚀，系统才能有效工作。因此，为了除去压缩空气中多余的水分和油分，保证相对湿度低于35%，供风系统中应装有干燥过滤器装置。

列车所用的空气干燥过滤器一般采用塔式结构，可分为单塔和双塔两种形式。昆明地铁电客列车使用的是双塔干燥过滤器。

图 LF2-3 是昆明地铁首期工程电客列车所用的双塔式干燥过滤器。双塔式干燥过滤器的工作原理与单塔式类似，只不过它采取的不是间隙工作法（间隙工作法是一段时间去油吸水，另一段时间干燥剂再生和拉西环去油），而是采取轮换工作的方法，即一个塔对进入塔内的压缩空气进行去油脱水，另一个塔则进行再生，过一定时间后两个塔的功能进行互换，以达到压缩机输出的压缩空气连续进行去油脱水的目的。由此可见，双塔式干燥过滤器没有再生储风缸，但设有一个定时脉冲发生器，以使两个干燥塔的电磁阀定时地轮换开、关，从而使两个塔的功能定时进行轮换。

图 LF2-3 为处于工作状态中的空气干燥设备，其中储压罐2处于干燥阶段，储压罐1处于再生阶段。电磁阀体11通过从循环控制装置发出的电输入信号而得电，阀座 V_3 打开。从通向压缩空气接口 A2 的压缩空气管道中分流出来的压缩空气流经开启的阀座 V_2 和 V_3，流至活塞阀8。转换压力将活塞顶着弹簧压至下部或上部位置，以此打开阀座 V_6 和 V_7。

由压缩机供给并随之经过冷却和预排水的压缩空气流经接口 A1 和开启的阀座 V_7，流至风缸2，它从下向上流过该储压罐，接着通过中心管再向下，流过止回阀6和溢流阀16被导向接口 A2。空气在流入干燥剂3之前，先要流经油分离器4中的拉西环填料。这样，通过多

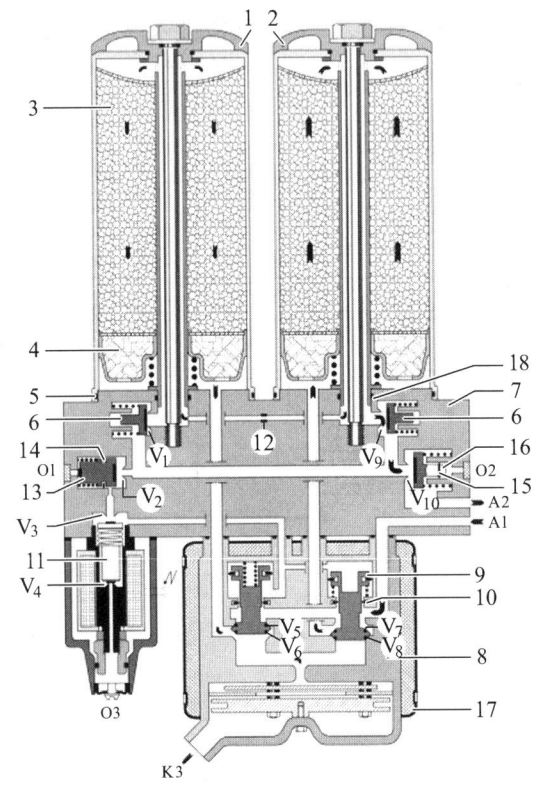

图 LF2-3　双塔式干燥过滤器

1—再生阶段的储压罐；2—干燥阶段的储压罐；3—干燥剂；4—带拉西环的油分离器缸；5, 18—O 形环；
6—止回阀的阀锥；7—支架；8—双活塞阀；9, 10, 14, 15—K 形环；11—阀用电磁铁；12—再生罐喷嘴；
13—先导阀活塞；16—溢流阀阀盘；17—绝缘套（仅 LTZ 015-H 型具备）；A1—压缩机前的进风口；
A2—通向主风缸的排风口；K3—空气/冷凝水；O—排风孔；V—阀座

次环流、涡旋和碰撞后，残留在压缩空气中的最小油滴和水滴都落在拉西环的较大表面上，然后结成较大的液滴在重力作用下落到下面的集流室中。接着在通过干燥剂时，空气中尚含有的水分被吸走，使压缩空气从储压罐 2 中流出时的相对湿度小于 35%。一部分已干燥的空气被分流出来，经过再生罐 12 被减压，通过储液罐 1 的干燥剂后被送入相反方向。这种减压后的空气也称为再生空气，它从需要再生的干燥剂中吸走水分，并通过开启的阀座 V_6 和消声器而排入大气。当干燥器即将达到饱和极限时，通过电子控制装置换接，即阀用电磁铁 11 失电。阀座 V_3 关闭，阀座 V_4 打开。通过活塞阀 8 的控制线路排气，从而通过弹力将活塞压入上部或下部位置，这样就关闭了阀座 V_6 和 V_7，并打开了阀座 V_5 和 V_8。在这种操作位置时，主气流（A1→A2）在储压罐 1 中被干燥，而干燥剂在储压罐 2 中再生。操作位置的时间顺序和相应的工作阶段如图 LF2-4 所示。

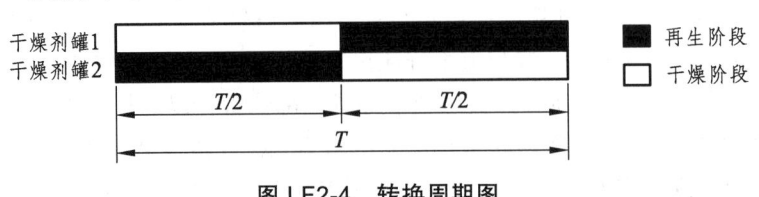

图 LF2-4　转换周期图

四、单元制动机

由于电客列车在车辆底架下需要安装大量的电气设备,因此,一般选用单元制动装置作为基础制动装置。它的特点是结构紧凑、制动效率高、作用灵敏,容易做到少检修或在较长时间内无检修。同时,由于其带有间隙调整装置,能使闸片间隙保持在规定范围内,因此一般不需要进行人工调整。

城市轨道车辆转向架的基础制动从作用方式上分为踏面制动和盘形制动,根据制动方式的不同所采用的单元制动机也就不同。昆明地铁首期工程电客列车所用的单元制动机为紧凑型轮装夹钳制动单元,如图 LF2-5 所示。

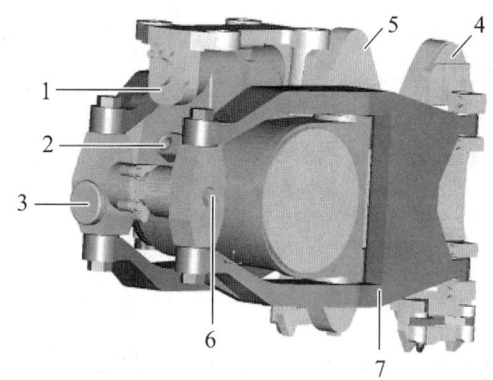

图 LF2-5 单元制动机

1,3—悬吊栓;2—制动缸空气入口;4—闸片托;5—闸片;6—复位六角头;7—夹钳杠杆

1. 紧凑型轮装夹钳制动单元的特点

(1)模块式设计,包括独立的制动缸、闸片间隙调整装置和弹簧执行器(仅限于停放制动功能的夹钳单元);

(2)紧凑、轻量化设计,在转向架中占用较小的空间;

(3)采用隔膜气缸的制动执行器,同样的外形尺寸可提供不同的气缸容量(对应不同的隔膜面积);

(4)用于停放制动的弹簧执行器可通过手动操作手动缓解装置缓解;

(5)具有部分式结构的扭杆转向刚性钳杆;

(6)钳杆上仅有少量的铰接点和轴承,并进行了封装,以实现长寿命和低噪声。

昆明地铁首期工程电客列车安装在转向架上的单元制动机包括一个带有弹簧施力的有停放制动功能的制动夹钳,如图 LF2-6(a)所示。一个不带停放制动功能的制动夹钳,如图 LF2-6(b)所示,在转向架上呈斜对角布置。每个带停放制动功能的制动夹钳在车体两侧轨道旁均可手动缓解停放制动。

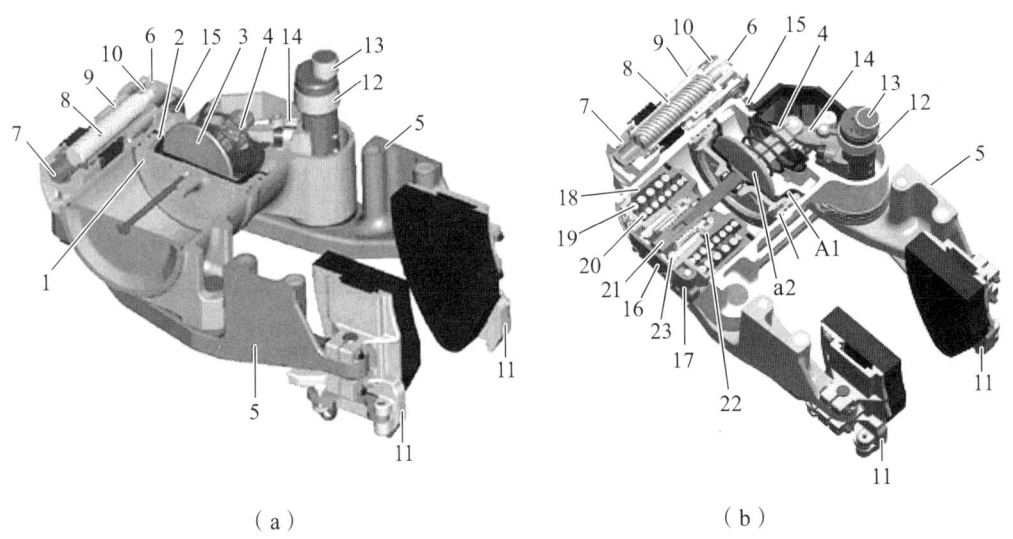

（a） （b）

图 LF2-6 单元制动机

1—隔膜气缸外壳；2—隔膜；3—托架；4—活塞复位弹簧；5—夹钳杠杆；6—悬吊栓；7—带复位六角头的管螺纹螺母；8—螺杆；9—外层盘簧；10—外层套筒；11—闸片固定器；12—偏心轴；13—偏心轴端；14—操纵杆；15—压杆；16—弹簧储能器；17—辅助缓解拉手；18—活塞；19—储能弹簧1；20—储能弹簧2；21—螺杆；22—螺母；23—齿轮

2. 间隙调整装置

列车制动时闸片与制动盘摩擦而产生磨损，使单元制动机与车轮的间隙增大，从而影响了单元制动机的功效。为了保证达到设计的制动功效，则必须使闸片与车轮的间隙保持一定的距离。间隙调整装置的作用为：在缓解时，使闸片与车轮制动盘之间的间隙不因制动时的磨耗而增加，使这个距离始终保持在一定的范围内，也就是当闸片磨损时，间隙能自动得到补偿。间隙调整装置如图 LF2-7 所示。

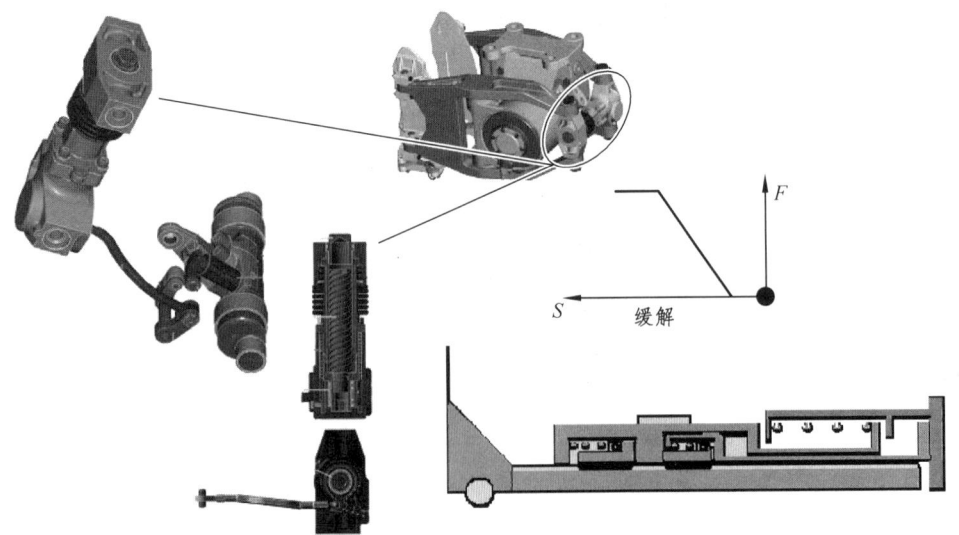

图 LF2-7 间隙调整装置

五、防滑系统

1. 防滑系统的作用

防滑系统用于车轮与钢轨黏着不良时,对制动力进行控制。它的作用是,防止车轮抱死,避免滑动,最佳地利用黏着,以获得最短的制动距离。

防滑系统是制动控制系统的一部分,牵引微机控制单元DCU(用于电制动)和制动电子控制单元BECU(用于空气制动)均有独立的防滑控制系统,在常用制动、快速制动和紧急制动状态下,防滑控制系统均处于激活状态。

2. 防滑系统的工作原理

防滑系统控制车轮的线速度。当黏着不良时,车轮的速度必定会不同于车辆其他车轮的速度。防滑系统就是应用这个量对防滑排气阀进行控制,从而达到控制车轮的滑行和减速度。具体的控制原理如下:

(1)防滑系统检测车辆每一根车轴的速度后形成一个参考速度来代替车辆的真实速度。利用速度传感器测得车轮速度和减速度与某个规定的标准值进行比较,并与排放阀的实际指令形成一个筛选矩阵。

(2)滑动标准值v_1、…、v_n与某一个相关的参考速度有关,在车轮轮径变动的范围内提供一个滑动区域带,而选择的减速度是确定的,当车轮在黏着不良的区域内时,防滑系统要能有效地减小制动力,在这种情况下筛选矩阵可产生一个相对于排放阀的某一个实际指令(电磁阀励磁排气的指令),这样就使相应轴的制动力减小,轴速度上升。当轴速度经过一段时间上升到矩阵的另一开启元素(包含另一个实际指令)时,电磁阀失电,则制动力将会增加。

当选择的矩阵元素刚好在参考速度以下的波谷时,滑动最小。

六、空气制动控制单元(BCU)

空气制动控制单元(BCU)是空气制动的核心,它接收制动电子控制单元(BECU)的指令,然后再指示制动执行部件动作。

1. 空气制动控制单元的结构

BCU的组成部分主要包括模拟转换器、紧急电磁阀、限压阀、中继阀以及相关的压力传感器等。这些部件都安装在一块铝合金的气路板上,犹如电子分离元件安装在印刷线路板上一样,实现集成化。这样可避免用管道连接而造成容易泄漏和所占空间大等弊病。同时,在气路板上还设置了一些测试接口,要测量各个控制压力和制动缸压力,只要在这些气路板上就可以测得,方便了检修保养工作。同样,整个气路板的安装、调试和检修都很方便。

2. 空气制动控制单元的作用

BCU的作用是,将BECU发出的指令电信号通过模拟转换阀转换成与之成比例的预控压力CV,这个预控压力呈线性变化,同时,也受称重阀和防冲动检查装置的检测和限制,再通过均衡阀,连通制动储风缸与制动缸的通路,并控制进入制动缸的压力,最后使制动缸获得符合制动指令的空气制动压力。

3. 空气制动控制单元的工作原理

（1）制动缓解。

如果没有制动需求（缓解位），制动电子控制单元（BECU）使模拟转换器的排气电磁阀通电。BCU 的空气预控腔排气,和 CV 压力对应的制动缸的压力也经中继阀的排气口被排出。

（2）常用制动。

当有制动需要时,制动电子控制单元（BECU）使模拟转换器的充气电磁阀通电。制动储风缸对 BCU 的 CV 压力腔充气,直到压力上升到和制动需求相一致为止。对于制动需要时的每个变化（制动或缓解）在常用制动时,模拟转换器的 CV 压力会根据相应的模拟变化量而变化。因中继阀直接和制动储风缸相连,其具有很高的容气量,可以瞬时把与 CV 压力相对应的压缩空气充入制动缸。

在常用制动时,起主要作用的是模拟转换器和中继阀。

模拟转化器由三部分组成：充气电磁阀、排气电磁阀和压力传感器,如图 LF2-8 所示。

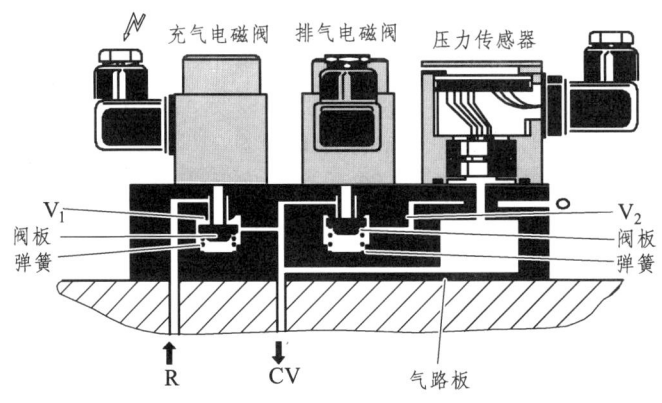

图 LF2-8 模拟转换器

当充气电磁阀得电时,压力空气从储风缸流进预控管路,CV 压力上升。当排气电磁阀得电时,压力空气从预控管路经端口 O 排向大气,CV 压力下降。压力传感器将均衡腔内的 CV 压力送给制动电子控制单元（BECU）。当 BECU 发现实际的 CV 压力和规定的参考 CV 压力不同时,立即使充气电磁阀或排气电磁阀通电,把 CV 压力调到规定值。当达到规定值后,电磁阀断电。此时,预控压力管路不排气也不进气,在实际和规定值相符时该状态会一直持续下去。

（3）紧急制动。

在正常操作下（常用制动）,紧急电磁阀使列车紧急回路通电。紧急电磁阀的 R 压力（即储风缸压力）口关闭,预控压力 CV1 从模拟转化器经限压阀到中继阀。中继阀如图 LF2-9 所示。

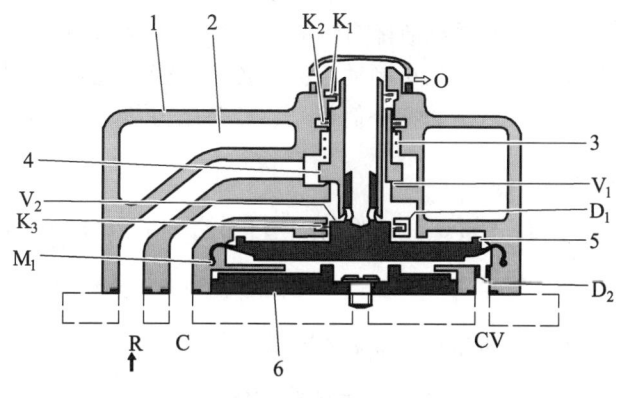

图 LF2-9 中继阀

1—壳体；2—控制室；3—弹簧；4—导杆；5—隔膜活塞；6—安装支座；V_1—进气阀座；
V_2—出气阀座；D_1，D_2—节流孔；K_1，K_2，K_3—K 形环；M_1—隔膜；
R—储风缸；C—制动缸压力；CV—预控压力；O—排气口

在紧急制动时，紧急电磁阀断电，R 压力端口打开，这样 R 压力就从制动储风缸直接流入与负载相关的限压阀和中继阀，产生一个和负载相当的紧急制动。由于紧急制动时模拟转化器被切断，负载电信号丢失。因此，需要由紧急电磁阀和中继阀之间的限压阀确保预控压力 CV2 不会超过设定值。紧急电磁阀如图 LF2-10 所示。

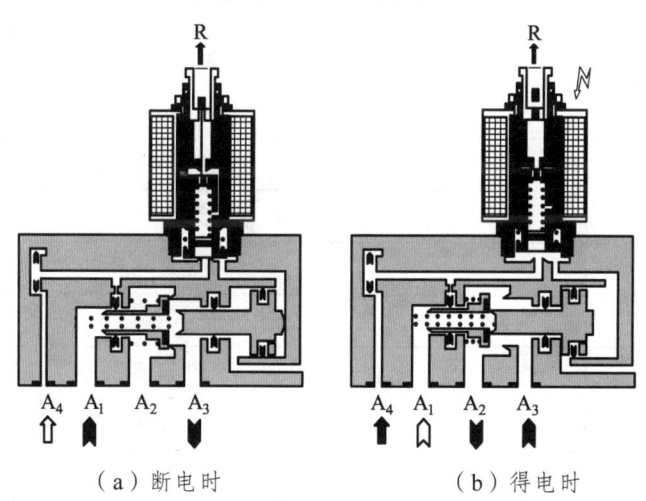

（a）断电时　　　　　　　　　　（b）得电时

图 LF2-10 紧急电磁阀

七、制动电子控制单元（BECU）

制动控制系统有一个用于控制电空制动和防止车轮滑动控制的微处理机，常称为制动电子控制单元（BECU）。它是空气制动管路控制的核心。制动实施时，接收各种与制动有关的信号（如制动指令值信号、电制动实际值信号、载荷信号等），计算出一个当时所需空气制动力的制动指令，并将其输出给 BCU。同时，BECU 还实时监控每根轴的转速，一旦任一轮对发生滑行，能迅速向该轮对轴的防滑阀发出指令，连通制动缸与大气的通路，使制动缸迅速排气，从而解除该轮对的滑行现象，实现 BECU 对各轮对滑行的单独保护控制。此外，制动电子控制系统还具有本车的控制系统故障自诊断功能和故障存储功能。

BECU 的基本功能：实现了与列车制动相关的各项功能，包括制动力的计算和分配、保压制动的触发、快速制动指令、制动指令值信号、载荷压力信号、冲击极限、防滑控制等。

子模块 LF3　微机控制单元 EP2002

与制动相关的首字母缩写和缩写词如表 LF3-1 所示。

表 LF3-1　与制动相关的缩写调

首字母缩写	含　义
ASP	空气悬挂系统压力
ATO	列车自动操作
Aux	辅助装置
BCP	制动气缸压力
BCU	制动控制单元
BSR	制动储风缸
BSRP	制动储风缸压力
CAN	受控局域网
EB	紧急制动
EMJ	紧急制动脉动限制
EP	电　空
FIP	工厂仪器记录
I/O	输入/输出
LBSR	低压力制动储风缸
LON	本地运行网络
LRU	线路替换单元
MMU	人机单元
MTTR	平均修理时间
MVB	多功能车辆总线
OEM	原装设备制造商
PAL	可编程阵列逻辑
PCB	印刷电路板

续表 LF3-1

首字母缩写	含 义
PTC	正温度系数
PVU	气动阀单元
PWM	脉冲宽度调制
RH	相对湿度
RIO	远程输入/输出
RR	远程缓解
RTC	实时钟
SB	常用制动
TMS	列车管理系统
VLCP	可变负荷控制压力
WSP	车轮防滑保护

一、EP2002 介绍

EP2002 制动控制系统是轨道车辆制动控制系统的最新一代产品，并在集成机电设计包中采用了分布式结构，如图 LF3-1 和图 LF3-2 所示。

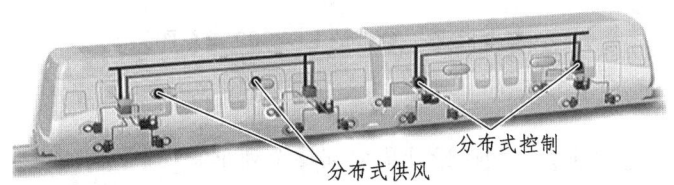

图 LF3-1　EP2002 完全分布式控制

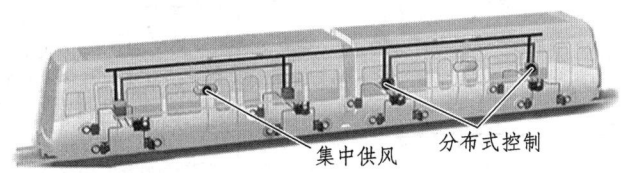

图 LF3-2　EP2002 半分布式控制

EP2002 将制动控制和制动管理电子设备以及常用制动（SB）气动阀、紧急制动（EB）气动阀和车轮防滑保护装置（WSP）气动阀都集成到装在各转向架（EP2002 先导阀、RIO 阀和智能阀）上的机电包中。气动系统可以通过一个中心的各个 EP2002 阀门供风或从各处向阀门供风。

EP2002 包括下列设备，如表 LF3-2 所示。

表 LF3-2　EP2002 的设备及名称

设　备	名　称
EP2002 智能阀	S7029/XXYY
EP2002 先导阀	G7029/XXYY

注：XX 表示相应合同的两位数字代码；
　　YY 表示按合同所编制的零部件顺序编号标准。

典型的 EP2002 阀如图 LF3-3 所示。

（a）先导阀/RIO 阀　　　　　　　　　（b）智能阀

图 LF3-3　典型的 EP2002 阀总图

1. 制动系统结构

图 LF3-4 显示了 EP2002 是如何设计集成到整个列车制动系统中的。

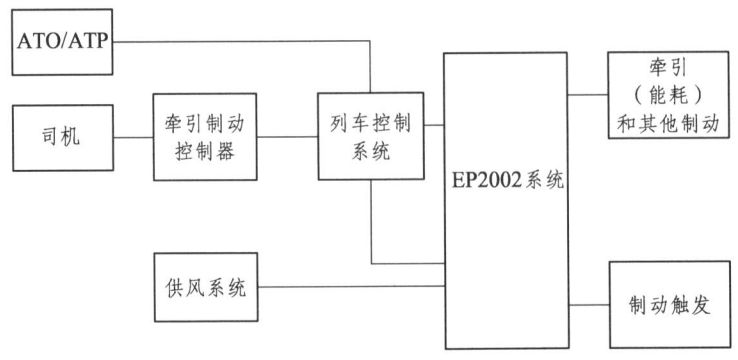

图 LF3-4　EP2002 系统位置

2. EP2002 的结构

EP2002 系统位于图 LF3-4 所示的范围内，整个 EP2002 系统是由 3 个设置于所需网络结构中的核心产品构成的。3个核心产品分别是EP2002先导阀、EP2002智能阀和EP2002 RIO阀。3个阀分别装在其所控制的转向架上（每个转向架对应一个）。3个阀通过一个专用CAN总线连接在一起。

（1）智能阀。

EP2002智能阀是一个"机电"装置，其中包括一个电子控制段，该电子控制段直接装在一个称为气动阀单元（PVU）的气动伺服阀上。起控制作用的EP2002先导阀通过CAN制动总线传达制动要求，每个阀门据此控制各自转向架上制动调节器内的制动缸压力（BCP）。本设备通过转向架进行常用制动和紧急制动，同时车轴进行车轮防滑保护控制。阀门受软件和硬件的联合控制，并可以检测潜在的危险故障。结合使用各车轴产生的轴速度数据和其他阀门通过专用CAN制动总线传来的速度数据即可进行车轮防滑保护。图LF3-5展示了智能阀的I/O状况。

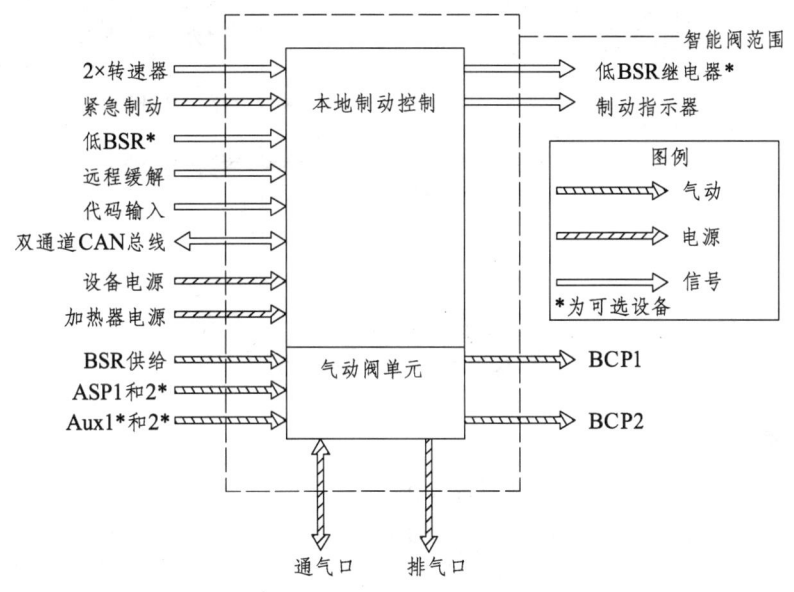

图LF3-5 智能阀I/O

（2）先导阀。

EP2002先导阀执行EP2002智能阀的所有功能，并将常用制动压力要求分配至所有装在本地CAN网络中的EP2002阀门。先导阀也可以提供EP2002控制系统与列车控制系统的连接。EP2002先导阀可以按要求定制，以连接MVB、LON、FIP和RS485通信网络以及传统列车线缆和模拟信号系统。

在EP2002系统中，一个EP2002先导阀中的制动要求分配功能可以将SB制动力要求分配至列车装有的所有制动系统，以达到制动力要求。

图LF3-6展示了先导阀的I/O状况。

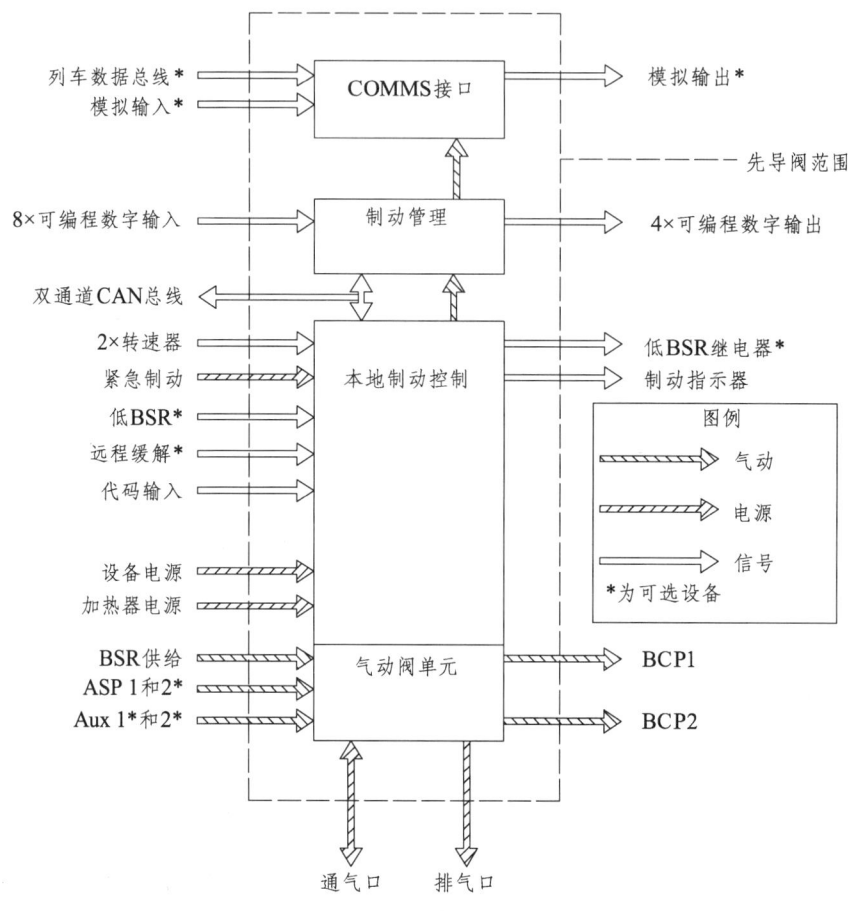

图 LF3-6 先导阀 I/O

3. 网络结构

上文介绍的 3 种核心产品可通过多种方法安装在一起，以满足系统可用性要求和成本要求。但不管系统有何要求，在构建 EP2002 网络结构时都必须遵从下列规定。CAN 网络中必须至少有一个 EP2002 先导阀来执行制动管理功能（主先导阀）。主先导阀将制动信息发送至一个 CAN 总线段中的 EP2002 智能阀，或从智能阀处获取制动信息。CAN 总线段的长度可为 2~10 个转向架之间的任意值（1~5 节车厢）。

紧急制动线和远程缓解功能一类的硬连线安全输入分别进入各先导阀、RIO 阀和智能阀。

二、EP2002 的结构

图 LF3-7 和图 LF3-8 为各个 EP2002 阀门的内部结构图。随后的内容会说明组成 EP2002 先导阀和智能阀的不同元件之间的功能差异。

总模块 L 理论知识　　151

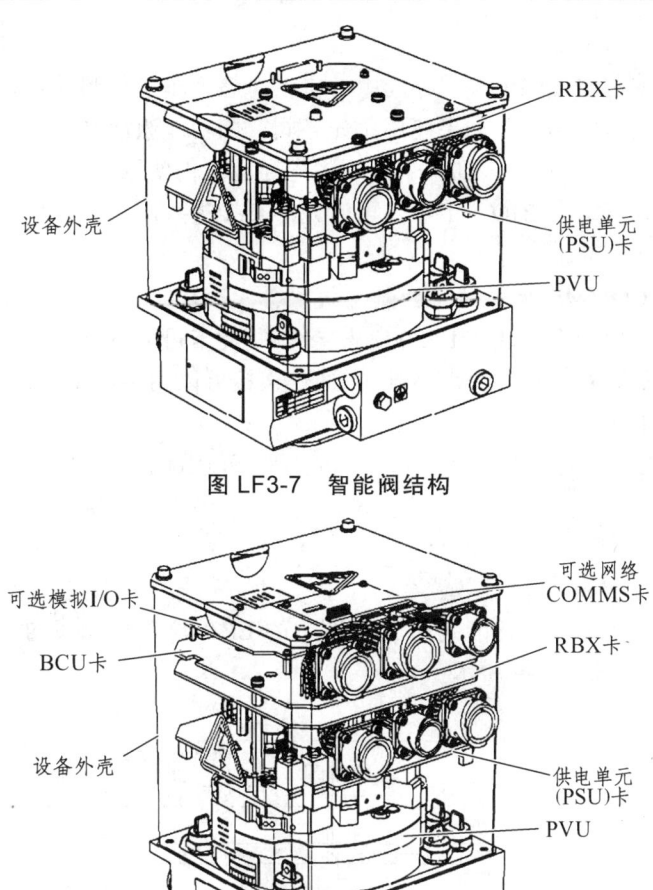

图 LF3-7　智能阀结构

图 LF3-8　先导阀结构

1. 设备结构

（1）设备外壳。

设备外壳为阳极氧化铝重载挤压成型。外壳保护内部电子部件与外部工作环境隔离，并为设备提供 IP66 级密封。

（2）气动阀单元（PVU）。

此气动伺服单元由本地控制卡发出指令，用来控制进行常用制动、紧急制动和车轮防滑保护的各车轴上 BCP 压力。

（3）供电单元（PSU）卡。

供电单元卡接收所输入的电池供电、加热器供电。主供电经调控后在内部被传送至设备内的其他电子元件卡上。加热器供电则被传输至加热器单元，使其可以在极低温度下进行工作。

（4）本地制动控制（RBX）卡。

本地制动控制卡根据主先导单元通过专用 CAN 总线传达的制动要求来控制 PVU，以进行常用制动、紧急制动和车轮防滑保护。

（5）制动管理（BCU）卡。

制动管理卡仅安装在 EP2002 先导阀中，包括对整列车进行制动管理的所需功能，而且还可以支持可配置的 I/O 端口。如果使用主先导阀，则功能激活并且与所有其他的智能阀和先导阀通过 CAN 总线建立通信。如果未使用主先导阀而仍使用一个普通先导阀，则 BCU 卡将作为一个远程输入/输出（RIO）工作，可以允许直接进入制动 CAN 总线而无需直接发送线缆信号至主先导阀。

（6）可选网络 COMMS 卡。

可选择的网络通信卡仅安装在 EP2002 先导阀中。此卡可以符合 MVP、FIP、LON 和 RS485 接口标准（一个通信卡对应一种协议标准）。通信连接可以用于控制和诊断标准数据传输。

（7）可选模拟 I/O 卡。

可选择的模拟 I/O 卡可安装到各种型号的先导阀和 RIO 阀上，以提供进行常用制动控制所需的模拟信号。

2. 气动结构

位于各种型号的先导阀、智能阀和 RIO 阀中的 EP2002 阀气动段均相同，并且被视作气动阀单元（PVU），如图 LF3-9 所示。

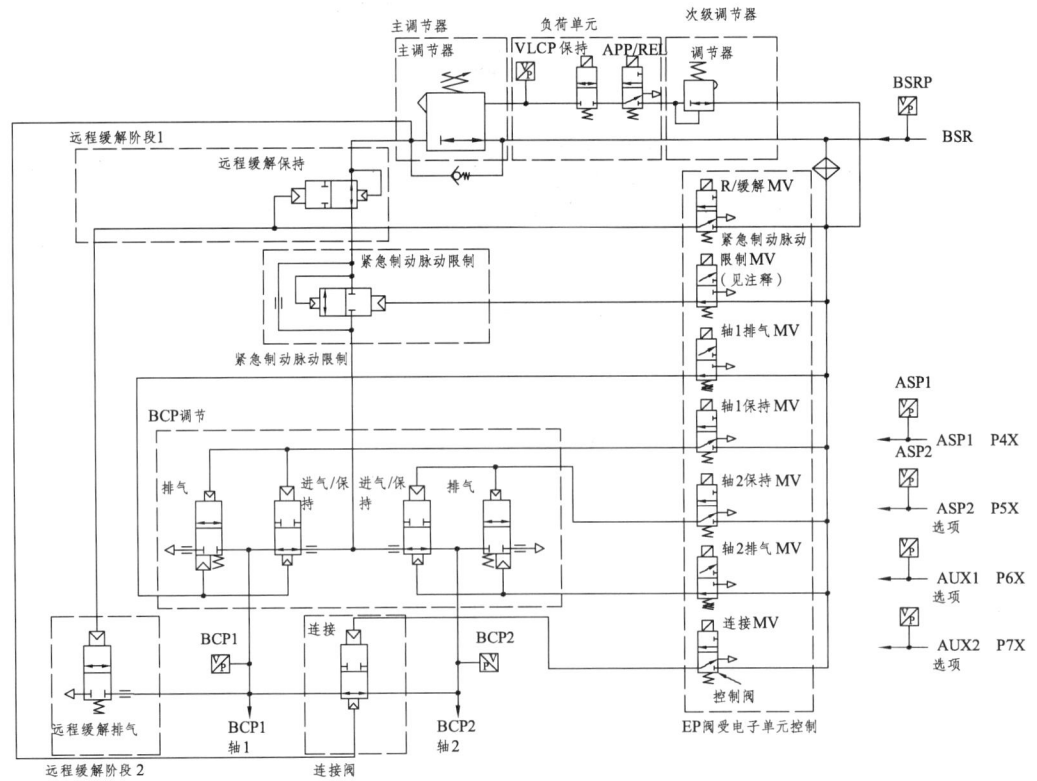

请注意紧急制动脉动限制特性是否包括在内，排风板是否安装在电磁阀位置上

图 LF3-9　内部气动示意图

（1）主调节器。

继动阀负责调节装置的供风压力，并将其降低至一个按负荷增减的紧急制动压力的水平继动阀，同时还负责在电子负荷系统出现故障时提供机械系统产生的最小紧急制动压力。

（2）次级调节器。

次级调节器位于主调节器上游，负责将供给制动缸的压力限定在最大紧急制动压力。

（3）负荷单元。

负荷单元用于向主调节器继动阀提供一个按负荷增减的紧急制动控制压力。此控制功能一直保持激活状态并与空气悬挂系统压力成一定比例。

（4）调节BCP。

调节功能负责从主调节器处接收输出压力，并进一步将其调节至常用制动所要求的BCP等级。在进行车轮防滑保护时，BCP调节段同样负责对制动缸压力进行气动控制。

（5）连接阀。

连接阀可以使BCP输出以气动方式汇合或分开。在常用制动或紧急制动时，两个BCP输出汇合通过转向架进行控制。在经车轴进行车轮防滑保护的系统上，当车轮防滑保护时，两车轴互相被气动孤立，每个车轴上的动作BCP都通过BCP调节段得到独立控制。

3. 工作原理

（1）常用制动。

在进行常用制动时，本地制动控制（RBX）卡为先导阀制动管理（BCU）卡提供悬挂负荷信息，并根据先导阀管理（BCU）通过双线CAN总线通道传达的命令控制常用制动缸压力。常用制动缸压力的控制是一个闭环过程，同时还需使用PVU上安装的压力传感器和EP阀。

（2）紧急制动。

紧急制动（EB）功能独立地控制每个转向架上的一个按负荷增减的制动缸压力（BCP），并同时切断常用制动（SB）控制。紧急制动功能通过列车控制系统发出的紧急输入的失电来触发。

负荷增减功能为电子控制，而且能够通过编码输入进行预设，将不同车辆的质量纳入考量范围。紧急制动的制动缸压力被机械地限定在合理规定的最大和最小压力之间。目的是为了防止紧急制动的制动压力的全部损失或在紧急制动电子负荷控制失效时，由于制动触发系统的压力过高而导致设备损坏。

（3）负荷系统。

主调控段必须进行负荷调控。为此，电子控制装置对提供给PVU的空气悬挂系统压力进行测量，并通过操作按负荷的增减EP阀向主调节器提供适宜的控制压力。ASP压力和控制压力之间的关系储存在一个PAL设备中，而且此逻辑还有EP阀PAL设备可储存多达16组不同的ASP与紧急制动BCP间的关系。输入用于配置列车上安装位置的正确关系。

（4）车轮防滑保护。

车轮防滑保护在EP2002阀门内部进行，系统进行检测并通过控制制动力来防止车轮滑动。在每个轴上都安装有一个加速探针来监测车轴速度；车轴速度信号会在CAN线段中的EP2002阀之间共享。

如果一个EP2002阀检测到滑动，则会控制动缸压力以对正在滑动的车轴进行修正。

假如列车在制动时发现滑动,车轮防滑控制可以独立地控制各个车轴的制动力。制动系统中应用了两种滑动检测持续的低黏着力的情况:
① 单一车轴上减速过量。
② 车轴与车轴最高转速之间出现的速度差异。

一旦检测到上述两种中的任意一种,控制系统都会以规律的间隔进行地面速度测试,以更新计算出来的实际列车速度。系统能够准确地控制滑动的深度以进行轨道检测。这样可以改进后面车轮的黏着力情况,并在黏着力低的情况下使制动力最大化而又不会对车轮造成损伤。当车轮防滑保护算法判定黏着力情况已经恢复正常时,系统也会恢复到初始状态并停止定时的地面速度测试。

为了确保制动在延长期内不出现缓解,硬件监视器定时器电路会在持续保持超出 8 s 和持续排气超出 4 s 监测阀门的状态。

子模块 LF4　制动系统器件

制动系统主要由如下几部分组成:
(1)压缩空气供给装置-A 组;
(2)制动控制装置-B 组;
(3)基础制动装置-C 组;
(4)车钩操作装置-W 组;
(5)空气悬挂装置-L 组;
(6)车轮防滑装置-G 组;
(7)轮缘润滑装置-V 组;
(8)其他部件/系统(如塞门、管路等)。

一、压缩空气供给装置-A 组

压缩空气供给装置如图 LF4-1 所示。
图 LF4-1 中各制动器件的名称及作用如下:
01 空气压缩机:提供压缩空气。
02 连接软管。
03 安全阀:限定所处管路的最高压力。
04 双塔式空气干燥器:系统最主要的空气净化装置。
05 精细过滤器:过滤干燥剂粉尘等细小杂质,提高空气品质。
07 测试接口:调整压力开关 A01.08/A01.09 的设定值。
08 压力开关:控制主压缩机的启、停。
09 压力开关:控制两台压缩机的启动。
10 蝶形塞门:测试安全阀 03。

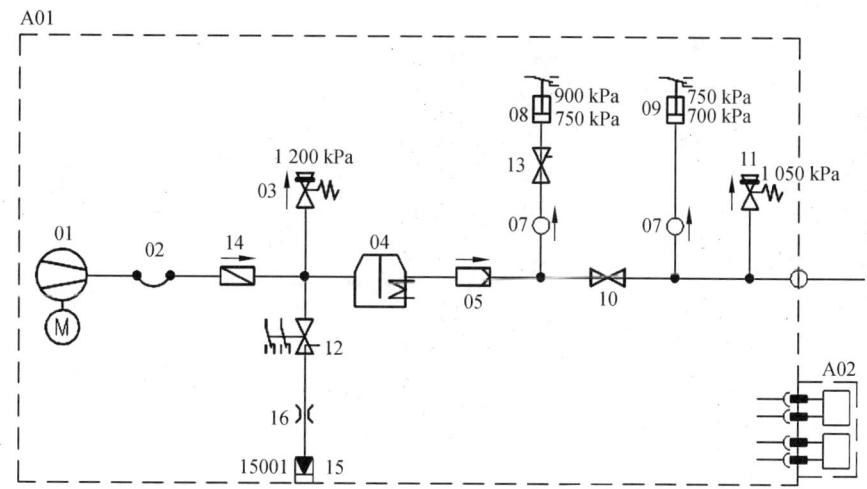

图 LF4-1　压缩空气供给装置

11 安全阀：限定所处管路的最高压力。
12 折角塞门：控制车间气源。
13 蝶形塞门：调整压力开关。
14 止回阀：确保总风压力。
15 车间气源接口：连接车间气源。
16 节流孔。

压缩空气供给装置为整车提供清洁干燥的压缩空气，用于包括空气制动在内的所有由压缩空气驱动控制的气动子系统。6 节车辆编组的列车有两套空气供给装置，如果一套空气供给装置不能工作，另一套空气供给装置也能提供足够的压缩空气，以保证列车正常运营。

压缩空气由电动压缩机组提供，该压缩机组为活塞式空压机组，有两个低压缸和一个高压缸。

为保护整个系统免于过压及损坏，压缩空气供给装置装有高压安全阀。

为满足制动系统用压缩空气的质量要求，压缩空气供给装置还装有一个双塔空气干燥器和一个油过滤器。

压力开关用于压缩机的工作管理。当一辆 M1 车上的压缩机作为主压缩机运行时，另一辆 M1 车上的压缩机作为从压缩机，主、从压缩机的管理通过单双日来实现。空压机工作范围为 750～900 kPa，由压力开关控制。

压缩空气供给装置提供的干燥压缩空气通过主风管传递到整节车，相邻车之间的主风缸管通过软管以及隔离塞门相连，所以当其中一节车的压缩空气用完时，可以通过邻近车上的主风管对主风缸进行充风。

司机室内的双针压力表用于指示主风管和 Tc 车 I 端转向架轴 1 的制动缸压力。压缩空气供给装置在转向架上的安置位置如图 LF4-2 所示。

压缩空气供给装置参数如下：

型号：VV120。

结构：3 个气缸交替工作，W 形设计。

降温：中间冷却，后冷却。

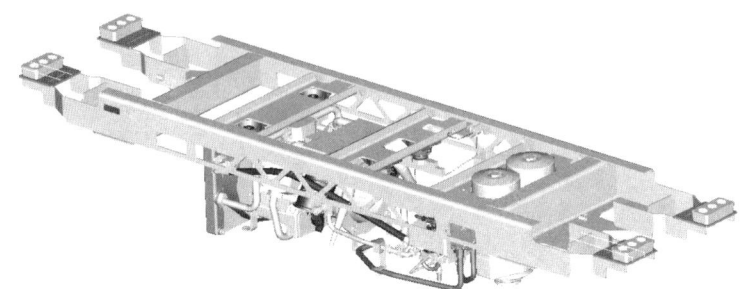

图 LF4-2　压缩空气供给装置的安装

润滑：飞溅型。

工作电压：AC 380 V，50 Hz。

排量：920 L/min。

工作转速：1 450 r/min。

压缩空气供给装置各器件如图 LF4-3 和图 LF4-4 所示。

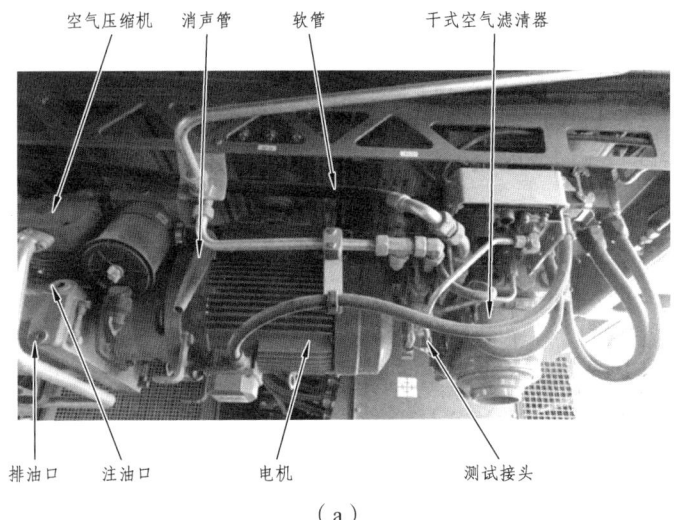

（a）

（b）

曲轴箱　联轴器

（c）

图 LF4-3　压缩空气供给装置 1

冷却器

（a）

车间气源接口　　精密滤油器　车间气源供风塞门

（b）

图 LF4-4　压缩空气供给装置 2

二、双塔干燥器

双塔干燥器如图 LF4-5 所示。

图 LF4-5 双塔干燥器

双塔干燥器参数如下：
型号：LTZ015.2。
结构：双塔。
工作温度范围：-40 ~ 50 ℃。
循环时间：2 min（干燥 1 min，再生 1 min）。

三、制动控制装置-B 组

制动控制装置是整个空气制动系统的核心，负责空气制动系统的控制、监控及与车辆控制系统的通信。

制动控制装置主要包括：
（1）EP2002 微机控制单元，每节车两个 EP2002 阀。
（2）制动控制模块，每节车一个。
（3）转向架截断塞门及其他辅助部件。
（4）EP2002 制动控制系统。

制动控制装置由网关阀和智能阀组成，其外形如图 LF4-6 所示。每个阀安装在其所控制的转向架上。EP2002 智能阀提供常用制动、紧急制动以及车轮防滑保护功能；EP2002 网关阀除了能提供智能阀所有的功能外，还能实现制动管理功能以及通过 MVB 总线与列车控制系统的通信功能。EP2002 制动控制系统内部局域网通过 CAN 总线相连，实现网关阀和智能阀的控制、监控及与车辆控制系统的通信，如图 LF4-7 所示。

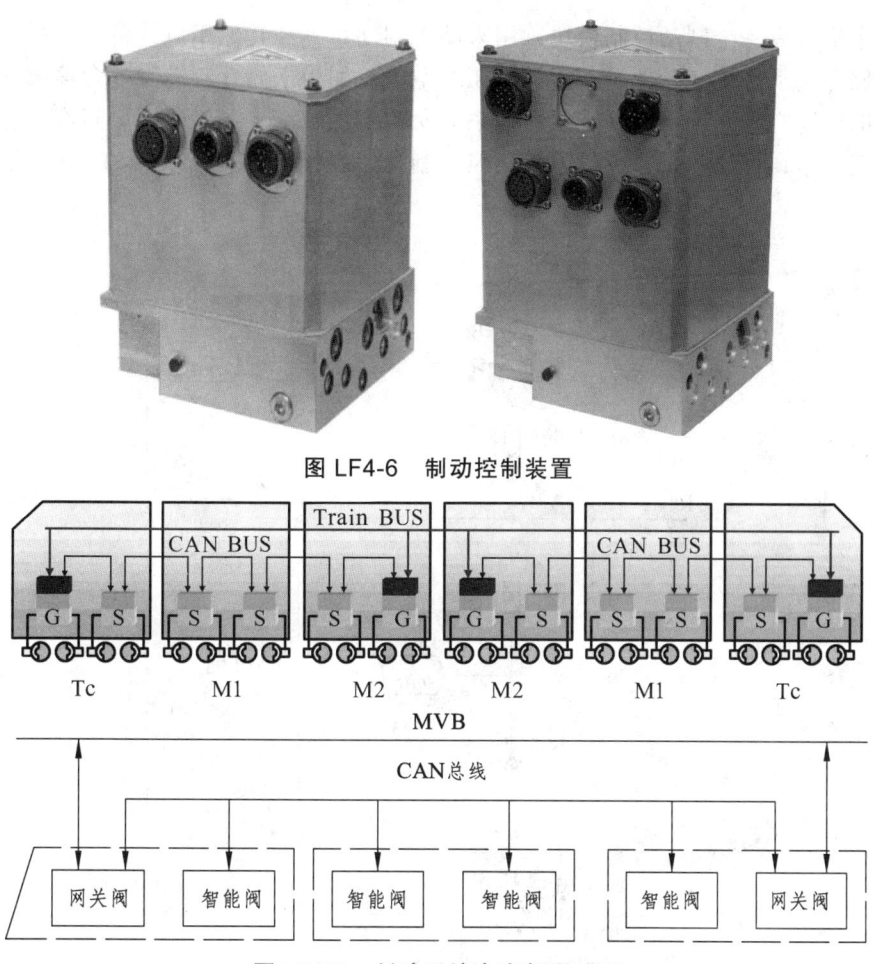

图 LF4-6 制动控制装置

图 LF4-7 制动系统内容部局域网

四、制动控制模块

制动控制模块由主风缸、制动风缸、空气弹簧悬挂风缸以及双稳态电磁阀、单向阀、球阀、过滤器等组成，它们集成在一个钢制框架内，安装在靠近车体边梁的底架上，如图 LF4-8 所示。

图 LF4-8 制动控制模块

每节车都装有一个制动控制模块，用来储存制动系统和其他用风设备所需的压缩空气。风缸用于储存制动系统和其他设备所需的压缩空气，如用于储存制动缸（含停放制动缸）作用时所需的压缩空气，用于储存空气悬挂系统所需的压缩空气。各风缸之间都装有单向阀防止压缩空气互窜，保证各子系统的正常用风。制动控制模块原理图如图LF4-9所示。

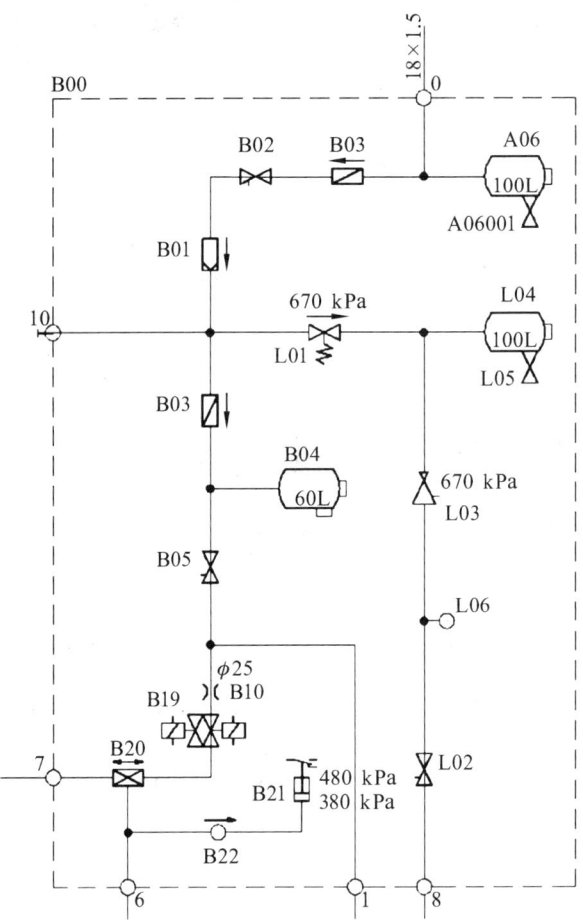

图 LF4-9　制动控制模块原理图

A06，B04，L04—风缸；A06001，L05—浮球阀（风缸排水）；B00—制动控制模块；B01—管路滤清器；B02—MR隔离旋塞；B03—止回阀；B05—BSR隔离旋塞；B10—节流孔；B19—脉冲阀；B20—双向阀（防混阀）；B21—压力调节器；B22，L06—检测套管；L01—溢流阀；L02—AS主风缸隔离旋塞；L03—减压阀

制动控制模块结构图如图LF4-10所示。

每个模块里有一个主风缸，用以为制动系统和其他用气设备储存压缩空气。制动风缸为制动控制系统提供清洁、干燥的压缩空气。主风缸的压缩空气经塞门、滤尘器、止回阀进入制动风缸及后续的制动用风管路。供给制动风缸的空气经过一个过滤器清洁。止回阀和制动风缸的设置可保证系统在任何情况下有紧急制动所需的风源。从制动风缸出来的压缩空气经塞门后分为两支，一支向空气制动系统供风，另一支向停放制动系统供风。供给空气制动系统的压缩空气经塞门供给靠近两端转向架处的EP2002阀。空气制动的施加与缓解、防滑控制等功能由EP2002阀在列车的控制下自动完成。制动系统中各风缸主要技术参数如表LF4-1所示。

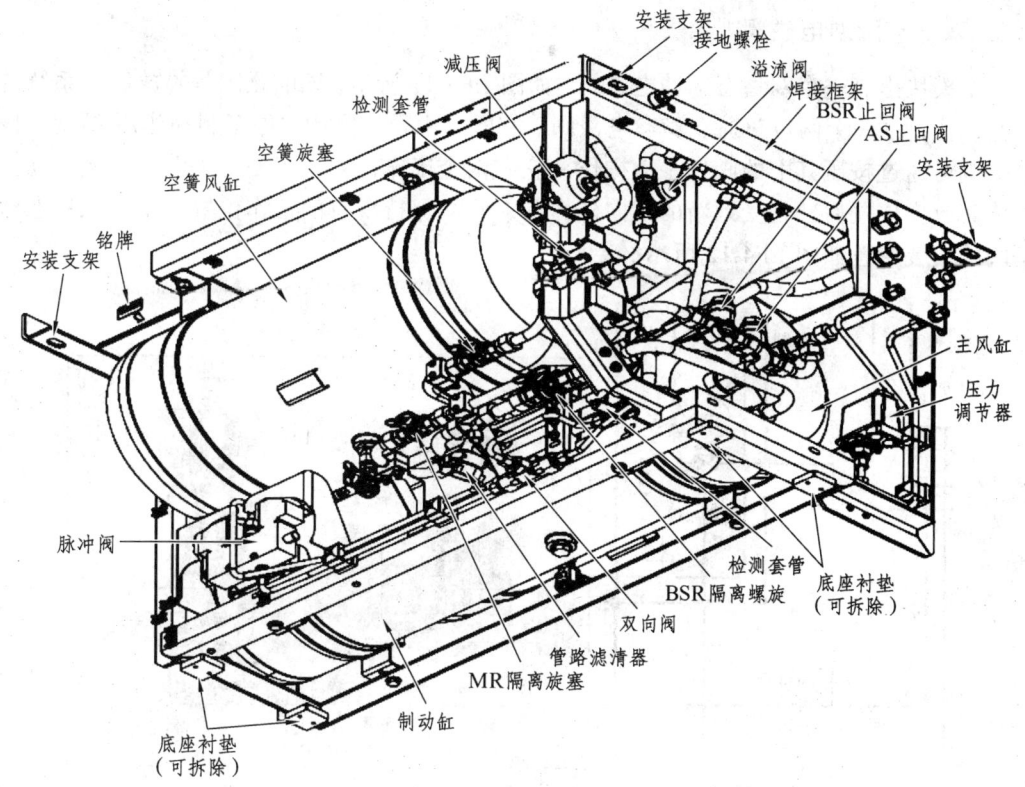

图 LF4-10 制动控制模块结构图

表 LF4-1 风缸主要技术参数

风缸参数	主风缸 制动风缸 空气悬挂风缸	空气弹簧风缸
安装位置	制动模块	底架中部靠两端转向架处
材料	铝合金	钢
容积/L	100 60 100	50
质量/kg	12 8.2 12	30
允许最大工作压力/kPa	1 000	
工作温度范围/℃	-50~65	-40~100
油漆色号	RAL 7012	RAL 7012

1. 双稳态脉冲电磁阀

每个模块里有一个双稳态脉冲电磁阀，如图 LF4-11 所示，该电磁阀是停放制动系统的关键控制部件，是一个两位三通双稳态电磁阀。它既可由司机室的"停车制动作用/缓解"按钮控制，也可通过按压其上的阀杆手动操作。它有两个工作位置，当外力（电磁力或手动按压力）使其改变位置后，在受到新的反向外力前，它能保持现有的工作位置不变。双稳态脉冲电磁阀的安装位置如图 LF4-12 所示。

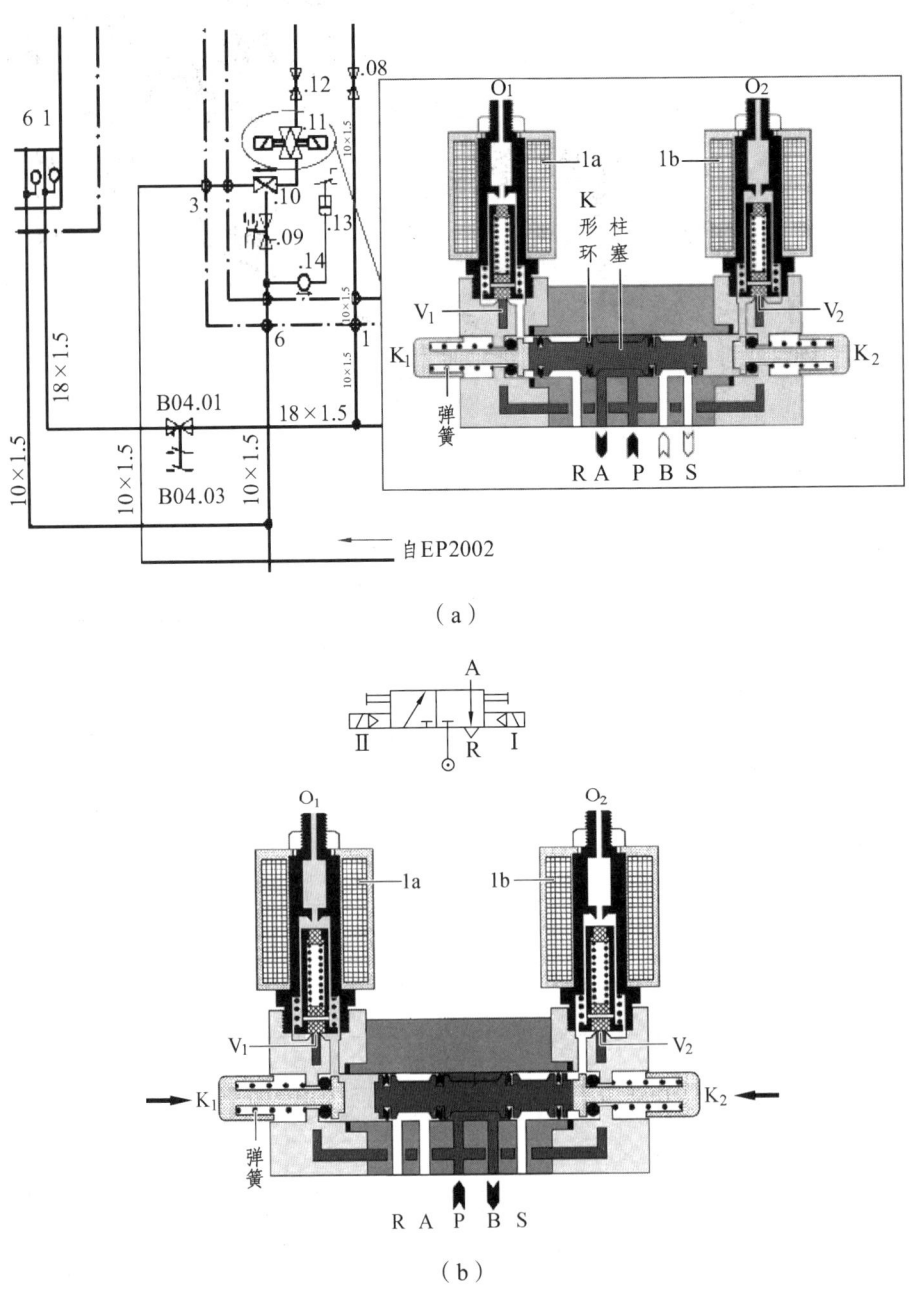

图 LF4-11 双稳态脉冲电磁阀

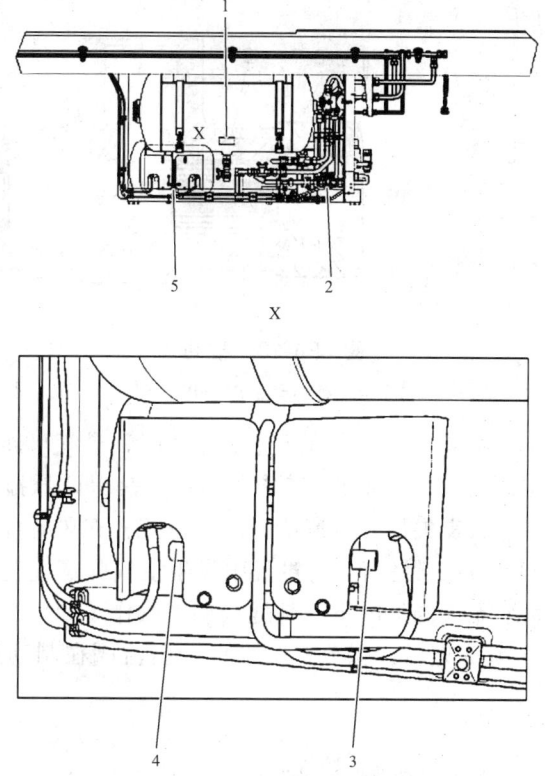

图 LF4-12 双稳态脉冲电磁阀的安装位置

1—制动控制模块；2—带手柄的球形塞门；3—缓解停车制动；4—施加停车制动；5—推动阀

2. 梭阀（B00B20）

制动控制模块内设有一个梭阀，可用以防止常用制动和停放制动制动力的叠加。通过触发常用制动，可对停放制动实现充气缓解。列车停放在车辆段，如果制动缸内的压力由于长时间泄漏而下降，停放制动则会因管路漏气而自动施加。停放制动缸的状态被一个压力开关和一个压力传感器监控，压力传感器位于 EP2002 阀内，通过列车线可显示停放制动的状态。从制动控制模块到停放制动缸的气路通过空气软管在车体和转向架间相连。

梭阀有 3 个气路接口：进气口 P1、P2 和出气口 A。其工作原理为：两进气口永远不可能互相连通，其中气压较高的一支推开活塞 2 抢占出口 A，并将气压较低的进气口封堵，如图 LF4-13 所示。

3. 减压阀

减压阀用于为后续管路正常工作时提供一个稳定的压力，其作用原理是，当出气口压力低于整定压力时，进气口连出气口；当出气口压力等于整定压力时，各气口关闭；当出气口压力高于整定压力时，进气口截止，出气口经溢流小孔通大气。减压阀用于稳定悬挂系统的供风压力，整定值为 630 kPa。减压阀在制动控制模块中的位置如图 LF4-9 所示。

4. 溢流阀

溢流阀用于限定为后续管路充气的最低风源压力，其作用原理是，当进气口压力不大于

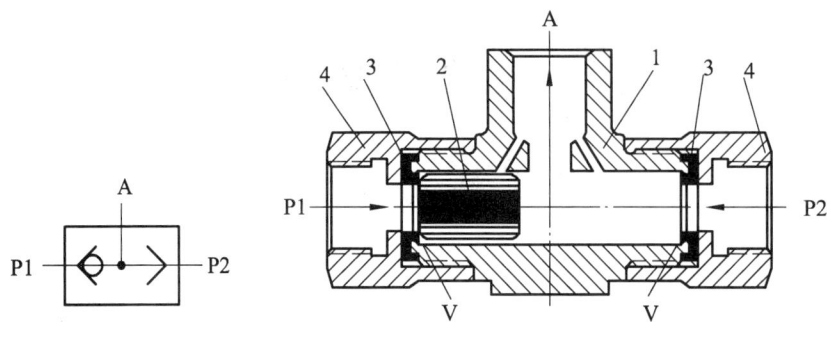

图 LF4-13 梭阀

1—阀体；2—活塞；3—密封圈；4—盖螺母；P1，P2—进气口；A—出气口；V—阀座

整定压力时，进气口截止；当进气口压力高于整定压力时，进气口连出气口。溢流阀用于悬挂系统的风源控制，整定压力为 670 kPa。其作用为：一是保证悬挂系统充风后有一个保低的压力水平，不因意外的总风丧失而受到影响；二是系统初充风时优先供给其他系统的用风（直到总风压力高于 670 kPa）；三是当运行过程中发生空气弹簧气囊破裂时使总风不至于无限制排放；四是在总风系统无风的情况下进行地板调平操作（如落车后的调平）时，可直接从空气悬挂风缸处向悬挂系统充风，做到高效节能。溢流阀在制动控制模块中的位置如图 LF4-9 所示。

五、转向架截断塞门及其他辅助部件

转向架截断塞门安装在客室内座椅下，如图 LF4-14 和图 LF4-15 所示，每车配有两个截断塞门，分别控制制动模块中制动风缸到转向架附件两个 EP2002 阀的气源通路，用来切断相应转向架的空气制动。

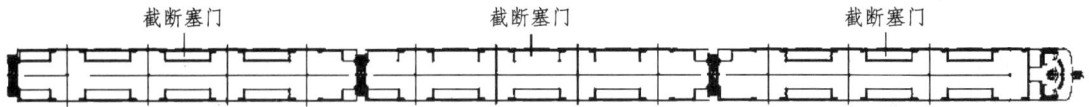

图 LF4-14 截断塞门的安装位置

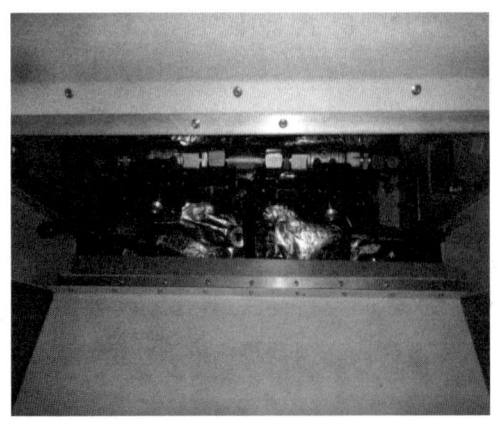

图 LF4-15 截断塞门

注意：切除截断塞门，相应转向架的空气制动将被切除，截断塞门只能由检修人员来操作，如果在正线运行时需要进行操作该阀（如在紧急情况下），司机只有在获得许可的情况下才能进行操作。

在所有负载情况下（AW0~AW3），当多个转向架截断塞门关闭时，采用以下速度限值：

一个转向架截断塞门切除，列车限速 85 km/h；

两个转向架截断塞门切除，列车限速 75 km/h；

三个转向架截断塞门切除，列车限速 60 km/h；

更多转向架截断塞门切除，列车不允许动车。

停放制动手动缓解装置如图 LF4-16 所示。

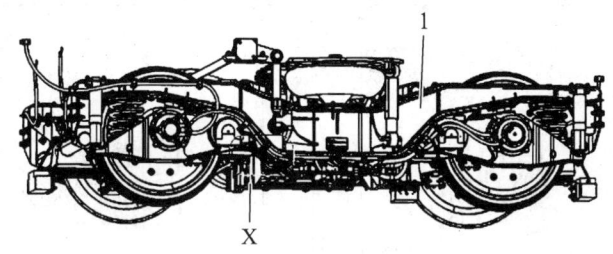

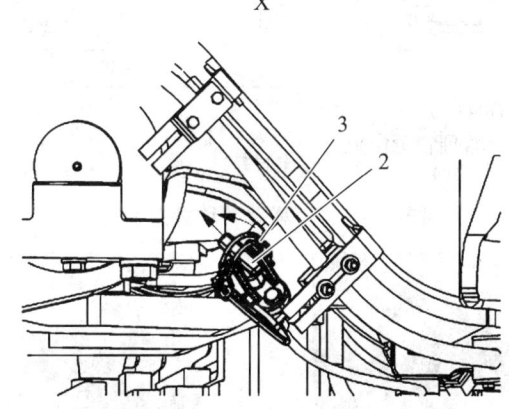

图 LF4-16 停放制动手动缓解装置

1—拖车转向架；2—紧急停车制动遥控杆；3—控制杆罩

为保证列车安全停放在 3.5‰ 的坡度上，即使列车已经处于静止状态，也仅允许限定数量的转向架截断塞门隔离或手动缓解停放制动缸。

限定情况如下：

列车处于 AW0 负载状态：最多 6 个转向架同时隔离；

列车处于 AW2 负载状态：最多 4 个转向架同时隔离；

列车处于 AW3 负载状态：最多 3 个转向架同时隔离。

如果由于不可避免的原因必须超过以上限值时，可通过保压制动或紧急制动在短时间内保持列车车轮不滚动。如果不能保证长时间供风或足够的列车制动缸压力，必须采用其他方法使列车处于停车状态（如轮轨间加止动靴等）。

六、基础制动装置-C组

基础制动装置是空气制动系统制动模式的执行机构。基础制动装置采用轮盘制动的方式，包括作用于每根轴上的带停放制动的制动夹钳单元和不带停放制动的制动夹钳单元及轮装盘，如图 LF4-17 和图 LF4-18 所示。轮盘制动单元中的弹簧施加部分作为停放制动执行机构，并具有机械辅助缓解装置，机械辅助缓解装置在第一次充风后自动复位，机械缓解装置靠停放制动缓解拉环操作，缓解拉环安装在转向架构架外侧，并通过拉线与机械辅助缓解装置连接。

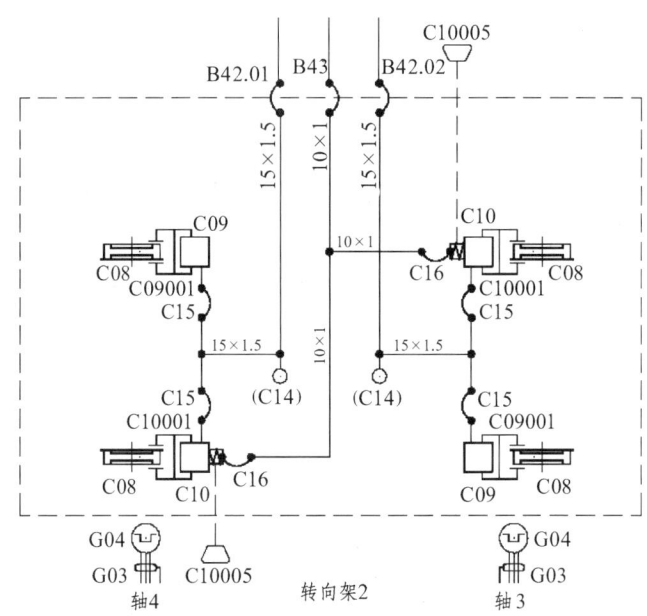

图 LF4-17 基础制动装置简图

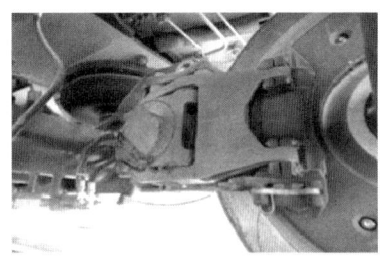

（a）带停放制动

（b）不带停放制动

（c）手动缓解装置

图 LF4-18 基础制动装置

七、车轮防滑装置-G 组

制动系统在任何制动方式下都有防滑保护功能,机械(空气制动)和电气(电制动)均有各自独立的防滑控制。空气制动车轮防滑保护系统采用轴控防滑方式,包括防滑阀、测速齿轮、速度传感器、防滑电子控制单元。防滑电子控制单元和防滑阀都集成在 EP2002 阀内。车辆每根车轴上均安装有测速齿轮及速度传感器。车轮的实际速度由速度传感器检测并传递到 EP2002 阀。EP2002 阀通过各轴速度及减速度和标准速度进行比较,并根据比较结果减少摩擦制动力。

八、空气悬挂装置-L 组

空气悬挂的供给装置集成在制动控制模块,如图 LF4-19 和图 LF4-20 所示。来自主风缸管道的压力空气通过空气过滤器和溢流阀进入容量为 100 L 的空气悬挂风缸中,空气悬挂风缸中的压缩空气经过截止阀、减压阀通过高度控制阀提供给转向架的空气弹簧。空气弹簧中的压缩空气用来吸收车辆的振动和冲击,控制车辆地板面高度及水平度,同时为制动及牵引系统提供可变载荷信号。

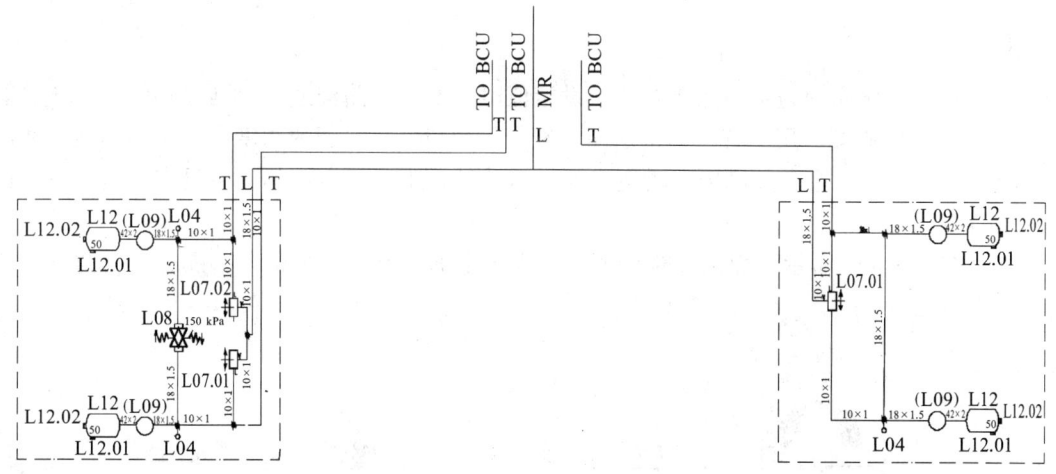

图 LF4-19 空气悬挂装置气路图

每个转向架配有两个空气弹簧。Ⅰ端转向架上的两个空气弹簧分别被相应的高度阀控制,Ⅱ端转向架上的两个空气弹簧被一个高度阀控制。每个空气弹簧带有一个空气弹簧辅助风缸。安装在车体上的高度阀通过一个长度可调节的连接杆与转向架相连。根据车体与转向架构架的相对运动,一定比例的空气通过高度阀的作用进入或排出空气弹簧,使车体保持在一定高度。空气悬挂系统带有一个三点调平控制系统。

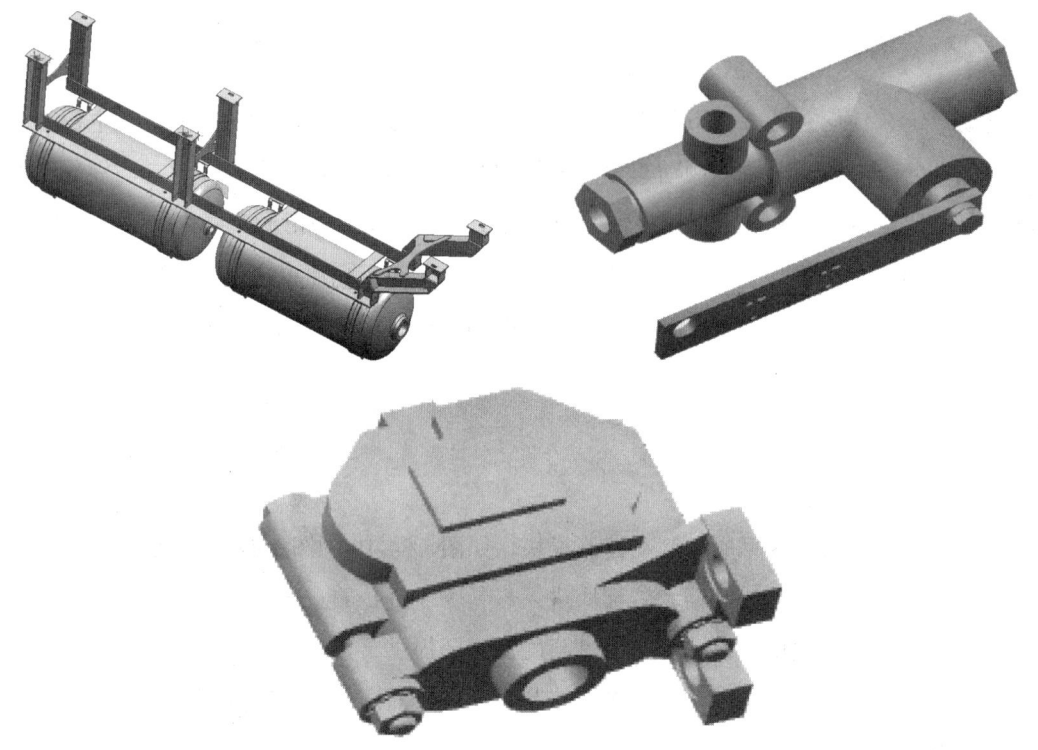

图 LF4-20　空气悬挂装置

1. 压差阀

压差阀的工作原理为：两侧压差高于设定值时，两端气路沟通；否则互相隔离。压差阀 L08 设于两高度阀端，用于有条件沟通两高度阀的出口，既保证两高度阀控制的不同气囊间压差不至于过大，又避免加剧因振动造成的气压波动。压差阀 L08 的压力设定值是 150 kPa，如图 LF4-21 所示。

如果图 LF4-21 所示下面的空簧压力信号大于上面的空簧压力信号，那么压力空气的流向如图 LF4-22 所示。

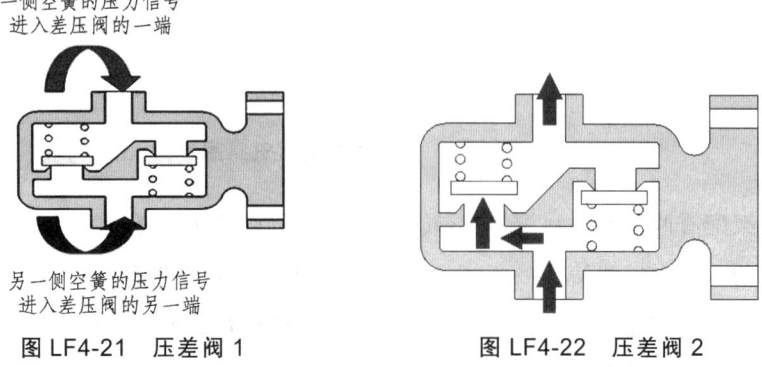

图 LF4-21　压差阀 1　　　　图 LF4-22　压差阀 2

2. 高度调节阀

高度调节阀如图 LF4-23 所示。

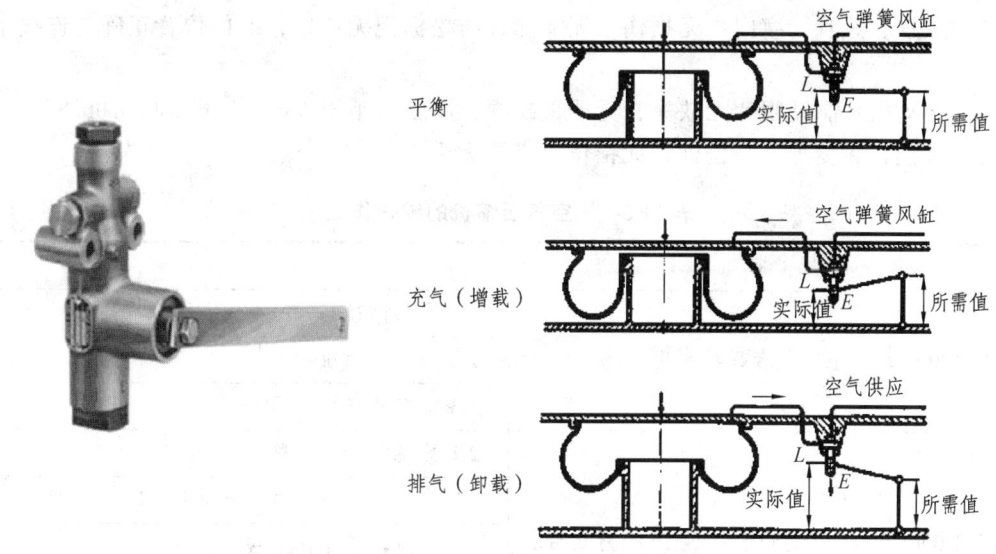

图 LF4-23　高度调节阀及其工作过程

九、车钩操作装置-W 组

车钩操纵装置包括空气软管（W07，W09）、解钩电磁阀（W06）和手动阀（W08），如图 LF4-24 所示。Tc 车上的电磁阀（W06）和空气软管（W07）用于全自动车钩联挂和解钩操作。M2 车上的手动阀（W08）和空气软管（W09）用于半自动车钩联挂和解钩操作。

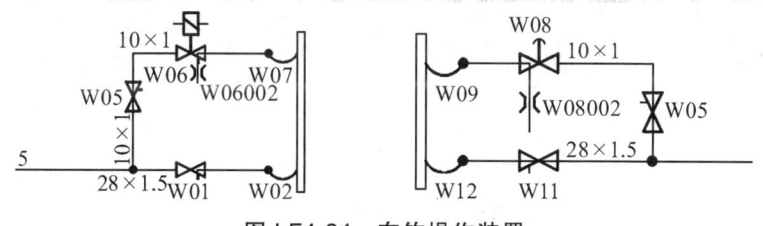

图 LF4-24　车钩操作装置

子模块 LF5　维护信息

空气压缩机的维护作业如表 LF5-1 所示。
制动系统各器件维护信息如下：
EP2002：外观正常，密封条无异常，所有测试口封闭，航空插头安装可靠，管路色标无错位。
高度调节阀及调节杆：无变形，防松标记无错位，开口销无断裂、无丢失，高度调节杆转动灵活，高度调节阀无漏气现象。
空压机单元及空气干燥器：无损伤，紧固螺栓防松标记无错位，弹性固定件无裂纹，工作状态正常；无漏油且油位正常，无乳化。

各类风缸、风管、塞门：无损伤，无泄漏，防松标记无错位，塞门位置正确，连接牢固可靠。

单元制动机：制动闸片无缺失，无严重缺损，厚度不小于 5 mm；单元制动机外观正常，橡胶套无破损，无变形，防松标记无错位，卡簧无丢失。

表 LF5-1　空气压缩机的维护作业

周　期	维护作业内容
1. 每 100 个运行小时或者每月一次	1.1 油位检查
	1.2 必要时加油
	1.3 检查真空指示器
2. 每 1 000 个运行小时或者最迟 12 个月之后	2.1 更换空气滤清器
	2.2 清洁气缸冷却器和散热片
	2.3 目视检查弹性支座 橡胶件：当有裂缝或脆化时予以更换 钢丝弹簧件：出现断裂时更换相应的钢丝
3. 每 2 000 个运行小时或者最迟 12 个月之后	3.1 换油
	3.2 在第一个 100 运行小时时第一次换油
4. 拆卸及装配之后	4.1 试运行
5. 每 12 000 个运行小时	5.1 整个压缩机组的彻底维修

分模块 LG 转向架系统

昆明地铁首期工程项目采用 ZMA120-A 型转向架，ZMA120-A 型转向架是株洲电力机车有限公司在引进西门子 SF2500 型转向架的基础上，进行全面国产化的转向架。该转向架最大轴重为 14 t，最高运行速度为 100 km/h，设计构造速度为 110 km/h。

该转向架的特点如下：
（1）最高运营速度为 100 km/h 的 B 型地铁转向架；
（2）构架横梁采用圆管结构，结构相对简单；
（3）电机采用弹性悬挂方式支撑在构架上，电机的防脱落方式可靠；
（4）基础制动装置采用轮盘制动，满足较高速度的城轨车辆的制动要求；
（5）抗侧滚扭杆布置在车体的底架下方，有利于降低转向架的质量；
（6）牵引装置采用单牵引杆，结构简单，免维护。

子模块 LG1 转向架的组成结构

（1）构架采用"H"形、无摇枕全焊接结构；
（2）轴箱轴承采用免维护的整体式圆锥滚子轴承；
（3）驱动装置由电机、联轴节、齿轮箱等组成；
（4）牵引电机架悬在构架横梁上，每个动车转向架反对称地布置两台牵引电机；
（5）基础制动装置采用轮盘制动；
（6）采用两系悬挂系统：一系悬挂采用螺旋钢弹簧加一系垂向减振器，二系悬挂采用空气弹簧结构；
（7）牵引装置采用单牵引拉杆推挽式结构。

转向架主要技术参数如表 LG1-1 所示。

表 LG1-1 转向架主要技术参数

参　数	数　值
轴式	动车：B0-B0；拖车：2-2
轨距/mm	1 435
轴距/mm	2 300
构造速度/(km/h)	110
最大运营速度/(km/h)	100

续表 LG1-1

参　数		数　值
转向架中心距/mm		12 600
轴重/t		14
车轮滚动圆直径	新轮/mm	841～840
	全磨耗/mm	770
轮对内侧距/mm		1 353
车轮踏面		DIN 5573 磨耗型踏面
一系垂向止挡间隙/mm		37±3
二系弹簧充气高度/mm		25
二系横向止挡间隙/mm		40（其中自由间隙 15 mm，弹性间隙 25 mm）
空气弹簧上表面距轨面高/mm		894
抗侧滚扭杆装置抗侧滚刚度/(MN·m/r)		2.5

转向架布置图如图 LG1-1 所示。

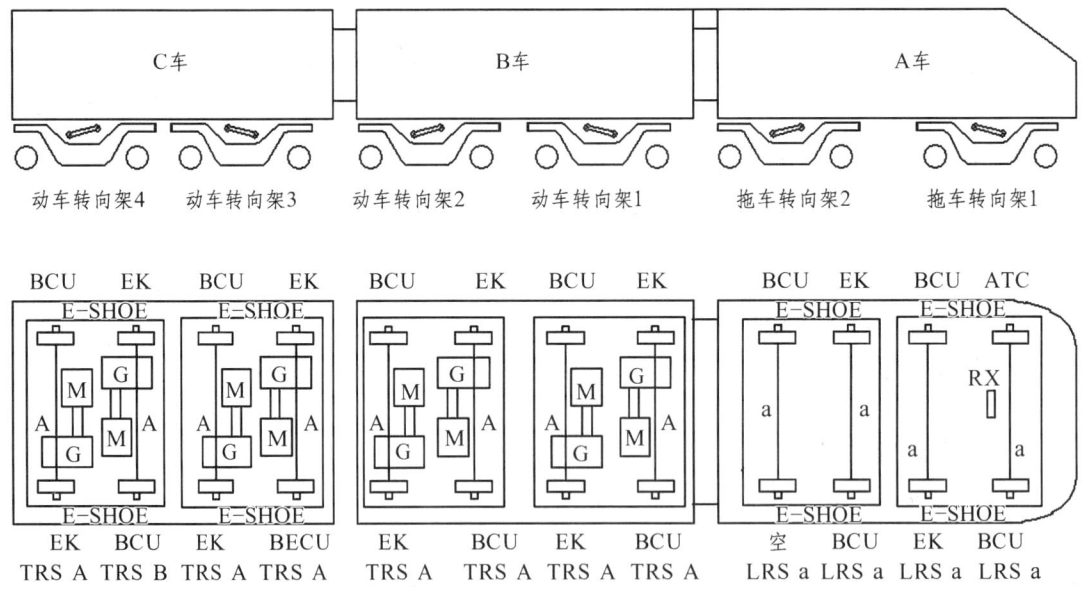

图 LG1-1　转向架布置图

TRS—驱动轮对；M—电机；ATC—ATC 测速传感器；LRS—拖车轮对；G—齿轮箱；EK—接地装置；BCU—BCU 速度传感器；RX—信标天线；E-SHOE—受流器

子模块 LG2　转向架的作用

转向架相对车体可自由回转，使较长的车辆能自由通过小半径曲线，减少运行阻力与噪声，提高运行速度；安装了弹簧减振装置，保证车辆具有良好的动力性能和运行品质；支承车体，承受并传递从车体至轮轨的各种载荷及作用力，使各轴重均匀分配；安装了牵引电机及减速装置，提供动力，驱动轮对（或车轮），使车辆沿着轨道运行。

子模块 LG3 转向架的分类

由于转向架的用途不同，运行条件差异，对转向架的性能、结构、参数和采用的材料及工艺等提出了不同的要求，从而出现了多种不同的转向架。各种转向架主要的区别在于：所用车轴的类型和数目、轴箱定位的方式、弹簧装置的形式、载荷传递的方式等。

一、按车轴的类型和数目分类

车辆所用的轴型基本上可分为 B、C、D、E、F、G 6 种。车轴直径越粗，容许轴重越大，但是大容许轴重要受线路和桥梁强度标准的限制，一般货车采用 B、D、E、F、G 5 种轴型，客车采用 C、D 两种轴型。随着我国铁路的发展，其趋势是发展重载和快速运输，因此，新型货车主要运用 E 型轴，新型客车主要运用 D 型轴。按轴数分类，转向架有二轴、三轴和多轴，转向架的轴数一般根据车辆总重和每根车轴容许的轴重确定，我国大多数客货车采用二轴转向架，一些大吨位货车及公务车等采用三轴转向架，在长大重载货车上用多轴转向架或转向架群。目前，昆明地铁车辆采用的是二轴转向架，D 型轴，最大轴重 14 t。

二、按轴箱定位方式分类

约束轮对与构架之间相对运动的机构称为轴箱定位装置，它对转向架的横向动力性能、抑制蛇形运动具有决定性作用。轴箱定位装置在纵向和横向要求具有适当的弹性定位刚度值，从而避免车辆在运行速度范围内蛇形运动失稳，保证在曲线运行时具有良好的导向性能，减轻轮缘与钢轨的磨耗和噪声，确保行车安全和平稳性。轴箱定位方式可分为固定式定位、导框式定位、干摩擦导柱式定位、拉板式定位、拉杆式定位、转臂式定位、橡胶弹簧定位。

1. 固定式定位

轴箱与转向架铸成一体，或是轴箱与侧架用螺栓及其他紧固件连接成为一个整体，使得轴箱和侧架之间不能有任何相对运动，如图 LG3-1 所示。

2. 导框式定位

轴箱上有导槽，构架上有导框，构架的导框插入轴箱的导槽内，这种结构可以容许轴箱与构架之间在垂向有较大的相对位移，但在前后、左右方向仅能在容许的范围内有相对较小的位移。转 8A 转向架即采用导框式定位，如图 LG3-2 所示。

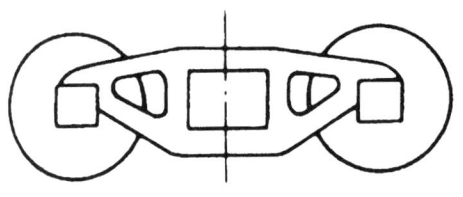
图 LG3-1 固定式定位

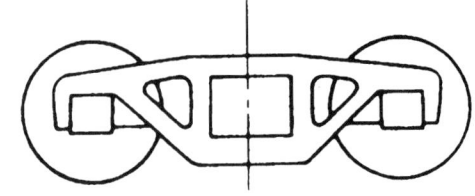
图 LG3-2 导框式定位

3. 干摩擦导柱式定位

安装在构架的导柱及坐落在轴箱弹簧托盘上的支持环均装有磨耗套，导柱插入支持环，当构架与轴箱之间发生上下运动时，两磨耗套产生干摩擦，它的定位作用是通过导柱与支持环传递纵向力和横向力，再通过轴箱橡胶垫产生不同方向的剪切变形，实现弹性定位作用。209T 转向架即采用干摩擦导柱式定位，如图 LG3-3 所示。

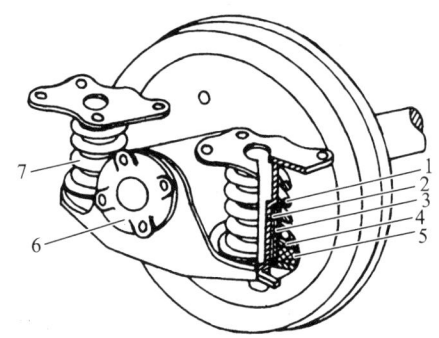

图 LG3-3 干摩擦导柱式定位

1—弹簧支柱；2—内定位套；3—外定位套；4—支持环；5—橡胶缓冲垫；6—轴箱；7—轴箱弹簧

4. 拉板式定位

用特种弹簧钢材制成的薄片定位拉板其一端与轴箱连接，另一端通过橡胶节点与构架相连，利用拉板在纵、横向的不同刚度来约束构架与轴箱的相对运动，以实现弹性定位。拉板上下弯曲刚度小，对轴箱构架上下方向的相对位移约束很小。日本东海道新干线 DT200 转向架即采用拉板式定位，如图 LG3-4 所示。

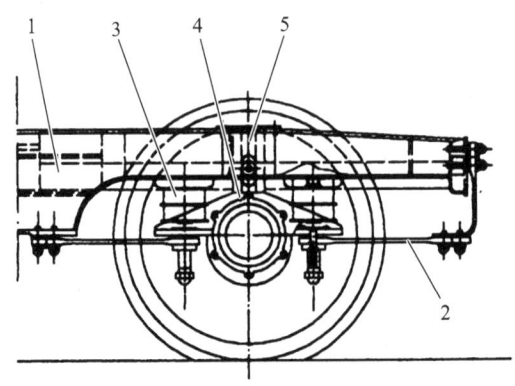

图 LG3-4 拉板式定位

1—构架；2—拉板；3—轴箱弹簧；4—轴箱；5—应急支撑

5. 拉杆式定位

拉杆的两端分别与构架和轴箱销接,拉杆两端的橡胶垫、套分别限制轴箱和构架之间的横向与纵向的相对位移,实现弹性定位。拉杆允许轴箱与构架在上下方向有相对较大的位移。机车转向架即采用拉杆式定位,如图 LG3-5 所示。

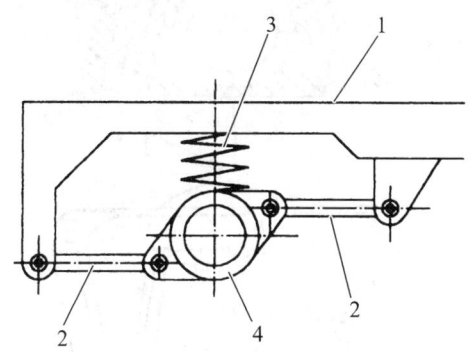

图 LG3-5 拉杆式定位

1—构架;2—拉杆;3—轴箱弹簧;4—轴箱

6. 转臂式定位

转臂式定位又称弹性铰定位,定位转臂的一端与圆筒形轴箱体固接,另一端以橡胶弹性节点与构架上的安装座相连接。弹性节点允许轴箱与构架在上下方向有较大的位移,弹性节点内的橡胶件设计成使轴箱在纵向和横向具有适宜的不同的定位刚度的要求。昆明地铁车辆转向架即采用转臂式定位,如图 LG3-6 所示。

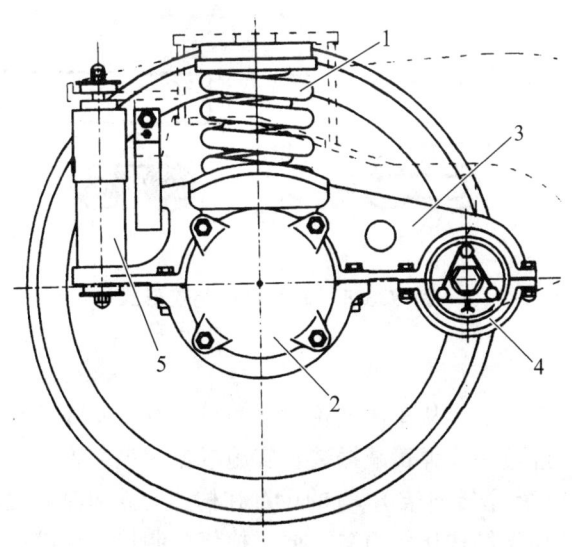

图 LG3-6 转臂式定位

1—轴箱弹簧;2—轴箱;3—轴箱转臂;4—橡胶定位关节;5—油压减振器

7. 橡胶弹簧定位

在构架与轴箱之间装设压剪型层叠式橡胶弹簧,其垂向刚度较小,使轴箱相对于构架有较大的上下方向位移，而它的纵、横向有适宜的刚度，以实现良好的定位。上海 1 号线地铁转向架即采用层叠式橡胶弹簧定位，如图 LG3-7 所示。

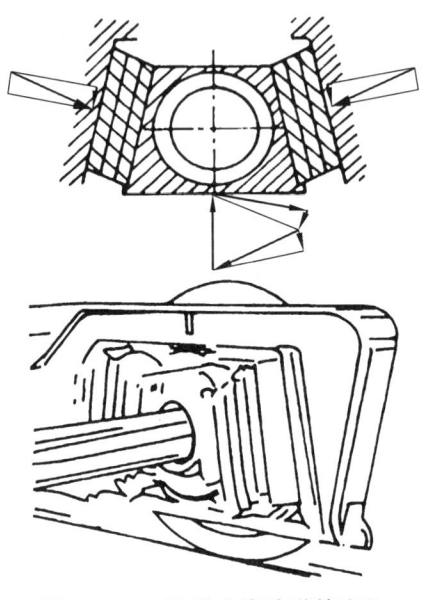

图 LG3-7　层叠式橡胶弹簧定位

三、按弹簧悬挂装置分类

按弹簧悬挂装置形式分类，转向架可分为一系悬挂转向架和二系悬挂转向架，如图 LG3-8 所示。

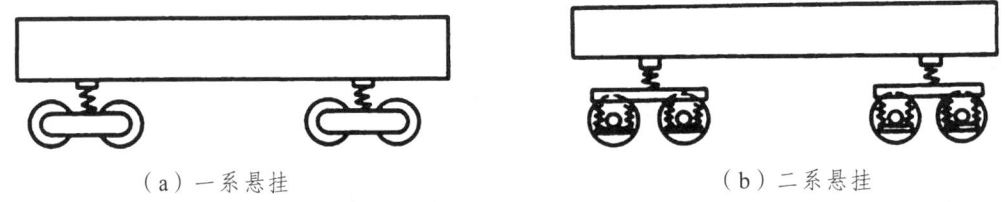

（a）一系悬挂　　　　　　　　　　（b）二系悬挂

图 LG3-8　弹簧悬挂装置形式

1. 一系悬挂

在采用一系悬挂的车辆上，从车体至轮对之间只设有一系弹簧减振装置。所谓"一系"，一般是指车体的振动只经过一次弹簧减振装置实施减振，该装置在转向架中，有的是设置在车体与构架之间（转 8A 货车转向架），有的设置在构架与轮对轴箱之间（Y25 货车转向架）。采用一系弹簧悬挂，转向架结构比较简单，便于检修，制造、成本比较低。在车体与轮对之间，只设有一系弹簧减振装置。

2. 二系悬挂

在车体与轮对之间设有二系弹簧减振装置，即在车体与构架之间设有弹簧减振装置，在构架与轮对之间设有轴箱弹簧减振装置，两者互相串联，使车体振动经历两次弹簧减振的衰减。客车转向架即采用二系悬挂。

四、按中央悬挂横向跨距分类

转向架中，摇枕弹簧横向跨距的大小对车体的倾覆稳定性影响显著，增大跨距可增加车体抗倾覆的复原力矩，提高车体在弹簧上的稳定性，根据摇枕悬挂装置中弹簧横向跨距的不同可分为内侧悬挂、外侧悬挂、中心悬挂。

（1）内侧悬挂：摇枕弹簧横向跨距小于构架两侧梁纵向中心线的距离，如图LG3-9（a）所示。

（2）外侧悬挂：摇枕弹簧横向跨距大于构架两侧梁纵向中心线的距离，如图LG3-9（b）所示。

（3）中心悬挂：摇枕弹簧横向跨距等于构架两侧梁纵向中心线的距离，如图LG3-9（c）所示。

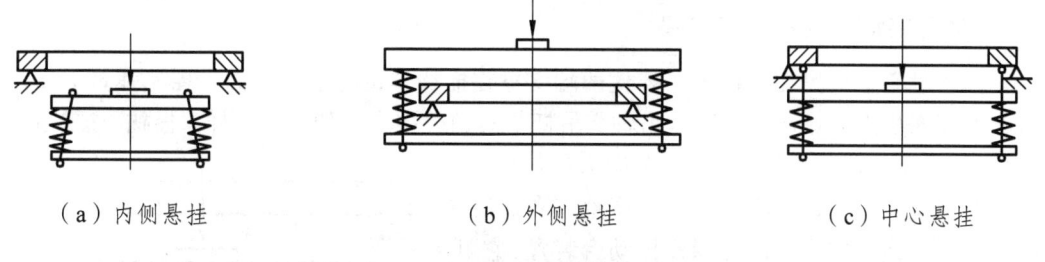

（a）内侧悬挂　　　　　　（b）外侧悬挂　　　　　　（c）中心悬挂

图 LG3-9　中央悬挂横向跨距

五、按车体与转向架之间的载荷传递（垂向载荷）分类

车体与转向架之间衔接部分的结构形式，要相互吻合组成一个整体。显然，这与载荷的传递方式密切相关，按不同的载荷及载荷的作用点可分为以下几种：心盘集中承载、非心盘集中承载、心盘部分承载，如图LG3-10所示。

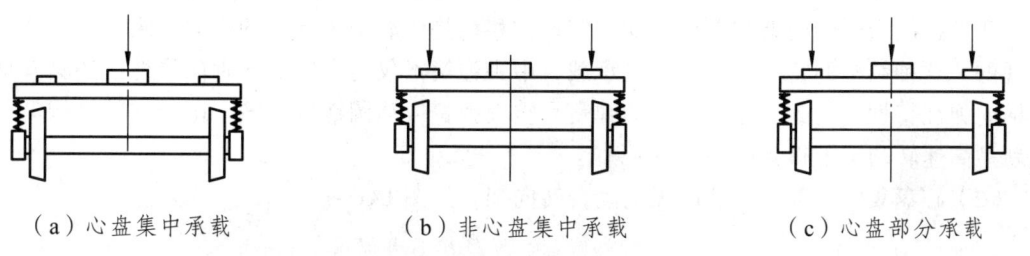

（a）心盘集中承载　　　　（b）非心盘集中承载　　　　（c）心盘部分承载

图 LG3-10　车体与转向架之间的载荷传递

1. 心盘集中承载

车体上的全部质量通过前后两个上心盘分别传递给前后转向架的两个下心盘。

2. 非心盘集中承载

该形式的转向架没有心盘装置，虽然有的转向架还有类似心盘的装置存在，但它仅作为传递纵向力及转动中心之用，而车体上的全部质量通过中央弹簧悬挂装置直接传递给转向架构架，或者通过中央弹簧悬挂装置与构架之间装设的旁承装置传递。中央弹簧悬挂装置与构架之间安装有旁承装置时，又称这种转向架为旁承承载。

3. 心盘部分承载

这种承载方式的结构是上述两种承载方式结构的组合，即车体上的质量按一定比例分配，分别传递给心盘与旁承，使之共同承载。目前，我国货车主要采用这种承载形式。

六、按转向架中央悬挂装置的载荷传递分类

按转向架中央悬挂装置的载荷传递，转向架可分为具有摇动台装置的转向架和无摇动台装置的转向架。

1. 具有摇动台装置的转向架

车体通过心盘支撑在摇枕上，摇枕两端支撑在摇枕弹簧的上支撑面，摇枕弹簧下支撑面坐落在弹簧托板上，弹簧托板通过吊轴、吊杆与吊销悬挂在构架上。这样，摇枕、摇枕弹簧、弹簧托板、吊轴与吊杆连同车体，在侧向力的作用下，可做类似钟摆的摆动，使之相对构架产生左右摆动。转向架中可以横向摆动的部分叫作摇动台装置，它具有横向弹性特性，这种结构的载荷传递特点是心盘承载后通过摇动台将载荷传递给转向架。具有摇动台装置的转向架如图 LG3-11 所示。

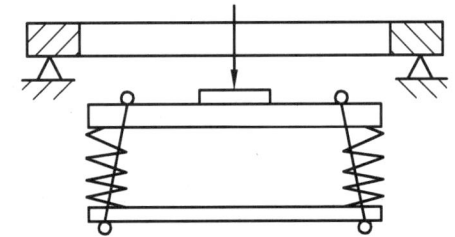

图 LG3-11　具有摇动台装置的转向架

2. 无摇动台装置的转向架

（1）非心盘承载装置的转向架，如图 LG3-12 所示。

车体直接通过中央弹簧将载荷传递给构架，没有摇动台装置。车体的左右摇动位移，以及车辆通过曲线时转向架与车体之间的转动位移均是依靠中央弹簧的横向、纵向弹性变形来实现的。这种结构的特点是无需心盘承载，中央弹簧不仅需有良好的垂向弹性，还具有良好的横向弹性特性。为此，一般采用的弹簧是空气弹簧或高圆螺旋弹簧，由于它的结构简单，在新型高速转向架上得到应用。

（2）心盘集中或部分承载的无摇动台转向架，如图 LG3-13 所示。

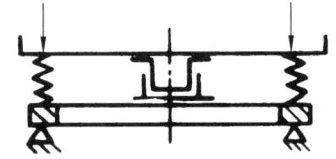

图 LG3-12　非心盘承载装置的转向架

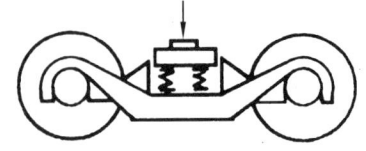

图 LG3-13　心盘集中或部分承载的无摇动台转向架

车体通过心盘或旁承坐落在摇枕上，摇枕两端坐落在左右摇枕弹簧上，左右摇枕弹簧又直接坐落在构架的两个侧梁上，这种转向架设有摇枕弹簧装置，但无摇动台结构。三大件式的转向架都是这种承载方式。

（3）车体通过心盘或旁承支撑在构架上，构架直接坐落在轴箱弹簧上，车体与构架之间没有弹簧减振装置，整体焊接构架货车转向架采用这种结构方式。

七、按铰接式车体与转向架的连接方式分类

铰接式车体转向架与车体的连接，要保证相邻两车体端部彼此连接传递垂直、纵向和横向载荷，又能保证车体两端在通过曲线时能彼此相对转动（垂向和横向）。

1. 具有双排球型转盘的铰接转向架

两相邻的车体一端支于内盘，另一端支于外盘，转动盘通过摇枕弹簧与构架相连，构架坐落在轮对的两轴箱弹簧上，如图 LG3-14 所示。垂直载荷由转盘经摇枕、摇枕弹簧、构架、轴箱弹簧传递给轮对。纵向牵引力与冲击力通过内外转盘传递，通过曲线时，相邻两车体可绕转盘彼此回转。

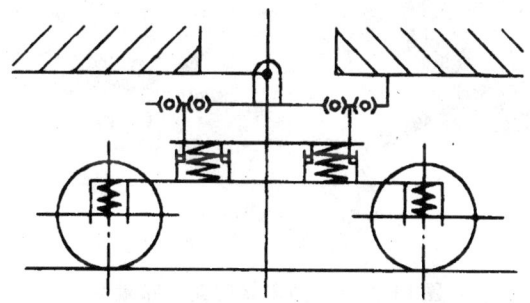

图 LG3-14 具有双排球型转盘的铰接转向架

2. TGV 高速列车的铰接结构

列车的中间车一端为支承端，另一端为铰接端，支承端车体端墙的两侧设有空气弹簧承台，中央设有下球心盘座，车体的载荷经弹簧承台至空气弹簧，再到构架。相邻铰接端车体端墙的中央设有上球心盘，搭接于相邻车体支承端的中央下心盘上，车体的一半质量经心盘传至支承端，两车辆之间的纵向力也通过心盘传递。

八、按驱动装置分类

按驱动装置分类，转向架可分为动车转向架和拖车转向架，动车转向架含牵引驱动装置，如图 LG3-15 所示。拖车转向架含 ATC 接收装置，如图 LG3-16 所示。

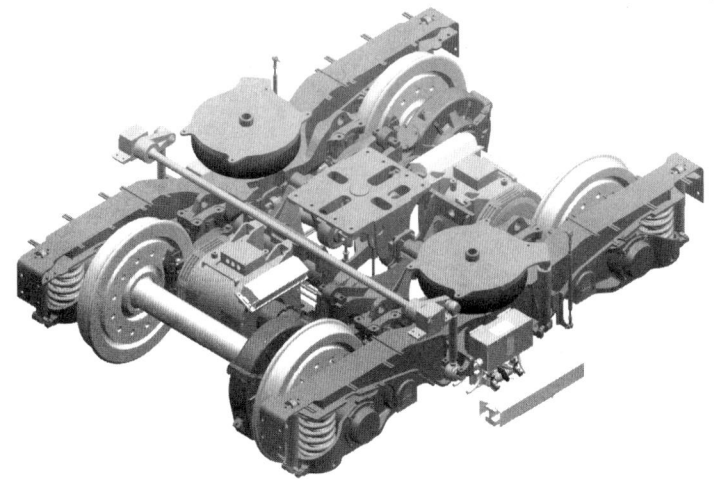

图 LG3-15　动车转向架 3 布置图

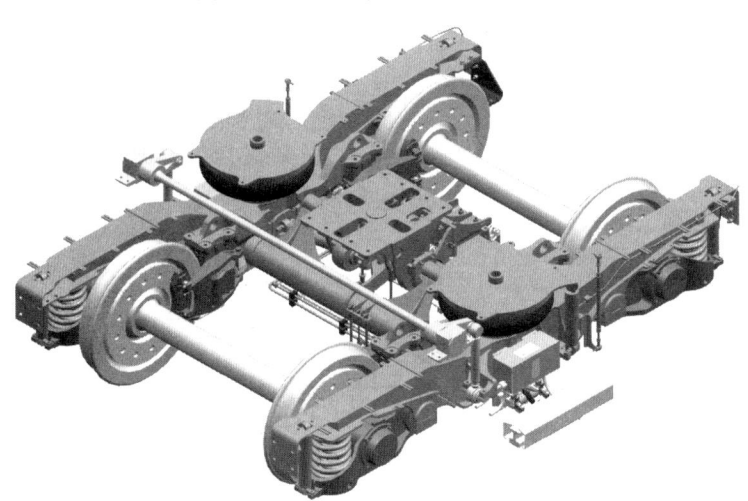

图 LE3-16　拖车转向架 1 布置图

子模块 LG4　转向架各主要部件

转向架主要包含以下部件：
① 构架；
② 轮对轴箱装置；
③ 驱动装置（仅动车有，包括联轴节、齿轮箱等）；
④ 基础制动装置；
⑤ 一系悬挂装置；
⑥ 二系悬挂装置；
⑦ 牵引装置；
⑧ 抗侧滚扭杆装置；

⑨ 轮缘润滑装置（仅前 12 列车的司机室端有）；

⑩ 信标天线（仅拖车转向架 1 有）；

⑪ 整体起吊装置；

⑫ 布线、布管。

拖车转向架可分为拖车 1 转向架、拖车 2 转向架。动车转向架可分为动车 1 转向架、动车 2 转向架、动车 3 转向架、动车 4 转向架，为保证转向架的互换性，同一种类的转向架可进行互换。这 6 种转向架的特点如表 LG4-1 所示。

表 LG4-1　转向架的特点

序号	项点	拖车转向架1	拖车转向架2	动车转向架1	动车转向架2	动车转向架3	动车转向架4
1	构架	拖车构架	拖车构架	动车构架	动车构架	动车构架	动车构架
2	车轴	拖车车轴	拖车车轴	动车车轴	动车车轴	动车车轴	动车车轴
3	驱动装置	无	无	有	有	有	有
4	电机附件	无	无	有	有	有	有
5	高度调节阀	2 阀	1 阀	2 阀	1 阀	2 阀	1 阀
6	受流器	2 套	2 套	无	无	2 套	2 套
7	轮缘润滑	前 12 列安装	无	无	无	无	无
8	轴端接地	第二轴	第三轴	每轴	每轴	每轴	每轴
9	信标天线	有	无	无	无	无	无
10	ATC 转速计	第一轴	无	无	无	无	无

一、构　架

1. 构架的作用

构架是转向架的受力骨架，是用以联系转向架各组成部分和转递各方向力的基础载体，车体的静态及动态载荷通过转向架构架传递到轮对上。要求构架的使用期超过 30 年。

2. 构架的结构特点

转向架构架主体结构为"H"形结构，由两根侧梁和横梁拼焊而成，侧梁和横梁形成一个封闭的箱形截面，在箱形截面内部有加强筋板，从而使构架具有最优的强度-质量比。

① 由两根侧梁和一根中间横梁焊接成无摇枕的"H"形结构；

② 采用低合金高强度钢板；

③ 构架的焊接按照 EN 15085 焊接体系的要求进行；

④ 动车转向架构架之间可互换，拖车转向架构架间也可互换。

3. 构架的主要功能

① 传递牵引力、制动力；

② 承担来自车体的垂向、横向载荷；
③ 悬挂牵引电机；
④ 吊挂齿轮箱；
⑤ 安装基础制动单元；
⑥ 安装其他相关部件。

动车转向架构架和拖车转向架构架结构基本相同，如图 LG4-1 和图 LG4-2 所示，不同之处在于拖车转向架构架横梁上没有电机吊挂座和齿轮箱吊挂座，取而代之的是 ATC 天线吊挂座。

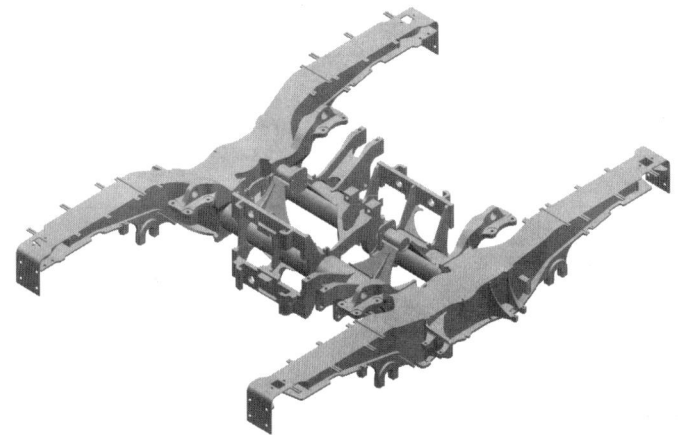

图 LG4-1　动车转向架构架

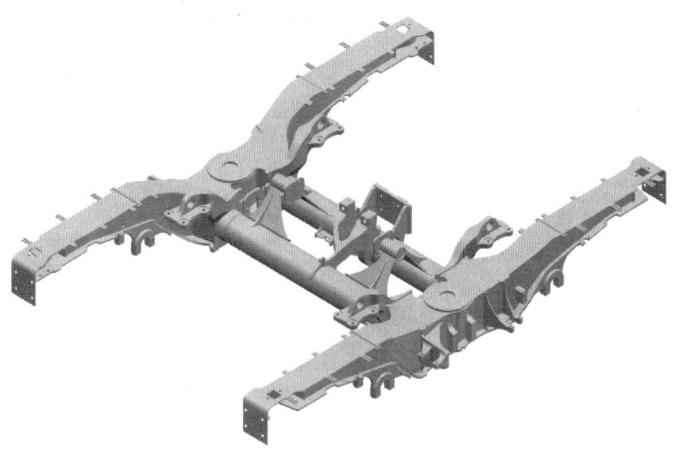

图 LG4-2　拖车转向架构架

二、轮对轴箱装置

昆明地铁车辆轮对分动车轮对和拖车轮对，如图 LG4-3 所示。

1. 轮对的基本功能

（1）动车轮对满足以下基本功能：
① 承受所有的静态和动态载荷；

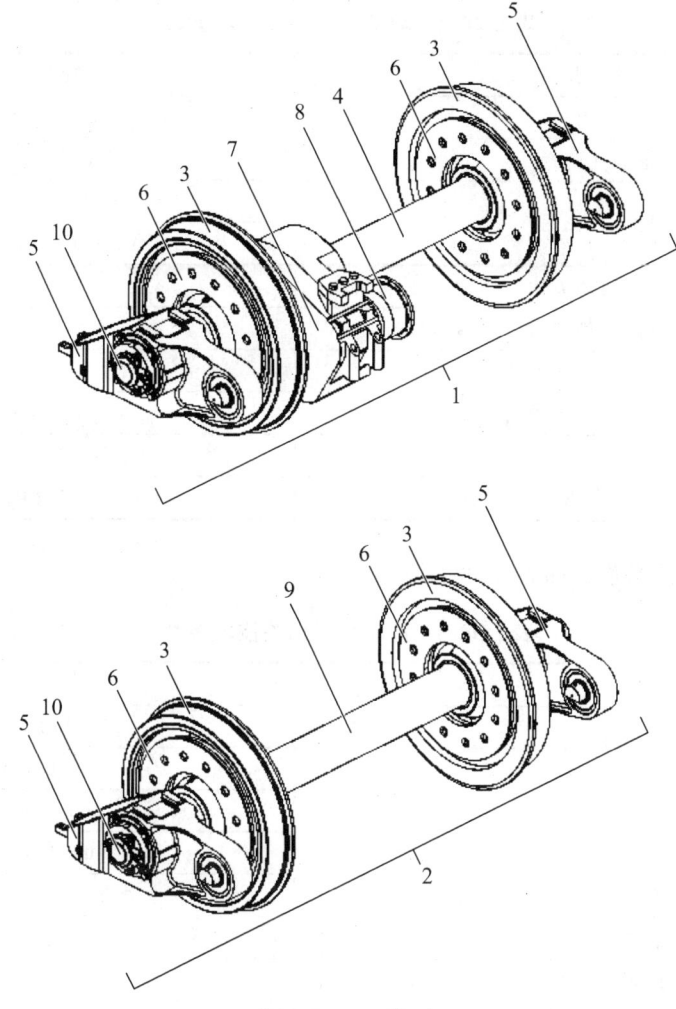

图 LG4-3 轮对

1—动车轮对；2—拖车轮对；3—车轮；4—动车车轴；5—轴箱；6—装在车轮上的制动盘；
7—齿轮箱；8—半个齿轮联轴节；9—拖车车轴；10—接地装置

② 为车辆在轨道上导向；
③ 传递制动力；
④ 将牵引单元的牵引力传递给轨道（通过齿轮和联轴节）；
⑤ 为接地回流提供一个确定的路径。
（2）拖车轮对满足以下基本功能：
① 承受所有的静态和动态载荷；
② 为车辆在轨道上导向；
③ 传递制动力；
④ 为接地回流提供一个确定的路径。

2. 相关技术参数

动车轮对相关技术参数如表 LG4-2 所示。

表 LG4-2 动车轮对相关技术参数

参　数	数　值
新轮轮径	$\phi 840^{+1}_{0}$ mm
全磨耗轮径	$\phi 770$ mm
轮对内侧距	$1\,353^{+2.5}_{+1}$ mm（自由状态）
	$1\,353^{+2}_{0}$ mm（AW0 状态）
同一轮对上两个车轮之间的最大轮径差（新轮对）	0.5 mm
整体车轮质量	303.5 kg
整体车轮材料	ER9（EN 13262）
动车车轴质量	430 kg
动车车轴材料	EA1N（EN 13261）
动车轮对质量（车轴、车轮、制动盘和齿轮箱）	1 552 kg

拖车轮对相关技术参数如表 LG4-3 所示。

表 LG4-3 拖车轮对相关技术参数

参　数	数　值
新轮轮径	$\phi 840^{+1}_{0}$ mm
全磨耗轮径	$\phi 770$ mm
轮对内侧距	$1\,353^{+2.5}_{+1}$ mm（自由状态）
	$1\,353^{+2}_{0}$ mm（AW0 状态）
同一轮对上两个车轮之间的最大轮径差（新轮对）	0.5 mm
整体车轮质量	303.5 kg
整体车轮材料	ER9（EN 13262）
拖车车轴质量	400 kg
拖车车轴材料	EA1N（EN 13261）
拖车轮对质量（车轴、车轮和制动盘）	1 214 kg

3. 车轮结构及各部名称

车轮结构如图 LG4-4 所示。

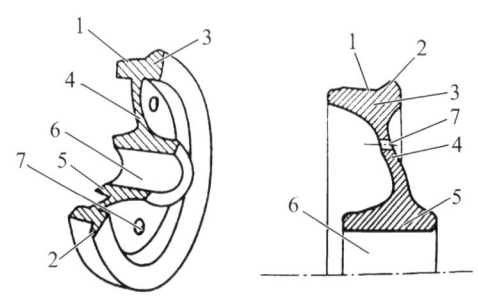

图 LG4-4　车轮结构

1—踏面；2—轮缘；3—轮辋；4—辐板；5—轮毂；6—轮毂孔；7—辐板孔

4. 车轮踏面的组成结构

车轮踏面如图 LG4-5 所示。

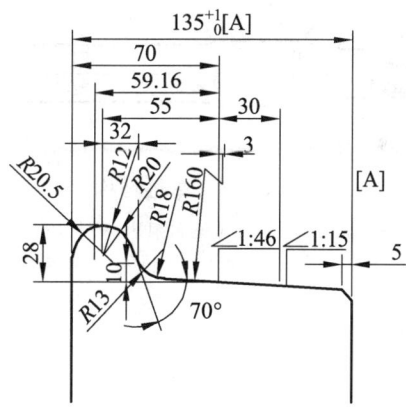

图 LG4-5 车轮踏面

5. 轮缘高、轮缘厚、qR 值

轮缘踏面外形如图 LG4-6 所示。

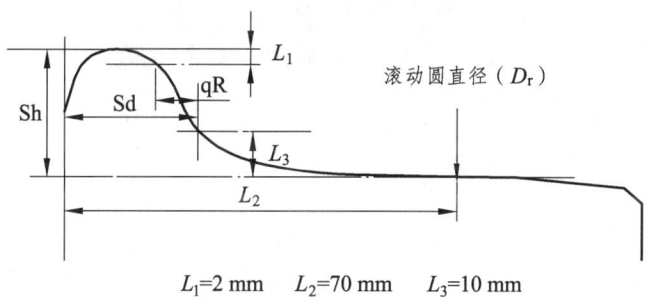

L_1=2 mm　　L_2=70 mm　　L_3=10 mm

图 LG4-6 轮缘踏面外形

轮缘高度：即 Sh，是指从车轮轮缘顶部到踏面基准线的距离。

轮缘厚度：即 Sd，是指从踏面基准线向上 10 mm（L_3）引一条垂线与车轮轮辋内侧端面之间的水平距离。

qR 值：也叫轮缘综合值。它的定义为滚动圆踏面基准线向上 10 mm 引一条垂线与轮缘内侧有一交点，轮缘顶部向下 2 mm（L_1）引一条垂线与轮缘内侧有一交点，这两个交点之间的水平距离即为 qR 值。

6. 对车轮轮径差的要求

车辆在运用时一个重要的要求就是提高车辆抗蛇行运动的临界速度，这对于车辆提速运行有着至关重要的意义。同一轮对上两个车轮直径差过大，将使轮对在运行中相对于转向架不正位，偏向一侧运行，增加了轮对产生蛇行运动的可能性，使得车辆会出现在低速情况下失稳的现象，对车辆提速运行存在严重的影响。

7. 车轴结构及各部名称

车轴结构如图 LG4-7 所示。

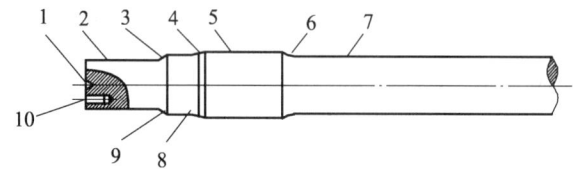

图 LG4-7 车轴结构

1—中心孔；2—轴颈；3—轴颈后肩；4—轮座前肩；5—轮座；6—轮座后肩；7—轴身；8—防尘板座；9—御荷槽；10—轴端螺栓孔

8. 轴箱体结构及各部名称

轴箱体结构如图 LG4-8 所示。

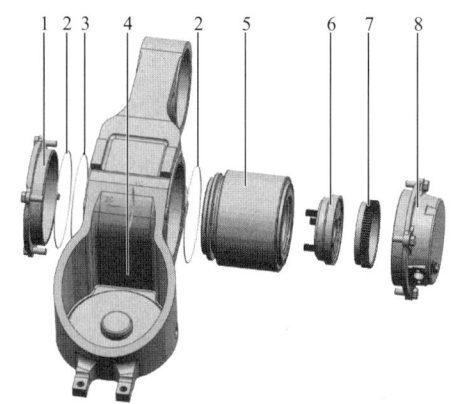

图 LG4-8 轴箱体结构

1—前端盖；2—O 形密封圈 215 mm×3.8 mm；3—O 形密封圈 210 mm×3.8 mm；4—轴箱体；5—CTBU；6—轴端盖；7—测速齿轮；8—外端盖

9. 轴箱及各部名称

轴箱及各部名称如图 LG4-9 所示。

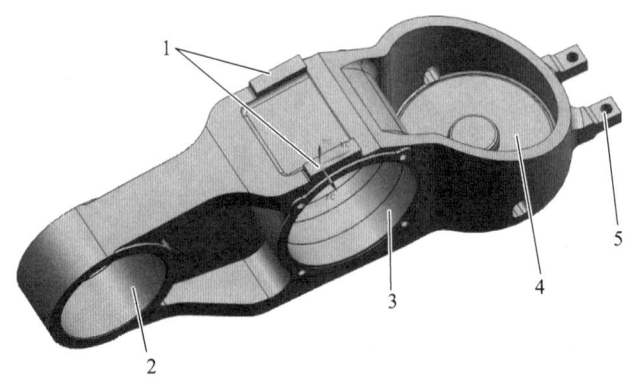

图 LG4-9 轴箱

1—垂向止挡；2—转臂橡胶关节座；3—轴承座；4—一系弹簧座孔；5—垂向减振器座

10. 外端盖的结构和种类

外端盖的结构和种类如图 LG4-10 所示。

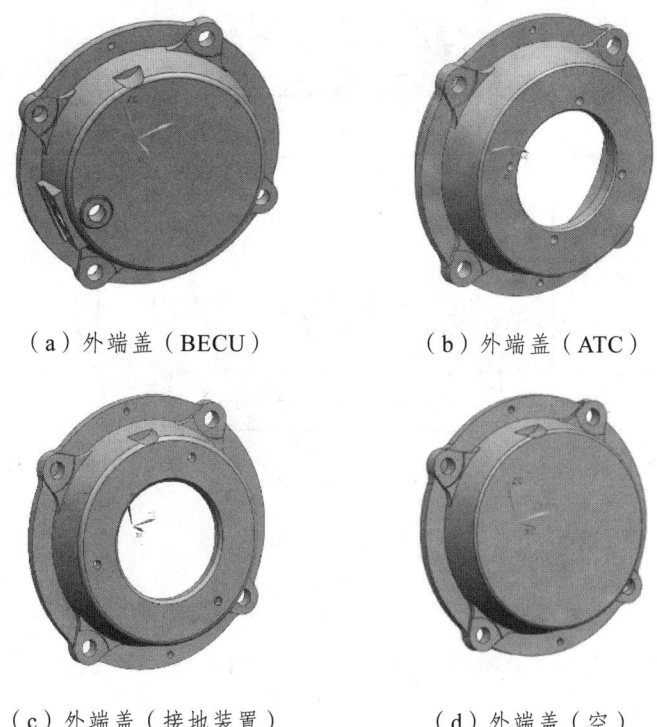

（a）外端盖（BECU）　　　（b）外端盖（ATC）

（c）外端盖（接地装置）　　（d）外端盖（空）

图 LG4-10　外端盖

11. CTBU 的组成

CTBU 为整体式免维护圆锥滚子轴承。CTBU 由轴承、润滑脂、密封系统等几部分组成，如图 LG4-11 所示。

12. 转臂式轴箱定位装置的特点

转臂式轴箱定位装置无磨耗，利于维护；能实现不同的纵向和横向定位刚度，从而有效地抑制转向架的蛇形运动，以满足车辆横向运动性能的要求；由于转臂式是单侧式，轴箱弹簧布置在轴箱顶部，所以可将单向轴箱油压减振器设置在另一侧（靠近构架侧梁外端部分），这样便于减振器的安装，又可缩短构架长度。

13. 城市轨道车辆轴承外观缺陷术语及程度分类

（1）麻点。

定义：零件表面呈分散或集群状的细小坑点。

形态特征：呈黑色针孔状凹坑；有一定深度；个别存在或密集分布。

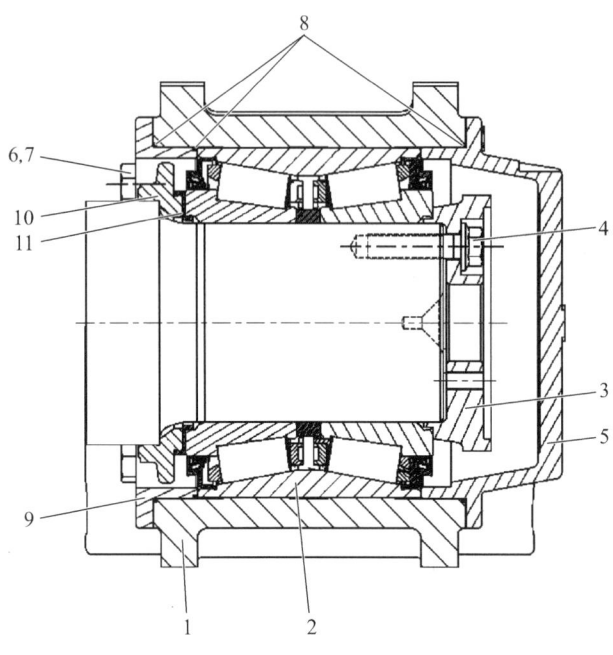

图 LG4-11　CTBU 的组成

1—轴箱体；2—CTBU；3—轴端盖；4—防松螺栓；5—外端盖；6—六角螺栓 M16×45；
7—锁紧垫圈 VS16；8—O 形密封圈；9—前端盖；10，11—定距环

部位：多出现在轴承内、外圈滚道面和滚子滚动面上，也出现在滚子球基面或内圈滚子引导面上。

原因分析：① 金属表面疲劳。在滚动接触应力的循环作用下，在金属亚表层形成微观裂纹，并逐渐发展成凹坑状的微小剥离。② 金属的亚表层存在夹杂物或大颗粒碳化物，形成应力集中，过早产生微观裂纹并逐渐形成剥离。③ 装配不当或润滑不良。

（2）碾皮。

定义：零件表面由于疲劳而发生极薄的金属起皮现象。

形态特征：在呈不规则形状的一定面积上产生极薄的表面起皮或脱落；一般有手感；碾皮后的金属表面失去原有的光泽。

部位：轴承内、外圈滚道面和滚子滚动面，尤以滚子滚动面上最为常见。

原因分析：① 金属表面早期疲劳。由于滚动接触应力和滑动摩擦应力的作用而产生的极浅层的疲劳剥离。② 材质的热处理不良。③ 润滑不良。

（3）剥离。

定义：零件表面在高接触应力的循环作用下产生金属片状剥落现象。

形态特征：具有一定的深度和面积；表面呈凹凸不平的鳞片状；具有尖锐的沟角，通常呈现疲劳扩展特征的海滩状条纹。

部位：轴承内、外圈滚道面和滚子滚动面。

原因分析：① 过载应力作用。② 材质不良或热处理不当。③ 润滑不良。④ 装配不当。

（4）擦伤及碾堆。

定义：零件表面因滑动摩擦而产生迁移现象。当擦伤严重时，零件表面金属迁移较多，形成堆积，从而形成碾堆。

形态特征：沿滑动方向，具有一定长度和深度的表面机械性损伤。发生碾堆时，金属堆积会形成一定的高度。

部位：轴承零件工作面。

原因分析：① 轴承游离间隙过小。② 润滑不良或润滑脂中含有杂质。③ 轴向预负荷过大。

（5）烧附。

定义：零件表面的热熔性金属的黏着现象。

形态特征：金属表面黏附有被迁移的熔融性金属。

部位：轴承零件工作面。

原因分析：① 轴承游离间隙过大或过小。② 润滑脂中含有杂质。③ 擦伤严重引起急剧温升。

（6）热变色。

定义：由于温度升高致使零件表面产生氧化现象。

形态特征：变色部位局部或全部呈现淡黄色、黄色、棕红色、紫蓝色及蓝黑色。严重变色将导致表面硬度降低。在确认零件变色时，须考虑润滑脂黏附表面的影响。

部位：轴承内、外圈滚道面和滚子滚动面。

原因分析：① 润滑不良或油脂老化变质。② 游离间隙过小。③ 轴承滚动表面加工粗糙。④ 过载。

（7）腐蚀。

定义：零件表面与周围环境介质发生化学反应或电化学反应产生表面损伤现象。

形态特征：腐蚀按不同程度分为色斑、蚀刻和蚀坑。色斑：呈点状或条状，颜色呈浅灰色或红褐色，尚无深度。蚀刻：呈点状、条状或片状，颜色呈灰黑色，稍有手感。蚀坑：呈点状、条状或片状，颜色呈红褐色或黑色，手感明显。

部位：轴承零件各表面。

原因分析：① 轴承内部或润滑脂中混有水、酸、碱类物质。② 密封不良。③ 轴承在空气湿度较大的环境中工作发热，在停止运转时迅速冷却形成冷凝水而导致腐蚀。④ 清洗、组装、存放和使用不当。

（8）凹痕。

定义：轴承内混有金属或其他硬性颗粒而使零件表面产生点状或条状塑性凹陷现象。

形态特征：形状、大小不规则；有一定深度，边缘光滑，略有手感。

部位：常出现在轴承内、外圈滚道面上，也出现在滚子滚动面上。

原因分析：① 轴承清洁度不够，内部含有金属或其他杂质。② 轴承密封不良。

（9）压痕。

定义：因受较大冲击载荷作用，滚子使轴承内、外圈滚动面产生塑性凹陷。压痕不可修复。

形态特征：压痕呈条状，有深度，其中心线与滚子中心线平行，边缘光滑且与滚子轮廓相吻合。

部位：轴承内、外圈滚道面。

原因分析：① 轴承受冲击载荷的作用。② 内、外圈滚道面硬度不足。

（10）裂损。

定义：轴承零件金属连续性遭到破坏而产生损伤。

形态特征：裂纹按其损伤程度可分为裂纹和破损。裂纹：呈线状；有一定长度和深度，有时肉眼看不见，磁化后有聚粉现象。破损：零件表面有局部掉块。

部位：可发生在轴承零件的任何部位。

原因分析：① 材质不良（有夹杂物、折叠、白点等冶金缺陷）。② 热处理中渗碳或淬火不当。③ 磨削操作不当。④ 轴承受非正常冲击力。⑤ 材质疲劳。⑥ 其他缺陷诱发产生。

14. 轮对剥离的形成

列车轮对踏面剥离一般分为摩擦热剥离和应力疲劳剥离。摩擦热剥离也称掉块，它是热裂纹经受机械应力反复作用的结果，相邻的热裂纹之间裂通便引起掉块；而疲劳剥离则是由内裂纹引起的，这种内裂纹在靠近踏面不远处，是最大剪切力导致的疲劳裂纹。列车在牵引运行中，踏面受钢轨的支持力（有时是冲击力）和纵、横向蠕滑力。在这些力的反复作用下，踏面表层金属组织即产生塑性变形。表层下金属显微组织和结构发生变化，并产生很大的内应变，出现大量滑移线，形成显微裂纹。该裂纹沿最大应力方向以一定速度扩展，最后形成宏观裂纹。当遇到轨缝冲击或制动时受闸瓦力作用时即剥离掉。若踏面表层金属组织本身有缺陷，就会较早地产生剥离。

15. 车轮剥离擦伤的危害

轮对擦伤、剥离会带来许多危害。一是擦伤、剥离的轮对在运行中会不断冲击钢轨，速度越高冲击作用越大，导致轨面损伤或砸伤；二是运行中的列车在制动调速时，往往在轮对擦伤处引起再次滑行，破坏制动时列车的轮轨黏着；三是踏面擦伤、剥离引起列车运行中的强烈振动，给列车走行部质量状态带来影响；四是滚动轴承是与轮对最为紧密的部件，当轮对擦伤、凹入、剥离、缺损过限后，轴承所承受的冲击载荷和交变载荷加大，使轴承运转发生异常，从而逐步发展为保持架裂损、滚子破裂、外圈裂损等，会因导热切轴造成行车事故。

三、驱动装置（仅动车）

驱动装置是指每个动车车轴上均装有一套驱动单元，包括牵引电机、联轴节、齿轮箱、齿轮箱吊杆等。

1. 牵引电机

（1）牵引电机的功能。

将第三轨上得到的 DC 750 V 电压引入，通过 VVVF 逆变器为牵引电机提供工作电压，牵引电机为列车提供动力源，如图 LG4-12 所示。

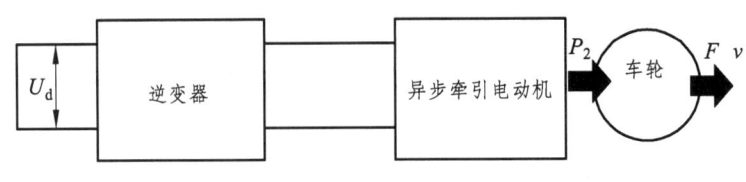

图 LG4-12　驱动装置

(2) 牵引电机的技术参数。

牵引电机的技术参数如表 LG4-4 所示。

表 LG4-4 牵引电机的技术参数

名　称	参　数
电机类型	鼠笼式三相感应电动机
供电方式	VVVF 逆变器供电
定额方式	连续制
额定功率	190 kW
接触网电压	DC 500～900 V
额定转矩	955 N·m
电机电压（基波有效值）	568 V
电机电流（基波有效值）	240 A
额定转速	1 900 r/min
额定频率	64.2 Hz
效率（基波值）	93%
绝缘等级	200 级
极　数	4 极
转　向	U-V-W 正常相序时顺时针方向旋转（从传动端看）
最高工作转速	4 364 r/min
质　量	590 kg
冷却方式	自通风
悬挂方式	全悬挂
齿轮传动比	6.333 3（95/15）
齿轮传动效率	98%

(3) 牵引电机的悬挂方式。

电机的悬挂可分为轴悬式、架悬式、全体悬式、半体悬式，如图 LG4-13 所示。目前，地铁车辆牵引电机悬挂方式采用的是架悬式。

① 轴悬式。

牵引电机一侧通过抱轴抱合在车轴上，另一侧与构架弹性连接。就垂向性能而言，大齿轮的全部质量以及牵引电机的一半质量为簧下质量。就横向性能而言，整个驱动装置均为簧下质量。

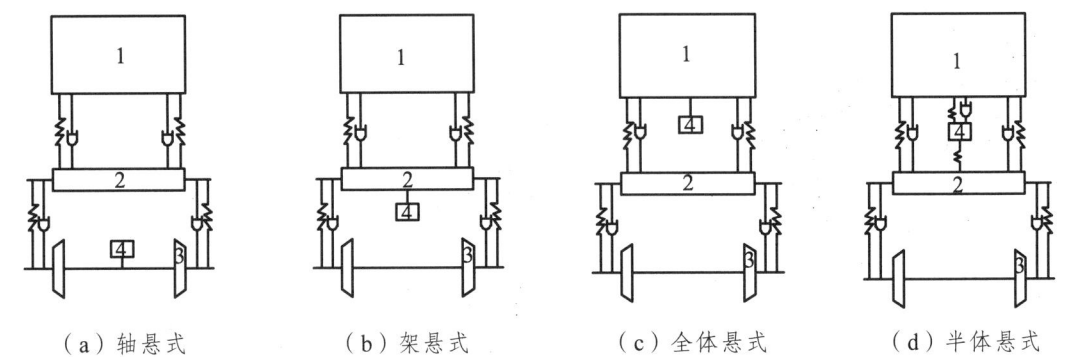

(a) 轴悬式　　　　(b) 架悬式　　　　(c) 全体悬式　　　　(d) 半体悬式

图 LG4-13　牵引电机的悬挂方式

1—车体；2—转向架；3—轮对；4—牵引电机

轴悬式的优点：结构简单，检修方便，悬挂装置成本低。

轴悬式的缺点：簧下质量大，给轨道的冲击力大。同时，轨道所产生的冲击直接传到电机上。

SS_7、DF_4 型机车等采用该悬挂方式。

② 架悬式。

牵引电机固定在转向架的构架上，牵引电机属于一系簧上质量。牵引电机两边都是通过弹性支承悬挂的，轮对传递给电动机的冲击力有所减小。电机的转矩通过联轴器传递到齿轮箱。

架悬式的优点：结构简单。

架悬式的缺点：联轴器占用较大的轴向尺寸，联轴器传递的转矩有限。

架悬式主要用于地铁、动力分散的动车上。

③ 全体悬式。

牵引电动机安装在车体底架上，弹性元件多用万向轴代替。驱动装置属于二系悬挂簧上质量。

全体悬式多用于高速动车，运行速度在 200 km/h 以上，如 TGV。

④ 半体悬式

半体悬驱动装置一侧吊在构架上，另一侧挂在车体上。驱动装置的 2/3 属于二系簧上质量。

半体悬式运行速度在 200 km/h 以上，如 ICE、中华之星。

2. 联轴节

联轴节的功能是，利用螺栓联接两凸缘盘式半联轴器，两个半联轴器分别用键与两轴联接，以实现两轴连接，传递转矩和运动，如图 LG4-14 所示。目前，昆明地铁车辆使用的联轴器是油润滑 WN 齿式联轴节，由两个半联轴节和一个连接法兰组成。齿式联轴节是不可换向的，具有扭转刚性，并且齿连接使用自动定心轮齿。扭矩传递通过一对具有渐开线齿形的外齿（鼓形齿）和内齿（内齿套）进行联锁实现。

图 LG4-14　联轴节

（1）联轴节的相关技术参数。

联轴节的相关技术参数如表 LG4-5 所示。

表 LG4-5　联轴节的相关技术参数

相应数据（规格号）	ZK141-1 Kunming Metro
电机持续功率	190 kW
最大起动转矩	1 407 N·m
持续转矩	907 N·m
短路转矩	9 800 N·m
最大转速	4 364 r/min
位　　移	
允许最大轴向位移	±16.1 mm
允许最大径向位移	21.8 mm
允许最大动态轴向位移	±10 mm
允许最大动态径向位移	16 mm

（2）联轴节的维护保养。

联轴节的维护保养如表 LG4-6 所示。

表 LG4-6　联轴节的维护保养

每月或 13 500 km	① 目视检查外部损坏（冲击点、腐蚀） ② 目视检查机械破损 ③ 目视检查润滑油泄漏
每年或 160 000 km	拧紧法兰联接螺栓和螺塞
每 5 年或 800 000 km	更换润滑油

（3）联轴器的形式。

常用联轴器分类及性能介绍如下：

① 凸缘联轴器：也称法兰联轴器，是利用螺栓联接两凸缘盘式半联轴器，两个半联轴器分别用键与两轴联接，以实现两轴联接，传递转矩和运动。凸缘联轴器结构简单，制造方便，成本较低，工作可靠，装拆、维护均较方便，传递转矩较大，能保证两轴具有较高的对中精度，一般常用于载荷平稳、高速或传动精度要求较高的轴系传动。凸缘联轴器不具有径向、轴向和角向补偿的性能，使用时如果不能保证被联接两轴对中精度，将会降低联轴器的使用寿命、传动精度和传动效率，并引起振动和噪声。凸缘联轴器分为 YL 型（基本型）、YLD 型（对中型）。

② 滑块联轴器：与十字滑块联轴器结构相似，不同之处在于中间十字滑块为方形，利用中间滑块在其两侧半联轴器端面的相应径向槽内滑动，以实现两半联轴器联接。滑块联轴器噪声大、效率低、磨损快，一般尽量不选用，只有在转速很低的场合使用。其型号为 WH 型。

③ 链条联轴器：利用公用的链条，同时与两个齿数相同的并列链轮啮合，不同结构形式的链条联轴器主要区别是采用不同的链条，常见的有双排滚子链联轴器、单排滚子链联轴器、齿形链联轴器、尼龙链联轴器等。双排滚子链联轴器的性能优于其他结构形式的联轴器，它具有结构简单，装拆方便，拆卸时不用移动被联接的两轴，尺寸紧凑，质量轻，有一定的补偿能力，对安装精度要求不高，工作可靠，寿命较长，成本较低等优点。主要型号有 GL 型（不带罩壳）、GLF 型（带罩壳）。

④ 齿式联轴器：由齿数相同的内齿圈和带外齿的凸缘半联轴器等零件组成。外齿分为直齿和鼓形齿两种，所谓鼓形齿，即将外齿制成球面，球面中心在齿轮轴线上，齿侧间隙较一般齿轮大，鼓形齿联轴器可允许较大的角位移（相对直齿联轴器），以改善齿的接触条件，提高传递转矩的能力，延长使用寿命。齿式联轴器在工作时，两轴产生相对角位移，内、外齿的齿面周期性地做轴向相对滑动，必然形成齿面磨损和功率消耗，因此，齿式联轴器需要良好的润滑和密封状态。齿式联轴器的径向尺寸小，承载能力大，常用于低速重载工况条件的轴系传动，高精度并经动平衡的齿式联轴器可用于高速传动。由于鼓形齿式联轴器角向补偿大于直齿联轴器，因此被广泛选用。鼓形齿式联轴器形式有 GICL 型——宽型基本型，内齿圈较宽，能补偿较大的轴线偏移，适用于连接水平方向两同轴线轴系传动；GIICL 型——窄型基本型，齿间距小，允许相对径向位移小，结构紧凑，传动惯量小；GICLZ 型——宽型接中间轴型；GIICLZ 型——窄型接中间轴型；GCLD 型——接电机轴型，适用于与电机配套的场合；WGP 型——带制动盘型，适用于与盘式制动器配套的场合；WGC 型——垂直安装型，适用于垂直两轴线轴系传动；WGZ 型——带制动轮型，适用于与闸瓦式制动器配套的场合；WGT 型——接中间套型，适用于长距离连接的场合；TGL 型——尼龙内齿圈型，适用于 2 500 N·m 以下中小扭矩、连接两同轴线的传动；WGJ 型——接中间轴型；NGCL 型——带制动轮型；NGCLZ 型——带制动轮型；WG 型——基本型。

⑤ 万向联轴器：有多种结构形式，常见的有十字轴式万向联轴器和球笼式万向联轴器。万向联轴器的共同特点是角向补偿量较大，不同结构形式的万向联轴器两轴线夹角不同，一般在 5°~45°。其主要分为 SWC 型万向联轴器、SWP 型万向联轴器、SWZ 型万向联轴器、WSD 型万向联轴器、WS 型万向联轴器、WSH 型滑动轴承万向联轴器。SWC 型又分为 BH 型——标准伸缩焊接式万向联轴器；BF 型——标准伸缩法兰式万向联轴器；DH 型——短伸缩焊接式万向联轴器；CH 型——长伸缩焊接式万向联轴器；WH 型——无伸缩焊接式万向联轴器；WF 型——无伸缩法兰式万向联轴器；WD 型——无伸缩短式万向联轴器。SWP 型

分为 A 型——有伸缩长式万向联轴器；B 型——有伸缩短式万向联轴器；C 型——无伸缩短式万向联轴器；D 型——无伸缩长式万向联轴器；E 型——有伸缩双法兰式万向联轴器；F 型——大伸缩长式万向联轴器；G 型——有伸缩超短式万向联轴器。

⑥ 膜片联轴器：由几组膜片（不锈钢）用螺栓交错地与两半联轴器联接，每组膜片由数片叠集而成，膜片分为连杆式和不同形状的整片式。膜片联轴器靠膜片的弹性变形来补偿所联两轴的相对位移，是一种高性能的金属弹性元件挠性联轴器，不用润滑，结构较紧凑，强度高，使用寿命长，无旋转间隙，不受温度和油污影响，具有耐酸、碱，防腐蚀的特点，适合于高温、高速、有腐蚀介质工况环境的轴系传动，广泛用于各种机械装置的轴系传动，如水泵、风机、压缩机、液压机械、石油机械、印刷机械、纺织机械、化工机械、矿山机械、冶金机械、航空（直升机）、舰艇高速动力传动系统、汽轮机、活塞式动力机械传动系统、履带式车辆以及发电机组高速、大功率机械传动系统，经过动平衡后应用于高速传动轴系。膜片联轴器与齿轮联轴器相比，没有相对滑动，不需要润滑，密封性好，无噪声，基本不用维修，制造较方便，可部分代替齿轮联轴器。其主要型号有 JMI 型膜片联轴器——带沉孔基本型膜片联轴器；JMIJ 型膜片联轴器——接中间轴型膜片联轴器；JMII 型膜片联轴器——无沉孔基本型膜片联轴器；JMIIJ 型膜片联轴器——接中间轴型膜片联轴器。

3. 齿轮箱

（1）齿轮箱的分类。

① 按照传统类型可分为圆柱齿轮箱、行星齿轮箱以及它们互相组合起来的齿轮箱。

② 按照传动的级数可分为单级齿轮箱和多级齿轮箱。

③ 按照转动的布置形式可分为展开式齿轮箱、分流式齿轮箱、同轴式齿轮箱以及混合式齿轮箱等。

昆明地铁车辆目前使用的齿轮传动是 RY-204-D-G 型齿轮箱，该传动装置为一级斜齿轮减速装置，齿轮箱采用分体式结构，由铸铁制成，如图 LG4-15 所示。

图 LG4-15　齿轮箱

（2）齿轮箱相关技术规格及参数。

① 减速系统：单级螺旋减速齿轮。

② 润滑系统：飞溅润滑。

③ 齿轮相关技术参数如表 LG4-7 所示。

表 LG4-7 齿轮相关技术参数

齿轮	齿数	传动比	齿宽/mm	模数	压力角	螺旋角	材料	中心距/mm
小齿轮	15	6.33	85	6	26°	左 21°	镍、铬、钼合金钢,渗碳淬火后磨齿	355
大齿轮	95					右 21°		

④ 齿轮箱:分体式,球墨铸铁。
⑤ 轴承相关技术参数如下:
小轴承:QT9B-2(日本 NSK),2 套 $\phi 70$ mm × $\phi 150$ mm × 38 mm。
大轴承:Z-573160(德国 FAG),2 套 $\phi 210$ mm × $\phi 285$ mm × 41 mm。
⑥ 悬挂方式:垂直悬挂(使用减振橡胶)。
⑦ 润滑油:壳牌 SHELL EP80。
⑧ 磁性螺栓:给油孔及放油孔安装磁性螺栓,用来去除润滑油中的铁屑。
⑨ 油位计:安装在齿轮箱底部,油位计上刻有两条油位线,最高油位线和最低油位线。在正常使用时,油位应保持在最高与最低油位线之间。
⑩ 设计质量:齿轮装置(含吊挂装置)质量为 320 × (1 ± 5%) kg(包含 28 kg 的齿式联轴节,不包含润滑油)。

(3)齿轮箱的工作原理。

电动机输出的扭矩通过联轴节传递给齿轮传动系统的主动齿轮,主动齿轮再通过齿轮的啮合传动将扭矩传递给与车轴过盈连接的从动齿轮,最终把动力传递到轮对上,从而驱动列车运行。

电机转速通过联轴节传送到齿轮传动系统的主动齿轮,主动齿轮再通过与从动齿轮的啮合传动将转速传送到车轴上,由于主、从动齿轮的齿数不同,从而实现变速功能。

(4)齿轮箱的吊挂。

齿轮箱的吊挂采用带防振橡胶的垂直吊挂方式,其优点如下:
① 可以使齿轮箱受到的冲击大大降低;
② 通过垂直吊挂的方式可以满足齿轮驱动系统小齿轴和电机轴安装尺寸的要求,有利于改善联轴节的运行工况,提高了联轴节的使用寿命。

四、基础制动装置

基础制动装置是确保地铁车辆行车安全的最重要的措施之一,它最基本的功能是吸收制动动能并将之转化为热能散发到空气中。基础制动装置是空气制动系统制动模式的执行机构。基础制动装置分为两类,一类是由踏面和闸瓦组成摩擦副的踏面制动,另一类是由制动盘和闸片组成摩擦副的盘形制动。昆明地铁车辆的基础制动装置采用轮盘制动的方式,包括作用于每根轴上的带停放制动的制动夹钳单元和不带停放制动的制动夹钳单元及轮装盘。轮盘制动单元中的弹簧施加部分作为停放制动执行机构,并具有机械辅助缓解装置,机械辅助缓解装置在第一次充风后自动复位,机械缓解装置靠停放制动缓解拉环操作,缓解拉环安装于转向架构架外侧,并通过拉线与机械辅助缓解装置连接。每个车轮上装有一套轮装盘。

1. 地铁车辆制动的特点

地铁与铁路虽都属于轨道交通,但地铁车辆主要在城市内运营,与铁路运输还是存在一些区别,在车辆制动方面主要有以下特点:

(1)制动频繁。

地铁车站之间距离较近,平均在 1 km 左右,这必然带来车辆须频繁起动、制动,以满足乘客上、下车的需要。而铁路运输两个车站之间的距离通常在几十千米以上。

(2)制动减速度大。

地铁站间距短,要提高乘客旅行速度只有增加起动加速度和制动减速度。因此,地铁车辆紧急制动平均减速度一般要求不小于 $1.2\ m/s^2$,而铁路机车车辆和动车组的紧急制动平均减速度一般为 $0.7 \sim 1.2\ m/s^2$。

(3)制动精度高。

地铁车站站台上均安装有屏蔽门系统,因此,车辆定点停车的精度要求比铁路机车车辆和动车组高,一般在 ± 300 mm。

这些特点要求地铁车辆制动系统须有稳定的摩擦副和良好的控制精度能力以及承受频繁制动热负荷的性能。

2. 基础制动装置的组成

(1)制动夹钳单元。

制动夹钳单元主要由制动缸、吊架、制动杠杆、闸片托、闸片等部件构成,如图 LG4-16 所示。

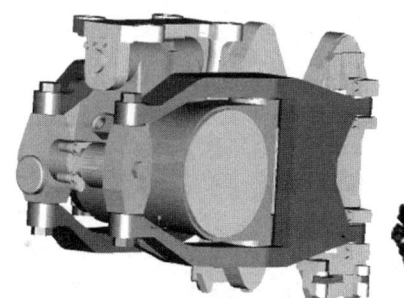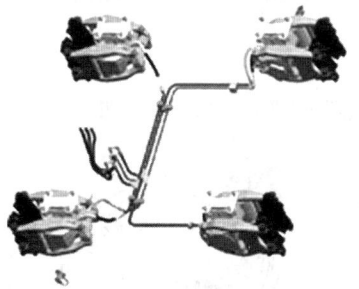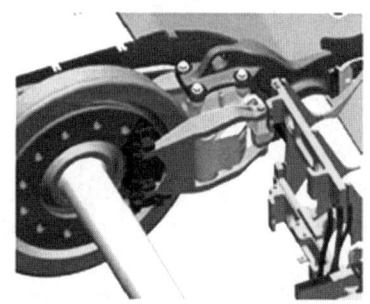

图 LG4-16 基础制动装置

其工作原理为:来自中继阀的压缩空气充入制动缸,压缩空气作用在制动缸活塞面上,推动制动活塞往外移动,制动缸活塞通过引导弹簧经过引导螺母和间隙调整器将制动缸中的丝杆推出,固定在丝杆上的连接杆与丝杆一起动作,推动制动杠杆产生动作,从而使制动夹钳夹紧制动盘,产生制动力,使列车产生制动作用。

目前,昆明地铁车辆的制动夹钳单元分两种:带停放制动功能的制动夹钳和不带停放制动功能的制动夹钳。每根车轴有一个停放制动夹钳。同一转向架的停放制动夹钳单元按对角布置。

(2)制动盘。

制动盘是一个金属圆盘，是用合金钢制造并固定在车轮上，随车轮转动，如图 LG4-17 所示。车辆行驶过程中实施制动时制动夹钳夹住制动盘，起到减速或者停车的作用。

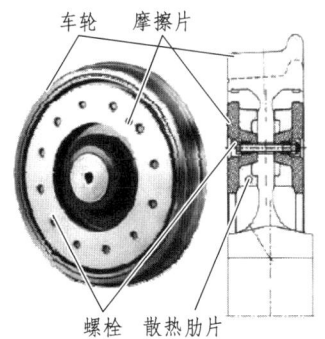 

图 LG4-17　制动盘

（3）手动缓解装置。

通过手动拉动缓解拉手，实现停放制动缸排气，从而实现列车停放制动缓解功能。手动缓解装置如图 LG4-18 所示。

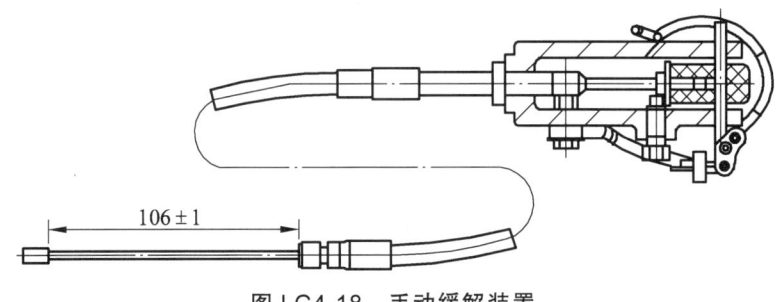

图 LG4-18　手动缓解装置

3. 基础制动装置的布置

基础制动单元是安装在转向架构架的横梁上，如图 LG4-19 所示。

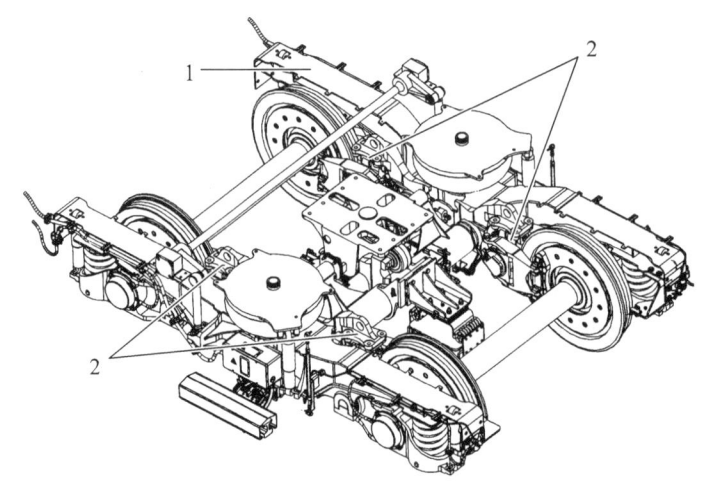

图 LG4-19　基础制动装置的布置 1

1—拖车转向架；2—基础制动装置

拖车转向架和动车转向架上的基础制动布置完全相同。

安装在转向架上的制动设备包括一个带有弹簧施力的有停车制动功能的制动钳夹钳 2、一个不带停车制动功能的制动夹钳 1 和每根轴上的两个车轮制动盘 3。制动夹钳 2 的弹簧施加制动压力用作停车制动的执行器，并配有一个机械停车制动缓解装置 4，如图 LG4-20 所示。该装置在第一次空气加压后会自动重置。

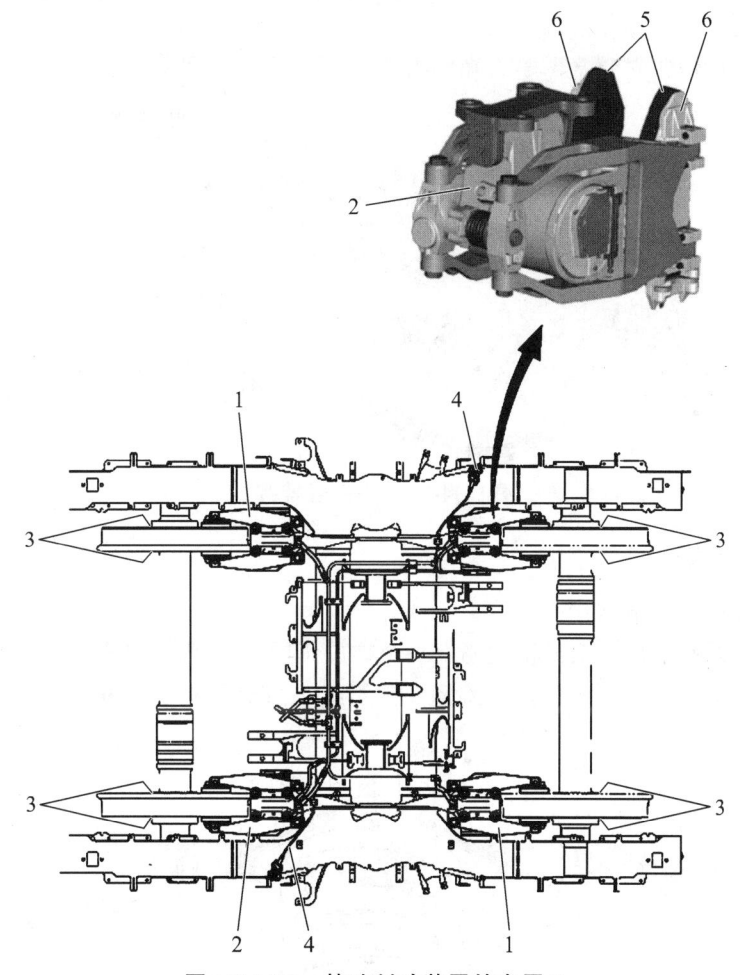

图 LG4-20　基础制动装置的布置 2

1—不带停车制动功能的制动夹钳；2—带停车制动功能的制动夹钳；3—车轮制动盘；
4—停车制动缓解装置；5—制动闸片；6—闸片托

五、一系悬挂装置

1. 一系悬挂装置的组成

一系悬挂装置由螺旋钢弹簧、橡胶垫、转臂定位橡胶关节和一系垂向减振器等主要部件组成，如图 LG4-21 所示。一系悬挂的纵向和横向刚度主要由转臂橡胶关节提供，垂向刚度主要由螺旋钢弹簧提供（AW3 时由螺旋钢弹簧和一系垂向止挡共同提供），转臂橡胶关节提供部分垂向刚度。采用这种悬挂方式，轴箱各向定位相对独立，定位刚度准确稳定。

2. 一系悬挂装置的主要功能

（1）连接构架与轴箱；

（2）支撑构架与车体质量；

（3）承受轮轨横向力，并缓冲横向冲击；

（4）传递牵引力和制动力；

（5）缓冲垂向的高频和低频振动；

（6）隔离来自轮轨间的摩擦噪声和冲击。

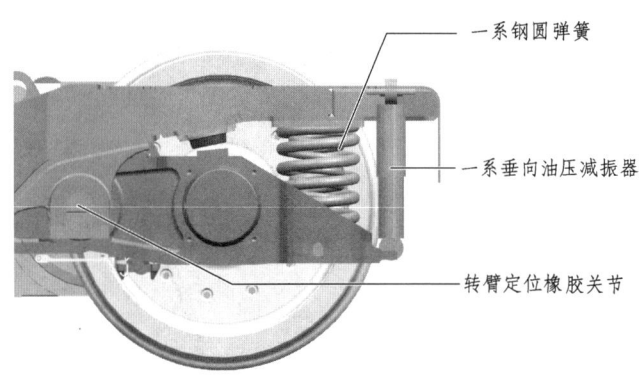

图 LG4-21　一系悬挂装置

3. 螺旋钢弹簧

（1）一系弹簧的组成结构。

如图 LG4-22 所示，一系弹簧主要由一个螺旋钢圆弹簧组 1 组成，并通过一系橡胶垫 2 和一系弹簧板 6 上的定位环定位。螺旋钢圆弹簧组 1 由旋向相反的内、外弹簧组成。

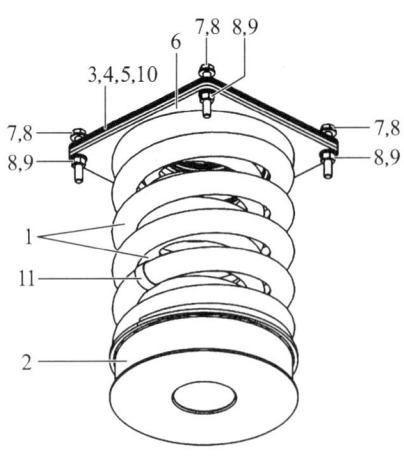

图 LG4-22　一系弹簧

1—螺旋钢圆弹簧组；2—一系橡胶垫；3—弹簧垫片（5 mm）；4—弹簧垫片（2 mm）；5—弹簧垫片（1 mm）；
6—一系弹簧板；7—六角螺栓 M10×50；8—高压安全垫 10；9—六角螺母 M10（43 N·m）；
10—弹簧垫片（10 mm）；11—标志带

（2）一系弹簧的技术参数。

弹簧如图 LG4-23 所示。

外弹簧技术参数如下：

ϕD_e：238 mm。

ϕD_i：175.6 mm。

ϕd：31.2 mm。

高度（新弹簧，处于 14.204 kN 垂向测试载荷之下）：289 mm。

刚度：223.7 N/mm。

最大蠕变量：1.3 mm。

质量：25.5 kg。

内弹簧技术参数如下：

ϕD_e：155.6 mm。

ϕD_i：112.4 mm。

ϕd：21.6 mm。

高度（新弹簧，处于 8.227 kN 垂向测试载荷之下）：289 mm。

刚度：123.3 N/mm。

最大蠕变量：1.4 mm。

质量：11 kg。

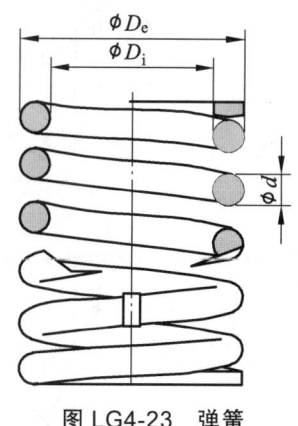

图 LG4-23　弹簧

（3）弹簧特性。

弹簧刚度是指使弹簧产生单位变形的载荷，用 C 和 CT 分别表示拉（压）弹簧的刚度与扭转弹簧的刚度，其表达式如下：

对于拉压弹簧：$C = \mathrm{d}F/\mathrm{d}\lambda$

对于扭转弹簧：$CT = \mathrm{d}T/\mathrm{d}\phi$

式中　F——弹簧轴向拉（压）力；

λ——弹簧轴向伸长量或压缩量；

T——扭转弹簧的扭矩；

ϕ——扭转弹簧的扭转角。

弹簧特性曲线：表征弹簧载荷 F、T 与其变形 l 之间关系的曲线，称为弹簧特性曲线。

载荷与变形：对于受压或受拉的弹簧，载荷指压力或拉力，变形是指弹簧压缩量或伸长量；对于受扭转的弹簧，载荷是指扭矩，变形是指扭转角。按照弹簧结构形式的不同，常见的弹簧特性曲线有如图 LG4-24 所示的 4 种形式。

图 LG4-24（a）所示的直线型弹簧，其刚度为一常数。这种弹簧的特性曲线越陡，弹簧刚度越大，即弹簧越硬；反之则越软。图 LG4-24（b）所示的弹簧特性曲线为刚度渐增型，即弹簧随变形量的增大其刚度越大，且在最大或冲击载荷作用时，仍具有较好的缓冲减振性能，故多使用弹簧特性曲线具有该型曲线走向的弹簧。图 LG4-24（c）所示的弹簧特性曲线为刚度渐减型，即弹簧刚度随变形的增大而越小。为了在冲击动能一定时，获得较小的冲击力，则应使用具有刚度渐减型特性曲线的弹簧为宜。图 LG4-24（d）所示的弹簧曲线为混合型。弹簧的特性曲线应绘制在弹簧的工作图上，作为检验与试验的依据之一。同时，还可在设计弹簧时，利用特性曲线进行载荷与变形关系的分析。

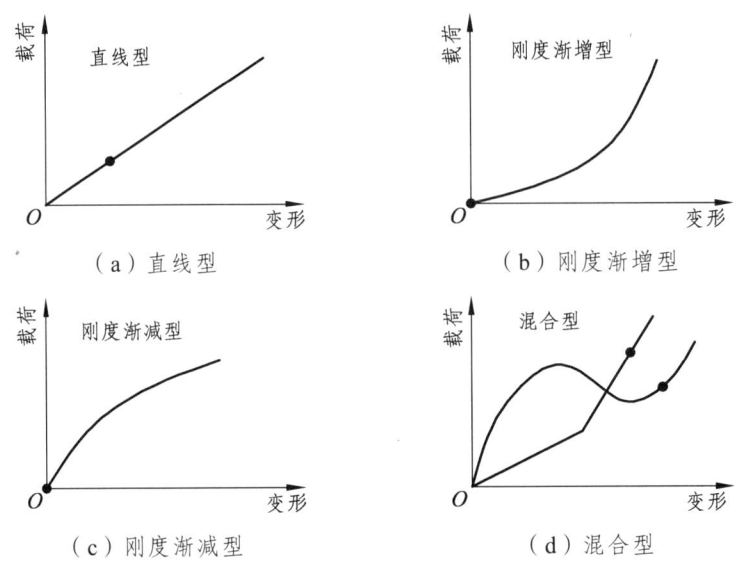

图 LG4-24　弹簧特性曲线

（4）转臂定位橡胶关节。

① 转臂定位橡胶关节的组成结构。

如图 LG4-25 所示，转臂定位橡胶关节 1 通过六角螺栓 6 被转臂定位座 2 压入轴箱中，同时转臂定位座 2 通过六角头部带孔螺栓 4 固定到转向架构架上，两个六角头部带孔螺栓 4 通过双耳止动垫圈 5 固定防松。

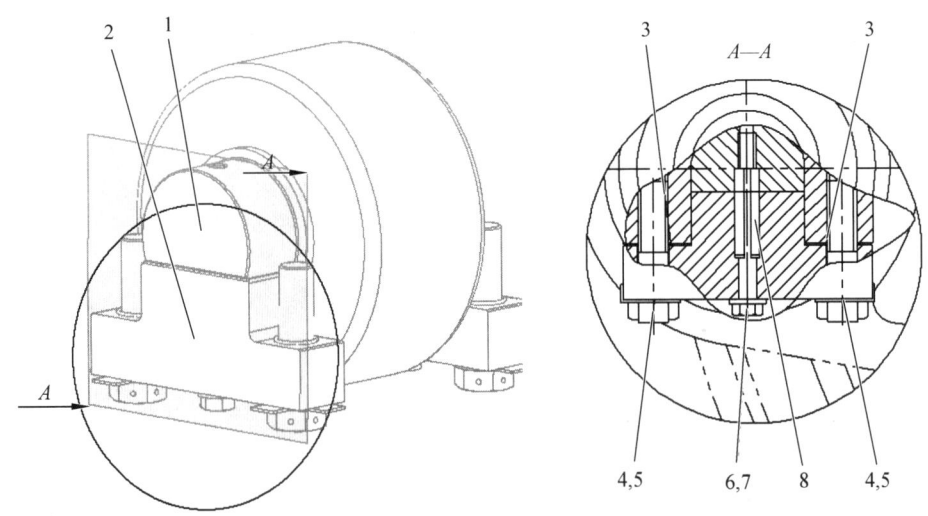

图 LG4-25　转臂定位橡胶关节

1—转臂定位橡胶关节；2—转臂定位座；3—O 形圈；4—六角头部带孔螺栓 M20×80；5—双耳止动垫圈；
6—六角螺栓 M12×110（42～49 N·m）；7—高压安全垫 12；8—弹性圆柱销 16×60

转臂定位橡胶关节 1 是一个由金属和橡胶材料组成的圆柱形零件。转臂定位橡胶关节包括一根带安装孔的圆柱形轴、金属环和橡胶零件。橡胶件位于环和轴之间。

② 转臂定位橡胶关节的技术参数。

质量：11 kg。

圆柱形金属件的外径：ϕ190 mm。

圆柱形金属件的长度：100 mm。

轴的外径：ϕ85 mm。

轴的长度/零件的长度：(200±0.5) mm。

径向刚度：(17±1.4) kN/mm。

轴向刚度：(9±0.9) kN/mm。

（5）垂向油压减振器。

减振器用于衰减垂直和水平方向上的摆动和振动。一系垂向减振器与一系弹簧并行布置，用于衰减各轮对的垂向运动，从而保证轮对的平行。此外，一系垂向减振器还可用作上升止挡，实现脱轨和复轨时车体的小量提升。

① 垂向油压减振器的组成结构。

垂向油压减振器如图 LG4-26 所示。

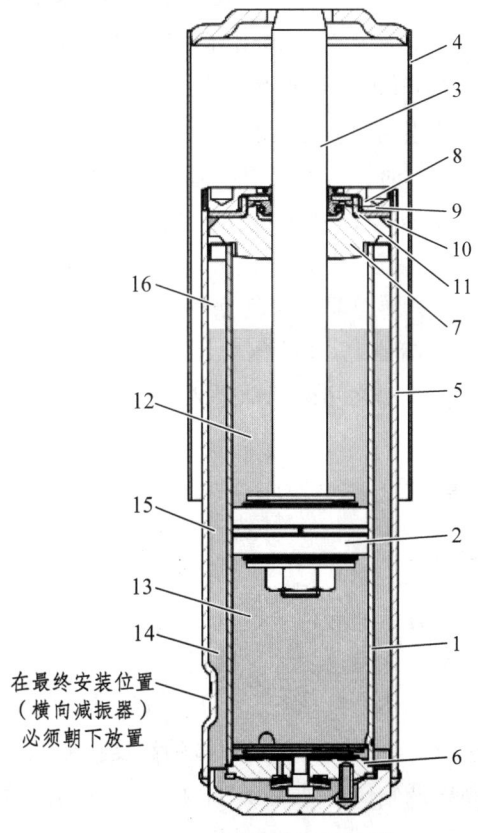

图 LG4-26　垂向油压减振器

1—压力油缸；2—活塞；3—活塞杆；4—保护套管；5—油缸管及其焊接基座；6—基座阀门；
7—活塞杆导引装置；8—活塞环；9—活塞杆密封；10—O 形圈；11—垫圈；
12—活塞上面的工作室；13—活塞下面的工作室；14—环形储油室；
15—储油室下端；16—储油室上端

② 垂向油压减振器的技术参数。

压缩长度：327 mm。

伸展长度：488 mm。

冲程：161 mm。

最大扭转角度（单一载荷）：±15°。

最大偏转角度（单一载荷）：±4°。

径向刚度：15 kN/mm。

最大静载荷（限位止挡）：36 kN。

长度限位止挡（静载荷 36 kN）：493 mm。

③ 垂向油压减振器的工作原理。

如图 LG4-26 所示，活塞 2 将压力油缸 1 分为活塞上部工作室 12 和活塞下部工作室 13。在往复运动时，如当活塞杆 3 伸开处于压缩冲程时，阻尼力是由活塞上部工作室 12 与活塞下部工作室 13 之间的压差产生的。工作室中的压力大小根据活塞的运动速度和液流阻力进行自动调节，而液流阻力是由活塞 2 上的阀门和基座阀门 6 来控制的。

当活塞 2 运动时，阻尼液（油）流入/流出环形储油室 14，在储油室上部 16 有空气，下部 15 有油。这样，当阻尼器运转时就会产生类似水泵的动作，它是由活塞杆 3 容积的位移效应导致的，并由活塞 2 和基座阀门 6 进行控制。

当活塞 2 伸出（拉伸冲程）时，与伸出的活塞杆的容积对应的一定量的油，通过基座阀门 6 上的进口阀门，从环形储油室 14 中被吸出。当活塞 3 向内运动（压缩冲程）时，与活塞杆的容积对应的一定量的油，通过基座阀门 6 上的压力阀门，流回到环形储油室 14。基座阀门 6 的设置使它上面的压力差总是大于活塞压力阀门上的压力差。这样可以保证活塞上部工作室的压力总是大于环形储油室 14 的压力，即便在压缩冲程也是如此。这样可防止空气从活塞杆 3 和活塞杆导引装置 7 之间的间隙进入。

六、二系悬挂装置

1. 二系悬挂装置的布置

每台转向架的二系悬挂装置装配有两个空气弹簧，布置于构架两侧；来自车体上的载荷支撑在这两个空气弹簧上；空气弹簧由气囊和辅助弹簧串联而成，当空气弹簧泄气时，辅助弹簧可作为保护装置保证车辆能够继续前行，但是会降低乘坐舒适度；当车体负载变化时，空气弹簧通过高度阀调节进行充、放气，空气弹簧的高度控制阀采用"三点调平"，即每辆车的转向架，一台设有一个高度调整阀，如图 LG4-27（a）所示，另一台则设有两个高度调整阀，如图 LG4-27（b）所示。

2. 空气弹簧的结构及特点

空气弹簧已广泛用于各型铁路提速客车、准高速客车、高速客车，以及地铁车辆、轻轨车辆、磁悬浮列车和其他工程减振领域。

空气弹簧的结构如图 LG4-28 所示。

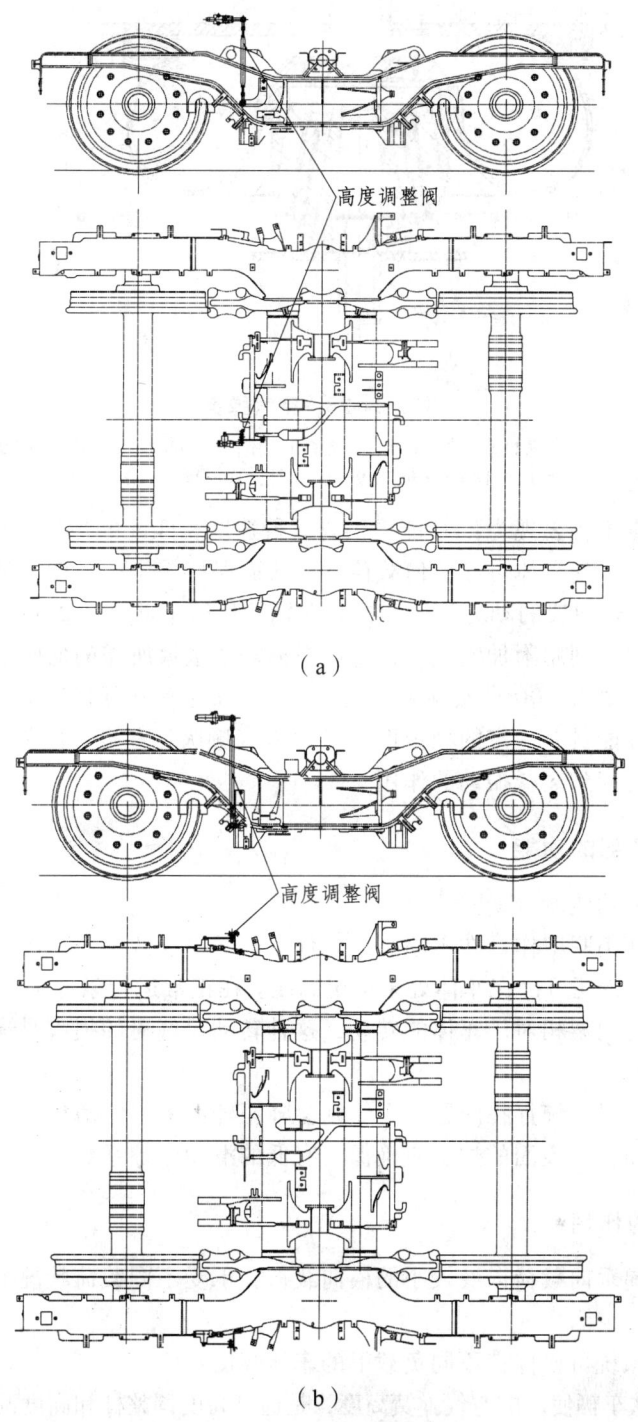

(a)

(b)

图 LG4-27 二系悬挂装置的布置

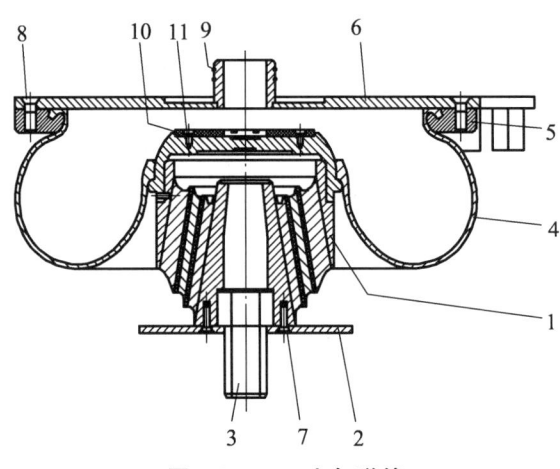

图 LG4-28 空气弹簧

1—辅助弹簧；2—底板；3—销钉；4—气囊；5—环；6—顶板；7—螺钉（702 N·m）；
8—螺钉（180 N·m）；9—O 形圈；10—滑板；11—螺钉

空气弹簧的特点主要表现为：① 能提供与运行速度相匹配的当量静挠度，同时，空气弹簧配有高度控制系统，使车体可在任何载荷下与轨面保持一定的高度，从而有利于增加悬挂装置的静挠度，改善转向架的动力品质和提高车辆的运行平衡性。② 可通过改变内压得到不同的承载能力，同时，利用附加空气室，可以根据需要选择所需的低刚度，这使得空气弹簧可以适合多种结构的要求。③ 自振频率很低，且其自振频率在任何载荷下均可保持不变，这有利于悬挂装置的性能具有一定的稳定性。④ 具有高频吸振和良好的隔音效果，同时，利用空气阻尼作用，还可起到衰减振动的作用。

3. 空气弹簧各部的功能

（1）空气弹簧的功能。

气囊和辅助弹簧串联工作。在不同载荷条件下，通过这两个部件的缓冲，可提高旅客的乘坐舒适度。空气弹簧还可确保车体处于恒定高度。在正常运行条件下（气囊充气），辅助弹簧有助于气囊适应转向架相对于车体的转动，这种转动对气囊的损害是最大的。

（2）辅助弹簧的功能。

如果气囊或其供风系统存在问题，车体则会降至辅助弹簧的滑板上。此时，系统功能仅由辅助弹簧实现。顶板下表面的加工应确保具有低的滑动摩擦系数。

4. 空气弹簧的作用

（1）支撑并传递垂向载荷以及较小的横向载荷，承受不同载荷状况下车体与转向架之间的相对运动。

（2）空气弹簧系统可以保持不同负载下的车体高度。

目前，昆明地铁车辆使用的空气弹簧高度，是通过高度调整杆和高度调整阀来实现调整的。

5. 空气弹簧的高度调节及工作原理

（1）高度调节功能。

高度调整装置如图 LG4-29 所示。

当车辆处于正常高度时，高度调整阀以及空气弹簧气囊处于端位。此时没有压缩空气进入（充气）或排出（放气）。

当乘客进入车厢，由于载荷增加导致空气弹簧气囊被压缩，车体立即下沉。这种压缩会通过高度调节杆旋动启动杆，使得高度调整阀打开其进气阀，从而将风缸内的气体压入空气弹簧气囊。

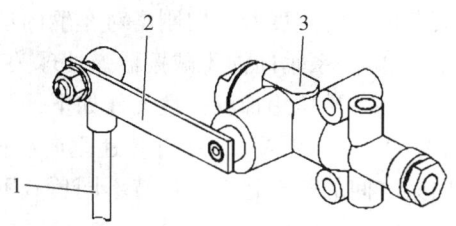

图 LG4-29　高度调整装置
1—高度调节杆；2—启动杆；3—高度调整阀

（2）高度调节工作原理：当乘客走出车厢，由于载荷减小导致空气弹簧气囊减压，车体立即上升。空气悬挂的弹起会通过高度调节杆旋动启动杆，从而使得高度调整阀打开其排气阀。高度调整阀的排气阀打开会隔断风缸和空气弹簧气囊之间的连接，使气囊开始排气。车体降至其初始设定高度，并通过高度调节杆将启动杆返回至端位，最后关闭高度调整阀的排气阀。

6. 橡胶弹性元件的种类及特性

橡胶弹性减振元件以其良好的减振和隔振性能，被越来越广泛地用于轨道车辆减振系统中。橡胶弹性减振元件在轨道车辆系统中起牵引、悬挂、隔振、缓冲的作用。橡胶元件的种类可分为衬套、衬垫、止挡等。

橡胶材料具有以下特性：

① 橡胶具有良好的阻尼特性，在弹性范围内的相对滞后值可以达到 10%～65%，动、静模数之比为 1.5 左右。

② 橡胶的弹性变形比金属大得多（可达 10 000 倍以上），而弹性模数比金属小得多（为 1/700～1/4 000）；当外力小于某一限值（通常称之为弹性极限荷载）时，在引起变形的外力卸除后，固体能完全恢复原来的形状，这种能恢复的变形称为弹性变形；当外力一旦超过弹性极限荷载时，这时再卸除荷载，固体也不能恢复原状，其中有一部分不能消失的变形被保留下来，这种保留下来的永久变形就称为塑性变形。弹性模数可视为衡量材料产生弹性变形难易程度的指标，其值越大，使材料发生一定弹性变形的应力也越大，即材料刚度越大，也即在一定应力的作用下，发生的弹性变形越小。

③ 橡胶的声速为 40～200 m/s，钢的声速却为 5 000 m/s。因此，橡胶材料具有良好的减振、隔音和缓冲性能。

现代轨道交通为有效减少轮轨作用力和改善系统走行性能，降低高速重载所引起的机车车辆以及线路的系统振动和噪声问题，大量使用各种橡胶弹性元件用于牵引、驱动、连接、支承等，以达到舒适、平稳、快速的更高要求。

橡胶弹性元件由于具有良好的减振、缓冲作用，在电客列车上得到了广泛运用。

一系悬挂用橡胶弹性元件如下：

① 一系橡胶垫：一系橡胶垫用于吸振降噪，上部的定位环用来分开内、外弹簧。

② 转臂定位橡胶关节：转臂式轴箱定位装置广泛应用于城市地铁车辆和高速动车组上。转臂式轴箱一端与车轴连接，另一端通过橡胶弹性关节和构架上的定位转臂座相连。橡胶关节由金属外套、橡胶和芯轴组成，它和一系弹簧共同提供了轴箱定位的纵向刚度和横向刚度，而当轴箱为偏置式转臂定位时，一系垂向刚度则由一系弹簧和转臂橡胶关节共同提供。橡胶

关节的径向刚度和轴向刚度对车辆的运行性能影响较大。

③ 一系垂向油压减振器弹性球关节等。

二系悬挂用橡胶弹性元件如下：

① 空气弹簧：支撑并传递垂向载荷以及较小的横向载荷，承受不同载荷状况下车体与转向架之间的相对运动，保持不同负载下的车体高度，具有高频吸振和良好的隔音效果。

② 二系垂向油压减振器弹性球关节等。

牵引装置用弹性元件如下：

① 牵引杆牵引橡胶关节：将车体和转向架构架连接起来。通过牵引橡胶关节的橡胶元件，牵引杆能够缓冲车体和转向架构架之间的任意相对运动。

② 二系横向橡胶止挡：是金属与橡胶叠层黏合构成的整体构件，起缓解车体与转向架之间横向冲击和限制过大横向位移的作用，可用作弹簧元件和阻尼元件。

③ 二系横向油压减振器弹性球关节、牵引电机安装橡胶垫、齿轮箱吊杆橡胶关节、抗侧滚扭杆压杆橡胶关节等。

七、中央牵引装置

牵引装置由牵引杆组装 1、牵引座 2 等组成，如图 LG4-30 所示。牵引杆组装 1 是一个推拉杆，一端安装在构架横梁上的牵引杆安装座上，另一端安装在牵引座 2 上，牵引座 2 则安装在车体上。

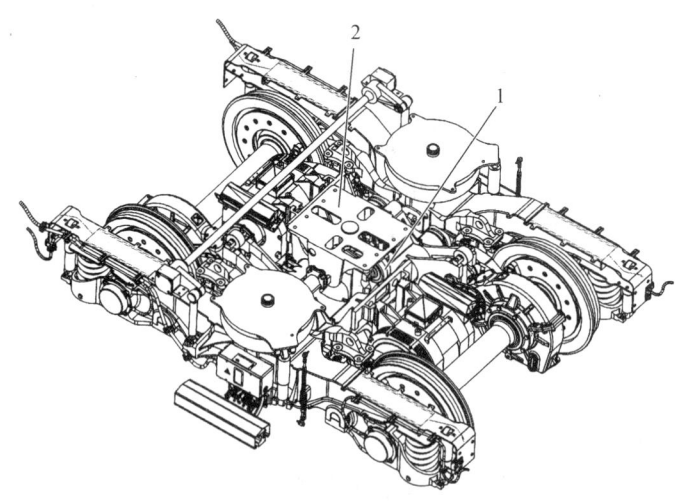

图 LG4-30　牵引装置

1—牵引杆组装；2—牵引座

拖车转向架和动车转向架的牵引装置布置完全相同。

1. 牵引装置的结构特点

牵引装置结构简单，如图 LG4-31 所示。牵引杆无磨耗、免维护。牵引装置传递车体和转向架之间的纵向（驱动方向）作用力。

图 LG4-31　牵引装置

2. 牵引杆的组成

牵引杆组成由一根牵引杆 1 和两个牵引橡胶关节 2 构成，如图 LG4-32 所示。

牵引杆 1 的作用相当于一个推拉杆，它借助牵引橡胶关节 2 将车体和转向架构架连接起来。通过牵引橡胶关节的橡胶元件，牵引杆 1 能够缓冲车体和转向架构架之间的任意相对运动。

3. 牵引座

牵引座是铸造件，为牵引杆组成、二系横向减振器、整体起吊装置等提供安装孔，如图 LG4-33 所示。

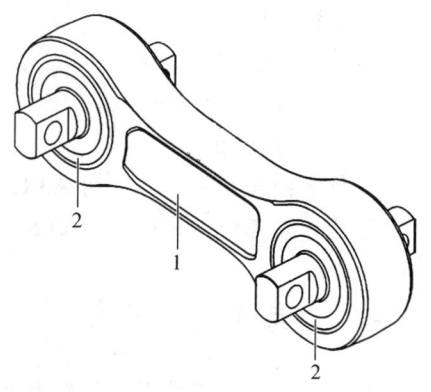

图 LG4-32　牵引杆

1—牵引杆；2—牵引橡胶关节

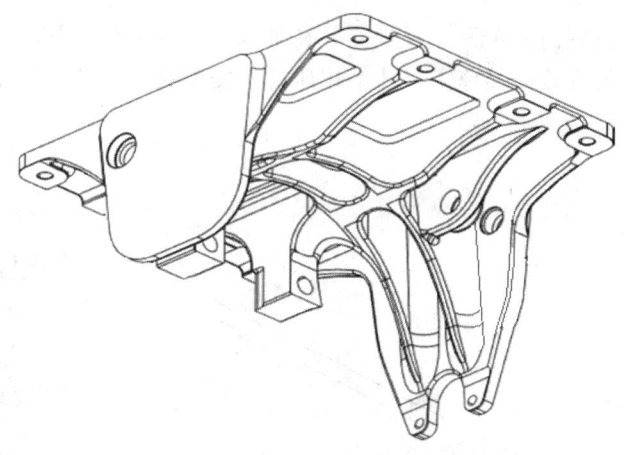

图 LG4-33　牵引座

4. 牵引装置的技术参数

牵引座的技术参数如下：

材料：铸钢。

质量：130 kg。

牵引杆组装的技术参数如下：

质量：54 kg。

牵引杆的技术参数如下：

全长：658 mm。

总高：200 mm。

总宽：90 mm。

孔间距：450 mm。

质量：31 kg。

牵引橡胶关节的技术参数如下：

外径：ϕ150 mm。

宽：90 mm。

螺孔间距：195 mm。

轴销长度：255 mm。

质量：14.2 kg。

钢件表面防锈处理：镀锌 A3 C。

刚度（参考值，径向）：10 kN/mm。

八、抗侧滚扭杆装置

抗侧滚扭杆装置作用于车体和转向架构架之间，用来限制车体相对于转向架的侧滚运动。

1. 抗侧滚扭杆装置的组成结构

抗侧滚扭杆装置主要由一个两端分别安装在轴承箱 3 内的橡胶衬套上的扭杆 2 组成。轴承箱 3 安装在车体上的焊接安装座上。两个拉压杆 1 安装在转向架构架侧梁的支座上并与扭杆 2 的扭臂装在一起，如图 LG4-34 所示。

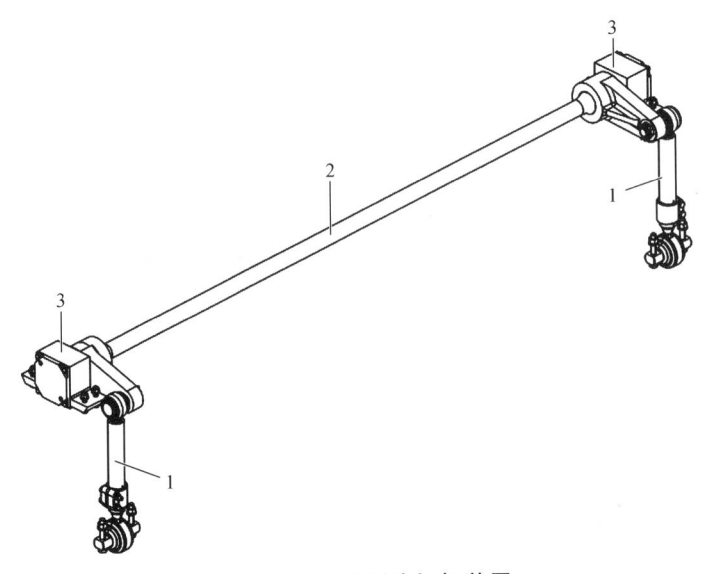

图 LG4-34　抗侧滚扭杆装置

1—压杆；2—扭杆；3—轴承箱

2. 抗侧滚扭杆装置的主要功能

限制车体相对于转向架构架的侧滚运动。

3. 抗侧滚扭杆装置的技术参数

宽度：2 570 mm。
质量：约 110 kg。

九、轮缘润滑装置

轮缘润滑装置在 12 列车的 A 车司机室端第一位轮对上安装，如图 LG4-35 所示。该装置可减少对轮缘的镟修，降低轨道的磨耗及噪声，其主要包括电控箱、油箱组件、电磁阀、喷嘴、分配器等元件。其中，电控箱、油箱组件、电磁阀安装于车体上，分配器和喷嘴安装于转向架上。

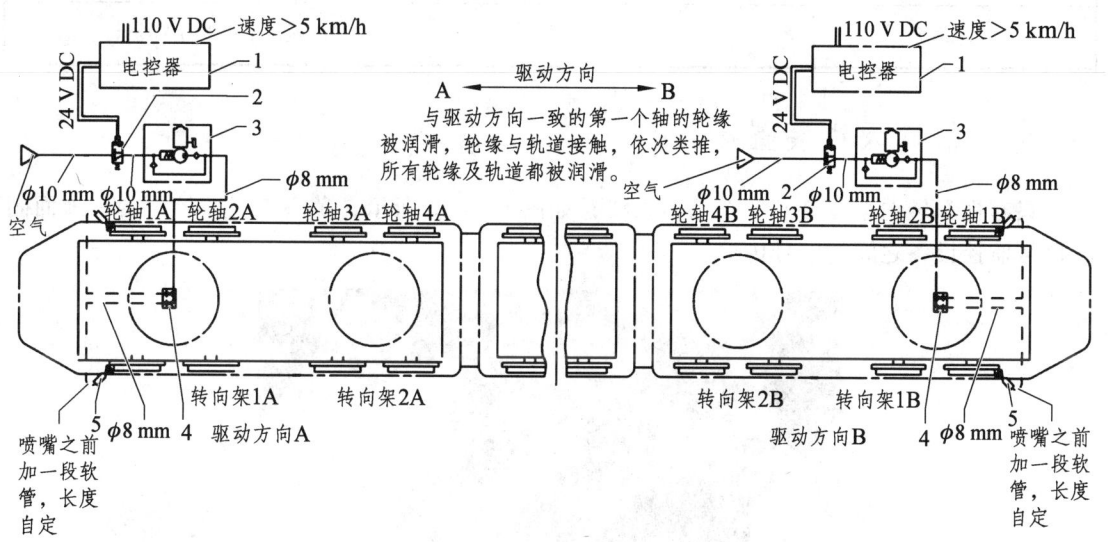

图 LG4-35　轮缘润滑装置的安装位置
1—电控箱；2—电磁阀；3—油箱组件；4—分配器；5—喷嘴

1. 轮缘润滑装置的主要功能

轮缘润滑装置可以降低轮缘、轨道的磨耗及噪声。

2. 轮缘润滑装置的工作原理

由压缩空气驱动的泵将润滑剂输送到油气混合块，在混合块中，借助流动的紊流状的压缩空气的作用，润滑剂和压缩空气形成油气混合物并沿着管壁输送，到达喷嘴后，通过喷嘴的加速作用喷射到轮缘上，因此，润滑剂能精细覆盖在轮缘上而不会洒落到别处。

润滑后的轮缘通过和轨道的接触，轨道也得到了部分润滑剂，轨道上的润滑剂又会传到后面的车轮上。

控制系统以时间为基础,在弯道上通过完整的离心力检测开关增加额外的弯道润滑。

通过设定检测车辆速度,如当车辆速度低于 10 km/h 时,润滑功能中断,当速度高于设定值时,系统再次启动,这样可防止系统在车辆停止时喷射。

3. 轮缘润滑装置的技术参数

轮缘润滑装置的技术参数如表 LG4-8 所示。

表 LG4-8 轮缘润滑装置的技术参数

油箱容积		5 L	
系统风压	标 准	进口:600~800 kPa	
	最 大	1 000 kPa	
气动泵	型号 SP-PIO	输 出	0.25 cm^3/行程
控制单元	110 V	电压:DC 110 V	

十、信标天线装置

只有拖车转向架 1 装有一个信标天线,如图 LG4-36 所示,负责车载监控设备和地面固定信号监控设备之间的信号传输。

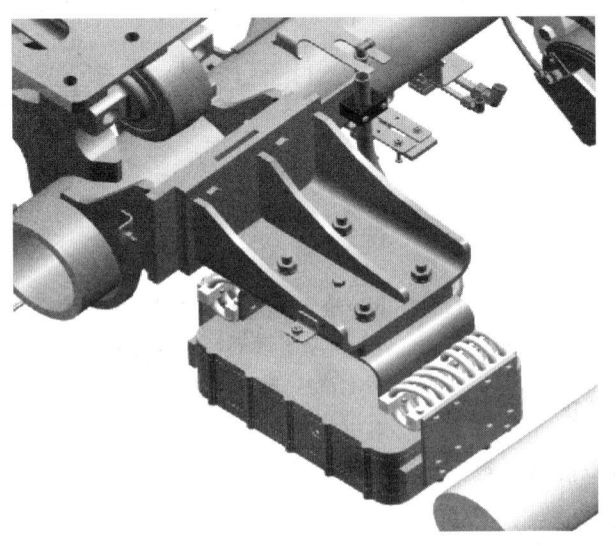

图 LG4-36 信标天线装置

十一、整体起吊装置

整体起吊装置安装在转向架构架的横梁与转向架牵引座上,转向架牵引座安装在各车厢的地板下,如图 LG4-37 所示。动车转向架和拖车转向架的整体起吊装置布置是相同的。

总模块 L　理论知识

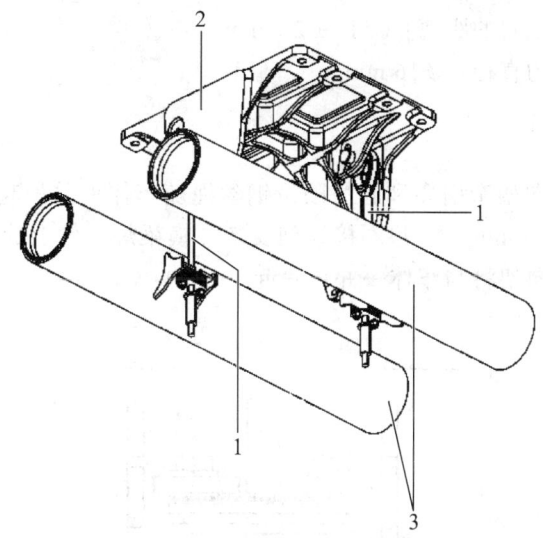

图 LG4-37　整体起吊装置的安装位置
1—整体起吊装置；2—牵引座；3—横梁

1. 整体起吊装置的组成结构

起吊限位钢丝绳的上端被压紧端子箍成一个绳圈。索环保证起吊限位钢丝绳达到要求的刚度。在起吊限位钢丝绳的尾端压紧另外一个压紧端子。垫圈装在压紧端子上面，如图 LG4-38 所示。

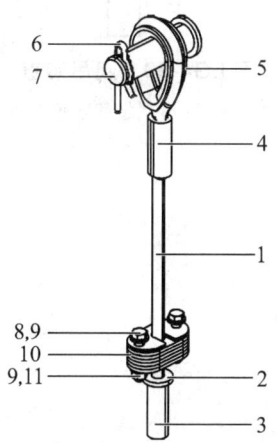

图 LG4-38　整体起吊位置
1—起吊限位钢丝绳；2—垫圈；3，4—压紧端子；5—索环；6—弹簧锁销；7—插杆销；
8—六角螺栓；9—锁紧垫圈；10—调整垫片；11—六角螺母

2. 整体起吊装置的技术参数

材料：不锈钢。

断裂载荷：最低 120 kN。

拉伸载荷：39 kN。

总长度：599～604 mm。

插杆销 7 和垫圈 2 之间的距离：(517±2) mm。

起吊限位钢丝绳 1 的直径：$\phi 16$ mm。

3. 起吊功能

在吊装开始时，转向架牵引座和起吊限位钢丝绳随车体一并吊起，如图 LG4-39 所示。当上升距离达到 (62±1) mm 时，垫圈接触到安装在横梁焊接件上的最下面的调整垫片。随着吊装过程的继续，转向架将与车体一并被吊起。

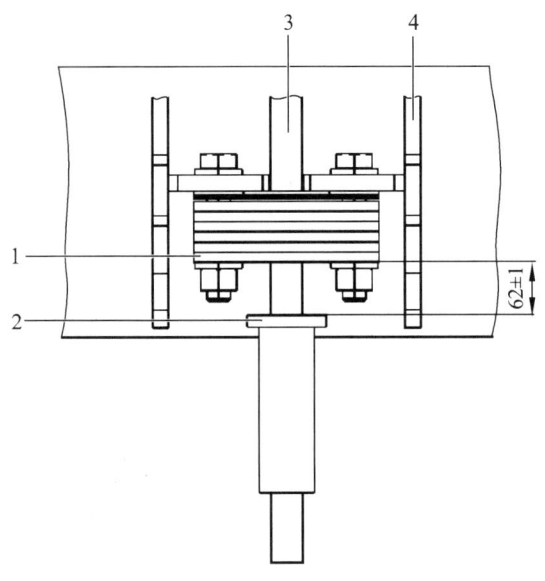

图 LG4-39　起吊装置

1—调整垫片；2—垫圈；3—起吊限位钢丝绳；4—焊接件

分模块 LH　牵引系统

子模块 LH1　牵引系统的组成

在城市轨道交通中，电客列车牵引系统即车辆的主回路，是由为电客列车产生牵引力和制动力的各种电器、电机、电子设备组成的一个电系统，并实现电客列车的功率传输，是电客列车的重要组成部分之一。车辆主回路应满足车辆启动、调速和制动 3 种基本工况的要求。3 种工况中，车辆调速尤为重要，是 3 种工况的共同基础。车辆运行时，需根据不同运行条件进行调速，为了充分发挥车辆的功率，就要求车辆能在不同的线路和载荷条件下改变牵引力。因此，车辆主回路必须保证牵引电动机的转矩和转速都能进行平滑调节，且有宽广的调节范围。

牵引系统有直流传动和交流传动系统两种。交流传动和直流传动相比，主回路趋向简单可靠，省去了不少有触点的电气设备，如接触器及平波电抗器等。且交流电动机与直流电动机相比较，优势尤其明显。由于克服了直流电动机机械式换向器带来的弊端，所以故障率大大降低、维护方便、成本低、质量轻、体积小、可靠耐用，能实现高性能无级调速，具有良好的牵引特性和制动能量反馈。由于交流传动系统有着明显的优势，目前，在轨道交通方面主要采用交流传动方式。昆明地铁首期工程电客列车主回路运用的是直-交传动装置，即牵引逆变器。牵引逆变器安装在动车底部，其主要功能是为动车转向架上的 4 个交流牵引电动机提供电源。

电客列车主回路主要由输入电路、线路滤波器（线路电抗器、线路电容器）、充电接触器、高速断路器、线路接触器、牵引逆变器、制动斩波器、三相交流电动机和保护装置等组成。逆变器的开关元件和续流二极管构成逆变器相模块，制动斩波器的开关元件和续流二极管构成制动模块。滤波电路是为平抑逆变和斩波造成的电网电压、电流的波动及减少谐波。

在牵引工况时，直流电均由受流装置及输入电路进入牵引逆变器，经逆变电路 3 个相模块组成的逆变桥进行 VVVF（调压调频）变换，将直流电逆变成三相交流电，供牵引电机启动、加速。电制动时，电动机工作在发电状态，将动能转变为电能，由逆变桥将三相交流电整流为直流电，通过受流装置送至电网，实施再生反馈制动。当不能进行再生制动时，通过制动斩波器，将电能消耗在制动电阻上，转化为热能散发。

下面将结合昆明地铁首期工程电客列车实际状况，对整个牵引系统进行分析、讲解。

昆明地铁首期工程电客列车主回路的主要作用是接收控制回路发出的牵引和制动指令，完成电客列车的牵引和制动任务。主电路由受流器、母线断路器、隔离开关箱、母线熔断器箱、高压箱、线路电抗器、牵引箱、制动电阻箱、牵引电机、接地装置等部件组成。

一、主电路的工作原理

牵引时,由受流器从第三轨上接收直流 750 V 电压,依次经母线断路器及隔离开关箱或母线熔断器箱、高压箱、线路电抗器进入牵引箱,通过牵引逆变器将直流 750 V 电压转变为频率(0~150 Hz)、电压(0~585 V)均可调的三相交流电,向牵引电机供电,实现电能向机械能的转换。在进行牵引控制时,牵引箱输出的交流电是受控制单元发出的牵引指令控制的,如果牵引指令发生改变,输出的电压和频率也会相应改变,这种控制方式叫作变压变频控制,即 VVVF。

制动时(常用电制动优先),将牵引电机产生的交流电经牵引箱变换为直流电向第三轨反向供电(再生制动)或消耗在制动电阻上(电阻制动),从而实现机械能向电能的转换,达到制动的目的。

当电网电压在 500~1 000 V 变化时,主电路正常工作,实现牵引—制动的无接点转换。

二、主电路及高压电路的组成与功能

主电路如图 LH1-1 所示,列车电气牵引系统采用 VVVF 逆变器-异步鼠笼电动机构成的交流电传动系统,各动车采用车控方式。第三轨 750 V 直流电经受电靴向列车供电。每个动车的主电路形式、结构基本相同,满足列车牵引系统性能的要求。列车牵引系统主电路采用两电平电压型直-交逆变电路,经受电靴受流输入的 750 V 直流电由 VVVF 逆变器变换成频率、电压均可调的三相交流电,向牵引电机供电。VVVF 逆变器由 2 个逆变模块单元组成,采用 2 个逆变器模块驱动 4 台牵引电动机的工作方式,电阻制动斩波单元与逆变模块单元集成在一起。

列车高压电路如图 LH1-2 所示,高压电路含车间电源插座、母线高速断路器箱、母线熔断器及隔离开关箱,每个动力单元对应安装有 4 个受流器,分别位于 Tc 车和 M2 车两侧。电气牵引系统由高压电器(MQS、HB)、电容器充放电单元(KM1、KM2、MQS1、R1、R2)、滤波单元(L、C)、斩波及过电压抑制单元(斩波 IGBT 模块、RB01/RB02)、逆变器单元(INVMK1、INVMK2)、交流牵引电机(1M01~1M04)及检测单元(LH2、LH13-LH14/LH23-LH24、LH16/LH26、VH2、VH1)等组成。

三、各单元的组成与功能

1. 母线电器单元

母线电器单元由母线熔断器(BF)、母线高速断路器(BHB)、辅助母线熔断器(BAF)、主熔断器 MF、隔离二极管(V1)等组成。BF、BAF、V1 集成在母线熔断器与隔离开关箱中,而 BHB 集成在母线高速断路器箱中。

高压母线电路是电气牵引系统的输入电源电路,电路中母线电器用于列车高压母线重联(BF、BHB 用于 Tc 车和 M2 车之间的母线重联),从而确保列车通过无电区时运行平稳。BAF 用于列车高压辅助贯通母线的保护,V1 用于该母线与其他线路的隔离。

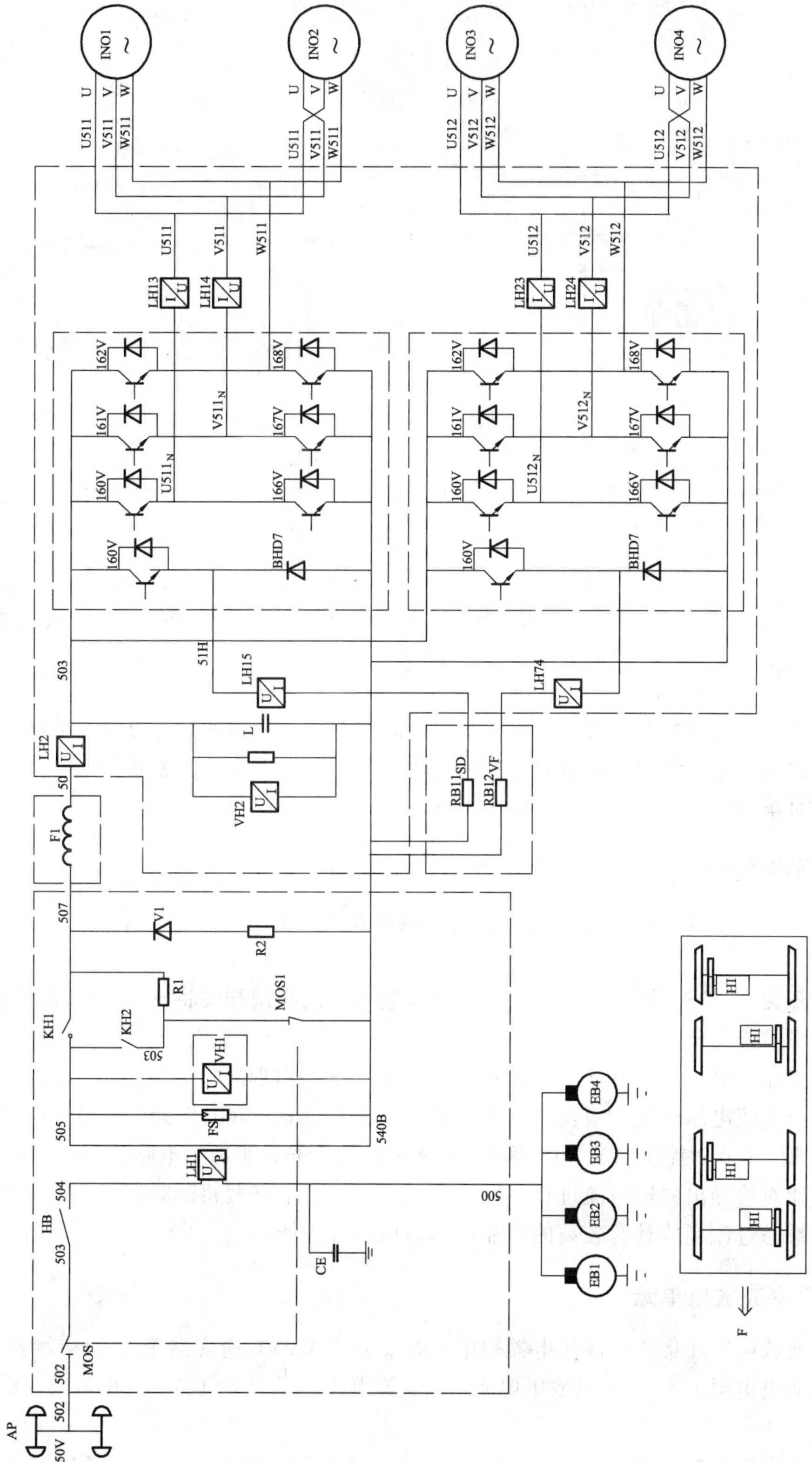
INO1
INO2
INO3
INO4
U
V
W
U511
V511
W511
U512
V512
W512
LH13
LH14
LH23
LH24
162V
161V
160V
168V
167V
166V
BHD7
V511N
U511N
V512N
U512N
503
51H
LH15
LH74
LH2
L
VH2
RB11SD
RB12VF
F1
50
507
V1
R2
R1
MOS1
KH1
KH2
VH1
FS
505
540B
LH1
HB
504
500
CE
EB1
EB2
EB3
EB4
HI
F
MOS
502
AP
DC750V

图 LH1-1　主电路

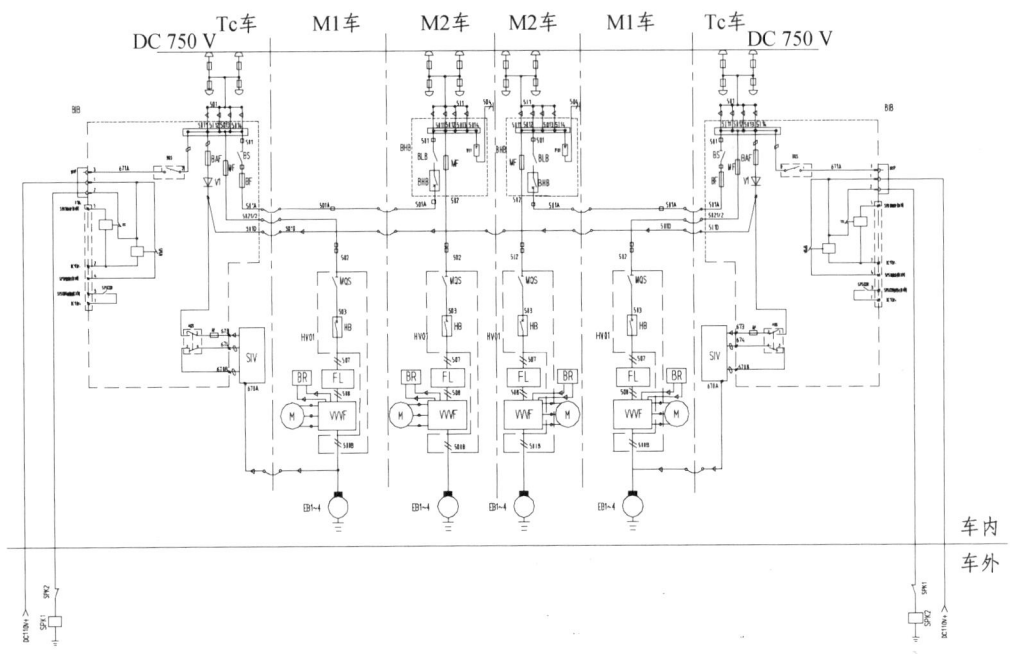

图 LH1-2　高压电路

2. 避雷器

避雷器用于地铁车辆上，安装在母线高速断路器箱侧，作为额定 750 V（500～1 000 V）直流供电网过电压保护装置，能有效防止来自车辆外部的过电压（如雷击等）和车辆内部的操作过电压对车辆电气设备绝缘的破坏。

3. 高压电器单元

高压电器单元集成在高压电器箱中，由主隔离开关（MQS）、主熔断器（MF）、高速断路器（HB）等组成。

主隔离开关（MQS）用于主电路的隔离以及通过机械联锁开关将支撑电容器的放电回路短接，以保证维修安全。

高速断路器（HB）用于主电路的故障保护，当主电路出现严重故障，如主电路电器部件故障、网压或直流电压过压、直流侧电流过流、主电路接地、IGBT 元件故障、网络通信故障、DCU 故障、110 V 控制电源失电等时，高速断路器断开，实现主电路的故障保护。同时，高速断路器能对检测出的过电流进行快速响应，以实现主电路短路瞬时保护，使电维持、电控制和直接瞬态过流释放具有较高的可靠性和高压电气性能。

4. 电容器充放电单元

电容器充放电单元集成在高压电器箱中（R_4 安装于 VVVF 逆变器箱），由接触器（KM1、KM2）及充放电电阻（R_1）、固定放电电阻（R_4）等组成，用于主电路支撑电容器（C）的充、放电。

当列车牵引准备好，主电路高速断路器（HB）闭合后，闭合接触器（KM2），通过受流器（AP）输入的高压电源经主隔离开关（MQS）、充放电电阻（R_1）给支撑电容（C）充电，当电容电压在一定时间且上升到一定值时，KM1闭合，电容充电完成。充电时间不超过3 s。

在正常情况下，电容的放电由固定放电电阻（R_4）完成，将电容端电压放电到50 V以下的时间小于5 min。

当对高压电路和VVVF逆变器检修或维护保养时，则放电电阻（R_1）与主隔离开关的联锁辅助开关（MQS1）形成直流支撑电容的快速放电回路，从而使电容通过放电电阻快速放电。

5. 滤波单元

滤波单元由滤波电抗器及主电路支撑电容器组成。支撑电容器集成在逆变器模块上。滤波电抗器为空心式电抗器，采用走行风冷却方式。

滤波电抗器及支撑电容器，使主电路直流侧电容电压保持稳定并将电压波动限制在允许范围内，同时，吸收直流输入端的谐波电压，抑制逆变器对输入电源的干扰，在逆变器发生短路时抑制短路电流并满足逆变器开关元件换相的要求等。

6. 逆变器单元

逆变器采用IGBT元件，为两电平逆变电路，采用抽屉式结构，冷却采用热管散热器走行风冷却方式。其主电路由两个逆变器模块（INVMK1、INVMK2）组成，每个逆变器模块集成三相逆变器的三相桥臂（逆变模块）及制动相桥臂（斩波模块），驱动2台牵引电动机。集成在VVVF逆变器箱中的2个逆变器模块驱动4台牵引电动机。

逆变器控制装置即传动控制单元（DCU），采用"异步电动机直接转矩控制"、"黏着利用控制"软件和"交流传动模块化设计"硬件，主要完成对逆变器与交流牵引电机的实时控制、黏着利用控制、制动斩波控制，同时具备完整的牵引变流系统故障保护功能、模块级的故障自诊断功能和故障自复位功能以及部分车辆级控制功能，DCU是组成列车通信网络的一部分，与多功能机车车辆总线采用MVB接口进行通信。DCU集成在一个标准机箱内，安装在VVVF逆变器（INV箱）中。

7. 制动斩波单元

斩波部分由IGBT斩波模块及制动电阻RB_{01}、RB_{02}等组成。

再生制动时，若电容两端电压上升至一定值时，触发电阻制动斩波模块，调节斩波模块开关元件的导通角，将电容两端的电压稳定在一定的电压值，此时为再生和电阻混合制动。若电容两端电压或第三轨电压回落，则由电阻制动转换为再生制动。

牵引或制动工况时，通过触发导通斩波模块，能抑制因空转等原因引起的瞬时过电压。

制动电阻安装在车辆底架下，每节动车一个，采用强迫风冷冷却方式。

8. 牵引电动机

牵引电动机为三相交流异步牵引电动机，其技术特征为：转子为铜排鼠笼式结构，定子为无机壳结构，悬挂方式为架承式全悬挂，绝缘等级为200级（耐电晕），冷却方式为带内风扇自通风。

9. 检测单元

检测单元由 LH1、LH2、LH13、LH14、LH16、LH23、LH24、LH26、VH1、VH2 等电流、电压传感器组成，传感器采用霍尔传感器，其中 LH1 为差动电流传感器，实现主电路接地故障保护。

差动电流传感器 LH1 放置在高压箱中，LH2、LH13、LH14、LH16、LH23、LH24、LH26、VH1、VH2 安装在逆变器（INV 箱）中。

10. 接地装置

接地装置安装在轴箱端部，来自第三轨的直流高压电经牵引逆变器及辅助逆变器后，通过接地装置流过车轴、车轮接入钢轨，形成一个回路，能有效改善车辆导电性能和防止轴箱滚动、轴承电蚀，提高了车辆的可靠性。接地装置为从车辆的固定端与旋转部件之间电流转移的低电阻电桥。因此，接地装置具备了有效电流的转移、信号电流的转移、车辆的接地保护 3 个功能。

通过牵引仿真计算，每节动车主电路直流侧平均等效电流为 820 A，最大峰值电流为 1 850 A，辅助回路最大电流为 280 A，每节动车有 4 个接地装置，则要求每个接地装置能通过的最大电流为（1850 + 280）/4 ≈ 532.5（A）。

每个动车车轴配置 1 个接地装置，每辆拖车配置 2 个接地装置，全列车共配置 20 套。

子模块 LH2　牵引设备

一、受流装置

受流装置即接受供电的装置。一般城市轨道交通车辆采用直流 750 V 和直流 1 500 V 供电。

直流 750 V 采用第三轨供电方式，在车辆的转向架上装有受流器，接触方式分为上部受流和下部受流。上部受流即受流器的滑块与第三轨上部接触受流，下部受流即受流器的滑块与第三轨的下部接触受流。昆明地铁首期工程均采用第三轨下部受流的供电方式。

直流 1 500 V 供电采用架空线接触网式，车辆采用受电弓受流。由于直流 1 500 V 供电方式电流小而线路压降低，能量损失少，同时，还能减少整个牵引系统的电流容量，很多城市轨道车辆采用直流 1 500 V 接触网供电，受电弓受流的方式。但此种方式供电系统建设成本高，后期维修保养难度大。

1. 受流器的基本结构和动作原理

昆明地铁首期工程电客列车使用的受流器为 SG128 型第三轨受流器，其功能是给电客列车上电，安装在车辆转向架上。运行期间，第三轨受流器靠弹簧压力推至第三轨，并在车辆移动时受流。由于转向架的安装位置不同，受流器有左右之分，如图 LH2-1 所示。

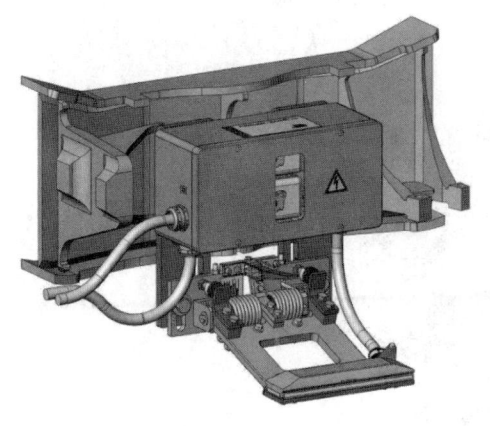 

（a）LH（左）受流器　　　　　　（b）RH（右）受流器

图 LH2-1　受流器

(1) 受流器的基本结构。

第三轨受流器通过背板安装在转向架上，并配有熔断器盒，对受流器进行保护。每列车只在 Tc 车及 M2 车上安装有受流器，每节车安装 4 个受流器，左右各 2 个，安装在前后两个转向架中部。每节车 4 个受流器通过车辆连接电缆并联在一起。

受流器由底架、摆臂、锁闭机构组成，如图 LH2-2 所示。

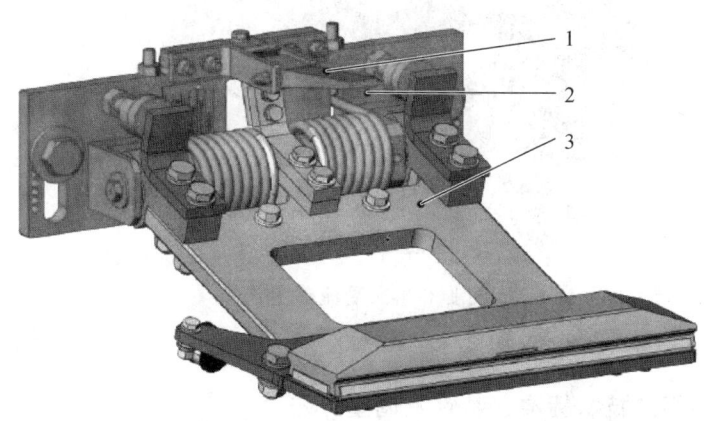

图 LH2-2　受流器结构

1—锁闭机构；2—底架；3—摆臂

(2) 受流器的动作原理。

底架是安装摆臂的载体装置，为金属薄片结构，包含螺丝连接部件。底架表面镀锌处理，以提高防腐性。通过在底架钻孔（间隔 6 mm），可逐步改变受流器的位置。同时，摆臂、轴、扭力弹簧和弹簧的轴承点被固定至底架，扭力弹簧与底架和摆臂相连，将摆臂抵至接触轨，保证了集电靴与电力轨道的安全接触，同时，利用底架内的弹簧压缩器可灵活调节接触力，如图 LH2-3 所示。摆臂定位在底架中枢位置，以受流器集电靴与接触轨搭接。带电和接地受流器部件间通过绝缘板（表面 CTI 值为 600）实现绝缘。

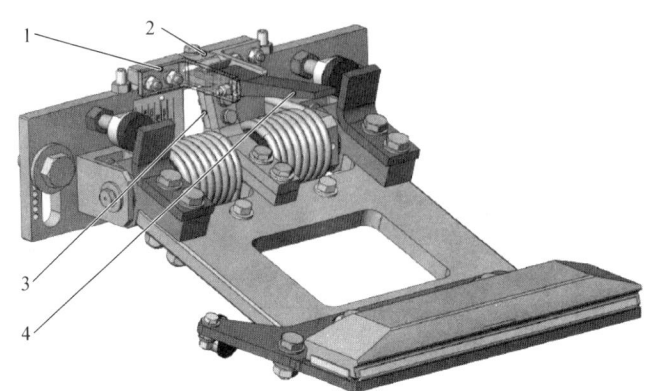

图 LH2-3 受流器部件

1—固定支架；2—板簧；3—锁钩；4—解锁手柄

锁闭机构用于永久安全地固定与第三轨无接触区域的受流器摆臂。

受流器主连接包含 3 个特软涂硅连接电缆，电缆将电流从受流器传递至熔断器盒及车辆，如图 LH2-4 所示。

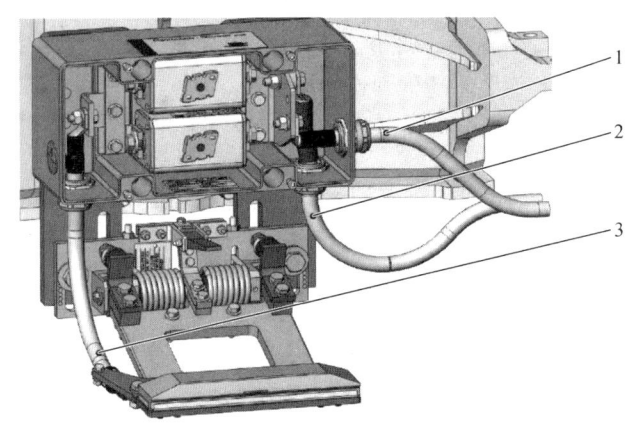

图 LH2-4 受流器主连接

1—熔断器盒至车辆连接电缆；2—同一端熔断器盒间连接电缆；3—受流器至熔断器盒连接电缆

2. 受流器的相关技术标准、特性及调整方法

在 AW0 荷载工况下，受流器支点到轨面的距离必须为（198.5±3）mm。受流器的背板上有调整孔，可通过松开受流器后板安装螺栓调整集电靴的高度，如图 LH2-5 所示。

在 AW0 荷载工况下，受流器第三轨缝到轨面的距离（集电靴自然状态表面到轨面的距离）必须为 237～239 mm。摆臂上有两个可调整橡胶缓冲器的埋头螺母，调整两个橡胶缓冲器即可调整该距离，如图 LH2-6 所示。

按压集电靴到锁闭位，锁闭器能可靠锁闭。按压解锁手柄，锁闭器能缓解，集电靴能在弹簧作用下恢复原位置，如图 LH2-6 所示。

若不能锁闭或不能解锁，拆下螺栓 6，将锁钩及其安装架一同取出，松开螺栓 7，沿图中箭头方向调整锁钩，不能锁闭时沿图中斜上方调整，不能解锁时沿图中斜下方调整。螺栓 6 的安装也有较小间隙，可以沿图中箭头方向进行辅助调整。

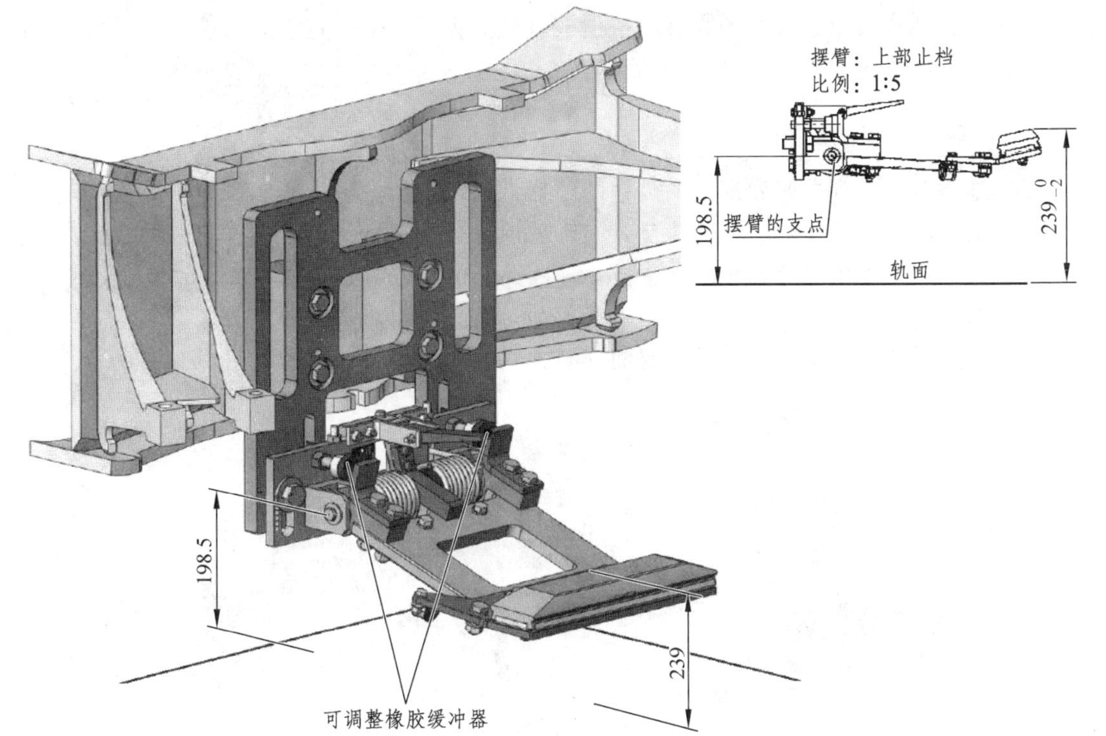

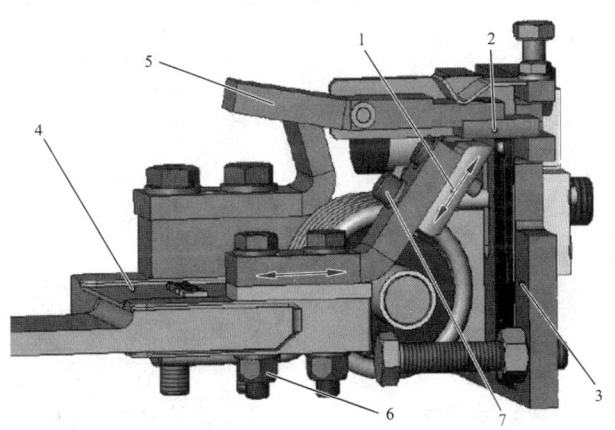

图 LH2-5　受流器尺寸

图 LH2-6　受流器锁闭机构

1—锁钩；2—锁闭板；3—底架；4—摆臂；5—解锁手柄；6—螺母；7—螺栓

二、高速断路器

1. 高速断路器的基本功能

高速断路器（高速开关）用来接通和分断地铁车辆的高压主电路，是电动车辆的主要电气保护装置。在正常情况下，高速断路器闭合或断开受流器电能的电路，以达到断电、供电和转换电路的目的。当电网或车辆主电路出现不正常的情况，如短路、过压、欠压时，能自动把负载供电系统断开。因为这些不正常的情况将危及司机、检修人员和乘客的安全或设备的正常运行，甚至会引起人身伤亡事故或造成电气火灾。为了防止事故的扩大，要求高速断路器动作迅速、可靠，并具有足够的断流容量。

2. 高速断路器的结构

昆明地铁首期工程电客列车上的高速断路器（HB），型号为UR6-31，为主牵引高压回路的保护开关。每个高压电器箱内都设有一个高速断路器。其为单极设备，可以提供双向通断，给车上的牵引设备提供过流和短路保护。高速断路器的断开方式有两种：一种是通过牵引控制单元（DCU）来控制；另一种由过流和短路故障引发器件本身的脱扣分断。

该型断路器可根据不同功能的需要而安装独立的子部件，其结构如图LH2-7所示。

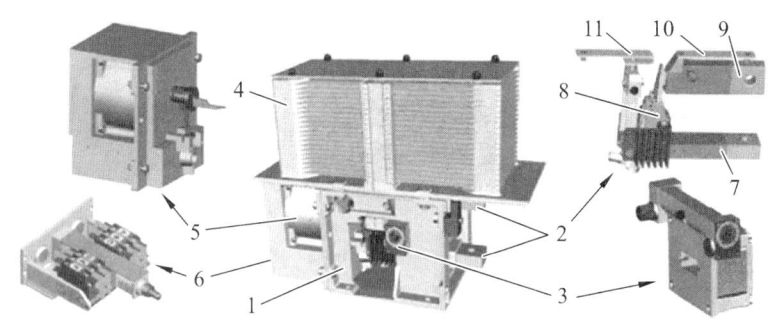

图LH2-7　高速断路器

1—由增强型绝缘材料（玻璃纤维）组成的固定绝缘架；2—主回路；3—过电流脱扣装置；4—灭弧罩；
5—合闸装置和拨叉；6—辅助触点组件；7—下连接铜排；8—动触头；
9—上连接铜排；10—带引弧角的静触头；11—引弧角

3. 高速断路器的工作原理

如图LH2-8所示，当接收到一个合闸命令，合闸装置1推动拨叉2，由拨叉推动动触头闭合，同时主触头间（3、9）产生接触压力。连接动触头3的导杆4驱动辅助触点5。减振器6可对合闸过程中产生的冲击力起到减振作用。

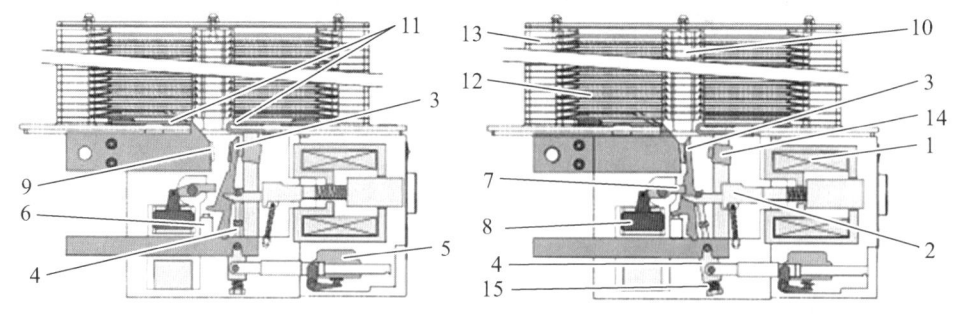

图LH2-8　高速断路器

1—合闸装置；2—拨叉；3，9—主触头；4—导杆；5—辅助触点；6，14—减振器；7—杠杆；8—铁心；
10—灭弧罩；11—引弧角；12—灭弧栅片；13—去离子隔板；15—弹簧

主触头闭合后，合闸装置1借助一个较小的保持电流（电保持）或者不带电流（磁保持）来维持接触压力（昆明地铁首期工程为电保持）。

断路器既可以通过过流脱扣器，也可以通过适当的分闸命令进行分闸。超过最大电流设定值的过电流将提升铁心 8 并导致杠杆 7 推动拨叉 2 向下运动，紧接着就释放动触头 3。主触头（3、9）间产生的电弧在引弧角 11 作用下向上运动进入灭弧罩 10，在灭弧罩中电弧被灭弧栅片 12 分割，而电离气体绝大部分被去电离子隔板 13 中和。减振器 14 可对分闸过程中产生的冲击力起到减振作用。

高速断路器分断有两种方式。如图 LH2-9 所示，当过电流通过主回路时，在脱扣装置中产生一个磁场，磁场力推动它的铁心向上运动。这个运动触发杠杆向下按压拨叉，释放动触头。

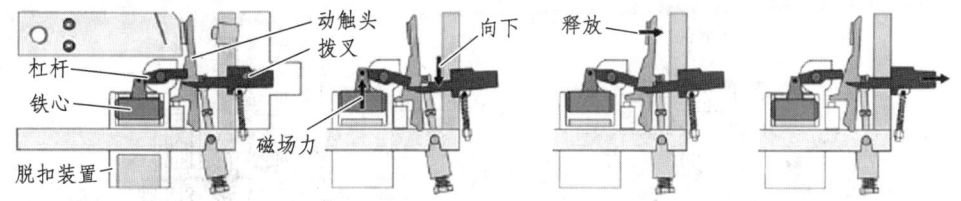

图 LH2-9　高速断路器

向断路器发送一个远程的分闸命令切断保持电流（电保持）或者施加一个反向脉冲信号（磁保持），此时，断路器的拨叉 2 将向合闸装置 1 方向运动，弹簧 15 打开动触头的同时，导杆 4 驱动辅助触点 5。

4. UR 6-31 型高速断路器的技术特点

① 对地高绝缘等级；
② 高分断能力；
③ 对气候条件不敏感；
④ 使用寿命长；
⑤ 容易维修；
⑥ 体积小。

5. UR 6-31 型高速断路器的技术参数

额定工作电压：900 V；
最高工作电压：1 000 V；
额定绝缘电压：2 300 V；
额定工作电流：1 000 A；
最大电弧电压：1.5 ~ 2.1U_e，U_e 为额定工作电压。

三、交流牵引电动机

异步电动机是基于气隙旋转磁场与转子绕组中感应电流相互作用产生电磁场转矩，从而实现能量转换的一种交流电机。

它与直流牵引电动机相比，结构简单、体积小，而且由于没有直流牵引电机的换向器和电刷系统一整套装置，使得工作稳定可靠，维修工作量大大减少。随着电力电子元件和控制技术的发展，交流电机的调速性能已超过直流电机，故在诸多领域被广泛运用。

异步电动机与同步电动机不同,其转速和同步转速间存在一定差异(即所谓异步),这是它产生转矩的必要条件。由于转子绕组电流是感应产生的,所以异步电动机也称感应电机。

1. 牵引电动机的结构

昆明地铁首期工程电客列车运用的是 YQ-190-6 型异步牵引电动机,为 4 极自通风三相鼠笼式异步电动机,按逆变器特性进行设计,由 VVVF 逆变器供电,外形如图 LH2-10 所示。

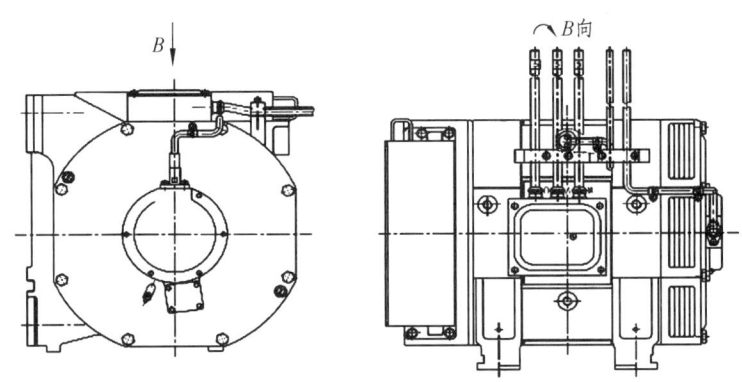

图 LH2-10 电机外形图

异步电动机主要由两部分组成,固定部分称为定子,旋转部分称为转子。定子和转子之间有一很小的间隙称为气隙。另外,定子的两端还有支撑转子的前端盖(非传动端端盖)、后端盖(传动端端盖)、轴承、总装零件等几大部件。YQ-190-6 型异步牵引电动机为满足列车控制的需要,还装有轴测速装置温度传感器。

(1)定子。

异步电机的定子由定子铁心、定子绕组和机座三部分构成,如图 LH2-11 所示。

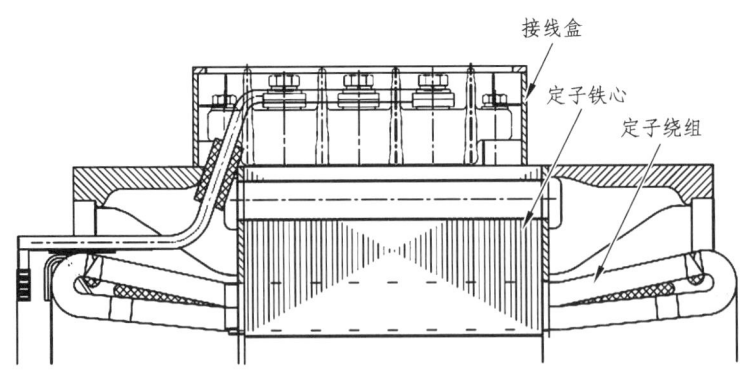

图 LH2-11 定子断面图

定子铁心用于固定定子绕组,同时也作为电机中磁路的一部分。铁心由导磁性好的冷轧电工硅钢片叠成,以减少旋转磁场在铁心中引起的损耗。定子铁心内圆有许多形状相同的槽,用于嵌放定子绕组。

定子绕组嵌放于槽内,相间及绕组对地间用绝缘材料防护,由槽楔固定于槽中,经真空压力浸绝缘漆烘干,最终达到固定和绝缘的双重要求。定子绕组是电机的电路部分,主要作用是产生感应电势,以实现机电能量的转换。

机座的作用主要是固定和支撑定子铁心，以及与车体的连接，所以机座必须有足够的机械强度和刚度。

（2）转子。

异步电机的转子由转子铁心、转子绕组和转轴等组成。转子与风扇外观如图 LH2-12 所示。

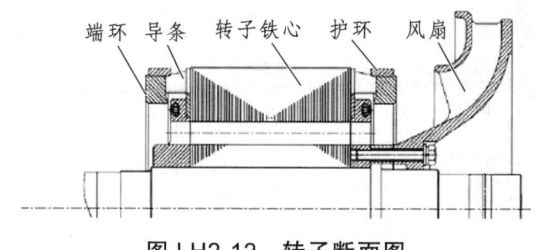

图 LH2-12　转子断面图

转子铁心作为电机中磁路的一部分，也由硅钢片叠成，并安装在转轴上。转子铁心上开有槽，以放置或浇注转子绕组。

转子绕组的作用是感应电势、流过电流和产生电磁转矩，其结构有鼠笼式和线绕式两种。

异步电动机的转子绕组不必由外界电源供电，可以自行闭合而构成短路绕组，因此工艺简单。每个转子槽中插入一根导条，在伸出铁心两端的槽口处，用两个端环分别把所有导条连接起来。如果去掉铁心，整个绕组外形就像是一个"鼠笼"，所以称为鼠笼式转子。

（3）气隙。

异步电动机的定子和转子之间有一气隙，但很小。气隙大小对异步电动机性能有很大的影响。一方面，为了降低电动机的空载电流和提高电动机的功率因数，气隙应尽可能小；另一方面，为了装配方便和运行可靠，以及削弱磁场脉振所引起的附加损耗等，气隙稍大是有利的。

（4）轴承、端盖及总装零件。

电机两端均需要用轴承支撑转子。昆明地铁首期工程电客列车牵引电机两端均采用的是绝缘轴承，传动端采用 SKF 圆柱轴承 NU216ECM/C4VA3091；非传动端采用 SKF 球轴承 6215M/C4VL0241，两端油封都采用迷宫式密封结构，如图 LH2-13 所示。传动端端盖与非传动端端盖均为球铁结构，都装有注油嘴（注油油杯 M10×1），具有补充润滑脂的功能；在传动端端盖上开有进风口，非传动端端盖上开有出风口，如图 LH2-14 所示。

在电机的非传动端安装有非接触式测速传感器。在定子铁心内装有温度传感器。

2. 牵引电动机的工作原理

当三相异步电动机接入三相交流电源时，三相定子绕组流过三相对称电流产生的三相磁动势（定子旋转磁动势）并产生旋转磁场。该旋转磁场与转子导体有相对切割运动，根据电磁感应原理，转子导体产生感应电动势并产生感应电流。根据电磁力定律，载流的转子导体在磁场中受到电磁力作用，形成电磁转矩，驱动转子旋转，当电动机轴上带机械负载时，便向外输出机械能。电机的转速（转子转速）永远小于旋转磁场的转速（同步转速），使转子和旋转磁场间有相对运动，从而保证转子的闭合导体切割磁力线，感生电流，产生转矩。

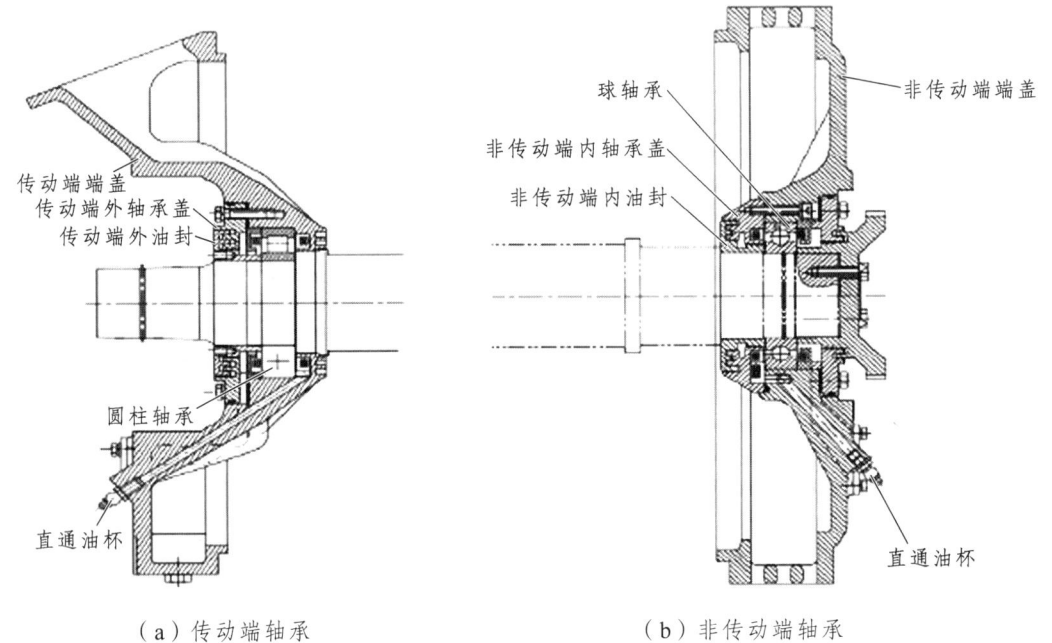

（a）传动端轴承　　　　　　　　（b）非传动端轴承

图 LH2-13　轴承端盖断面图

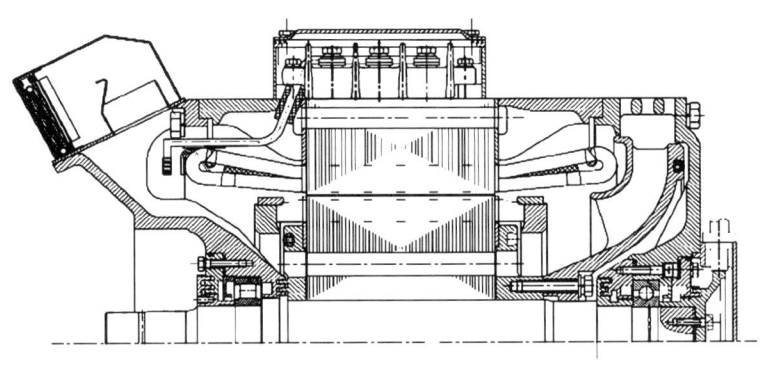

图 LH2-14　电机断面图

（1）异步电动机的机械特性。

在三相异步电动机定子电压、频率以及参数固定的条件下，它的电磁转矩 M 与转子转速 n 之间的变化关系称为异步电动机的机械特性，如图 LH2-15（a）所示。

当 $1 \geqslant S > 0$ 时，电磁转矩 M 和转子的转速 n 都为正，电机处于电动机运行状态。气隙旋转磁密 $\beta\delta$ 的转向与转子转向一致，$0 \leqslant n < n_1$。

当转差率 $S < 0$ 时，$\beta\delta$ 与转子方向一致，$n > n_1$，电磁转矩 M 为负，n 为正，电机处于发电机工况，运行于制动状态。这种状态应用在电阻制动或再生制动工况。

当转差率 $S > 1$ 时，电磁转矩 M 为正，转速 n 为负，这也是一种制动状态，即反接制动或电磁制动工况。

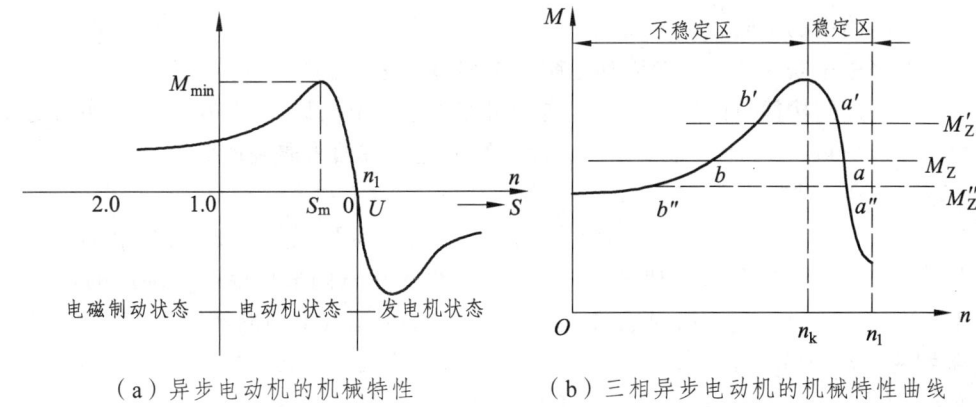

(a) 异步电动机的机械特性　　　　(b) 三相异步电动机的机械特性曲线

图 LH2-15　三相异步电动机的特性曲线

（2）三相异步电动机的稳定工作区。

机械特性 $M = f(S)$ 和 $M = f(n)$ 曲线可以分成如图 LH2-15（b）所示的两部分：在转速大于临界转速 n_k，即 $n > n_k$ 时，称为稳定运行区；当 $n < n_k$ 时，称为不稳定运行区。如异步电动机的负载转矩为 M_Z，它的机械特性有两个交点 a 和 b，当电动机在 a 点工作时，若负载转矩发生了波动，如从 M_Z 增加到 M'_Z，必将导致异步电机转速的减小。

从机械特性看，随着 n 的减小，电动机转矩增大，以适应负载的变化，由此可在新的工况点达到平衡。反之，若 M_Z 减小，则转速上升，电动机的电磁转矩也减小，也可达到新的平衡。所以，电动机在 $n_k < n < n_1$ 范围内运行时是稳定的，可随负载变化建立新的平衡。假如异步电动机原有的工况在 b 点，则当负载由 M_Z 减至 M''_Z 时，将使电动机转速下降，结果电磁转矩也在下降，更小于负载转矩，这又进一步使电动机转速下降，电动机转矩也越小，最终导致电动机停转；反之，若 M_Z 上升至 M'_Z 时，电动机转速上升，转矩 M 也随之上升，这又进一步使电动机加速，直到电动机工况越过临界点而进入稳定工况区，并在稳定运行区建立新的平衡工况点。可见，电动机不能在 $0 < n < n_k$ 区段内稳定运行。

由上述情况可见，异步电动机正常工作范围只能在 $n_k < n < n_1$ 区段内。由于该区段内转速特性曲线比较陡峭，转速变化范围不大，所以异步电动机正常运转的速度 n 很接近同步转速 n_1，其额定转差率很小，$S_a = 0.04 \sim 0.06$，正是由于这种硬特性，在作牵引电动机时，便会具有良好的防空转性能，因为即使异步电动机的负载转矩下降到零，其转速也上升甚少，不会像直流串励电动机那样，在空转时使转速飞升。因此，交流电力传动车辆的防空转性能好，可以更充分利用黏着质量。

（3）三相异步电动机的调速。

异步电动机驱动的电客列车调速，实际上就是对异步牵引电动机的调速，总的来说，异步电动机的调速可以从定子、转子两方面来采取措施。

① 从定子方面采取的措施如下：

改变加到定子上的电压 U_1；

改变定子绕组磁极对数 p；

改变电源频率 f_1。

② 从转子方面采取的措施如下：

改变转子电路中的电阻；

在转子电路中串联一个或几个附加电阻，即串级调速。

由于通常采用结构简单的鼠笼式异步电动机作为牵引电动机，这种电动机的转子绕组是"短路绕组"难以再在转子上采取的措施，故一般从定子方面采取调速措施。

（4）改变电压U_1调速。

在电源频率f_1不变的条件下，异步电动机的转矩与电压U_1的平方成正比，因此，改变U_1后异步电动机的转矩随U_1的减小成平方关系下降。但由于其倾覆转矩M_{max}对应的S_k与U_1无关，故对应不同的U_1时，M_{max}所对应的n_k是不变的。如果这时的负载转矩为M_Z，由图可知，改变U_1来调速，其平衡工况点分别为a、b、c，它们对应的转速n_a、n_b、n_c相差是不大的，可见用改变U_1的方法来调速不但不能使转速有多大变化，而且使最大转矩M_{max}发生较大的变动，减弱了电动机适应负载变化的能力，因此不宜采用单独改变U_1的方法调速。

（5）改变磁极对数的调速。

在电源频率不变时，异步电动机的同步转速n_1与磁极对数p成反比，所以改变定子绕组的磁极对数即可改变它的同步转速，也就可以改变转子的转速。定子绕组磁极对数只能一级一级跳变，可见其平滑调速性能差，故在电客列车的异步电动机调速上，基本不采用此方法调速。

（6）变频调速。

在磁极对数一定的条件下，如果能平滑地改变f_1，就可以平滑地改变n_1及调节电动机的转速n。f_1变化范围越大，n_1的变化范围也越大，异步电动机调速范围也越宽广，这就可以满足电客列车牵引电动机从零到最大值的调速要求。

对于变频调速下异步电动机的机械特性形状都相似，呈马鞍形，但在不同f_1时其机械特性分布的转速范围和倾覆转矩M_{mx}的大小不同，这种变化可以用倾覆转矩M_{mx}（即最大转矩M_{max}）和对应的转速n_k来表示，那么倾覆转矩为

$$M_{mx} = C_m \frac{4.44 K_2 W_2}{4\pi L_2} \cdot \left(\frac{U_1}{4.44 f_1 K_1 W_1}\right)^2 = C'_m \frac{U_1^2}{f_1^2}$$

式中　K_2——转子绕组系数；

　　　W_2——转子绕组匝数；

　　　L_2——转子电感；

　　　f_1——电源电压频率；

　　　U_1——电源相电压有效值；

　　　W_1——定子每相绕组匝数；

　　　K_1——定子绕组系数；

　　　C'_m——与电机结构有关的常数。

从公式可见，异步电机倾覆转矩M_{max}是与$\left(\dfrac{U_1}{f_1}\right)^2$成正比。如果变频调速是在$U_1$=常数的条件下进行，则$M_{max}$随$f_1$成反比例变化，其机械特性的变化情况如图LH2-16（b）所示。f_1增大，M_{max}减小；f_1减小，M_{max}增大。

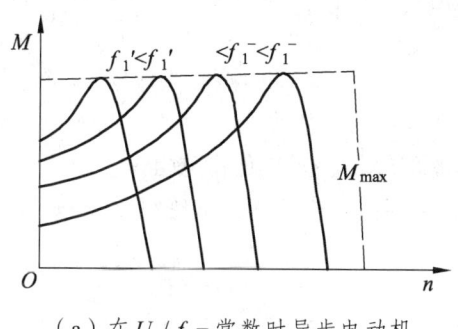 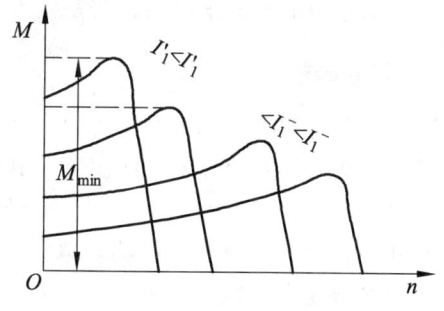

（a）在 $U_1/f_1=$ 常数时异步电动机机械特性随 f_1 的变化关系　　（b）在 $U_1=$ 常数时异步电动机机械特性随 f_1 的变化关系

图 LH2-16　机械特性随 f_1 的变化关系

这种变化规律可以满足电客列车恒功率牵引特性的要求，如果变频调速是在 $\dfrac{U_1}{f_1}$ 为常数的条件下进行，则 M_{max} 将是一个常数，这时的机械特性变化规律如图 LH2-16（a）所示。机械特性几乎是随 f_1 的不同而平移。必须指出，$\dfrac{U_1}{f_1}$ 为常数而使 M_{max} 不变是 U_1 近似代换 E_1 而得，因为 E_1 与 U_1 间相差一个电抗压降的相对值较小，近似代替后的误差也很小；但在低频时，E_1 本身就很小，而电抗压降相对突出（在电抗压降中，低频时的电阻压降 I_1R_1 又相对突出），致使上述近似代换有较大的误差，以致随 f_1 减小时，M_{max} 略有下降。为此，在低频时随着 f_1 的减小，可以略微提高一些 U_1 值，以补偿电抗压降的影响，使 $\dfrac{E_1}{f_1}$ 保持不变，以维持 M_{max} 不变。在低频条件下 M_{max} 不变，基本上就可以满足电客列车低速起动时具有大而稳定不变的牵引力的要求。同理，利用 $\dfrac{U_1}{f_1}$ 为常数的调节方法，可以获得电客列车运行中的恒转矩工况。

在 $\dfrac{U_1}{f_1}$ 为常数的条件下，异步电动机旋转的气隙磁场每极磁通 $\varPhi$ 是不变的，如果这时的磁通较接近于饱和状态，则可以认为异步电动机工作在全磁场工况；在 U_1 为常数的条件下，气隙磁通 $\varPhi$ 将随 f_1 的增加而减少，则可以认为异步电动机工作在磁场削弱工况。

对于不同的电客列车牵引性能的要求，如恒转矩或恒功率控制等，则可按上述规律适当地配合运用，以获得满意的调速效果。

四、避雷器

1. 避雷器的作用

避雷器是用来保护电力系统中各种电器设备免受雷电过电压、操作过电压、工频暂态过电压冲击而损坏的一个电器。避雷器的类型主要有保护间隙、阀型避雷器和氧化锌避雷器。避雷器能释放雷电或能释放电力系统操作过电压能量，保护电工设备免受瞬时过电压危害，又能截断续流，不致引起系统接地短路。避雷器通常接于带电导线与地之间，与被保护设备并联。当过电压值达到规定的动作电压时，避雷器立即动作，流过电荷，限制过电压幅值，保护设备绝缘；电压值正常后，避雷器又迅速恢复原状，以保证系统正常供电。

2. 避雷器的构造

昆明地铁首期工程电客列车上使用的是 3EB4 型避雷器，用来防止设备或者某一个部件的绝缘被允许范围外的过电压所击穿。其中起作用的部件是金属氧化物电阻片，即氧化锌避雷器。如图 LH2-17 所示，金属氧化物电阻片排列在一组柱子中（中空的绝缘子），并且直接安装的硅外套使其免受环境影响。电阻排周围被玻璃纤维增强型复合棒紧密包围并压合在一起，使得避雷器具有一定的机械稳定性。硅橡胶外壳具有憎水特性，可将外套表面上的放电保持在极小程度，因此，即使在污染严重的情况下，也能保证极好的工作特性。

金属氧化物电阻片用玻璃纤维增强复合杆紧密封闭（像在一笼子里）。当电阻片发生过载时（极其罕见，但任何放电器均不能排除这种情况），所产生的电弧不会造成过压，因为电阻片没有被密封的坚实外壳所封闭。电弧可从硅外套中立即逸出，不会使外壳突然破裂。同时，大量的玻璃纤维增强复合杆在很大程度上将金属氧化物电阻片保持在其位置上。因此，零件飞出的危险被降到最低。如有必要，避雷器可配备电晕控制配件和（或）防护装置。

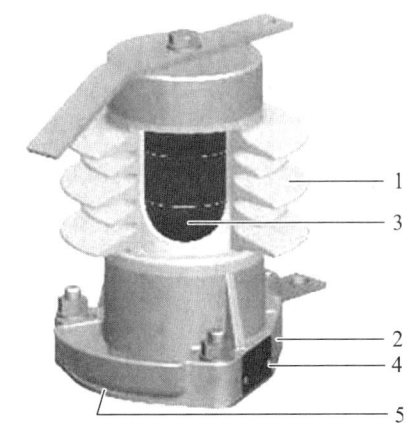

图 LH2-17　避雷器
1—硅橡胶复合外套；2—法兰压力释放口；
3—金属氧化物电阻（非线性）；
4—铭牌；5—释放口

3. 避雷器的作用原理

金属氧化物电阻具有很强的非线性特点，即这种电阻具有曲率极大的电流、电压特征曲线。正常持续电压下所流过的漏电电流小于 1 mA。当出现雷电或者操作过电压时，这些电阻就会导通（电阻范围），从而使得浪涌电流能够流入大地，并且将过电压降低为落在避雷器上的电压值（"残压"）。当出现开关过电压时，浪涌电流可达 500 A；当出现雷电过电压时，浪涌电流可达 1.5 ~ 10 kA。

4. 避雷器的设置与安装

避雷器的保护范围有限，因此应当将过压防护放电器尽可能安装在需要进行保护的设备单元附近。应当根据相应的规定来测量相邻避雷器或者其电晕控制器件与接地或导电部件之间的间距。为保证安全、避雷器可靠的功能和最佳的保护，接地应当尽可能短。

五、制动电阻

1. 电制动的方式

电阻制动电路由制动控制模块及制动电阻组成。在电制动的时候，由牵引电动机产生的制动能量可通过再生制动、电阻制动两种途径消耗。

再生制动：如果第三轨可以吸收能量，如第三轨电压最高限额还没达到，制动能量可以反馈至第三轨。

电阻制动：如果第三轨不再能吸收能量（第三轨电压已达上限值），制动电阻电路受制动控制模块的控制，制动能量在制动电阻上转换成热能消耗。

制动控制是周期性的，这样可以保证直流连接电路稳定。如果牵引系统的消耗大于由制动能量转换成的电能，直流连接电路将会处于放电状态，在这种情况下，系统将结束电制动。电阻制动可以达到机械制动的水平，但不能完全让列车停止，在一定的速度下，牵引电机无法产生能量时，制动电阻也就失去了制动的作用，这时的列车需要机械制动来降低速度。故常用制动时，在列车即将停稳时，制动需要进行空电转换。

2. 制动电阻箱的结构

昆明地铁首期工程电客列车制动电阻安装在不锈钢制成的构架内，通过3个横梁安装在车厢地板下，如图LH2-18所示。出风罩安装在构架后端，给冷却制动电阻的压缩空气提供出口。冷却风机通过法兰连接在构架的前端，风机使电阻单元在冷却期间保持固定的温度（制动电阻的性能和风机的性能密切相关）。风机通过风机网罩吸进空气，风机网罩阻止风机吸入别的物体。

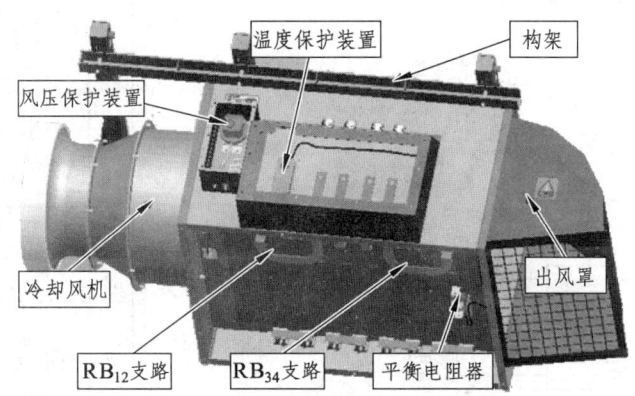

图LH2-18 制动电阻装置结构说明图

构架内的电阻有两个支路组成：RB_{12} 和 RB_{34}，每部分由4个电阻单元构成。电阻单元通过不同的铜母排相互连接。额外的电能通过电缆和铜母排从牵引逆变器传输到电阻单元上转化为热能。电阻单元通过滚轮安装在构架的导轨里，导轨通过绝缘子安装在构架上，这样保证了电阻单元和构架的隔离。制动电阻上安装有温度保护装置和风压开关，可以保护制动电阻装置。温度保护装置ST2和电阻单元连接在一起：温度保护装置ST2安装在出风口最后一个电阻单元上，是制动期间最热的电阻单元。

3. 制动电阻装置的工作原理

当列车制动时，制动电阻接在牵引主电路上，当电网系统无法吸收牵引系统所反馈的能量时，将这部分多余的能量通过制动电阻进行消耗，并以热能形式在空气中耗散，如图LH2-19所示，其作用如下：

① 在第三轨无吸收条件下消耗制动能量。

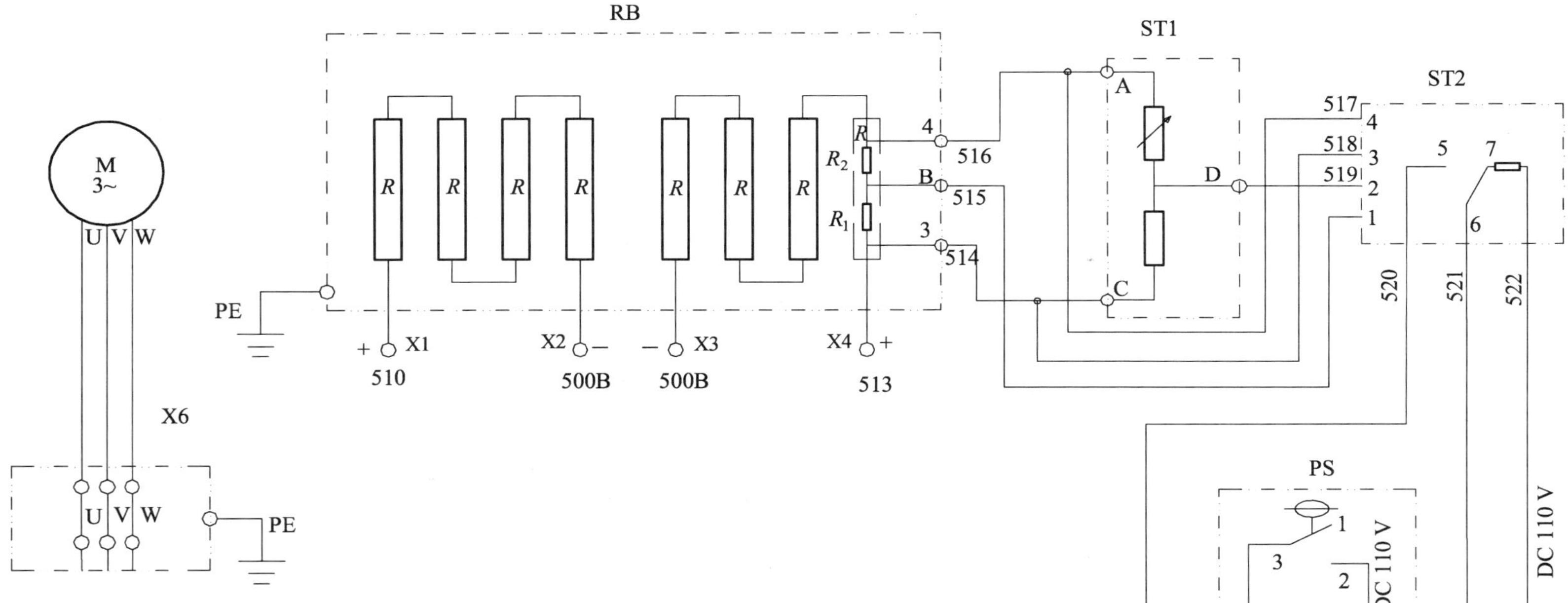

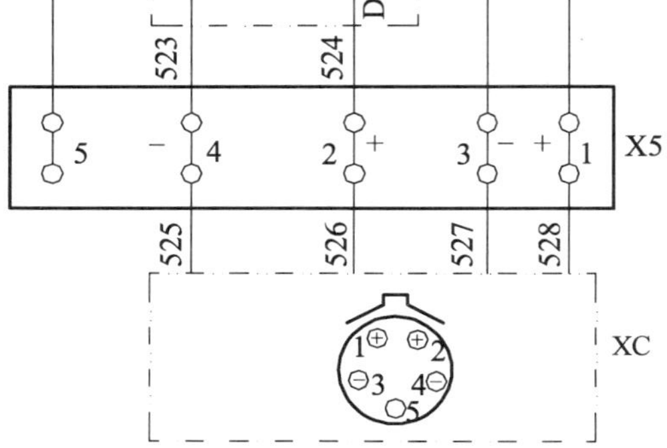

代号说明

序号	1	2	3	4	5	6	7	8	9	10
代号	X5	X6	RB	ST1	ST2	M	PS	R_1	R_2	XC
名称	接线端子排	接线端子排	电阻单元	平衡电阻器	温控开关	风机电机组	风压继电器	温敏电阻Ni80	温敏电阻Ni20	电连接器

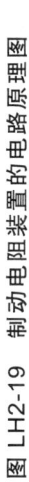

图 LH2-19 制动电阻装置的电路原理图

② 牵引系统的过流、过热保护。
③ 风压保护。

4. 制动电阻装置对外电器接口与保护功能

制动电阻装置共有 2 个对外连接器，1 个在风机外壳上的接线盒，为风机提供电源，1 个连接器为温度保护装置和风压保护装置信息采集信号，如图 LH2-20 所示。

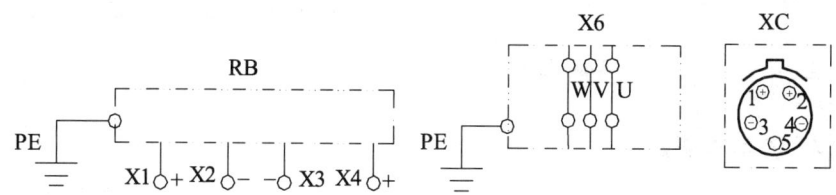

图 LH2-20　制动电阻装置的电气接口图

当电阻带温度正常时，温度保护装置输出触点为闭合状态（输出高电平）。当电阻带温度超过阀值 640 ℃ 时，触点断开（输出低电平），温度保护装置就会给系统一个信号，牵引逆变器切除电制动，从而保护制动电阻装置。

当风机正常工作时，风压保护装置输出触点为闭合状态（输出高电平）。当风机未工作或故障时，触点断开（输出低电平），风压保护装置就会给系统一个信号，牵引逆变器切除电制动，从而保护制动电阻装置。

5. 制动电阻装置的技术参数

额定电阻值（20 ℃）：RB_{12}、RB_{34} = 0.78 × (1 ± 5%) Ω。

额定工况下最大阻值：RB_{12}、RB_{34} ≤ 1 Ω。

额定工作电压：DC 900 V。

最大工作电压：DC 1 000 V。

负荷条件：单个电阻 658 kW 在 7 s 内上升至 822 kW，然后在 22 s 内成线性下降至 0。

工作制：断续制（"ON" 29 s，"OFF" 71 s，周期 100 s）。

电阻带材质：镍铬合金。

电阻带最高工作温度：≤600 ℃。

额定平均功率：2 × 142 kW。

电气绝缘：电阻带与地之间采用双重绝缘。

冷却方式：强迫风冷。

质量：≤420 kg。

风机流量：3 m³/s。

风机风压：320 Pa。

风机制式：AC 380 ×（1 ± 5%）V，50 Hz。

风机功率：3 kW。

风机转速：2 900 r/min。

6. 常见故障及处理方法

（1）制动电阻故障。

当制动电阻发生故障时，如短路、断路、制动电阻风压异常或超温等，可在 HMI 界面上检修模块中的测试页中进行制动电阻切除。

（2）制动电阻风机故障。

当制动电阻风机发生短路或断路故障时，需到相应的电器柜切除制动电阻风机空气开关。

六、牵引逆变器（VVVF 系统）

1. VVVF 的基本功能

牵引逆变器作为整个交流传动系统的重要组成部分，它的基本功能是把直流电压变换成频率和幅值都可调的三相交流电，并给牵引电机供电。根据中间储能元件的不同来分类，逆变器可分为电压型逆变器和电流型逆变器。目前，交流牵引多采用电压型逆变器，中小功率的牵引逆变器中开关器件以 IGBT 为主。随着 IGBT 元件和应用技术的不断更新和发展，以 IGBT 为主电路开关的牵引逆变器的容量和性能进一步提高，并代表了地铁和城轨牵引逆变器的发展趋势。

2. VVVF 的结构

逆变器的主要部件是大功率半导体开关元件，主要有 GTO（门极可关断晶闸管）、IGBT、IPM，在工作时需要用散热器冷却。电客列车的逆变器通常安装在车底，受体积、质量的限制，采用模块设计，将同一桥臂上的元件或整个逆变器安装在一个模块上，用一个公共的大散热器散热。散热器基本可分为两种形式：整体翅片式散热器、热管散热器。整体翅片式散热器的材料为铝，热管散热器的基板及热管的材料为铜，散热翅片材质为铜或铝，内部循环为水或其他媒介。

对散热器散热一般采用风冷方式，分强迫风冷和自然风冷。强迫风冷需要有风道和风机。模块散热片置于冷却风道中。一般采用内、外双风道，用外风道来冷却内风道部件，可以避免风道中的部件受尘埃等污染。自然风冷则利用列车的走行风冷却。

同时，在模块设计中，为保证在换流时被关断元件上的过电压尽量小，要求主电路的杂散电感尽量小，因此，在布置上尽量缩短主电路连线，并采取降低电感的措施，如采用叠层母排、低感母排等，使母排上的"互感"相互抵消；滤波电容的内部电感尽可能小。

3. VVVF 的控制原理

对于交流异步电机而言，旋转磁场转速为

$$n_0 = 60f/p$$

式中　p——电动机极对数；

　　　f——电流频率，Hz。

要调节转速，只有通过两个途径：改变磁极对数 p 或调节电流频率 f，p 是固定的，所以只能进行变频调速。在调速控制中，由于需要调节电流频率，所以必须要考虑定子绕组的反电动势对定子电流及磁通的影响。

定子绕组反电动势有效值可以表示为

$$E = 4.44 \cdot k \cdot f \cdot N \cdot \Phi$$

其中，$4.44 \cdot k \cdot f \cdot N$ 为一常数。

当 f 下降时，E 也下降，电源电压 U 与反电动势 E 之间的差增大，定子电流变大。在交流电机中，定子电流由两部分组成：小部分用于建立主磁场，大部分则提供给转子侧。由于转子侧的负载并未增加，所以励磁电流必然增大，因而磁通 Φ 增大。而磁通 Φ 增大，结果又使 E 增大，达到新的平衡。如果 Φ 不断增加，会导致铁心饱和，进而引起励磁电流波形的畸变。

如果能保证 E/f 为常数，则磁通 Φ 可保持不变。由于电源电压 U 和 E 的有效值近似相等，在变频中若保持 U/f 为常数，即可保持磁通 Φ 不变，也就是在调速中同时调整电源电压及电流频率，即 VVVF。

4. 控制技术

VVVF 控制技术分为两种，一种是把 VV 与 VF 分开完成，前者用来改变直流电压的幅值，后者用来改变频率。这种前后分开控制的 VVVF 控制技术称为脉冲幅值调制方式，简称 PAM 方式。另一种是将 VV 与 VF 集中于逆变器一起来完成的，即前面为不可控整流器，中间直流电压恒定，而后由逆变器既完成变频又完成变压，这种控制技术称为脉冲宽度调制方式，简称 PWM 方式。

从电动机供电电源的角度出发，SPWM 法着眼于如何产生一个可调频调压的三相对称正弦波电源，是以一个正弦波作为基准波（称为调制波），用一列等幅的三角波（称为载波）与基准正弦波相交，由它们的交点确定逆变器的开关模式：当基准正弦波高于三角波时，使相应的开关器件导通；当基准正弦波低于三角波时，使开关器件截止。由此，使逆变器的输出电压波为脉冲列，其特点是，在半个周期中等距、等幅（等高）、不等宽，总是中间的脉冲宽，两边的脉冲窄，各脉冲面积与该区间正弦波下的面积成比例，这样，输出电压中低次的谐波分量显然可以大大减小。

在自然采样 SPWM 中，采用载波频率比和调制比（调制深度）作为表示调制过程的特征量。在自然采样 SPWM 逆变器中，输出电压的基波分量的频率与正弦参考波的频率相同。所以，改变正弦参考波电压的频率就能够调节逆变器的输出频率；而逆变器输出基波的幅值随调制比线性增加。

（1）矢量控制。

矢量控制是人们为了改善交流异步电动机变频调速后的机械特性和动态性能所采取的一种控制方法。直流电机的励磁电路和电枢电路是互相独立的，且主磁场和电枢磁场在空间上是相互垂直的，所以对于直流电动机来讲，可以通过独立地调节两个磁场中的一个来进行调速，这是交流电动机所做不到的。但可以采用类似直流电动机调速控制方式来控制交流电动机的转速，即保持励磁电流信号不变，控制转矩电流信号，达到调速的目的。在交流电动机调速控制中，先将给定信号分解为两个互相垂直的直流信号，再通过直交转换，将两个直流信号转换为两相电流信号，即从旋转体磁场等效到两相旋转磁场。然后通过转换，将两相电流信号转换为三相交流控制信号,即由两相旋转磁场控制等效到三相旋转磁场控制,实现对交流电动机三相交流电的控制,进而控制电动机转速。

(2) 直接转矩控制(DTC)。

直接转矩控制是继矢量控制技术之后发展起来的一种高性能的异步电动机的变频调速技术。与矢量控制技术不同的是,直接转矩控制跳出了交流调速研究的传统思想框架,不再去考虑如何通过解耦,而是采用空间矢量的分析方法,将检测到的定子电压和电流信号,直接在定子坐标系下计算电机的磁链和转矩。从而使得直接转矩控制的异步电动机调速系统省掉了坐标旋转变换,使电动机数学模型的计算得到简化,减小了电动机对转子参数的依赖,在很大程度上解决了矢量控制中计算复杂、实际性能难以达到分析结果的问题。其控制结构简单,控制手段直接,转矩响应迅速,是一种具有高静动态性能的交流调速方法。

5. TGN70 型牵引逆变器

(1) TGN70 型牵引逆变器的结构特点。

昆明地铁首期工程电客列车采用的是 TGN70 型牵引逆变器,如图 LH2-21 所示,该逆变器单元采用 IGBT 模块,为两电平逆变电路。主电路由两个逆变器单元(INV1、INV2)组成,采用抽屉式结构,每个逆变器单元集成三相逆变器的三相桥臂及斩波相桥臂,驱动 2 台异步牵引电动机(1C2M)。2 个逆变器单元集成在一个牵引逆变器箱中,采用了 2 个通用的 IBCM60G 型 IGBT 变流器模块,单个模块的输出容量可达 600 kV·A,两套控制器合成在一个 60R-6U 的控制箱中,驱动 4 台牵引电动机,同时也便于控制和通信。

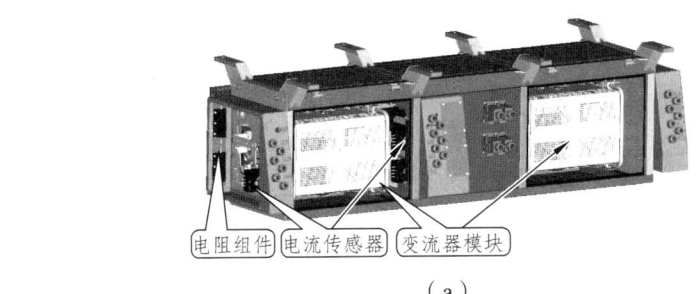

(a)

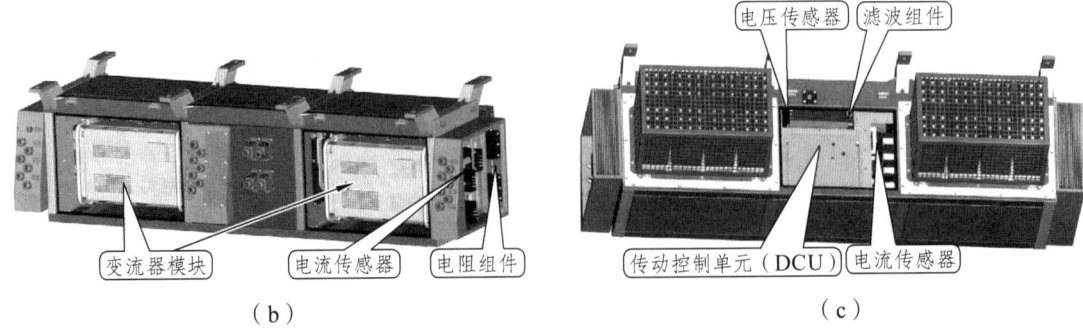

(b)   (c)

图 LH2-21 牵引逆变器三维结构示意图

IBCM60G 模块集成了 8 个 1 700 V/1 600 A 的 IGBT 元件,作为三相逆变器的三相桥臂及制动桥臂。另外,模块还包括了热管散热器、温度传感器、门控单元、门控电源、脉冲分配、支撑电容器，达到了一定程度的模块化和标准化。模块上 IGBT 元件之间及与支撑电容的连接使用了低感母排（Busbar），减少了线路上的杂散电感，省掉了吸收电路，使电路更为简洁、可靠。模块上散热器采用了热管散热技术，靠走行风自然冷却，使系统更简洁，且无环境污染。因此，IBCM60G 模块具有热管走行风冷、无吸收电路、结构紧凑、体积小、质量轻等优点。

（2）TGN70 型牵引逆变器的控制方式。

逆变器控制装置即传动控制单元（DCU），采用"异步电动机直接转矩控制"、"黏着控制"软件和"交流传动模块化设计"硬件，主要完成对 IGBT 逆变器及交流异步牵引电机的实时控制、黏着控制、制动斩波控制，同时具备完整的牵引变流系统故障保护功能、模块级的故障自诊断功能和一定程度的故障自复位功能以及部分车辆级控制功能。DCU 是组成列车通信网络的一部分，与多功能机车车辆总线 MVB 接口及通信。DCU 集成在一个 6U 的标准机箱内，安装在逆变器箱（VVVF 箱）中，具有主要部件模块化设计，易于安装、拆卸和维修；低感母排技术，无吸收电路；热管走行风冷，无环境污染；再生制动，节约能源；电机直接转矩控制，有优良的动态响应；控制系统具有微机化、数字化、网络化、信息化的特点。

（3）TGN70 型牵引逆变器的保护与诊断功能。

逆变器设置了全面而完善的故障保护功能、模块级的故障诊断功能和一定程度的故障自动排除功能。其主要保护功能如下：

① IGBT 元件故障保护；

② 直流电压过压/欠压保护；

③ 直流电流过流保护；

④ 逆变器输出过载保护；

⑤ 主电路接地保护；

⑥ 插件不在位保护；

⑦ 电源故障保护；

⑧ 电机过热保护。

（4）TGN70 型牵引逆变器的工作原理。

三相逆变电路由 6 个带无功反馈的二极管的 IGBT 组成，由 DCU 发出控制脉冲，通过安装在功率模块上的驱动电路使逆变器工作，电路工作时 6 个开关管顺序导通得到需要的电压波形，如图 LH1-1 所示。

（5）TGN70 型牵引逆变器的技术参数。

输入电压：DC 750 V（500 ~ 900 V）。

输出容量：2×600 kV·A。

输出电压：0 ~ 585 V。

输出频率：0 ~ 150 Hz。

启动输出最小频率：0.1 Hz。

开关频率：500 Hz。

额定输出电流：2×465 A。

牵引最大输出电流：2×700 A（有效值）。

制动最大输出电流：2×860 A（有效值）。

额定工作点效率：0.98。

防护等级：IP54。
控制方式：VVVF 直接转矩控制。
尺寸：2 400 mm × 883 mm × 670 mm（$L \times W \times H$）。
质量：≤500 kg。
冷却方式：热管走行风冷。
绝缘电压：高压回路对控制回路、地 AC 3 500 V，50 Hz，1 min。
控制回路对地：AC 1 500 V，50 Hz，1 min。

6. 常见故障及处理

当 VVVF 故障或牵引电机故障时，可切除单节车电器柜内的 DCU 供电空气开关维持运行；切除两节车的 DCU 供电，列车将限速运行；当 DCU 或 VVVF 出现中等故障时（如过流或过压保护），在确认列车设备完好的情况下，可切复对应的 DCU 供电空气开关。

DCU 供电空气开关的切复遵循以下原则：
（1）必须先分断主断后，才能分断 DCU 供电；
（2）切复 DCU 供电空气开关时，分断 5 s 后才能恢复；
（3）DCU 供电空气开关切除或切复后，重合主断开关列车才能运行；
（4）切复 DCU 空气开关操作在 1 min 内不能超过 3 次，且每次分合主断的时间间隔应大于 15 s。

七、速度传感器

1. 速度传感器的分类与作用

速度传感器安装在轮轴上，用于控制系统信号的选取、转换和传输。按通信信道分，可分为单信道速度传感器和双信道速度传感器两种。按照取样信号的不同，可分为光电传感器和磁电式传感器。装于电动车辆上的速度传感器要求性能可靠、高精度、抗干扰性强。

2. 速度传感器的工作原理

传感器是一种测量装置，其作用是把被测非电量变换为与其成一定比例关系的电量。它能感受或规定相应的被测量，并按照一定规律转换成可用输出，以满足信息的传输、处理、储存、记录、显示和控制的要求。昆明地铁首期工程电客列车使用的是磁电式传感器，安装在电客列车的轴端。如图 LH2-22 所示，磁电式传感器的基本原理是电磁感应原理，将输入机械位移转换成线圈中的感应电势输出，不需要外加电源。永久磁铁、感应线圈和外壳固定不动，齿轮安装在轴端，随车轴一起旋转。当齿轮随旋转体转动时，齿轮与软磁铁轭之间的气隙距离随之变化，从而导致气隙磁阻和穿过气隙的主磁通变化，结果在线圈中感应出电动势。每转一圈传感器发出对应齿数的脉冲，其频率为

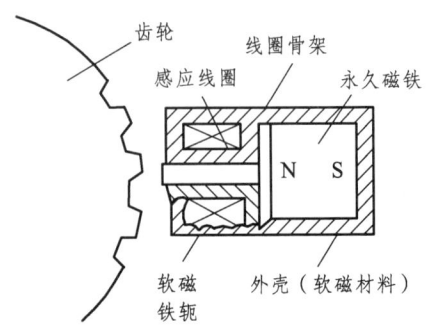

图 LH2-22　磁电式传感器的原理

$$f = nN/60$$

式中　　n——转速，r/min；

　　　　N——齿数。

速度信号经脉冲整形放大后输出整齐的矩形波信号，将此信号送到计数器，把频率转换成转速，以提供给制动系统和信号系统使用（牵引系统的速度信号取自牵引电机自带的速度传感器）。

3. 速度传感器的结构

这种传感器结构简单，工作可靠。其上主要包括脉冲发生器、磁轮、密封件和外盖。速度传感器的磁轮用螺钉固定在轴箱端盖上。带有电缆接线的脉冲发生器安装在速度传感器的盖上。脉冲发生器与磁轮之间存在一个气隙，要求气隙范围为 0.4~1.4 mm。

八、继电器

继电器是具有隔离功能的自动开关，用来传递信号和同时控制多个电路及其他电气执行元件，广泛应用于遥控、遥测、通信、自动控制、机电一体化及电力电子设备中，是最重要的控制元件之一。继电器一般都有能反映一定输入变量（如电流、电压、功率、阻抗、频率、温度、压力、速度、光等）的感应机构（输入部分）；有能对被控电路实现"通"、"断"控制的执行机构（输出部分）；在继电器的输入部分和输出部分之间，还有对输入量进行耦合隔离、功能处理和对输出部分进行驱动的中间机构（驱动部分）。在电路中根据不同的需求采用不同的型号。常见的继电器主要有中间继电器、时间继电器等。

1. 继电器的基本结构

继电器由测量机构和执行机构两部分组成：测量机构接收输入量，并将其转变为继电器工作所必需的物理量，如电压、电流、压力等；执行机构用以改变原来所处的状况，给被其控制的电器一定的输出量。

2. 继电器的特点及功能

与接触器相比，继电器负载较小，触头容量小，没有灭弧装置，结构简单，但动作准确性要求较高。

继电器作为控制元件，主要有如下几种功能：

（1）扩大控制范围。如多触点继电器控制信号达到某一定值时，可以按触点组的不同形式，同时换接、开断、接通多路电路。

（2）放大。如灵敏型继电器、中间继电器等，用一个很微小的控制量，可以控制很大功率的电路。

（3）综合信号。当多个控制信号按规定的形式输入多绕组继电器时，经过比较综合，达到预定的控制效果。

（4）自动、遥控、监测。自动装置上的继电器与其他电器一起，可以组成程序控制线路，从而实现自动化运行。

3. 继电器的主要分类

（1）按继电器的工作原理或结构特征分类。

电磁继电器：利用输入电路内电路在电磁铁铁心与衔铁间产生的吸力作用而工作的一种电气继电器。

固态继电器：指电子元件履行其功能而无机械运动构件的、输入和输出隔离的一种继电器。

温度继电器：当外界温度达到给定值时而动作的继电器。

舌簧继电器：利用密封在管内，具有触电簧片和衔铁磁路双重作用的舌簧动作来开、闭或转换线路的继电器。

时间继电器：当加上或除去输入信号时，输出部分需延时或限时到规定时间才闭合或断开其被控线路的继电器。

高频继电器：用于切换高频、射频线路而具有最小损耗的继电器。

极化继电器：有极化磁场与控制电流通过控制线圈所产生的磁场综合作用而动作的继电器。继电器的动作方向取决于控制线圈中流过的电流方向。

其他类型的继电器：如光继电器、声继电器、热继电器、仪表式继电器、霍尔效应继电器、差动继电器等。

（2）按继电器的外形尺寸分类。

① 微型继电器；

② 超小型微型继电器；

③ 小型继电器。

（3）按继电器的负载分类。

① 微功率继电器；

② 弱功率继电器；

③ 中功率继电器；

④ 大功率继电器。

（4）按继电器的防护特征分类。

① 密封式继电器；

② 封闭式继电器；

③ 敞开式继电器。

（5）按继电器的动作原理分类。

① 电磁型继电器；

② 感应型继电器；

③ 整流型继电器；

④ 电子型继电器；

⑤ 数字型继电器。

（6）按反应的物理量分类。

① 电流继电器；

② 电压继电器；

③ 功率方向继电器；
④ 阻抗继电器；
⑤ 频率继电器；
⑥ 气体（瓦斯）继电器。
（7）按继电器在保护回路中所起的作用分类。
① 启动继电器；
② 量度继电器；
③ 时间继电器；
④ 中间继电器；
⑤ 信号继电器；
⑥ 出口继电器。

4. 主要元件介绍

（1）电磁继电器。

电磁继电器一般是由铁心、线圈、衔铁、触点簧片等组成的。只要在线圈两端加上一定的电压，线圈中就会流过一定的电流，从而产生电磁效应，衔铁就会在电磁力吸引的作用下克服返回弹簧的拉力吸向铁心，从而带动衔铁的动触点与静触点（常开触点）吸合。当线圈断电后，电磁的吸力也随之消失，衔铁就会在弹簧的反作用力下返回原来的位置，使动触点与原来的静触点（常闭触点）释放。这样吸合、释放，从而达到了在电路中的导通、切断的目的。对于继电器的"常开"、"常闭"触点，继电器线圈未通电时处于断开状态的静触点，称为"常开"触点；处于接通状态的静触点，称为"常闭"触点。继电器一般有两股电路，为低压控制电路和高压工作电路。

（2）固态继电器（SSR）。

固态继电器是一种两个接线端为输入端，另两个接线端为输出端的四端器件，中间采用隔离器件实现输入/输出的电隔离。

固态继电器按负载电源类型可分为交流型和直流型。按开关形式可分为常开型和常闭型。按隔离形式可分为混合型、变压器隔离型和光电隔离型，以光电隔离型为最多。

固态继电器由于是非机械形式的继电器，故有效解决了散热问题。

（3）时间继电器。

时间继电器是一种利用电磁原理或机械原理实现延时控制的控制电器，它的种类很多，有空气阻尼型、电动型和电子型等。

在交流电路中常采用空气阻尼型时间继电器，它是利用空气通过小孔节流的原理来获得延时动作的。它由电磁系统、延时机构和触点三部分组成。

时间继电器可分为通电延时型和断电延时型两种类型。

空气阻尼型时间继电器的延时范围大（有 0.4~60 s 和 0.4~180 s 两种），它结构简单，但准确度较低。

当线圈通电（电压规格有 AC 380 V、AC 220 V 或 DC 220 V、DC 24 V 等）时，衔铁及托板被铁心吸引而瞬时下移，使瞬时动作触点接通或断开。但是活塞杆和杠杆不能同时跟着衔铁一起下落，因为活塞杆的上端连着气室中的橡皮膜，当活塞杆在释放弹簧的作用下开始向下运动时，橡皮膜随之向下凹，上面空气室的空气变得稀薄而使活塞杆受到阻尼作用而缓慢下降。经过一定时间，活塞杆下降到一定位置，便通过杠杆推动延时触点动作，使动断触点断开，动合触点闭合。从线圈通电到延时触点完成动作，这段时间就是继电器的延时时间。延时时间的长短可以用螺钉调节空气室进气孔的大小来改变。

（4）中间继电器。

① 中间继电器的特点。

中间继电器采用线圈电压较低的多个优质密封小型继电器组合而成，防潮、防尘、不断线，可靠性高，克服了电磁型中间继电器导线过细易断线的缺点；功耗小，温升低，不需外附大功率电阻，可任意安装及接线方便；继电器触点容量大，工作寿命长；继电器动作后有发光管指示，便于现场观察；延时只需用面板上的拨码开关整定，延时精度高，延时范围可在 0.02~5 s 任意整定。

② 中间继电器的分类。

a. 低电流启动中间继电器；

b. 静态中间继电器；

c. 延时中间继电器；

d. 电磁型中间继电器；

e. 电梯用中间继电器；

f. 导轨式中间继电器。

③ 中间继电器的原理。

线圈通电，动铁心在电磁力作用下动作吸合，带动动触点动作，使常闭触点分开，常开触点闭合；线圈断电，动铁心在弹簧的作用下带动动触点复位，继电器的工作原理是当某一输入量（如电压、电流、温度、速度、压力等）达到预定数值时，使它动作，以改变控制电路的工作状态，从而实现既定的控制或保护的目的。在此过程中，继电器主要起传递信号的作用。

④ 中间继电器的作用。

中间继电器用于各种保护和自动控制线路中，以增加保护和控制回路的触点数量和触点容量。一般的电路常分成主电路和控制电路两部分，继电器主要用于控制电路，接触器主要用于主电路；通过继电器可实现用一路控制信号控制另一路或几路信号的功能，完成启动、停止、联动等控制，主要控制对象是接触器；接触器的触头比较大，承载能力强，通过继电器来实现弱电到强电的控制。中间继电器主要有以下作用：

a. 代替小型接触器。

中间继电器的触点具有一定的带负荷能力，当负载容量比较小时，可以用来代替小型接触器使用，如电动卷闸门和一些小家电的控制。这种继电器的优点是不仅可以起到控制的目的，而且可以节省空间，使继电器的控制部分做得比较精致。

b. 增加接点数量。

这是中间继电器最常见的用法，如在电路控制系统中一个接触器的接点需要控制多个接触器或其他元件时，在线路中增加一个中间继电器。

c. 增加接点容量。

中间继电器的接点容量虽然不是很大，但也具有一定的带负载能力，同时其驱动所需要的电流又很小，因此，可以用中间继电器来扩大接点容量。如一般不能直接用感应开关、三极管的输出去控制负载比较大的电器元件,而是在控制线路中使用中间继电器,通过中间继电器来控制其他负载,达到扩大控制容量的目的。

　　d. 转换接点类型。

　　在工业控制线路中,常常会出现这样的情况,控制要求需要使用接触器的常闭接点才能达到控制目的,但是接触器本身所带的常闭接点已经用完,无法完成控制任务。这时,可以将一个中间继电器与原来的接触器线圈并联,用中间继电器的常闭接点去控制相应的元件,转换一下接点类型,达到所需要的控制目的。

　　e. 用作开关。

　　在一些控制线路中,一些电器元件的通断常常使用中间继电器,用其接点的开闭来控制,如彩电或显示器中常见的自动消磁电路,用三极管控制中间继电器的通断,从而达到控制消磁线圈通断的作用。

　　f. 转换电压。

　　g. 消除电路中的干扰。

　　(5)风压继电器。

　　风压继电器就是将通风系统中的风压信号转换为电信号提供给控制系统使用的继电器。其内部有一风压开关(微动开关),为常开触点,靠复原弹簧保持常开状态。当通风系统工作,产生风压时,通过安装在动触头座上的弹性膜片的动作驱动动触头闭合。根据取样信号的不同,风压继电器分为正压和负压两种风压继电器,正压作用在弹性模板的下方,负压作用在弹性模板的上方,另一面与大气相通,以产生压差驱动动触头。风压开关上设有微调装置,用于调整复原弹簧的压力,进而改变风压开关的动作时机,实现压力可调功能。

　　(6)光继电器。

　　光继电器为 AC/DC 并用的半导体继电器,指发光器件和受光器件一体化的器件。输入侧和输出侧电气性绝缘,但信号可以通过光信号传输。

　　光断电器的特点:寿命为半永久性、微小电流驱动信号、高阻抗绝缘耐压、超小型、光传输、无接点等。

5. 测试方法

　　(1)测试线圈电阻。

　　可用万能表 $R \times 10\ \Omega$ 挡测量继电器线圈的阻值,从而判断该线圈是否存在开路现象。继电器线圈的阻值和它的工作电压及工作电流有非常密切的关系,通过线圈的阻值可以计算出它的使用电压及工作电流。

　　(2)测试触点电阻。

　　用万能表的电阻挡测量常闭触点与动点电阻,其阻值应为 0;而常开触点与动触点的阻值应为无穷大。由此,可以区别出哪个是常闭触点,哪个是常开触点。

　　(3)测试吸合电压和吸合电流。

　　使用可调稳压电源和电流表,给继电器输入一组电压,且在供电回路中串入电流表进行检测。慢慢调高电源电压,听到继电器吸合声时,记下该吸合电压和吸合电流。为求准确,可以多试几次而求平均值。测量释放电压和释放电流的方法:当继电器发生吸合后,再逐渐降低供电电压,当听到继电器再次发生释放声音时,记下此时的电压和电流,也可尝试多测几次而取平均的释放电压和释放电流。一般情况下,继电器的释放电压约在吸合电压的 10%~50%,如果释放电压太小(小于 1/10 的吸合电压)时则不能正常使用,这样会对电路的稳定性造成威胁,使工作不可靠。

九、接触器

在电客列车上,主接触器是一种用来频繁接通和切断主电路的自动切换电器,具有能进行远距离自动控制、操作频率较高、通断电流较大等特点。

1. 接触器的分类

按通断电路电流种类可分为直流接触器和交流接触器;按传动方式可分为电空接触器和电磁接触器;按主触头数目可分为单极(只有一对主触头)和多极(有两对及其以上主触头)。

2. 直流接触器

直流接触器的主要部件有:电磁机构、驱动机构、主触头、辅助触头、灭弧装置、上下接线端、基架。

3. 电磁接触器

电磁接触器一般由电磁机构、主触头、灭弧装置、辅助触头及支架和固定装置等组成,如图 LH2-23 所示。

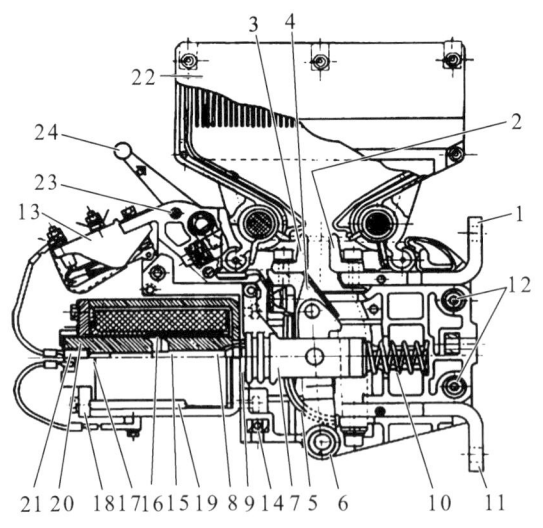

图 LH2-23 电磁接触器

1—上接线端;2—静触头;3—动触头;4—触头座;5—软连接;6—驱动轴;7—驱动机构;8—活塞杆;9—缓冲器;10—恢复弹簧;11—下接线端;12,14,19—螺栓;13—辅助开关;15—铁心;16—线圈;17—导向器;18—盖;20—动铁心;21—开槽螺母;22—灭弧罩;23—螺钉;24—手柄

(1) 电磁机构。

电磁机构由铁心、带驱动杆的螺杆线圈和盖板组成。在电磁线圈未通电时,衔铁在反力

弹簧作用下，保持在释放位置。通电后，电磁力带动驱动杆克服反力弹簧运动，使动触头与静触头闭合。失电后，电磁力消失，反力弹簧起作用，主触头分断。

（2）主触头。

主触头用来通断电路，触头装有银氧化锡触片。

（3）灭弧装置。

灭弧装置包括吹弧线圈和带电离栅的灭弧罩。电离栅将进入的电弧分割成一系列短弧，然后使电弧加速冷却，吹弧线圈确保快速和有效地灭弧。

（4）辅助触头。

在主触头动作的同时，辅助触头依靠安装的驱动凸轮，也相应打开和闭合。

（5）交流接触器。

交流接触器通断交流电流，常用来接通和断开交流电动机或其他电气设备，每小时可开闭数百次。其结构如图 LH2-24 所示。

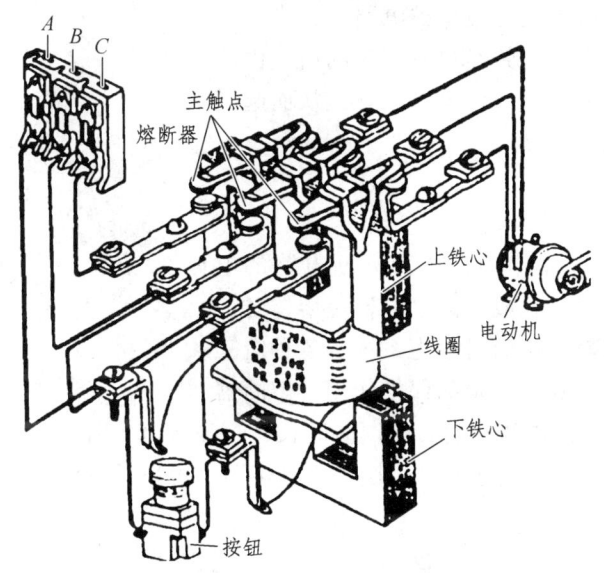

图 LH2-24 交流接触器的主要结构

如图 LH2-24 所示，交流接触器主要由电磁铁和触点两部分组成。它是利用电磁铁的吸引力而动作的。当吸合线圈通电后，吸合"山"字形动铁心（上铁心），而使常开触点闭合。

交流接触器的触点分主触点和辅助触点两种。辅助触点通过的电流较小，常接在电动机的控制电路中，主触点能通过较大的电流，接在电动机的主电路中。

当主触点断开时，其间会产生电弧，烧坏触点，并使切断时间拉长。因此，在电流较大的接触器中还专门设有灭弧装置。在相间有绝缘隔板，以免短路。

十、温度传感器

温度传感器是通过物体随温度变化而改变某种特性来间接测量温度的元件。随着温度的变化，许多材料的物理特性都会改变，如电阻、电容、热电动势、磁性能、频率、光电特性、膨胀热噪声等。

热电阻是利用物质在温度变化时本身电阻也随着发生变化来测量温度的,其主要材料有铂、铜、镍。电阻温度计中的热电阻传感器是绕在云母、石英或塑料骨架上的金属电阻丝,外套保护管。热电阻传感器的金属电阻丝,在工作温度范围内必须具有稳定的物理和化学性能,电阻随温度变化的关系最好是接近线性的,热惯性越小越好。铂的热电阻具有非常好的稳定性和测量精度,主要用于高精度的温度测量和标准测温装置。在电客列车上,司机室、客室、蓄电池、相模块、制动模块、牵引控制单元、牵引电机、制动电阻等都需要对温度进行监测,以满足正常工作的需要。

十一、熔断器

熔断器是一种过电流保护器,主要由熔体和熔管以及外加填料等部分组成,如图 LH2-25 所示。

使用时,将熔断器串联在被保护电路中,当被保护电路的电流超过规定值,并经过一定时间后,由熔体自身产生的热量熔断熔体,使电路断开,从而起到保护电路的作用。

1. 熔断器的工作原理

熔断器是以金属导体作为熔体而分断电路的电器,串联在电路中,当过载或短路电流通过熔体时,熔体自身将发热而熔断,从而对电力系统、各种电工设备以及家用电器都起到了一定的保护作用。熔断器

图 LH2-25 熔断器

具有反时延特性,当过载电流小时,熔断时间长;过载电流大时,熔断时间短。因此,在一定过载电流范围内至电流恢复正常,熔断器不会熔断,可以继续使用。

2. 熔断器的分类

熔断器根据使用电压可分为高压熔断器和低压熔断器;根据保护对象可分为保护变压器用的熔断器、保护一般电气设备用的熔断器、保护电压互感器的熔断器、保护电力电容器的熔断器、保护半导体元件的熔断器、保护电动机的熔断器和保护家用电器的熔断器等;根据结构可分为敞开式、半封闭式、管式和喷射式熔断器。

(1)敞开式熔断器结构简单,熔体完全暴露在空气中,由瓷柱作支撑,没有支座,适用于低压户外使用。分断电流时在大气中产生较大的声光。

(2)半封闭式熔断器的熔体装在瓷架上,插入两端带有金属插座的瓷盒中,适用于低压户内使用。分断电流时,所产生的声光被瓷盒挡住。

(3)管式熔断器的熔体装在熔断体内,然后插在支座或直接连在电路上使用。熔断体是两端套有金属帽或带有触刀的完全密封的绝缘管。这种熔断器的绝缘管内若充以石英砂,则在分断电流时具有限流作用,可大大提高分断能力,故又称作高分断能力熔断器。若管内抽真空,则称作真空熔断器。若管内充以 SF_6 气体,则称作 SF_6 熔断器,其目的是改善灭弧性能。由于石英砂、真空和 SF_6 气体均具有较好的绝缘性能,故这种熔断器不但适用于低压,

也适用于高压。

（4）喷射式熔断器是将熔体装在由固体产气材料制成的绝缘管内。固体产气材料可采用电工反白纸板或有机玻璃材料等。当短路电流通过熔体时，熔体随即熔断产生电弧，高温电弧使固体产气材料迅速分解产生大量高压气体，从而将电离的气体带电弧在管子两端喷出，发出极大的声光，并在交流电流过零时熄灭电弧而分断电流。绝缘管通常是装在一个绝缘支架上，组成熔断器整体。有时绝缘管上端做成可活动式，在分断电流后随即脱开而跌落，此种喷射式熔断器俗称跌落熔断器，一般适用于电压高于 6 kV 的户外场合。

此外，熔断器根据分断电流范围还可分为一般用途熔断器、后备熔断器和全范围熔断器。一般用途熔断器的分断电流范围指从过载电流大于额定电流 1.6～2 倍起，到最大分断电流。这种熔断器主要用于保护电力变压器和一般电气设备。后备熔断器的分断电流范围指从过载电流大于额定电流 4～7 倍起，到最大分断电流。这种熔断器常与接触器串联使用，在过载电流小于额定电流 4～7 倍时，由接触器来实现分断保护，主要用于保护电动机。

随着工业发展的需要，还制造出适用于各种不同要求的特殊熔断器，如电子熔断器、热熔断器和自复熔断器等。

（5）插入式熔断器常用于 380 V 及其以下电压等级的线路末端，作为配电支线或电气设备的短路保护，如图 LH2-26 所示。

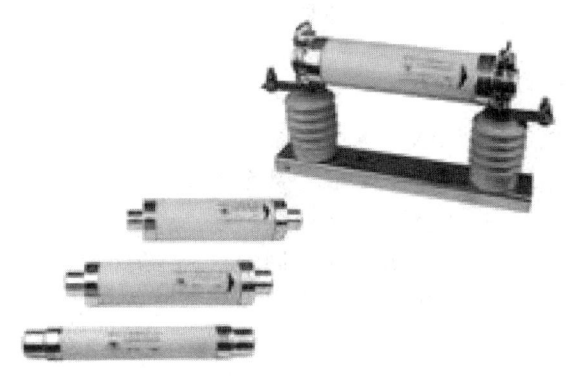

图 LH2-26　熔断器

（6）螺旋式熔断器的上端盖有一熔断指示器，一旦熔体熔断，指示器马上弹出，可透过瓷帽上的玻璃孔观察到，它常用于机床电气控制设备中。螺旋式熔断器分断电流较大，可用于电压等级 500 V 及其以下、电流等级 200 A 及其以下的电路中，作短路保护。

（7）封闭式熔断器有填料熔断器和无填料熔断器两种。有填料熔断器一般用方形瓷管，内装石英砂及熔体，分断能力强，用于电压等级 500 V 以下、电流等级 1 kA 以下的电路中。无填料密闭式熔断器将熔体装入密闭式圆筒中，分断能力稍小，用于 500 V 以下、600 A 以下的电力网或配电设备中。

（8）快速熔断器主要用于半导体整流元件或整流装置的短路保护。由于半导体元件的过载能力很低，只能在极短时间内承受较大的过载电流，因此要求短路保护具有快速熔断的能力。快速熔断器的结构和有填料封闭式熔断器基本相同，但熔体材料和形状不同，它是以银片冲制的有 V 形深槽的变截面熔体。

（9）自复熔断器采用金属钠作为熔体，在常温下具有高电导率。当电路发生短路故障时，短路电流产生高温使钠迅速气化,气态钠呈现高阻态,从而限制了短路电流。当短路电流消失后,温度下降,金属钠恢复原来的良好导电性能。自复熔断器只能限制短路电流,不能真正分断电路。其优点是不必更换熔体,能重复使用。

3. 熔断器的结构特性

熔体额定电流不等于熔断器额定电流,熔体额定电流按被保护设备的负荷电流选择,熔断器额定电流应大于熔体额定电流,与主电器配合确定。

熔断器主要由熔体、外壳和支座三部分组成,其中熔体是控制熔断特性的关键元件。熔体的材料、尺寸和形状决定了熔断特性。熔体材料分为低熔点和高熔点两类。低熔点材料如铅和铅合金,其熔点低,容易熔断,由于其电阻率较大,故制成熔体的截面尺寸较大,熔断时产生的金属蒸气较多,只适用于低分断能力的熔断器。高熔点材料如铜、银,其熔点高,不容易熔断,但由于其电阻率较低,可制成比低熔点熔体较小的截面尺寸,熔断时产生的金属蒸气少,适用于高分断能力的熔断器。熔体的形状分为丝状和带状两种。改变截面的形状可显著改变熔断器的熔断特性。

熔断器具有反时延特性,即过载电流小时,熔断时间长;过载电流大时,熔断时间短。所以,在一定过载电流范围内,当电流恢复正常时,熔断器不会熔断,可继续使用。熔断器有各种不同的熔断特性曲线,可以适用于不同类型保护对象的需要。

4. 熔断器的安秒特性

熔断器的动作是靠熔体的熔断来实现的,当电流较大时,熔体熔断所需的时间就较短。而电流较小时,熔体熔断所需的时间就较长,甚至不会熔断。因此对熔体来说,其动作电流和动作时间特性即熔断器的安秒特性,为反时延特性。

每一熔体都有一最小熔化电流。相应于不同的温度,最小熔化电流也不同。虽然该电流受外界环境影响,但在实际应用中可以不加考虑。一般定义熔体的最小熔断电流与熔体的额定电流之比为最小熔化系数,常用熔体的熔化系数大于 1.25,也就是说额定电流为 10 A 的熔体在电流 12.5 A 以下时不会熔断。

可以看出,熔断器只能起到短路保护作用,不能起过载保护作用。如确需在过载保护中使用,必须降低其使用的额定电流,如 8 A 的熔体用于 10 A 的电路中,作短路保护兼作过载保护用,但此时的过载保护特性并不理想。

5. 熔断器的选型

熔断器主要依据负载的保护特性和短路电流的大小选择。对于容量小的电动机和照明支线,常采用熔断器作为过载及短路保护,因而希望熔体的熔化系数适当小些。通常选用铅锡合金熔体的 RQA 系列熔断器。对于较大容量的电动机和照明干线,则应着重考虑短路保护和分断能力,通常选用具有较高分断能力的 RM10 和 RL1 系列熔断器;当短路电流很大时,宜采用具有限流作用的 RT0 和 RT12 系列的熔断器。熔体的额定电流可按以下方法选择:

(1) 保护无启动过程的平稳负载,如照明线路、电阻、电炉等时,熔体额定电流略大于或等于负荷电路中的额定电流。

(2) 保护单台长期工作的电机熔体电流可按最大启动电流选取,也可按下式选取:

$$I_{RN} \geqslant (1.5 \sim 2.5)I_N$$

式中　I_{RN}——熔体额定电流；

　　　I_N——电动机额定电流。

如果电动机频繁启动，式中系数可适当加大至 3～3.5，具体应根据实际情况而定。

（3）保护多台长期工作的电机（供电干线）。

$$I_{RN} \geqslant (1.5 \sim 2.5)I_{Nmax} + \Sigma I_N$$

式中　I_{Nmax}——容量最大的单台电机的额定电流；

　　　ΣI_N——电动机额定电流之和。

分模块 LI　列车控制及诊断系统

子模块 LI1　列车控制和监控系统

昆明地铁首期工程项目列车控制和监控系统（TCMS）采用 DTECS 系统。TCMS 作为整车控制系统，通过信号采集模块，采集司机的操作指令、列车各个工况下的状态等信号，经过运算及逻辑处理，给出操作列车各部件的控制指令，通过 MVB 总线实现与牵引控制系统、空气制动控制系统、辅助供电系统、信号系统、车门系统、广播和视频监控系统等部件的数据交换。

列车控制和监控模块的术语和缩略语如表 LI1-1 所示。

表 LI1-1　列车控制和监控模块的术语和缩略语

序号	术语	描述
1	ATC	Automatic Train Control　列车自动控制系统
2	AXMe	Analog Input/Output Mixed Module　模拟量输入/输出模块（EMD 版本）
3	BCU	Brake Control Unit　制动控制单元
4	DCU	Drive Control Unit　牵引控制单元
5	DIMe	Digital Input Module　数字量输入模块（EMD 版本）
6	DXMe	Digital Input/Output Mixed Module　数字量输入/输出模块（EMD 版本）
7	EDCU	Electronic Door Control Unit　车门控制单元
8	ERMe	Event Record Module　事件记录仪（EMD 版本）
9	EMD	Electronic Middle Distance　电气中距离
10	HMI	Human Machine Interface　人机接口单元
11	HVAC	Heating Ventilation and Air Conditioning　空调控制系统
12	MVB	Multifunction Vehicle Bus　多功能车辆总线
13	PIS	Passenger Information System　旅客信息系统
14	REP	Repeater Module　中继模块
15	SIV	Static Inverter　辅助控制单元
16	TCMS	Train Control and Monitor System　列车控制及监控系统
17	TCN	Train Communication Network　列车通信网络
18	VCMe	Vehicle Control Module　网关模块（EMD 版本）

一、列车控制和监控系统的作用及功能

1. 列车控制和监控系统的主要作用

（1）实现列车控制、监视和诊断功能；
（2）实现车载信息共享；
（3）提高列车可靠性、可用性和可维护性。

2. 列车控制和监控系统的主要功能

（1）控制功能：列车级牵引、制动集中控制，安全联锁保护、空调启动和扩展供电控制。
（2）监控和统计功能：设备状态集中监视、车辆运行信息统计、车辆运行参数修改。
（3）诊断和记录功能：列车级和设备级故障诊断和记录、列车运行参数实时记录、故障数据和实时数据的下载和分析。

二、列车控制和监控系统的配置及结构

TCMS 采用分布式控制技术，划分为两级：列车控制级、车辆控制级。列车控制级总线和车辆控制级总线均采用 EMD 电器中距离介质的 MVB 多功能车辆总线。中继模块 REP 作为列车级总线和车辆级总线的网关，实现列车级总线到车辆级总线的数据转发功能。

不论是列车级总线还是车辆级总线，均采用通信线路双通道冗余设计，当某一路通信线路出现故障时，系统可以自动切换到另一路通信线路。对于关键的车辆控制模块 VCMe 做了热备冗余配置，在当前主 VCMe 出现故障的时候，列车的备用 VCMe 将接管主 VCMe 的职责，行使所有的控制功能。

事件记录模块 ERM 预留 M12 工业以太网接口，TCMS 通过 ERM 的以太网接口借助车载无线传输系统将 MVB 总线上的列车状态和故障数据实时传输到地面，实现列车远程监控功能。

按照不同的功能与硬件配置分为两种车型：带司机室的拖车（Tc 车）和带受流器的动车（M 车）。不同车型由数量不同的车辆控制模块 VCMe、事件记录模块 ERMe、中继器 REP、数字量输入输出模块 DXMe、数字量输入模块 DIMe、模拟量输入输出模块 AXMe 和人机接口模块 HMI 构成。

列车控制和监控系统拓扑结构图如图 LI1-1 所示。
TCMS 所需硬件配置如表 LI1-2 所示。

表 LI1-2 列车控制及监控系统所需硬件配置

	Tc1	M1	M2	M3	M4	Tc2
VCMe	1	—	—	—	—	1
HMI	1	—	—	—	—	1
ERMe	1	—	—	—	—	1
REP	1	1	1	1	1	1
DXMe	2	2	2	2	2	2
DIMe	1	—	—	—	—	1
AXMe	1	—	—	—	—	1

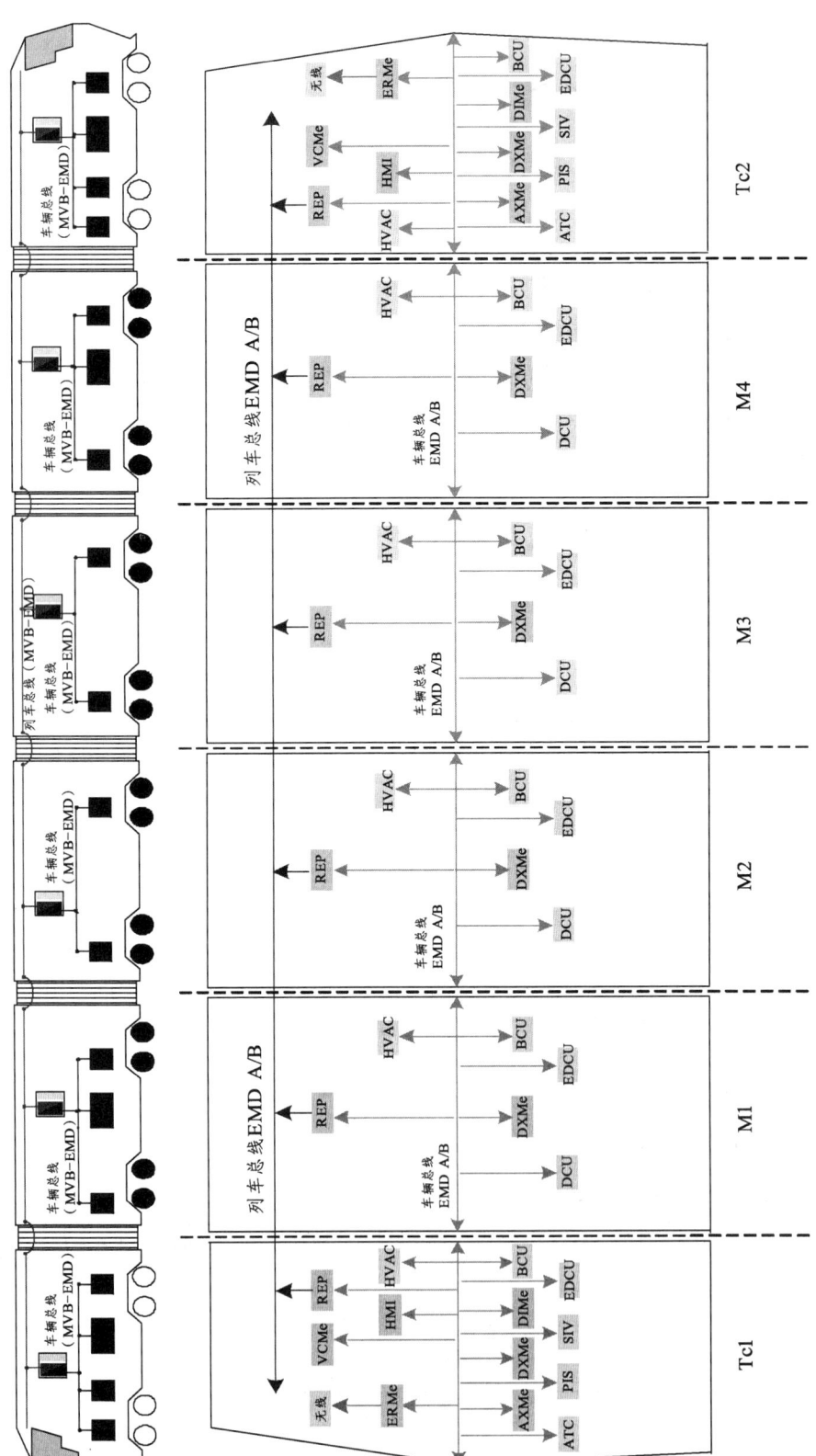

图 L11-1 列车控制及监控系统拓扑结构图

VCMe—车辆控制模块；REP—中继模块；ERMe—事件记录模块；DXMe—数字量输入输出模块；AXMe—模拟量输入输出模块；DIMe—数字量输入模块；HMI—显示模块；HVAC—空调控制系统；BCU—制动控制单元；ATC—自动控制系统；SIC—辅助供电系统；PIS—旅客信息系统；EDCU—电子门控系统；DCU—牵引控制系统

Tc1/Tc2 车 MVB 连接如图 LI1-2 所示，M 车 MVB 连接如图 LI1-3 所示。

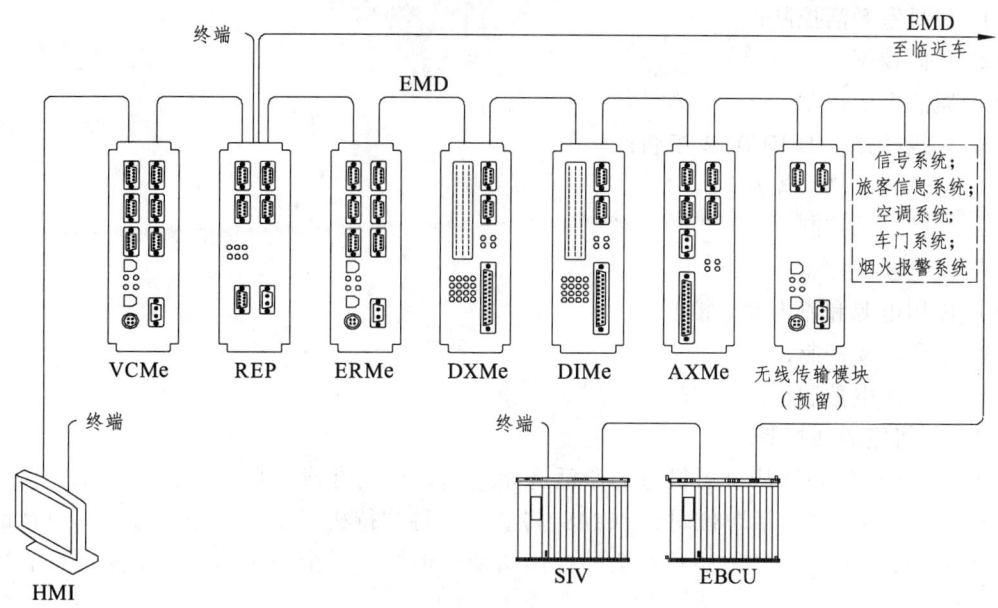

图 LI1-2　Tc1/Tc2 车 MVB 连接示意图

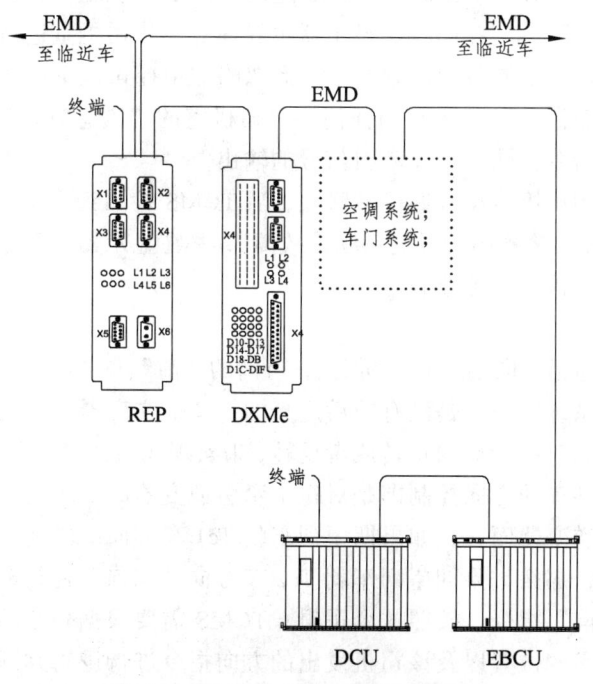

图 LI1-3　M 车 MVB 连接示意图

三、列车控制和监控系统的功能说明

1. 控制功能

综合车辆运行工况及各设备的工作状态，对车辆进行控制是 TCMS 的主要功能之一，根据系统设计需求，主要完成以下控制功能：

① 司机室激活控制；

② 方向控制；

③ 紧急牵引控制

④ 母线断路器 BHB/BLB 控制；

⑤ 电空联合制动控制；

⑥ 保持制动控制；

⑦ 安全联锁控制；

⑧ 库用电源和库内动车控制；

⑨ 空调启动控制；

⑩ 扩展供电控制。

（1）司机室激活控制。

对列车的操作必须从对司机室的激活开始。当司机钥匙没有插入司控器的钥匙孔，司机钥匙没有旋转至"激活"位时，TCMS 将处于一种"待机"状态，拒绝接收和执行诸如施加牵引、缓解制动等各种涉及安全的控制指令，但可以对全列车的状态信息进行监视和故障诊断。

当司机钥匙旋转至"激活"位后，TCMS 进入"激活"状态，将有"司机钥匙激活"信号的 Tc 车设置为主控司机室，并同时在显示器主界面对主控司机室进行显示。TCMS 激活后，只允许接收来自主控司机室的各种控制指令，而忽略非主控司机室的各种控制指令，但有一条指令除外，即"紧急制动"指令。当任何一个司机室的"紧急制动"按钮被按下，TCMS 均执行"紧急制动"指令，同时封锁牵引信号的输出。

如果两个司机室的司控器没有做机械联锁，当 TCMS 检测到两个司机室均有"司机钥匙激活"信号时，TCMS 会诊断出"司机室联锁故障"，并在显示器上显示故障提示，并继续处于"待机"状态，拒绝执行各种控制指令。

（2）方向控制。

列车的运行方向包括"向前"和"向后"，所谓的"前"与"后"均是以司机的主观视角来定义的。而对牵引系统来说，是没有前后之分的，牵引逆变器通过正相序或反相序输出交流电来控制牵引电机和车辆轮对的正转或者反转，来实现司机所期望的列车"向前"或者"向后"运行。因此，对列车的方向控制即是对每个牵引逆变器的"正向"和"反向"控制。

对于某一个牵引逆变器而言，如果期望列车朝 Tc1 车方向"向前"运行，牵引逆变器需要执行"正向"指令，那么如果期望列车朝 Tc2 车方向"向前"运行时，TCMS 则需要向该牵引逆变器发出"反向"指令。按照这个逻辑，TCMS 需要根据列车的每一个牵引逆变器的安装方位、主控司机室的位置以及该司机发出的方向指令进行逻辑判断，并逐个向每一个牵引逆变器单独发送"正向"或"反向"指令。

昆明地铁首期工程项目中，整列车的牵引逆变器安装布局采用中心对称方式，如果是 Tc1 车为操作端，当方向手柄打到"向前"位，则 TCMS 向 M1 和 M2 车牵引逆变器发送"正向"指令，向 M3 和 M4 车牵引逆变器发送"反向"指令；当方向手柄打到"向后"位，则 TCMS 向 M1 和 M2 车牵引逆变器发送"反向"指令，向 M3 和 M4 车牵引逆变器发送"正向"指令，并且 TCMS 将退行模式信号发给所有牵引逆变器；打到零位则判断为无方向。如果是

Tc2 车为操作端，当方向手柄打到"向前"位，则 TCMS 向 M1 和 M2 车牵引逆变器发送"反向"指令，向 M3 和 M4 车牵引逆变器发送"正向"指令；当方向手柄打到"向后"位，则 TCMS 向 M1 和 M2 车牵引逆变器发送"正向"指令，向 M3 和 M4 车牵引逆变器发送"反向"指令，并且 TCMS 将退行模式信号发给所有牵引逆变器；打到零位则判断为无方向。

在设计有关列车方向的列车硬连线时也会做如上考虑，即"向前"和"向后"列车硬线在列车中部做交叉处理，当 Tc1、M1、M2 车收到"向前"的列车信号时，Tc2、M3、M4 车收到"向后"的列车信号，反之亦然。因此在正常情况下，每个牵引逆变器从 TCMS 收到的"正向"或"反向"指令应该与其从列车硬连线上收到的"向前"或"向后"指令是一致的。TCMS 可以分别对每个牵引逆变器收到的 TCMS 指令和硬连线指令作比较，如果发现有不一致的情况，TCMS 会诊断出"牵引系统方向故障"，并在显示器上显示故障提示。

列车的换向操作只允许在列车静止的状态下才允许进行。一旦列车开始运行后，TCMS 将锁定当前列车的方向信号，直到列车停止运行后才解锁。如果在列车运行过程中，不管是人为操作原因还是司控器故障原因导致方向信号发生变化，TCMS 会诊断出"方向信号丢失故障"，并在显示器上显示故障提示。

（3）紧急牵引控制。

为了保证 TCMS 故障情况下，列车能够继续运行到下一站，列车设置了紧急牵引按钮，司机可以通过操作紧急牵引按钮来进入紧急牵引模式。

紧急牵引模式下 BCU、DCU 通过接收硬线的指令和硬线编码级位实现列车的牵引和制动控制，忽略 TCMS 的网络信号。

当 TCMS 接收到紧急牵引硬线信号后，则屏蔽所有输出信号并输出紧急牵引提示信息到 HMI。

当满足下列条件之一时，TCMS 系统的 HMI 提示司机应进入紧急牵引模式：
① 出现两个或两个以上 DCU 通信故障（由 VCMe 诊断）；
② 出现操作端 HMI 通信故障（由 HMI 诊断）；
③ 出现两个或两个以上 BCU 通信故障（由 VCMe 诊断）；
④ 出现两个或两个以上牵引逆变器隔离状况（由 VCMe 诊断）。

当出现下列情况之一时，司机应主动采取紧急牵引：
① HMI 黑屏；
② 列车无法正常牵引。

（4）母线断路器 BHB/BLB 控制。
① 无母线接触器（BLB）模式下的控制。

在以下条件同时满足时，TCMS 发出"TCMS—BHB 允许"信号（高电平有效）：
a. TCMS 系统正常（TCMS 自检）；
b. 列车速度≥5 km/h（由 TCMS 判断）；
c. M2 车网压大于 450 V。

TCMS 发出"TCMS BHB 允许"信号（高电平有效）后，TCMS 发出"BHB 合"脉冲信号使母线高速断路器大电流吸合约 1 s 后，DCU 自动撤销"BHB 合"指令，母线高速断路器通过另一回路的小电流维持吸合；若 TCMS 发出"TCMS BHB 合"信号 2 s 后，BHB 反馈状态仍为低电平，上报 BHB 故障。

若出现如下条件，母线断路器 BHB 跳开（TCMS 撤消"TCMS—BHB 允许"信号）：

a."BHB 切除"模式（高电平有效，由 TCMS 判断）；

b."紧急牵引"模式（高电平有效，由硬线电路控制）；

c. 列车速度＜5 km/h（由 TCMS 判断）。

相关控制逻辑如图 LI1-4 所示。

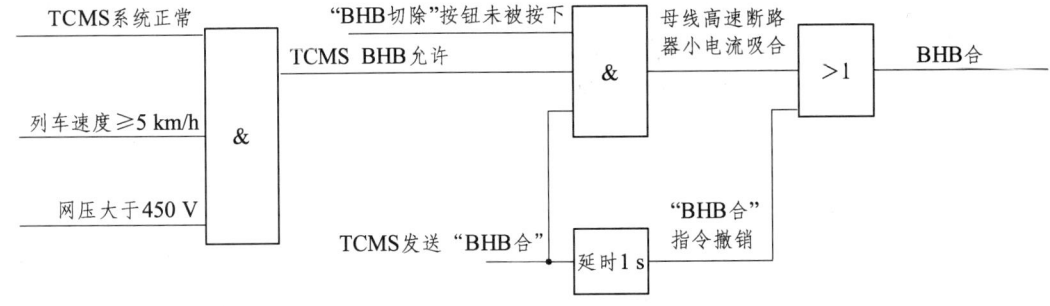

图 LI1-4　母线高速断路器控制逻辑图

② 有母线接触器（BLB）模式下的控制。

在以下条件同时满足时，TCMS 发出"TCMS—BHB 允许"信号（高电平有效）：

a. TCMS 系统正常（TCMS 自检）；

b. 列车速度≥5 km/h（由 TCMS 判断）；

c. M2 车网压大于 450 V。

TCMS 在发出"TCMS—BHB 允许"信号（高电平有效）后，TCMS 发出"BHB 合"脉冲信号使母线高速断路器大电流吸合约 1 s 后，DCU 自动撤销"BHB 合"指令，母线高速断路器通过另一回路的小电流维持吸合；若 BHB 反馈状态为低电平延迟 2 s，上报 BHB 故障。

在以下条件同时满足时，TCMS 发出"TCMS—BLB"信号（高电平有效）：

BHB 已合并延时 2 s（由 TCMS 判断）；

TCMS 发出"TCMS—BLB"信号（高电平有效）后，接触器 BLB 吸合，TCMS 收到 BLB 反馈状态信号（高电平有效）。若 TCMS 发出"TCMS—BLB"信号（高电平有效）3 s 后，BLB 反馈状态信号仍为低电平，上报 BLB 卡分故障，撤销"TCMS—BLB"命令，撤销"TCMS—BHB 允许"命令，断开母线高速断路器 BHB。需断电重启再次执行下一次 BHB、BLB 控制逻辑。

若出现如下条件，母线接触器 BLB 跳开（TCMS 撤消"TCMS—BLB"信号）：

a."BHB 切除"模式（由 TCMS 判断）；

b."紧急牵引"模式（由硬线电路控制）；

c. 列车速度＜5 km/h（由 TCMS 判断）。

TCMS 发出"TCMS—BLB"信号（低电平有效）后，接触器 BLB 断开，TCMS 收到 BLB 反馈状态信号（低电平有效）。若 TCMS 发出"TCMS—BLB"信号（低电平有效）3 s 后，BLB 反馈状态信号仍为高电平，上报 BLB 卡合故障，撤销"TCMS—BHB 允许"命令，断开母线高速断路器 BHB。需断电重启再次执行下一次 BHB、BLB 控制逻辑。

注意：一旦母线高速断路器断开后，若需重新闭合，就必须在母线高速断路器断开 5 s 后重新按以上步骤依次进行。1 min 内只允许合母线高速断路器 3 次。

（5）电空联合制动控制。

TCMS 参与地铁列车的电空混合制动控制，制动力的计算和分配由制动系统完成。具体控制指令传输过程如下：

① TCMS 根据来自司控器或 ATO 的指令信号产生控制指令，通过 MVB 网络发送给制动系统。

② 制动系统根据制动级位和载荷等信息，计算列车总制动力需求值。按照无故障情况下优先使用电制动力的原则，将列车总制动力需求值全部分配成电制动力需求值，经由 TCMS 发送给各车牵引系统。

③ 牵引系统根据电制动力需求值施加再生制动，并将电制动力实际值反馈给 TCMS。

④ TCMS 将各车牵引系统的电制动力实际值反馈给制动系统。

⑤ 制动系统根据反馈的电制动力实际值判断电制动力是否满足列车总的制动力需求，如果不满足，则通过气制动力进行补足。

（6）保持制动控制。

为了防止列车停在坡道上出现溜车情况，需要在列车停稳后施加一个固定大小的常用制动力，一般该常用制动力的大小为最大常用制动的 70% 左右，即保持制动。当列车处于 ATO 模式下时，保持制动的管理由 ATO 负责；当列车处于非 ATO 模式下时，保持制动的施加由制动系统负责，保持制动的缓解由 TCMS 负责。当 TCMS 故障时，保持制动的管理全部由制动系统自身负责。

当满足以下条件之一时，TCMS 向所有的 BCU 发出保持制动缓解命令：

① 列车处于牵引工况且速度大于 0.5 km/h；

② 列车处于牵引工况且牵引力大于 40 kN。

列车在某些特殊情况下，如通过调车机拖拽时，需要缓解列车的保持制动，可以通过点击 HMI 上检修界面中的"保持制动切除"软按钮，TCMS 接收到该信号后，同样也会发出保持制动缓解指令。

（7）安全联锁控制。

为了保证列车行车安全，TCMS 需要对某些影响列车运行的条件进行监视，当这些条件不满足时，TCMS 将封锁列车的所有牵引指令，同时在 HMI 上报"牵引封锁"提示信息。这些触发"牵引封锁"的条件包括：

① 司机室钥匙信号或司机室联锁故障；

② 牵引系统硬线方向与 TCMS 网络方向故障；

③ 车门未全部关闭，且无"车门旁路"信号；

④ 列车停放制动未缓解，且无"停放制动缓解旁路"信号及"所有制动缓解旁路"信号；

⑤ 制动系统触发紧急制动（针对紧急制动列车线到某个制动系统的硬线断落这种情况）；

⑥ 列车发出牵引指令后，5 s 内（暂定）列车仍然不能缓解所有制动；

⑦ 列车总风管压力低于 550 kPa，且无"总风压力压力旁路"信号。

（8）库用电源和库内动车控制。

列车在母线熔断器和隔离开关箱（BIB）中设置有一个多位置隔离开关，即运行位、库用位、中间位。当隔离开关打在运行位时，列车通过受流器得电，BIB 箱送出"运行位联锁"信号（高电平有效）；当隔离开关打在库用位时，列车通过外接库用插座电源供电，BIB 箱送出"库用位联锁"信号（高电平有效）；当隔离开关打在中间位时，"运行位联锁"信号和"库用位联锁"信号均为低电平。

当 TCMS 检测到一个 BIB 箱中隔离开关打到库用位时，将在 HMI 上显示"库用电源"信息提示，同时将该信号送给邻近该 BIB 箱的 DCU，此时 DCU 运行按照司机室指令进行库内动车，但是限速 3 km/h。

如果 TCMS 检测到列车两个 BIB 箱同时有"库用位联锁"信号，或者同一个 BIB 箱中"库用位联锁"信号和"运行位联锁"信号同时为高电平，则在 HMI 上报"库用位联锁"信号故障。

（9）空调启动控制。

为了防止各节车辆的空调机组的压缩机同时启动，对辅助供电系统造成的交流负载严重过载，因此需要通过 TCMS 对空调机组压缩机进行错时启动控制。错时启动控制分动力单元进行，一个动力单元共有 3 节车辆 6 组空调压缩机，TCMS 按照每 18 s 为一个大周期进行循环，每个周期内设置 6 个长度为 2 s 的时间窗口，分别对应 6 组空调压缩机。每组空调压缩机只能在属于自己的时间窗口时才能启动，其他时间则不允许启动。对于已经完成启动的空调压缩机，其停机过程不受该时间窗口的控制，可以根据外界温度条件或者控制指令随时停机。

此外，当制动系统空压机启动前会预先发出一个"空压机预启动"信号，TCMS 检测到该信号后将关闭所有空调的启动时间窗口，禁止一段时间内的所有空调的启动操作。

空调启动时间窗口时序如图 LI1-5 所示。

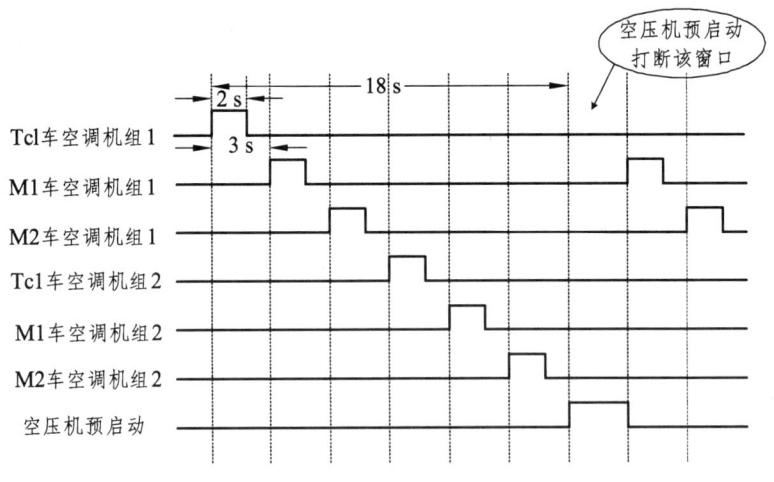

图 LI1-5 空调启动时间窗口时序

（10）扩展供电控制。

当列车上一台 SIV 发生严重故障，不能正常工作时，需要 TCMS 控制扩展供电接触器，由另一台 SIV 提供整列车的负载需求。为了防止一台 SIV 负责整列车的负载而导致过载保护，TCMS 在扩展供电之前，先发出减载指令给空调系统，当空调系统负载减半后，才发出扩展供电指令。若空调系统减载不成功，则将减载不成功信息发送到显示屏，同时 TCMS 自动将空调系统设置为通风模式，再进行扩展供电。

当以下条件同时满足时，TCMS 通过 DXM 输出"扩展供电"指令（高电平有效）：

① 一台 SIV 通信故障或者 380 V 输出不正常；

② 向空调发送减载指令后 15 s 内接收到空调完成减载的反馈或将空调设置为通风模式；

③ 如果系统扩展供电命令为高电平后 1 s 内，扩展供电状态反馈信号无效，则发送扩展供电接触器故障信息到 HMI。

2. 诊断功能

车载故障诊断系统是 TCMS 的一个重要组成部分，完成车载各部件故障数据的采集、分析、转储和显示功能。故障信息在司机台上通过 HMI 显示，并且通过 PTU 上传到地面维修和服务系统中，供长期储存和深入地面分析。

TCMS 的诊断功能可以协助司机和检修人员进行工作。当故障发生时，协助司机采取适当的操作，并使维护人员更容易地查找和解决故障。

如果列车发生故障，将以纯文本信息在 HMI 上显示给司机。每条纯文本信息都分配有故障代码，根据不同的故障类别进行故障评估。故障类别和纯文本信息显示在显示器的界面上。此外，司机可以从 HMI 上获得他所必须实施的操作指导说明。

3. 故障等级划分

TCMS 将故障划分为 3 个等级：

（1）严重故障（等级 1）：影响列车运行，必须立刻处理的故障。当此级别故障发生时，HMI 在运行界面显示故障内容，操作人员按确认键确认故障，确认后，故障在当前故障信息界面显示。

（2）中等故障（等级 2）：可能影响列车运行，可以回库处理的故障。当此级别故障发生时，HMI 在运行界面显示故障内容，操作人员按确认键确认故障，故障在当前故障信息界面显示。

（3）轻微故障（等级 3）：不影响运行但必须引起注意的故障。当此级别故障发生时，HMI 仅在故障界面显示故障内容。

4. 事件记录功能

ERM 实现事件记录功能。ERM 在 Tc 车通过车辆总线与 TCMS 相连接，因此，TCMS 的所有通信数据都可以被监视。

ERM 事件记录参数如表 LI1-3 所示。

表 LI1-3　ERM 事件记录参数

功　能	参　数	说　明
记录容量	512M	
记录模式		
采样周期	200 ms	
记录时长	一个月	采样周期为 200 ms
记录条件	自动触发	TCMS 上电后即开始不间断记录

续表 LI1-3

功 能	参 数	说 明
环境参数	数字量：至少 32 个	至少包括以下信息： 高速断路器状态； DCU 状态； 逆变器状态； 牵引命令； 制动命令； 紧急制动命令； 警惕按钮； 向前命令； 向后命令； 充电状态； 短接状态； 复位信号； ATO 模式； BHB 分命令； BHB 合命令
	模拟量：至少 10 个	至少包括以下信息： 电网网压； 中间电压； 中间电流； 列车速度； 动车速度； 牵引力/制动力参考值； 给定力矩； 实际力矩； 电机电流； 斩波电流

四、技术参数

列车通信网络基本参数如表 LI1-4 所示。

表 LI1-4 列车通信网络参数

项 目	参 数
标 准	IEC 61375
网络拓扑	总线型
物理介质	屏蔽双绞线
波特率	MVB：1.5 MB/s
校 验	循环冗余校验
系统响应时间	≤200 ms（以牵引/制动控制来计算响应时间）
冗余性	通信线路双通道冗余，关键的控制模块 VCM 热备冗余

子模块 LI2　HMI 智能显示装置

HMI 智能显示装置是人机交互设备，通过显示机车网络设备的状态、故障等信息，使操作人员了解各设备的运行情况。

HMI 智能显示装置的术语和缩略语如表 LI2-1 所示。

表 LI2-1　HMI 智能显示装置的术语和缩略语

序号	术语/缩略语	描　述
1	AXMe	模拟量输入/输出模块
2	REP	中继模块
3	BCU	制动控制单元
4	DCU	牵引控制单元
5	DXMe	数字量输入/输出模块
6	EBCU	电制动控制单元
7	HB	高速断路器
8	HVAC	空调系统
9	HMI	智能显示装置
10	PIS	旅客信息系统
11	SIV	辅助变流器
12	VVVF	牵引逆变器
13	ATC	列车自动控制
14	ATO	列车自动操作
15	ATP	列车自动防护
16	DDS	车载故障诊断系统
17	DIMe	数字量输入模块
18	EDCU	车门控制单元
19	VCMe	车辆控制模块
20	BHB	母线高速断路器

一、HMI 智能显示装置的配置及结构

HMI 功能框图如图 LI2-1 所示。

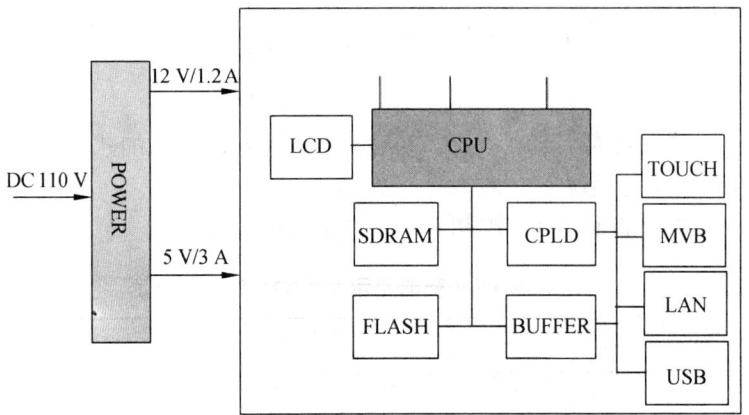

图 LI2-1　功能框架图

二、HMI 智能显示装置的功能

下面对昆明地铁首期工程显示器界面格式及内容作详细介绍。

一般操作流程如图 LI2-2 所示。

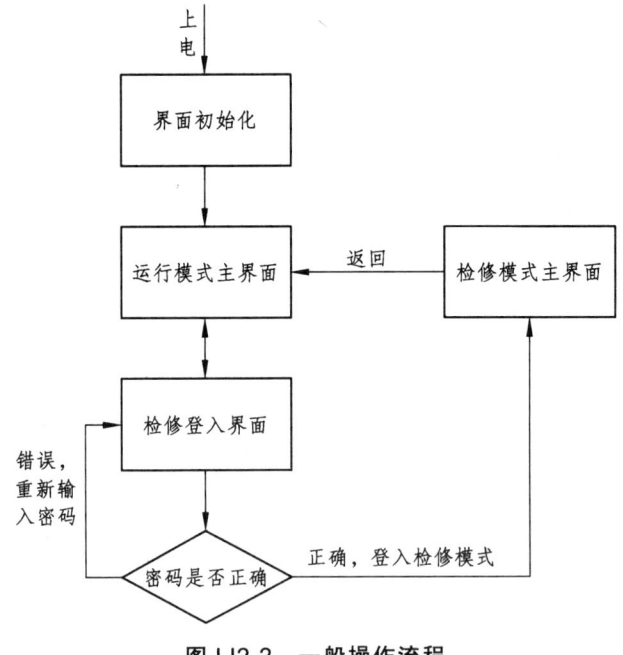

图 LI2-2　一般操作流程

运行模式操作流程如图 LI2-3 所示。

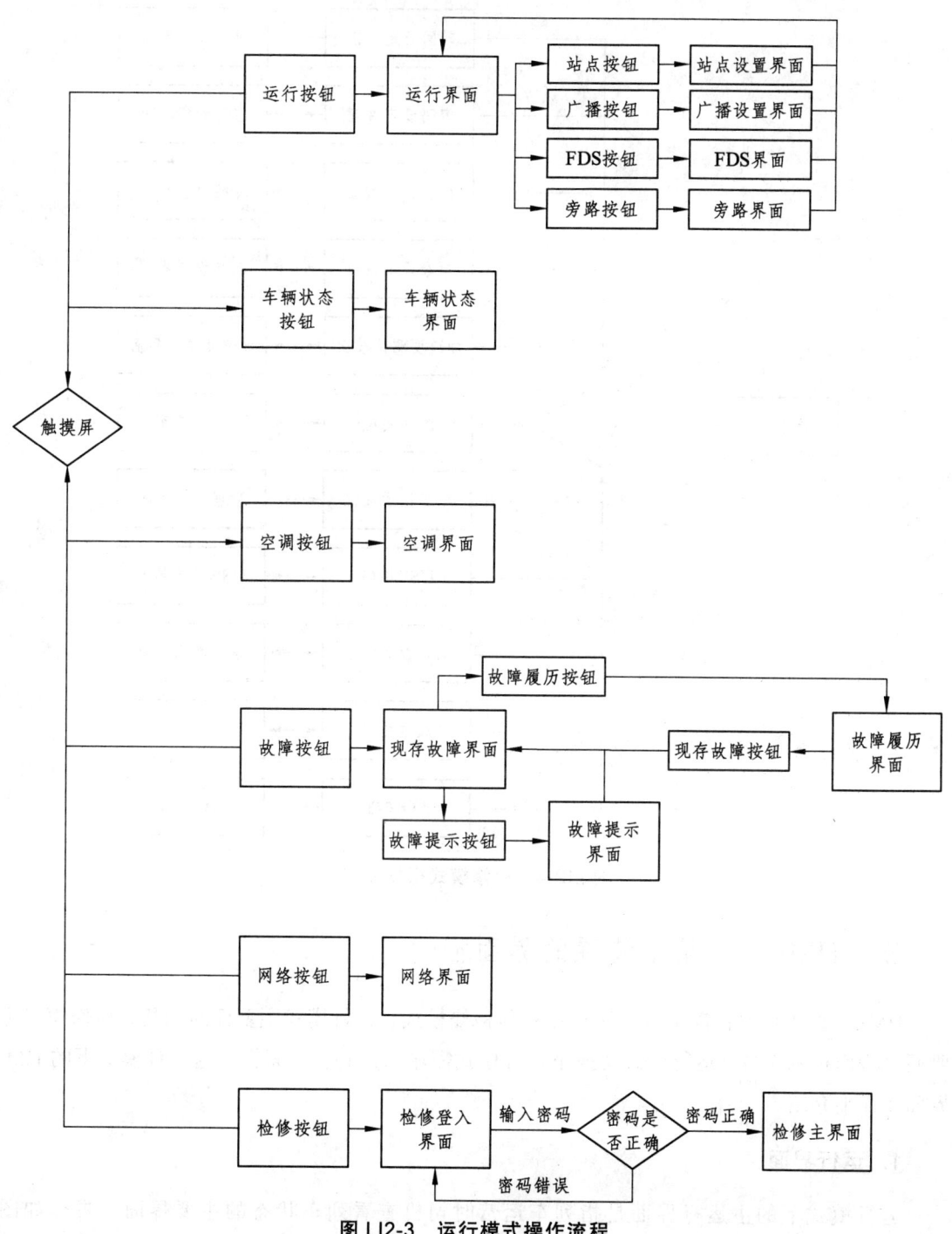

图 LI2-3　运行模式操作流程

检修模式操作流程如图 LI2-4 所示。

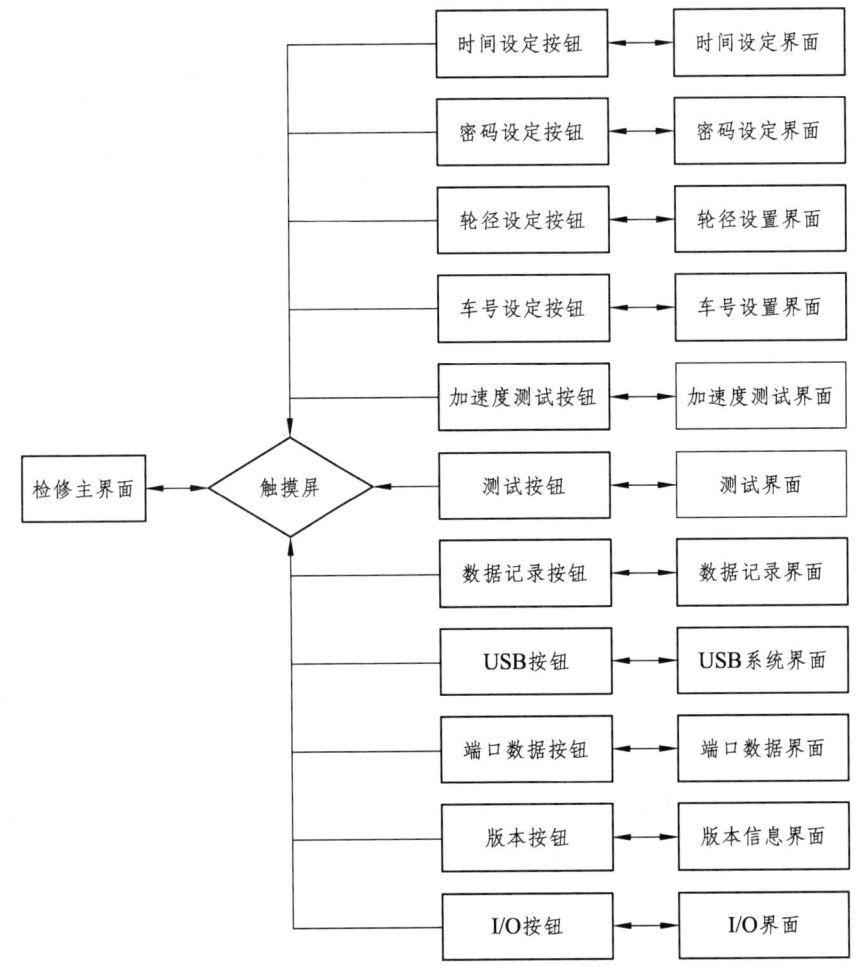

图 LI2-4　检修模式操作流程

三、HMI 智能显示装置的界面描述

HMI 根据用户操作需求分为运行模式与检修模式，运行模式主要面对司机，检修模式主要面对检修技术人员，运行模式切换至检修模式需输入密码。下面将对这两种模式下的 HMI 界面作详细介绍。

1. 运行界面

运行模式下的主运行界面是指列车运营时司机查看列车状态的主要界面，具体如图 LI2-5 和图 LI2-6 所示。主运行界面中的主要标识如表 LI2-2 所示。

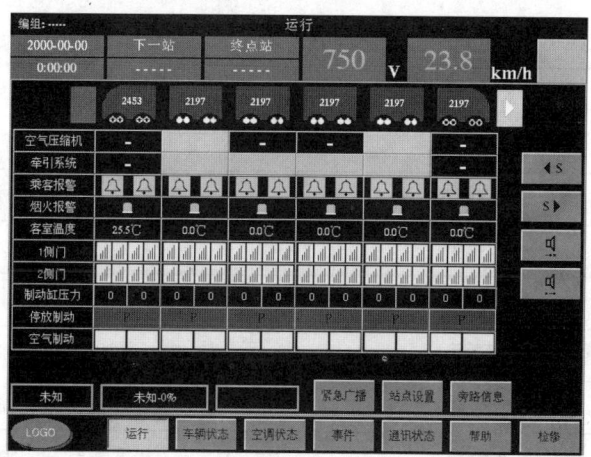

图 LI2-5 运行模式下的主运行界面

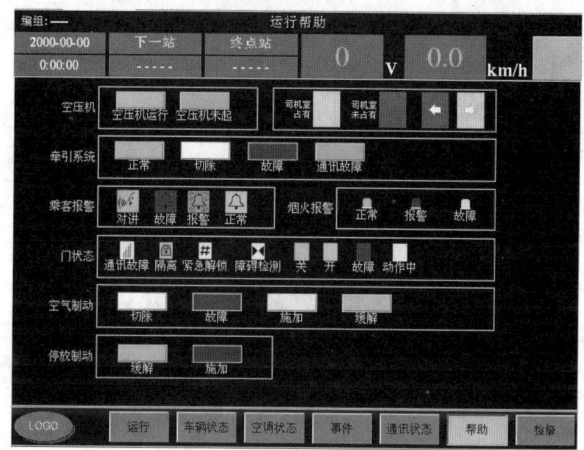

图 LI2-6 主运行界面帮助说明

表 LI2-2 主运行界面中的主要标识

内容	标识	描述
编组	编组:00000	列车编组号
标签	运行	当前界面名称
时间	2010-05-05 11:24:36	显示当前日期与时间
下一站	下一站	显示下一站
终点站	终点站	显示终点站
网压	750 V	当前电网电压
速度	23.8 km/h	当前列车速度
列车司机室占有		列车司机室已占有
		列车司机室未占有

续表 LI2-2

内　容	标　识	描　述
方　向	←	列车方向显示
故　障	▲	故障提示，点击可进入故障查看
		无故障提示
跳　站	◀S	向上跳一站
	S▶	向下跳一站
广　播		进站广播
		出站广播
空气压缩机		工　作
		未工作
牵引系统		故　障
		正　常
		通信故障
		切　除
乘客报警		乘客紧急通信单元激活，司机已打开通信通道
		乘客紧急通信单元故障
		乘客紧急通信单元激活，乘客要求紧急对讲
		乘客紧急通信单元正常，未激活
烟火报警		正　常
		报　警
		故　障
门		门动作中
		门关闭
		门故障
	▶◀	障碍物探测
		门开
		门隔离
	#	门紧急解锁
	▮▮▮	通信故障
停放制动	P	缓　解
		施　加

续表 LI2-2

内容	标识	描述
空气制动	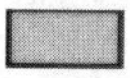	缓 解
		施 加
		切 除
模 式	 未知	紧急牵引
		RMR 模式
		RMF 模式
		WRM 模式
		慢行模式
		PM 模式
		ATB 模式
		ATO 模式
LOGO	 LOGO	昆明地铁标志,按钮后进入亮度调节界面
工况与级位	 未知-0%	停放制动
		紧急制动
		快速制动
		制 动
		牵 引
		惰 行
		0% 表示级位
提示信息		紧急牵引
		紧急制动
		牵引封锁
按 钮	 紧急广播 站点设置 旁路信息	点击对应按钮可分别进入紧急广播界面、站点设置界面、旁路信息界面

2. 车辆状态界面

车辆状态界面显示牵引主回路状态、中间直流电压、电机电流、SIV 状态、供电扩展、U 相输出电压、110 V 输出电压、充电电流、制动缸压力及空簧压力状态,具体如图 LI2-7 和 LI2-8 所示。车辆状态界面中的主要标识如表 LI2-3 所示。

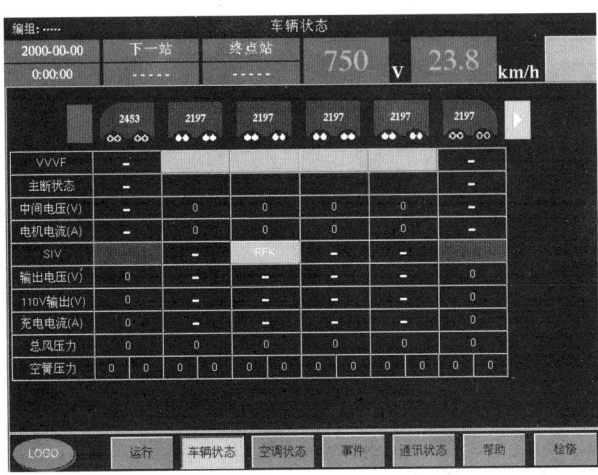

图 LI2-7　运行模式下的牵引界面

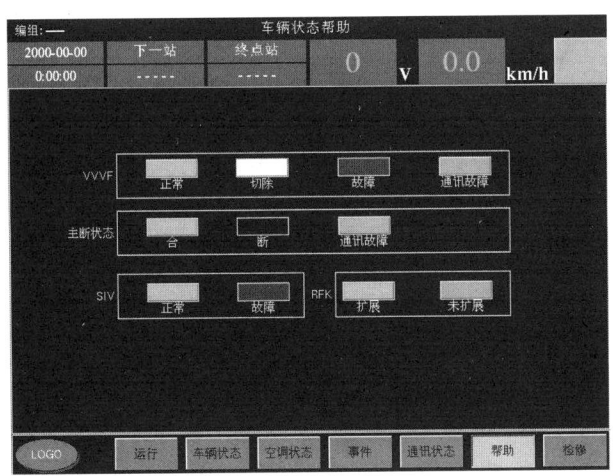

图 LI2-8　运行模式下的车辆状态帮助说明

表 LI2-3　车辆状态界面中的主要标识

内　容	标　识	描　述
主断状态		合
		断　开
		通信故障
SIV		正　常
		故　障
扩展供电 RFK		合
		断　开

3. 空调界面

空调界面分为状态显示部分与空调设置部分，空调设置界面可对列车空调模式与温度进行设置，空调界面如图 LI2-9 和图 LI2-10 所示。

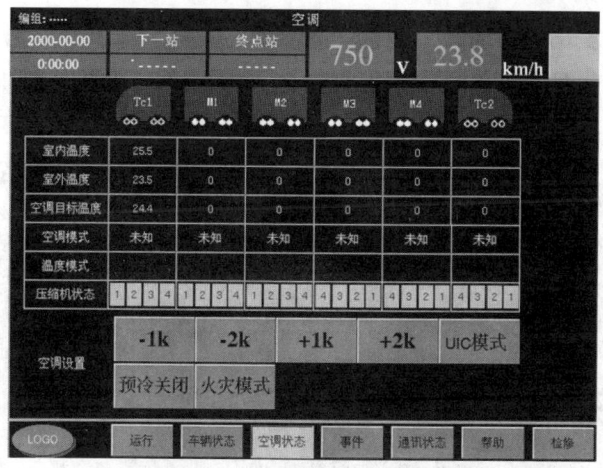

图 LI2-9　运行模式下的空调界面

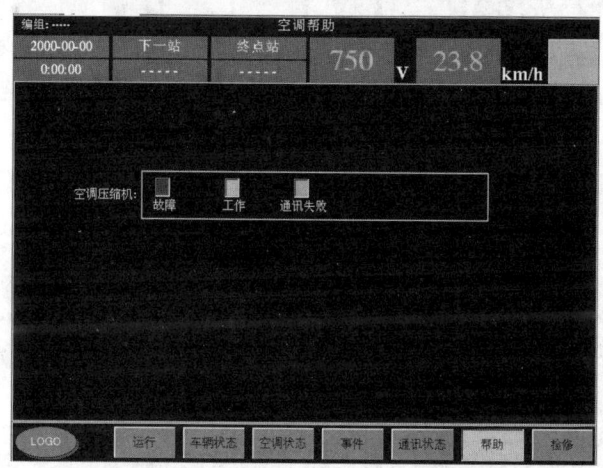

图 LI2-10　运行模式下的空调界面帮助

空调状态包括温度、各车空调模式、空调压缩机状态。空调状态的标识如表 LI2-4 所示。

表 LI2-4　空调状态的标识描述

标　　识	描　　述
	空调压缩机故障
	空调压缩机工作
	空调压缩机通信失败

空调设置：火灾模式、UIC 模式、测试模式、预冷关闭。

温度设置：点击 −1k、−2k、+1k、+2k 按钮进行设置。

4. 通信界面

通信界面显示所有网络设备通信状态，具体如图 LI2-11 和图 LI2-12 所示。通信界面中的各标识颜色如表 LI2-5 所示。

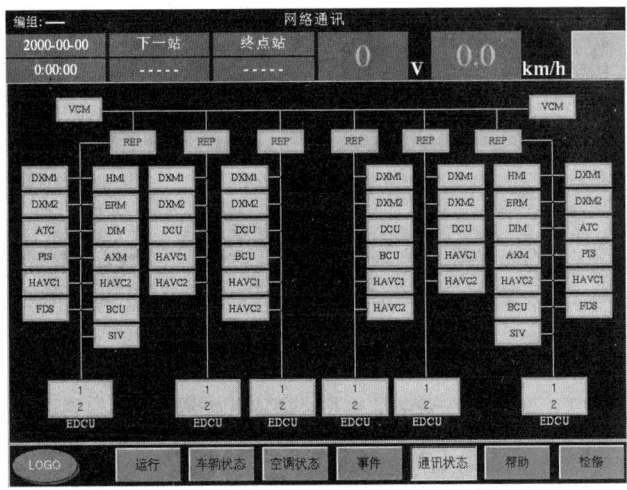

图 LI2-11　运行模式下的通信界面

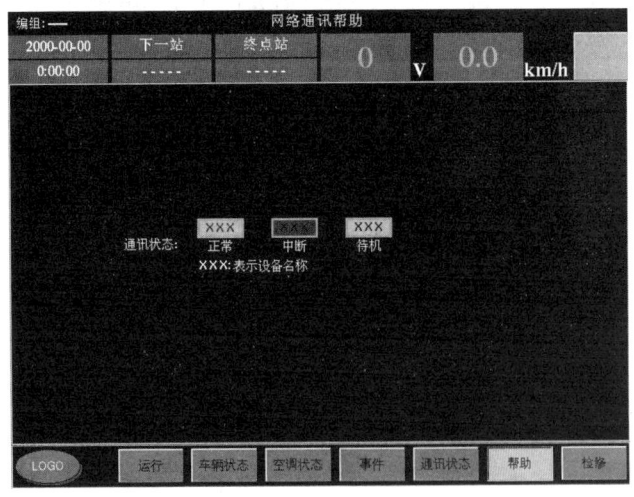

图 LI2-12　运行模式下的通信界面帮助

表 LI2-5　通信界面各标识的颜色描述

颜　色	描　述	颜　色	描　述	颜　色	描　述
	通信正常		通信中断		待机状态

5. 旁路界面

旁路界面主要显示列车各旁路的状态，如图 LI2-13 所示；旁路界面中的各标识颜色如表 LI2-6 所示。

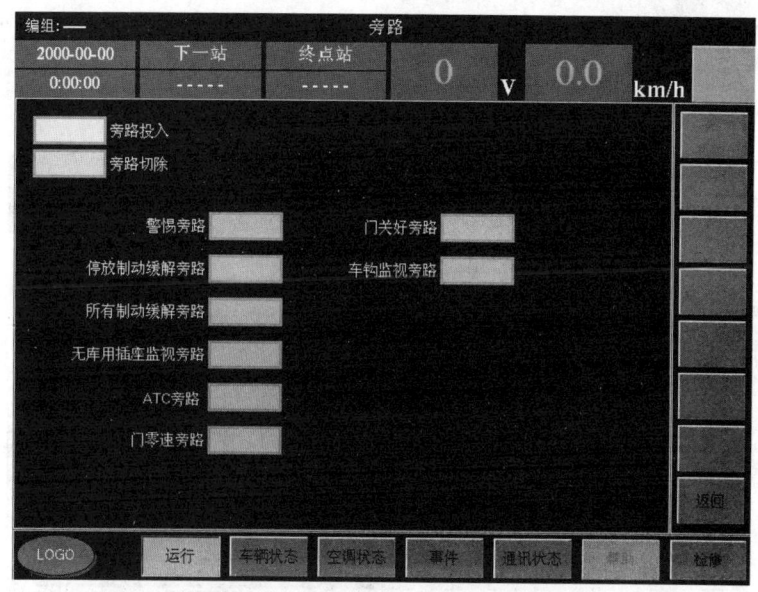

图 LI2-13 运行模式下的旁路界面

表 LI2-6 旁路界面各标识的颜色描述

颜　色	描　述
	旁路投入
	旁路切除

6. 站点界面

站点设置界面如图 LI2-14 所示，具体设置方法可参照设计方案。

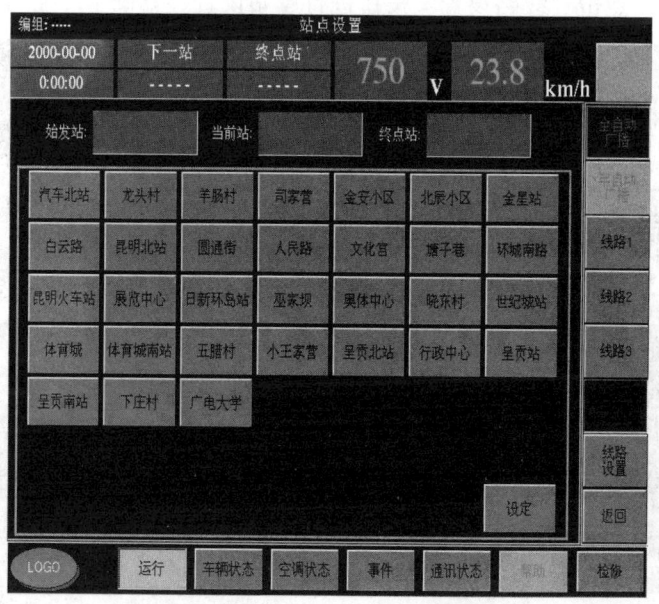

图 LI2-14 运行模式下的站点界面

在站点菜单中选择站点：始发站、当前站和终点站均设置完成后，点击"设定"按钮完成站点设置。

目标站如图 LI2-15 所示。

图 LI2-15　目标站

表示目标站激活前，表示目标站激活后。

站点设置如图 LI2-16 所示。

图 LI2-16　站点设置

在 PM 模式或 ATO 模式下可通过全自动广播和半自动广播进行选择，其他模式下无法操作。

通过上述站点设置后会形成一条由始发站和终点站形成的线路，如果在这条线路中还有需要越掉的站点，则点击"线路设置"按钮进行越站设置，如图 LI2-17 所示。

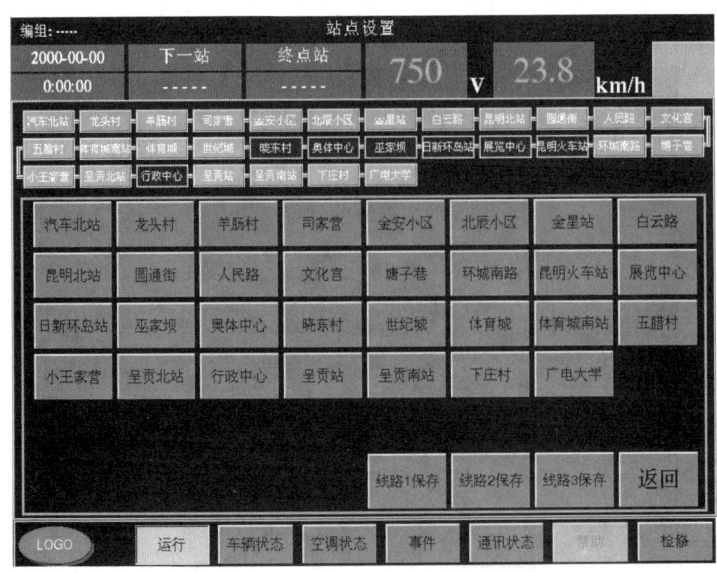

图 LI2-17　越站设置

在此界面上会显示当前线路的状态，在下方站点区选择需要越掉的站点，然后点击"跳站设定"完成越站设定，此时在上边的线路状态区会显示最终的线路（蓝色表示有当前站，灰色表示越掉当前站）。

紧急广播界面如图 LI2-18 所示。

图 LI2-18　紧急广播设置

通过点击相应的紧急广播按钮进行广播。

7. 亮度调节界面

通过点击"LOGO"按钮，进入亮度调节界面，如图 LI2-19 所示。

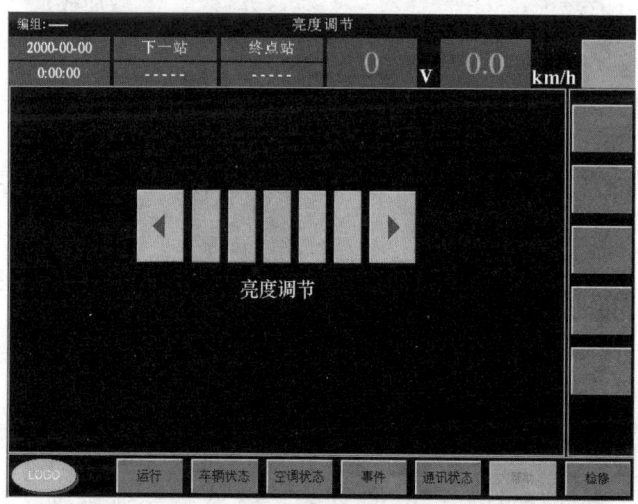

图 LI2-19　亮度调节界面

点击◀按钮可使显示器亮度减小，点击▶按钮可使亮度增加。

8. 故障界面

故障界面如图 LI2-20 ~ LI2-22 所示。

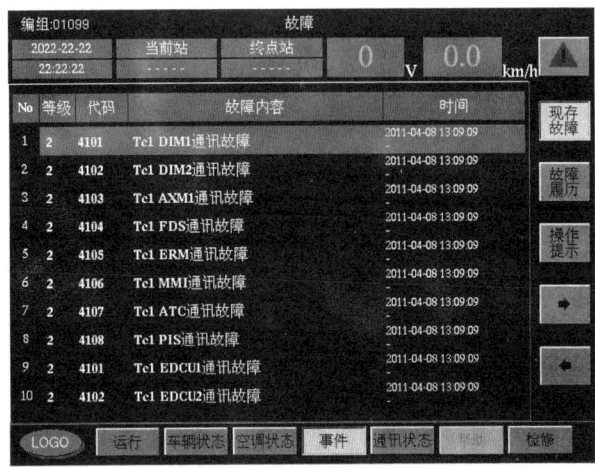

图 LI2-20　现存故障界面

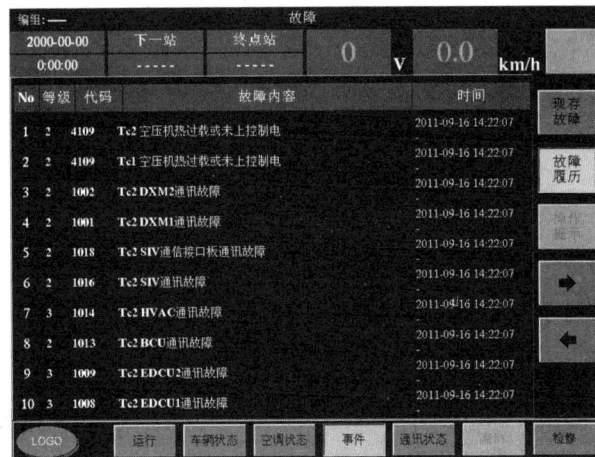

图 LI2-21　故障履历界面

图 LI2-22　故障提示界面

故障等级：分 3 个等级，分别为 3（严重）、2（中等）、1（轻微）。

故障代码：故障编号。
故障内容：故障具体信息。
故障时间：故障发生时间。
现存故障为当前系统存在故障的设备故障信息。
故障履历为曾经发生和当前存在的故障记录，可存储 1 000 条。
现存故障比故障履历只是增加了故障结束时间，如图 LI2-23 所示。

图 LI2-23　现存故障时间

上方为故障发生时间，下方为故障结束时间，"－"表示故障未结束时显示器发生事故，未对故障结束时间进行记录。
在现存故障界面中选定目标故障，可进入故障操作提示界面，对故障进行操作，如图 LI2-24 所示。

图 LI2-24　目标故障

蓝色光标表示选中的目标故障，点击"故障提示"键进入故障提示界面。

9. 检修登录界面

检修登录界面如图 LI2-25 所示。

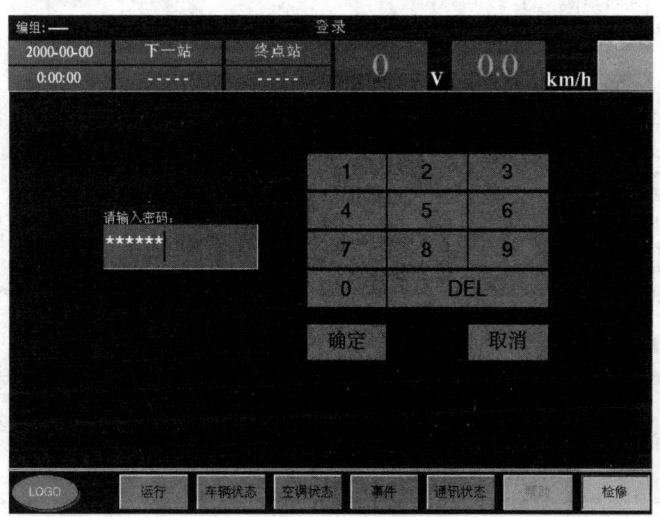

图 LI2-25　检修登录界面

点击数字键输入正确的密码，然后点击"确定"按钮，即可登录检修界面。
点击"DEL"键可以删除输入的错误数字，然后重新输入。

10. 检修界面

检修界面如图 LI2-26 所示。

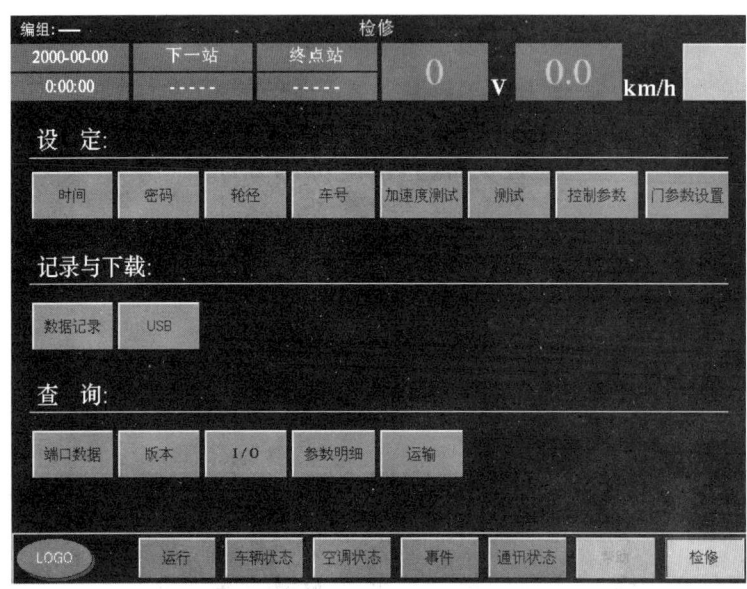

图 LI2-26 检修界面

点击对应的按钮，可进入相应的界面。

"设定"区的按钮，只有在当前司机室占有的情况下才会激活，否则无法操作。

（1）时间设置如图 LI2-27 所示。

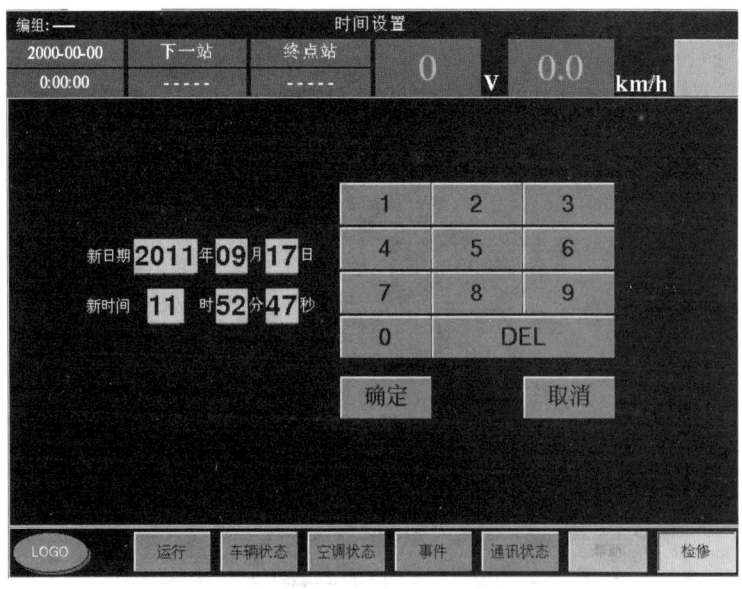

图 LI2-27 时间设置

点击数字按钮，输入时间，然后点击"确定"按钮，即可完成时间设定；点击"取消"按钮，可退出时间设定界面，回到检修界面。

（2）密码设置如图 LI2-28 所示。

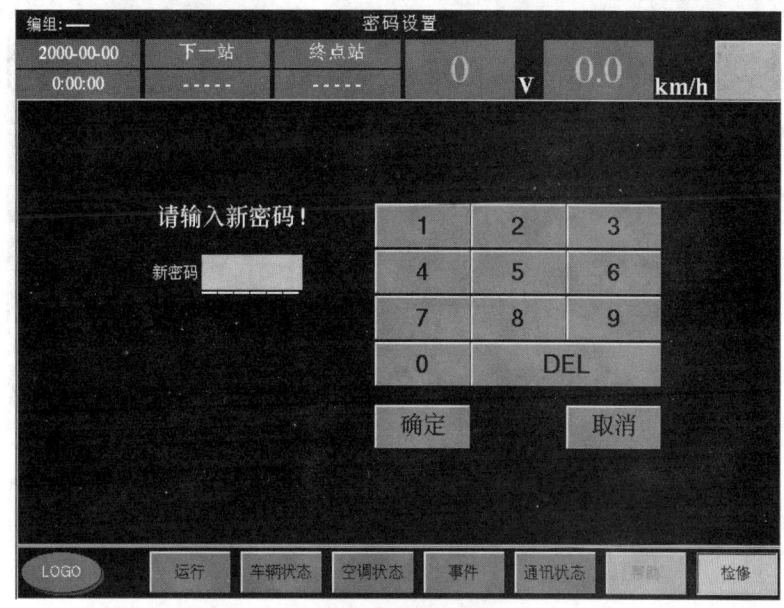

图 LI2-28　密码设置

点击输入新密码，然后按"确定"按钮，即可进入图 LI2-29 所示的界面设定。

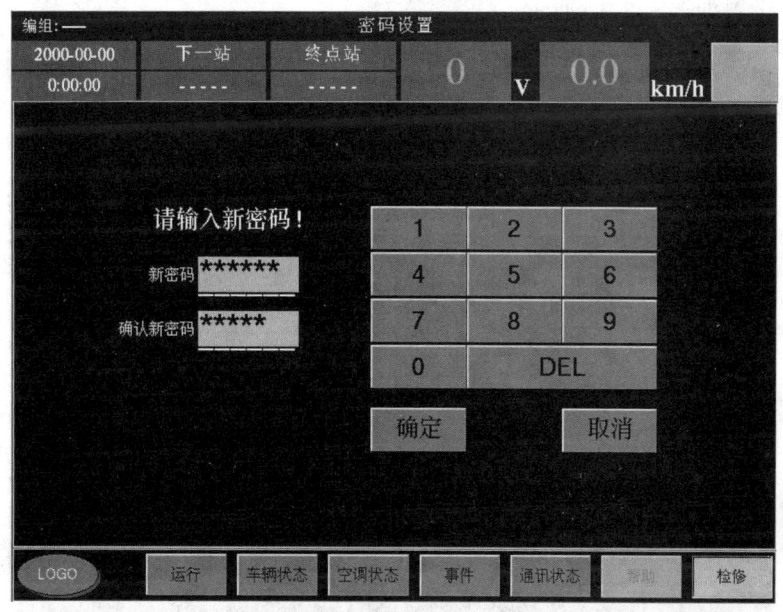

图 LI2-29　密码设定

再次输入确认密码后，点击"确定"按钮后，即设置成功。按"取消"按钮，可退出密码设置界面回到检修界面。

（3）轮径设置如图 LI2-30 所示。

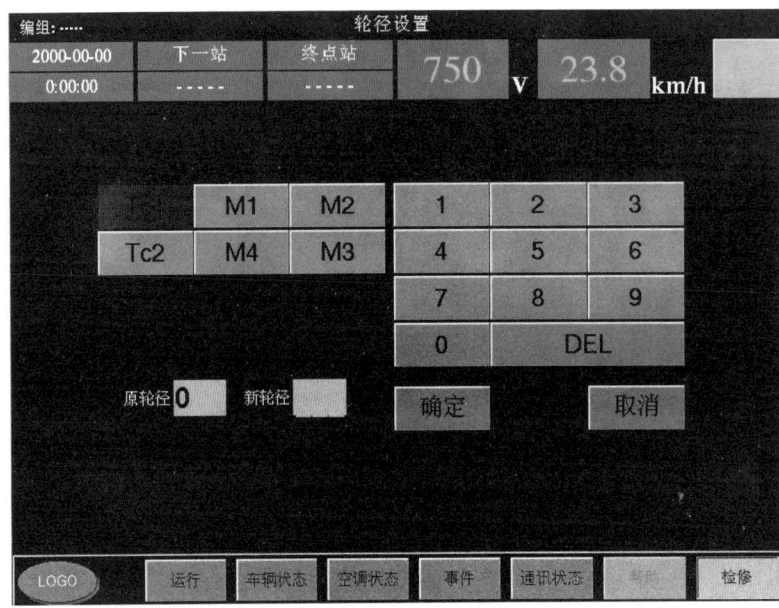

图 LI2-30 轮径设置

首先点击相应的车辆按钮,在车辆按钮激活的状态下,"原轮径"会显示出当前此车辆的轮径值为多少,然后可点击数字键盘输入新的轮径值,点击"确定"按钮后,即设置成功,此时原轮径值会更新为设置的新轮径值。

(4)车号设置如图 LI2-31 所示。

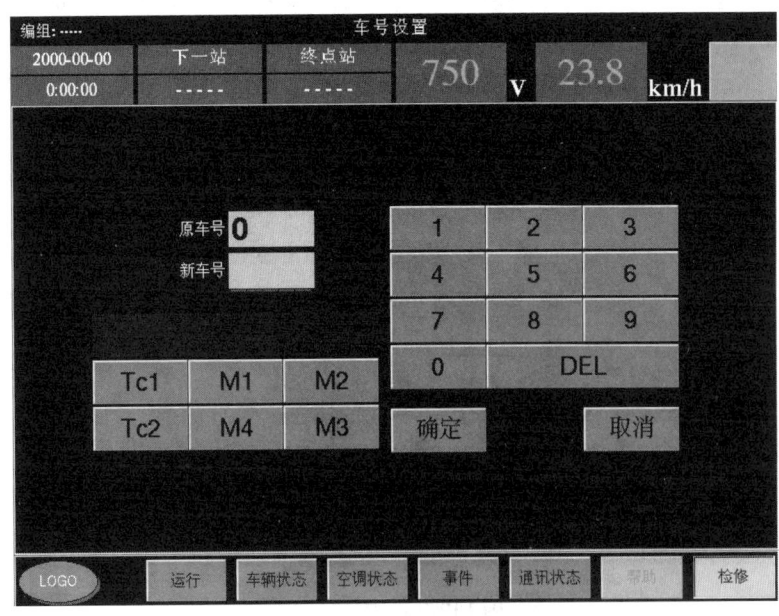

图 LI2-31 车号设置

点击相应的车号按钮,然后输入新的车号,点击"确定"完成车号设置。原车号显示当前设置的车号。

(5)加速度测试如图 LI2-32 所示。

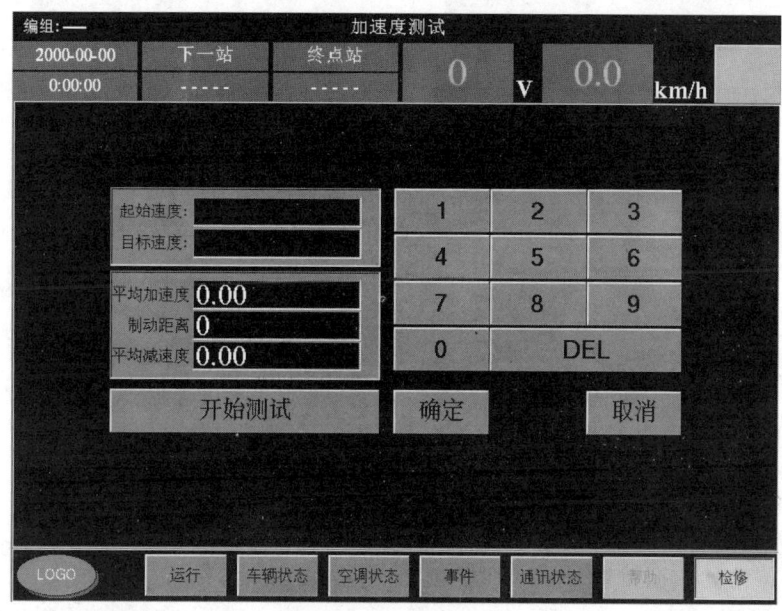

图 LI2-32 加速度测试

首先点击"起始速度"后的输入框,激活后,点击数字键盘输入起始速度,然后再点击"目标速度"后的输入框,激活后,点击数字键盘输入目标速度,然后点击"开始测试"按钮,系统会自动测试,完成后会将"平均加速度"、"平均减速度"、"制动距离"显示出来。

(6)累积数据如图 LI2-33 所示。

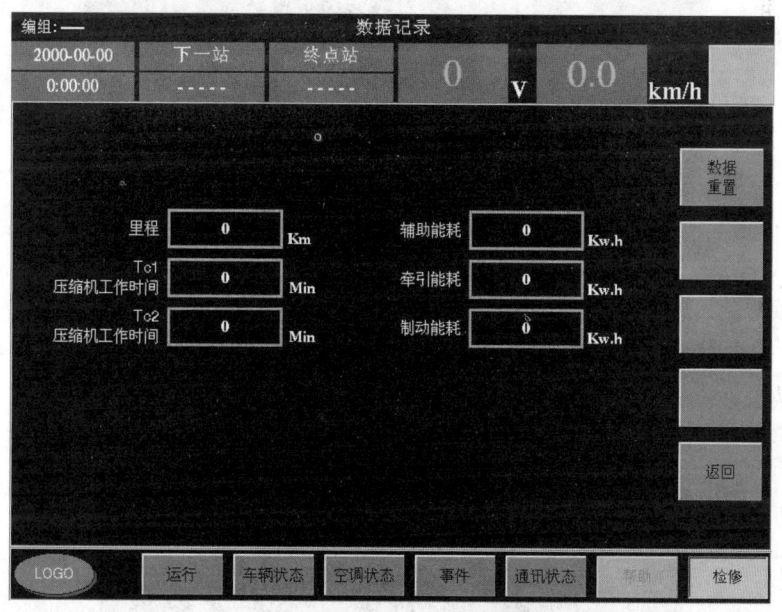

图 LI2-33 累积数据

在当前界面,可以查询到累计里程、辅助能耗、制动能耗、牵引能耗、两个空压机的工作时间信息,如需重置数据,可点击"数据重置"按钮,如图 LI2-34 所示。

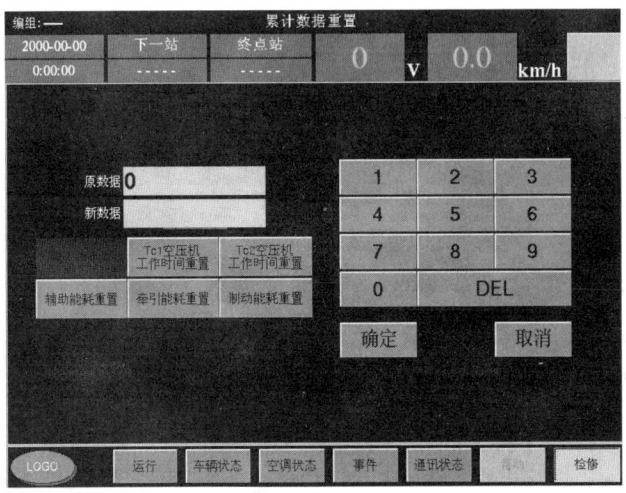

图 LI2-34　数据重置

点击需要修改的数据按钮，输入新数据，点击"确定"完成数据重置。

（7）USB 界面如图 LI2-35 所示。

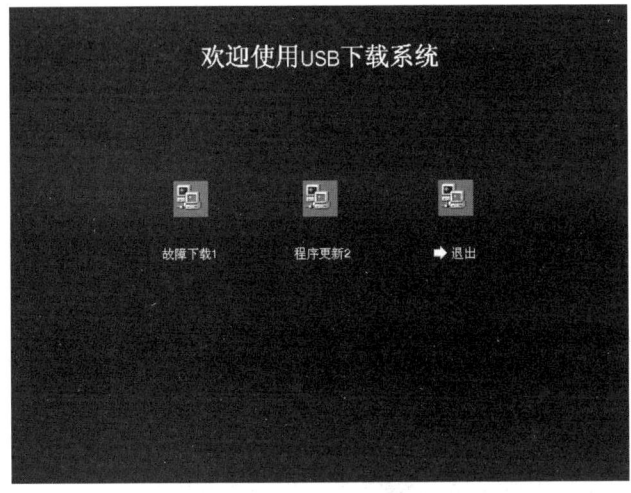

图 LI2-35　USB 界面

点击"USB"按钮，进入图 LI2-35 所示的界面，然后点击"程序更新"按钮，弹出如图 LI2-36 所示的界面，然后插入 U 盘，点击"确定"，显示器进行程序更新任务，提示更新成功后，点击"退出"即完成程序更新功能。

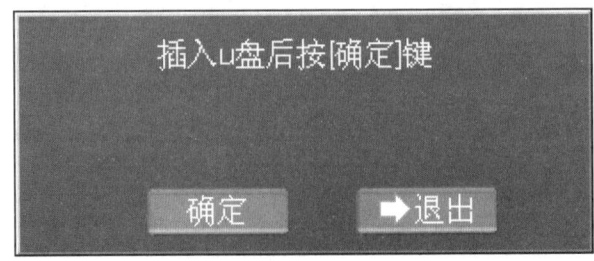

图 LI2-36　程序更新

(8)版本信息如图 LI2-37 所示。

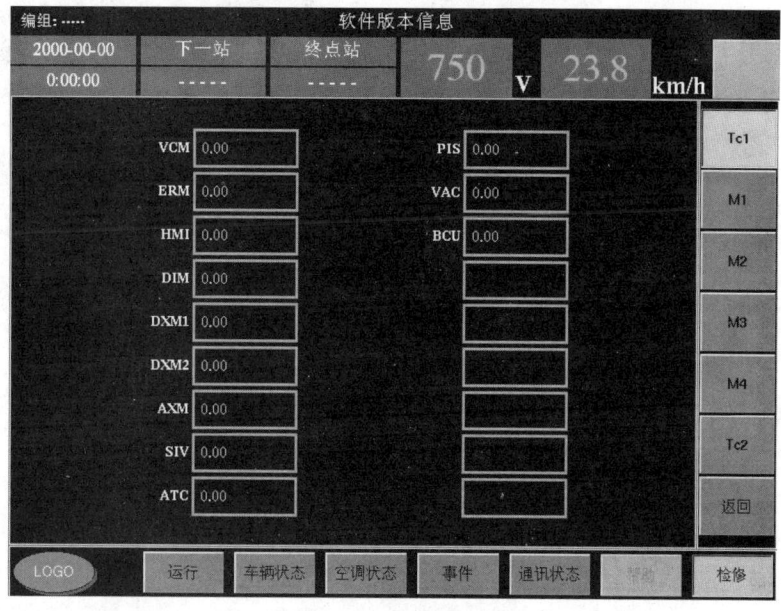

图 LI2-37　版本信息

点击右边按钮区的车辆按钮,即可在左边显示区域看到对应车辆设备的版本信息。

(9) I/O 界面如图 LI2-38 所示。

图 LI2-38　I/O 界面

点击右边按钮区的车辆按钮,即可在左边显示区域看到对应车辆 DXM、DIM 及 AXM 的输入/输出信号。如显示框点亮(蓝色),即为此信号为高电平(1),如为灰色,则表示此信号为低电平(0),同时可点击 ← → 按钮进行翻页查看。

（10）参数明细界面如图 LI2-39 所示。

图 LI2-39　参数明细界面

点击右边的"牵引"、"制动"、"辅电"按钮，即可进入相应界面分别去查看牵引系统（VVVF）、制动系统（BCU）、辅助系统（SIV）的输入/输出信号及相关参数。点击"上一页"和"下一页"可进行翻页查看。

（11）运输模式界面如图 LI2-40 所示。

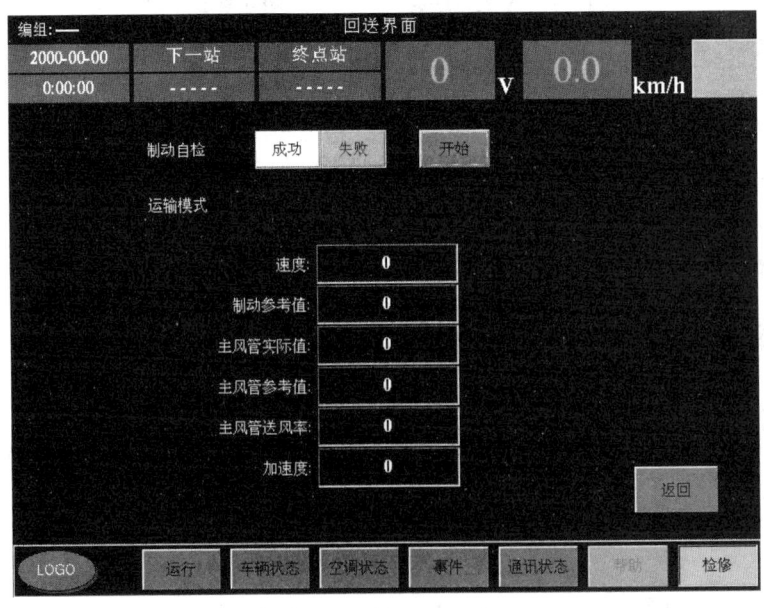

图 LI2-40　运输模式界面

制动自检：点击"开始"按钮，即可进行制动自检，完成后会将结果显示出来，如成功，则"成功"框为绿色；如失败，则"失败"框为绿色。

运输模式：此界面为列车处于运输模式时的相关数据查看界面。

（12）端口数据界面如图 LI2-41 所示。

图 LI2-41　端口数据界面

通过点击下方数字及字母按键，输入所需查找的端口号，然后点击"开始查找"，则在屏幕上方显示出当前查询端口的数据。

（13）测试界面如图 LI2-42 所示。

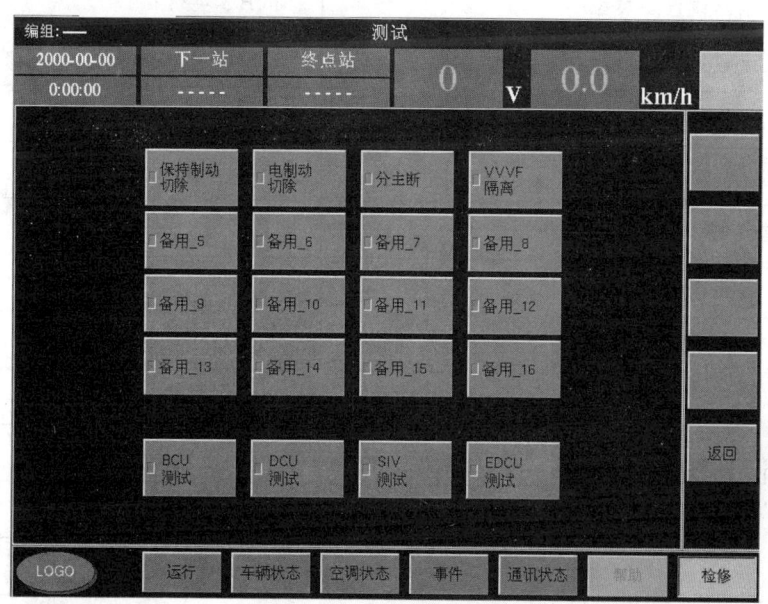

图 LI2-42　测试界面

此界面按钮为自定义调试按钮，只作为调试使用。"测试"、"控制参数"、"端口数据"界面均为设计人员调试期间使用的界面。

四、HMI 智能显示装置的技术参数

HMI 智能显示装置的技术参数如表 LI2-7 所示。

表 LI2-7　HMI 智能显示装置的技术参数

序号	内容		参数
1	机械尺寸（$L×W×H$）		356 mm×278 mm×82 mm
2	质量		<5 kg
3	工作电源		工作电压：DC 77~133.5 V 工作电流：≤0.3 A
4	工作温度		－25~＋40 ℃
5	额定功率		29.4 W
6	冷却方式		自然风冷
7	显示屏		800×600TFT 液晶屏
8	CPU		32 位处理器，主频 400M 及以上
9	存储器容量		32M FLASH；64M SDRAM
10	车辆总线		MVB（ESD＋）
11	车辆总线设备类型		MVB 3 类设备
12	振动与冲击		振频 10~2 000 Hz，加速度 196 m/s^2
13	实时操作系统		LINUX
14	通信接口		MVB、CAN
15	其他接口		RS232、USB
16	液晶屏平均无故障时间		5×10^4 h（25 ℃，亮度 50% 以下）
17	液晶屏（LQ104V1DG61）	外形尺寸	211.2 mm×158.4 mm
		分辨率	800 mm×600 mm
		可视角度（左右）	140°
		可视角度（上下）	110°
		亮度	380 cd/m^2

HMI 接口分布在前后壳上，如图 LI2-43 所示。

总模块 L　理论知识　287

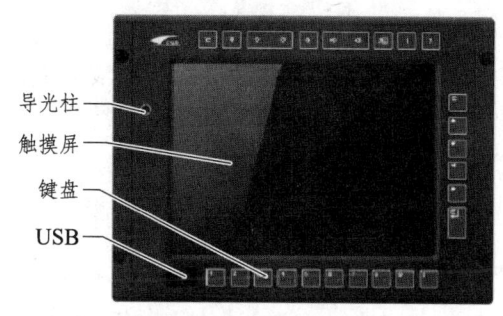

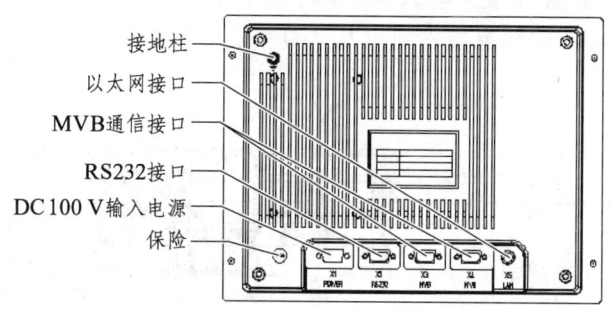

图 LI2-43　接口分布

导光柱：将外界光源传递到 IDD 内部，通过电路调节液晶屏背光。

触摸屏：采用 5 线电阻式触摸屏作为输入接口。

键盘接口：数字键 0～9，方向键上下、左右，功能键 F1～F5 以及"确定"、"取消"，共 21 个按键。

USB 接口：用于数据下载和程序更新。

接地柱：保证 IDD 与大地良好接地。

以太网接口：10M 以太网，用于调试。

MVB 接口：通信接口，物理层采用 ESD+接口。

串口：RS232 串口，用于调试。

电源接口：DC 110 V 电源输入接口。

保险：2 A 保险。

子模块 LI3　蓄电池

轨道交通车辆用密封胶体蓄电池，具有使用寿命长、内阻小、自放电率低、密封反应效率高、充电能力强、大电流放电特性好、体积和质量比能量高、荷电出厂不需进行繁琐的初充电活化、可卧式叠加安装、无酸雾逸出和电液泄漏、不污染环境、使用安全可靠、维护简单等特点。

昆明地铁首期工程电客列车采用的蓄电池为地铁车辆混合胶体阀控式密封铅酸蓄电池，型号为 DTM-160-2，额定电压为 2 V，电池容量为 160 A·h；蓄电池箱 1 内一共有 24 个电池单元，蓄电池箱 2 内一共有 29 个电池单元，总标称电压为 110 V，作为列车 DC 110 V 供电系统的备用电源,工作电压为 DC 93~110 V,使用环境温度为 -40~60 ℃。

蓄电池的特点:该型蓄电池采用密封设计,无酸液溢出,不腐蚀设备,在电池的整个使用寿命期内不用加酸、加水和测量电解液的比重,其结构紧凑、耐振性能好、比能量高、自放电小、低温放电性能好。

一、蓄电池的安装位置

Tc 蓄电池箱安装在 Tc 车底架上,为蓄电池箱 1 和蓄电池箱 2,蓄电池箱 1 带有温度传感器及外挂熔断器箱,箱子采用悬挂安装模式。具体安装位置如图 LI3-1 所示。

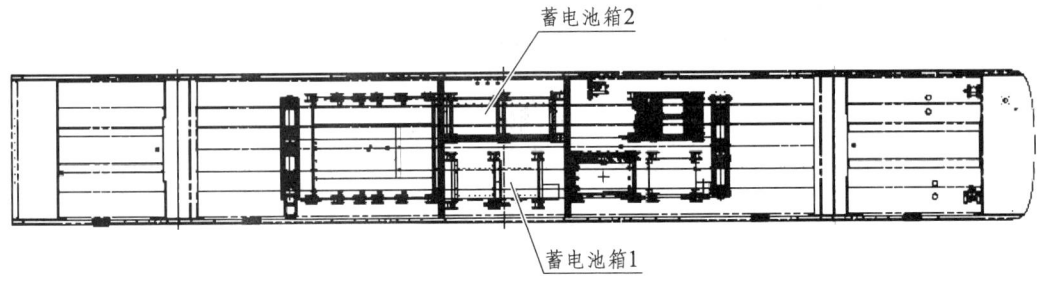

图 LI3-1 蓄电池箱安装位置

1. 蓄电池的结构说明

蓄电池箱 1 如图 LI3-2 所示。

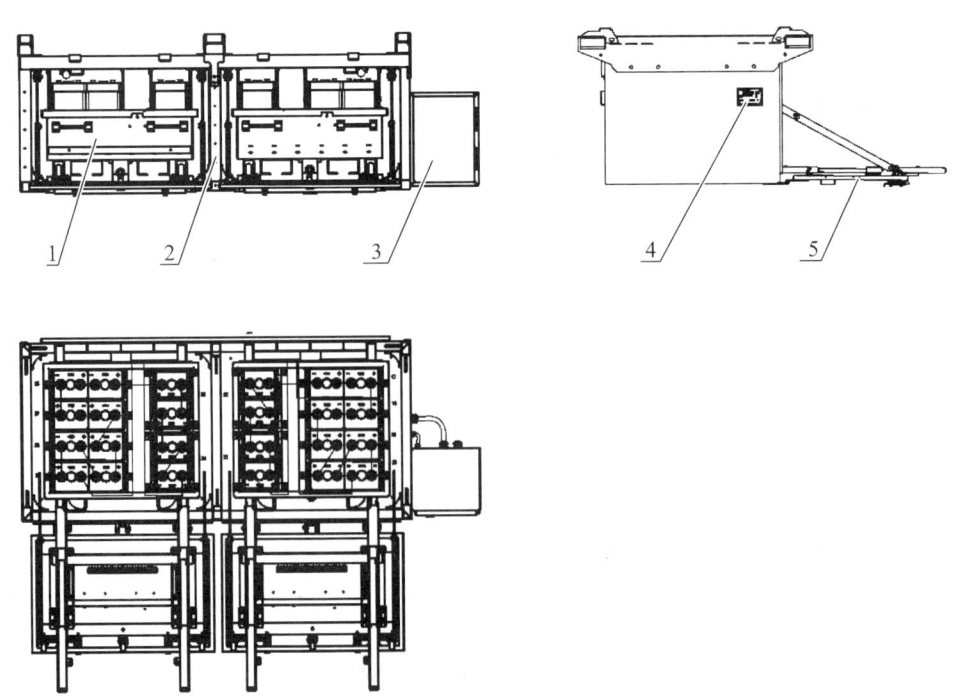

图 LI3-2 蓄电池箱 1 结构总图

1—电池斗及电池;2—箱体;3—外挂熔断器箱;4—铭牌;5—箱体门

蓄电池箱 2 结构与蓄电池箱 1 结构类似，仅比蓄电池箱 1 少一外挂熔断器箱，其具体结构如图 LI3-3 所示。

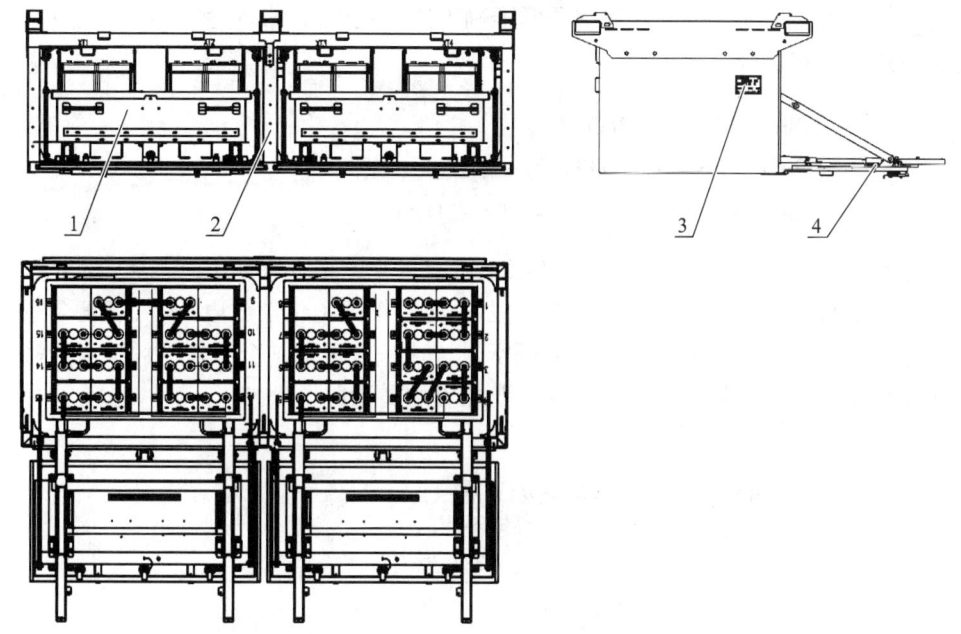

图 LI3-3　蓄电池箱 2 结构总图

1—电池斗及电池；2—箱体；3—铭牌；4—箱体门

蓄电池箱柜体采用焊接结构，蓄电池组放置在带轮电池斗内，将门打开后放平，可以将电池托盘拉出并置于门的导轨之上。

二、蓄电池的结构与工作原理

1. 蓄电池的结构

蓄电池主要由壳体、极板、隔板、胶体电解质、安全阀、端子组成，如图 LI3-4 所示。

2. 蓄电池的工作原理

密封胶体蓄电池由金属铅和硫酸为主要材料制作而成，通过提高负极析氢过电位、电解液吸附等一系列措施使蓄电池得以密封，其电化学原理可用化学反应方程式进行概括：

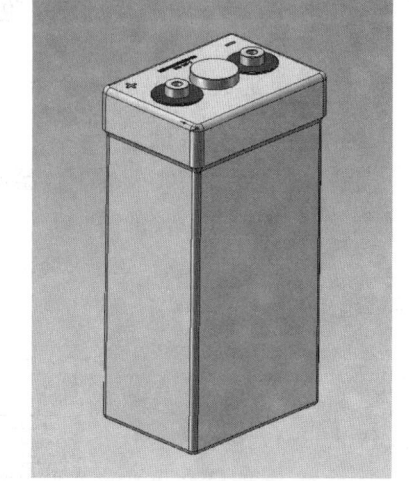

图 LI3-4　蓄电池外观图

$$\underset{\text{正极活性物质}}{PbO_2} + \underset{\text{电解液}}{2H_2SO_4} + \underset{\text{负极活性物质}}{Pb} \underset{\text{充电}}{\overset{\text{放电}}{\rightleftharpoons}} \underset{\text{正极活性物}}{PbSO_4} + \underset{\text{水}}{2H_2O} + \underset{\text{负极活性物}}{PbSO_4}$$

3. 蓄电池的密封原理

阴极吸收式（负极）的密封原理有以下几个过程：

充电过程中在正极产生氧气：$2H_2O \longrightarrow O_2\uparrow + 4H^+ + 4e^-$

在安全阀（单向）的作用下［电池内部有一定内压时，自动开启逸出气体，而后立即关闭阀，防止外部大气进入电池，开闭阀非常准确（按设定压力）］，产生的 O_2 通过 AGM 隔板微孔向负极迁移，在负极上反应：

$$2Pb + O_2 \longrightarrow 2PbO$$
$$PbO + H_2SO_4 \longrightarrow PbSO_4 + H_2O$$
$$2PbSO_4 + 4H^+ + 4e^- \longrightarrow 2Pb + 2H_2SO_4$$

上述过程是基于氧复合（氧循环），正极上有氧发生（充电后期）通过 AGM 隔板中微孔（胶体裂纹、AGM 微孔）扩散至负极进行"去极化"作用（化学放电），氢氧复合最终变成水，回至电液，电池内压降低，实现单向阀密封，这一过程是一个"氧消耗、氢抑制、水回来"的实质性变化过程，使密封成为可能。胶体电解质凝胶原理如下：

$$\underset{二氧化硅}{SiO_2} + \underset{水}{nH_2O} \longrightarrow \underset{硅溶胶}{SiO_2 \cdot nH_2O} \rightleftharpoons \underset{硅凝胶}{\text{（硅凝胶结构）}}$$

电池灌注的硅溶胶变成硅凝胶后，骨架进一步收缩，使凝胶出现裂缝贯穿于正负极板之间，给正极析出的氧提供了到达负极的通道。

三、蓄电池的技术特性

1. 蓄电池的放电特性

（1）蓄电池的容量。

在标准温度 25 ℃ 条件下，蓄电池以规定的电流放电，放电至终止电压所持续的时间与电流的乘积为该蓄电池的容量。

不同倍率的放电特性曲线如图 LI3-5 所示。放电倍率越大，放电时间越短，所能释放的容量越少。

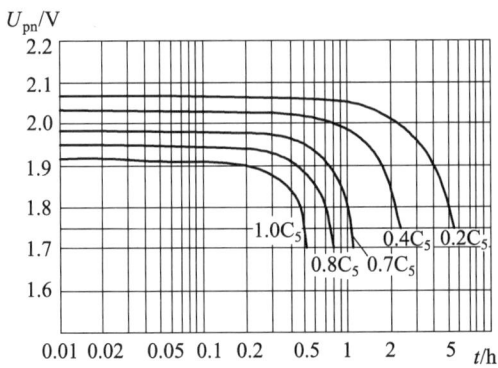

图 LI3-5　DTM 型蓄电池端电压与放电电流及放电时间的关系曲线（环境温度 25 ℃）

（2）蓄电池容量与温度的关系。

使用环境温度对蓄电池的容量影响较大，随着温度的降低容量减小。不同环境温度下的放电容量参照图 LI3-6 所示的放电容量与环境温度关系曲线。

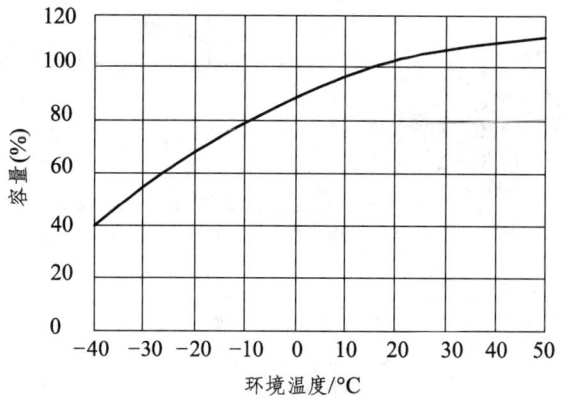

图 LI3-6　放电容量与环境温度关系曲线

2. 蓄电池的充电特性

充电条件是影响电池使用性能和寿命的重要因素，轨道交通车辆用密封胶体蓄电池在使用过程中采用恒压限流的浮充充电和均衡充电方式。

（1）浮充充电。

蓄电池在机车上使用时采用恒压限流的浮充充电方式，浮充电压 2.27～2.29 V/单节（25 ℃），限定电流 $0.15C_5 \sim 0.2C_5$ A，推荐浮充电流为 $0.2C_5$ A，如图 LI3-7 所示。

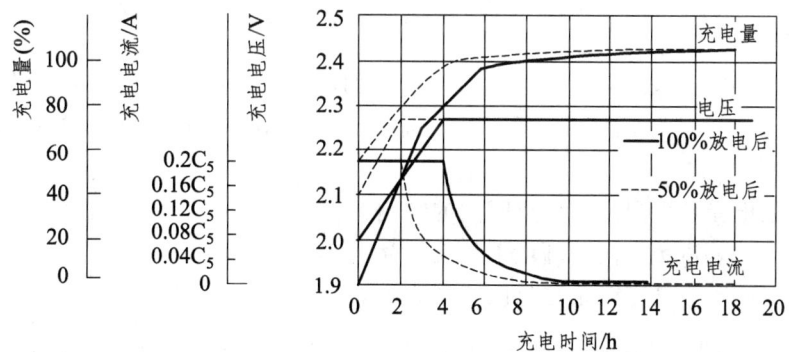

图 LI3-7　放电深度 50% 及 100% 后用限流 $0.2C_5$ A，恒压 2.27 V/单体（25 ℃）的充电特性曲线

（2）均衡充电。

均衡充电方法是以 2.35～2.40 V/单节（25 ℃），限定电流 $0.15C_5 \sim 0.2C_5$ A，充电 10 h，如图 LI3-8 所示。

（3）充电电压与环境温度的关系。

蓄电池的最佳使用温度为 25 ℃，其浮充电压、均衡充电电压都以 25 ℃ 为基准。车上推荐浮充电压为 2.27 V/单节，如果温度未达到上述要求，参照图 LI3-9 对浮充电压和均衡充电电压进行温度补偿调整。

图 LI3-7

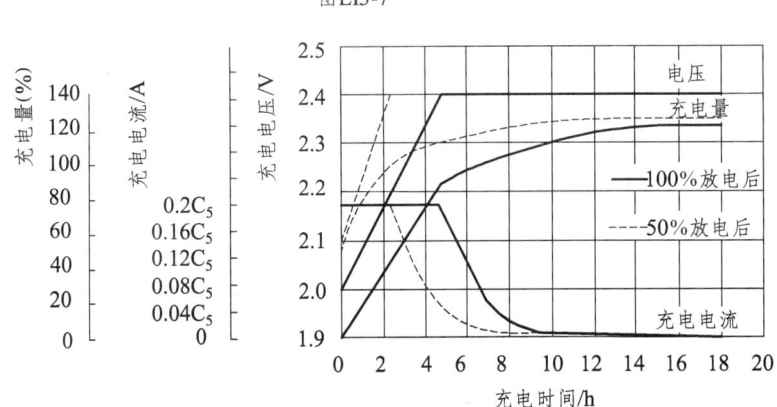

图 LI3-8 放电深度 50% 及 100% 后用限流 $0.2C_5$ A，恒压 2.40 V/单体（25 ℃）的充电特性曲线

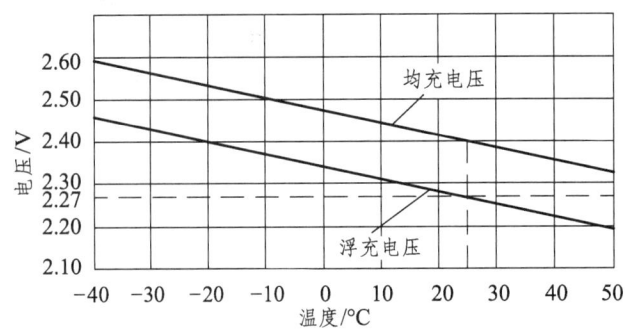

图 LI3-9 浮充电压、均衡充电电压温度补偿系数

3. 自放电

轨道交通车辆密封胶体蓄电池采用特别优质的原材料生产而成（如 1# 电解铅、分析纯硫酸等），电池板栅合金采用特殊合金，有效抑制了氢的析出，所以其电池具有很小的自放电率（≤2.8%/月）。

电池的自放电受环境温度与储存时间的影响，温度越高，储存时间越长，电池的自放电越大。因此，电池要避免在高温环境下长期储存。

电池储存时间及温度与剩余容量的关系曲线如图 LI3-10 所示。

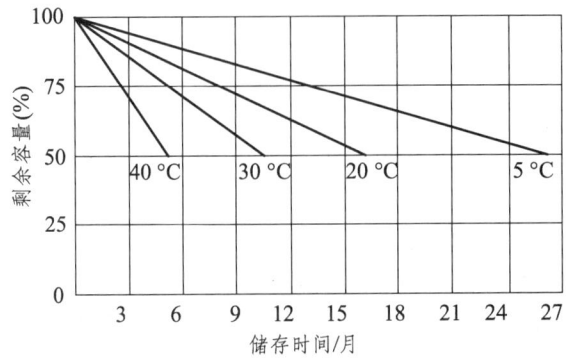

图 LI3-10 蓄电池的自放电率曲线（容量保存）

子模块 LI4　电气控制设备

一、司机室布置

司机室整体布置如图 LI4-1 所示。

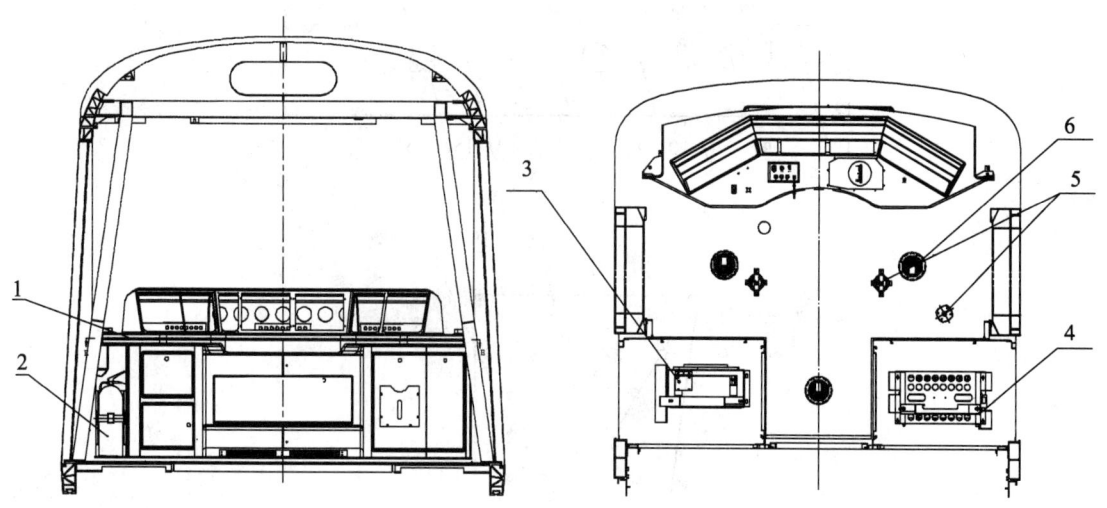

图 LI4-1　司机室整体布置

1—司机台；2—灭火器；3—信号柜；4—继电器柜；5—摄像头及扬声器；6—司机室照明

司机台总体布置如图 LI4-2 所示。

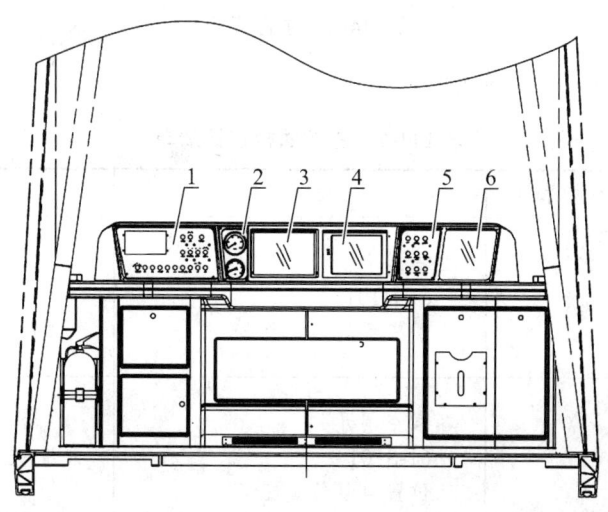

图 LI4-2　司机台总体布置

1—主控面板；2—气压表面板；3—ATC；4—HMI；5—主控面板 A；6—触摸屏

（1）主控面板如图 LI4-3 所示。

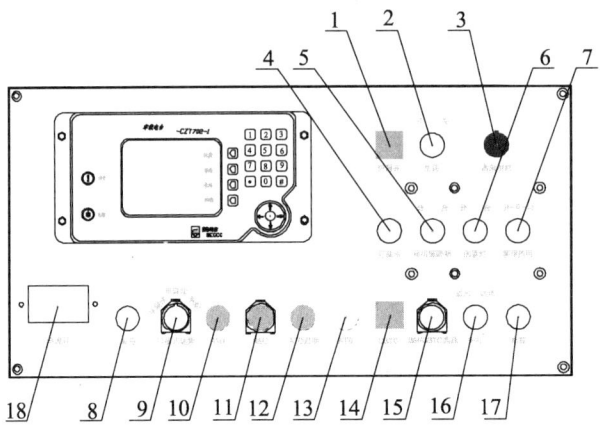

（a）主控面板

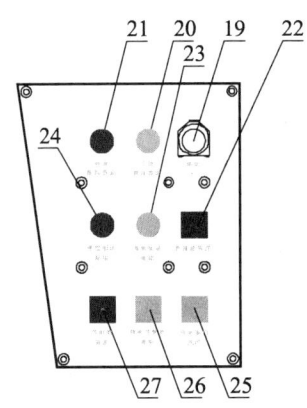

（b）主控面板A

图LI4-3 主控面板

主控面板按钮清单如表LI4-1所示。

表LI4-1 主控面板按钮清单

位置	按钮、旋钮、指示灯	描述	使用
1	空调开	空调开 =61-H101 方形指示灯，绿色	
2	空调开关	客室空调开关 =61-S101 三位置自复位旋钮	开启/关闭客室空调
3	紧急制动	紧急制动 =22-S07 自锁蘑菇头按钮（防误操作功能），红色	启动紧急制动，使列车停稳

续表 LI4-1

位置	按钮、旋钮、指示灯	描述	使用
4	灯测试	灯测试 = 73-S105 自复位按钮,黑色	测试司机台所有指示灯的激活按钮
5	分 合 司机室照明	司机室照明 = 52-S02 二位自锁旋钮,黑色	控制司机室照明的开、关
6	分 合 阅读灯	阅读灯 = 52-S03 二位自锁旋钮,黑色	控制司机室内部阅读灯的开、关
7	分-0-合 客室照明	客室照明 = 52-S01 三位自复旋钮	控制客室照明的开、关
8	备用	备用 面板塞	
9	全自动 OFF 手动 门模式选择	门模式选择 = 91-S106 选择开关门模式 三位自锁旋钮	
10	RM1	RM1 = 91-S110 自复位按钮,绿色	
11	RM2	RM2 = 91-S115 2位自锁旋钮,加盖铅封,黑色	
12	ATO启动	ATO启动 = 91-S103 自复位按钮,绿色	启动 ATO 模式,当 ATO 模式有效时,点亮激活按钮

续表 LI4-1

位置	按钮、旋钮、指示灯	描述	使用
13	ATB	ATB = 91-S111 自复位按钮，黄色	启动 ATB 模式，当 ATB 模式有效时，点亮激活按钮
14	CBTC	CBTC = 91-H101 启动 CBTC 模式时，绿色指示灯亮	
15	BM/CBTC选择	BM/CBTC 选择 = 91-S112 自复位按钮，黑色，加保护盖	
16	头灯	头灯 = 51-S01 2 位自锁旋钮，黑色	
17	电笛	电笛 = 72-S01 自复位按钮，黑色	
18	温度计	温度计 = 73-A08	
19	解钩	解钩 = 72-S02 自复位按钮，白色，加保护盖	
20	高速断路器合	高速断路器合 = 21-S04 自复位按钮，绿灯	接通列车中的所有高速断路器（HSCB），当列车中所有高速断路器均接通（ON）时点亮
21	高速断路器分	高速断路器分 = 21-S03 自复位按钮，红色	断开列车中的所有高速断路器（HSCB），当列车中所有高速断路器均断开（OFF）时点亮
22	旁路指示灯	旁路指示灯 = 73-H04 方形指示灯，红色	

续表 LI4-1

位置	按钮、旋钮、指示灯	描述	使用
23	停放制动缓解	停放制动缓解 = 27-S02 自复位按钮，绿色	
24	停放制动施加	停放制动施加 = 27-S01 自复位按钮，红色	
25	所有车门关闭	所有车门关闭 = 81-P01 方形指示灯，绿色	
26	所有气制动缓解	所有气制动缓解 = 27-H01 方形指示灯，绿色	
27	气制动施加	气制动施加 = 27-H02 方形指示灯，红色	

（2）门控按钮如图 LI4-4 所示。

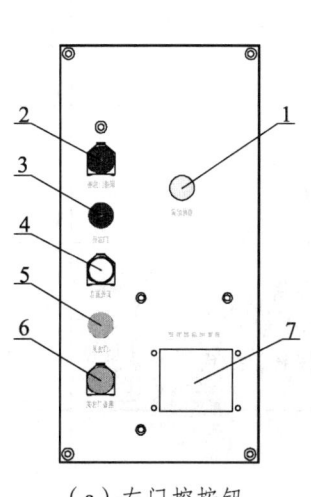
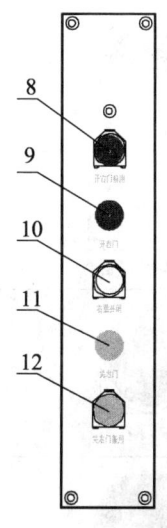

（a）左门控按钮　　（b）右门控按钮

图 LI4-4　门控按钮

门控按钮清单如表 LI4-2 所示。

表 LI4-2 门控按钮清单

位置	按钮、旋钮、指示灯	描 述	使 用
1	窗加热器	窗加热器 = 73-S03 自复位按钮，黄色	
2	开左门备用	开左门备用 = 81-S102 自复位按钮，红色，加保护盖	
3	开左门	开左门 = 81-S02 自复位按钮，红色	
4	左重开闭	左重开闭 = 81-S105 自复位按钮，加保护盖	
5	关左门	关左门 = 81-S14 自复位按钮，绿色	
6	关左门备用	关左门备用 = 81-S114 自复位按钮，绿色，加保护盖	
7	刮雨器控制面板	刮雨器控制面板 = 73-A02	
8	开右门备用	开右门备用 = 81-S101 自复位按钮，红色，加保护盖	
9	开右门	开右门 = 81-S01 自复位按钮，红色	

续表 LI4-2

位置	按钮、旋钮、指示灯	描述	使用
10	右重开闭	右重开闭 = 81-S106 自复位按钮,加保护盖	
11	关右门	关右门 = 81-S13 自复位按钮,绿色	
12	关右门备用	关右门备用 = 81-S113 自复位按钮,绿色,加保护盖	

（3）仪表面板如图 LI4-5 所示。

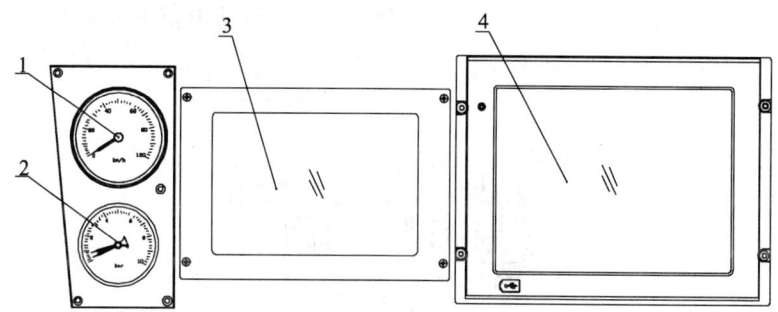

图 LI4-5　仪表面板

1—速度表；2—压力表；3—ATC；4—HMI

（4）司机台台面如图 LI4-6 所示。

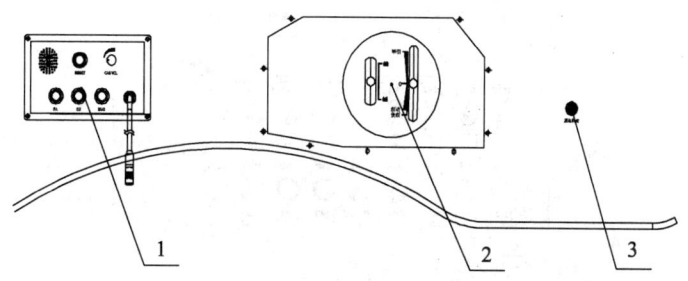

图 LI4-6　司机台台面

1—广播控制盒 DACU；2—司控器；3—紧急蘑菇头按钮

二、电气设备柜

昆明地铁首期继电器柜内主要布置安装了微型断路器、按钮、旋钮、指示灯、网压表、电池电压表、里程计、小时计、控制模块、火灾报警控制器、感烟感温组合探测器、视频转换器、客室广播主机、媒体网关、中继器、中间继电器、时间继电器、接触器、二极管、接线端子排以及连接器等低压电器设备,具有控制及过载和短路保护的作用。

1. Tc 车继电器柜

(1) Tc 车继电器柜的安装位置如图 LI4-7 所示。

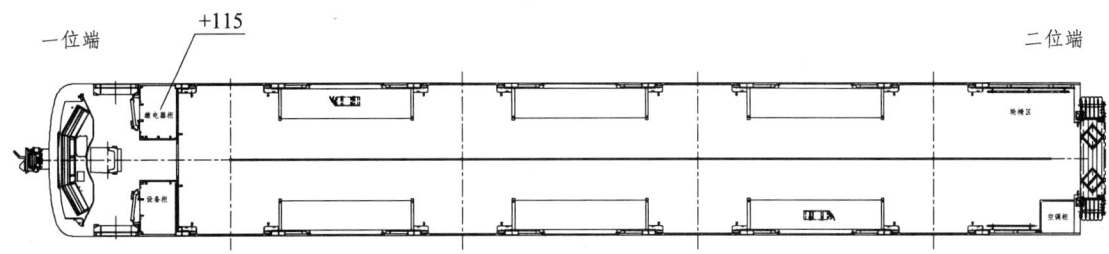

图 LI4-7　Tc 车继电器柜 (+115) 的安装位置

(2) Tc 车继电器柜的结构说明。

Tc 车继电器柜采用面板、中间夹层、柜体后面 3 层布置,侧面布置端子排和线槽。

柜体分司机室侧和客室侧,面板布置在司机室侧。面板从上至下分别布置着微型断路器、电池电压表、网压表、里程计、小时计、旋钮、按钮等,如图 LI4-8 所示。

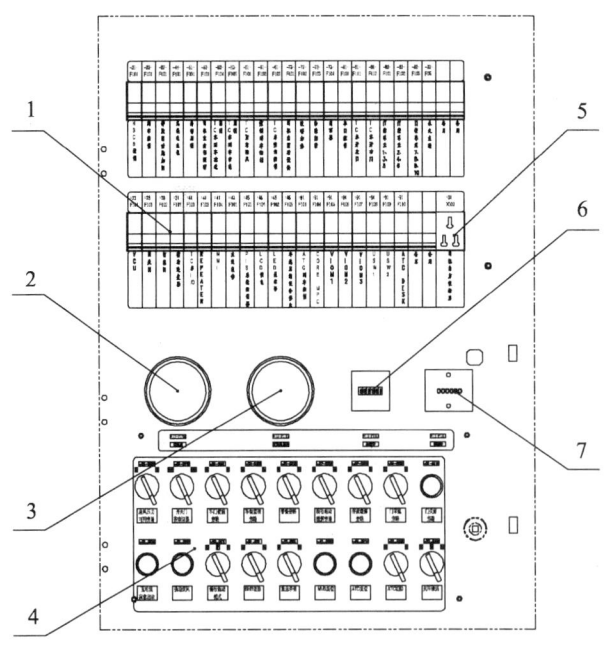

图 LI4-8　Tc 车继电器柜面板布置

1—微型断路器；2—网压表；3—电池电压表；4—旋钮、按钮；5—方便插座；6—小时计；7—里程计

司机室侧柜体正面从上到下布置 46 芯连接器 (XP115.06~XP115.10、XP115.99)、感烟感温组合探测器、火灾报警控制器、视频转换器、控制模块、端子排 XT115.01、46 芯连接器 (XP115.01~XP115.05) 及 EP2002 服务器等,如图 LI4-9 所示。

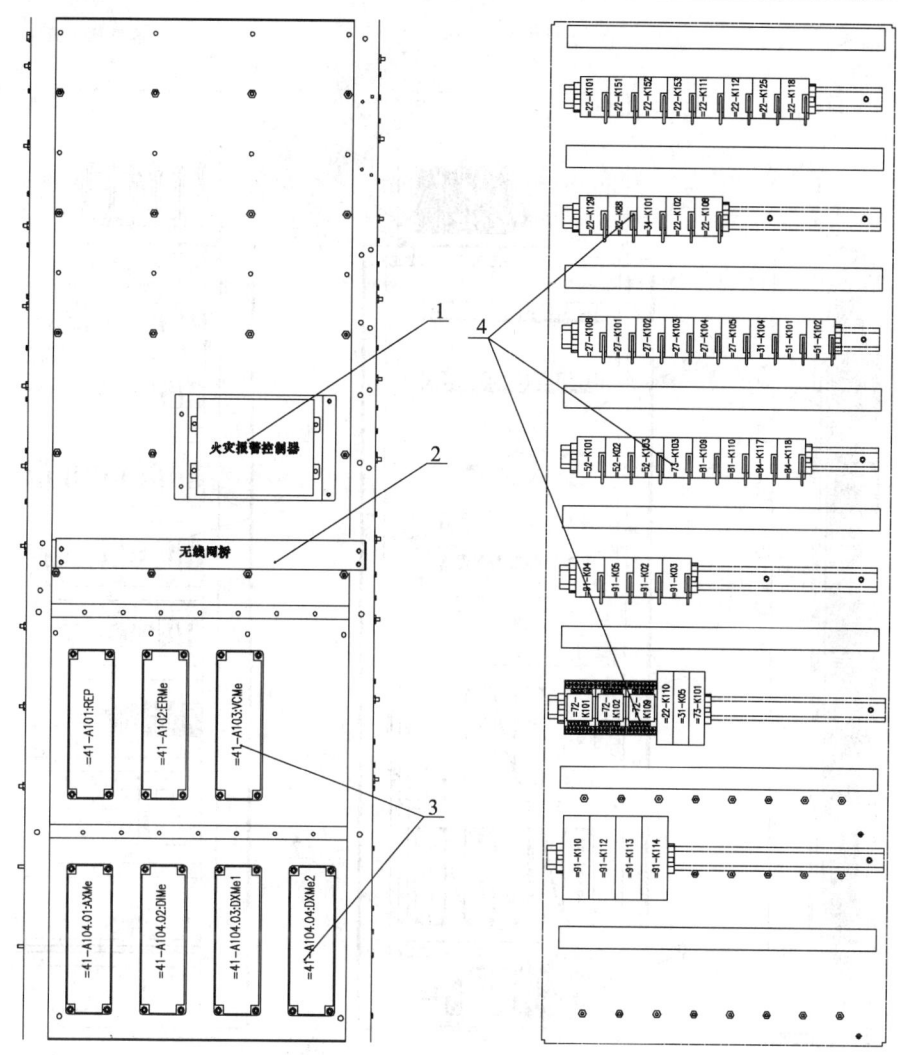

图 LI4-9　中间夹层电器布置

1—火灾报警控制器；2—视频转换器；3—控制模块；4—继电器、接触器

客室侧柜体全部布置继电器、接触器，总共 7 排；走道侧柜体布置端子排 XT115.02，如图 LI4-10 所示。

2. M1 车继电器柜

（1）M1 车继电器柜的安装位置如图 LI4-11 所示。

（2）M1 车继电器柜的结构说明。

M1 车继电器柜采用面板与柜体两层布置，面板从上到下布置火灾报警控制器、微型断路器，具体布置如图 LI4-12 所示。

M1 车继电器柜柜体主要分柜体正面、柜体左侧和柜体右侧三部分，柜体正面从上到下依次布置感烟感温组合探测器、继电器、接触器、控制模块、媒体网关、客室广播主机、端子排 XT251.04；柜体左侧布置端子排 XT251.02 和端子排 XT251.01；柜体右侧主要布置铭牌、端子排 XT251.03、端子排 XT251.05，具体分布如图 LI4-13 所示。

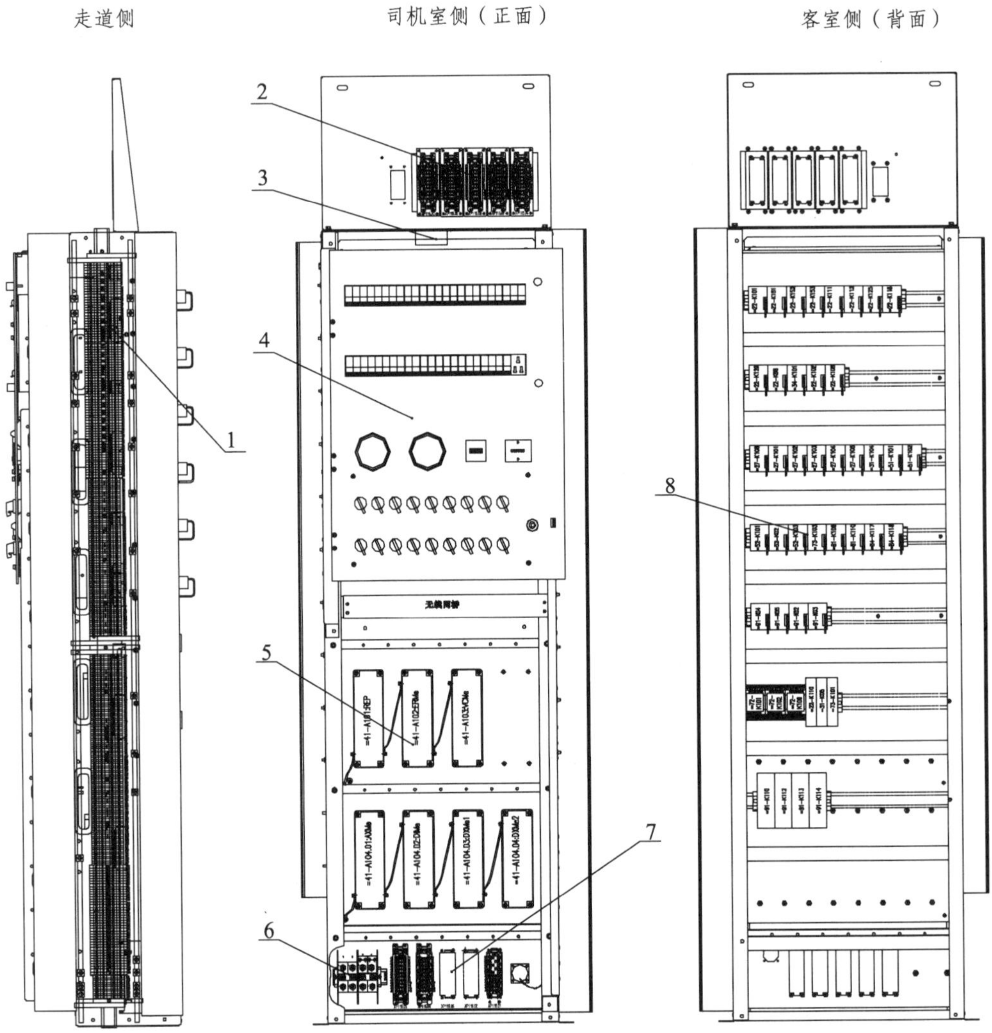

图 LI4-10　Tc 车继电器柜整体布置

1—端子排 XT115.02；2—上连接器；3—感温感烟探头；4—面板设备布置；
5—控制模块；6—端子排 XT115.01；7—下连接器；
8—继电器接触器

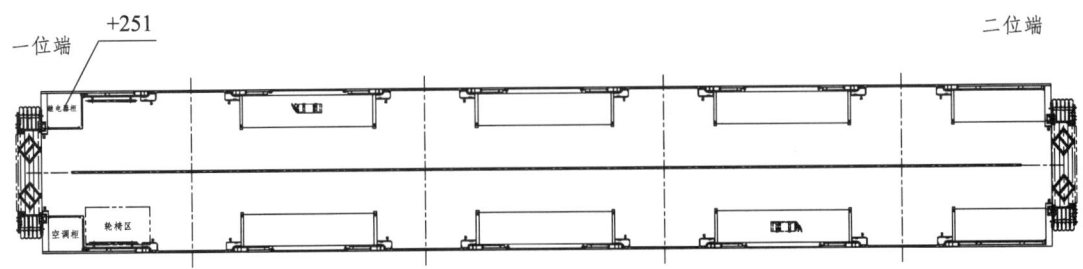

图 LI4-11　M1 车继电器柜（+251）的安装位置

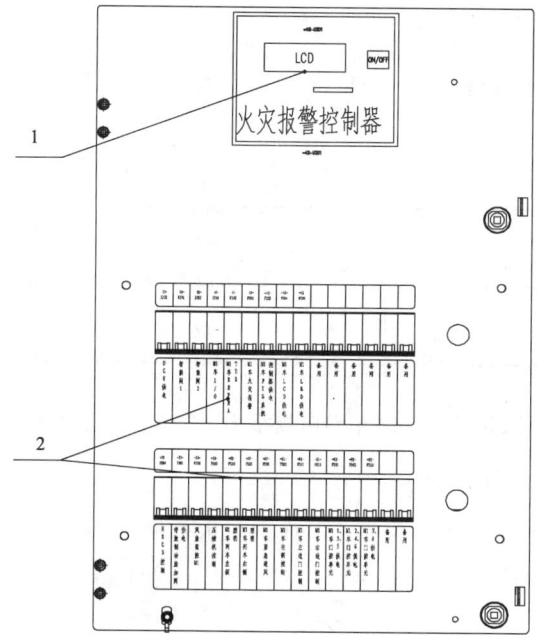

图 Ll4-12　M1 车继电器柜面板布置

1—火灾报警控制器；2—断路器

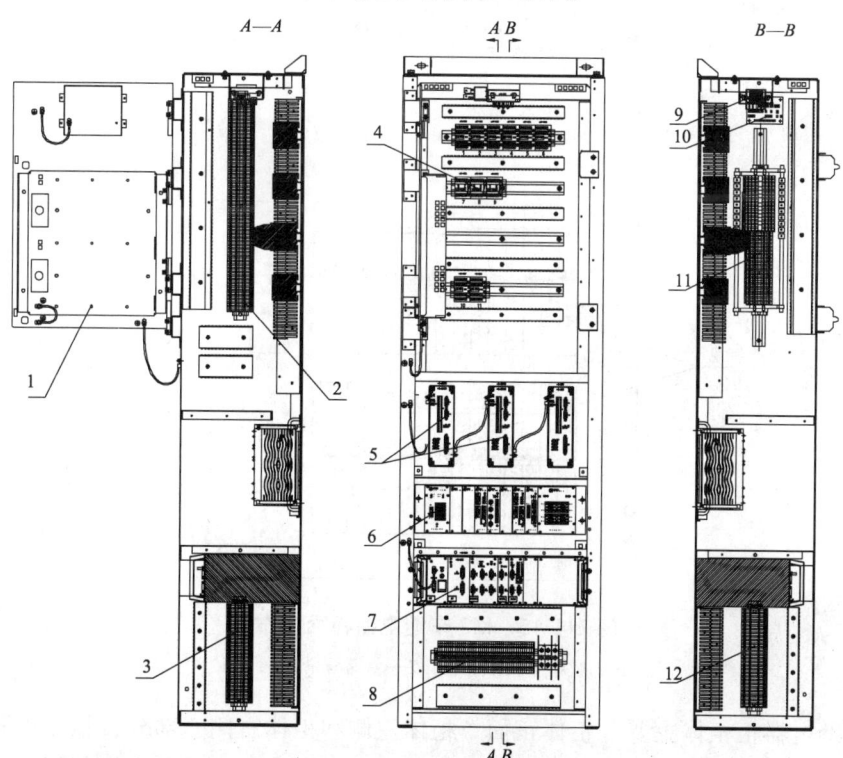

图 Ll4-13　M1 车继电器柜整体布置

1—面板；2—端子排 XT251.02；3—端子排 XT251.01；4—继电器接触器；5—控制模块；6—媒体网关；
7—客室广播主机；8—端子排 XT251.04；9—感温感烟探头；10—铭牌；
11—端子排 XT251.03；12—端子排 XT251.05

3. M2 车继电器柜

（1）M2 车继电器柜的安装位置如图 LI4-14 所示。

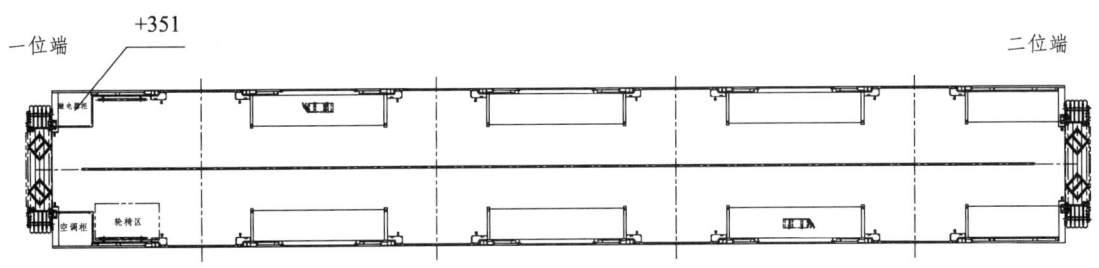

图 LI4-14 M2 车继电器柜（+351）的安装位置

（2）M2 车继电器柜的结构说明。

M2 车继电器柜采用面板与柜体两层布置，面板正面从上到下布置火灾报警控制器、微型断路器和一个按钮，具体布置如图 LI4-15 所示。

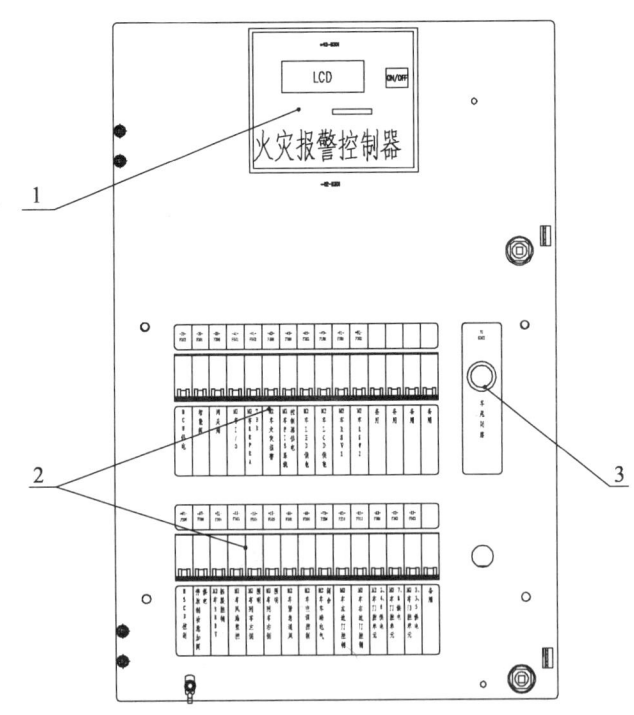

图 LI4-15 M2 车继电器柜面板布置

1—火灾报警控制器；2—断路器；3—按钮

M2 车继电器柜柜体主要分柜体正面、柜体左侧和柜体右侧三部分，柜体正面从上到下依次布置感烟感温组合探测器、继电器、接触器、中继器、控制模块、媒体网关、客室广播主机、端子排 XT251.04；柜体左侧布置端子排 XT251.02 和端子排 XT251.01；柜体右侧主要布置铭牌、端子排 XT251.03、端子排 XT251.05，具体分布如图 LI4-16 所示。

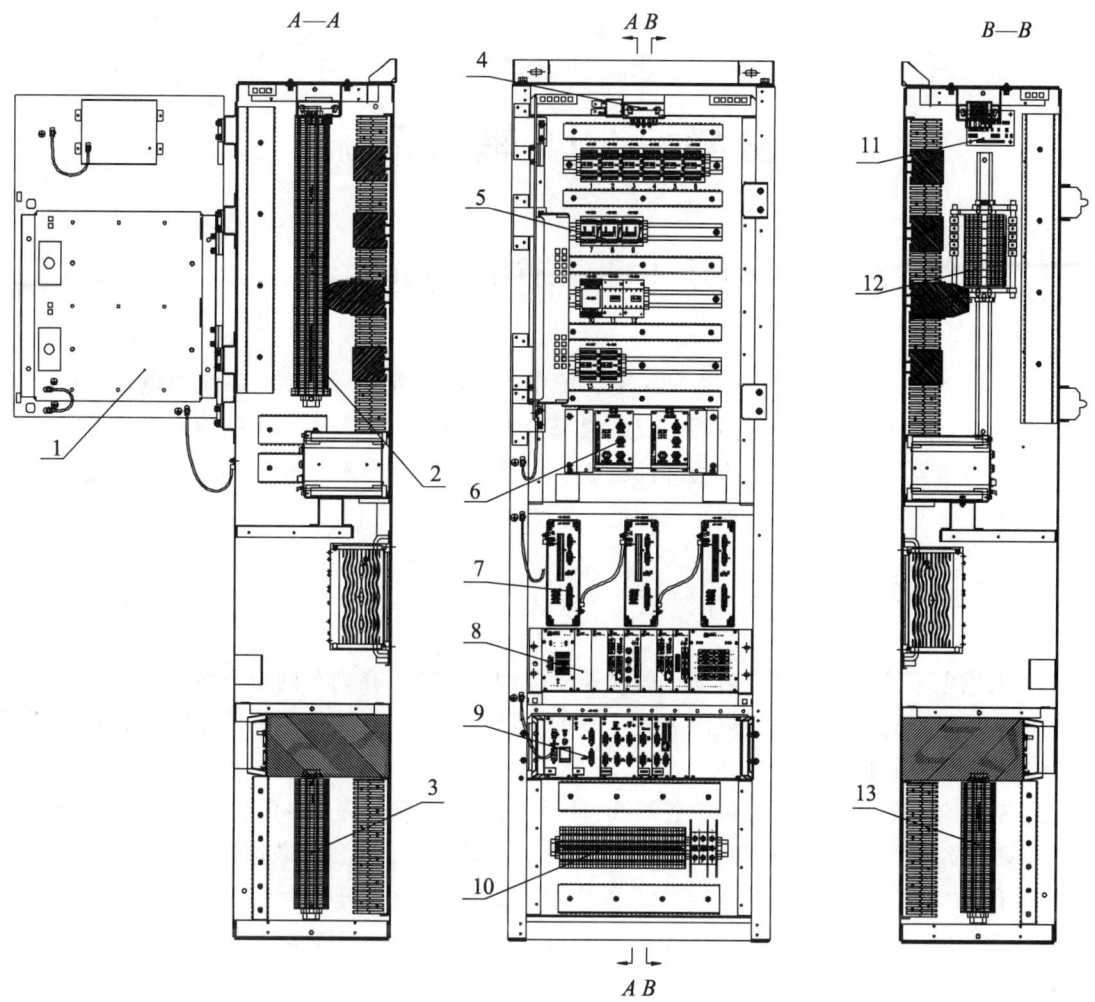

图 Ll4-16　M2 车继电器柜整体布置

1—面板；2—端子排 XT351.02；3—端子排 XT351.01；4—感温感烟探头；5—继电器、接触器；
6—中继器；7—控制模块；8—媒体网关；9—客室广播主机；10—端子排 XT351.04；
11—铭牌；12—端子排 XT351.03；13—端子排 XT351.05

分模块 LJ　辅助系统

子模块 LJ1　辅助供电系统

城市轨道交通车辆辅助供电系统主要为除牵引系统以外的所有用电系统供电，其供电的主要负载有：列车空调、客室照明、设备通风冷却、电气电子装置、蓄电池充电等，整个辅助电路由逆变器、蓄电池及相应的部件组成。在整列车的动车和拖车中都有辅助电路，它的工作状态正常与否直接影响整列车的功能。

一、辅助供电系统的组成

辅助供电系统能自动完成启动、关闭及故障切换功能，在列车网络正常工作时能及时报告辅助系统的运行状况。辅助电源装置由辅助电源箱和辅助整流器两部分组成。城轨列车辅助供电系统包括辅助逆变器（DC-AC 变流器，简称 SIV）、低压电源（DC-DC 变流器）和蓄电池。SIV 给列车上的交流负载如空调机、压缩机、通风机等提供 AC 380 V 及 AC 220 V 电源。低压电源包括 DC 110 V 和 DC 24 V，给列车控制系统及应急负载供电。早期的列车每节车均设有 SIV，现在由于技术进步都已采用集中供电方式。列车单元组成无论是两动一拖，还是一动一拖，均由 1 台 SIV 给 1 个单元的负载供电。因此，SIV 的容量也较大。

二、辅助供电系统的工作原理

城轨列车辅助供电系统主要包括脉冲整流器、降压斩波器、逆变器、三相降压变压器以及 DC-DC 变换等模块。其电源取自直流供电网，经过 DC-DC 输入级在变频器输入端作了电位隔离和退耦，变频器的所有输入/输出端都设有 LC 无源元件构成的滤波环节。输入端的滤波器主要是用来抑制网压峰值以及减小变频器对电网的反作用。输出端的滤波器主要是保证输出电压脉动及小的畸变系数，它决定了所用的低通滤波器参数。滤波器将常有很大波动和畸变的直流输入电压变换成恒定的中间电路电压，再供给 1 个或多个输出级。IGBT 斩波器对直流电压进行高频斩波，经串联的变压器按需要进行变压，IGBT 斩波器还可以根据输入电压的波动，利用脉宽调制（PWM）方法来保证输出电压的稳定。整流器和滤波电抗器电路再次对电压进行整流。图 LJ1-1 为辅助逆变器主电路原理图。

辅助逆变器的主要负载包括空调设备（空调压缩机、冷凝器风扇、蒸发器风扇）、空气压缩机、设备通风机、客室照明、挡风玻璃除霜器、方便插座、雨刮器等。

其主电路原理是经受电弓或第三轨受流输入的 1 500 V 或 750 V 直流电压经过隔离开关、熔断器、输入滤波器、预充电电路及主接触器等送至 IGBT 逆变器，控制装置通过对 IGBT

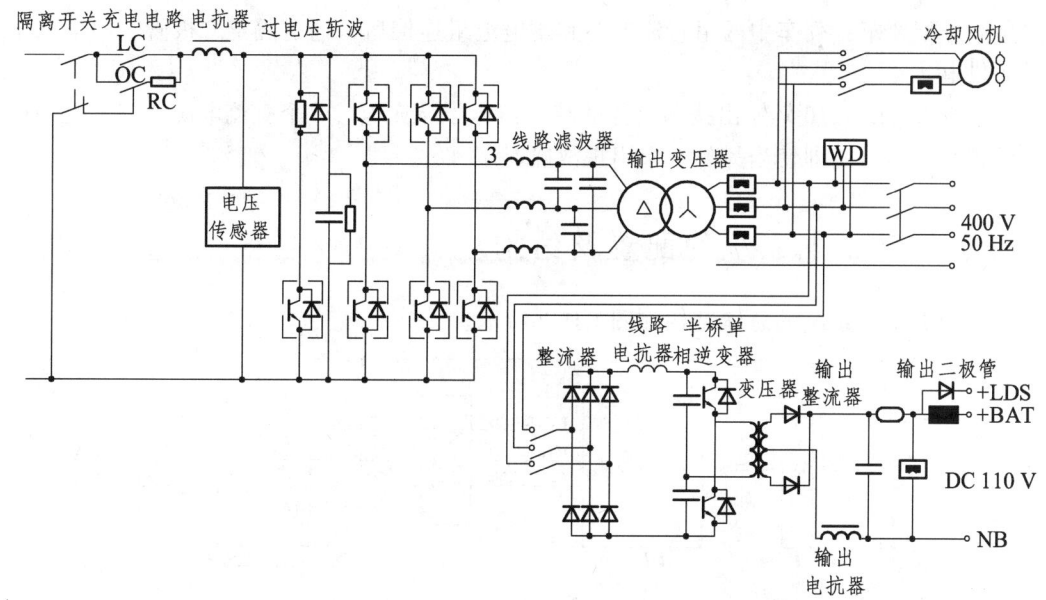

图 LJ1-1　辅助逆变器主电路原理图

逆变器的控制，使得 IGBT 逆变器输出的 PWM 波形，经过三相交流滤波器的滤波，可得到低谐波含量的准正弦波形的交流输出电压，再由三相变压器耦合得到基波有效值为 AC 380 V 的电压（输出为三相四线制）。

三、昆明地铁首期项目供电条件

（1）供电方式：第三轨受流。
（2）供电标称电压：DC 750 V。
（3）电网电压变化范围：DC 500～900 V。
（4）再生制动时最高电压：DC 1000 V。

四、负载条件

1. 交流电路

负载种类：通风机、压缩机等感性负载或电加热器等电阻性负载，负载功率因数大于 0.7，包括单相负载在内三相负载不平衡度小于 10%。

负载分配要求：车辆辅助电路设计时应综合考虑风机、空气压缩机、空调的负载情况，保证每台辅助逆变器供电的均匀性并有序地施加负载，每次加于辅助电源的负载不超过额定负载的 40%。

2. 直流电路

负载种类：直流电源为车辆内的各个控制器单元、直流照明、信号灯、列车广播等直流负载提供电源及为本单元蓄电池充电。

负载分配要求:列车中两组直流电源和蓄电池组连接后,通过隔离二极管,向全列车低压设备供电。

供电方式:DC 110 V 输出按蓄电池的特性恒压限流充电,一个直流电源能够不受约束地满足整列车的运行(即使当另外一个出现故障时)。

五、辅助供电系统的配置及结构

(1)辅助供电系统的总体结构如图 LJ1-2 所示。

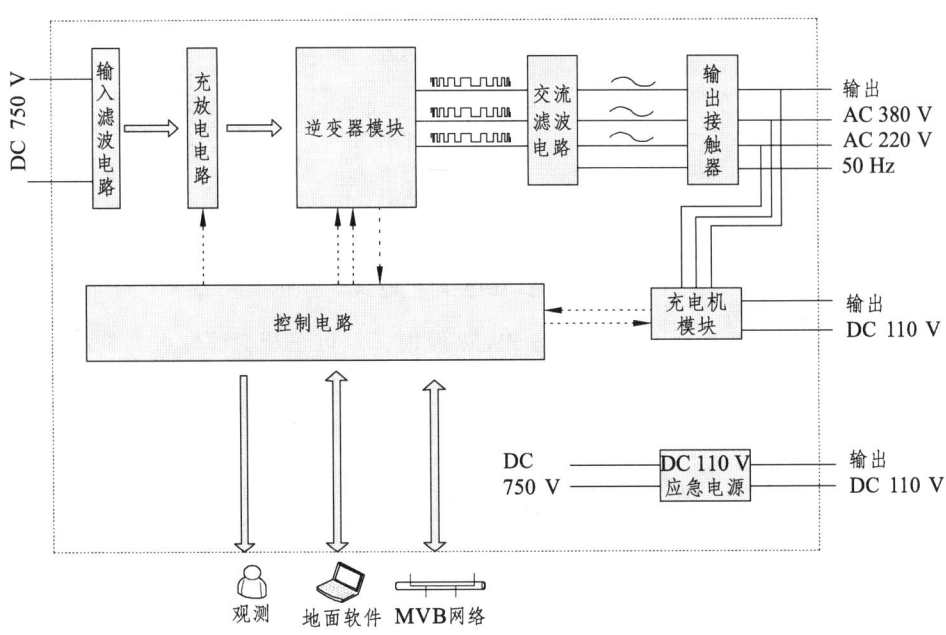

图 LJ1-2　辅助供电系统的总体结构

(2)辅助供电系统由输入滤波电路,充、放电电路,逆变电路,输出变压器,滤波电路,DC 110 V 电路,应急 DC 110 V 电源电路以及相关控制电路组成。

(3)辅助变流器的设计采用模块化结构,由变流器模块、支撑电容、变压器、滤波电容、EMI 滤波器、控制单元、冷却系统组成。

(4)变流器模块及支撑电容组装之间的连接采用低感复合母排,减小了线路上的杂散电感,使主电路更为简洁可靠。

(5)冷却系统采用强迫风冷方式实现对逆变器模块、电抗器、变压器、充电机模块等发热器件的散热。

六、辅助供电系统的功能

1. 系统功能

辅助电源将直流电压(DC 750 V)逆变成三相交流电压(AC 380 V),为辅助设备提供稳定的三相四线制的交流电压,并将交流电压(AC 380 V)通过充电机变换成低压直流负载使用的 DC 110 V 电压并给蓄电池充电。一列车配 2 台 SIV 柜。若某台 SIV 故障，另一个辅助电源可通过扩展供电为整列车的基本负载供电。辅助变流器应满足如下技术要求，如表 LJ1-1 所示。

表 LJ1-1　辅助变流器的技术要求

额定电压输入	DC 750 V	
额定输出电压	输出 1	输出 2
额定电压	AC 380 V	DC 110 V×（1±3%）
相　数	三相四线	—
额定频率	50 Hz×（1±1%）	—
容　量	190 kV·A	19 kV·A
	209 kV·A	
输出电压谐波含量	<5%	—
功率因数	>0.85（滞后）	—
直流输出纹波系数	—	<5%
效　率	>90%	

2. 控制及保护功能

控制系统通过采集外部数字及模拟信号实现对辅助变流器的逻辑动作控制、PWM 逆变控制、充电机控制并对辅助电源提供各种保护。保护种类包括逆变器以及充电机的保护，如过压保护、欠压保护、过流保护、过热保护、三相不平衡保护、元件保护等。

变流器发生故障时有相应的故障策略，对于轻微故障可以自动恢复，对于较严重的故障可以及时保护并不重新启动，必须通过外部手动进行复位。

3. 主电路故障

辅助电源系统在某台 SIV 逆变电路故障的情况下，将在两台 SIV 间进行扩展供电，由扩展接触器自动切换到另一台正常运行的 SIV，并将与出现故障 SIV 相连的充电器电路的供电扩展到另一台正常的输出上。同时，还设立了"DC 110 V 应急供电电路"，当 DC 110 V 输出低于 80 V 时，应急电源工作，为 SIV 提供启动所需控制电源。

4. 故障分析

控制系统具有自动监测功能，具有自诊断和故障记录功能，并能在司机室显示屏上显示辅助系统运行状态及故障情况，便于故障分析和维修。

信息和故障记录数据可通过以太网接口与便携式计算机进行通信传输，利用诊断工具软件（地面故障处理软件）下载到便携式计算机（PTU）上形成报表或波形文件，便于维修人员了解与分析故障信息。

5. 功能模块

（1）输入滤波电路。

输入滤波由直流滤波电抗器 L_1 和滤波电容器 FC 组成 LC 滤波电路。

LC 滤波电路的作用是吸收直流输入端的谐波电压，对输入电源网络的高频信号和电压尖峰干扰有抑制作用，同时又能抑制逆变器对输入电源网络的干扰，使电容电压保持稳定，并将电压波动限制在允许范围内。

（2）电容充、放电电路。

电容充、放电电路由充放电电阻 R_1、R_2，充电接触器 KM2 及短接接触器 KM1 等组成。

SIV 经输入滤波电路后，电容先通过充电电阻预充电，当其电压充电到一定电压值时闭合短接接触器而短接充电电阻，从而减小电容器的充电电流，降低对电容器的冲击，延长电容器的使用寿命。

当对 SIV 进行维护保养时，断开隔离开关，其联锁接点闭合，将 SIV 输入端电容器短接，以实现快速放电。

（3）IGBT 逆变电路。

IGBT 逆变电路由逆变器模块组成，采用功率模块为 IGBT 的两电平三相桥式逆变电路，采用 SPWM 控制方式将恒定的直流电压转换成三相交流 PWM。

输出变压器电路由变压器（TR1）、滤波电容器（ACC）以及 EMI 滤波器组成。利用变压器漏感和电容组成 LC 滤波器，将 IGBT 逆变器输出的 PWM 电压经过低通滤波后得到接近正弦波的三相电压。输出变压器采用△/Y 形接法，将三相交流滤波器输出的三相 320 V RMS/50 Hz（基波）电压变换为三相四线制的 380 V/220 V RMS/50 Hz 输出电压，并保证了 DC 750 V 高压电源与交流输出电压间的电气隔离。

（4）DC 110 V 电路。

110 V 充电电路采用三相全波整流 + IGBT 半桥式高频 DC/DC 电路。

从变压器输出的三相 AC 380 V 输出电压经过自动开关、预充电电阻、交流滤波电抗器后送入，输入到三相整流桥整流，电容器滤波后得到直流电压（中间环节电路电压），当中间电路电压达到一定值后，闭合接触器短接电阻。直流环节电路电压经半桥变换电路变换为高频矩形波电压，经高频变压器进行隔离、降压后，再经整流桥整流及电抗器和电容器滤波后得到稳定的 DC 110 V 电压。

充电机输入端设置有过流保护自动开关 QF11。

（5）冷却系统。

采用三相离心风机，风机输入端设置过流保护开关 K05，同时自身有过热保护，对辅助电源内部的发热部件进行强迫风冷。

（6）应急电源电路。

DC 110 V 应急电源电路由熔断器 FU1、DC 750 V—DC 110 V 电源模块 PW1、应急电源启动接触器 K1 组成。

当 DC 110 V 低于 80 V 时，DC 750 V—DC 110 V 电源模块空载输出，外部送入应急电源启动信号后，接触器 K1 得电闭合，应急电源开始为负载提供电源。电源功率为 600 W。

输入端的熔断器对"应急电源"的输入端电路进行短路保护。

6. 辅助供电系统的工作原理

系统的原理如图 LJ1-3 所示。

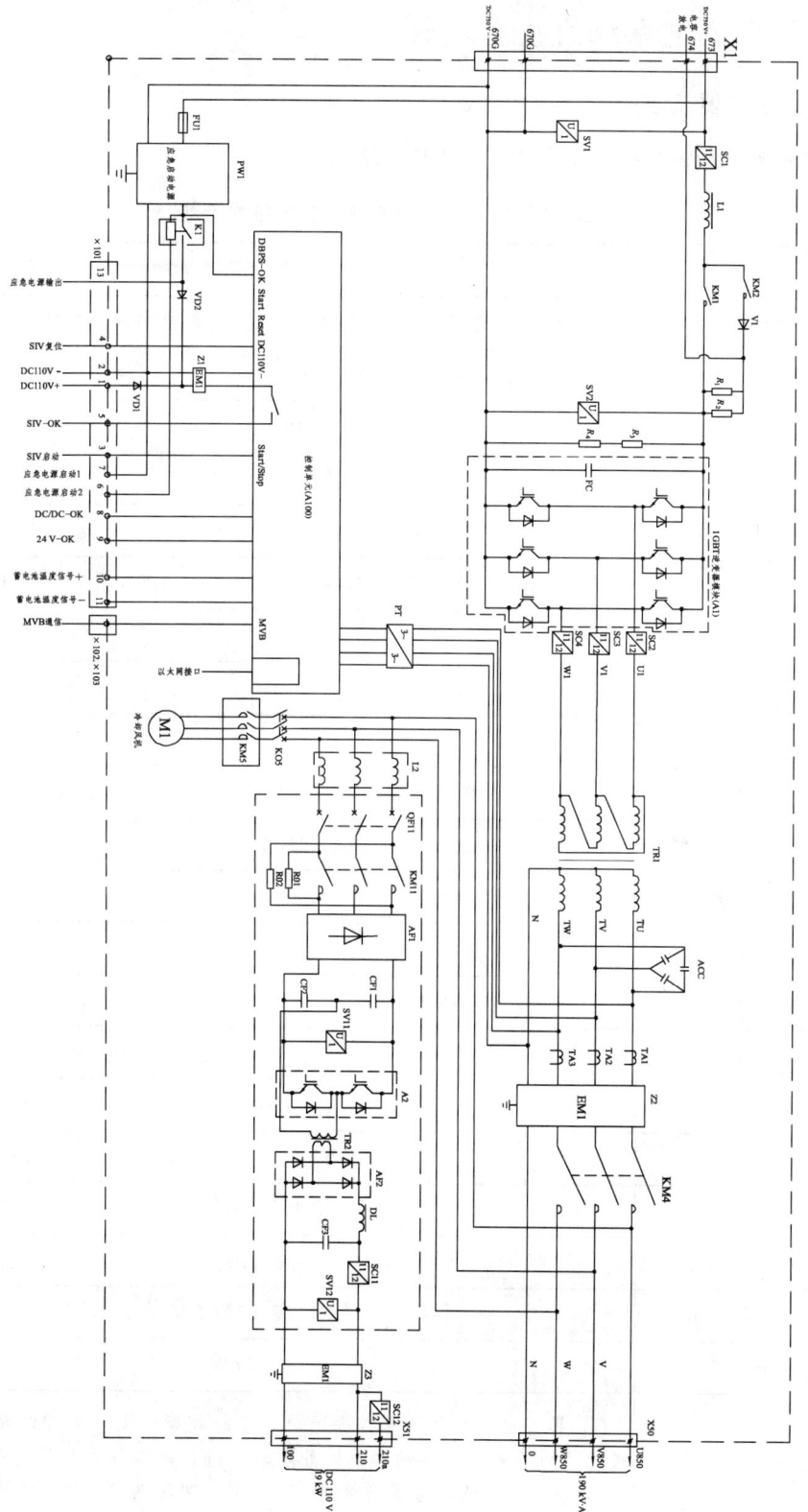

图 LJ1-3　TGF67型辅助电源原理图

七、辅助供电系统的技术参数

1. 辅助变流器系统的主要技术参数

辅助变流器系统的主要技术参数如表 LJ1-2 所示。

表 LJ1-2 辅助变流器系统的主要技术参数

项 目	说 明	
主电路形式	三相两电平逆变电路（DC/AC）+ 充电机电路（AC/DC）	
冷却方法	强迫风冷，车外吸风，车内排风	
额定输入电压	DC 750 V	
输入电压波动范围	DC 500~900 V	
输出	输出1	输出2
输出电压	3 相 AC 380 V×（1±10%）	DC 110 V（1±3%）
相 数	三相四线	—
输出频率	50 Hz	—
	波动范围±0.5 Hz	—
容 量	190 kV·A	20 kV·A
	210 kV·A	
输出电压谐波含量	<5%	—
功率因数	>0.85（滞后）	—
额定输出电流	289 A	173 A
直流输出纹波系数	—	<5%
过载能力	最大 110%持续 8 s	
效 率	额定工况下>90%	
质 量	约 2 000 kg	
控制电源标称电压	DC 110 V	
控制电源变化范围	DC 77~137.5 V	
控制电源功率	<500 W	
状态和故障诊断	① 具有自诊断和故障数据记录功能，故障数据可通过以太网口由便携式计算机下载，提供地面故障处理软件进行故障分析与诊断； ② 具有与 MVB 总线网络通信的功能，实现网络控制，并可在司机室显示屏上显示辅助变流器系统的状态及故障情况	

2. 接口说明

（1）人机接口如图 LJ1-4 所示。

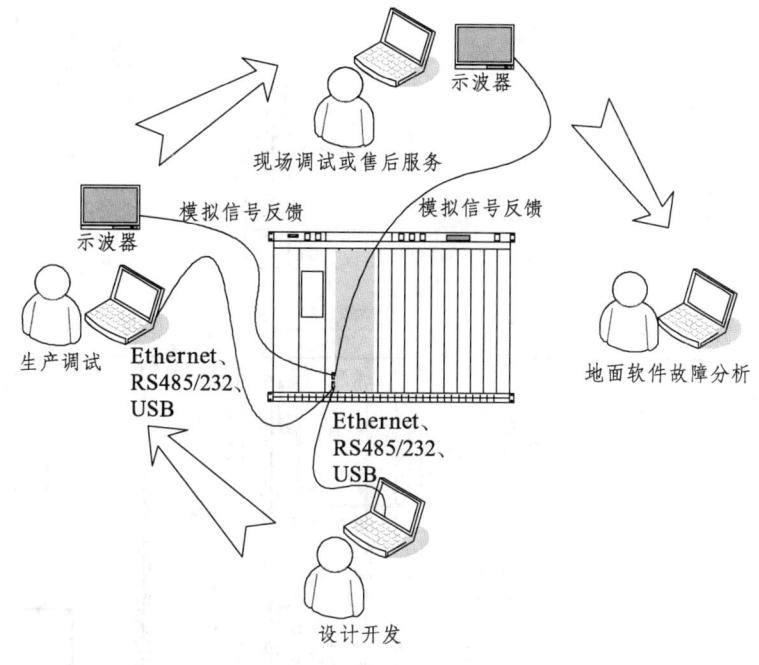

图 LJ1-4　人机接口

针对图 LJ1-4 所示的需求，采取的方案如下：

① 设备状态指示：系统运行过程的 110 V 输入/输出信号的状态、控制板 CPU 生命信号、通信状态和系统故障状态设置 LED 灯显示，对系统的运行状态、参数和故障代码通过 LED 数码管进行显示。

② 程序下载：开发人员编写的软件代码编译后可通过开发工具写至控制板，也可用 PC 机通过以太网口下载至控制板。

③ 生产调试：PC 机通过以太网口来观察系统运行参数，以及各存储器变量、数据波形等。另外，控制系统中还设置有一个模拟反馈信号插头，可通过该插头将系统反馈信号引至示波器观察。

④ 现场调试/售后服务：PC 机通过以太网口来观察系统运行参数，以及各存储器变量、数据波形等。同时，还可通过模拟信号反馈插头将系统模拟信号引至车厢内示波器观察，方便现场调试和技术服务。

⑤ 地面软件：PC 机通过以太网口下载故障记录数据信息，用车载控制装置及数据处理平台分析处理，便于故障诊断、数据统计和设计改进。

⑥ 机械接口：辅助变流器的外形尺寸以及布局如图 LJ1-5 所示。

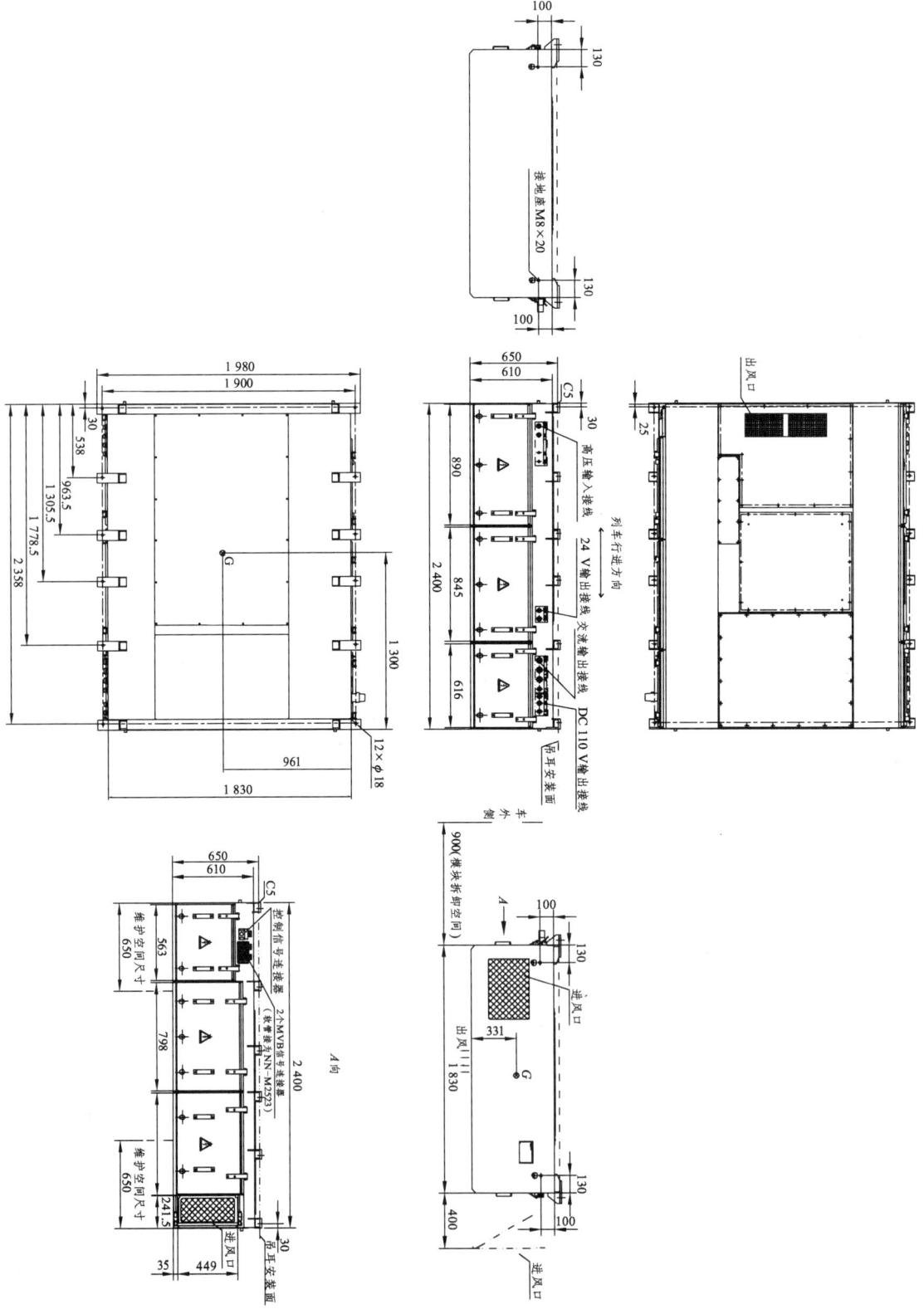

图 LJ1-5 辅助变流器的外形尺寸

(2）电气接口。

① 主电路电气接口如表 LJ1-3 所示。

表 LJ1-3　主电路电气接口

代号 （端子号）	名　称	线号	线径/mm²	电压等级	连接形式	去　向
673	750 V +	673	120	DC 750 V	M10 螺栓	BIB 箱
670A	750V −	670 A	120		M10 螺栓	接地电路
670B	电容放电	670B	4	DC 750 V	M6 螺栓	BIB 箱
674	电容放电	674	4	DC 750 V	M6 螺栓	
U850	三相输出/U 相	U850	95	AC 380 V	M10 螺栓	负载配电箱
V850	三相输出/V 相	V850	95	AC 380 V	M10 螺栓	
W850	三相输出/W 相	W850	95	AC 380 V	M10 螺栓	
0	三相输出/中线	0	50	AC 380 V	M8 螺栓	
210a	DC 110 V 输出/正线	210a	70	DC 110 V	M10 螺栓	蓄电池
210	DC 110 V 输出/正线	210	70	DC 110 V	M10 螺栓	负载配电箱
100	DC 110 V 输出/负线	100	70	DC 110 V	M10 螺栓	
PE	接　地			DC 750 V	M8 螺栓	

② 控制电路电气接口如表 LJ1-4 所示。

表 LJ1-4　控制电路电气接口

代号 （端子号）	名　称	线号	线径/mm²	电压等级	连接形式	去　向
X101：1	DC 110 V +	110	1.5	DC 110 V		
X101：2	DC 110 V −	100	1.5	DC 110 V		
X101：5	RESET 信号	102	1.5	DC 110 V		司机室电气柜
X101：7	应急启动信号端 1	104	1.5	DC 110 V		
X101：8	应急启动信号端 2	105	1.5	DC 110 V		
X101：11	蓄电池温度传感器 a		3×0.75 屏蔽线			温度传感器采用 NTC10K
X101：12	蓄电池温度传感器 b					
X101：10	屏蔽层					

③ MVB 网络电气接口如表 LJ1-5 所示。

表 LJ1-5　MVB 网络电气接口

代号 （端子号）	名　称	线号	线径/mm²	电压等级	连接形式	去　向
X102：1	MVB（红；A-P）					
X102：2	MVB（棕；A-N）					
X102：4	MVB（蓝；A-P）					
X102：5	MVB（灰；A-N）					
X102：6	MVB（白：1，3；A-GND）					
X102：7	MVB（白：2，4；B-GND）		0.5	DC 15 V		MVB 连接器
X103：1	MVB（红；A-P）					
X103：2	MVB（棕；A-N）					
X103：4	MVB（蓝；A-P）					
X103：5	MVB（灰；A-N）					
X103：6	MVB（白：1，3；A-GND）					
X103：7	MVB（白：2，4；B-GND）					

子模块 LJ2　照明及辅助设备

一、客室照明

照明灯具由 3 种型号的照明模块（简称照明模块）和灯罩及驱动电源组成。照明模块的灯体金属部分采用铝合金制作，灯罩采用聚碳酸酯。驱动电源设有 4 挡 70%、80%、90%、100% 可调光的开关，可根据用户的要求进行调节照明亮度，一个驱动电源可带 1~7 个照明模块，电压范围为 DC 77~137 V。

1. 主要技术指标

（1）驱动电源最大输出功率 160 W；
（2）驱动电源的型号 CDZ-LED-DC 110 V-160 W-QD，驱动电源可接 1~7 个照明模块；
（3）照明模块 L1305 功率为 20 W，模块 S1305 功率为 20 W，模块 L1732 功率为 25 W；
（4）使用寿命大于 50 000 h；
（5）外形尺寸、安装尺寸如图 LJ2-1 所示。

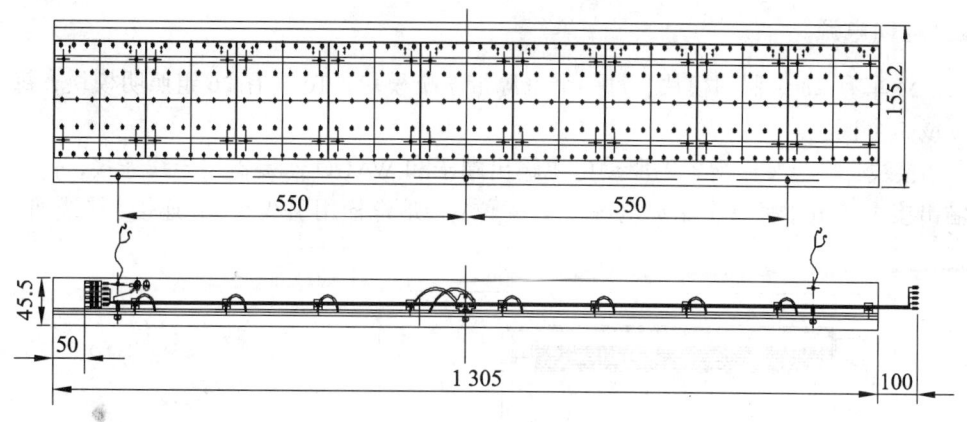

（a）照明模块 L1305 和 S1305 的外形尺寸

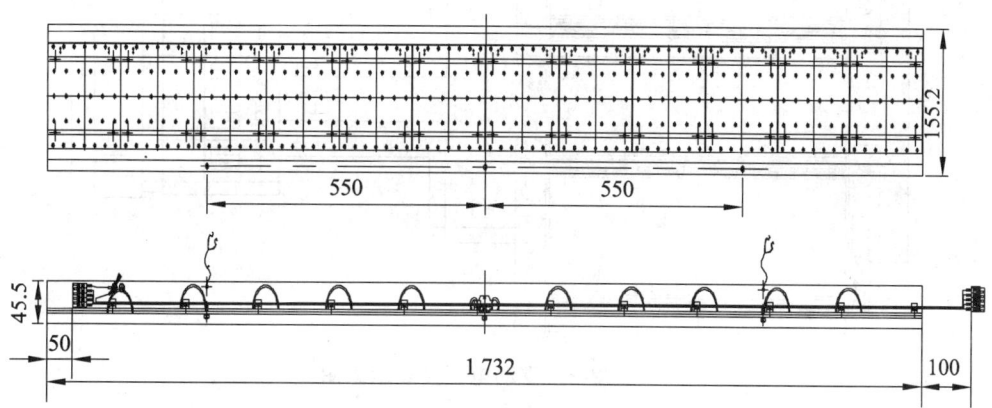

（b）照明模块 L1732 的外形尺寸

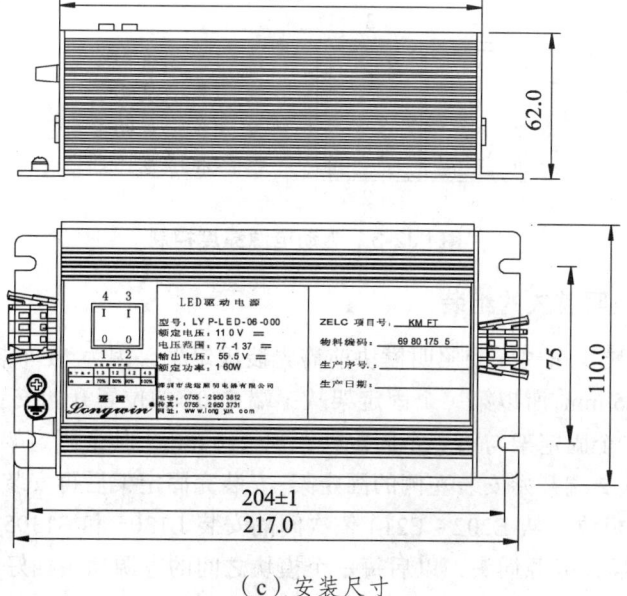

（c）安装尺寸

图 LJ2-1　驱动电源的外形尺寸、安装尺寸

2. 驱动电源

（1）M 车有 28 组照明模块，每一个电源带 7 个模块，Tc 车有 26 组照明模块，每一个电源带 6 或 7 个模块。

（2）接线：将包装内配置的驱动电源输出端子和 WAGO 连接器用导线连接，一个驱动电源的输出接 1、2 位，另一个驱动电源接 3、4 位，接地螺栓用引线与 PE 连接，接线如图 LJ2-2 所示。

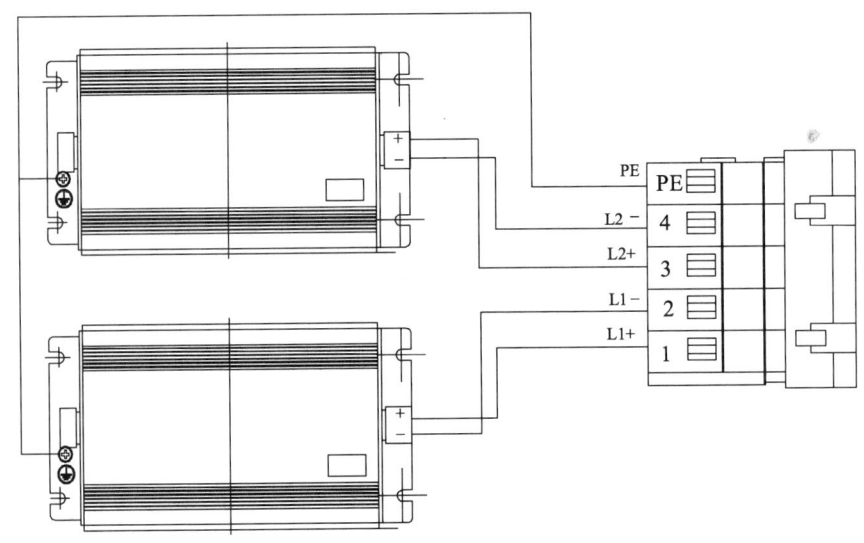

图 LJ2-2　驱动电源接线示意图

（3）亮度调节：驱动电源上有 4 个挡位，可根据需要调节模块的照度，调节方法如图 LJ2-3 所示。

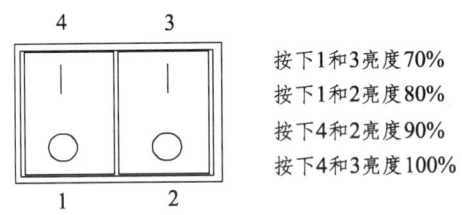

图 LJ2-3　驱动电源亮度控制

3. 车内客室照明模块的组装

（1）M 车的组装。车内安装照明模块前需先装固定架，因为 M 车装灯是先装 L1732 模块，需距车壁 20～25 mm，所以第一个固定架从 1 端 E201 的位置开始安装，距 1 端车壁 235～239 mm 安装，第二个固定架与第一个固定架距离 216 mm，其余固定架间隔 2 mm 安装，这样安装完右侧，再从 2 端开始安装左侧的固定架；安装完固定架后再安装照明模块，右侧 E201 的位置安装 L1732 模块，从 E202～E214 依次间隔安装 L1305 和 S1305，安装紧靠驱动电源侧的照明模块时先插好电源插头，以后每一个模块之间的电源插头插好后再锁紧螺栓，模块之间留 1 mm 的间隙，调整两端距车壁 20～25 mm。安装完模块后再安装灯罩，E201 的 L1732 模块安装 1750 灯罩，按顺序中间全部安装 1305 灯罩，最后 E214 位安装 1350 灯罩。左侧从

E228 开始安装 L1732 模块,从 E217~E215 依次间隔安装 L1305 和 S1305,灯罩安装也是从 E228 位置开始,第一个是 1750 灯罩,依次是 1305 灯罩,最后 E215 的位置是 1350 灯罩,灯罩之间不要留缝隙,如图 LJ2-4 所示。

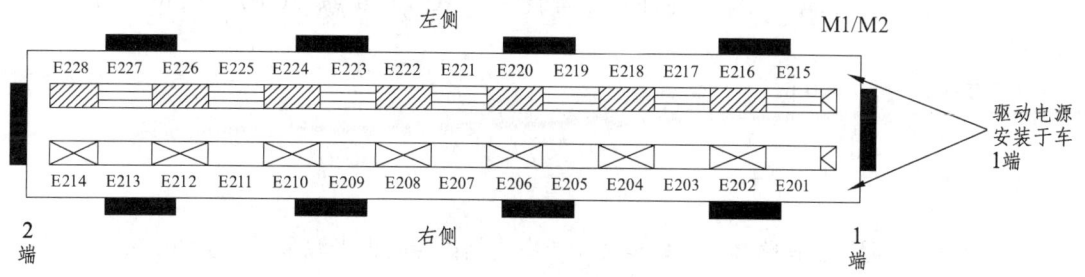

图 LJ2-4 M 车照明模块及灯罩车内组装示意图

（2）Tc 车的组装。同 M 车的组装,安装照明模块前需先装固定架,因为 Tc 车装灯是先装 L1305 模块,需距车壁 40~45 mm,所以第一个固定架从 1 端开始安装,距 1 端车壁 41~46 mm,其余固定架间隔 2 mm 安装,这样安装完右侧,用同样的方法也从 1 端开始安装左侧固定架；安装完固定架后再安装照明模块,右侧从 E101~E113 依次安装,奇数对应 L1305 模块,偶数对应 S1305 模块,左侧从 E114~E126 依次安装,偶数对应 L1305 模块,奇数对应 S1305 模块,模块之间留 1 mm 的间隙,调整两端距车壁 40~45 mm,安装紧靠驱动电源侧的照明模块时先插好电源插头,每一个模块之间的电源插头插好后再锁紧螺栓；灯罩安装左右两侧相同,两端安装 1350 灯罩,中间全部安装 1305 灯罩,但安装时要按顺序安装,灯罩之间不要留缝隙,如图 LJ2-5 所示。

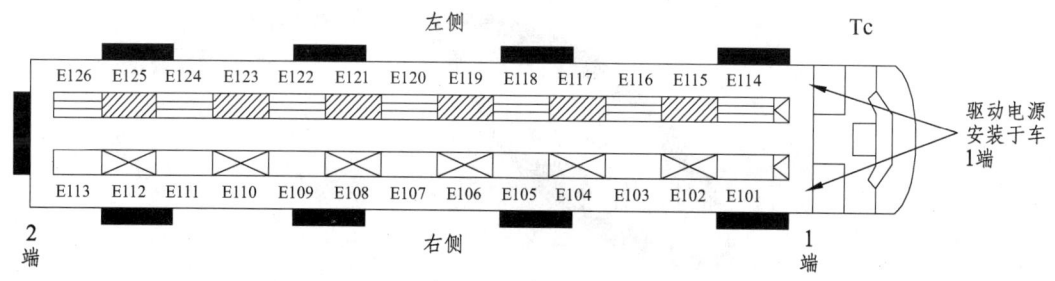

图 LJ2-5 Tc 车照明模块及灯罩车内组装示意图

二、司机室顶棚灯

司机室顶棚灯是用司机室的照明,采用新型小功率 LED 二极管发光光源及特殊光学透镜,发光光环柔和、均匀、不刺眼,具有功率低、抗振动、免维护、寿命长等特点,是新型客车理想的照明产品。司机室顶棚灯主要技术特性如下：

（1）额定电压：DC 110 V。

（2）电压范围：DC 77~137.5 V。

（3）功耗：≤14 W。

（4）照度：通额定电源电压，灯亮 10 min 后，距光源表面基准轴 2 400 mm 处的照度≥350 lux 和 1 600 mm 处的照度≥800 lux。

（5）绝缘电阻：顶棚灯的每位端子与外壳之间的绝缘电阻≥50 MΩ。

（6）耐压：顶棚灯的每位端子与外壳之间能承受 AC 1 000 V、50 Hz、1 min 的试验，无击穿现象。

（7）寿命：≥30 000 h。

三、司机室阅读灯

司机室阅读灯适用于铁路客车、地铁各司机室内阅读照明，光源采用新型的 LED 二极管发光光源，具有耗电少、寿命长、免维护及适应环境能力强的特点，是新型客车理想的照明产品。司机室阅读灯主要技术特性如下：

（1）绝缘电阻：端子与外壳之间的绝缘电阻≥50 MΩ。

（2）耐压：端子与外壳之间能承受 AC 1 500 V、1 min 的试验，无击穿或闪络现象。

（3）照度：≥270 lux（输入额定电压，距光源表面基准轴 900 mm 处中心照度）。

（4）照射角度：30°（以光束中心轴为旋转中心，可 360°方向旋转，调节角度为 30°）。

四、前照灯结构

前照灯由远光灯组成、近光灯组成、灯体组成、安装板组成、玻璃板、装饰板、安定器和相关附件组成，如图 LJ2-6 所示。

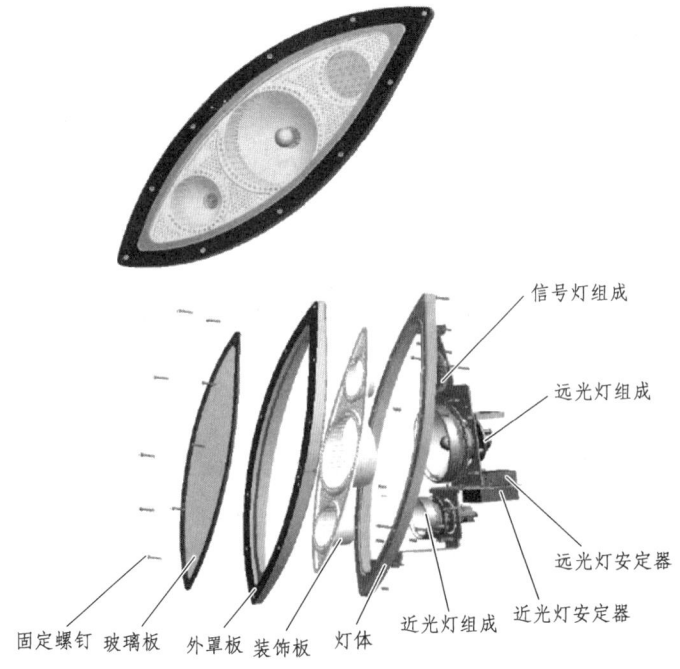

图 LJ2-6　前照灯结构

前照灯后端组成如图 LJ2-7 所示。此后端组成主要有灯体组成和安装板上的一些附件组成。安装板组成和灯体之间主要靠 4 个安装板固定螺钉完成。而安装板上主要固定 5 个主要配件：近光灯、远光灯、尾灯、远光灯安定器和近光灯安定器组成。灯体组成如图 LJ2-8 所示。

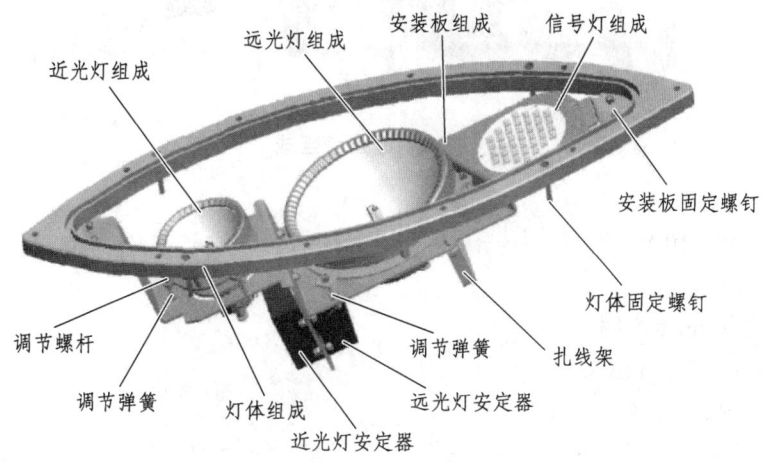

图 LJ2-7　后端组成

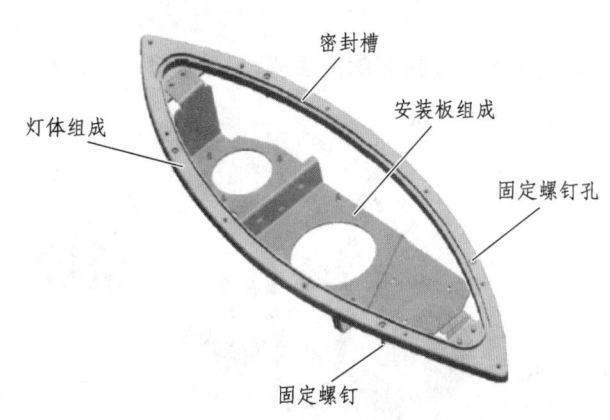

图 LJ2-8　灯体组成

前照灯的安装主体用来与车体连接，前照灯的其他零件均安装在灯体上，灯体采用 104 铸铝材料压铸成型，表面做防护涂层，与车体接触的表面涂密封胶进行密封，然后用 4 个 M5 螺钉固定在车体灯口内。安装板是钢板折弯而成，表面喷漆，同时通过 4 个螺钉固定在灯体上。其主要作用是固定远光灯、近光灯和信号灯。灯体上设有安装密封圈的环形槽，密封圈黏接在环形槽，可阻止具有冲击力的水流进入灯内。

1. 远光灯

远光灯为车辆行驶提供照明，由装饰圈、反光镜、氙气灯等相关附件组成。图 LJ2-9 为远光灯组成。

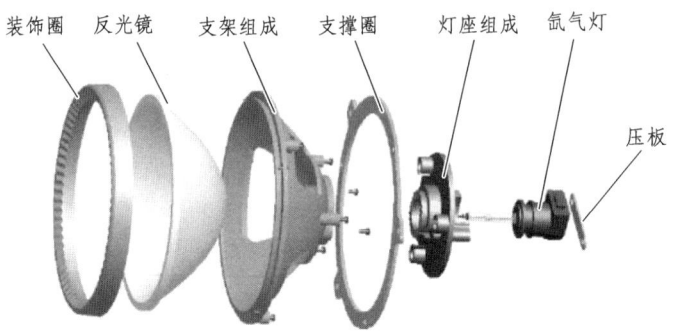

图 LJ2-9 远光灯组成

光源：HID 光源。
标称电压：DC 110 V。
标称功率：70 W。
光通量：4 500 lm（流明）。
色温度：4 300 K（开尔文）。
显色指数：(Ra) 85%。
平均寿命：不小于 2 500 h。

2. 近光灯

近光灯主要由装饰圈、反光镜等相关配件组成，如图 LJ2-10 所示。

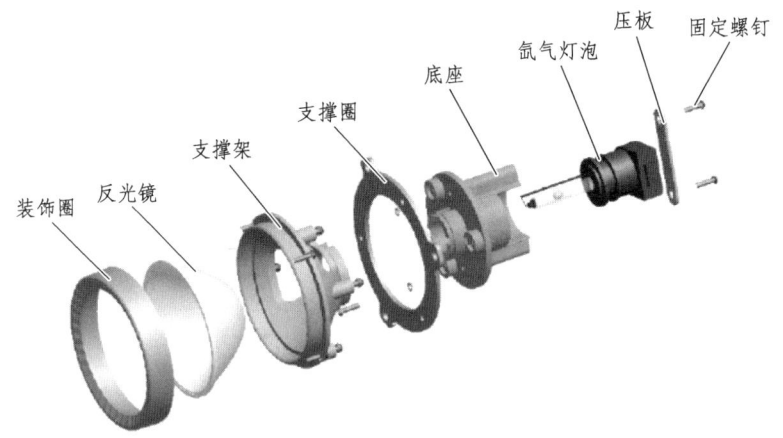

图 LJ2-10 近光灯组成

光源：HID 光源。
标称电压：DC 110 V。
标称功率：35 W。
光通量：3 200 lm（流明）。
色温度：4 300 K（开尔文）。
显色指数：(Ra) 85%。
平均寿命：不小于 2 500 h。

3. 尾灯

尾灯主要由 LED 灯板、固定螺钉和垫柱组成，如图 LJ2-11 所示。

4. 灯罩

灯罩主要由外罩板组成、装饰板、玻璃板和透光板组成，如图 LJ2-12 所示。

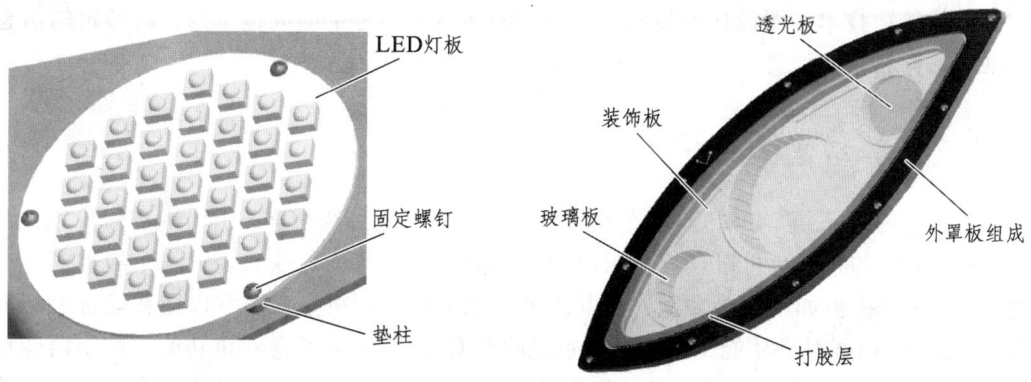

图 LJ2-11　尾灯组成　　　　　　图 LJ2-12　灯罩组成

外罩板通过 104 铸铝铣加工而成，其主要作用是固定玻璃板及外在盖板。
装饰板采用阻燃 SMC 材料压铸成型，用 6 个 ST2.9 自攻螺钉与灯罩连接，起装饰作用。
透光板起调和信号灯光的作用，其固定在装饰板上的。

五、标志灯

1. 标志灯组成

标志灯由光筒、支架板、LED 灯板、灯罩、控制板、后盖等组成，如图 LJ2-13 所示。

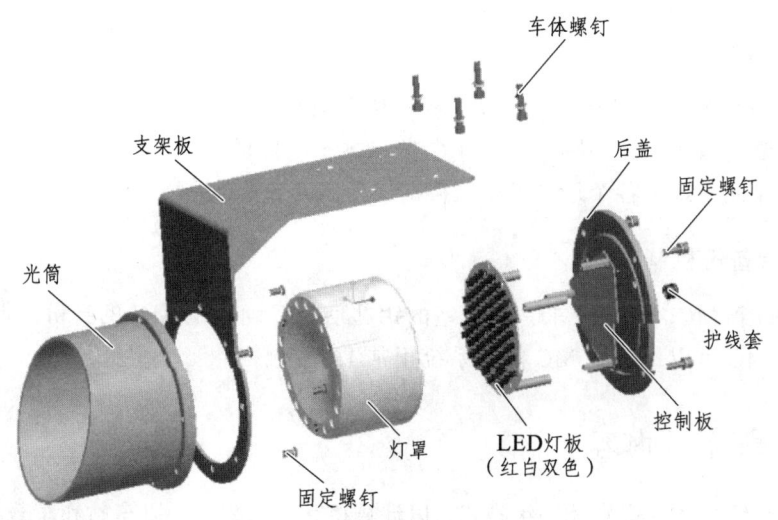

图 LJ2-13　标志灯组成

子模块 LJ3　乘客信息系统

一、乘客信息系统的基本概念

乘客信息系统（Passenger Information System，PIS）：地铁运营线路采用可靠的网络技术、多媒体传输技术、图像显示技术，在特定的地点、指定的时间范围内，将特定的信息传输给乘客，并将乘客信息传输给运营管理人员（交互平台）。

二、乘客信息系统的用途、特点

乘客信息显示系统（PIS）是分布计算机系统，由系统总线相连，由司机室和乘务员室控制。PIS 是灵活的系统，可以根据需求添加或精简功能，作为地铁和轻轨列车的重要运行系统之一。PIS 应提供如下主要功能：公共广播功能（包括司机室对客室广播和运行控制中心对客室广播）、内部对讲功能（两个司机室之间的对讲）、乘客紧急对讲功能、数字语音自动报站功能、LED 列车类型显示功能、LED 客室信息显示功能、LCD 媒体播放功能、视频安防监控功能。

PIS 的主干网络 CAN、以太网负责整个系统的信息发布及网络管理。PIS 支持动态编址，具有冗余备份机制。

PIS 各个设备设计时充分考虑了防水、防尘、高低温环境、EMC 干扰等外界因素，使系统可以在恶劣的环境中稳定运行。

乘客信息显示系统具有分散管理集中控制的优点，主要体现在如下几个方面：

1. 动态连接机制

各个设备与主机间建立主动连接机制，上电后，从机主动向主机注册自己，主机收到注册信息，建立更新注册表，并且使动态添加或删除节点得以实现。

2. 故障监测

在系统中的每个设备都有心跳报文（报文中包含设备运行的故障码），各个设备在固定的时间间隔都要向网络发送心跳包，由 CC 监测本车电网的设备心跳，主 MC（主控单元）检测全车，以保证系统中各个设备发生故障时，主 MC 能及时报警处理。

3. 双冗余备份机制

PIS 中有两个 MC，系统要求：司机室的钥匙信号将确定主 MC 的身份，但主 MC 因意外故障时，副 MC 可以代替主 MC 保证系统正常工作。

三、信息资讯内容

乘客信息系统是依托多媒体网络技术，以计算机系统为核心，以车站和车载显示终端为媒介向乘客提供信息服务的系统，使乘客通过正确的服务引导信息，安全、便捷地乘坐轨道交通。

其信息资讯内容包括：

（1）正常情况下：提供乘车须知、列车到发时间、列车时刻表、管理者公告、政府公告、出行参考、广告等实时动态的多媒体信息。

（2）非正常情况下：在火灾、堵塞及恐怖袭击等情况下，提供动态紧急灾难信息、疏散提示及告知。

（3）视频播放信息：向乘客提供实时转播的数字电视节目、视频广告等节目。

（4）视频监视信息：通过车厢内监控摄像头，监控旅客乘车情况，将监控视频信息实时上传至运营中心及公安系统，能及时发现站台、车辆内的安全事故隐患并提前处理，确保列车行驶安全。

（5）按媒体类型分包括：文本信息、动画信息、图像信息、视频信息、时钟信息等。

（6）按控制方式分包括：事件触发的信息、预先录制的信息、实时信息等。

四、乘客信息系统的基本功能

（1）广告节目制作功能；
（2）地铁运营信息服务功能；
（3）广播电视节目制作、转播功能；
（4）多媒体实时资讯插播发布功能；
（5）智能播出；
（6）信号及数据传输；
（7）信息查询；
（8）系统综合管理；
（9）视频监控。

五、乘客信息系统的结构

1. 系统结构

乘客信息系统的结构如图 LJ3-1 所示。

2. 系统组成

（1）PIS 主要由五大部分组成。

中心控制系统：负责整个 PIS 的核心内容提供、节目播出、视频监控、运营信息查询及系统管理。

车站控制系统：负责转播中心系统的节目播出、视频监控、车站运营信息查询及车站系统管理。

车载子系统：负责转播中心系统或车站系统的节目播出、视频监控、车内运营信息、旅客信息管理等。

网络子系统：中心子系统与各个车站通过有线网络实现节目、数据及图像的双向传输。车站子系统与列车之间通过专用车的无线网络实现节目、数据及图像的传输。

广告节目制作子系统：负责信息、视频等动态画面信息的制作和编辑。

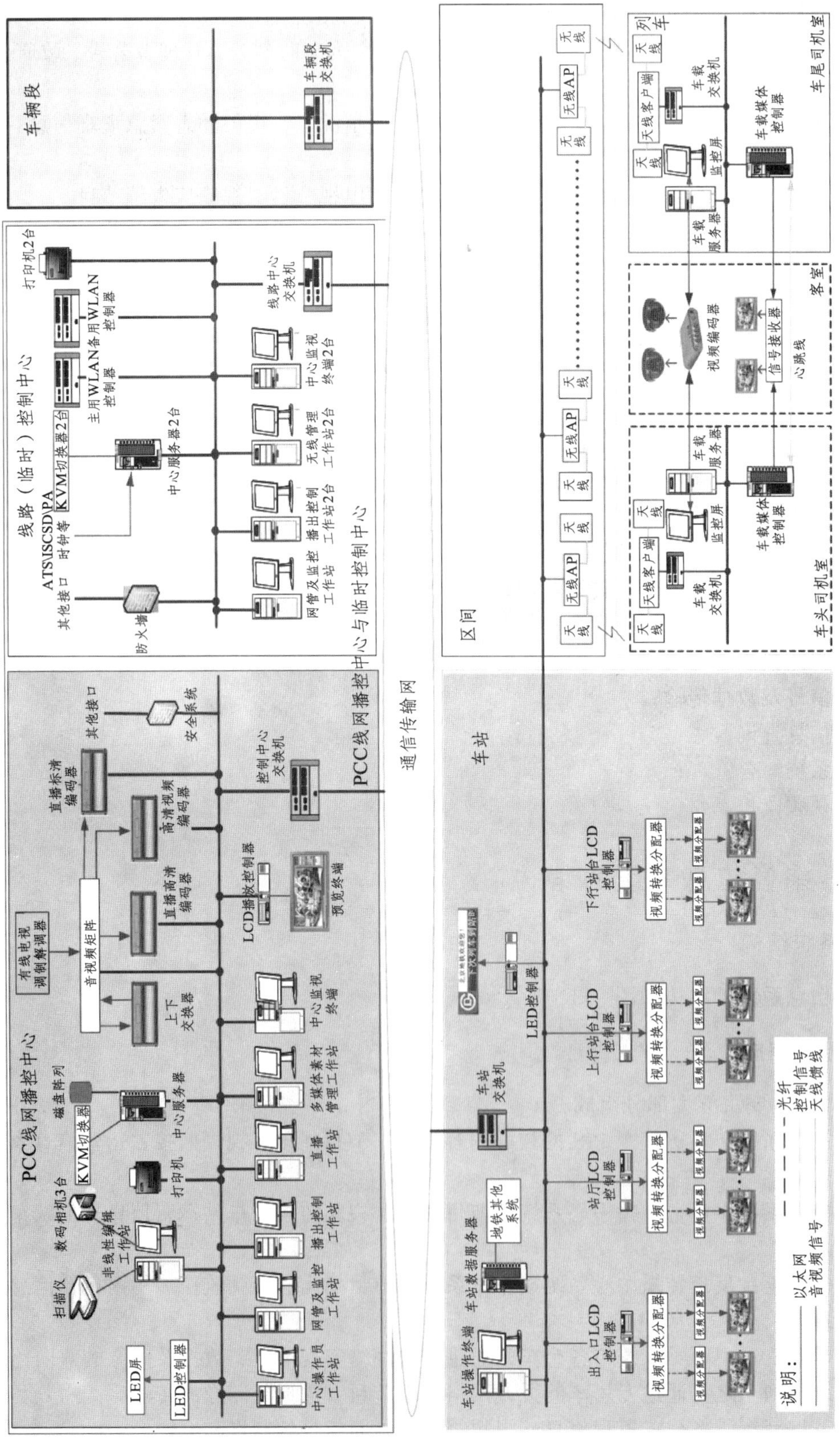

图 LJ3-1 乘客信息系统的结构

（2）子系统功能。

① 中心子系统功能。

PIS 中心子系统主要包括节目发布、视频监控和系统管理功能。中心子系统为 PIS 制作广告、提供电视节目和各种实时资讯，通过 PIS 网络向车站和列车发布这些内容，同时接收由车站和列车上传的监控信息，监控地铁运营状况。系统管理功能模块是 PIS 的管理平台，主要作用是负责 PIS 系统本身的维护管理，并提供和地铁其他系统的接口管理。

中心子系统通过中心发布平台，主要发布如下信息：

a. 管理地铁系统调度任务；

b. 发布列车运营及服务信息；

c. 发布乘客引导信息；

d. 发布一般站务信息；

e. 发布公共服务信息；

f. 发布商业广告信息；

g. 紧急情况下，发布灾难报警信息；

h. 自动生成调度业务报表，统计业务信息量。

② 车站子系统功能。

车站子系统主要由两大功能组成：车站节目播出、车站视频监控。

车站子系统通过有线传输网络接收并处理来自 PIS 中心的电视节目、实时资讯服务、运营服务信息、各种控制指令等，在权限范围内，可以修改播出信息，在本车站播出，同时通过无线网络，向运营列车转发这些信息，接收并处理来自车载系统上传的监控及报警等信息，同时向 PIS 中心转发这些信息。在网络出现中断或节目出现异常时，车站子系统可以自动启动垫播模式，播出本地备播模式信息。

③ 车载子系统功能。

车载子系统主要由两大功能组成：车载节目播出、车载视频监控。

车载子系统通过 PIS 无线网络，接收由车站子系统转发的电视节目、实时资讯、运营管理信息、各种控制指令，在车载 PDP、LCD、LED 显示屏上显示播放。通过车载监控系统采集保存各个车厢视频监控信息和设备监控信息，同时支持轮巡、自动筛选、任意指定等方式向车站和中心上传监控信息。在网络出现中断或节目出现异常时，车载子系统可以自动启动垫播模式，播出本地垫片。车载子系统如图 LJ3-2 所示。

④ 网络子系统功能。

网络子系统简称 DCS，是 PIS 业务的专用数据平台，为传输列车运营服务信息、乘客引导信息、公共服务信息、商业信息等提供透明的传输通道；完成控制中心与车站、车站与车站、车站与轨旁设备、轨旁设备与列车之间的数据、视频、语音等综合数据的双向传输，实现车、地间的信息服务。

DCS 由轨旁有线通信网络和车地间专用无线通信网络构成，全面负责 PIS 各子系统之间发送和接收的 IP 报文等信息内容的传输，为乘客享受及时的信息服务提供了保障。

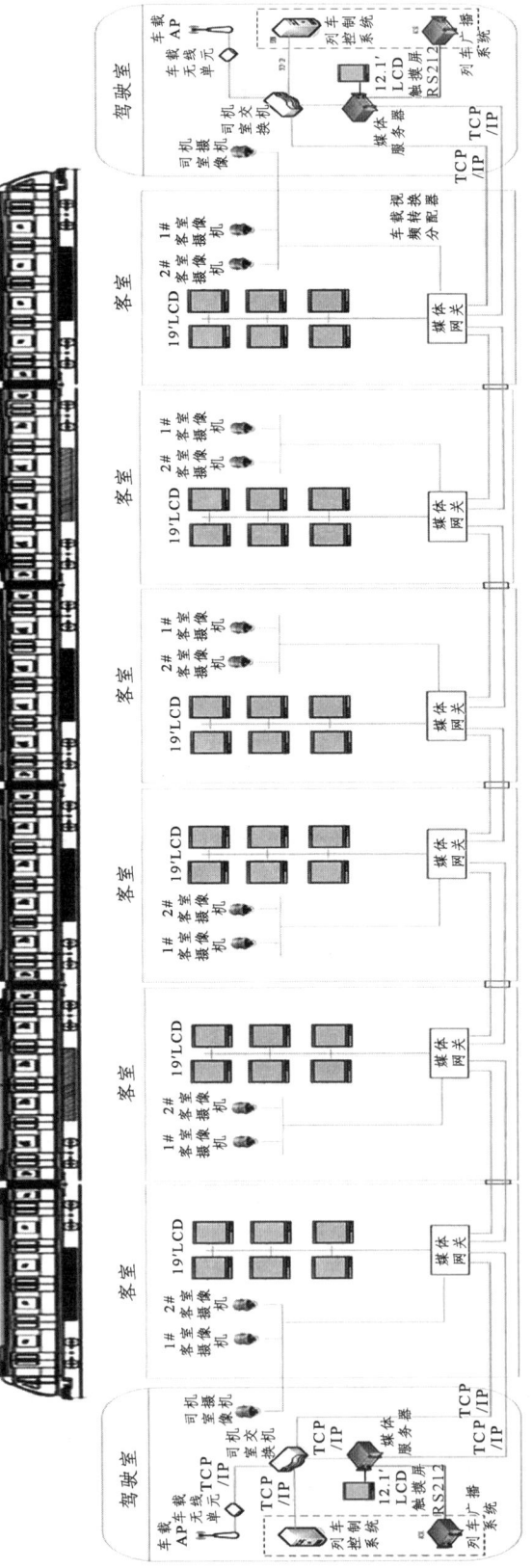

图 LJ3-2 车载子系统

DCS 按照开放的工业标准接口设计,符合 IEEE 802.3(以太网)标准、IEEE 802.11 系列(无线局域网)标准,DCS 对各 PIS 子系统提供的是完全透明的传输,并且能够符合 PIS 实时性和吞吐量的要求。

⑤ 广告制作子系统功能。

广告子系统提供广告节目上载、制作、串编、播出、存储、管理等功能,形成一个完整的广告制作、播出系统,为地铁运营商提供一个很好的广告业务和增值服务平台。

六、乘客信息系统的设备

1. 控制中心子系统设备

控制中心子系统由中心服务器、资讯应用服务器、视频服务器、视音频切换矩阵、直播数字电视编码器、中心监视工作站等组成。

2. 备用控制中心子系统设备

备用控制中心子系统由服务器、播出控制工作站、网管及监控工作站、网络设备等组成。

3. 车站子系统设备

控制部分设备包括服务器、网络设备和操作员工作站。服务器、LCD 播放控制器及网络设备设置在车站通信设备室内,操作员工作站设置在车站控制室内。现场显示部分设备包括 LED 显示屏、LCD 显示屏及多媒体查询机,设置在车站出入口、站厅及站台区域。

4. 网络子系统设备

网络子系统由中心以太网交换机、车站以太网交换机、中心的防火墙设备、路由器、无线接入点(AP)、无线控制器等组成。

5. 车载子系统设备

车载子系统由车载无线单元及接收天线组成。

七、广播系统

司机台上安装一台广播控制盒。广播控制盒是司机操作 PIS 的人机界面,包括广播控制盒的面板布置及麦克风,如图 LJ3-3 所示。

客室广播(PA):用于触发司机对客室的人工广播功能的按键。

司机对讲(CC):用于触发司机之间的对讲功能的按键。

紧急对讲(EMG):用于触发乘客与驾驶员之间的紧急对讲功能的按键。

复位(RESET):用于复位功能的按键。

音量调节(CAB VOL):用于调节司机室监听音量。

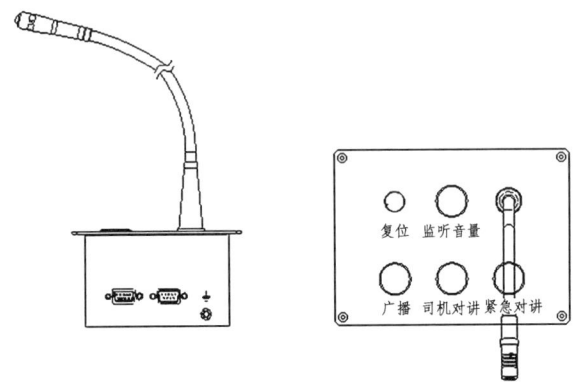

图 LJ3-3 广播控制盒的面板布置及麦克风

1. 运营控制中心（OCC）对列车广播

OCC 对列车的广播无需司机干预。当呼叫建立完成，OCC 广播将同时接入驾驶室扬声器和客室扬声器。

2. 司机对讲

司机对讲为列车的两端司机室之间进行通话，通信采用半双工模式。

3. 乘客与司机紧急对讲

每辆车在客室内安装 2 台乘客紧急对讲装置。当乘客遇到紧急情况时，可通过操作紧急对讲装置实现与司机的紧急对讲。其具体功能如下：

（1）被触发紧急对讲的位置信息在 HMI 上显示，并伴有声光报警。

（2）遵循"先到先通"的原则，逐一处理呼叫请求。

（3）乘客可以手动激活乘客紧急对讲装置。当对讲装置激活时，CCTV 触摸屏能够自动放大显示相应区域的图像。

（4）系统自动记录紧急报警触发时间和结束时间。

（5）系统将记录紧急通话语音，并存储在 CF 卡中；存储遵循"先进先出"的原则。存储文件将在 72 h 后被新文件覆盖。

紧急对讲装置的示意图如图 LJ3-4 所示。

4. 乘客与司机的紧急对讲操作流程

（1）激活乘客紧急对讲；

（2）司机按一下"紧急对讲"应答通道（建立通话）；

（3）乘客可以通过 PECU 内置麦克风与司机通话；

（4）司机按下"紧急对讲"按钮并保持，对

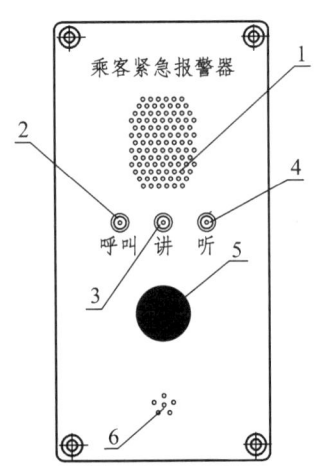

图 LJ3-4 紧急对讲装置

1—扬声器；2—呼叫指示灯；3—讲话指示灯；
4—听指示灯；5—自复位按钮；
6—麦克风

着麦克风与乘客通话；

（5）按一下"复位"通话结束。

5. 人工广播

在激活端司机室，司机可以通过操作安装在司机台上的广播控制盒按键及麦克风，实现对客室的人工广播。

6. 数字报站

PIS 有两种操作模式，一个是全自动工作模式，另一个是半自动工作模式。这两个模式可通过 HMI 进行选择。

通过按下主画面下部的"站点设置"软键，即可进入广播模式及站点设置界面，如图 LJ3-5 所示。

图 LJ3-5　广播模式及站点设置

7. 全自动报站

系统默认进入全自动广播模式。当车辆工作在 ATO 或 PM 模式，由 HMI 进行判断，司机可操作 PIS 工作模式设置按钮，人工选择广播系统进入全自动工作模式。

广播系统工作在全自动模式下，无需司机操作。PIS 接收 ATC 实时发送的报站触发信号进行全自动报站。

8. 半自动报站

当车辆不在 ATO 或 PM 模式，由 HMI 进行判断，将广播模式设置按钮自动设置成半自动广播模式。此时，司机无法通过广播模式设置按钮将广播模式设置为全自动。此时，PIS 仅能工作在半自动广播模式。在此模式下，需要司机在起点站设置起点站、终点站等线路信息。一般情况下，车辆在运行过程中无需司机操作。

子模块 LJ4　火灾报警系统

一、火灾报警系统概述

随着城市化进程的加快，城市流动人口剧增，地铁是缓解地面交通压力的有效工具，但地铁火灾时有发生，极易造成群死群伤以及巨大的生命和财产损失，因此引起了人们对地铁火灾的广泛重视。火灾报警系统主要监测列车上是否发生火灾状况及监测设备柜内设备工作温度，避免火灾发生，使损失降至最低，避免悲剧发生，由此建立一个安全可靠的火灾状态智能识别网络系统有很强的实际应用价值。

火灾报警系统由感温感烟探测器、感烟探测器以及火灾报警控制器等设备组成。

二、火灾报警系统的功能

当探测器探测到火情或者温度超过定值后，通过通信总线将信号传送给相应的控制器，火灾报警控制器一方面启动火灾报警控制器上的 LED 指示灯进行光提示，另一方面将火警信息通过车辆 I/O 模块传送到列车控制系统，并将火警信息显示在列车控制系统的 HMI 显示器上，并伴有提示音。

三、火灾报警系统的扩展原理

火灾报警系统通过硬线接口与 TCMS 通信，将火灾报警及故障信号传给 TCMS，并在 TCMS 的显示屏 HMI 上显示出来，并伴有蜂鸣器的提示音，如图 LJ4-1 所示。

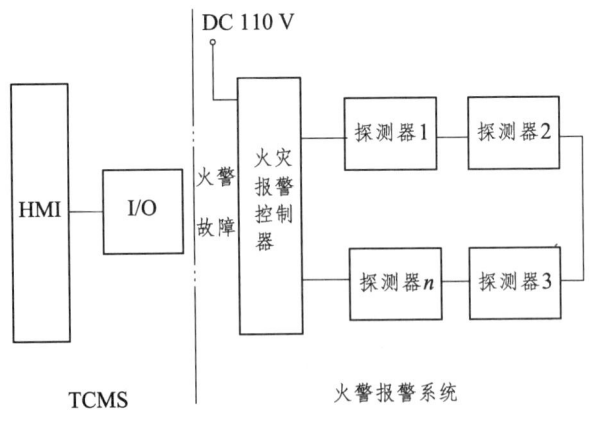

图 LJ4-1　扩展原理图

1. HMI 上显示状态

火灾报警系统的状态可通过安装在司机台上的 HMI 及火灾报警控制器进行显示，如图 LJ4-2 所示。HMI 上仅显示火灾报警的状态，系统的复位和设置需在火灾报警控制器上进行。

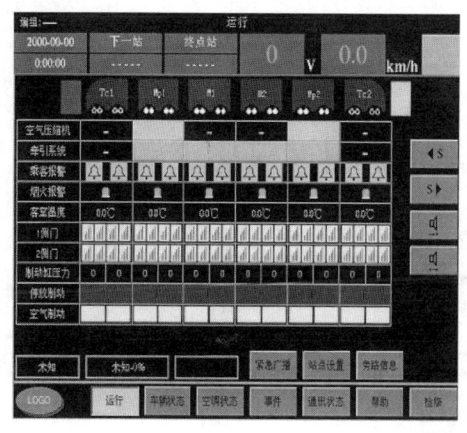 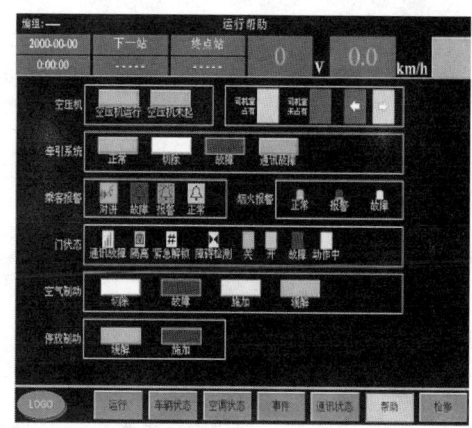

图 LJ4-2　火灾报警显示

2. 火灾报警控制器

火灾报警控制器面板主要由指示灯、液晶显示屏（LCD）、按键操作区和电源开关组成。面板的上方是 2 个 LED 指示灯，分别为黄色的"Fault"指示灯和红色的"Fire"指示灯；面板中间为 192×64 点阵的 LCD 屏，其右侧为控制器电源开关，面板的下方是操作按键区。操作按键区由 10 个按键组成，第一行自左至右为：【▲】、【▼】、【◀】、【▶】，第二行自左至右为：【自检】、【静音】、【复位】、【设置】、【查询】和【确认】按键，如图 LJ4-3 所示。

【▲】、【▼】：修改当前参数值、菜单移动或者记录移动键。

【◀】、【▶】：光标移动按键。

【自检】：系统自检功能按键。

【静音】：蜂鸣声音消除按键。

【复位】：系统复位或者设定、查询功能退出返回。

【设置】：设定功能键。

【查询】：查询功能键。

【确认】：确认功能键。

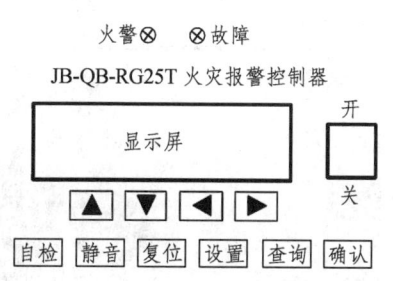 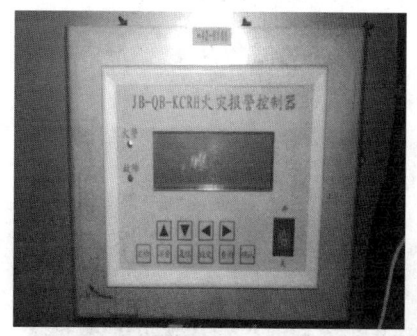

图 LJ4-3　火灾报警控制器

四、火灾报警系统的结构及布置

（1）火灾报警系统的探测器及控制器在车辆上的布置如图 LJ4-4 所示。

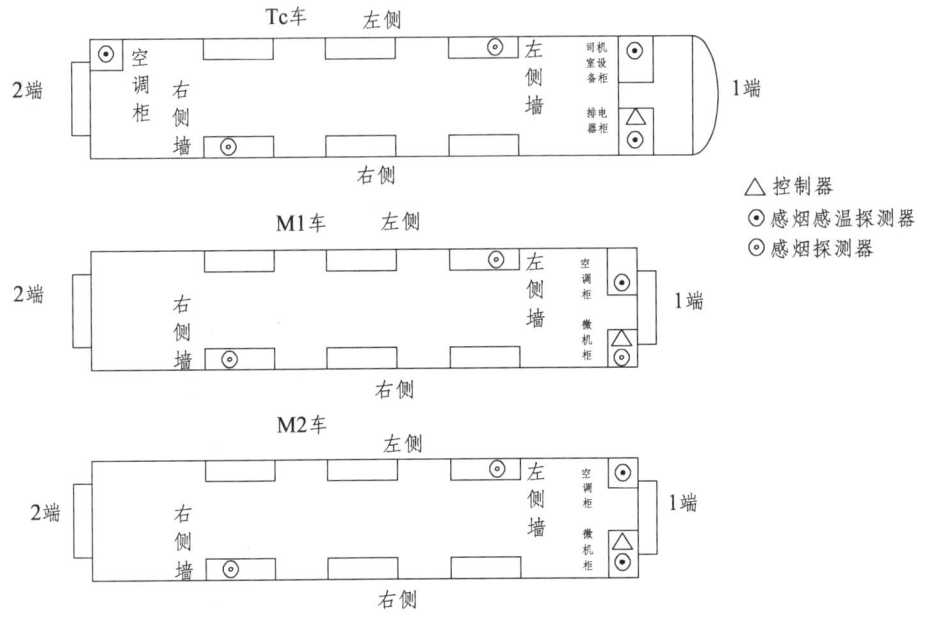

图 LJ4-4 探测器及控制器的布置

① 感温感烟探测器安装在车辆上的屏柜内的顶部。感烟探测器安装在客室侧顶板内。

② 火灾报警控制器均安装在车辆上的屏柜内。Tc、M1、M2 车的火灾报警器均安装在继电器柜内的面板上。

（2）探测器、火灾报警控制器的结构图如图 LJ4-5 所示。

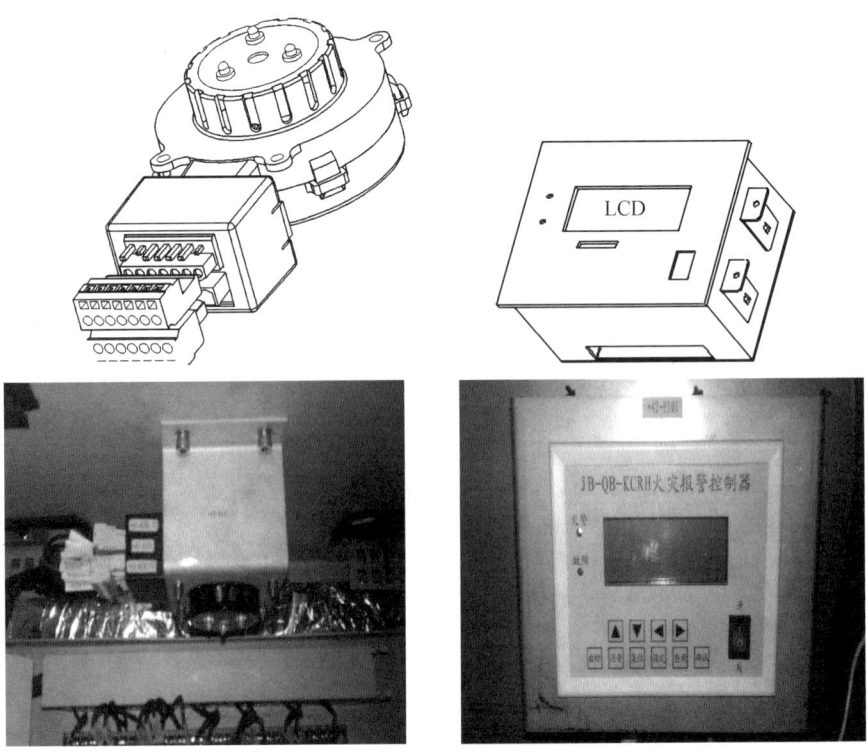

图 LJ4-5 探测器、火灾报警控制器

分模块 LK ATC 系统

城市轨道交通的信号系统是保证列车运行安全和提高行车效率的重要设施。由于城市轨道交通的行车密度高、站间距离短，对列车运行的安全性和自动化程度也有更高的要求。传统的信号系统是通过设置在地面的色灯信号机，传递不同的行车命令，司机根据地面的信号显示，按行车规则，操纵列车的运行，这种制式基本上依赖于司机保证行车的安全，而且不同的灯光显示所反映的速度控制调整也完全依赖于司机。这种传统的信号系统已不能适应城市轨道交通的发展，必须用一种能实现列车速度自动控制和列车运行间隔自动调整的新的信号系统来代替，这就是列车自动控制（Automatic Train Control，ATC）系统。ATC 系统取消了传统的地面信号，将机车信号作为主体信号，信号的含义发生了质的变化，传递给列车的是具体的速度或距离信息，根据与先行列车之间的距离和进路条件，在车内连续地显示出容许的速度信息，或按设定的运行条件达到该容许速度的距离信息，根据上述信息列车自动地控制运行速度，进行超速防护，以达到自动调整行车间隔的目的，并实现列车在车站的程序定位停车。

子模块 LK1 列车自动控制系统的结构和基本功能

列车自动控制（ATC）系统，主要包括列车自动监控（Automatic Train Supervision，ATS）、列车自动防护（Automatic Train Protection，ATP）、列车自动运行（Automatic Train Operation，ATO）3 个子系统，它是一套完整的管理、控制、监督系统。位于管理级的 ATS 子系统，较多地采用软件方法实施联网、通信及指挥列车安全运行；发送和接收各种行车命令的 ATP 子系统，确保列车的运行安全，完成列车的速度控制和实现列车的间隔控制；车载 ATP 子系统，接收轨旁 ATP 设备传递的指令信息，经校验后送至车载 ATO 子系统，完成列车运行的自动控制，进行速度自动调整控制和车站程序定位停车控制。3 个子系统既相对独立，又相互联系，以保证列车安全、快速、短间隔地有序运行。

一、ATC 系统的结构

ATC 系统的设备分布于控制中心、车站信号设备室（轨旁）及车上。

如图 LK1-1 所示，指挥列车运行的控制中心，设有作为 ATC 系统中枢的系统控制服务器及其用于调度控制的工作站；数据传输系统包括通信前置服务器、路由器以及数据通信网等，实现控制中心与全线车站信号设备室之间的实时数据信息交换；调度员通过调度员工作站下达行车控制命令。现场的列车在线信息、车次号信息以及道岔、信号机的状态信息等，由壁式大屏幕显示屏或背投显示屏及调度员工作站的 CRT 显示。设于联锁集中站设备室的服务器，接收调度员的控制指令，通过联锁装置，排列进路、开放信号，并将列车在线信息、信号设备的状态信息等传送给控制中心。通过 ATP 子系统的轨旁设备，发送列车检测信息，以检查轨道区段内有无列车占用，并向列车发送限速命令或允许运行的目标距离信息、门控命令、定位停车指令等。车上 ATC 设备，接收并解译地面送来的调度指令和 ATP 速度命令或距离信息，完成速度自动调整和车站程序定位停车，实现列车的自动运行，并将列车的运行状态和设备状态信息，经车站服务器传送给控制中心。

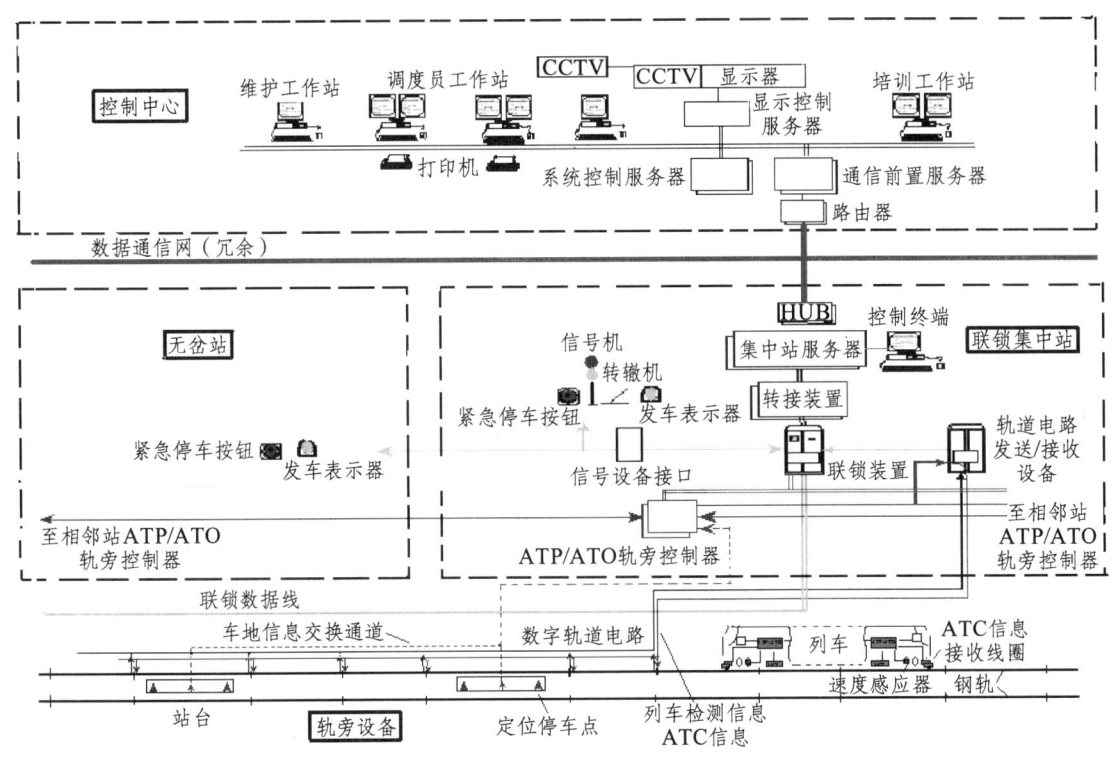

图 LK1-1　ATC 系统的结构图例

二、ATC 系统的功能

（1）控制中心的主要功能：
① 列车运行和调整控制；
② 时刻表的编辑、修改和存储及时刻表的调整控制；
③ 列车位置的实时监视和列车运行轨迹记录；
④ 运行图管理；
⑤ 列车运行进路的自动设置，车站联锁状态的监督；
⑥ 线路监控和报警控制、故障记录等。
（2）联锁集中站 ATC 设备的主要功能。
① ATS 子系统的主要功能：
a. 列车的进路控制指令及其表示；
b. 遥控指令的解译及表示数据的编辑；

c. 折返模式控制指令；
d. 车—地交换信息的编译；
e. 旅客向导信息、目的地信息的显示；
f. 车—地信息交换；
g. 运行等级设定等。
② ATP/ATO 子系统的主要功能：
a. 轨道区段空闲的检测；
b. 列车运行进路和列车安全间隔控制；
c. 列车限速控制；
d. 车站程序定位停车控制；
e. 定位停车校核，列车车门和站台屏蔽门开/闭控制；
f. 停站时间控制及目的地选择等。
（3）车载 ATC 的主要功能。
① ATS 子系统的主要功能：
a. 接收非安全控制信息；
b. 接收运行等级及其目的地等数据；
c. 发送列车状态的自诊断信息；
d. 旅客向导信息的提供等。
② ATP、ATO 子系统的主要功能：
a. 接收和解译限速指令；
b. 根据限速对列车进行速度自动调整控制和超速防护；
c. 测速、测距；
d. 定位停车程序控制和定位停车点校核；
e. 控制车门的开/闭，发送站台屏蔽门开/闭信息等。
f. 自动折返和出发控制等。

子模块 LK2　列车自动控制系统的子系统

一、列车自动监控（ATS）子系统

列车自动监控（ATS）子系统，是指挥列车运行的控制、监督设备。它主要完成列车的调度和跟踪，运行时刻表的调整控制和监督，列车进路的控制和表示，系统状况、报警信息的显示和记录，统计汇编，系统仿真和诊断。基于计算机网络的 ATS 系统由控制中心的 ATS 设备（CATS）、联锁集中站 ATS 设备（LATS）和车载 ATS 设备组成。

二、列车自动防护（ATP）子系统

列车自动防护（ATP）子系统，是 ATC 系统中确保列车运行安全、缩短行车间隔、提高行车效率的重要设备，它是 ATC 系统的核心。ATP 子系统的性能优劣，是判断和选择 ATC 系统的关键。ATP 子系统由轨旁设备和车载设备构成。列车接收由地面 ATP 系统送来的运行于该轨道区段的目标速度，以及达到此目标速度的运行距离等信息，列车只要遵循此目标速度运行，就能保证后续列车与先行列车之间的安全间隔距离，万一列车实际运行速度超过限制速度，那么列车自动实行超速防护。对于联锁车站，ATP 系统确保只有一条进路有效；系统还具有车门控制功能，以实现列车车门的安全开/闭；设有站台屏蔽门的情况下，ATP 子系统还必须满足列车车门和站台屏蔽门之间的联锁关系。

三、车载 ATC 设备与列车自动运行（ATO）子系统

车载 ATC 设备包括 ATS、ATP 和 ATO 子系统的设备，其中车载 ATS 子系统，通过车—地双向通信链路，接收控制中心发来的调整列车运行等级、目的地号、跳停等指令，并向地面发送列车运行状态信息，经联锁集中站向控制中心转发。车载 ATP 子系统根据地面发送来的 ATP 命令，进行超速防护、制动保证，以及车门控制等与安全相关的控制。当 ATP 切除时，由司机负责列车的运行安全。车载 ATO 子系统，完成列车在站间的运行控制，包括出发加速控制、惰行控制、减速控制以及在车站的程序定位停车控制。所以，ATO 子系统主要是对车载而言，地面主要是程序定位停车设备和对位模块等相关硬件。

分模块 LL 安全门

子模块 LL1 安全门的类型及特征

一、安全门的类型

地铁屏蔽门是一项集建筑、机械、材料、电子和信息等学科于一体的高科技产品，应用于地铁站台。屏蔽门将站台和列车运行区域隔开，通过控制系统控制其自动开启或关闭。

地铁屏蔽门分为封闭式、全高安全门和半高安全门，其中全高安全门和半高安全门通常被叫作"安全门"，只起到安全和美观的作用。封闭式的通常才被人们叫作"屏蔽门"，也是最常用的一种。昆明地铁屏蔽门采用全高安全门和半高安全门。

二、安全门的特征

地铁站台安装"屏蔽门"有效地减少了空气对流造成的站台冷热气的流失，保障了列车、乘客进出站时的绝对安全，降低了列车运行产生的噪声对车站的影响，提供了舒适的候车环境，具有节能、安全、环保、美观等功能。

地铁屏蔽门系统，使空调设备的冷负荷减少35%以上，环控机房的建筑面积减少50%，空调电耗降低了30%，有明显的节能效果。

地铁通风与空调系统应结合地铁的运输能力、当地的气候条件、人员舒适性要求和运行及管理费用等因素进行技术综合比较，作为确定车站是否设置屏蔽门的依据。

国内第一条安装地铁屏蔽门的是广州地铁二号线，随后上海、深圳、天津、北京等城市的地铁也安装了地铁屏蔽门。随着地铁屏蔽门的普及，国内多家屏蔽门生产企业也逐渐打破了其核心技术被国外几家企业垄断的局面，研发出了具有自主知识产权的国产化屏蔽门系统，通过了国家评审，标志着我国的地铁屏蔽门产业已经进入世界先进行列。

三、缩略语

与安全门相关的缩略语如表 LL1-1 所示。

表 LL1-1 与安全门相关的缩略语

缩 写	描 述
A	安培
AC（or ac）	交流电
ASD	滑动门

续表 LL1-1

缩　写	描　述
ATC	列车自动控制
CAN	区域网络控制器
DC（or dc）	直流电
DCU	门控制单元
EDA	门电子触发器
EED	应急门
ERM	应急释放装置
FPM	固定门模块
GUI	用户图形界面
Hz	赫兹
IBP	综合后备盘
BAS	综合监控系统
KB（or KBRS）	克诺尔集团
LCD	液晶显示器
LED	发光二极管
LH	左手边
LPSU	就地供电单元
mA	毫安
MCB	微型电路断路器
MCS	主控系统
MSD	端门
PC	个人计算机
PCB	印刷电路板
PCS	站台控制开关
PDU	配电单元
PEDC	安全门站台控制器
PSAP	安全门报警盘
PSCC	安全门控制柜
PSD	安全门
PSGS	安全门系统
PSL	就地控制器
R.H.	相对湿度
RH	右手边
SMT	系统维护工具
UPS	不间断电源
V	伏　特
W	瓦　特
WPSD	西屋月台屏蔽门公司

四、昆明地铁安全门技术参数

1. 全高滑动门

全高滑动门技术参数如表 LL1-2 所示。

表 LL1-2　全高滑动门技术参数

测量门页底部与踏板表面间隙	≤10 mm
测量导槽尺寸	（9±2）mm
测量净开度	（1 900±5）mm
测量轨道中心线至轨道侧地槛距离	1 500～1 510 mm
测量轨道中心线至轨道侧全高滑动门门框距离	1 550～1 560 mm
测量两地槛之间接口的平整度	<2 mm
测量门槛应能承受乘客载荷量	225 kg
测量地槛表面至钢轨面的距离	1 050～1 060 mm
测量 3 次关门力	3 次均≤150 N
测量门体解锁后的人工开启力（轨道侧）	≤133 N
测量手动解锁力（轨道侧）	≤67 N
测量滑动门与立柱之间的间隙	（5.5±2）mm
门页底部与踏板间隙	（5±2）mm

2. 半高安全门

半高安全门技术参数如表 LL1-3 所示。

表 LL1-3　半高安全门技术参数

测量门页底部与地板表面间隙	（8±2）mm
测量净开度	（1 900±2）mm
测量轨道中心线至轨道侧地槛距离	1 500～1 510 mm
测量轨道中心线至轨道侧半高滑动门门框距离	1 550～1 560 mm
测量地板表面至钢轨面的距离	1 050～1 060 mm
测量 3 次关门力	3 次均≤150 N
测量门体解锁后的人工开启力（轨道侧）	≤133 N
测量手动解锁力（轨道侧）	≤67 N
测量滑动门与立柱之间的间隙	（5.5±2）mm

3. 应急门

应急门技术参数如表 LL1-4 所示。

表 LL1-4 应急门技术参数

测量净开度	（1 100±5）mm
测量应急门前后倾斜度	≤1.5‰
测量轨道中心线至轨道侧地槛（地板）距离	1 500～1 510 mm
测量轨道中心线至轨道侧应急门门框距离	1 550～1 560 mm
测量地槛（地板）表面至钢轨面的距离	1 050～1 060 mm
测量门页底部与踏板表面间隙	≤10 mm

4. 固定门

测量固定门前后倾斜度：<1.5‰。

5. 设备室

测量设备房所有设备的接地电阻：≤1 Ω。

设备室温度：5～28 ℃。

设备室湿度：<85%。

6. 门体结构

测量门体结构对地绝缘：≥0.5 MΩ。

子模块 LL2　安全门的基本结构

安全门系统由机械部分（门体结构和门机系统）和电气部分（电源系统和控制系统）组成。

一、安全门的基本结构

安全门门体结构由承重结构、门槛、顶箱、滑动门、固定门、应急门和端门等组成。门体结构以每道滑动门为一单元进行划分，在每单元滑动门门楣上有门编号标识每个门单元，每侧安全门的门单元原则上以列车进站端开始标记，标识形式和位置在设计联络中确定，依次为"1、2、3、4、…、24"，每侧站台安全门的单元数为24个单元，端门单元不作标识。屏蔽门标准单元（含滑动门、固定门、应急门、顶箱、支撑件等）的整体结构如图 LL2-1 所示。

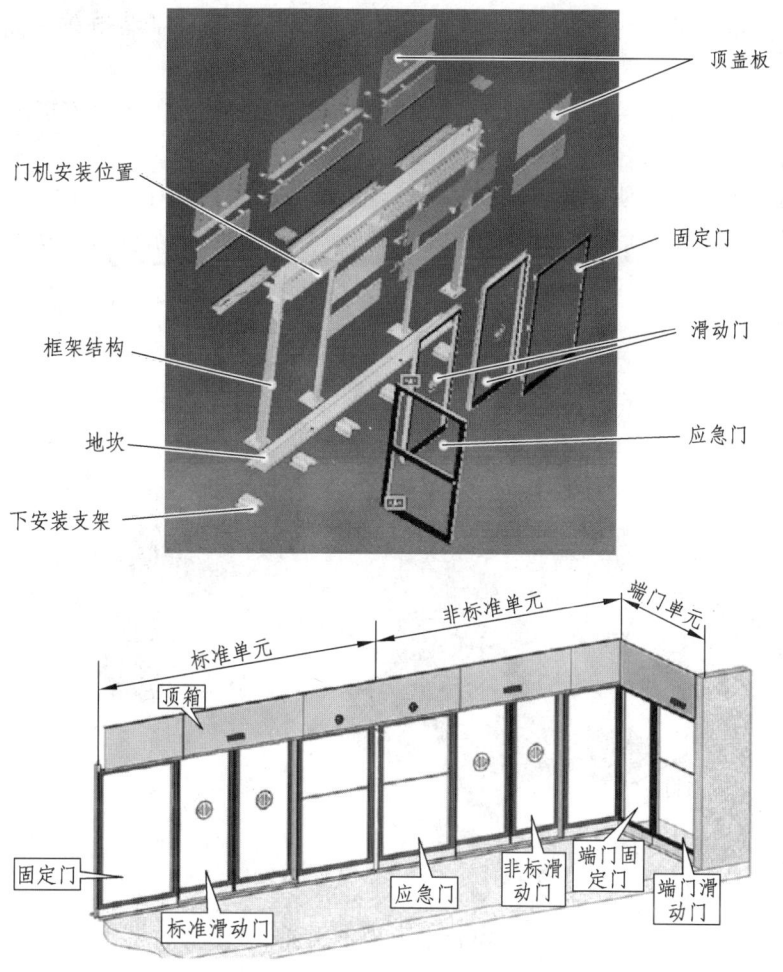

图 LL2-1 全高安全门机构示意图

1. 下支撑（承重结构）

屏蔽门承重方式采用底部支撑方式。底部支撑方式承重结构包括底部支撑件、门槛、结构横梁、立柱等。屏蔽门承重结构示意图如图 LL2-2 所示。

图 LL2-2 屏蔽门承重结构示意图

该承重方式的承重结构都能承受屏蔽门重力荷载以及规定的荷载组合,而不发生非弹性变形。

底部支撑件及上部连接部件保证屏蔽门门体结构与土建结构的可靠连接固定,承重结构的紧固件有防松设计。

承重结构安装调节方便,底部支撑结构与车站站台板间的设计满足工程安装的需要,可实现三维调节,X(平行于轨道)、Y(垂直于轨道)、Z(垂直于站台面)方向可吸收土建沉降 ±50 mm,如图 LL2-3 所示。

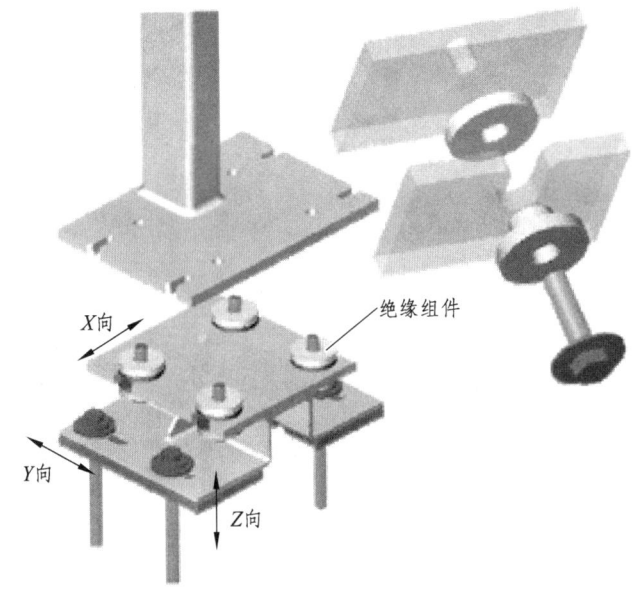

图 LL2-3　下部支撑

2. 滑动门(ASD)

滑动门包括滑动门门体、底部与门槛相接触的导靴、滑动门与传动装置相连接的拖板、滑动门门锁、门状态指示灯、手动解锁机构等。

门机系统主要由电机、主板、DCU、闸锁、MCB(空气开关)、变压器、驱动皮带、滚轮、导轨、模式开关、接地炭刷等组成,如图 LL2-4 所示。半高安全门每道(2 扇)滑动门单元设置一套(共 2 个)门机,全高安全门则设置 1 个门机。

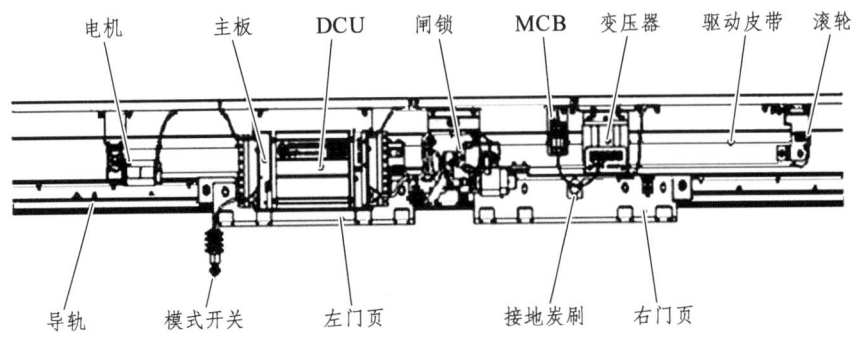

图 LL2-4　门机系统

（1）每座车站的每侧站台边缘均设有24道（48扇）滑动门，第1及第24号门单元打开后开门通道规格为1 700 mm（宽）×2 150 mm（高）；其他门单元全开后所形成的通道规格不小于1 900 mm（宽）×2 150 mm（高）。

（2）滑动门关闭时可作为车站站台公共区与隧道区域的屏障；打开时，为乘客提供上、下列车的通道，也可作为在车站隧道区域发生火灾或故障时乘客的疏散通道。滑动门玻璃边缘设有装饰性边框图案，滑动门玻璃中间设有可开启的防撞标识图案，所有图案采用丝网刷工艺，图案如图LL2-5所示。

图LL2-5　防撞标识及装饰边框图案

（3）滑动门关门受阻时，门操作机构能感觉到有障碍物存在并释放关门力，关门过程中遇到障碍物（障碍物阻力大于150 N）关门力马上释放，门停顿2 s（并在0~10 s可调）后再重关门，重复关门3次（关门次数0~5次可调），门仍不能关闭，滑动门全开停止待处理。此时，门头指示灯闪烁，并将本单元的故障通过主监视系统传送至综合监控系统。

（4）滑动门在轨道侧设有手动解锁装置，如电源供应或控制系统故障不能自动打开时，乘客可从轨道侧手动开门。手动开门把手造型美观，并不超出门框范围，把手旁设简单醒目的操作标识，如图LL2-6所示。

（5）关门力，是指滑动门在关门运动时，行程超过1/3的范围，门运动在匀速阶段，给门施加一反作用力，电机不停止运转，门运动速度为0时测得的力，关门力不大于150 N，这个力的测量在关门加速阶段完成之后进行。

滑动门打开和关闭时的运行阻力，考虑风压的影响，即确保门体受风压影响的条件下，门体能够正常运行。

障碍物探测如图LL2-7所示。

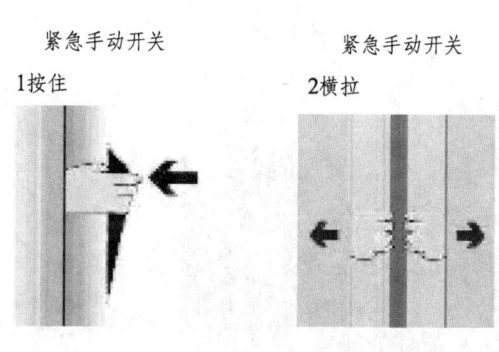 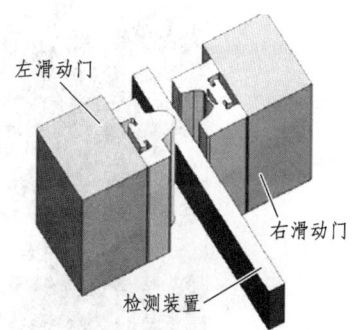

图LL2-6　紧急解锁示意图　　　　图LL2-7　障碍物探测

① 当屏蔽门在关闭过程中夹住人或物时，如果门体对于障碍物的作用力大于设定值，滑

动门立即停止关闭,同时御掉夹紧力,解脱被夹的人或物。经过一定时间(时间在 0~10 s 可调)后,门重新关闭。上述过程重复 3 次后,门仍不关闭锁定,屏蔽门打开,该屏蔽门顶箱上的指示灯闪烁发出报警。

② 探测装置能探测到最小的障碍物为 5 mm(厚度)×40 mm(长度)的钢板。障碍物探测试验时,5 mm 厚度放置在门行程直线上,40 mm 长度放置与行程直线垂直的位置。

(6)手动开门力的要求。

① 手动解锁所需要的力:≤67 N。

② 手动将门打开所需力的最大值:≤133 N。

(7)ASD、EED、PED 的钥匙孔的设置有防止无关人员损坏的措施,锁与钥匙采用普通设计,车站有关工作人员使用的 1 把钥匙可以打开本线路所有的 ASD、EED、PED、顶箱。

(8)滑动门的控制。

① 正常运营控制。

滑动门能满足三级控制方式要求,即系统级控制、站台级控制和手动就地控制,手动就地控制优先级最高。

系统级控制是由信号系统对单侧屏蔽门进行的开/关控制;站台级控制由驾驶员或站务人员在站台就地控制盘上对单侧站台屏蔽门进行开/关控制;手动就地控制由站台人员在站台侧用钥匙或乘客在轨侧用开门把手进行操作。

滑动门在轨道侧设有开门把手,当系统级控制和站台级控制失败时,乘客可从轨道侧用开门把手将门打开;滑动门在站台侧设有钥匙孔,站台工作人员可用钥匙进行手动操作。

② 灾害运营控制。

站台火灾时,由站务人员在车站控制室在 IBP 盘上发出开门命令给屏蔽门系统,其控制优先级高于系统级及站台级。

③ 模式开关 LCB(状态转换开关)。

LCB 控制盒操作的有效性:鉴于首期南段安全门设备安装存在的问题,在通过 LCB 控制盒对安全门进行旁路操作时,需要用手动关门或手动开门挡位,不得使用隔离。

LCB 操作挡位如图 LL2-8 和图 LL2-9 所示。

图 LL2-8 全高安全门模式开关 LCB

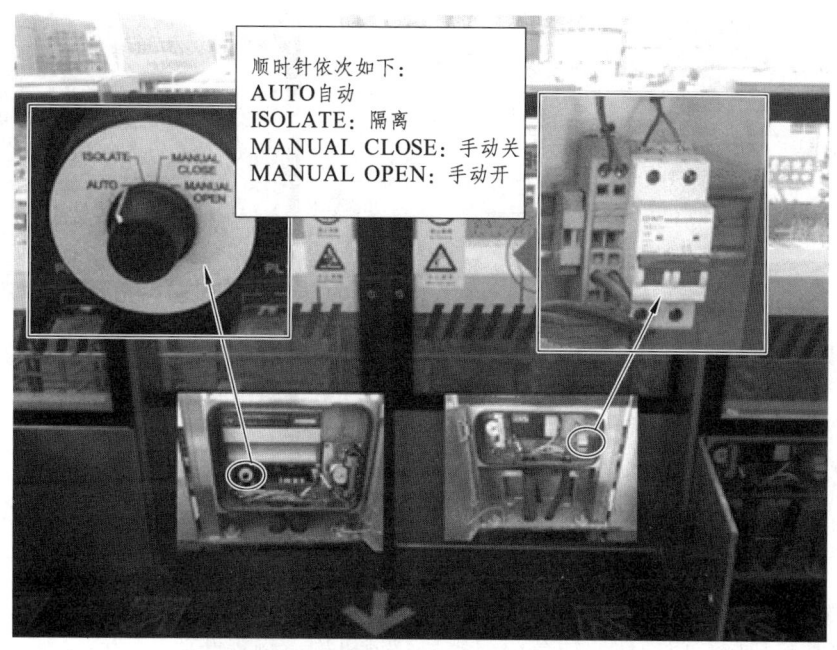

图 LL2-9　半高安全门模式开关 LCB

顺时针依次为自动—隔离—手动关门—手动开门。

文中提到的"旁路"指 LCB 手动开门或手动关门,不包括隔离,隔离的有效条件为安全门必须关闭。

(9) 滑动门的安全装置。

① 滑动门设有锁紧装置。滑动门关闭后该锁紧装置可防止外力作用将门打开。滑动门自动开启时,锁紧装置能自动释放;手动开门时,采用开门把手和钥匙使锁紧装置释放。锁紧装置正常运行时可自动解锁,该锁与手动开门把手钥匙联动,故障情况时可进行手动解锁。ASD 关门、锁紧、解锁、开门均有状态信号反馈到 DCU,门已开、已锁闭状态信号反馈到 PSC。

② 为满足《地铁设计规范》限界的要求,屏蔽门和列车门之间存在空隙,滑动门底部(轨道侧)设计有防攀爬装置(斜面防站人结构),如图 LL2-10 所示,在满足限界的前提下,避免乘客夹在屏蔽门和列车门之间。

③ 为了保证乘客乘车安全,屏蔽门系统考虑接到信号系统的关门命令后,屏蔽门系统本身有延时,以方便实现屏蔽门与车门间开门先后次序的模式。

④ 指示灯正常关闭情况下为灭,正常打开状态下为亮,开关过程及故障状态下为闪烁。

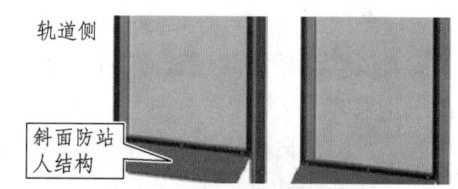

图 LL2-10　防攀爬装置

3. 应急门(EED)

应急门门体中间不设置立柱,打开后为一个完整通道;设置有定位装置,旋转 90° 平开并定位;锁闭状态信息接入安全互锁回路。门体状态,由同一单元的滑动门状态指示灯进行显示,或单独设置状态指示灯,如图 LL2-11 所示。

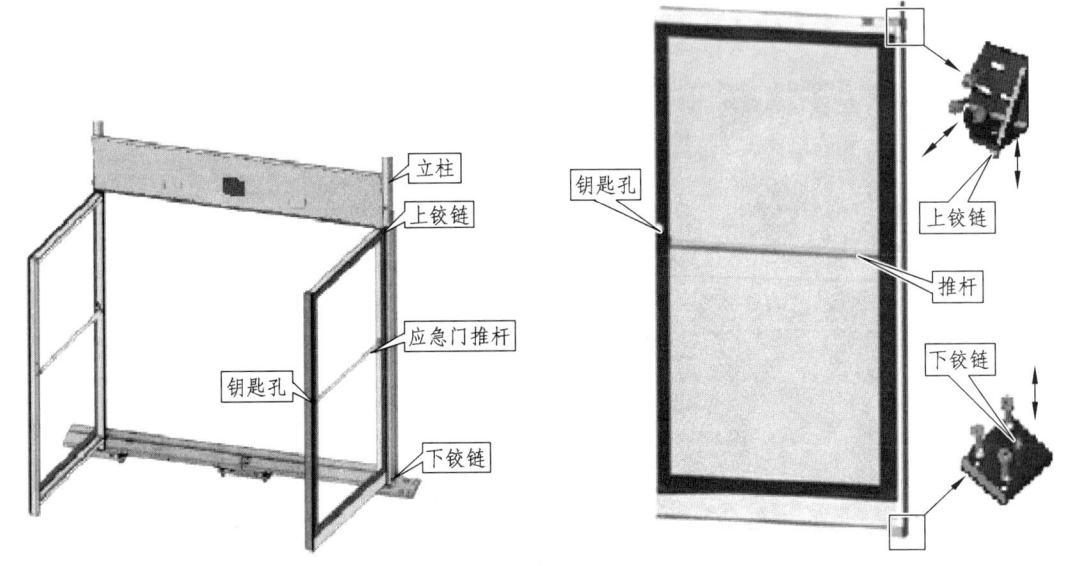

图 LL2-11 应急门

应急门共包括应急门门体、应急门门锁、解锁机构、行程开关、开关状态反馈机构以及门状态指示灯。门体上设有行程开关，能确保应急门可靠关闭，如图 LL2-12 所示。

正常运营状态，应急门保证关闭并锁紧，作为公共区与隧道区间的屏障；当列车进站无法对准滑动门时，可作为乘客应急疏散通道。

应急门上设有门锁装置，站台工作人员可在站台用钥匙开门，轨道侧设有开门推杆，推杆与门锁联动，乘客在轨道侧推压开门推杆将门打开，应急门向站台侧旋转 90°平开，能定位保持在 90°开度，不会自动复位，开关门时，无除密封件外的门扇及其他部件与站台地面摩擦。

应急门门锁闭信号和解锁状态信号反馈到中央接口盘（PSC）。

应急门的门锁可靠锁定，不会因为列车行驶的活塞风压或通风空调系统的风压而解锁，以避免应急门被风吹开后伤及乘客。

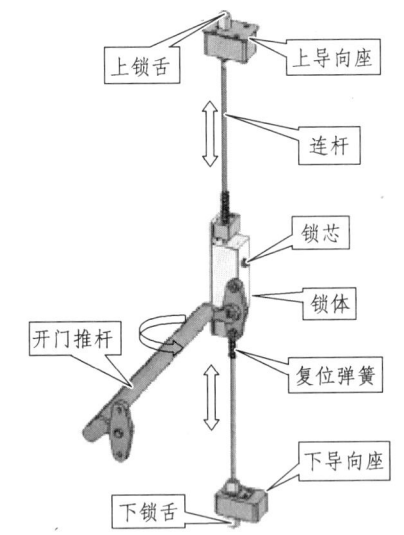

图 LL2-12 应急门结构

应急门每扇门设置一个门状态指示灯，由其紧邻的 DCU 对其进行监视，应急门打开时，指示灯状态为常亮。

4. 端门（MSD）

端门活动门门体（含门锁）结构与应急门一致，端门单元隔离了站台公共区与设备区，包括顶部结构、端门单元承重结构、顶箱、端门活动门、固定门板、门槛、顶箱盖板、端门门槛、密封件、绝缘件、端门的门锁及解锁机构、端门指示灯等部件，端门单元整体与站台边屏蔽门绝缘，如图 LL2-13 所示。

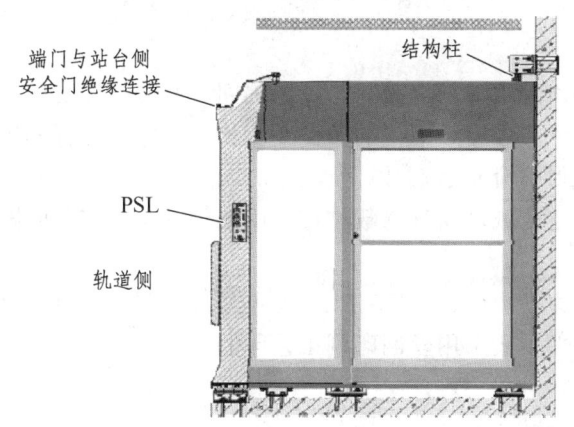

图 LL2-13　端门结构

（1）端门是列车在区间隧道火灾或故障时的乘客疏散通道，也是车站人员进出隧道的通道；正常运营状态下，端门保证关闭并锁紧，且不会由于风压而导致端门解锁打开，造成设备和人员损害。

（2）端门上设门锁装置，如图 LL2-14 所示，乘客可从轨道侧推压门锁推杆开门，站台人员可用钥匙从站台侧打开。端门在小于 90° 时打开后能自动复位至关闭。开门推杆设有明显的指示标识，端门活动门的门锁装置和开门推杆的指示标识均与应急门相同。

图 LL2-14　门锁装置

（3）端门向站台侧旋转 90° 平开，开/关门时，无密封件外的门扇及其他部件与站台地面摩擦。要求平开至 90° 位置时，能定位保持在 90° 开度，不应自动复位，半高安全门不具备此功能。

（4）端门的门锁在锁定位设置有限位块，以防止出现锁不住或过锁的现象。锁孔位有标记标识锁定状态及未锁定状态，锁定及开锁状态钥匙行程不超过 180°。

（5）端门设置状态指示灯，门开时，灯亮，但端门状态不串入与信号系统联锁的锁闭回路中，门状态信息由相邻滑动门门控单元监控。端门打开时间超过 30 s 后，发出报警信号，上下锁舌有行程开关控制并与灯串接，确保每次门关闭时能够可靠关闭。

5. 固定门（FIX）

固定门设置在滑动门与滑动门之间、滑动门与端门之间，有非标固定门和标准固定门两种形式。标准固定门在满足安全门强度和刚度的条件下，比较美观；非标固定门具有拆换简单方便的特点。门体装饰和密封同滑动门。

固定门在站台公共区与隧道区域之间起屏蔽作用。固定门是车站与区间隧道隔离和密封的屏障。

固定门玻璃边缘的装饰性边框图案，用以遮挡门框结构。固定门玻璃设计防撞标识警示，防撞标识及门玻璃周边的装饰性图案采用丝网印刷工艺印制。

6. 门槛

门槛包括底部支承座、与站台板联接的紧固螺栓、绝缘件以及踏步板，采用 304L 不锈钢。全高应急门、端门、固定门和滑动门均安装有门槛，门槛要求弹性变形量不超过 2 mm，如图 LL2-15 所示。

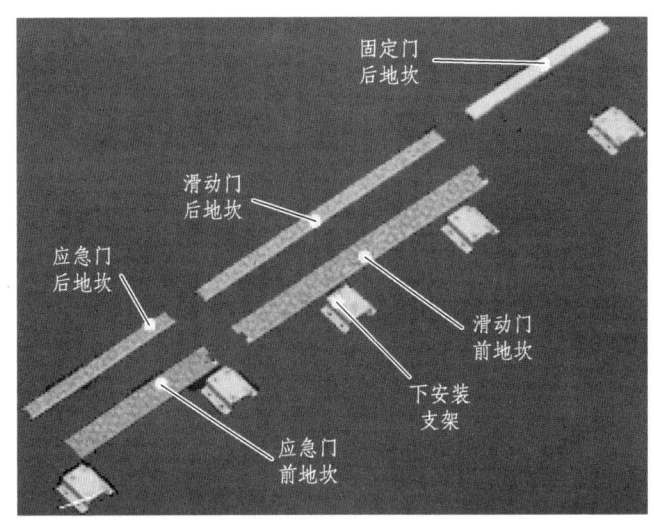

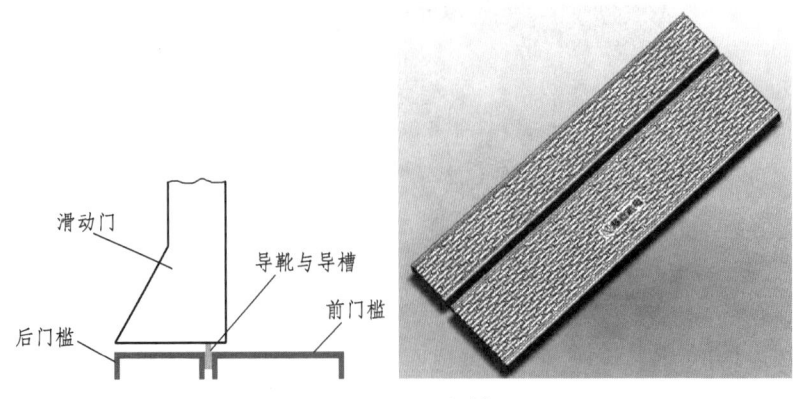

图 LL2-15 门槛

门槛即是踏步板，分为固定门门槛、应急门门槛、端门门槛和滑动门门槛，采用普通碳素钢门槛结构外包不锈钢的门槛形式。门槛踏步面的不锈钢表面采用蚀刻或冲压工艺做防滑处理，满足耐磨、防滑、美观、安装拆卸方便等要求。

门槛以每个门单元对应的长度为一段，滑动门、应急门、固定门、端门下均配钻。为保证外观，门槛接缝位于固定门中间区域，且固定门边与门槛边线对齐设置门槛。

7. 同步齿形带传动（传动装置）

电机驱动系统由一个电机推动一个螺杆减速箱，外部轴带动齿轮型滑轮运转，如图LL2-16所示。该电机系统安装在对开滑动门门头结构的一端。安装在电机里面的传感器探测电枢和速度，构成整体所需的电缆输送动力到电机和位置反馈信号输出。这根电缆是连接到DCU的。

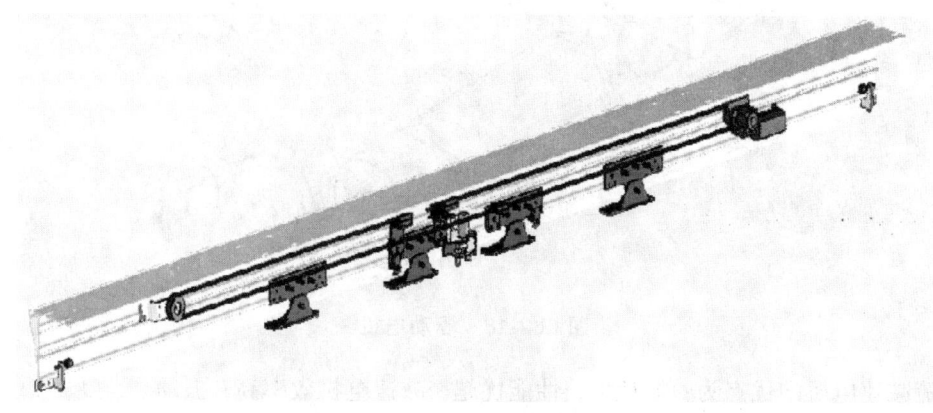

图 LL2-16　传动装置

传动装置必须是单电机同轴驱动（边门可特殊处理，但必须保证两扇门运行同步），昆明地铁安全门传动装置采用同步齿形带传动。

皮带传动装置中的皮带如图 LL2-17 所示。

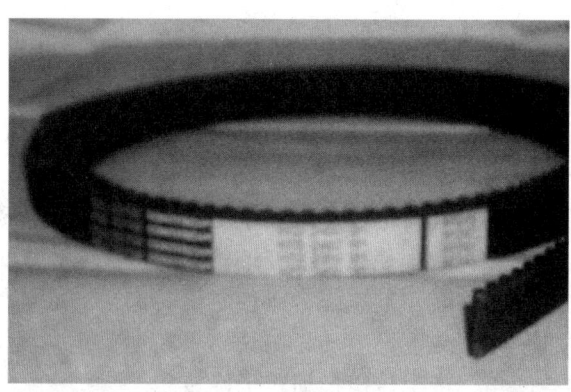

图 LL2-17　皮带

（1）采用同步齿形带传动，保证两扇门运动同步、稳定。

（2）皮带张紧力可调节，且为耐磨、阻燃、低烟、无毒材料。

（3）所有皮带夹紧装置和皮带轮与齿形带的齿形相匹配。滑动门门体与皮带间采用刚性连接，在整个运行过程中，皮带不得发生折弯等不正常工作状态。

（4）皮带要定期检查张紧力。

8. 直流电机

直流减速电机又名齿轮减速电机,是在普通直流电机的基础上,加上配套的齿轮减速箱,如图 LL2-18 所示。齿轮减速箱的作用是,提供较低的转速,较大的力矩,同时,齿轮箱不同的减速比可以提供不同的转速和力矩,这大大提高了直流电机在自动化行业中的使用率。减速电机是指减速机和电机的集成体,这种集成体通常也可称为齿轮电机。减速电机广泛应用于钢铁行业、机械行业等。

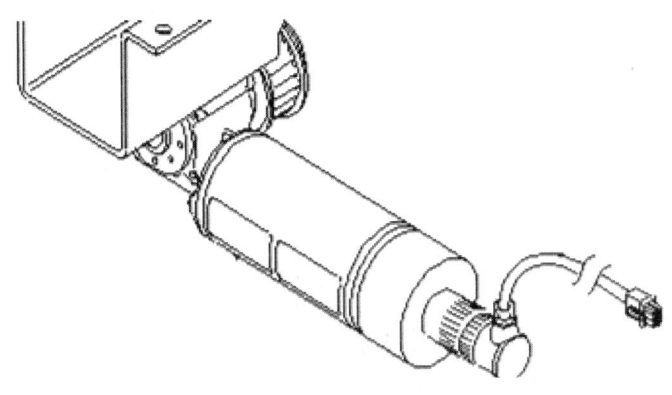

图 LL2-18 驱动电机

直流减速电机的优点为:能耗低,性能优越,减速电机效率高;振动小、噪声低、节能,选用优质钢材料,钢性铸铁箱体,齿轮表面经过高频热处理;结合国际技术要求制造,具有很高的科技含量;节省空间,可靠耐用,承受过载能力高,功率可达 95 kW 以上;直流减速电机采用了系列化、模块化的设计思想,有广泛的适应性,经过精密加工,确保定位精度,这一切构成了齿轮传动总成的齿轮减速电机,形成了机电一体化,完全保证了产品使用的质量特征。

直流电机的工作原理如下:

普通直流电机的电枢在转子上,而定子产生固定不动的磁场。为了使直流电机旋转,需要通过换向器和电刷不断改变电枢绕组中电流的方向,使两个磁场的方向始终保持相互垂直,从而产生恒定的转矩驱动电机不断旋转。

无刷直流电机为了去掉电刷,将电枢放到定子上,而转子制成永磁体转子,这样的结构正好和普通直流电机相反;然而,即使这样改变还不够,因为定子上的电枢通过直流电后,只能产生不变的磁场,电机依然转不起来。为了使电机转起来,必须使定子电枢各相绕组不断地换相通电,这样才能使定子磁场随着转子的位置不断地变化,使定子磁场与转子永磁磁场始终保持 90° 左右的空间角,产生转矩推动转子旋转。

电机的定子绕组多做成三相对称星形接法,与三相异步电机十分相似。电机的转子上粘有已充磁的永磁体,为了检测电机转子的极性,在电机内装有位置传感器。驱动器由功率电子器件和集成电路等构成,其功能是:接收电机的启动、停止、制动信号,以控制电机的启动、停止和制动;接收位置传感器信号和正反转信号,用来控制逆变桥各功率管的通断,产生连续转矩;接收速度指令和速度反馈信号,用来控制和调整转速;提供保护和显示等。

无刷直流电机的位置传感器编码使通电的两相绕组合成磁场轴线位置超前转子磁场轴线的位置,所以不论转子的起始位置处在何处,电机在启动瞬间就会产生足够大的启动转矩,因此,转子上不需另设启动绕组。由于定子磁场轴线可视作同转子轴线垂直,在铁心不饱和的情况下,产生的平均电磁转矩与绕组电流成正比,这正是直流电机的电流-转矩特性。

由于无刷直流电机是以自控式运行的,所以不会像变频调速下重载启动的同步电机那样在转子上另加启动绕组,也不会在负载突变时产生振荡和失步。

直流电机的参数如下:

额定电压:DC 48 V。

额定电流:2.5 A。

额定功率:94.1 W。

额定转速:3 200 r/min。

防护等级:IP50。

9. 顶　箱

顶箱位于屏蔽门滑动门、固定门、应急门及端门上方,包括顶箱前盖板、后盖板、结构梁、固定的组件、支撑装置等。顶箱应满足以下要求:

(1)顶箱内设置有驱动电机及传动机构、门锁装置、门控单元(DCU)、配电端子、整流模块、电源开关、导轨、滑轮组及顶梁等部件。顶箱对上述部件起密封保护作用,顶箱的开启及固定方式便于安装调试和维护检修。

(2)门机上的运行导轨设计为耐磨型,水平固定在顶箱结构上,各种水平荷载不会对门机梁带来水平方向的变形而影响屏蔽门的运行;门机梁上的各种电气元件及机械部件合理固定,在列车运行和滑动门工作时顶箱不产生振动。导轨断面形状与导轮相匹配,导轮与导轨间的传动除有拖动滚轮外,还有防倾覆滚轮,在水平风压作用下,导轮能够与导轨保持传动关系确保门体运行正常。

(3)每个门单元设置一套门机梁,门机梁通过设置在单元间的立柱固定,且在单元与单元间连续。顶箱与车站其他建筑的结合要采用绝缘、密封安装。

(4)结构梁作为屏蔽门单元的承重结构之一,保证门机梁处于自然悬挂状态,处于较简单的受力状态,保证门机单元内的传动机构及导轨不会因受力而对门体运行状态造成影响。

(5)顶箱的前盖板兼作车站导向指示牌和站台边缘导向灯带反射板,顶箱前盖板上的导向内容采用贴膜方式,以方便更换导向内容,顶箱面板形状、颜色、字体要美观,顶箱盖板上的分缝不大于 25 mm,顶箱与车站其他建筑的结合采用绝缘、密封安装。

(6)顶箱前盖板采用 6063 铝合金,两侧表面采用三涂氟碳喷涂,保证防腐蚀寿命达 30 年以上;除绝缘件外,顶箱后盖板采用 1.5 mm 发纹不锈钢材料 304L。

(7)顶箱前盖板在解锁后能打开,不小于 70°开度,并设置自动伸缩的支撑装置。顶箱前盖板上配锁,如图 LL2-19 所示,钥匙与滑动门、应急门、端门的钥匙一致。

(8)顶箱横截面的宽度尺寸(前盖板与后盖板之间)不大于 350 mm。

(9)顶箱内预留布线的空间,布线整齐合理,驱动电缆和控制电缆分开布置。

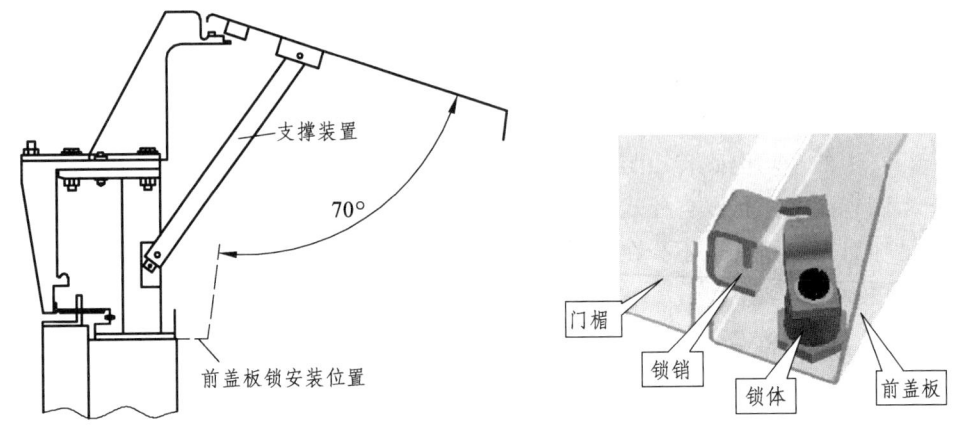

图 LL2-19　盖板锁

二、半高安全门的基本结构

半高安全门的基础结构如图 LL2-20 所示。

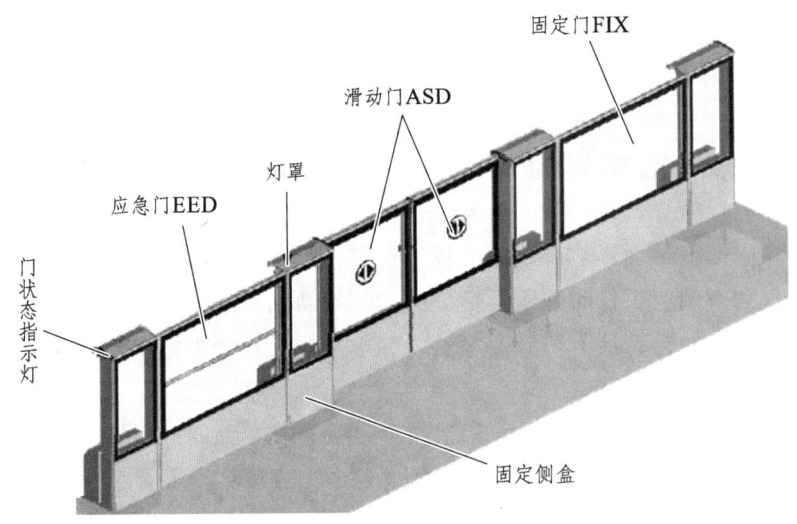

图 LL2-20　半高安全门的基本结构

1. **固定侧盒 FDP**

（1）设置盖板，便于维修；

（2）门和门机进行组装并测试；

（3）密封性能良好；

（4）顶罩仅高出门体 20 mm，视觉效果好；

（5）模块化设计。

固定侧盒如图 LL2-21 所示。

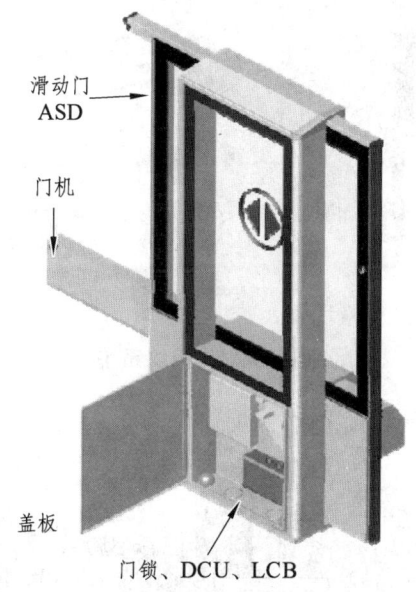

图 LL2-21　固定侧盒

2. 下部支撑

下部支撑具备三维调节能力；下部支撑与站台土建，通过穿透螺栓可靠连接；门体与下部支撑绝缘处理，绝缘件可快速更换。下部支撑如图 LL2-22 所示。

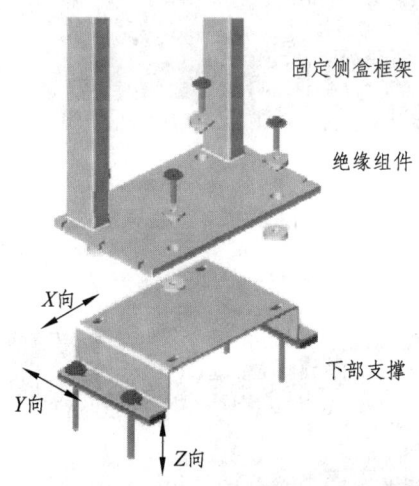

图 LL2-22　下部支撑

3. 门机系统

（1）永磁直流电机，防护等级 IP50，同步带传动装置；
（2）电气控制单元；
（3）含门控单元、就地控制盒等。
门机系统如图 LL2-23 所示。

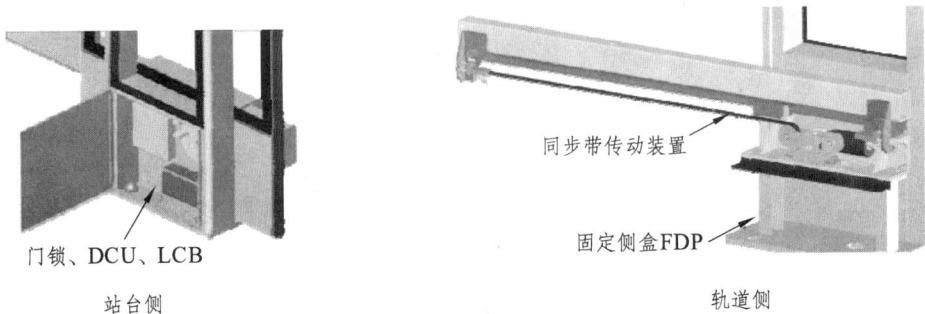

图 LL2-23 门机系统

① 门机系统——直线导轨如图 LL2-24 所示。

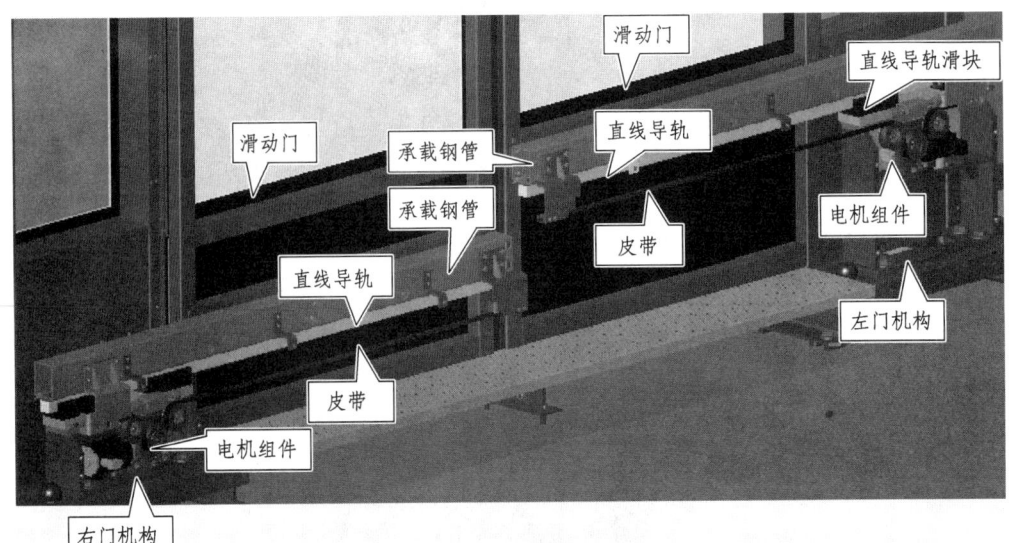

图 LL2-24 直线导轨

② 门机系统——滚轮导轨如图 LL2-25 所示。

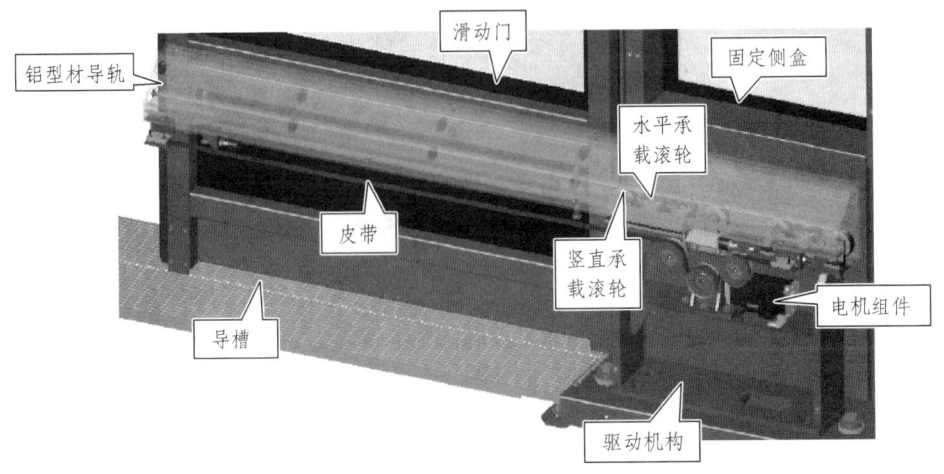

图 LL2-25 滚轮导轨

滚轮导轨对制造误差及安装误差的适应能力较强，滚轮与导轨的接触面为圆弧面，对使用寿命无影响。滚轮导轨对风沙的适应能力较强。

滚轮材质为高强度工程塑料，具有耐磨损、吸水率低和尺寸稳定的特点。

4. 滑动门 ASD

（1）不锈钢门框，单层钢化玻璃，黏接处理；

（2）门框表面拉丝处理，粒度不小于 180 μm；

（3）门体下部，踢脚板设计（高 450 mm）；

（4）解锁力不大于 67 N，开门力不大于 150 N。

滑动门如图 LL2-26 所示。

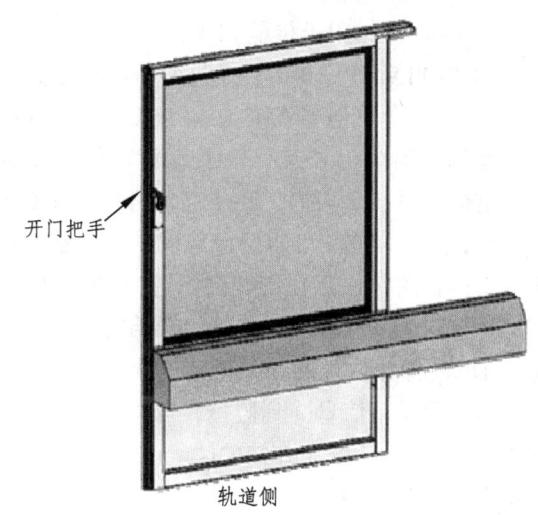

图 LL2-26　滑动门

5. 滑动门——安全装置

滑动门具有门体自身的障碍物检测功能，如图 LL2-27 所示。

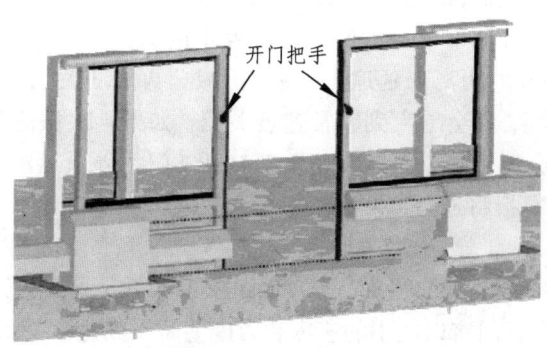

图 LL2-27　安全门装置

子模块 LL3 安全门控制

一、控制系统的组成

安全门控制系统主要由屏蔽门控制器（PEDC）、就地控制盘（PSL）、门控单元（DCU）、通信介质及通信接口和外围设备等组成。这些部件通过数据总线和硬线相互连接，负责监控和控制安全门系统的操作。

1. 门控单元（DCU）

门控系统每个滑动门上都有一个门控单元（DCU），主要是用来控制地铁屏蔽门的开关以及对门状态的检测，同时具有网络通信功能，便于组成网络，DCU 采用铝合金外壳，盒子里装有一个门电子触发器（EDA）印刷电路板。DCU 采用插件方式安装在 DCU 母板上，DCU 母板提供与 PEDC 和 PSL 的硬线接口，用于传输和反馈"使能"、"开门"、"关闭并锁紧"命令和状态。同时，DCU 母板还用 PL9、PL10 接口通过 CAN BUS 数据总线与 PEDC 连接。需要开关门时，"开门"或"关门"命令从信号系统（或 PSL）发送到屏蔽门控制器（PEDC），经过 PEDC 处理后再传给滑动门控制单元（DCU），控制滑动门的开和关。同时，DCU 也可以把控制信息和状态信息回馈给信号系统、PEDC 和 PSL。开门时 DCU 收到"使能"、"开门"命令后，便供电给电磁阀解锁，一旦 DCU 确定门已经解锁，门状态指示灯就会点亮，同时便会向电机供电把门打开。随着门被解锁，正在打开的每道门的 DCU 与信号系统之间的"已关闭 ASD/EED"回路将被切断（受 PEDC 监控），一旦门开始打开，门锁的电机操控锁条的供电就被切断，门就会随着写入 DCU 操作软件的预先设定的曲线运行，包括加速、最大速度和制动。电机内传感器的输出数据作为反馈信息受到监控，当收到的信息表明门已经到达全开位置时，门就会停止运动。DCU 把门的状态报告给 PEDC。上述状态将一直持续到列车准备离站、系统撤消"开门"命令并发出"关门"命令时为止。门完全打开后，除非 PEDC、防火开门开关或者 PSL 撤消"开门"命令，否则门将保持打开状态。所有被停用的门此过程中都将处于"关闭并锁紧"状态。关门时 DCU 收到"使能"、"关门"命令后，DCU 控制电机动作给予门动力使其关闭。当所有门处于关闭锁紧状态时，DCU 给 PEDC 反馈一个关闭锁紧命令，同时位于门上方的状态指示灯熄灭，此时 PEDC 发送"关闭锁紧"信号到信号系统。

关门过程中如果门槛上有障碍物时，DCU 将引发如下的障碍程序：门关闭时会撞到障碍物，电机电流参数（遇到障碍时）过大时，门就停止运动，位置会被记录下来后，两扇门会再打开（后退）约 50 mm 的距离。延迟 1 s 后，门减速再重新关上。如果门通过原先的位置（探测到障碍物已被清除），就会增大到正常速度关门。如果再次探测到该障碍物，门会后退。第 3 次尝试之后，门不会再后退，而是重新全部打开，门将停止运动，DCU 将命令电机停止驱动。"门遇到障碍"的警报将通过 CAN 数据总线发送到 PEDC。障碍物探测流程如图 LL3-1 所示。

当 DCU 断电时，门的位置信息丢失。启动时，DCU 将进入"复位"程序，如果门处于打开状态且存在"使能"命令，门将以较小的速度和力度关闭。到达"关闭并锁紧"位置后，DCU 收到"关闭并锁紧"信号。但 DCU 将继续驱动门，直到超过预定的"复位力"，找到该"基准"，否则 DCU 不会服从任何"开门"命令,而是把它们忽略。门控单元 DCU 如图 LL3-2 所示。

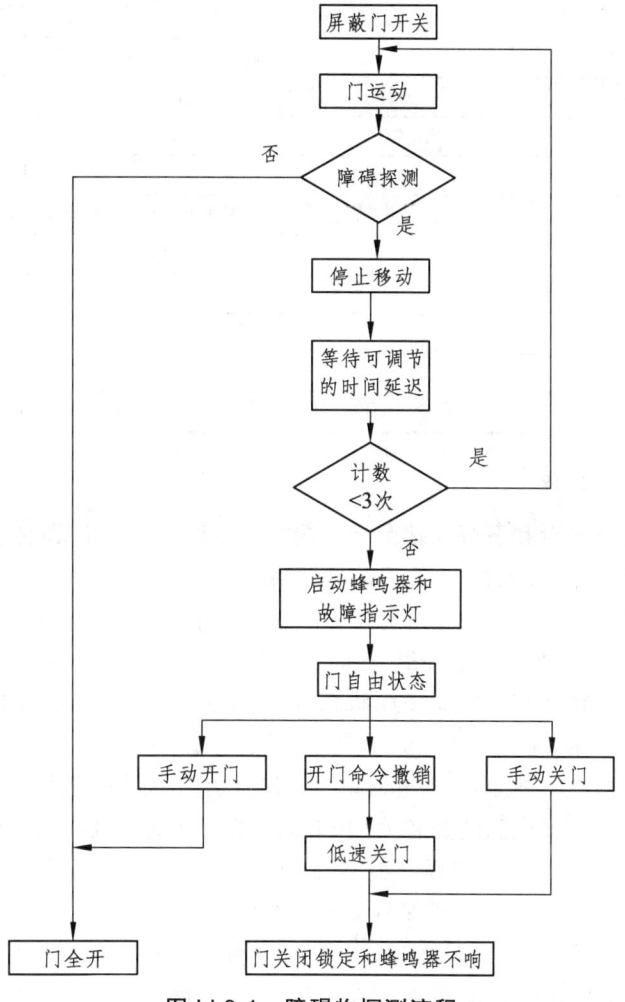

图 LL3-1 障碍物探测流程

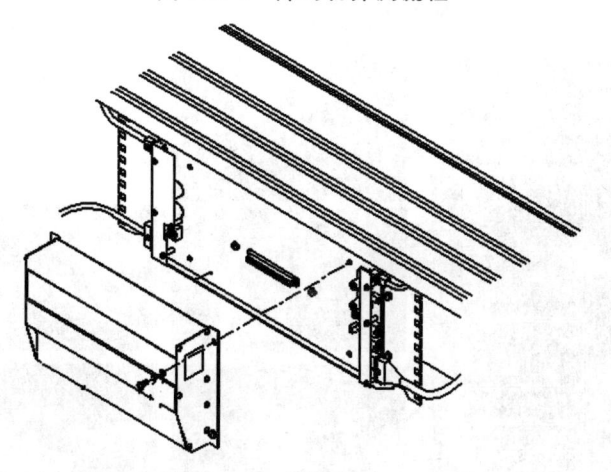

图 LL3-2 门控单元 DCU

门控单元 DCU 的技术参数如表 LL3-1 所示。

表 LL3-1　门控单元 DCU 的技术参数

参　数	数　值
环境密封	IP31
电　压	三相 39.4 V×（1±10%）
频　率	50～60 Hz
调　整	消耗最大电流时，电源供应不能下跌超过 10%
功　耗	门关闭并锁上时为 50 V·A，门运动时典型平均值为 150 V·A
电压过高时的关机电压	AC 128 V
恢复电压	AC 120 V
电压过低时的关机电压	AC 33 V
恢复电压	AC 35 V
存放要求	干净、干燥的室内环境，10～55 ℃，相对湿度为 55%～95%

2. 就地控制盘（PSL）

PSL 是位于上行线站台和下行线站台出站端的控制盘，PSL 可以向控制室发出命令，通过控制室 PEDC 向同侧的 DCU 发出开/关门信号。PSL 允许司机或被允许的工作人员控制和操作安全门。当司机或被允许的工作人员进行操作时，信号系统被完全旁通。当信号系统故障时，通常通过 PSL 进行开/关门操作。在 PSL 正面板上有两个可以旋转的钥匙操作开关和一个按钮指示灯开关。当就地控制盘 PSL 处于使用状态时，它将旁通该站台安全门的正常自动控制。当 PSL 的操作钥匙开关切换到"关门"或"开门"位置时，PSL 发出"使能继电器驱动"命令，命令（位于 PSCC 柜内的）"使能"继电器单元发出各道门单元的"使能"信号。有了"使能"信号，便可通过 PSL 控制安全门的开和关。PSL 的钥匙开关把 PEDC 的"开门"命令回路断开，让 PEDC 的控制权被解除。如果选择"关门"，就不会产生"开门"信号，加上只有"使能"信号存在，所以安全门将自动关闭或保持关闭。如果选择"开门"，PSL 将会产生"开门"信号，使用与 PEDC 开门命令回路一样的 50 V 交流电源。在 PSL 上面的另一个开关是"解除互锁"，该开关允许得到批准的人员替换或旁通"已关闭"信号并发出"解除互锁"信号，让列车得以离站。就地控制盘（PSL）如图 LL3-3 所示。

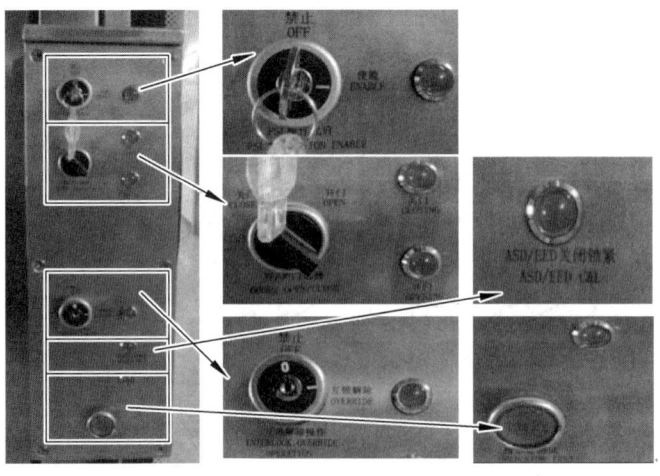

图 LL3-3　就地控制盘（PSL）

就地控制盘（PSL）的技术参数如表LL3-2所示。

表LL3-2 就地控制盘（PSL）的技术参数

参　数	数　值
密封要求	IP54
存放要求	干净、干燥的室内环境，10～55℃，相对湿度为55%～95%

3. 屏蔽门控制器（PEDC）

PSCC柜是一个位于控制室的设备，它内部有两个由继电器组成的PEDC，分别为PEDC1、PEDC2，每个PEDC负责控制一侧的安全门。PEDC对安全门系统实行连续的故障监控，提供DCU（通过CAN数据总线）、UPS和系统内部PEDC的信息。同时，PEDC利用系统的故障状态信息驱动PEDC正面板的指示灯，并控制PSL和开门开关上的指示灯。PEDC还可通过它的监控数据收集MCS的系统状态信息。它们接收信号系统或者PSL的信号，组成各种逻辑关系，向对应侧的屏蔽门发出开门或关门信号，同时接收门状态信号，反馈到盘面指示灯上。屏蔽门控制器（PEDC）如图LL3-4所示。

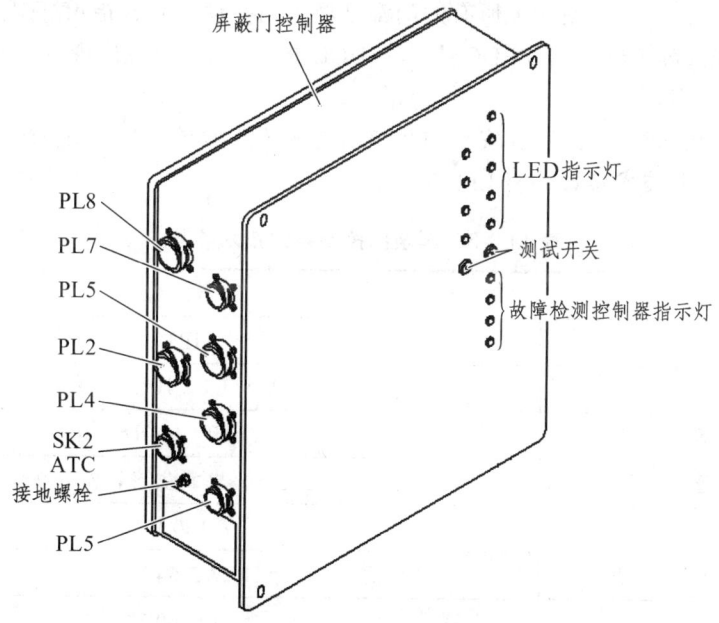

图LL3-4　屏蔽门控制器（PEDC）

PEDC的外部连接插头识别如下：
PL8：37路插头，与PSAP和PSL相连；
PL7：6路插头，与CAN数据总线相连；
SK5：19路插座，与编码塞相连；
PL2：37路插头，与站台、PLS和UPS相连；
PL4：19路插头，与MCS通信端相连；
SK2：19路插座，与ATC相连；

PL5：10路插头，与电源相连；

SK7：10路插座，带防尘盖，与系统维修工具相连。

PEDC正面板配备LED指示灯，指示安全门系统的操作状态和故障状态。

① 手动操作ASD/EED：当ASD或EED被手动打开时，指示灯亮；当所有EED或ASD被报告已经关闭并锁上时，指示灯熄灭。

② 门打开指示灯（绿色）：EED或ASD开门时，指示灯亮；所有的EED和ASD都报告已关闭时，指示灯熄灭。

③ 允许操作PSL指示灯（绿色）：当就地控制盘（PSL）被允许操作安全门的控制系统时，指示灯亮。

④ ASD/EED的互锁解除指示灯（红色）：允许进行PSL操作，PSL的互锁解除开关切换到"解除"位置时，指示灯亮；互锁解除开关返回到"关闭"位置时，指示灯熄灭。

⑤ 关闭且锁紧ASD/EED指示灯（绿色）：当站台上所有的门都证实被关闭并锁上时，指示灯亮。

⑥ 开门故障指示灯（红色）：任何滑动门开门失败时，指示灯亮。

⑦ 关门故障指示灯（红色）：整侧安全门没能在预定的时间内（8～20 s，软件设置）关闭并锁上时，指示灯亮；当站台上所有的门都已经关闭并锁上时，指示灯熄灭。

⑧ 数据总线故障（红色）：PEDC或某个DCU报告CAN总线出现故障或与EMCS的通信丢失时，指示灯亮。

⑨ 电源故障指示灯（红色）：安全门系统出现电源故障或UPS出现故障时，指示灯亮。

屏蔽门控制器的技术参数如表LL3-3所示。

表LL3-3 屏蔽门控制器的技术参数

参 数	数 值
密封要求	IP31
电 压	50 V×（1±10%），单相
频 率	50～60 Hz
调 整	消耗最大电流时，电源供应不能下跌超过10%
功 耗	100 W
电压过高时的关机电压	AC 64 V
恢复电压	AC 60 V
电压过低时的关机电压	AC 33 V
恢复电压	AC 35 V
存放要求	干净、干燥的室内环境，10～55 ℃，相对湿度为55%～95%

4. 模拟开关（LCB）

当单个滑动门出现故障时，由它们各自顶箱内的LCB控制门的开/关。出现紧急情况时，可以在轨道侧使用推杆或者在站台侧使用专用钥匙手动把标准或非标准滑动门打开。操作推杆或钥匙时，机械联锁装置把门锁打开后便可以用手把门拉开。蜗杆驱动变速箱采用正反驱动设计,手动操作时产生的阻力不大。在紧急情况下,屏蔽门还要接收主控系统综合备份盘发出的信号(IBP—PEDC)。在逻辑关系里,需要把 IBP 的信号设定为高优先级。一旦 IBP 发出信号,PEDC 优先执行 IBP 信号。在完全失电的情况下,滑动门可以通过每个门上的解锁装置,手动打开屏蔽门。在列车没有正确停靠时,乘客可以通过应急门上的推杆打开应急门进入站台。

LCB 盒在每个滑动门的顶箱内,靠近 DCU,它由一个 4 位钥匙开关,即自动、隔离、手动关门、手动开门 4 个位置。当钥匙开关处于自动位置时,DCU 接收 PSC 盘来的控制信号,LCB 上的开关旋钮不起作用;钥匙开关处于隔离位置时,这个门的 DCU 不接收任何控制命令;当处于手动位置时,DCU 不接收 PSC 来的命令,只接收 LCB 上的开门、关门旋钮的命令,在逻辑关系上,开门、关门是互锁的,也就是不可能同时发出两个命令。

IBP 盘是安装在车控室的操作盘,它主要是在消防报警得到确认后,控制中心人员根据情况对屏蔽门进行控制操作,主要由一个操作允许钥匙开关、一个开门按钮和一个屏蔽门状态指示灯组成,如图 LL3-5 所示。在远程控制中,它具有最高优先级。为了防止误操作,只有 IBP 盘上的钥匙开关处于操作允许状态时,开门命令才能被执行。

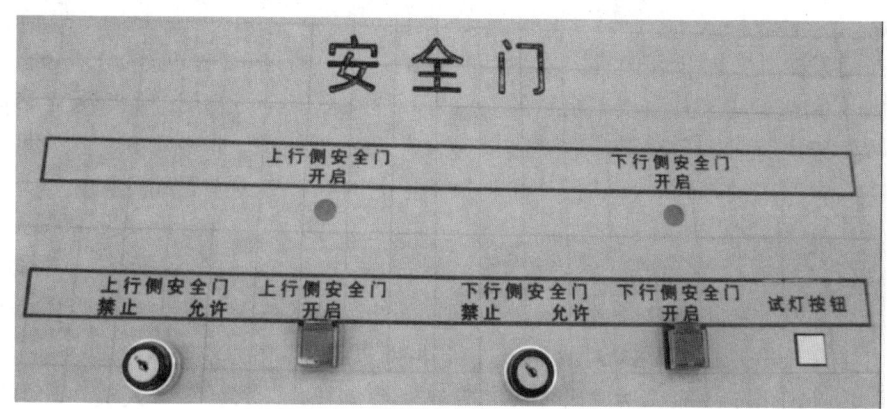

图 LL3-5 IBP

5. 安全门控制模式

根据安全门操作方式和操作位置的不同,安全门系统的控制可分为:系统级控制、车站级控制、站台级控制和就地级控制。此 4 种控制方式可分别实现安全门的 3 种运行模式,即正常运行模式(系统级控制)、非正常运行模式(车站级控制、站台级控制和就地级控制)、紧急运行模式(车站级控制)。操作等级由高至低依次是就地级(手动解锁或 LCB 盒操控)、车站级(IBP 盘操控)、站台级(PSL 盘操控)、系统级。

(1)系统级控制。

系统级控制应用于正常运行模式,此时安全门系统和信号系统及二者间的接口等设备都处于正常状态。

① 当列车进站且停在允许的误差范围内时,安全门系统接收 ATC 发来的"开门"指令,PSC 通过硬线安全回路向每个门单元的 DCU 发送打开安全门的命令,门机控制器(DCU)接收到开门命令后,按顺序自动执行解锁、开门等操作,在滑动门的打开过程中,滑动门顶箱上的状态指示装置会做出相应动作。

② 当列车需要离开站台时，安全门系统接收 ATC 发来的"关门"指令，PSC 通过硬线安全回路向每个门单元的 DCU 发送关闭安全门的命令，门机控制器（DCU）接收到关门命令后，按顺序执行关门、闭锁等操作。当所有滑动门都关闭且锁紧后，安全门系统向信号系统发出"安全门关闭且锁紧"信号，允许列车离站。

（2）车站级控制。

在紧急情况下或者系统调试时可使用站台级控制。

① 当列车在非运营期间进行系统测试时，可操作设置在车控室内的 IBP 盘，实现对整侧安全门的开关控制。

② 当出现紧急情况时，如列车火灾，区间隧道、站台、站厅等处发生火灾时（紧急运行模式），可操作设置在车控室内的 IBP 盘，实现安全门紧急运行模式，得到授权的车站工作人员可用专用的钥匙开启车控室内 IBP 盘上的操作允许开关，并操作开门或关门按钮，对整侧安全门进行开关控制。

列车在区间隧道发生火灾时，乘客沿着区间疏散平台向邻近车站疏散，此时列车驾驶员通过行车调度通知车站站务人员提前打开火灾侧安全门端门，并派工作人员在此引导乘客由车站疏散。

区间隧道发生火灾时，驶向火灾发生点的列车驾驶员通过车载广播系统通知乘客下车，沿远离火灾发生点车站疏散，该车站站务人员打开所在侧安全门端门，配合乘客疏散。

当站台发生火灾时，车站工作人员可根据火灾工况，通过车控室内 IBP 盘，打开相应安全门边门。安全门边门打开时，被打开的边门顶箱上的状态指示装置强声光报警，以防止站台人员掉入轨行区。

（3）站台级控制。

当系统级控制方式不能打开或关闭滑动门时，如信号系统故障、安全门自控系统故障等情况，站台工作人员可通过 PSL 对滑动门进行开门、关门操作，实现安全门的站台级控制。

当个别滑动门由于故障无法发出"关闭且锁紧"信号时，站台工作人员在人为保障安全的条件下，即在确认没有乘客或物体夹在滑动门中间后，站台工作人员通过专用钥匙操作位于 PSL 上的"互锁解除"开关，向信号系统发送允许列车离开站台指令，允许列车离站，此时声光报警装置停止声光报警。

（4）就地级控制。

就地级操作控制有以下几种方式：

① 用就地控制盒开、关滑动门：当站台上的个别滑动门发生故障无法自动打开时，站台人员可在站台侧操作门体上方的就地控制盒开关滑动门。

② 当个别滑动门发生故障，站台工作人员可根据需要，在站台侧使用专用钥匙打开滑动门。

③ 站台人员可根据需要在站台侧用专用钥匙打开应急门和端门，但打开应急门时必须确认行车安全。

④ 在轨道侧可用手动方式打开安全门，打开方式有以下几种：

a. 在轨道侧可用滑动门上的推杆打开滑动门。

b. 在轨道侧操作应急门的开门推杆打开应急门（当发生列车停位不准等非正常情况，乘客无法通过滑动门下车时，乘客可手动打开应急门向车站疏散）。

c. 在轨道侧操作端门上的开门推杆打开端门（当隧道内发生火灾需要将乘客从隧道疏散到站台，乘客可手动打开端门，向站台疏散）。

6. 设备室

设备室由控制电源柜、驱动电源柜、PSCC 柜组成，如图 LL3-6 所示。其中，驱动电源柜和控制电源柜是安全门的供电系统，负责对安全门系统提供电源；PSCC 柜是安全门控制系统的一部分，负责监控和控制安全门系统。

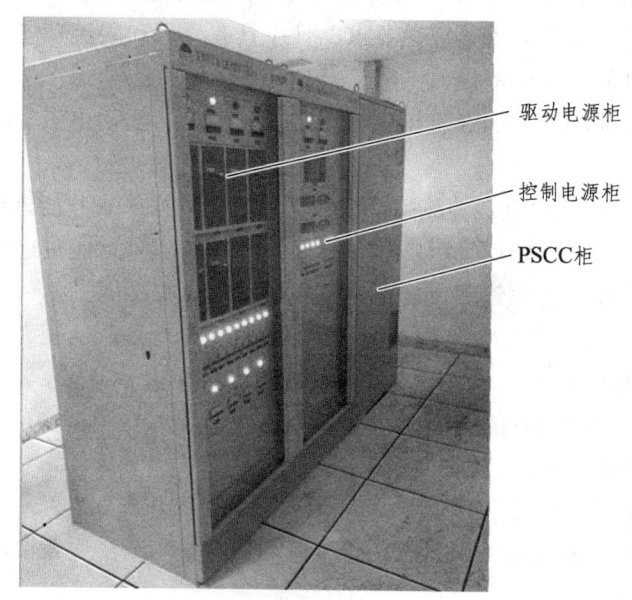

图 LL3-6　设备室设备

（1）电源供电与等电位连接。

安全门系统属于一级负荷标准，即供电系统向安全门系统提供两路独立的三相 380 V 交流电源，电源须经隔离变压器隔离后送至各道滑动门。双电源切换装置设置在安全门控制室内，可对主备两路电源自动切换，正常状态时由主电源供电，当主电源断电，相电压过压、欠压或缺相时，经设定的时延后自动切换到备用电源供电。当主电源恢复正常后，经设定的时延后自动返回主电源供电。

绝缘与等电位连接如下：

① 门体绝缘。

安全门与站台土建结构的电气隔离，在正常大气压试验条件下，系统绝缘电阻要求：在额定电压 $U \leqslant 60\text{ V}$ 时，绝缘值 $\geqslant 0.5\text{ M}\Omega$（用 500 V 兆欧表）。

② 安全门底部绝缘应采用绝缘材料将下部支撑组件进行绝缘，使门槛的金属部件与土建结构绝缘。安全门顶部采用绝缘套实现安全门设备与顶部土建结构绝缘。

③ 等电位连接。

安全门与列车之间存在电位差。为确保乘客和工作人员的安全，安全门与车辆之间设计及安装等电位装置，采用铜芯电缆与钢轨相互连接消除电位差。整个安全门门体保持等电位连接，通过等电位铜排以及等电位导线将安全门的各金属部件相连，满足等电位的要求。

④ 在车站站台有限长度范围内，采用一点均布的方式通过铜芯电缆将等电位铜排钢轨相连，保证门体与车体电位相等，确保人身安全。

（2）驱动电源柜。

驱动电源在失去市电供电时为安全门开、关门操作提供临时电源。

驱动电源应包括 UPS 主机、蓄电池柜、配电柜，主要由三相隔离变压器、监控模块、绝缘监测模块、馈线回路等构成，以完成充电和馈电功能。

UPS 的设计应无单点故障，能实现模块化带电插拔及在线维修，实现完善的 N+1 冗余备份功能。UPS 应满足相关电磁兼容性要求，且应具有稳压和限流功能，在正式供电故障状况，要保证对负载可靠、安全地投入供电。

UPS 具有自动均充功能，UPS 整机效率不得低于 80%，输出电流、电压应平稳，设备使用寿命≥10 年。

监控模块对 UPS 主机内重要的故障、状态信息实施数据采集并能进行显示；也能根据系统的各种设置数据进行报警处理、历史数据管理等动作；同时，能对这些处理的结果加以判断，根据不同的情况实行电池管理、输出控制和故障呼叫等功能。

对 UPS 重要的状态（供电故障、UPS 内部故障等）进行远程监视，故障状态信息会传输到安全门控制系统的主控机上。

监控模块能监测电源装置的 UPS 输出电压、电流，隔离变压器输出的电压、电流，蓄电池的浮充电压、电流等，并配有输出端口。

（3）控制电源柜。

控制电源由 UPS、单相隔离变压器、监控模块、绝缘监测模块及馈电单元构成，控制电源装置包括 UPS 主机及蓄电池组。

UPS 正常工作时是在线式工作。

监控模块能监视电源装置的输出电压、电流，并能监视电源装置正常运行状态和故障状态。

（4）PSCC 柜内的主要设备有：两个 PEDC、工控机、各指示灯、断路器等，能对安全门系统进行监控和控制。

PEDC 是每个控制子系统的主要设备，属于整个总线网络的主设备，实现系统内部信息的收发、采集、汇总和分析，并实现与综合监控系统、PSL、DCU 各单位之间的信息交换，能够查询逻辑控制单元中各个回路的状态，具有足够存放数据和软件的存储单元，具有运行监视功能和自诊断功能。

工控机能监视控制系统各设备的运行状态，能实现系统内部信息的收发、采集、汇总和分析，实现与 PEDC、PSL、DCU 等设备之间的信息交换，具有存放数据和软件的存储单元，具有运行监视功能和自诊断功能。

二、安全门的运行模式

安全门运行模式根据安全门控制方式的不同可以分为两类：手动控制运行模式和自动控制运行模式。安全门在不同的运行模式下，操作方法不同。

1. 自动控制运行模式

自动控制运行模式一般是在安全门系统投用后期,信号系统控制功能已具备投用条件时,安全门与车门实现联动,通过信号系统自动控制安全门开启的运行模式。

(1)开门:列车进站停稳(相对停车标允许范围一般为±300 mm)不影响乘客正常上下车后,司机打开车门或车门自动打开,信号系统向 PEDC 发出开门信号,同时撤消关门信号。然后,PEDC 通过专用硬线向所有 DCU 发出"使能"命令和"开门"命令,DCU 收到"使能"、"开门"命令后,便供电给电磁阀解锁,一旦 DCU 确定门已经解锁,门状态指示灯就会点亮,同时便会向电机供电把门打开。随着门被解锁,正在打开的每道门的 DCU 与信号系统之间的"已关闭 ASD/EED"回路将被切断(受 PEDC 监控),同时,位于门上方的状态指示灯亮。一旦门开始打开,门锁的电机操控锁条的供电就被切断,门就会随着写入 DCU 操作软件的预先设定的曲线运行,包括加速、最大速度和制动。电机内传感器的输出数据作为反馈信息受到监控,当收到的信息表明门已经到达全开位置时,门就会停止运动。DCU 把门的状态报告给 PEDC,上述状态将一直持续到列车准备离站、信号系统撤消"开门"命令并发出"关门"命令时为止。自动开门流程如图 LL3-7 所示。

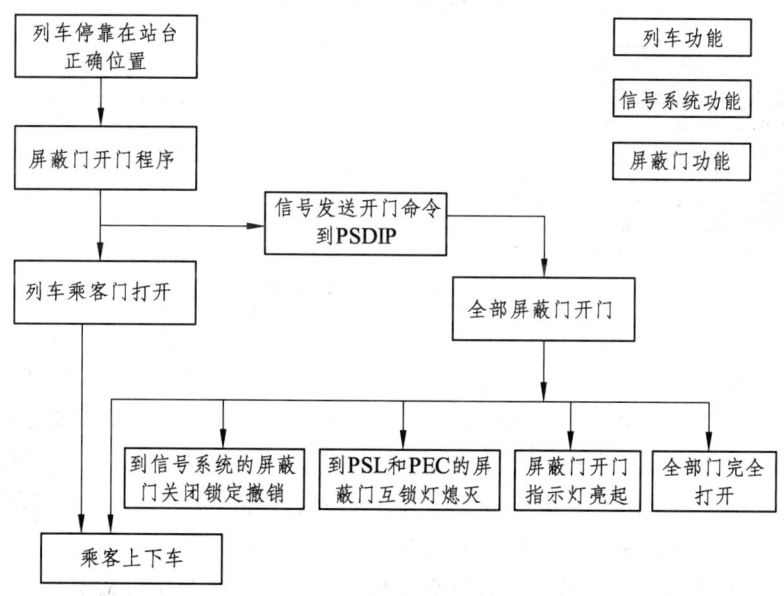

图 LL3-7 自动开门流程

(2)关门:乘客登车完毕后,司机关闭车门,信号系统撤消"开门"命令并发出"关门"命令,PEDC 将会撤消"开门"命令,只保留"使能"命令于激活状态。关门命令由 DCU 进行解译。门电机通电后,门便随着与开门命令相似的运动曲线关闭。当两扇门到达关闭位置时,安装在门扇上的锁条便被门锁锁在一起,以防非法打开。门完成动作和门锁处于闭锁状态时,限制开关便将该状态指示给 DCU,由 DCU 熄灭门状态指示灯。当所有门到达关闭并锁上位置时,在每道门与信号系统之间会形成"已关闭 ASD/EED"回路。该过程受 PEDC 监控,然后"使能"命令也被 PEDC 终止。自动关门流程如图 LL3-8 所示。

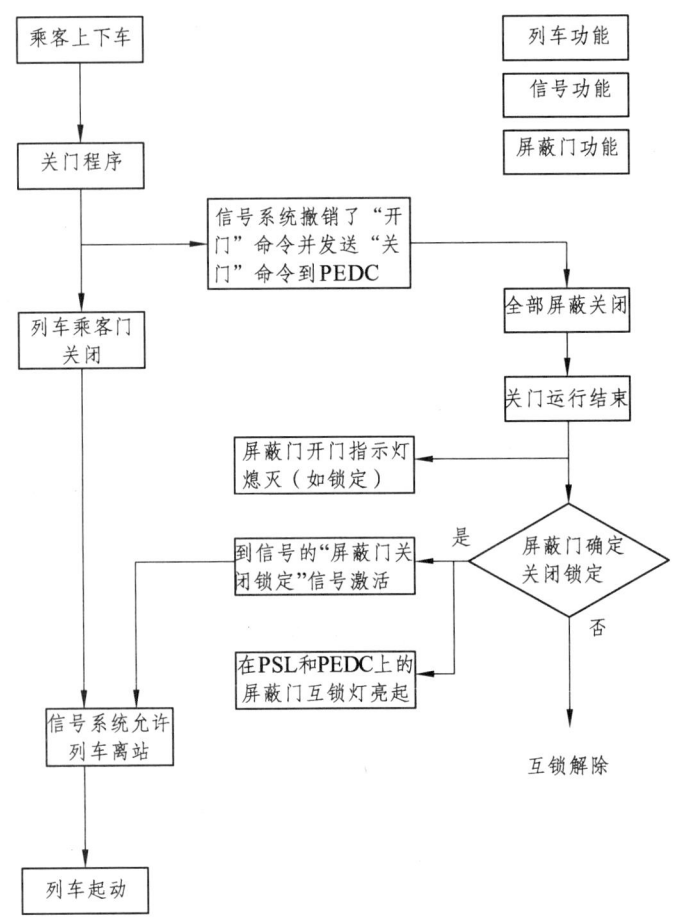

图 LL3-8 自动关门流程

在安全门开、关门期间,每个门单元的 FDP 顶盖装有会发光的门状态指示灯。门状态指示灯在门打开过程中每秒闪烁 1 次,门打开以后则保持发亮的状态。门状态指示灯在门关闭过程中每秒闪烁 1 次,门关闭以后则保持熄灭的状态。如果门单元报告出现故障,门状态指示灯每秒闪烁 1 次,而且如果模式开关被切换到"隔离"或"测试"位置,门状态指示灯每秒闪烁 2 次。司机必须密切观察指示灯和站台端头 PSL 盘的显示,以确认安全门是否完全打开、关闭。站台站务员密切观察安全门开关状态、安全门门灯显示以及乘客上下车情况。车站值班员必须密切观察车控室安全门监控系统显示。司机、站务员发现异常情况应立即按照应急处理程序处置。

2. 手动控制运行模式

手动控制运行模式一般是在安全门系统投用初期,信号系统控制功能未具备投用条件时,安全门与车门未实现联动,通过站台端头 PSL 盘操作安全门开启的运行模式。

(1) 开门:列车进站停稳(相对停车标允许范围一般为 ±300 mm)不影响乘客正常上下车后,司机打开车门后操作 PSL 盘"开门", PSL 向 PEDC 发出开门信号,然后 PEDC 向 DCU 发出信号,DCU 再让门打开。PEDC 收到各个 DCU 发出的"所有门已经打开到位"信号,乘客正常上下车。

（2）关门：乘客乘降完毕后，司机关闭车门后操作PSL盘"关门"，PSL向PEDC发出"关门"命令，然后PEDC向DCU发出信号，DCU再让门关闭。PEDC收到各个DCU发出的"所有门已经关闭并锁紧"的信号后，PSL门关闭锁紧信号指示灯点亮，司机在确认安全门关闭后，凭发车计时器或运行图发车点发车。

在安全门开、关门期间，每个门单元的FDP顶盖装有会发光的门状态指示灯。门状态指示灯在门打开过程中每秒闪烁1次，门打开以后则保持发亮的状态。门状态指示灯在门关闭过程中每秒闪烁1次，门关闭以后则保持熄灭的状态。如果门单元报告出现故障，门状态指示灯每秒闪烁1次，而且如果模式开关被切换到"隔离"或"测试"位置，门状态指示灯每秒闪烁2次。司机必须密切观察指示灯和站台端头PSL盘显示，以确认安全门是否完全打开、关闭。站台站务员密切观察安全门开关状态、安全门门灯显示以及乘客上下车情况。车站值班员必须密切观察车控室安全门监控系统显示。司机、站务员发现异常情况应立即按照应急处理程序处置。

总模块 S 实操知识

分模块 SA 列车安全防护措施

子模块 SA1 列车作业前防护措施

一、确保劳动防护用品合格穿戴

在对电客列车作业前，作业人员必须严格按照公司安全规定穿戴好劳动防护用品（绝缘鞋、工作服、安全帽、绝缘手套）。

二、确认轨行区安全

在进入轨行区前必须确认第三轨高压已断，并挂设接地线，保持 700 mm 的安全距离，遵守"一停、二看、三通过"的原则。

三、放置禁动牌

在轨行区显眼处放置禁动牌。

四、放置禁动手柄

在列车两端司机室放置禁动手柄。

五、放置止轮器

放置止轮器，防止溜车。

子模块 SA2　列车作业前接地放电安全措施

一、确认电客列车处于收车状态

上车将 115 柜内"列车激活"旋钮打到"分位"。

二、把蓄电池刀开关取下

把蓄电池刀开关（=32-Q01）取下。

三、到车侧对 BIB 箱内带电设备放电

打开 BIB 箱，用内置绝缘棒将 AQS 开关打到"分位"。

四、对高压箱内带电设备进行放电

打开高压箱，用内置绝缘棒将 MQS 联锁开关打到"MQS1 位"，进行快速放电。

分模块 SB 车门实操

子模块 SB1 电动塞拉门尺寸测量

一、简介与注意事项

门控机构工作时,有被夹伤的危险。操作时应将车门的电源切断,使车门退出工作状态,防止误操作造成伤害。

调整电器部件时,必须切断电源,防止造成不必要的安全事故。

严格遵照测量方法操作,确保材料与设备匹配。

二、工具清单

方孔钥匙、"禁止动车"牌2个、手电筒、卷尺、钢直尺、F夹(法兰)、游标卡尺、深度尺。

三、辅料清单

该操作无辅料。

四、测量方法

1. 电客列车车门门页 V 形测量

工具:卷尺。

断开所需测量车门的 EDCU 电源开关。使用紧急出口装置将门打开,然后用双手缓慢闭合门页,要求门页处于导轨直道最前端(靠近弯道处),使门页处于自由状态。用卷尺在车门顶部相隔 150 mm 左右的位置测量两门页橡胶密封条与门页边缘之间的横向距离 X_2,用卷尺在车门下导轨向上 150 mm 左右的位置测量两门页橡胶密封条与门页边缘之间的横向距离 X_1,如果上部间隔减去下部间隔,即 $X_2 - X_1 = 2 \sim 5$ mm,表示门页 V 形合格,如图 SB1-1 所示。

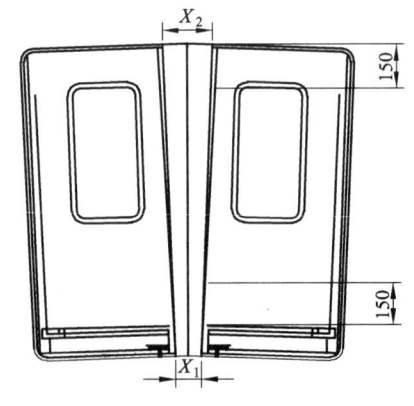

图 SB1-1 车门 V 形测量

2. 电客列车车门对中性的测量

工具:卷尺或游标卡尺、深度尺。

断开该车门的 EDCU 电源开关。车门在关闭位,测量左右门页后端至门框之间的距离 X_1、X_2(从门页顶部向下 300 mm 处测量),如图 SB1-2 所示,如果两个测量值之差不大于 2 mm,则为合格,否则需要调整。

图 SB1-2　对中性测量

3. 电客列车车门的外摆测量

工具:游标卡尺、深度尺。

(1)上外摆:断开车门的 EDCU 电源开关。利用紧急出口装置使车门打开至最大。用游标卡尺测量门页与车体之间的距离,尺寸要求为 48~54 mm(箭头之间距离 150 mm),如图 SB1-3 所示。

图 SB1-3　上外摆测量

(2)下外摆:断开车门的 EDCU 电源开关。利用紧急出口装置使车门打开至最大。用游标卡尺测量门页与车体之间的距离,尺寸要求为 48~54 mm(箭头之间距离 150 mm),如图 SB1-4 所示。

4. 电客列车车门密封测量

工具:游标卡尺、深度尺。

(1)上密封:断开车门的 EDCU 电源开关。用游标卡尺测量门页与压条之间的距离,尺寸要求为(17±2)mm(箭头之间距离 150 mm),如图 SB1-5 所示。

图 SB1-4 下外摆测量

图 SB1-5 上密封测量

（2）下密封：断开车门的 EDCU 电源开关。用游标卡尺测量门页与压条之间的距离，尺寸要求为（17±2）mm（箭头之间距离 150 mm），如图 SB1-6 所示。

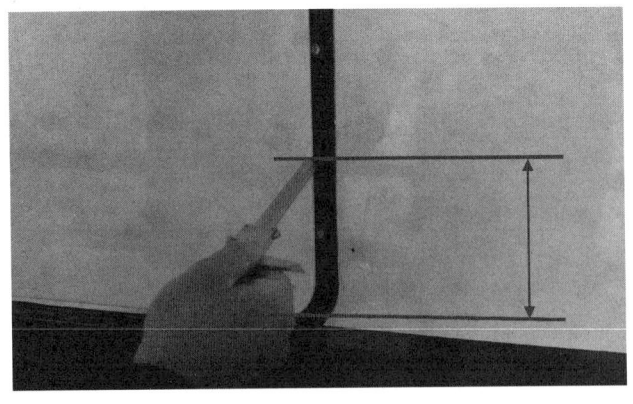

图 SB1-6 下密封测量

5. 电客列车车门门页平行度测量

工具：游标卡尺、深度尺。

断开所需测量车门的 EDCU 电源开关。使用紧急出口装置将门打开，然后用双手缓慢闭合门页，要求门页处于直道最前端（靠近弯道处），使门页处于自由状态。用游标卡尺在图

SB1-7 所示的红线处测量 X_1 及 X_2 的值（车门外表面到压条的距离），即 $X_2 - X_1 = 0 \sim 2$ mm，表示门页平行度合格，如图 SB1-7 所示。

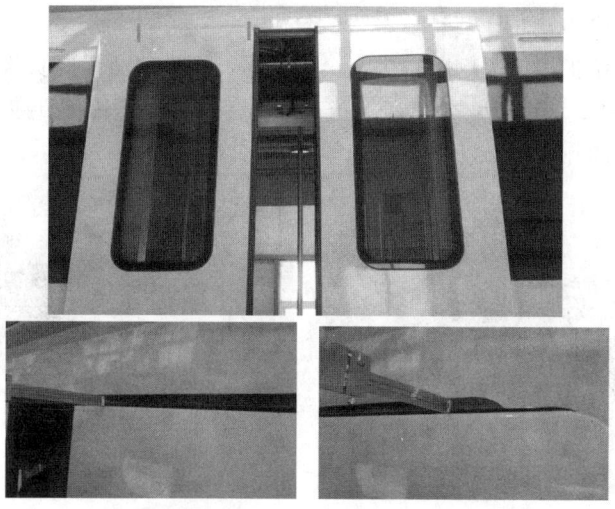

图 SB1-7　平行度测量

6. 电客列车车门的静开度测量

工具：卷尺。

断开车门的 EDCU 电源开关。利用紧急出口装置使车门打开至最大开度。在门页中部用卷尺测量两门页密封条之间的距离，如图 SB1-8 所示，尺寸要求为（1 310 ± 5）mm，如不在范围内，则需要调整。

图 SB1-8　静开度测量

7. 电客列车车门门页橡胶条尺寸测量

工具：卷尺、钢尺、游标卡尺。

注意：测量时需带电测量。

使用 EDCU 白色维护按钮关门，待门完全关闭后，用卷尺测量门页橡胶条的长度尺寸，其测量值应满足 40.3 ~ 48.3 mm 的尺寸要求，左右门页前缘胶条之间的密封要求上下之间的间隙之差不能超过 2 mm（上部间隙减去下部间隙，即 $A - B$），如图 SB1-9 所示，如不合格，则需调整。

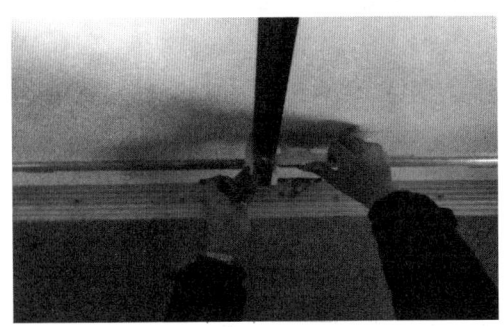

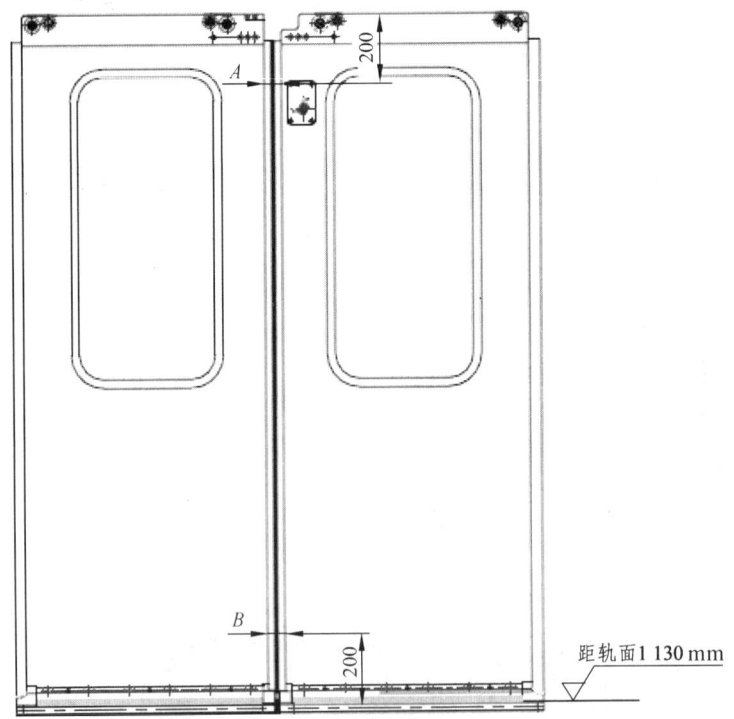

图 SB1-9 密封胶条测量

导致此尺寸不合格的原因很多，如关门受力不平均，但一般是由于门页对中性或者 V 形不达标造成的。

8. 电客列车车门 S4 门关到位开关尺寸的测量

工具：F 夹、游标卡尺。

注意：测量 X_1 值时需要带电测量，测量 X_2 值时需要断开本地门控制单元电源。

首先必须要使用 EDCU 的白色维修按钮进行一次开、关门，以避免门页关门受力不达标，以及两门页受力不平均，导致最终测量数据不正确，切忌手动关门。然后断开车门的 EDCU 电源开关。使用游标卡尺测量左右直线轴承内侧水平距离 X_1，如图 SB1-10 所示。

图 SB1-10　S4 门关到位开关尺寸测量 X_1 值

利用紧急出口装置打开车门一段水平距离，使用 F 夹，固定左右侧携门架，转动 F 夹转柄，使车门缓慢关闭，如图 SB1-11 所示。

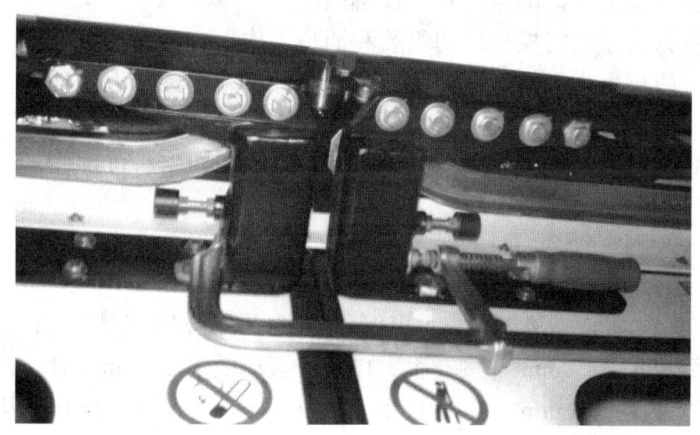

图 SB1-11　S4 门关到位开关尺寸测量 X_2 值

在移动过程中，当听到 S4 开关锁闭时发出轻微的"的"声后，立刻停止摇动 F 夹转柄，在 F 夹固定携门架的情况下，测量内侧之间的水平距离 X_2。如果两次测量值 X_2、X_1 之差（$X_2 - X_1$）在 4~6 mm，则合格，否则需要调整。

9. 电客列车车门门页止挡销测量

工具：塞尺。

使门页处于关闭状态。测量止挡销与销槽的上下间隙，如图 SB1-12 所示，测量止挡销与销槽的左右间隙，如图 SB1-13 所示。

技术要求：上下 2~3 mm，左右 1~3 mm。

图 SB1-12　止挡销上下间隙测量

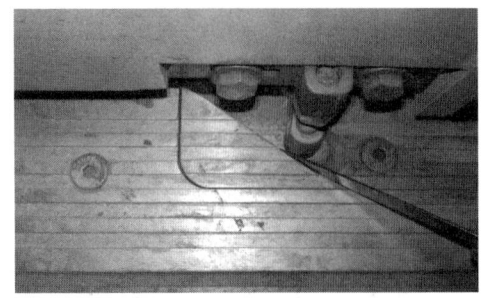
图 SB1-13　止挡销左右间隙测量

子模块 SB2　电动塞拉门尺寸调节工艺

一、简介与注意事项

门控机构工作时，有被夹伤的危险。操作时应将车门的电源切断，使车门退出工作状态，防止误操作造成伤害。

调整电器部件时，必须切断电源，防止造成不必要的安全事故。

严格遵照调整方法操作，确保材料与设备匹配。

严格遵照调整方法完成门控机构的组装和调整工作。

调整结束后，门控机构主要部件的所有紧固螺栓必须按额定力矩拧紧，并用油漆记号笔进行标记。

任何尺寸调整完毕后必须进行关门障碍测试，以保证门运行良好。

二、工具清单

方孔钥匙、"禁止动车"牌 2 个、手电筒、钢直尺、卷尺、F 夹（法兰）、游标卡尺、深度尺、10 mm 套筒扳手、10 mm 开口扳手、13 mm 套筒扳手、13 mm 开口扳手、16 mm 开口扳手、16 mm 套筒扳手、6 mm 内六角扳手、7 mm 内六角扳手、24 mm 开口扳手、27 mm 开口扳手、30 mm 开口扳手、扭力扳手 0~100 N·m、扭力扳手 5~25 N·m、3 mm 内六角扳手、4 mm 内六角扳手、5 mm 内六角扳手、大力钳。

三、辅料清单

酒精、白布、油漆记号笔。

四、调整方法

1. 电客列车车门 V 形调整

工具：6 mm 内六角扳手、7 mm 内六角扳手、27 mm 开口扳手。

扭力值：44 N·m。

首先用 6 mm 内六角扳手松开携门架上的固定螺钉（松开一定量），根据已经测量的尺寸，用 27 mm 开口扳手旋转偏心轮，使门页尺寸之差在要求范围之内，然后用 27 mm 开口扳手固定住偏心轮，再用 7 mm 内六角扳手旋紧螺钉，之后再旋紧其他 4 个内六角低圆柱头螺钉。最后对紧固的螺钉打扭力和画防松标记，如图 SB2-1 所示。

注意：顺时针转动偏心轮时，门页顶部向两侧调整；逆时针转动偏心轮时，门页顶部向中间调整。

调节此尺寸后，车门 V 形尺寸会出现变化，要求重新测量车门 V 形尺寸。

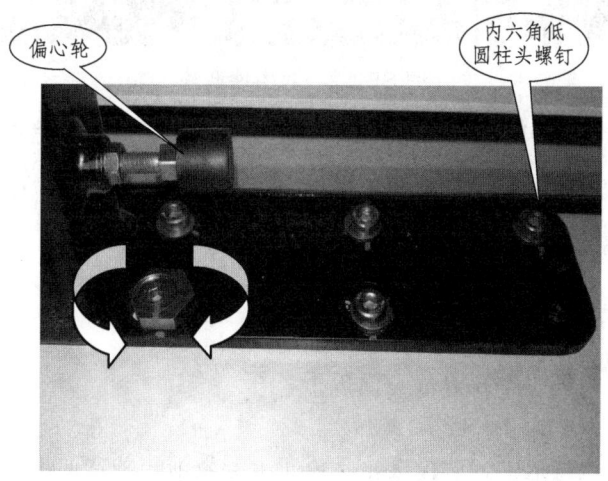

图 SB2-1　车门 V 形调整

2. 电客列车车门对中性调节

工具：30 mm 开口扳手。

用 30 mm 开口扳手松开左右铰链螺母组件上的六角薄螺母，然后顺时针或逆时针调节销轴在铰链板上的位置，如图 SB2-2 所示。

注意：调整过程中两门页必须沿同一方向移动相等的距离，因此必须将调整后的尺寸与之前测量的尺寸做对比，确定是否移动了相等的距离。

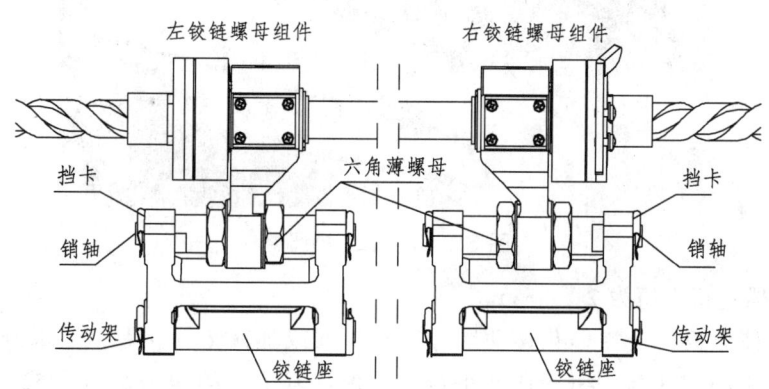

图 SB2-2 对中性调整

调整完成后用 30 mm 开口扳手将六角薄螺母拧紧，并且用油漆笔在紧固螺栓上重新打防松标记。

注意：转轴旋转一周是 1 mm。

调节尺寸后，车门对中性尺寸可能会出现变化，要求重新测量车门对中性尺寸。

3. 电客列车车门外摆调整

工具：13 mm 套筒扳手、16 mm 套筒扳手。

（1）上外摆：扭力值为 44 N·m。

将门页移动到导轨直道中，确保滚轮不位于上导轨滑道的弯曲部位，松开上导轨滑道上的紧固螺母，沿上导轨滑道尾部腰形孔调整，调整后测量门页外表面与车体外表面的距离，使门页上部摆出尺寸满足 52^{+2}_{-4} mm，左右门页上部摆出距离相差不大于 2 mm。调整到位后用扭矩扳手按规定扭矩值拧紧螺母并画防松标记，如图 SB2-3 所示。

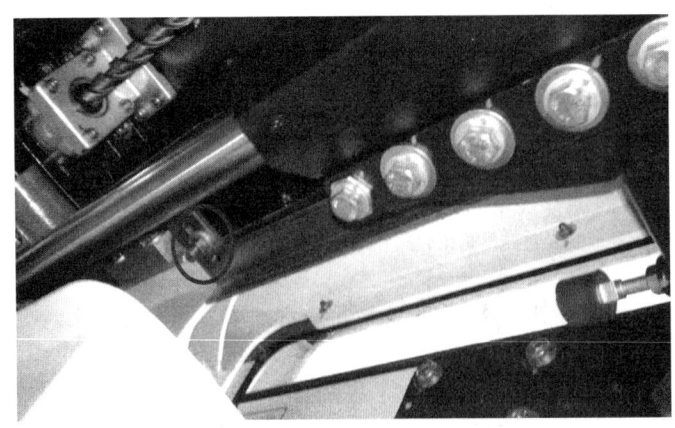

图 SB2-3 上外摆调整

（2）下外摆：扭力值为 21 N·m。

打开门立柱盖板，沿腰形孔移动摆臂安装支架或加减垫片，调整下部外摆尺寸大小，在外侧两滚轮中心连线与侧密封压条平行时，保证其下部的摆出距离为 52^{+2}_{-4} mm；在调整过程中，应保证 3 个滚轮上端面组成水平平面（与地板面平行）。调整后要求摆臂面与上滑道底边的距离为 8~10 mm，如图 14.17 所示。门开关过程中，滚轮不得与下滑道的安装螺钉相干涉，摆臂组件调整完成后，用扭矩扳手按规定扭矩值拧紧螺母并画防松标记，如图 SB2-4 所示。

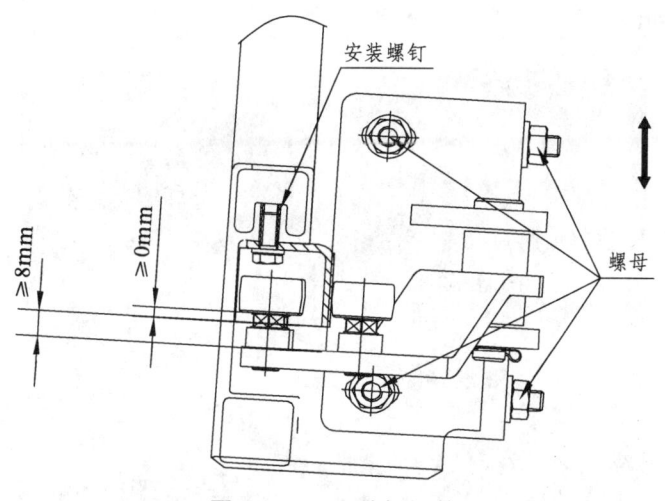

图 SB2-4　下外摆调整

注意：调节尺寸后，车门其他尺寸可能会出现变化，要求重新测量车门尺寸。

4. 电客列车车门门页上下部密封调整

工具：10 mm 套筒扳手、16 mm 开口扳手。

（1）上密封：扭力值为 44 N·m。

将门页移动到开门位置，确保滚轮不位于上导轨滑道的弯曲部位，松开上导轨滑道上的紧固螺母，沿上滑道后部腰形孔调整，如图 SB2-5 所示，调整后测量门页外表面与车体外表面的距离，使门页上部密封尺寸满足（17±2）mm，左右门页的上部密封距离相差不大于 2 mm。调整到位后用扭矩扳手按规定扭矩值拧紧螺母并画防松标记。

图 SB2-5　上密封调整

（2）下密封：将门页关闭到位，松开下滑道内的紧固螺母，沿下滑道上的腰形孔调整，调整后测量门页外表面与压条的距离，使门页下部密封尺寸满足（17±2）mm，左右门页的下部密封距离相差不大于 2 mm。调整到位后用扭矩扳手按规定扭矩值拧紧螺母并画防松标记，如图 SB2-6 所示。

图 SB2-6 下密封调整

注意：调节尺寸后，车门尺寸可能会出现变化，要求重新测量车门尺寸。

5. 电客列车车门门页平行度调整

工具：16 mm 套筒扳手、24 mm 开口扳手。

扭力值：44 N·m。

首先松开携门架上的固定螺钉，但不要完全松开，根据已经测量好的上下部尺寸，用 24 mm 开口扳手旋转偏心轮，使门页平行度尺寸之差在要求的范围之内，然后用 24 mm 开口扳手固定住偏心轮，再用 16 mm 套筒扳手旋紧螺钉。最后对紧固的螺钉打扭力和画防松标记，如图 SB2-7 所示。

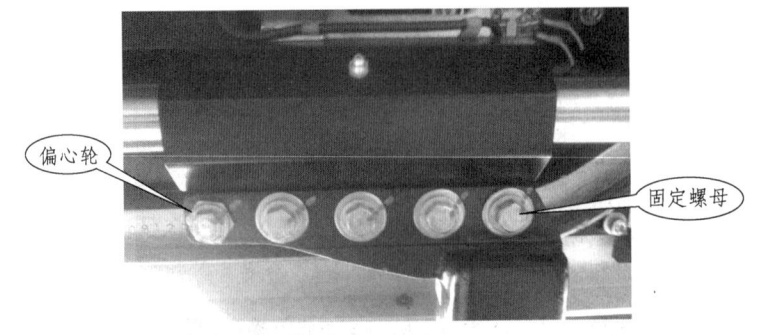

图 SB2-7 平行度调整

注意：调节尺寸后，车门尺寸可能会出现变化，要求重新测量车门尺寸。

6. 车门的静开度调整

工具：13 mm 开口扳手。

扭力值：21 N·m。

调节左右缓冲头位置，先用 13 mm 开口扳手旋松六角螺母，左右调整缓冲头位置，调整到位后用扭矩扳手按规定扭矩值拧紧六角螺母并画放松标记，如图 SB2-8 所示。

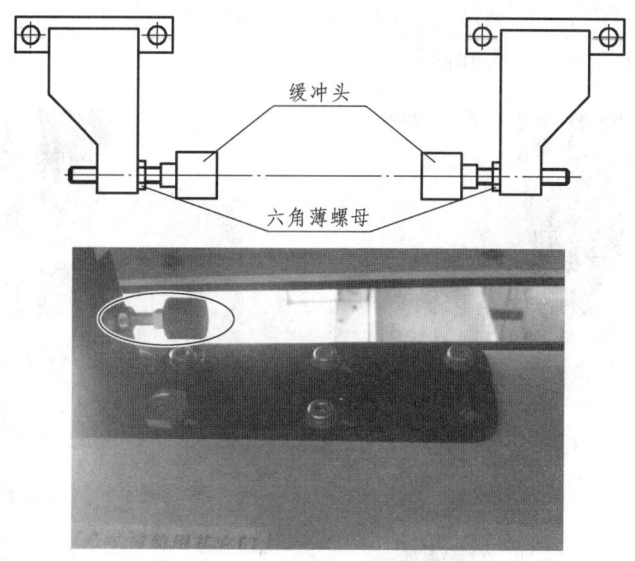

图 SB2-8　车门静开度调整

注意：开门到位后，左右铰链座分别和左右缓冲头必须同时接触。调节完成后，拧紧橡胶止挡上的固定螺母，最后用油漆笔在紧固螺栓上重新打防松标记。

调节尺寸后，车门尺寸可能会出现变化，要求重新测量车门静开度尺寸。

7. S4 门到位开关尺寸的调节

工具：3 mm 内六角扳手、4 mm 内六角扳手、油漆记号笔。

使用 3 mm 内六角扳手、4 mm 内六角扳手松开 S4 开关组件固定架下方的固定螺栓，让 S4 开关组件处于自由状态。然后手动调整 X_2 尺寸，调整完成后旋紧固定螺栓，再次测量确认是否调整正确。若调整正确，用油漆记号笔在固定架的固定螺栓上打上防松标记，如图 SB2-9 所示。

图 SB2-9　S4 门到位开关尺寸的调整

8. 电客列车车门门页止挡销调整

工具：13 mm 套筒扳手、16 mm 套筒扳手。

扭力值：21 N·m、44 N·m。

通过增加或者减少垫片，调整挡销与嵌块的左右间隙，间隙要求达到 1~3 mm，紧固螺栓并打规定的扭力和防松标记，如图 SB2-10 所示。

松开挡销的并紧螺母，将销轴旋出或旋入，调整挡销与嵌块垂直间隙达到 2~3 mm。最后将销轴螺母旋紧并打规定扭力和画防松标记，如图 SB2-11 所示。

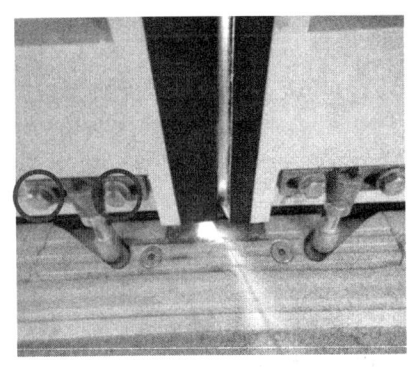

图 SB2-10 止挡销调整

图 SB2-11 止挡销调整

9. 电客列车紧急解锁钢丝绳调整

工具：4 mm 内六角扳手、大力钳。

首先用 4 mm 内六角扳手松开紧固钢丝绳螺栓，然后用大力钳拉紧钢丝绳，最后将紧固钢丝绳螺栓旋紧并画防松标记，如图 SB2-12 所示。

力矩设置：除非指定，否则拧紧力矩应符合表 SB2-1 所示的要求（材料：A2-70）。

图 SB2-12 电客列车紧急解锁钢丝绳调整

表 SB2-1 力矩设置

螺纹直径/mm	5	6	8	10	12
力矩/N·m	5.1	8.8	21	44	75

子模块 SB3 电动塞拉门润滑操作

一、简介与注意事项

门控机构工作时，有被夹伤的危险。操作时应将车门的电源切断，使车门退出工作状态，防止误操作造成伤害。

严禁使用 pH 超过 5~9 的清洁剂,以防止损害健康的情况发生。

严格遵照润滑方法操作,确保材料与设备匹配。

二、所需润滑剂的类型、种类及工具

克鲁勃 LDS18 润滑脂、清洁王、硅基脂 H295、白布、毛刷、黄油枪。

三、润滑部位

上下导轨、丝杆、光杆、直线轴承、压轮、摆臂组件、车门周边密封胶条及护指胶条。

四、润滑操作

1. 导　轨

（1）上导轨。

工具及材料:白布、克鲁勃 LDS18 润滑脂、毛刷。

润滑前先用白布清洁上导轨上的残余润滑油并清除干净,然后把克鲁勃 LDS18 润滑脂均匀地涂抹在上导轨和滚轮运动接触面上,使润滑剂充分均匀地涂抹在各个接触面,润滑工作完成后,必须手动开、关门 2~3 次,如图 SB3-1 所示。

（2）下导轨。

润滑前先用白布清洁下导轨上的残余润滑油并清除干净,然后把克鲁勃 LDS18 润滑脂均匀地涂抹在下导轨和滚轮运动接触面上,使润滑剂充分均匀地涂抹在各个接触面上,润滑工作完成后,必须手动开、关门 2~3 次,如图 SB3-2 所示。

图 SB3-1　上导轨润滑

图 SB3-2　下导轨润滑

2. 丝　杆

工具及材料:白布、清洁王、克鲁勃 LDS18 润滑脂、毛刷。

润滑前先用白布清洁丝杆上的残余润滑油,把原有的润滑油清除干净(靠近螺母组件附近的丝杆端部必须清洁干净),把克鲁勃 LDS18 润滑脂均匀地涂抹在丝杆上,丝杆中间支撑用黄油枪在滚针轴承周边挤入克鲁勃 LDS18 润滑脂，最后手动开、关 2~3 次门，使润滑剂充分均匀地涂抹在各个接触面上，如图 SB3-3 所示。

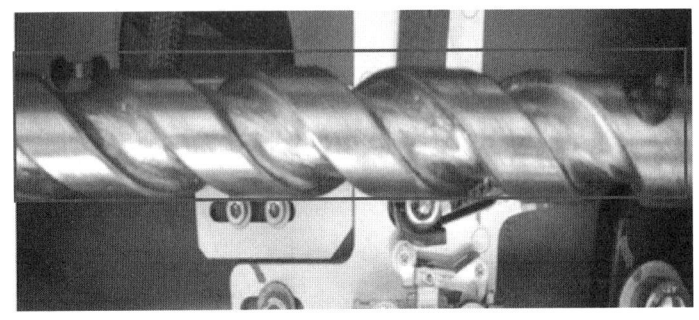

图 SB3-3　丝杆润滑

3. 导柱及直线轴承

工具材料：白布、克鲁勃 LDS18 润滑脂、毛刷、黄油枪。

润滑前先清洁导柱，把原有的润滑油清除干净。导柱和直线轴承通过润滑嘴，使用克鲁勃 LDS18 润滑脂进行润滑。每个直线轴承用黄油枪注 4~6 枪润滑油。在导柱非运动区域将克鲁勃 LDS18 润滑脂用毛刷均匀地涂抹在导柱表面，如图 SB3-4 所示。

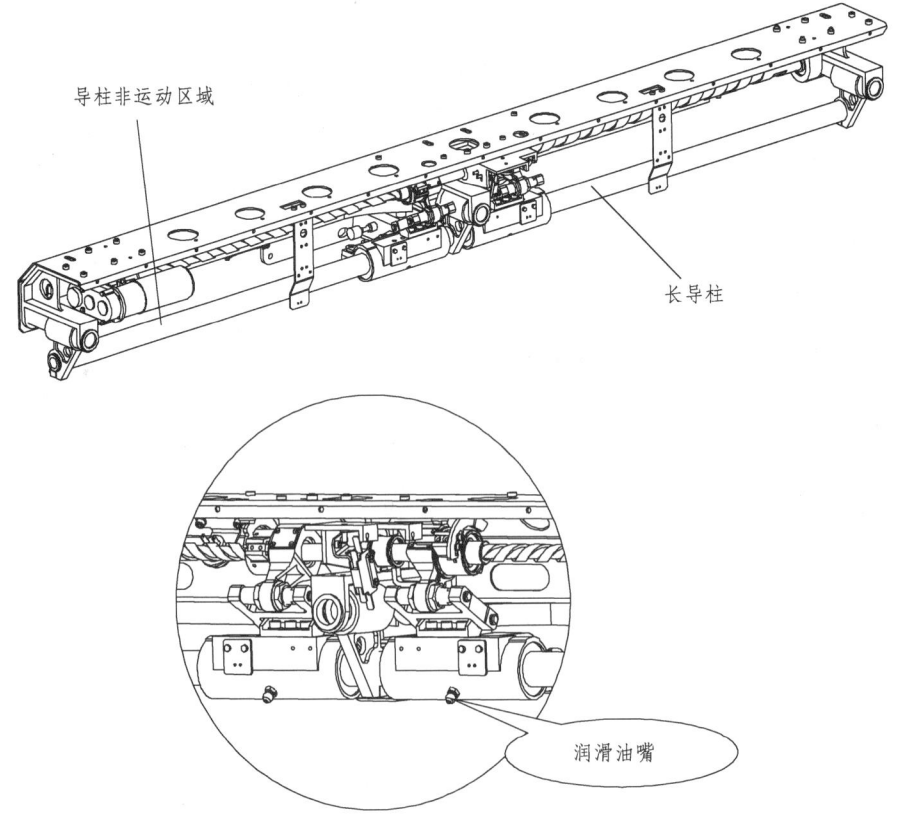

图 SB3-4　导柱及直线轴承润滑

注意：不要使用液压润滑枪，应使用手动润滑枪润滑。

4. 车门周边密封橡胶及护指胶条

工具及材料：白布、毛刷、硅基脂 H295。

首先用干净的白布把各密封胶条及护指胶条擦拭干净，然后用毛刷把硅基脂 H295 均匀地涂抹在橡胶条部件表面，使其风干一段时间（时间约在 2 h 以上），让橡胶条充分吸收硅基脂一段时间。最后把涂抹过硅基脂的地方用力擦拭干净即可。

5. 压 轮

工具及材料：毛刷、克鲁勃 LDS18 润滑脂。

首先用干净的白布把压轮及压轮槽的表面擦拭干净，用克鲁勃 LDS18 润滑脂均匀地涂抹在压轮表面，如图 SB3-5 所示，最后手动开、关 2~3 次门。

图 SB3-5　压轮润滑

分模块 SC 转向架实操

子模块 SC1 轴箱端盖开盖检查

一、安全注意事项

（1）作业人员按规定穿戴好劳动防护用品。
（2）本操作必须在第三轨断电收车之后进行。

二、工具材料

中性凡士林 0.5 kg、压缩空气、铜刷、毛刷、O 形密封圈、清洁王、擦拭纸或白布。

三、特殊工具

5~25 N·m 扭矩扳手、20~100 N·m 扭矩扳手、40~200 N·m 扭矩扳手、油漆笔。

四、工 序

1. 带轴速度传感器和 ATC 速度传感器的轴端开盖检查

（1）开盖前清洁。

使用高压风对轴箱体及端盖进行吹尘除污，需保证待开盖轴箱体表面清洁，以防止灰尘、异物在开盖过程中混入箱体内（风压不足时，可使用棉布或擦拭纸对其表面进行清洁）。

（2）拆卸过程。

注意：所有拆卸下的螺栓需摆放到物料盒内，防止作业过程中造成丢失、损伤。

① 拆卸轴速度传感器：拆下将轴速度传感器固定在轴端盖的两个 M8 内六角螺栓，并连同电缆将速度传感器拆卸。拆卸后的速度传感器应使用擦拭纸将探头包裹进行防护，防止作业过程中对速度传感器探头造成损伤。

② 拆卸轴端盖。

a. 拆下固定在轴端盖上的 M17 螺堵，检查螺堵状态。

b. 拆下固定轴端盖的 4 个螺栓 M16×60、弹性垫圈，将端盖拆下。拆下端盖上的 O 形密封圈（该 O 形密封圈需更换新品）。

c. 检查端盖状态，要求状态良好，无缺损、裂纹，无锈蚀，内壁无异物。内壁附有炭粉和异物时需使用毛刷及擦拭纸进行清洁。

③ 检查和清洁测速齿轮。

a. 检查轴速度传感器探头和测速齿轮有无损伤,轴速度传感器上的O形密封圈如有损伤则必须更换,并查看轴箱有无油脂渗漏现象。

b. 用干净的棉布或擦拭纸清洁轴速度传感器探头;使用毛刷、棉布或擦拭纸清洁测速齿轮及轴端,检查好的速度传感器探头用白布或擦拭纸包裹以避免擦伤;如果端盖有锈迹,用铜刷对端盖除锈,并用清洁王清洁轴箱端盖。

(3)重新安装过程。

注意:在安装前必须确保所有部件清洁。

① 更换O形密封圈,在新O形密封圈上均匀涂抹凡士林,并安装到轴端盖上。

② 将4个M16螺栓、弹性垫圈紧固到轴箱,紧固扭矩为100 N·m,如图SC1-1(a)所示,并打防松标记。

③ 重新安装轴速度传感器。

a. 在速度传感器探头侧面涂上中性凡士林,便于安装轴速度传感器。

b. 将轴速度传感器安装到轴端盖上(注意不要损坏轴速度传感器上的O形圈),用两个M8内六角螺栓固定,紧固扭矩为20 N·m,并打防松标记,如图SC1-1(b)所示。

c. 用塞尺检查轴或ATC速度传感器探头和测速齿轮之间的间隙,间隙数值应该在0.4~1.4 mm。

d. 将M10螺堵安装到轴端盖,紧固扭矩为32 N·m,并打防松标记。

(a)　　　　　　　　　　　　　　(b)

图 SC1-1　安装轴速度传感器和ATC速度传感器

2. 带接地回流回路单元的轴端开盖检查

(1)安全注意事项。

① 作业人员按规定穿戴好劳动防护用品;

② 本操作必须在第三轨断电收车之后进行。

(2)开盖前清洁。

使用高压风对轴箱体及端盖进行吹尘除污,需保证待开盖轴箱体表面清洁,以防止灰尘、异物在开盖过程中混入箱体内（风压不足时，可使用棉布或擦拭纸对其表面进行清洁）。

（3）拆卸过程。

注意：所有拆卸下的螺栓需摆放到物料盒内，防止作业过程中造成丢失、损伤；做接地回流装置清洁检查时不得使用任何清洁剂及高压风。

① 拆下回流回路单元上的接地电缆：拆下 M12×25 紧固螺栓、平垫圈和弹性垫圈。

② 拆下 3 个内六角 M8×20 接地回路单元端盖的螺栓和弹性垫圈，并取下端盖。检查端盖上的 O 形密封垫，如有损坏需更换，如图 SC1-2 所示。

③ 拆下紧固到轴端的端盖：拆下固定轴端盖的 4 个 M16 螺栓、防滑垫圈，将端盖拆下。更换端盖上的 O 形密封圈，如图 SC1-2 所示。

④ 拆下炭刷电线 M6×12 紧固螺栓，取出压力系统弹簧片，从接地回路单元取下炭刷，用毛刷及擦拭纸清洁接地回路单元，检查炭刷有无损伤；炭刷、导线或端子无变色，并检查磨耗量（原型 20 mm×40 mm×52 mm，每 10 万公里磨耗 2~3 mm），炭刷磨耗到极限标记时应更换。

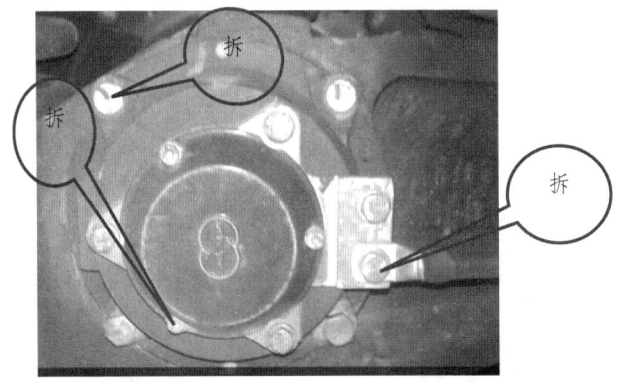

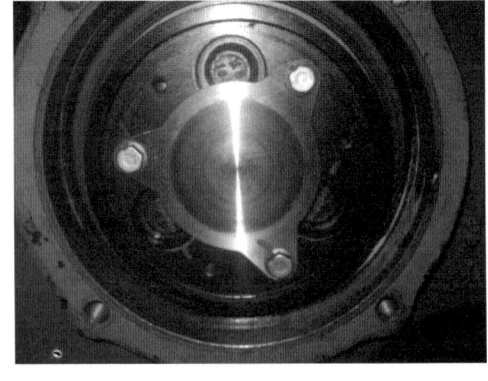

图 SC1-2　拆卸接地回流单元端盖

⑤ 用擦拭纸、毛刷清洁摩擦板，检查有无损伤，要求摩擦板光滑，无凹槽。

⑥ 检查轴箱有无油脂渗漏现象，用干净布清洁轴端。

⑦ 清洁接地电缆的端子及其与端盖的连接处。

⑧ 如果接地回流单元端盖和轴箱端盖有锈迹，用铜刷对端盖除锈，并用清洁王清洁轴箱端盖。

（4）重新安装过程。

注意：在安装前必须确保所有部件清洁。

① 在轴箱 O 形密封圈（需更换新品）上涂凡士林，用 4 个六角螺栓 M16×45、防滑垫圈（需更换新品）紧固到轴箱，紧固扭矩为 100 N·m，并打防松标记。

② 将电刷装入接地回流单元腔内，用螺栓紧固炭刷的连接电缆端子，紧固扭矩为 10 N·m，并打防松标记。

③ 安装接地回路单元端盖外端盖，用螺栓和弹性垫圈（需更换新品）将端盖紧固于接地回路单元上，紧固扭矩为 16.5 N·m，并打防松标记。

④ 用螺栓、平垫圈和弹性垫圈（需更换新品）将接地电缆紧固于轴箱盖上，紧固扭矩为 57 N·m，并打防松标记。

3. 仅安装轴端的开盖检查

（1）安全注意事项。

① 作业人员按规定穿戴好劳动防护用品；

② 本操作必须在第三轨断电收车之后进行。

（2）拆卸过程。

① 拆下固定轴端盖的 4 个 M16 螺栓、弹性垫圈，将端盖拆下。更换端盖上的 O 形圈。

② 检查轴箱有无油脂渗漏现象，并用擦拭纸及毛刷清洁轴端。

③ 如果端盖有锈迹，用铜刷对端盖除锈，并用清洁王清洁轴箱端盖。

（3）重新安装过程。

注意：在安装前必须确保所有部件清洁。

① 在 O 形密封圈上均匀涂抹凡士林，将 O 形密封圈安装在轴箱端盖上。

② 用 4 个 M16 螺栓、防滑垫圈（需更换新品）紧固到轴箱，紧固扭矩为 100 N·m，并打防松标记，如图 SC1-3 所示。

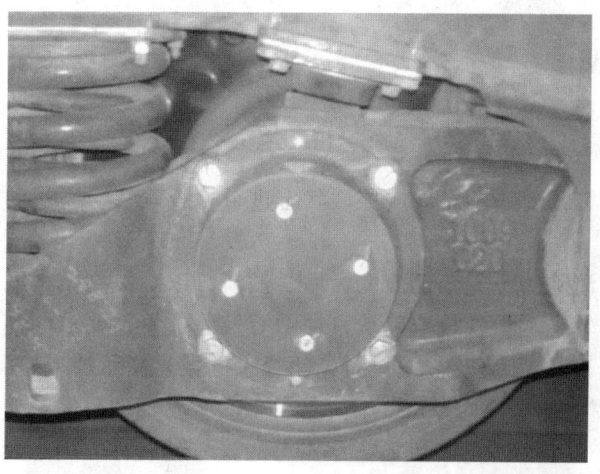

图 SC1-3　安装轴箱端盖

五、轴箱端盖各紧固螺栓的扭矩

轴箱端盖各紧固螺栓的扭矩如表 SC1-1 所示。

表 SC1-1 轴箱端盖各紧固螺栓的扭矩

轴箱外端盖	外六角螺栓	M16×60	100 N·m
速度传感器	内六角螺栓	M8×25	20 N·m
传感器检查孔	外六角螺栓	M10×20	32 N·m
炭滑块装置	内六角螺丝	M6×12	10 N·m
接地回流	内六角螺丝	M8×20	16.5 N·m
接地回流	外六角螺丝	M12×25	57 N·m

子模块 SC2　轮对轮径尺寸及内侧距尺寸测量

一、简介与注意事项

本工艺适用于动车、拖车轮对轮径及内侧距的测量。

将列车置于检查地沟上，用止动铁靴将其固定，防止意外移动。

二、工具清单

钢丝刷、轮对内侧距尺、轮径测量仪、数显轮缘尺、扁铲。

三、工　艺

1. 轮对轮径测量

工具：轮径测量仪、钢丝刷。

测量方法如下：

（1）测量轮径前，需对所测车轮的停放状态进行检查确认，用止动铁靴将其固定，防止意外移动。

（2）使用钢丝刷清除待测轮辐侧面的污垢、油渍，以确保测量精度。

（3）对所使用的轮径测量仪检查确认，须贴有校验标签，要求标签清楚，无过期。

（4）在标准圆上校对"零位"。校对时，轮径尺的数显指示器上应显示 840.0，显示其他数值时应进行"零位"校对，如图 SC2-1 所示。

数显指示器如图 SC2-2 所示。数显指示器上的操作键名称、用途及操作方法如表 SC2-1 所示。

总模块 S 实操知识

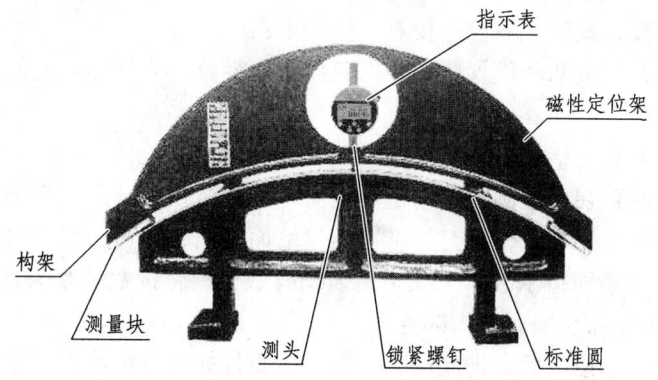

图 SC2-1　"零位"校对

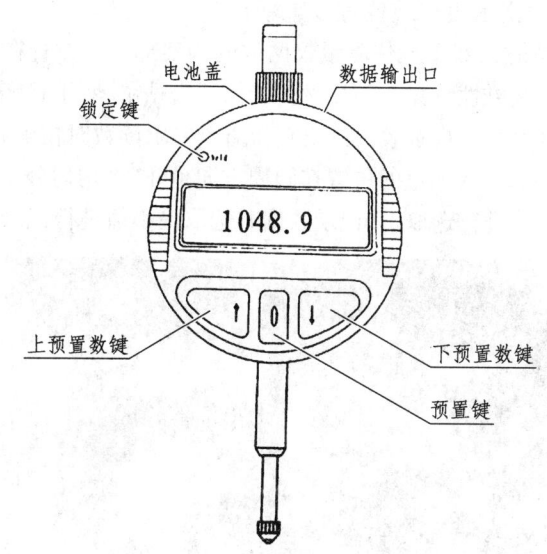

图 SC2-2　数显指示器

表 SC2-1　数显指示器操作键名称、用途及操作方法

操作键名称	用途及操作方法
预置键 "0"	用途：预置某一数值。 操作方法：预置某一数值时，先按住该键
上预置数键 "↑"	用途：将指示表读数增大。 操作方法：先按住 "0" 键，同时按该键，数字将越来越大（开始变化很慢，后来逐渐加快，按得越久，变化越快）
下预置数键 "↓"	用途：将指示表读数减小。 操作方法：先按住 "0" 键，同时按该键，数字将越来越小（开始变化很慢，后来逐渐加快，按得越久，变化越快）
锁定键 "hold"	用途：数据保持。 操作方法：当测量完毕，按一下此键，这时不管如何移动测杆，数值均不变

数显指示器读数方式的"零位"校对方法如下：

（1）拧紧指示表测头和测量仪测头，以免校对"零位"或作测量时测头松动而带来测量误差。

（2）在测量仪上装上指示表，稍紧固。

（3）将测量仪放置在标准圆上，双手轻轻压一压测量仪两端的构架部位，以保证两测量块与标准圆弧面接触良好及定位架与标准圆定位端面密贴，拧松锁紧螺钉，将指示表测杆压缩约至一半行程时再紧固指示表，按住指示表预置数值键将读数调整为标准圆直径值 840.0（标准圆直径值打印在标准圆非工作部位上）。

注意：校对好"零位"后，提起构架，指示表测杆处于自由状态，指示表读数应大于或等于测量值上限；向上推动测杆到极限位置，指示表读数应小于或等于测量值下限；否则，松开锁紧螺钉，上下移动指示表安装位置，重新校对"零位"。

（4）测量轮径，测量时，双手握住测量仪两端的构架部位，放置在被测车轮上，使定位架与车轮内侧面靠紧（因为有磁性，只要一接触就能保证密贴），双手轻轻压一压，至两测量块均与车轮踏面接触到位，这时可从指示表中读出直径值，要求读数时精确到 0.1 mm。测量时需在待测轮对上进行 3 次测量，3 次测量的位置在圆周方向呈 120° 均匀分布或选取不相邻的 3 个点进行测量（可根据实际条件进行选取）。记录数据时选取最小值进行记录，如图 SC2-3 所示。

图 SC2-3 测量轮径

技术要求：轮径 ϕ770 ~ 840 mm；同一轮对轮径偏差不超过 2 mm；同一转向架上 4 个车轮的轮径差不超过 4 mm；同一车两个转向架上 8 个车轮的轮径差不超过 7 mm。

2. 轮对轮缘高度、厚度及 qR 值测量

工具：数显轮缘尺、扁铲、钢丝刷。

测量方法如下：

（1）测量轮径前，需对所测车轮的停放状态进行检查确认，用止动铁靴将其固定，防止意外移动。

（2）使用钢丝刷清除待测轮辐侧面的污垢、油渍，以确保测量精度。

（3）测量前需对所使用的数显轮缘尺进行校对，校对时需使用专用标准量块进行校对。校对合格后，将轮缘高度量块、轮缘厚度量块调到最大开合状态，避免在放置过程中误动作导致数显测量值误差过大。

（4）测量轮缘数值时，将轮缘尺放置在被测车轮上，使定位架与车轮内侧面靠紧（因为有磁性，只要一接触就能保证密贴），用手轻轻压一压高度量块和厚度量块，至两测量块均与车轮轮缘面接触到位，这时可从指示表中读出直径值，要求读数时精确到 0.01 mm。测量时需在待测轮对上进行 3 次测量，3 次测量的位置在圆周方向呈 120° 均匀分布或选取不相邻的 3 个点进行测量（可根据实际条件进行选取）。记录数据时轮缘厚度选取最小值进行记录，轮缘高度、qR 值选取最大值进行记录。

轮缘高度校对时，使用标准量块，如图 SC2-4 所示，对显示数值进行校对，该数显仪调试方法与轮径尺数显仪调试方法一致，具体调整方法参照轮径尺数显"零位"校对方法。

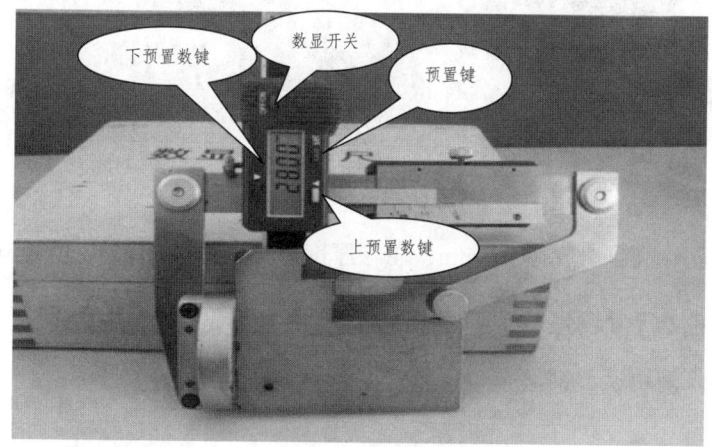

图 SC2-4　轮缘高度校对标准量块

轮缘厚度校对时，使用标准量块，如图 SC2-5 所示，对显示数值进行校对，该数显仪调试方法与轮径尺数显仪调试方法一致，具体调整方法参照轮径尺数显"零位"校对方法。

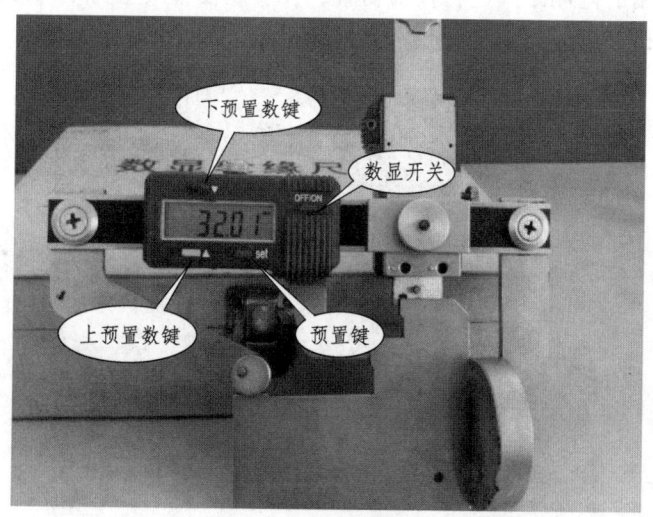

图 SC2-5　轮缘厚度校对标准量块

qR 值测量读数如图 SC2-6 所示,以主尺外侧第一个 0 刻度线所对游标尺位置进行读取,游标每格数值为 1,读数时需进行估读,要求精确到 0.1,游标标示的 6.5 数值暂时可忽略不计。

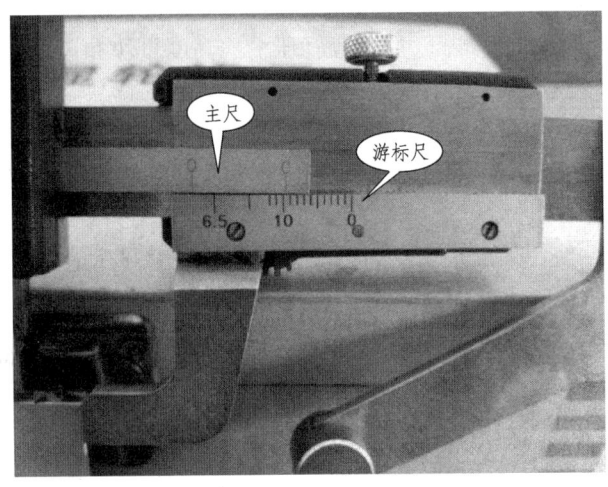

图 SC2-6　qR 值测量

技术要求：轮缘高度为 28～36 mm；轮缘厚度为 26～33 mm；qR 值 $6.5 \leqslant L \leqslant 12.7$。

3. 轮对内侧距尺寸测量

工具：轮对内侧距尺、钢丝刷。

测量方法如下：

（1）测量前,需对所测车轮的停放状态进行检查确认,用止动铁靴将其固定,防止意外移动。

（2）使用钢丝刷清除待测轮辐表面的污垢、油渍,以确保测量精度。

（3）对测量使用的内侧距尺进行校对检查,校对规校验尺寸为 1 356.9 mm,并检查内侧距尺是否有校验合格标签,且要求标识清楚,无过期,如图 SC2-7 所示。

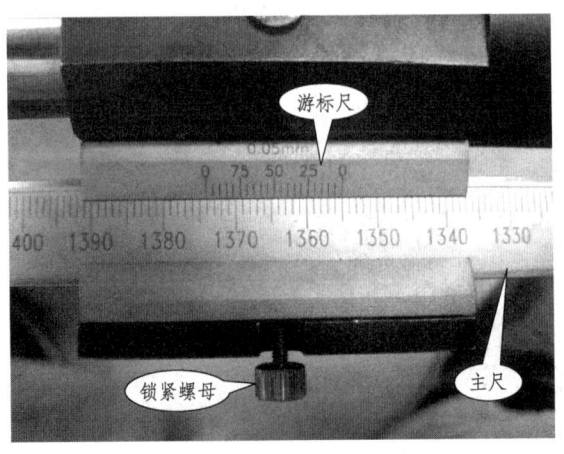

图 SC2-7　校对内侧距尺

（4）测量轮对内侧距，测量时，双手水平握住尺杆，将尺放置在两车轮之间，尺端定位销与轮对踏面靠紧，用手轻轻压住，尺端两定位销均与踏面密贴，这时推动游标使卡尺与测量块基准点密贴后，调整锁紧螺母锁紧卡尺进行读数，读数需精确到 0.05 mm。

根据游标上的分度格数，内侧距尺的游标卡尺为 20 分度尺，游标上的每个分度比主尺上的每个分度短 $1/20 = 0.05$ mm，即它的测量精度为 0.05 mm。

游标卡尺的读法如下：

① 以游标零刻度线位置为准，在主尺上读取整毫米数。

② 看游标上哪条刻线与主尺上的某一刻线（不管是第几条刻线）对齐，由游标上读出毫米以下的小数。

③ 总的读数为毫米整数加上毫米小数。

（5）测量时需对轮对内侧距进行 3 次测量，3 次测量的位置在圆周方向呈 120° 均匀分布且距离轮缘顶部 60 mm 或不相邻的 3 个点进行测量（可根据实际条件进行选取），如图 SC2-8 所示；记录测量数据时取最小值进行记录，如图 SC2-9 所示。

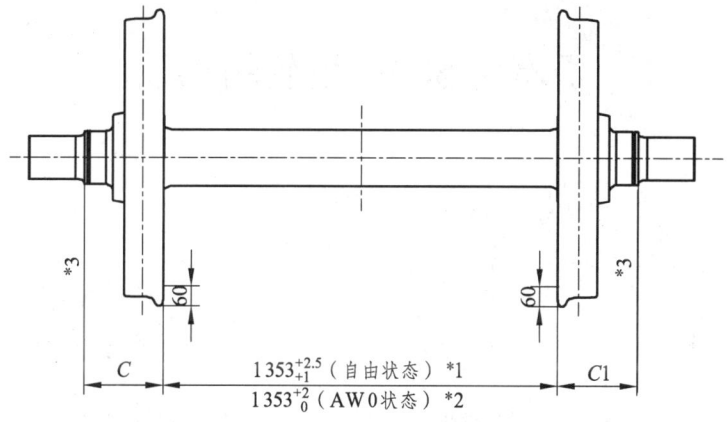

图 SC2-8　对轮对内侧距进行 3 次测量

图 SC2-8 中，*1 为轮对内侧距（自由状态）；*2 为轮对内侧距（AW0 状态）；*3 为基准线（即未装车状态）。

图 SC2-9　测量轮对内侧距

技术要求：内侧距尺寸为 1 353 ~ 1 355 mm。

轮对内侧距测量部位如图 SC2-10 所示。

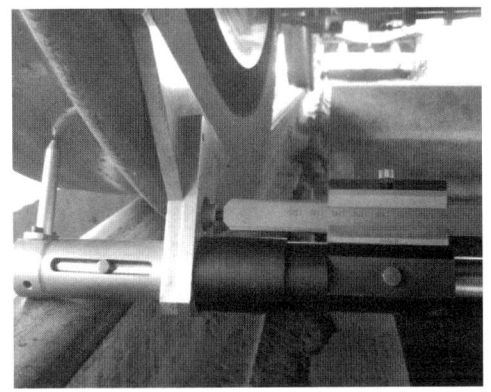

图 SC2-10　轮对内侧距测量部位

子模块 SC3　齿轮箱换油

一、简　介

本工艺适用于动车齿轮箱换油作业操作。

二、材　料

ϕ1.2 mm 或 ϕ1.8 mm 铅丝、生料带、清洁王（伍尔特 893140）、齿轮箱油（壳牌 p80）、组合垫片、白棉布。

三、工　具

扭力扳手、M22 套筒扳手、M24 套筒扳手、量杯、漏斗、回收桶、M22 呆扳手、M24 呆扳手、尖嘴钳。

四、工　序

1. 换油前准备

（1）换油操作需在齿轮温热时进行（即列车运行结束回库后立即进行），因为温热的齿轮箱油更易排放，且杂质微粒易随齿轮箱油排出。

注意：排出的油液会很烫。

（2）作业前需确认列车处于收车状态，设置安全防护，司机室操作台挂禁动牌。

（3）换油作业前需对注油堵、排油堵、螺栓周围的齿轮箱箱体表面，使用棉布进行清洁处理，防止在换油过程造成灰尘或异物掉入齿轮箱内，如果图 SC3-1 所示。

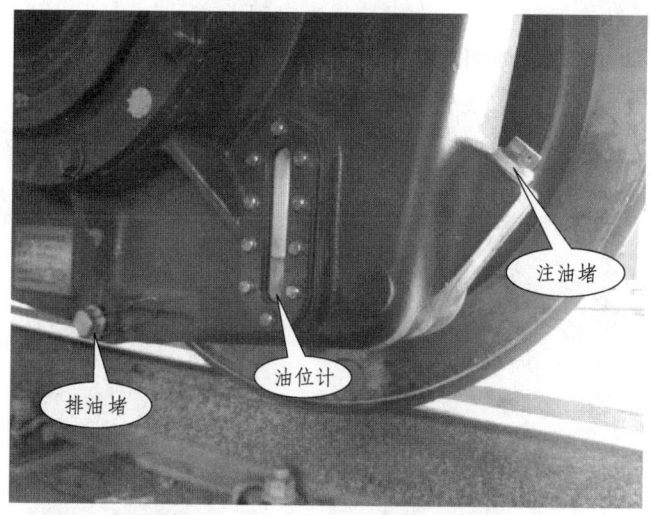

图 SC3-1　对齿轮箱箱体表面进行清洁处理

2. 换油作业

（1）使用尖嘴钳拆除排油堵及固定支座上的铅丝。

（2）使用清洁王清洁磁性排油堵周围。

（3）使用 M22 呆扳手，拆下排油堵（带磁性）及组合垫圈，回收废油到废油桶内，排油时间约为 15 min。

注意：拆下的油堵及垫圈需统一摆放在一起（单台齿轮箱），避免在作业过程中造成配件丢失或损伤，回收废油过程中注意油液喷溅，避免造成场地污染。

（4）检查排油堵油渍及铁屑状态，如图 SC3-2 所示。在磁铁周围吸附着带油的由于磨损而产生的深灰色细小颗粒，该现象属于正常情况。使用清洁王及棉布，清除干净磁堵上的油渍及铁屑，并使用酒精清除螺堵端部的防松标记。如整个磁铁都吸附着鳞片状黑色碎片或大颗粒碎屑，其颜色较为柔和，可能是由于轴承过热烧损产生的碎片或颗粒，作业过程中发现该情况需通知技术人员到场进行确认处理。

图 SC3-2　排油堵

（5）使用 M24 呆扳手拆卸注油口螺堵（带磁性），如图 SC3-3 所示，螺堵拆卸下后需对磁性端的油渍及铁屑状态进行检查，在磁铁周围吸附着带油的由于磨损而产生的深灰色细小颗粒，该现象属于正常情况。使用清洁王及棉布，清除干净磁堵上的油渍及铁屑，并使用酒精清除螺堵端部的放松标记。如整个磁铁都吸附着鳞片状黑色碎片或大颗粒碎屑，其颜色较为柔和，可能是由于轴承过热烧损产生的碎片或颗粒，作业过程中发现该情况需通知技术人员到场进行确认处理。

图 SC3-3　注油堵

（6）检查注油堵、排油堵螺纹状态，要求螺纹饱满完整，无滑牙、滑扣，注油口及排油口螺纹部分状态良好，无油垢或异物，如有，需仔细清除干净，避免造成渗油、漏油现象。

（7）使用量杯取 0.5 L 新油冲洗齿轮箱，以排除齿轮箱内的杂质，冲洗时需对排油口的出油油质情况进行观察，如冲洗排出的油质较为浑浊，可适量增加冲洗的新油量，待冲洗的油排尽后，方可进行后续的加油作业。

（8）使用酒精对箱体注油口、排油口部位的放松标示进行清除；使用酒精对油位计表面进行清洁。更换新的组合垫圈，安装排油口螺堵，在安装过程中，需注意安装正位，不得有憋劲情况。加装螺堵后使用 M22 呆扳手进行预紧。

（9）使用量杯取 3.9 L 新油对齿轮箱进行加注，建议加注时分 3 次完成，避免在加注过程中因下油过猛形成外溢。注油完成后，观察油位计刻度是否处于上下限刻度范围内，如图 SC3-4 所示。

（10）加注完成后，及时加装注油口螺堵，避免异物或灰尘进入齿轮箱，加装前需对螺堵螺纹部分缠裹生料带，以保证其密封性，生料带需沿螺纹旋向方向即紧固方向进行缠裹，缠裹 3～4 圈即可，加装螺堵后使用 M24 呆扳手进行预紧。

（11）使用扭力扳手对注油口螺堵、排油口螺堵进行扭力校核，扭矩值均为 100 N·m。扭力校核完成后分别对注油堵、排油堵打防松标记，使用新的 $\phi 1.2$ mm 或 $\phi 1.8$ mm 铅丝对排油口螺堵进行固定，固定在箱体的固定支座上。

（12）清洁各个外迷式盖的排水孔（用铅丝绳通小洞），以便水能从盖中排出（2 个在轴箱侧，1 个在齿轮箱侧），如图 SC3-5 所示。

图 SC3-4 油位计刻度

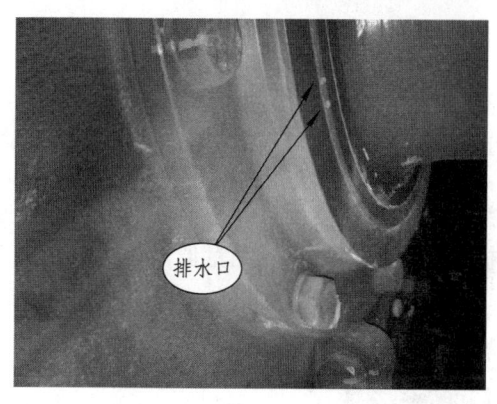
（a）齿轮箱侧

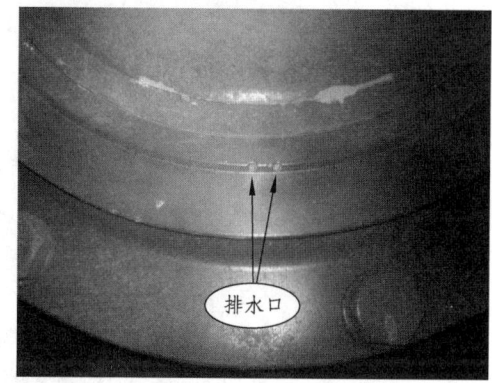
（b）轴箱侧

图 SC3-5 清洁排水孔

（13）作业完成后整理工具、材料，要求做到工完料尽，场地清。

（14）待列车完成动调回库后，对齿轮箱的油量显示进行检查，检查油位计刻度显示，是否处于上下限刻度范围内，是否存在渗油、漏油情况，异常情况需查找原因进行处理。

注意：确保没有异物进入齿轮箱；齿轮箱无润滑油时不能工作。

① 只能使用指定牌号的润滑油。

② 齿轮箱内润滑油加注过多与加注过少都对齿轮箱有危害。为此，必须注意正确的油量。

子模块 SC4 车钩高度调节维护检修

一、简介与注意事项

本工序适用于昆明电客列车半自动、半永久车钩维护保养。

① 测量调节车钩高度时，列车应处于 AW0 状态，即客室内无人。

② 必须在零轨上进行测量调节。

二、工具清单

卷尺、36 mm 开口扳手、长形方管尺或水平尺、卷尺、扭力扳手（110~550 N·m）、油枪、铜刷。

三、辅料清单

AUTOL TOP2000 润滑脂、亮锌喷剂、纸胶带、油漆记号笔、白布、清洁工。

四、工 艺

1. 车钩高度测量

工具：长形方管尺或水平尺、卷尺。

测量方法如下：

（1）确认客室内无人、无重物，使列车处于 AW0 载重状态，空簧充气完成。

（2）把长形方管尺放于车钩钩头下方，并用卷尺测量车钩高度，注意使用卷尺进行测量时，卷尺要避让开钩头踏板，即车钩高度不含踏板面厚度，以免造成测量值误差过大，如图 SC4-1 所示。

图 SC4-1 车钩高度测量

（3）待悬挂卷尺垂直稳定后，用长形方管尺靠近卷尺进行读数。读数时卷尺处于自由下垂状态，卷尺与方管尺下表面（底部）为基准，对齐刻度为车钩高度，读取数值时需估读一位，即精确至 0.1 mm，如图 SC4-1 所示。

（4）测量时需测量 A、B、C 3 点，即在左、中、右 3 个位置进行测量，记录时取 3 点中最小的数值进行记录。

技术要求：车钩高度为 810~820 mm。

2. 车钩高度及倾斜度调节

工具：卷尺、36 mm 开口扳手、长形方管尺、扭力扳手（110~550 N·m）。

调节方法如下：

（1）用36 mm开口扳手松开支持弹簧两侧上下的4个锁紧螺母3，如图SC4-2所示。

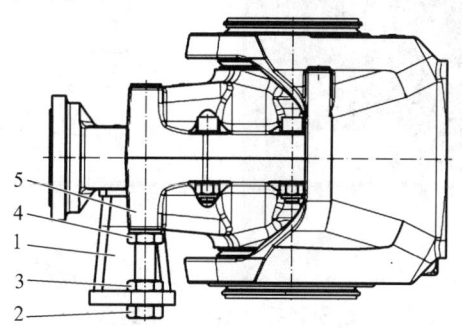

图 SC4-2 调整车钩螺栓

1—支撑弹簧；2—六角头螺栓（调整螺栓）；3—六角头螺母（下锁紧螺母）；
4—六角螺母（上锁紧螺母）；5—缓冲装置

（2）用36 mm开口扳手转动调整螺栓2的高度（顺时针降低车钩高度，逆时针抬高车钩高度），调整车钩到标准位置（810~820 mm）。

（3）测量调整螺栓2的高度，应保持两侧高度相同，然后紧固锁紧螺母（紧固扭矩为350 N·m），并在紧固螺栓上打标记。

注意：需在零轨上进行测量调整。

3. 半自动车钩维护检修

（1）目测检查车钩，无损坏、无生锈、无松动；缓冲器正常。

（2）在车钩回转范围内垂直及水平摆动车钩，水平摆动角为±25°，垂直摆动角度为±6°。

（3）检查机械、电气、气路连接，安装正确，连接牢固可靠，管路无损坏、无泄漏；清理主风管连接接口管（套口和垫圈）。如橡胶圈老化、开裂、破损，则需更换（如发现主风管、解钩风管内有灰尘，可以在电客列车起动后按解钩按钮进行清洁）。

（4）检查解钩气缸，缸体无破损裂纹、无漏气。

（5）检查手动解钩，功能正常，解钩绳无缺损、无断股。

（6）检查压溃管及压溃管变形指示器，压溃管无破损裂纹，指示器无错位、无变形、无丢失。

（7）检查车钩卡环，安装正确牢固、无裂纹，防松标记无错位（卡环螺栓紧固扭矩为145 N·m）。

（8）检查橡胶垫缓冲装置及其紧固螺栓，部件完好、无损坏、无裂纹、无老化，防松标记无错位。

（9）检查对中装置，安装正确牢固，防松标记无错位。

（10）检查电钩箱支架（中间半自动车钩），支架状态良好，安装牢固，各电气连接安全可靠。

（11）测量车钩高度：720~728 mm。

（12）清洁并润滑半自动车钩头部分，如图SC4-3所示。润滑点及相应的润滑剂如表SC4-1所示。

 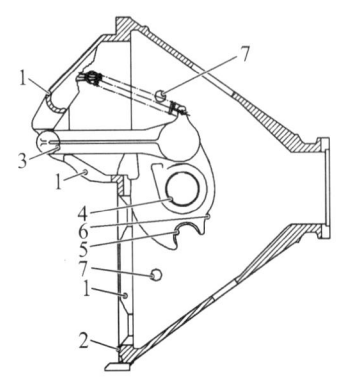

图 SC4-3 半自动车钩头

1—凸锥和凹锥中的导向面;2—车钩表面;3—钩舌及筋板;4—中心枢轴;
5—钩板槽;6—钩板后侧;7—排放孔

表 SC4-1 润滑点及相应的润滑剂

序号	零件润滑点	润滑剂	序号	润滑点	润滑剂
1	凸锥和凹锥中的导向面	亮锌喷剂	5	钩板槽	AUTOL TOP2000
2	车钩表面	亮锌喷剂	6	钩板后侧	AUTOL TOP2000
3	钩舌及筋板	AUTOL TOP2000	7	排放孔	打开
4	中心枢轴（润滑时取下保护套）	AUTOL TOP2000			

使用白布、清洁王、铜刷或钢丝刷清洁钩头各部，清洁完毕后使用 AUTOL TOP2000 润滑，并在凹锥和凸锥表面喷涂亮锌喷剂，喷涂亮锌喷剂时需使用纸胶带对主风管连接口进行防护。

（13）润滑车钩卡环。目视检查卡环法兰是否充满润滑脂（AUTOL TOP2000），如未加满，则应加满润滑脂（如发现表面黏附灰尘，可以用硬纸片将表面灰尘刮除，再进行补脂）；检查卡环排水孔状态，是否有油泥或异物堵塞，如图 SC4-4 所示，如有需清除，应保持清洁。

（14）检查车钩接地装置，各部位接地线安装牢固，防松标识无错位，接线柱（头）无变色锈蚀。

图 SC4-4 检查卡环排水孔

4. 半永久车钩维护检修

（1）检查半永久车钩外观、各部件完好，无损坏。

（2）检查机械、气路连接，安装正确，连接牢固可靠，管路无损坏、无泄漏。

（3）检查压溃管及压溃管变形指示器，压溃管无破损裂纹，指示器无错位、无变形、无丢失。

（4）检查橡胶垫缓冲装置及其紧固螺栓，部件完好、无损坏、无裂纹、无老化，防松标记无错位。

（5）检查车钩连接卡环，安装正确牢固，无裂纹，防松标记无错位。卡环排水孔无异物堵塞。

（6）检查对中装置，安装正确牢固，防松标记无错位。

（7）检查车钩接地装置，各部位接地线安装牢固，防松标识无错位，接线柱（头）无变色锈蚀。

（8）润滑车钩卡环。目视检查卡环法兰是否充满润滑脂（AUTOL TOP2000），如未加满，则应加满润滑脂（如发现表面有黏附灰尘，可以用硬纸片将表面灰尘刮除，再进行补脂）。

（9）半永久车钩钩身润滑。只在两半永久车钩解钩后才能润滑。润滑点为对中锥面、卡环连接轴肩、钩身凹锥面。使用的润滑脂为 AUTOL TOP2000，润滑时均匀涂抹（适用于解编联挂）。

子模块 SC5　列车地板面高度测量及调节

一、准备工作

（1）确认车辆已安全停放在检修平台平直轨面上。

（2）向运转请点作业，并在车辆两端放置禁动牌。

（3）放置铁鞋，上车确认车辆已断电且停放制动已施加。

（4）确认地板面高度测量所用工装工具的有效性。

（5）测量前确认车辆为空载 AW0 状态，客室内无相关人员。

二、地板面高度测量

（1）打开被测车辆转向架上方车门（A1、B1、A4、B4 门），并且确保测量过程中无人激活列车。

（2）在所测端空簧正下方轨面放置方管尺，确保方管尺垂直于轨道方向。

（3）在被测端已打开的车门口中间放置地板面测量工装（工装高度 20 mm）。

（4）使用钢卷尺测量车门口工装上表面至方管尺下表面的垂直距离。

（5）用测量所得数据减去 20 mm 后进行记录，标准尺寸要求 1 100～1 105 mm。

（6）用上述方法分别测量各节车地板面高度，并进行记录。

三、地板面高度调节

如地板面高度测量数据不在标准范围内，执行以下调节作业：

（1）确认车辆总风压力（双针压力表）在 1.03 MPa 以上，HMI 显示各空气弹簧压力达标，在 AW0 载荷条件下空簧的压力为 Tc 车：（0.3±0.02）MPa、M1 车：（0.275±0.02）MPa、

M2 车：（0.27±0.02）MPa。

（2）将空气压力电子测试仪连接调节端空簧所属智能阀测试口，对空气弹簧压力进行全过程监控。

（3）拆下调节侧高度调节杆下端开口销及螺母，将高度调节杆从下端固定端取下并保持高度不变。

（4）拉下高度调节杆，对调节端空气弹簧放气，放气至该侧二系垂向油压减振器上盖边缩至蓝色限位标记处。

（5）放气完毕后，2人配合拉好卷尺测量地板面高度，1人开始向上推起高度调节杆，使空簧充气，待地板面高度升至 1 100 mm 时停止，确保高度调节杆高度不变，通过调节下端螺母将高度调节杆下端固定，并确保螺母紧固，其高度不会变化，调节过程中优先保证空簧压力在标准范围内。

（6）再次测量地板面高度确认其在 1 100~1 105 mm 时，打好开口销。

（7）使用高度阀调节不能完成地板面高度调整的，可通过抗侧滚扭杆伸缩进行调节。

（8）对于调节过程中导致空簧压力超标的，需优先保证空簧压力参数，地板面高度可略微超限。

四、收尾工作

（1）测量及调节完成后，确认各车门关闭状态良好。
（2）查看空气弹簧压力是否在标准范围内。
（3）收取测量工装工具及记录表单。
（4）收取铁鞋和禁动牌，工完场清后向运转消点。

分模块 SD 制动系统实操

子模块 SD1 电动列车制动闸片检修

一、简 介

本工艺适用于电动列车制动闸片检查。
（1）确认列车是否断电。
（2）确认列车是否用止动铁靴固定，防止意外移动。
（3）确认 B09 阀是否切除，确认停放制动是否缓解。
（4）在拆卸闸片的时候，用手拖住闸片，防止闸片掉落造成伤害。
（5）作业中禁止操作双向脉冲电磁阀进行停放制动施加与缓解作业。

二、工具清单

一字螺丝刀、手电筒、钢直尺、塞尺、24 mm 扳手。

三、辅料清单

该操作过程无辅料。

四、工 艺

1. 检查制动闸片

（1）查看初始闸片，如图 SD1-1 所示。

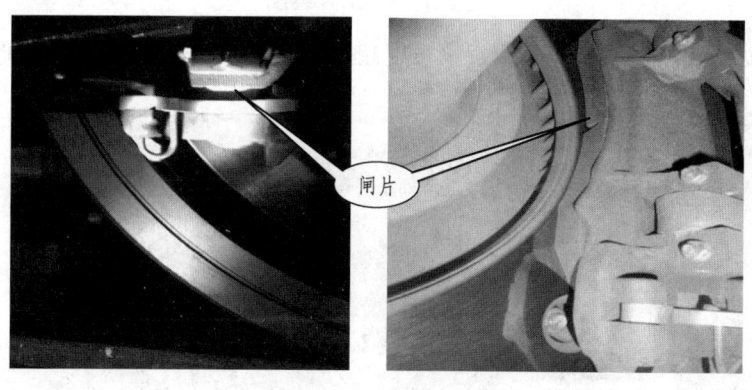

图 SD1-1　闸片位置

（2）检查闸片，如图 SD1-2 所示。

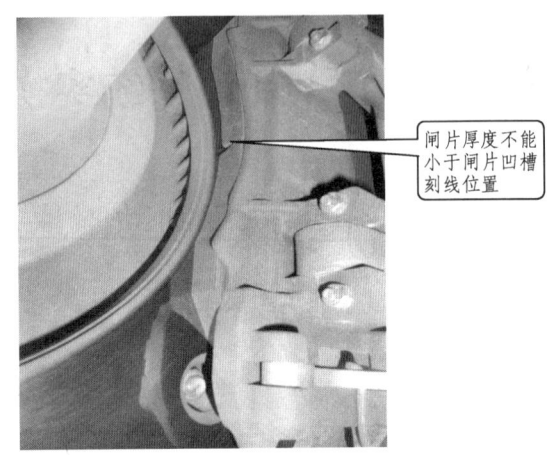

图 SD1-2　检查闸片

技术要求：闸片无缺损，插销、卡簧无丢失或损坏，闸片厚度不能小于闸片凹槽刻线位置，无需用工具测量，若两侧闸片差异明显时用钢直尺测量，两侧闸片厚度差应小于 10 mm。

① 裂纹。

与摩擦面平行的摩擦材料裂纹：裂纹长度大于 10 mm 的需要进行更换，如图 SD1-3 所示。

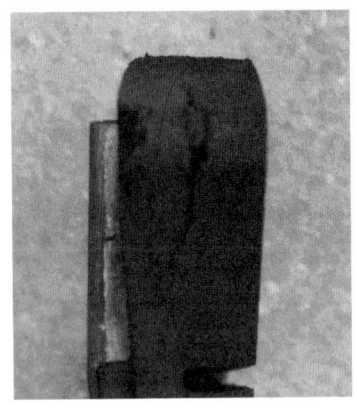

图 SD1-3　闸片裂纹

从沟槽起始处开始延伸的裂纹：裂纹长度超过 2 mm 的需要进行更换，如图 SD1-4 所示。

图 SD1-4　闸片裂纹

从沟槽末端开始延伸的裂纹：裂纹长度大于 10 mm 的需要进行更换，如图 SD1-5 所示。

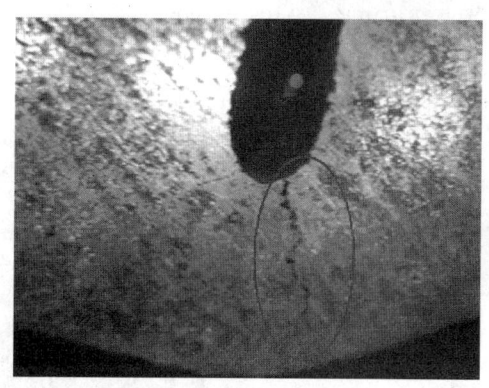

图 SD1-5　闸片裂纹

② 掉块。

闸片有大片的掉快：掉块面积大于 5 cm^3 的需要进行更换，如图 SD1-6 所示。

摩擦面的材料脱落：脱落后的表面积必须达到现有摩擦面的 80%，否则需更换，如图 SD1-7 所示。

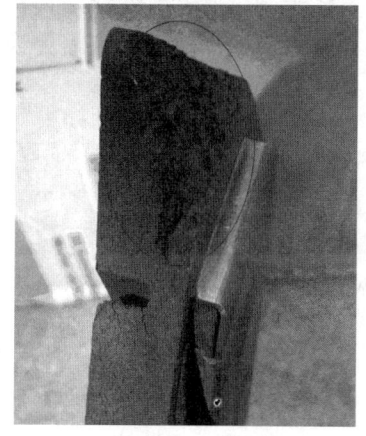

图 SD1-6　闸片掉块

图 SD1-7　闸片摩擦面材料脱落

摩擦材料脱落：必须更换，如图 SD1-8 所示。

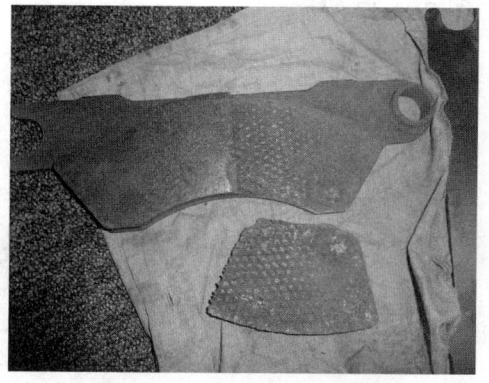

图 SD1-8　闸片摩擦材料脱落

③ 损坏。

摩擦材料从背板上脱离：必须更换，如图 SD1-9 所示。

④ 磨损。

沟槽处边缘磨损：不需更换，可以继续使用，如图 SD1-10 所示。

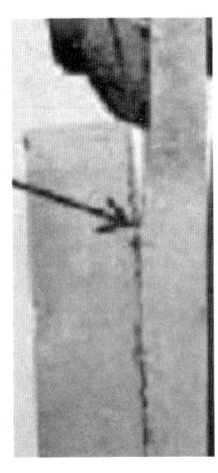

图 SD1-9　闸片损坏　　　　图 SD1-10　闸片沟槽处边缘磨损

摩擦材料表面脱落：脱落后的表面积必须达到现有摩擦面的 80%，否则需更换，如图 SD1-11 所示。

图 SD1-11　闸片摩擦材料表面脱落

摩擦面有明显的金属镶嵌：金属镶嵌的总面积不超过 $10\ cm^2$ 且单个金属镶嵌面积小于 $1\ cm^2$ 的可以继续使用，如图 SD1-12 所示。

图 SD1-12　闸片摩擦面金属镶嵌

⑤ 生锈。

摩擦面出现生锈：可以继续使用，不需要更换，如图 SD1-13 所示。

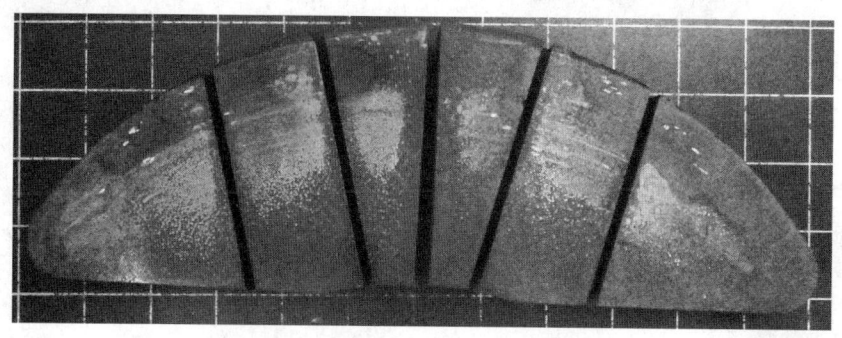

图 SD1-13　闸片表面生锈

若内外两侧闸片厚度差异明显时，使用钢直尺测量内外两侧闸片厚度，两侧闸片厚度差应小于 10 mm。如图 SD1-14 所示，使用钢直尺测量闸片厚度，将闸片与制动盘贴紧，钢直尺与制动盘垂直测量。

图 SD1-14　测量闸片厚度

2. 测量制动闸片间隙

（1）直接用手拉住闸片支座并用力向外拉动，则闸片与轮对之间产生间隙，使两侧闸片间隙并为一处便于测量，如图 SD1-15 所示。

（2）将钢直尺放置在闸片侧面测量制动盘至闸片的间隙，如图 SD1-16 所示。制动闸片间隙为 2~4 mm。

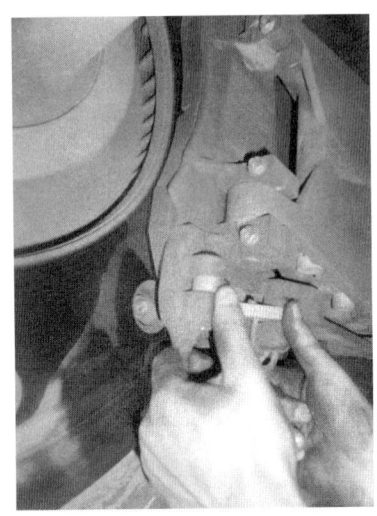 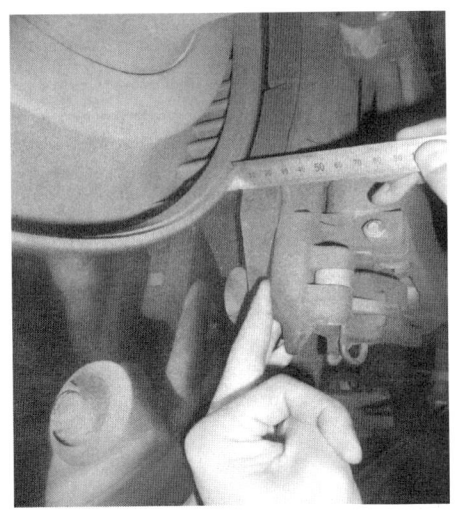

图 SD1-15　拉手闸片支座　　　　　图 SD1-16　测量制动盘至闸片的间隙

（3）如果钢直尺测的值小于 2 mm，用塞尺插入闸瓦间隙进行复测，如图 SD1-17 所示。

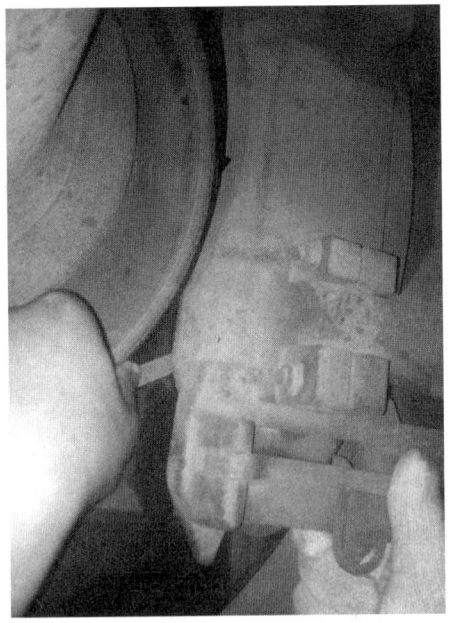

图 SD1-17　用塞尺测量制动盘与闸片的间隙

3. 制动闸片的更换

（1）取下闸片。

用一字螺丝刀插入锁簧中开启该锁簧，并同时用另一手托住即将松动掉落的闸片，如图 SD1-18 所示。

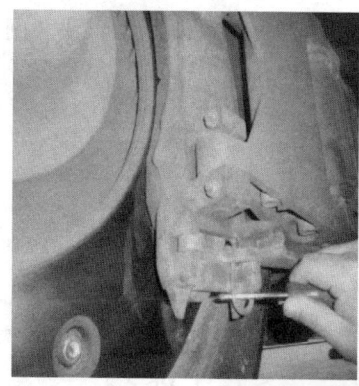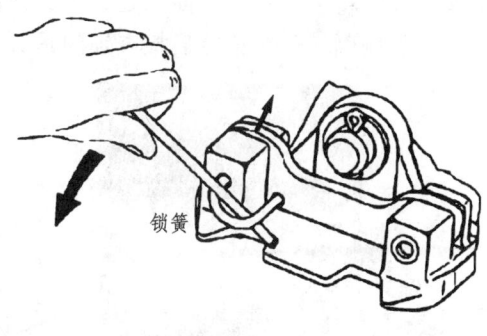

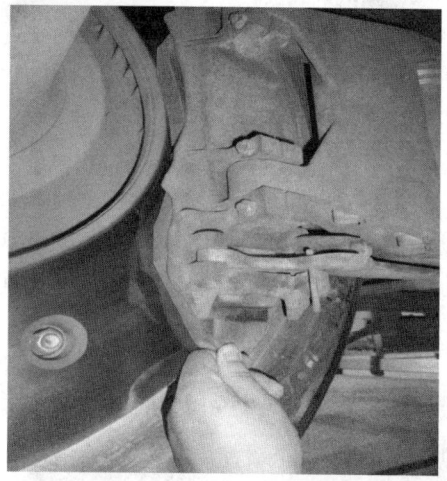

图 SD1-18　开启锁簧

（2）使用 24 mm 扳手调整自动进给装置调节螺栓，松开制动夹钳（顺时针方向制动夹钳松开，逆时针方向制动夹钳抱紧），如图 SD1-19 所示。

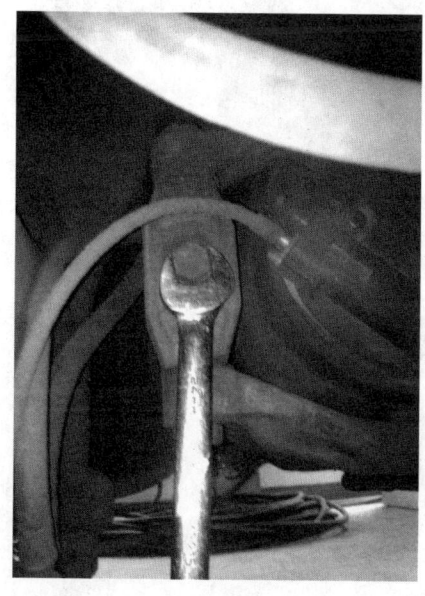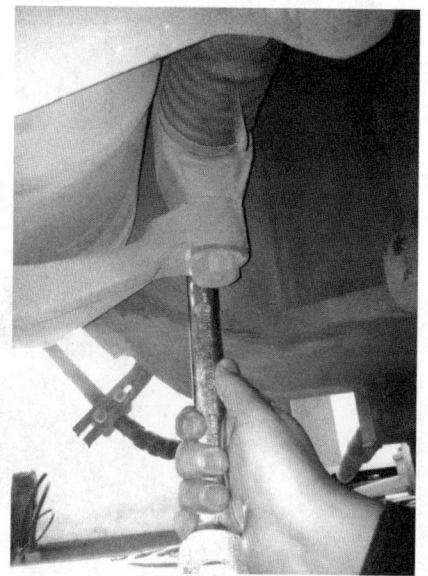

图 SD1-19　调整自动进给装置调节螺栓

（3）更换闸片，将新的闸片放回原处并压紧锁簧（注意：更换闸片时，注意闸片方向，上下闸片位置不能颠倒；压紧锁簧后检查锁闩是否锁闭到位），如图 SD1-20 所示。

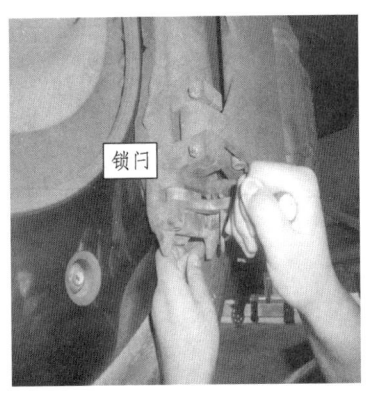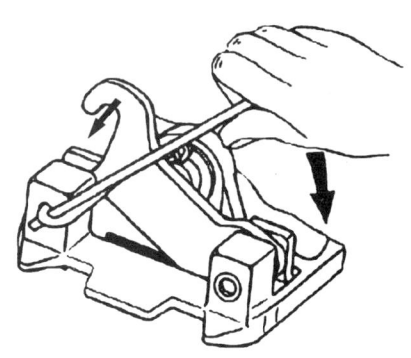

图 SD1-20　压紧锁簧

4. 闸片间隙调整

（1）更换闸片后，重复切复相应转向架 B09 阀 3~6 次，B09 阀截断位时等排气完后再恢复正常位，让单元制动机多次施加和缓解制动，进行闸片间隙自动调整，如图 SD1-21 所示。

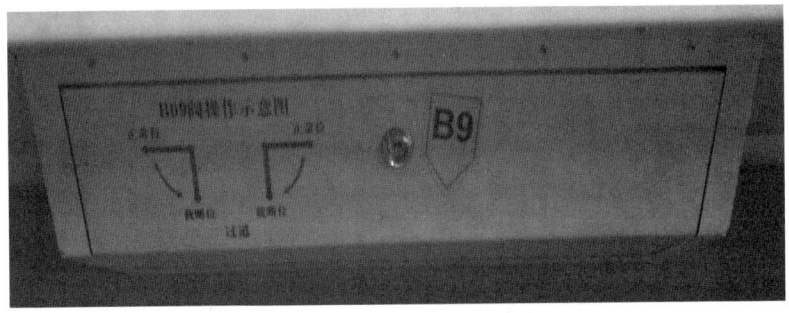

图 SD1-21　B09 阀

（2）闸片间隙调整后进行闸片间隙尺寸复测。

子模块 SD2　空压机换油

一、简　介

本工艺适用于动车空压机换油作业操作。

二、材　料

酒精、润滑油（Shell Corena P100）、主油塞软胶垫、排油塞软胶垫、注油螺塞、排油螺塞、密封铜垫。

三、特殊工具

40~200 N·m 扭矩扳手、M17 内六角扳手、M8 内六角扳手、量杯、漏斗。

四、工　序

1. 准备工作

（1）换油操作需在空压机温热时进行（即列车运行结束回库后立即进行），因为温热的空压机箱油更易排放，且杂质微粒易随齿轮箱油排出。

注意：排出的油液会很烫。

（2）切断制动模块的电源。关掉 M 车 1 位端 A 侧电气柜内空压机控制回路（DC 110 V）34-F202 空气开关，并在司机室悬挂禁动标牌。

（3）用酒精清洁油位计，并使用棉布对注油口及排油口周围表面进行清洁，防止在换油过程中有异物掉入储油箱内。

2. 换　油

（1）在排油口下方放置一个废油桶，用于收集存放排出的废油。

（2）拆卸排油堵并取下密封圈进行排油。拆下排油堵并取下密封软胶垫，并对排油堵进行清洁，需擦拭干净，对排油堵的螺纹部分进行检查，要求螺纹完好无缺损，不得有缺牙滑扣现象。检查排油口螺纹，要求螺纹完好无缺损，螺纹部无油垢异物附着。

警告：油温可能较高，有烫伤危险；注意排油时油液喷溅，避免造成场地污染。

（3）拆卸注油口螺堵并取下密封圈。拆下的注油口螺堵需使用除油王清洁擦拭，并对螺纹部分进行检查，要求螺纹完好无缺损，不得有缺牙滑扣现象。检查注油口螺纹，要求螺纹完好无缺损，螺纹部无油垢异物附着。

（4）待废油排尽后（约 15 min），使用量杯注入 0.5 L 新油对储油箱进行冲洗，再排出所有油。冲洗排油时应对冲洗出的油质进行观察，检查油质是否清澈或混有杂质，如混浊需适当增加新油量进行清洗。

（5）待冲洗结束，储油箱余油排尽，更换排油堵的密封胶垫，装上排油堵并拧紧，排油堵的安装扭矩为 80 N·m，拧紧后打上防松标记，如图 SD2-1 所示。

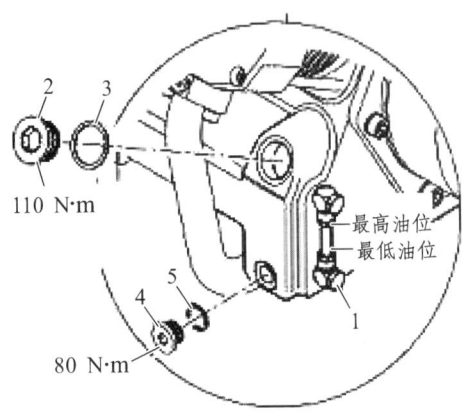

图 SD2-1　储油塞

1—油位计；2—注油堵；3，5—密封圈；4—排油堵

（6）添加专用油，添加量为 2.8L，油位处在油位计可见范围之内，如图 SD2-2 所示。

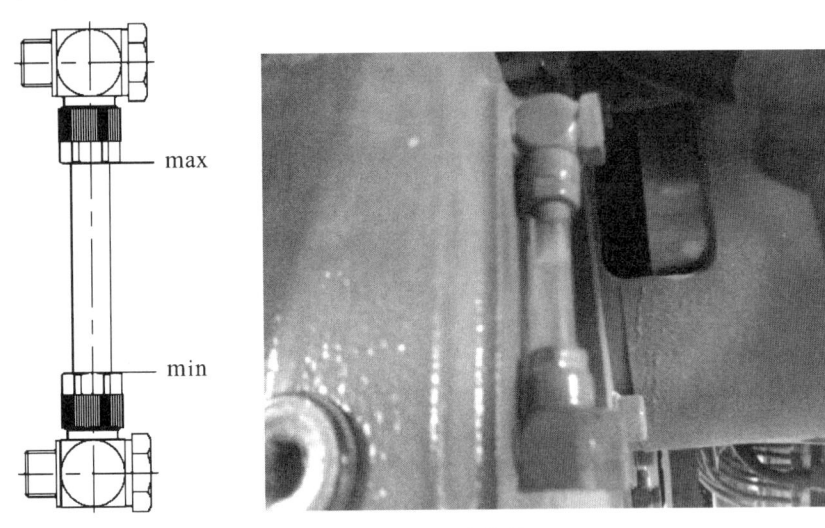

图 SD2-2　油位计

（7）更换注油堵的密封件，装上注油堵并拧紧，注油堵的安装扭矩为 110 N·m，拧紧后打上防松标记，如图 SD2-1 所示。

（8）恢复切断的开关。

分模块 SE 牵引系统实操

子模块 SE1 受流器检查、测量、调整

一、简 介

本工艺适用于昆明地铁 1 号线电动列车使用的 SG128 型单受流器。

注意：必须确认断电后方可作业。

二、特殊工具

压力计、水平尺、钢直尺、直角尺、游标卡尺。

三、工 序

1. 受流器锁闭功能检查调整

按压集电靴到锁闭位，锁闭器能可靠锁闭。按压解锁手柄，锁闭器能缓解，集电靴能在弹簧作用下恢复原位置。若不能锁闭或不能解锁，拆下螺栓 6，将锁钩及其安装架一同取出，松开螺栓 7，沿图中箭头方向调整锁钩，不能锁闭时沿图中斜上方调整，不能解锁时沿图中斜下方调整。螺栓 6 的安装也有较小间隙，可以沿图中箭头方向进行辅助调整，如图 LH2-6 所示。

2. 调整集电靴高度

（1）测量、调整受流器支点到轨面的距离。

在 AW0 荷载工况下，将水平尺置于受流器下部对应受流器支点的位置，用直角尺测量受流器支点到水平尺下表面的距离必须为（198.5±3）mm，如图 SE1-1 所示。若测量数值不在范围内，可松开受流器后板安装螺栓，通过上下调整调整孔的位置，使高度在范围内之后，紧固后板安装螺栓。

（2）测量、调整第三轨缝到轨面的距离。

在 AW0 荷载工况下，确认锁闭机构解锁，集电靴在最高位置，将水平尺置于受流器下部，用直角尺及钢直尺测量集电靴中间位置上表面最外侧到水平尺下表面的距离，必须为 237~239 mm，如图 LH2-5 所示。若测量数值不在范围内，松开摆臂上的两个可调整橡胶缓冲器的埋头螺母，如图 SE1-2 所示，调整两个橡胶缓冲器，使测量距离在范围内，顺时针调整距离增加；反之，距离减小。调整到位后，拧紧埋头螺母。

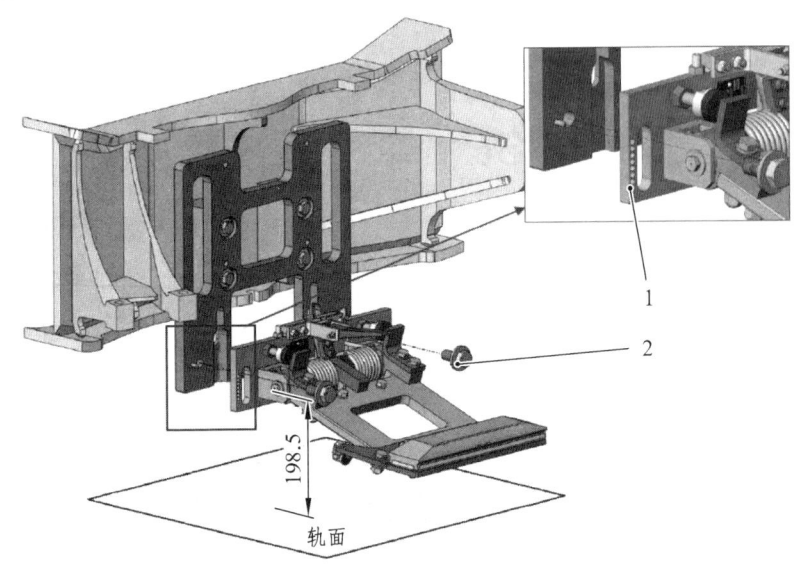

图 SE1-1 调整受流器

1—调整孔；2—螺栓和垫圈

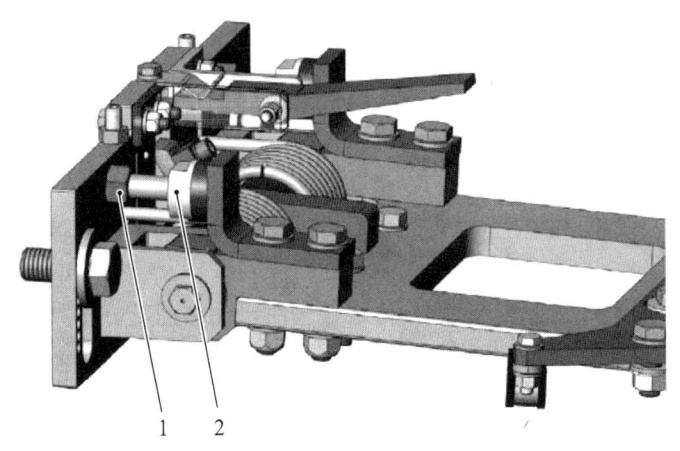

图 SE1-2 调整橡胶缓冲器

1—埋头螺母；2—橡胶缓冲器

3. 测量、调整集电靴接触压力

在 AW0 荷载工况下，将水平尺置于受流器下部，用测力计压住集电靴上表面中间位置往下匀速压下，同时用直角尺及钢直尺测量集电靴上表面外侧到水平尺下表面的距离，当距离为 160 mm 时，读取管型测力计的数据应为（130±15）N。若接触压力不在范围内，需松开底架顶侧的埋头螺母，调整固定螺栓以增加或减小接触压力，如图 SE1-3 所示，用内六角扳手调整，顺时针方向旋转可增加接触压力；反之，可减小接触压力。接触压力调整到范围内后，拧紧埋头螺母。

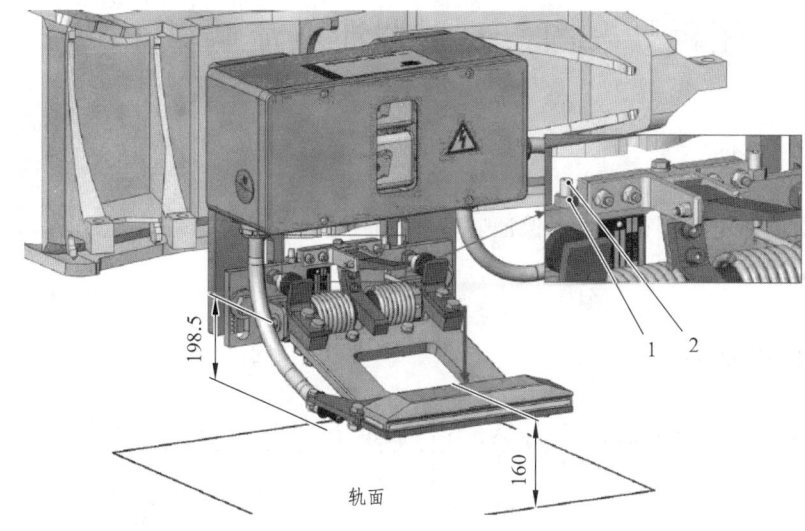

图 SE1-3　调整集电靴接触压力

1—埋头螺母；2—固定螺栓

4. 测量集电靴炭滑块磨耗

在 AW0 荷载工况下，集电靴在非锁闭位，使用游标卡尺进行测量，测量尺寸是从集电靴座底部至炭滑块磨耗面，如图 SE1-4 所示，使用游标卡尺测量时保证数值 X 与集电靴座底部成 90° 直角。测量位置为 3 个测量点，如图 SE1-5 所示的标注位置，测量完 3 个测量点数据后取最小数值记录，测量数据应不小于 23 mm。

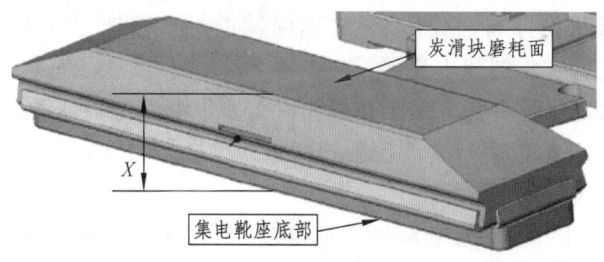

图 SE1-4　测量集电靴座底部至炭滑块磨耗面

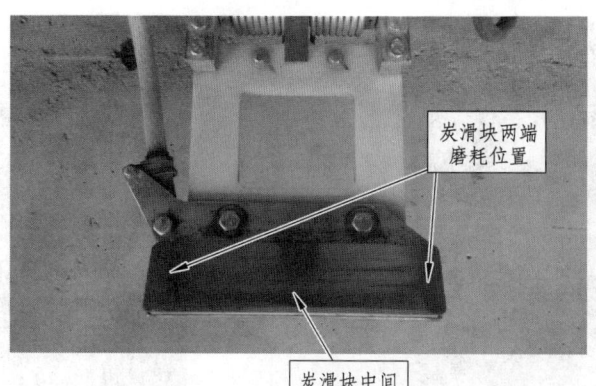

图 SE1-5　测量位置

子模块 SE2　避雷器泄电流测试工艺

一、简　介

列车避雷器泄电流测试是为了保证避雷器的性能正常、功能完好，要求做好数据记录，以备在故障情况下能作技术参考。

二、辅助材料

无水酒精、白布、绝缘毯、记号笔、绝缘胶带。

三、工　具

RY-2 型无间隙避雷器直流参数测试仪、5~20 N·m 扭力扳手、13 mm 开口扳手、13 mm 套筒扳手。

四、工　序

拆卸避雷器前要严格执行电客列车放电流程，将 Tc 车蓄电池熔断器开关取下，将 Tc 车母线熔断器及隔离开关箱内 AQS 隔离开关打到"分位"，并确保辅助触点接地，将 M1、M2 高压箱内 MQS 隔离开关打到"分位"，并确保辅助触点接地，以上操作完成后等待放电 10 min 以上，方可进行避雷器泄电流测试。

带电操作时需佩戴绝缘手套。由于在操作时需要带电操作，请做好相应的安全措施。

（1）使用 13 mm 开口扳手及套筒扳手把回流线（线号 1F01：02）紧固螺栓卸下，如图 SE2-1 所示。

（2）使用 13 mm 开口扳手及套筒扳手把接地线（线号 =11-A303/504）紧固螺栓卸下，如图 SE2-2 所示。

图 SE2-1　拆卸回流线紧固螺栓　　　图 SE2-2　拆卸接地线紧固螺栓

（3）完成以上两步后，使用无水酒精把避雷器表面擦拭干净，并把所拆下的螺栓旧防松标记擦掉，整齐摆放好，如图 SE2-3 所示。接地线、回流线与避雷器保证一定距离，对线接头做绝缘。

图 SE2-3　接地线、回流线与避雷器清洁

（4）RY-2 型无间隙避雷器下垫绝缘毯，RY-2 型无间隙避雷器在未连接电源的情况下，红线接正极（高端），黑线接负极（低端）。打开 RY-2 型无间隙避雷器直流参数测试仪电源开关，两线短接，把测试仪内部电容余电放完。待余电放完后电源开关指示灯会灭掉，说明放电完成，复位电源按钮，如图 SE2-4 所示。

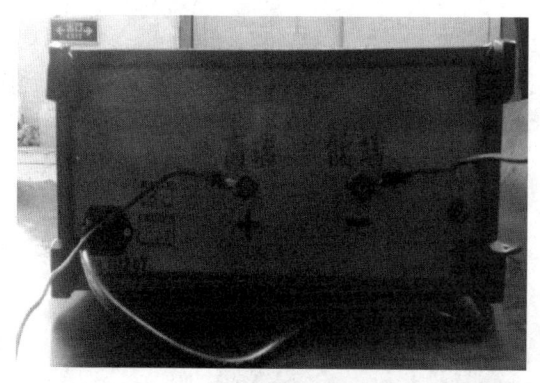 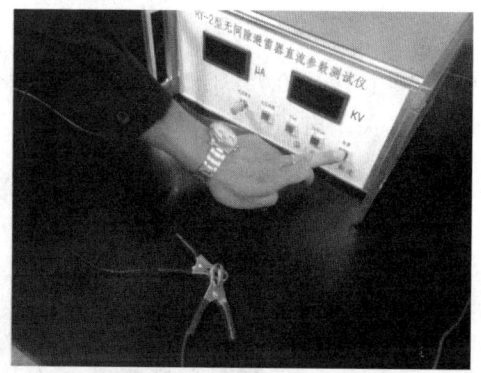

图 SE2-4　对测试仪内部电容余电放电

（5）避雷器连接 RY-2 型无间隙避雷器直流参数测试仪，按图 SE2-5 连接避雷器，红线接下部回流端，黑线接上部接地端，检查夹子是否夹紧，夹钳与接线柱呈 90° 直角。注意避雷器在测试前应将表面灰尘、水露、水迹擦拭干净，以避免测试时避雷器外表有漏电流存在，影响测量结果的准确性。

图 SE2-5 测试仪连接避雷器

（6）接通 AC 220 V 供电，开启测试仪电源，当测试仪显示屏出现数字时，长按"U1mA"按钮。当两个表的读数稳定时，记录下电压表的读数，然后松开"U1mA"按钮，如图 SE2-6 所示。

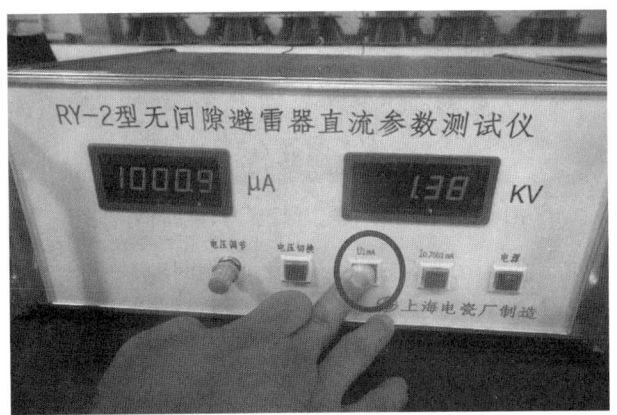

图 SE2-6 长按"U1mA"按钮

（7）长按"I0.75U1mA"按钮，当两个电表读数稳定后，记录下电流表的读数，然后松开按钮，关闭电源键，如图 SE2-7 所示。

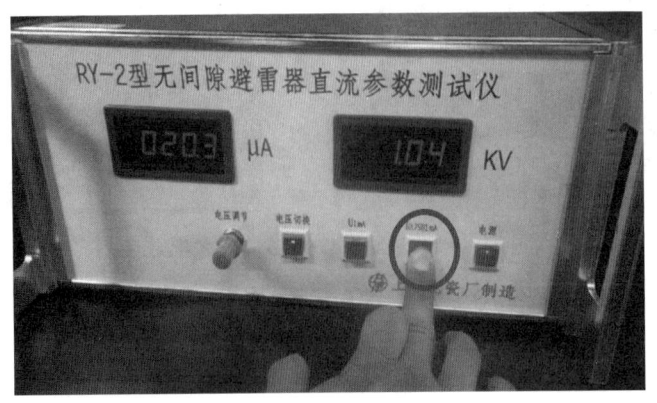

图 SE2-7 长按"I0.75U1mA"按钮

（8）断开测试仪 AC 220 V 电源插头，然后再一次按下测试仪的电源按钮，进行测试仪放电作业，当电源按钮的红色指示灯熄灭后，说明放电完成。复位电源按钮（以上 3 步测试通电时，切记不可触摸避雷器，以防触电），如图 SE2-8 所示。

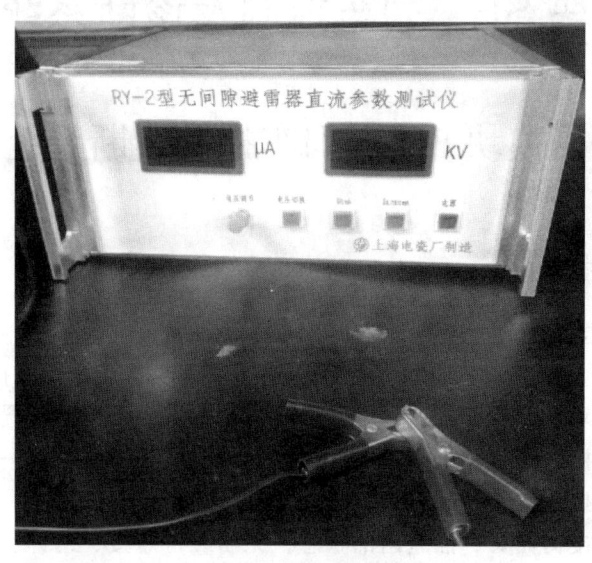

图 SE2-8　测试仪放电

（9）仪器使用完毕后，不能将红线夹与黑线夹随意放置、碰触、短接，应将从各自接线柱上拆下。

（10）断开测试仪与避雷器的连接，并把避雷器安装好，注意螺栓、垫片的安装位置和顺序，并按要求的扭矩拧紧各螺栓（注意打扭矩时应以对扣螺母为操作对象），并做好防松标记。所有紧固螺栓不能涂螺纹胶或者润滑油，一旦发现螺栓有咬死状况需立即更换固定螺栓。

（11）作业完成后做到场清、人清、工具清，切不可遗留工具在避雷器箱体内。

（12）数据标准：1 mA 电流参考电压值大于 1 000 V，0.75 V 参考电压下泄漏电流小于 50 μA。

分模块 SF　列车控制及诊断系统实操

子模块 SF1　列车控制诊断系统

一、计划性维护

计划性维护按照昆明地铁现行车辆检修周期来进行，由于 TCMS 不含需要补充润滑剂和水的运转设备，因此月检的检查内容和日常维护一样，而其他几种定期维护主要检查以下项目：

（1）目视检查模块安装螺栓的紧固情况，无松动、生锈、脱落情况。
（2）目视检查连接电缆状态，无损伤裂纹和腐蚀情况。
（3）目视检查连接器模块外部状态，无松动、破损、变形、污垢、腐蚀情况。
（4）目视检查连接器插头、插座内部状态，无断线、短接、退针、腐蚀情况。
（5）检查显示器上各个模块的通信状态，无报通信故障情况。
（6）目视检查接地线缆状态，无松动、生锈、脱落情况。

二、故障维修

昆明地铁首期工程网络控制系统自身具备完善的故障诊断功能，当故障发生时，可以通过显示器或者模块面板指示灯对故障做出相应指示，为车辆的安全和可靠运行提供有力的保证。

在正常情况下，可以在显示器网络拓扑界面查看到系统模块的运行/故障状态。更详细的状态信号则需从模块面板的指示灯观察到。系统模块常见故障与对策如表 SF1-1 所示。

表 SF1-1　网络控制系统故障分析与对策

序号	故障名称	故障等级	故障定义	故障动作	处理方案
1	VCMe 通信故障	2	显示器报"无通信"故障；BE 黄灯常亮	显示器提示；蜂鸣器报警	① 确认所有 DXMe、DIMe、AXMe、VCMe、ERMe、REP、HMI 模块的 MVB 插头以及 SIV 箱通信插头、BCU 箱通信插头、VVVF 箱通信插头锁紧；② 确认 REP 的 MVB 终端连接器锁紧；③ 确认所有 MVB 连接器锁紧；④ 重启列车控制和诊断系统；⑤ 如果故障依旧，应更换 VCMe 模块
			软件配置错误，SE 红灯常亮		重新下载 VCMe 模块软件
			VCMe 电源故障，所有指示灯不亮		① 确认 VCMe 电源插头锁紧且得到 110 V 电压；② 更换 VCMe 模块

续表 SF1-1

序号	故障名称	故障等级	故障定义	故障动作	处理方案
2	ERMe 通信故障	2	显示器报"ERMe 通信故障"；BE 黄灯常亮	显示器提示；蜂鸣器报警	① 确认 VCMe 得电且指示灯显示通信正常；② 确认 ERMe 的 MVB 通信插头锁紧；③ 更换 ERMe 模块
			ERMe 电源故障，所有指示灯不亮		① 确认 ERMe 电源插头锁紧且得到 110 V 电压；② 更换 ERMe 模块
3	DXMe 通信故障	2	显示器报"DXMe 通信故障"；SM 通信指示灯不闪烁	显示器提示；蜂鸣器报警	① 确认 VCMe 得电且指示灯显示通信正常；② 确认 DXMe 的 MVB 通信插头锁紧；③ 更换 DXMe 模块
			DXMe 电源故障，所有指示灯不亮		① 确认 DXMe 电源插头锁紧且得到 110 V 电压；② 更换 DXMe 模块
4	DIMe 通信故障	2	显示器报"DIMe 通信故障"；SM 通信指示灯不闪烁	显示器提示；蜂鸣器报警	① 确认 VCMe 得电且指示灯显示通信正常；② 确认 DIMe 的 MVB 通信插头锁紧；③ 更换 DIMe 模块
			DIMe 电源故障，所有指示灯不亮		① 确认 DIMe 电源插头锁紧且得到 110 V 电压；② 更换 DIMe 模块
5	AXMe 通信故障	2	显示器报"AXMe 通信故障"；L4 通信指示灯不闪烁	显示器提示；蜂鸣器报警	① 确认 VCMe 得电且指示灯显示通信正常；② 确认 AXMe 的 MVB 通信插头锁紧；③ 确认 AXMe 的地址设定正确；④ 更换 AXMe 模块
			AXMe 电源故障，所有指示灯不亮		① 确认 AXMe 电源插头锁紧且得到 110 V 电压；② 更换 AXMe 模块
6	HMI 通信故障	2	显示器报"无通信"故障；	显示器提示；蜂鸣器报警	① 确认 VCMe 得电且指示灯显示通信正常；② 确认 HMI 的 MVB 通信插头锁紧；③ 更换 HMI 显示器
			HMI 电源故障，显示器不亮		① 确认 HMI 电源插头锁紧且得到 110 V 电压；② 更换保险；③ 更换 HMI 显示器
7	SIV 通信故障	2	显示器报"SIV 通信故障"	显示器提示；蜂鸣器报警	① 确认 VCMe 得电且指示灯显示通信正常；② 确认 SIV 箱通信插头锁紧；③ 确认 SIV 箱内通信接口板通信插头锁紧；④ 确认 SIV 箱得到 110 V 电压；⑤ 重启 SIV 控制电源；⑥ 更换 SIV 箱内通信接口板

续表 SF1-1

序号	故障名称	故障等级	故障定义	故障动作	处理方案
8	DCU通信故障	2	显示器报"DCU通信故障"	显示器提示；蜂鸣器报警	① 确认VCMe得电且指示灯显示通信正常； ② 确认DCU箱通信插头锁紧； ③ 确认DCU箱内通信接口板通信插头锁紧； ④ 确认DCU箱得到110 V电压； ⑤ 重启DCU控制电源； ⑥ 更换DCU箱内通信接口板
9	BCU通信故障	2	显示器报"BCU通信故障"	显示器提示；蜂鸣器报警	① 确认VCMe得电且指示灯显示通信正常； ② 更换BCU箱内通信接口板； ③ 确认BCU箱通信插头锁紧； ④ 确认BCU箱内通信接口板的通信插头锁紧且MVB终端连接器锁紧； ⑤ 确认BCU箱得到110 V电压； ⑥ 重启BCU控制电源

子模块 SF2　HMI 维护

一、安　装

指导维修人员进行安装。软件信息、安装包信息、所需工具和配置如表 SF2-1～SF2-3 所示。

表 SF2-1　软件信息

软件名称	appdata.img
软件类型	显示器应用程序的映像文件
功能简述	包含列车显示器中应用的所有文件
硬件及配置	软件适合基于PXA255系列处理器的Linux系统

表 SF2-2　安装包信息

简述	显示器应用程序的映像文件，包含列车显示器中应用的所有文件			
序号	文件名	安装目标	目标位置	安装途径
1	appdata.img	appdata.img	\user\project\	TPX21显示器的拯救系统

表 SF2-3　所需工具和配置

序号	工具名称	工具版本/型号	采购厂家/采购渠道	工具安装及配置要求
1	U盘			

安装前准备及注意事项如下：

把目标映像文件 "appdata.img" 拷贝到 U 盘的 "_TEG_TPX_SYSTEM" 下。
注意：U 盘中的文件夹名称及大小写不要写错。
安装方法及步骤如表 SF2-4 所示。

表 SF2-4　安装方法及步骤

序号	操作步骤说明	期望结果	注意事项/备注
1	按压显示器的【2】键，给显示器上电（DC 110 V）	显示器进入"拯救系统界面"	
2	按压显示器的 🔊 键	界面上提示"正在更新应用程序，请稍候"	
3	提示更新完成后，重新启动显示器即可	启动后界面正常显示	

二、计划性维护

定期维护主要检查以下项目：
（1）检查模块安装螺栓的紧固情况。
（2）检查显示器上各个模块有无报通信故障。
（3）检查连接电缆有无损伤、裂纹和腐蚀情况。
（4）检查连接器插头和插座的接触状态。
（5）检查连接电缆插头的安装状态、压接状态，有无断线、是否锈蚀。
（6）检查接地线缆的固定状态，是否有脱落、锈蚀现象。
（7）检查显示器易耗件使用年限。显示器的键盘和触摸屏的使用年限均为 18 个月，使用年限到后应返厂进行更换。
（8）检查 HMI 使用年限。HMI 应在使用 5 年后进行整体更换。

三、故障维修

故障分析与处理如表 SF2-5 所示。

表 SF2-5　故障分析与处理

故障名称	故障等级	故障定义	故障动作	处理方案
HMI 通信故障	2	显示器报"无通信"故障	显示器提示	① 确认 VCM 得电且指示灯显示通信正常；② 确认 HMI 的 MVB 通信插头锁紧；③ 更换 HMI 显示器
		HMI 电源故障，显示器不亮		① 确认 HMI 电源插头锁紧且得到 110 V 电压；② 更换保险；③ 更换 HMI 显示器
HMI-USB 接口故障	3	U 盘不能正常使用	无	① 使用显示器配套的 U 盘；② USB 口损坏，更换 HMI 显示器

子模块 SF3 电气控制设备

一、检修维护

检修分为日检、月检、年检、中修、大修。

1. 日常维护检修

（1）检查各紧固件和接线端子应无松动、松线、掉线现象。

（2）线束、铜排和导线应清洁，不许有过热、烧损和绝缘老化现象；线号齐全，清晰正确。线芯断股不得超过原形的 10%，单股线芯不许有裂损。铜排应平直光洁，不许有裂损；局部缺损不得超过原形的 5%，表面镀层良好，连接处密贴。

（3）检查电压表，在无电状态下，电压表的指针均应在零位，如果不在零位，将指针调至零位。

（4）自动开关、旋钮、按钮等不许有破损，动作灵活，通断作用可靠。一旦发现自动开关、旋钮或按钮有破损或动作不灵活，必须更换该自动开关、旋钮或按钮。

（5）检查各接触器动作正常，接触器、继电器表面无烧痕。

（6）检查二极管的阴阳极的正反通断性应正确无误。

（7）插座及端子排应清洁、完整，不许有裂损、烧伤，导线压接良好，接线紧固；插座插接牢靠，定位作用良好。

（8）感温感烟组合探测器、火灾报警控制器、控制模块、客室控制机柜 PACU、媒体网关、视频转换器、中继器应按其相应的使用说明书进行检修维护。

2. 每月正常维护

（1）用 0.2~0.3 MPa 压缩空气吹扫柜内灰尘。

（2）每月正常的维护检查包括日常检修的所有内容。

3. 年 检

（1）年检包括月修的所有内容。

（2）检查并修正各电器整定值，如表 SF3-1 所示。

表 SF3-1 电器整定值

序号	代号	名 称	型 号	整定值
1	=22-K110	延时继电器	3RP1505-2BW30	4 s
2	=31-K05	延时继电器	3RP1505-2BW30	15 min
3	=73-K101	延时继电器	3RP1505-2BW30	10 min

（3）分别给各中间继电器和直流接触器的控制线圈通以 84 V 直流电压，各电器的衔铁应能可靠吸合，声音清脆，联锁关系正常。

（4）校核电池电压表、网压表。

4. 中　修
中修包括年检的全部内容。

5. 大　修
（1）大修包括中修的全部内容。
（2）更换所有的二极管端子。

二、检修方法

1. 检修时电器设备的拆卸方法

拆卸微型断路器时，拆掉4个固定断路器板的螺钉，打开面板，断路器是通过导轨安装在断路器板上的。

微型断路器、继电器、接触器及接线端子排、SKS模块、MVB REAPTER都通过导轨安装在电气柜内，它们的底部下方设有安装扣，用起子挑出安装扣就可取出以上各电器，其余电器都可用起子拧松相应的安装螺钉取出。

对具有扭力标记的器件安装紧固件，换装器件时必须达到该扭力标准。

2. 检修维护用的特殊工具、工装

万用表、110 V直流电源、压接线工具。

分模块 SG 辅助系统实操

子模块 SG1 辅助供电系统

辅助电源箱的日常维护是确保其良好的状态和安全运行所必须完成的日常性工作,主要内容是出库前、入库后检查辅助电源箱的安装螺栓及各部件连接的紧固情况;检查骨架、门等部件是否完好。以下着重介绍检查项目,通过检查发现问题,及时采取针对性的措施。

(1)检查安装螺栓的紧固情况。
(2)检查主电路电缆的连接情况。
(3)检查控制插头的连接情况,插头、插座有无损坏。
(4)检查骨架有无明显裂纹和变形,检查表面的油漆是否有剥落和腐蚀情况。
(5)检查门紧固螺栓是否锁紧。
(6)辅助电源箱的其他维护属于定期维护的范围。表 SG1-1 以车辆行驶公里数或月数为标准确定了一般定期保养的时间和项目。各项目的检查、调整、修复、更换和其他维护工作应严格按照表中的规定进行。当在恶劣条件下使用时,应视具体情况适当缩短保养的期限。

表 SG1-1 辅助电源箱的维护计划

期限		项目	公里数×10 000		12.5~15	50~60	100~120
			月数	1	15	60~70	120~144
检查项目	检查内容	判断依据					
辅助电源箱箱体				维护工作内容			
骨架	变形、伤痕、腐蚀等	是否影响辅助电源箱的正常使用和密封		检查,修复	检查,修复	检查,修复	检查,修复
柜门和滤网	变形、伤痕、腐蚀等	是否影响辅助电源箱的正常使用和密封		检查,修复	检查,修复,有必要则更换	检查,修复,有必要则更换	检查,修复,有必要则更换
门密封条	永久变形、弹性状态	是否存在永久变形影响密封		检查	检查,修复,有必要则更换	检查,修复,有必要则更换	检查,修复,有必要则更换
控制插头、插座	松动、裂纹、伤痕	插座螺钉是否松动,插头插座有无伤痕和裂纹		检查,紧固螺栓,有必要则更换	检查,紧固螺栓,有必要则更换	检查,紧固螺栓,有必要则更换	检查,紧固螺栓,有必要则更换

续表 SG1-1

期限		项目	公里数×10 000		12.5~15	50~60	100~120
			月数	1	15	60~70	120~144
检查项目	检查内容	判断依据					
辅助电源箱箱体			维护工作内容				
电缆夹	松动、损坏	是否有松动和损坏			检查,紧固,有必要则更换	检查,紧固,有必要则更换	检查,紧固,有必要则更换	检查,紧固,有必要则更换
布线	线缆的老化、破损	有无严重老化和破损			检查	检查,有必要则更换	检查,有必要则更换	检查,有必要则更换
	端子、连接器、弧线套	有无端子松动、生锈,护线套是否破损			检查,紧固	检查,紧固,有必要则更换	检查,紧固,有必要则更换	检查,紧固,有必要则更换
紧固件	松动、生锈、脱落	有无紧固螺钉松动、生锈、脱落			检查,紧固	检查,紧固,有必要则更换	检查,紧固有必要则更换	检查,紧固,有必要则更换
断路器	外观、触头	外观是否完好、触头是否烧损			检查	检查,有必要则更换	检查,有必要则更换	检查,有必要则更换
接触器(KM1/KM2)	外观、主触头、辅助触头	外观是否完好、主触头是否烧损、辅助触头接线是否松动			检查,紧固	检查,紧固,有必要则更换	检查,紧固,有必要则更换	检查,紧固,有必要则更换
电阻	外观、阻值	外观是否正常,有无裂纹、脱色、测量其阻值是否正确			检查	检查,测试阻值,如果阻值超过额定值±10%,则更换	检查,测试阻值,如果阻值超过额定值±10%,则更换	检查,测试阻值,如果阻值超过额定值±10%,则更换
传感器、快熔、二极管、互感器	外观、特性	外形是否完好、工作特性是否正确			检查	检查,如有必要则更换	检查,如有必要则更换	检查,如有必要则更换
变压器、电抗器,风机	外观、特性	外形是否完好、工作特性是否正确			检查	紧固,除尘,如有必要则更换	紧固,除尘,如有必要则更换	紧固,除尘,如有必要则更换
电容	外观、特性	外形是否完好、是否漏液			检查	如有必要则更换	如有必要则更换	如有必要则更换

子模块 SG2　照明及辅助设备系统

一、客室照明检修维护

1. 定期保养计划

客室照明定期保养计划如表 SG2-1 所示。

表 SG2-1　客室照明定期保养计划

项目	周期	内容
工作状况巡检	每个工作日	通电状态下正常点亮
电源接插件	每周	电源接插件的接插是否良好
灯罩	每月	检查灯罩是否脱扣
安装状态	每年	检查安装螺丝是否松动

2. 常见故障及排查

客室照明常见故障及排查如表 SG2-2 所示。

表 SG2-2　客室照明常见故障及排查

常见故障	排查方法	处理意见
整组模块不亮	电源线是否松动，检查电源是否正常	插紧电源，如故障未解决则更换驱动电源
模块时亮时不亮	检查电源线是否松动	插紧电源插头
灯光发暗	检查驱动电源输出电压是否正常	确认电源故障后更换驱动电源
单串 LED 不亮	LED 脱焊或开路	更换备品光源板件

二、司机室照明故障检修

司机室照明常见故障及排查如表 SG2-3 所示。

表 SG2-3　司机室照明常见故障及排查

故障现象	检修内容	处理措施
灯先闪烁	电源电压是否在电压范围内	如在电压范围内，则更换电源组件；如不在电压范围内，则恢复电源电压
完全不亮	检查电源电压是否正常	如电源电压正常，则测量输出光源组件是否有电压；如有，则更换光源组件，如没有，则更换电源组件。如电源电压不正常，则将电源电压恢复正常

三、司机室阅读灯故障检修

司机室阅读灯常见故障及排查如表 SG2-4 所示。

表 SG2-4　司机室阅读灯常见故障及排查

故障现象	检验内容	处理措施
不亮	检查输入电源是否接好，测试输出是否有电压	如输入电源接好，则测试输出是否有电压；如没有电压，则电源组件损坏，有电压，则光源损坏；如输入电源没接好，则接好输入电源
灯光闪烁	检查输入电源是否为额定电压，光源是否有虚焊	如输入电压正常，则检查光源是否有虚焊；如没有虚焊，则电源组件损坏，如有虚焊，则焊好光源；如输入电压不正常，则接好所需的工作电压
亮度变暗	检查光源输入电流是否小于 600 mA，电源电压是否在工作电压范围内（DC 77~137.5 V）	如光源输入电流正常（600 mA），则检测电源电压是否在电压范围内；如在电压范围内，则更换光源发光管，如不在电压范围内，则将电压恢复正常；如光源输入电流不正常，小于 600 mA，则更换电源组件

子模块 SG3　乘客信息系统

乘客信息系统故障检修如表 SG3-1 所示。

表 SG3-1　乘客信息系统故障检修

故障信息	故障原因	故障检修
司机室对讲		
司机对讲不工作	ACSU 熔断器熔断	如果 ACSU 的电源指示灯未亮，首先检查电源线缆连接是否正常，如正常则应更换 ACSU 熔断器
	DACU 与 ACSU 通信链路中断	如果检查 DACU 面板上每个灯都不亮，则检查 DACU 上的 P12 端口的线路，如正常则更换 DACU
	DACU 故障	
	司机对讲按钮故障	测试每个按钮，若均能够实现其对应的功能，则不能实现的为司机对讲按钮故障
通信不能建立	ACSU 通信中断	使用人工广播验证通信故障，如果系统不能提供 PA 广播，则 ACSU 可能有故障，应更换 ACSU；如果系统能够提供 PA 广播，但按下"司机对讲"按钮时，按钮指示灯无法点亮，则为 ACSU 通信故障
	ACSU 故障	
通过麦克风说话但听不到任何声音（司机对讲按钮按下时按钮灯亮）	麦克风故障	使用人工广播按钮来验证话音消息故障，如果通过客室扬声器听不到任何话音消息，则麦克风或 DACU 二者之一可能有故障，需更换麦克风后再次进行测试，如果仍然听不到话音消息，则应更换 DACU
	扬声器故障	如果通过客室扬声器可听到话音消息，则司机室扬声器可能有故障，应更换司机室扬声器
	DACU 故障	更换 DACU

续表 SG3-1

故障信息	故障原因	故障检修
司机室对乘客广播		
人工广播按钮按下时不工作	ACSU 熔断器熔断	如果 ACSU 的电源指示灯未亮,首先检查电源线缆连接是否正常,如正常则应更换 ACSU 熔断器
	人工广播按钮故障	测试每个按钮灯,如驱动面板上的其他灯均能被点亮,则不能亮的按钮故障
	DACU 通信链路中断	如果驱动面板的灯检查时全不能被点亮,则检查 ACSU 连接 DACU 的通信和电源线路,如线路正常则更换 DACU
	DACU 故障	
通信未建立	ACSU 通信链路中断	使用司机对讲验证通信链路故障,如果系统不能提供司机对讲,则检查通信线路,如正常,ACSU 可能有故障,应更换 ACSU
	ACSU 故障	
	PACU 故障	如果系统能够提供司机对讲,则为 PACU 故障,应更换 PACU
紧急呼叫与通信		
PECU 紧急通话按钮不工作	PACU 熔断器熔断	如果 PACU 的电源指示灯未亮,则 PACU 的熔断器熔断,则更换保险管
	PECU 通信链路中断	使用人工广播验证 PACU 是否正常,如果人工广播时故障,车厢不能听见声音,则为 PACU 故障,应更换 PACU;如工作正常,则为 PECU 故障,应更换 PECU;如仍然工作不正常,则检查通信线路
	PECU 故障	
	PACU 故障	
通信未建立(按下 PECU 按钮时,呼叫灯亮,而司机室的紧急对讲灯没反应)	ACSU 通信链路中断	使用司机对讲验证通信链路是否正常,如果不能通信则为通信链路故障
	PACU 通信链路中断	使用司机对讲验证通信链路是否正常,如果工作正常,则为 PACU 通信链路故障
通过 PECU 内部扬声器听不到声音(当司机紧急对讲键按下时,通过麦克风说话,PECU 的听灯亮,但听不到声音)	PECU 故障	更换 PECU,测试是否工作正常
	ACSU 故障	如果更换 PECU 后也听不到声音,则 ACSU 或 PACU 故障,通过司机对讲验证,如果司机对讲工作不正常,则 ACSU 故障,否则为 PACU 故障
	PACU 故障	
通过 PECU 的麦克风讲话,但司机室扬声器听不到声音	PECU 故障	更换 PECU 来验证话音消息故障
	ACSU 故障	如果更换 PECU 后也听不到声音,则 ACSU 或 PACU 故障,通过司机对讲验证,如果司机对讲工作不正常,则 ACSU 故障,否则为 PACU 故障
	PACU 故障	
OCC 广播		
当有呼入广播时,PA 灯不亮	ACSU 故障	使用人工广播验证,如果能正常工作,则 ACSU 和 DACU 正常,无线系统故障;如不能正常工作,人工广播时按钮灯不亮,则 DACU 或 ACSU 故障,检查通信线路,更换 DACU,如工作仍不正常,则为 ACSU 故障
	DACU 故障	
	无线系统故障	

续表 SG3-1

故障信息	故障原因	故障检修
OCC 广播		
当有广播呼入，PA灯绿色常亮，但司机室不能听到声音	ACSU 故障	使用人工广播验证，如不能正常工作，则为 ACSU 故障，应更换 ACSU
	司机室扬声器故障	如已验证 ACSU 正常，使用司机对讲，如工作时，无法听到对方的声音，则为故障端扬声器故障，应更换扬声器
	无线系统故障	如已验证 ACSU 和扬声器正常，则为无线系统故障
LED 动态地图显示屏		
站点被触发时，动态地图无变化	LED 故障	如同节车厢的其他动态地图显示正常，则该动态地图故障，应更换动态地图
	PACU 故障	检查其他车厢的动态地图显示情况，如其他车厢工作正常，则为 PACU 故障，应更换 PACU
	ACSU 故障	使用其他功能测试 ACSU，如工作不正常，则为 ACSU 故障，应更换 ACSU
其他故障		
ACSU 无法提供诊断信息给 TCMS	TCMS 与 ACSU 连接中断	更换 ACSU
麦克风故障	麦克风故障	更换麦克风后故障依然存在，则为连接线故障，应更换 DACU
	麦克风连接线故障	

子模块 SG4 火灾报警系统

一、检修维护

火灾报警系统维护任务如表 SG4-1 所示。

表 SG4-1 火灾报警系统维护任务

周期代码	周 期	维护任务	所需人员 数量	所需人员 要求
I1	每 天	检查火灾报警控制器面板	1	
I2	每 周	检查按钮	1	
I3	每 月	检查火灾报警控制器和探测器的功能	1	
I4	每 3 个月	不适用	1	
I5	半 年	外观清洁	1	
I6	1 年	对探测器全部清洗并调整	1	
I7	1 年	对探测器全部清洗并调整	1	

(1) 维护周期 I1。

特殊工具：无。

材料：无。

准备工作：无。

维护程序如表 SG4-2 所示。

表 SG4-2　维护程序

周期代码	周　　期	维护任务
I1	每　　天	检查火灾报警控制器面板整洁，显示屏完好

(2) 维护周期 I2。

特殊工具：无。

材料：无。

准备工作：无。

维护程序如表 SG4-3 所示。

表 SG4-3　维护程序

周期代码	周　　期	维护任务
I2	每　　周	检查按钮及电源开关动作

检查按钮及电源开关动作是否正常，接插件连接是否良好，接地线是否牢固。

(3) 维护周期 I3。

特殊工具：无。

材料：无。

准备工作：无。

维护程序如表 SG4-4 所示。

表 SG4-4　维护程序

周期代码	周　　期	维护任务
I3	每　　月	检查火灾报警控制器和探测器的功能

检查火灾报警控制器的时间设定、自检、消音、复位、查询、确认功能是否正常；检查探测器外观，检查探测器信号线是否正确、牢固，探测器与安装座是否牢固。

(4) 维护周期 I4。

不适用。

(5) 维护周期 I5。

特殊工具：抹布。

材料：无水乙醇。

准备工作：无。

维护程序如表 SG4-5 所示。

总模块 S 实操知识

表 SG4-5 维护程序

周期代码	周 期	维护任务
I5	每半年	清洁火灾报警控制器和探测器的外观

对火灾报警控制器进行外观清洁；对探测器进行外观清洁。

（6）维护周期 I6。

特殊工具：抹布。

材料：无水乙醇。

准备工作：无。

维护程序如表 SG4-6 所示。

表 SG4-6 维护程序

周期代码	周 期	维护任务
I6	1 年	对探测器进行全面清洗并调节阈值

对探测器进行全部清洁；对探测器阈值进行调节；进行火警和故障报警的功能测试。

（7）维护周期 I7。

特殊工具：抹布。

材料：无水乙醇。

准备工作：无。

维护程序如表 SG4-7 所示。

表 SG4-7 维护程序

周期代码	周 期	维护任务
I7	1 年	对探测器进行全面清洗并调节阈值

对探测器进行全部清洁；对探测器阈值进行调节；进行火警和故障报警的功能测试。

二、故障检修

火灾报警系统故障检修如表 SG4-8 所示。

表 SG4-8 火灾报警系统故障检修

序号	现 象	检 查	结 果	处理方法
1	单个探测器不正常的报警	拆下该探测器单独检测或与好的探测器互换位置（注意探测器的地址编号）	探测器坏	更换新探测器
			探测器好	检查探测器座接线端
		探测器座的接线端是否有松脱	是	接好连线

续表 SG4-8

序号	现 象	检 查	结果	处理方法
2	主机非人为进入设定状态	检查主机线路板的4个安装螺母是否松脱	是	紧固螺母
			否	请技术室工作人员检修
3	电源开关打开但主机不工作	外部供电是否正常（万用表测量）	否	恢复正常供电
			是	检查主机电源开关
		主机电源开关是否失控	是	更换开关
			否	检查机箱内接线
	主机无法工作	检查机箱内接线是否脱落	是	恢复接线
			否	更换新主机
4	CAN通信不正常	检查CAN通信线是否断开或与其他线错接	是	重新接线
			否	请技术室工作人员检修

分模块 SH 安全门实操

一、安全门操作注意事项

（1）安全门系统的操作都应严格按照以下操作内容执行。
（2）操作人员必须熟悉、掌握操作流程。
（3）滑动门断电进行检修时，必须先对该滑动门进行"旁路"。
（4）手动解锁滑动门打开时，打开速度不宜过快。
（5）断电时先断分路电源，再断总电源。
（6）送电先送总电源，再送各分路电源。

二、全高滑动门模式开关（LCB）开/关门

1."LCB 钥匙"开门

（1）将"模式开关 LCB 钥匙"插入位于左门页横梁上的模式开关孔内，并确认挡位在自动位。
（2）逆时针旋转"模式开关 LCB 钥匙"至隔离位，此时安全门指示灯亮，蜂鸣器报警。
（3）逆时针继续旋转"模式开关 LCB 钥匙"至手动关门位，安全门指示灯保持常亮，蜂鸣器持续报警。
（4）最后逆时针旋转"模式开关 LCB 钥匙"至手动开门位，安全门动作，指示灯闪烁，蜂鸣器持续报警；直到安全门完全打开，同时指示灯停止闪烁，蜂鸣器停止报警。

2."LCB 钥匙"关门

（1）确认"模式开关 LCB 钥匙"在开门位，且安全门在打开状态。
（2）将"模式开关 LCB 钥匙"从手动开门位顺时针旋转至手动关门位，此时安全门动作，指示灯闪烁，蜂鸣器报警；直到安全门完全关闭，指示灯常亮，蜂鸣器持续报警。
（3）顺时针旋转"模式开关 LCB 钥匙"至隔离位，指示灯闪烁，蜂鸣器持续报警。
（4）最后顺时针旋转"模式开关 LCB 钥匙"到自动位，同时指示灯停止闪烁，蜂鸣器停止报警。

三、半高滑动门模式开关（LCB）开/关门

1."LCB 旋钮"开门

（1）用三角钥匙打开左门体底盖板。
（2）确认模式开关挡位在"AUTO"（自动）位。

（3）顺时针旋转"模式开关 LCB 旋钮"至"ISOLATE"（隔离）位，此时安全门指示灯亮，蜂鸣器报警。

（4）顺时针继续旋转"模式开关 LCB 旋钮"至"MANUAL CLOSE"（手动关门）位，安全门指示灯保持常亮，蜂鸣器持续报警。

（5）顺时针旋转"模式开关 LCB 旋钮"至"MANUAL OPEN"（手动开门）位，此时安全门动作，指示灯闪烁，蜂鸣器持续报警；直到安全门完全打开，同时指示灯停止闪烁，蜂鸣器停止报警。

2. "LCB 旋钮"关门

（1）确认"模式开关 LCB 旋钮"在"MANUAL OPEN"（开门）位，且安全门在打开状态。

（2）将"模式开关 LCB 旋钮"从"MANUAL OPEN"（开门）位，逆时针旋转至"MANUAL CLOSE"（手动关门）位，此时安全门动作，指示灯闪烁，蜂鸣器报警；直到安全门完全关闭，指示灯常亮，蜂鸣器持续报警。

（3）逆时针旋转"模式开关 LCB 旋钮"至"ISOLATE"（隔离）位，指示灯闪烁，蜂鸣器持续报警。

（4）最后逆时针旋转"模式开关 LCB 旋钮"到"AUTO"（自动）位，同时指示灯停止闪烁，蜂鸣器停止报警。

四、端头门开关

1. 端头门打开

（1）从外侧。

将三角钥匙插入钥匙孔内旋转三角锁芯，此时指示灯亮，用手拉开已解锁的端头门；端头门开启角度小于 90° 时，门页自动关闭，开启角度大于或等于 90° 时，门页能保持在开启状态。

（2）从内侧。

握住手动解锁推杆，向下压下手动解锁推杆，手动解锁端门门锁机构，再向外推开端头门，端头门开启角度小于 90° 时，门页自动关闭，开启角度大于或等于 90° 时，门页能保持在开启状态。

2. 端头门关闭

沿关门方向推动端头门，推动过程中用力不能过猛，以免关门过程中损坏门页玻璃，直到端头门关好后听到门"嗒"的声音，同时指示灯灭；在端头门外侧尝试用手拉动门页，检测端头门是否锁紧；在端头门内侧尝试用手推动玻璃上下部，检测端头门是否锁闭。

五、应急门开关

1. 应急门开启

（1）站台侧。

首先用三角钥匙插入门页中部上的三角钥匙孔内，旋转三角锁芯，同时指示灯亮起，蜂鸣器发出报警声，应急门打开一定距离，然后用手向两边推动门页，直至应急门完全打开；应急门开启角度小于90°时，门页自动关闭，开启角度大于或等于90°时，门页能保持在开启状态。

（2）轨道侧。

首先在电客列车内面向应急门，双手握紧手动解锁推杆，然后用力向下推动手动解锁推杆，直至应急门完全打开，同时指示灯亮起，蜂鸣器发出报警声；应急门开启角度小于90°时，门页自动关闭，开启角度大于或等于90°时，门页能保持在开启状态。

2. 应急门关闭

双手握住门页右边框，向关门方向关闭应急门，直至应急门完全关闭到位，同时指示灯灭，蜂鸣器停止报警。

六、就地控制盘 PSL 开关门

1. 就地控制盘（即站台操作盘）PSL 开门

（1）使用"PSL 专用钥匙"插入 PSL 操作钥匙孔，顺时针旋转打至使能位，使能灯亮。

（2）操作"就地控制盘 PSL"开关门旋钮，打至开门位。

（3）此时，整侧滑动门打开，同时安全门指示灯闪烁，蜂鸣器响，就地控制盘开门指示灯显示绿色，就地控制盘关门锁紧指示灯熄灭。

（4）门完全打开后，PSL 开门指示灯熄灭。

2. 就地控制盘（即站台操作盘）PSL 关门

（1）操作"就地控制盘 PSL 旋钮"旋转至关门位，此时，所有滑动门开始关闭，门灯闪烁，蜂鸣器发出报警声，关门指示灯点亮。

（2）当安全门完全关闭，门灯熄灭，蜂鸣器停止报警，就地控制盘关门指示灯灭，就地控制盘关门锁紧指示灯亮。

（3）操作"就地控制盘 PSL 旋钮"打至禁止位，使能指示灯熄灭，关闭锁紧指示灯常亮。

（4）最后拔出 PSL 操作钥匙。

3. 互锁解除操作

（1）使用"互锁解除专用钥匙"插入"互锁解除"操作钥匙孔。

（2）顺时针旋转操作钥匙至互锁解除位，此时互锁解除指示灯点亮（红灯），互锁解除信号发出。

（3）列车离站时，待列车完全驶出站台后，方可松开互锁解除操作钥匙，松开后操作钥匙孔自复位至禁止位，此时互锁解除指示灯点熄灭。

（4）列车进站时，待列车完全进站停稳后，方可松开互锁解除操作钥匙，松开后操作钥匙孔自复位至禁止位，此时互锁解除指示灯点熄灭。

4．灯测试操作

灯测试操作，主要是用来检查盘面上的指示灯是否有故障，当按下测试按钮时，指示灯会点亮，松开时只有关闭锁紧指示灯亮。

七、工控机操作

（1）打开工控机监控设备进入人机界面，双击"昆明轨道1号线安全门SMT"图标，连接SMT系统维护工具，进入登录界面，输入用户名和密码。

（2）登录后选择需要查看的站台侧（站1、站2）点击进入后，屏幕上会显示24个滑动门、2个端门、4个应急门的开关门及PEDC的状态，设备的连接状态正常，图标会是正常颜色（绿色），如果设备未连接或连接失败，用红色图标显示。该界面也可查看当前安全门故障历史记录和进行数据的监控和传输。

（3）点击PEDC状态框进入"PEDC状态显示窗口"，点击相关图标可查看PSCC设备的故障和状态。若查看所有的逻辑信息，选择"全部"按钮。

（4）通过"PEDC状态显示窗口"先点击"历史故障"按钮，再点击"读取"按钮还可以查看整侧站台的历史记录，并对故障记录进行复制备份。

（5）点击"门单元状态"框进入"门单元状态显示窗口"，然后再点相关门单元图标可查看该门单元的故障和状态。

八、断电顺序

（1）首先断开PSCC柜所有电源。
（2）然后断开控制电源柜所有电源。
（3）最后再断开驱动电源柜所有控制电源。

九、送电顺序

（1）首先送驱动电源柜所有电源。
（2）然后送控制电源柜所有电源。
（3）最后送PSCC柜所有控制电源。

Y 样题

YA 理论样题

YA1 车辆初级检修工理论模拟试题

部门：　　　　　　　　　　姓名：

题号	填空题	选择题	判断题	简答题	总分
题分	20	20	20	40	
得分					

一、填空题（每题 2 分，共 20 分）

1. 变升程丝杆的螺旋槽分为 3 段，分别是_____、_____和_____。
2. 母线高速断路器箱（BHB）、母线熔断器与隔离开关箱（BIB）、高压电器箱（HV）、滤波电抗器（L）、VVVF 逆变器箱（INV）、_____、_____、齿轮驱动装置、接地装置等设备属于电气牵引系统。
3. 滤波单元由_____及_____组成。
4. 制动电阻具有_____、_____、_____保护功能。
5. 车门障碍物探测块的尺寸是_____。
6. 在均衡维修中，润滑_____时，需要润滑均匀，风干 2 h 后，擦拭干净。
7. 空气压缩机组中两个干燥塔正常工作转换时间为_____。
8. 轮对内侧距值在_____范围内。
9. 客室车门接入的列车线有零速列车线、_____、_____、_____、_____列车线。
10. 目前我国车辆中心测量_____时使用数显轮径尺进行测量。

二、单项选择题（每题 2 分，共 20 分）

1. 昆明地铁首期电客列车共有（　　）扇车门。
    A. 60　　　　B. 48　　　　C. 96　　　　D. 52
2. 轮对踏面剥离的标准，单条剥离长度要求（　　）。
    A. $L < 20$ mm　　B. $L < 25$ mm　　C. $L < 30$ mm　　D. $L < 35$ mm
3. EP2002 的测试接口中 AS1、AS2 测试的是（　　）。
    A. 主风缸压力　　B. 制动缸压力
    C. 空簧压力　　　D. 制动压力

4. 轮缘润滑喷嘴到轮缘根部距离为（　　）。
   A.（27±2）mm　　　　B.（26±2）mm
   C.（25±2）mm　　　　D.（28±2）mm
5. 一系垂向止挡间隙检测距离的标准是（　　）。
   A.（37±2）mm　　　　B.（37±3）mm
   C.（35±2）mm　　　　D.（35±3）mm
6. 在加强修中，车门关门定位销的技术要求是（　　）。
   A. 左右1~3 mm，上下3 mm。
   B. 左右1~2 mm，上下1 mm以上，5 mm以下。
   C. 左右1~2 mm，上下2~3 mm。
   D. 左右2~3 mm，上下4 mm。
7. 在加强修中测量受流器第三轨集电靴接触力项目中用管形测力计将集电靴表面压至距轨面垂直高度为（160±3）mm时，压力为（　　）。
   A.（130±15）N　　　　B.（198.5±15）N
   C.（145±15）N　　　　D.（150±15）N
8. 车门驱动机构由驱动丝杆、丝杆螺母、（　　）、携门架、导柱等组成。
   A. 丝杆　　　B. 直流电机　　　C. 导轨　　　D. 摆臂组件
9. 测量受流器摆臂支点至轨面的距离为（　　）。
   A.（198.5±2）mm　　　　B.（198.5±3）mm
   C.（198.5±4）mm　　　　D.（198.5±5）mm
10. 在新车验收中，检查车门安装支架的技术要求是（　　）。
    A. 固定方式可靠　　　　　　　B. 无异常、无裂损
    C. 无裂损、固定方式可靠　　　D. 安装正确

三、判断题（每题2分，共20分）

1. 昆明地铁首期电客列车客室车门静开度是（1 315±5）mm。（　　）
2. 在加强修中，检查车钩压溃管指示器状态的技术要求是，安装正确、无错位、无位移。（　　）
3. 在日检中，检查贯通道只需要检查顶板、踏板、渡板、裙边、侧护板。（　　）
4. 动态调试中慢行模式限速为3 km/h。（　　）
5. 扩展供电是某台SIV故障，另一个辅助电源可通过紧急供电为整列车的AC 380 V负载供电，HMI上显示相应状态。（　　）
6. EP2002制动控制系统内部局域网通过MVB总线相连网关阀和智能阀。（　　）
7. 轮对踏面剥离的标准，单条剥离长度小于30 mm，相连剥离两处每处小于10 mm，且深度小于1 mm。（　　）
8. 制动闸片间隙检查，内、外侧闸片与制动盘之间距离和为2~4 mm。（　　）
9. 昆明地铁列车由6节车(带有司机室的拖车及动车)编组，最大运行速度为100 km/h。（　　）
10. 空调机组送出的空调风通过列车天花板上方的风道系统送入客室，并通过横向分布

在车厢内的送风格栅将风均匀地送到车厢内。（　　）

四、简答题（每题20分，共40分）

1. 描述车门S1、S2、S3、S4限位开关的作用。

2. DCU的主要控制功能有哪些？

参考答案

一、填空题

1. 普通工作段　　零升程自锁段　　过渡段
2. 制动电阻　　牵引电机
3. 滤波电抗器（L）　　主电路支撑电容器（C）
4. 过热　　过流　　风压
5. 25 mm（宽）×60 mm（高）
6. 车门护指胶条
7. 60 s
8. 1 353～1 355 mm
9. 门允许　　开门　　关门　　重开闭
10. 轮对轮径

二、选择题

1～5 BCCAB　　　　6～10 CABBC

三、判断题

1. ×　2. ×　3. ×　4. √　5. √　6. ×　7. ×　8. √　9. √　10. ×

四、简答题

1. S1：门锁到位限位开关。当车门关闭后，车门拨叉相互扣紧锁住后，此限位开关动作，表示车门锁好。

   S2：车门隔离限位开关。当切除车门后，隔离锁舌触动此触点，表示该扇车门被切除。

   S3：车门紧急解锁限位开关。当该扇车门被紧急解锁后，由紧急解锁钢丝绳，带动驱动装置上的限位开关动作，表示门已被紧急解锁。

   S4：门关到位限位开关。当列车客室车门关好后，车门上的撞块使车门限位开关动作，表示车门已关到位。

2. （1）牵引变流系统的逻辑控制。

   （2）牵引和制动的特性计算。

   （3）变流器驱动控制。

   （4）直接转矩控制。

   （5）机车牵引时空转、制动时滑行保护的控制、机车黏着利用控制。

   （6）变流系统的保护、故障记录、诊断。

   （7）与多功能机车车辆总线 MVB 接口及通信。

YA2 车辆中级检修工理论模拟试题

部门： 姓名：

题号	填空题	选择题	判断题	简答题	总分
题分	20	20	20	40	
得分					

一、填空题（每题 2 分，共 20 分）

1. 列车运行自动控制（ATC）系统由_____、_____、_____三部分组成。

2. 铝型材表面用 3M7231 胶水粘贴德国诺拉生产的橡胶地板布，两块地板布之间用_____的方式连接在一起，具有耐磨、阻燃和防滑的性能。

3. 客室座椅的形状可满足_____要求，为乘客提供舒适的乘坐条件。

4. 变升程丝杆的螺旋槽分为 3 段：_____、_____和_____。

5. 每个客室门均由一个独立的 EDCU 控制。客室门 1 和 2 的 EDCU 配有_____总线接口，以便通过多功能车辆总线（MVB）实现与列车的信息交换。

6. 司机室通风单元上的功能选择开关包括_____。

7. 车钩是用来实现机车和车辆，或车辆和车辆之间的联挂，使之列车中各车辆彼此保持一定距离，并且_____和_____列车在运行中或在调车时所产生的纵向或冲击力。

8. 当主风缸压力下降到_____时，受控端的空压机工作。当主风缸压力小于_____时，两个空压机同时工作，直至到_____两个压缩机停止工作。

9. 轴箱定位方式可分为_____、_____、干摩擦导柱式定位、拉板式定位、拉杆式定位、转臂式定位、层叠式橡胶弹簧定位。

10. TCMS 采用分布式控制技术，划分为两级：_____、_____。

二、单项选择题（每题 2 分，共 20 分）

1. 昆明地铁首期电动列车客室车门静开度为（　　）mm。
   A. 1 310   B. 1 300   C. 1 310 ± 5   D. 1 300 ± 5

2. MDCU 与 LDCU 之间的网络是（　　）。
   A. MVB   B. CAN   C. VCU   D. EDCU

3. 检查半自动车钩支撑弹簧的技术要求是（　　）。
   A. 支撑弹簧裂纹允许深度小于 10 mm，长度小于 5 mm；放松标记无错位。
   B. 支撑弹簧裂纹允许深度小于 3 mm，长度小于 10 mm；放松标记无错位。
   C. 支撑弹簧裂纹允许深度小于 3 mm，长度小于 15 mm；放松标记无错位。
   D. 支撑弹簧裂纹允许深度小于 15 mm，长度小于 3 mm；放松标记无错位。

4. 蓄电池单体电压测量要求蓄电池单体电压（　　）。
   A. 小于等于 1.85 V   B. 大于等于 1.85 V
   C. 小于 1.85 V   D. 大于 1.85 V

5. 操作司机控制器电位器牵引最大位输出电压：（　　）。
   A. DC 15 V   B. DC（8 ± 0.1）V
   C. DC（3 ± 0.1）V   D. DC（8.3 ± 0.15）V

6. 空气弹簧高度测量放气状态时，轨面到空气弹簧安装面的距离为（　　）。
   A. 873 mm ± 2 mm   B. 872 mm ± 2 mm
   C. 871 mm ± 2 mm   D. 870 mm ± 2 mm

7. 在 AW0 载荷条件下，在 HMI 上查看空簧的压力，压力显示为 Tc 车（　　）。
   A.（0.312 ± 0.02）MPa   B.（0.25 ± 0.02）MPa
   C.（0.294 ± 0.02）MPa   D.（0.287 ± 0.02）MPa

8. 加强修中空压机 0 ~ 900 kPa 充气时间是（　　）。
   A. 小于 17 min   B. 小于或等于 17 min
   C. 等于 17 min   D. 大于 17 min

9. 列车转向架二系弹簧俗称（　　）。
   A. 钢簧   B. 一系弹簧
   C. 空气弹簧   D. 应急弹簧

10. 每个空调机组中有（　　）个膨胀阀。
    A. 1   B. 2   C. 3   D. 4

三、判断题（每题 2 分，共 20 分）

1. 开关门控制切换按钮在硬线位时，此时 EDCU 响应列车 MVB 网络发出的车门开关指令、零速信号。（　　）

2. 在加强修中，检查车门所需的工器只有手电筒。（　　）

3. 火警信息通过车辆 I/O 模块传送到列车控制系统。（　　）

4. 每个动车车轴配置 1 个接地装置，每辆拖车配置 2 个接地装置，全列车共配置 20 套。（   ）

5. 制动盘的磨耗检查，两条或多条裂纹距离小于 7 mm 时可视为组合裂纹，单条裂纹或组合裂纹长度小于 80 mm。（   ）

6. 联轴节的注油量为 0.35 L/个。（   ）

7. 根据车体与转向架构架的相对运动，一定比例的空气通过高度阀的作用进入或排出空气弹簧，使车体保持在一定高度。（   ）

8. 现有列车的基础制动装置是空气制动系统制动模式的执行机构，基础制动装置采用踏面制动的方式。（   ）

9. 空调机组的结构形式为车顶单元式，安装在车顶，每节车安装 2 台。（   ）

10. 双塔干燥器的工作循环为 2 min 干燥，2 min 再生，工作周期为 4 min。（   ）

四、简答题。（每题 20 分，共 40 分）

1. 轮对尺寸测量时需测量哪些尺寸？如何测量？相关技术要求是什么？

2. 如何进行齿轮箱换油作业？

参考答案

一、填空题

1. 列车自动监控（ATS）子系统　　列车自动防护（ATP）子系统　　列车自动运行（ATO）子系统

2. 冷焊

3. 人机工程学

4. 普通工作段　　零升程自锁段　　过渡段

5. MVB

6. 全暖、半暖、停机、通风
7. 传递　缓和
8. （0.75±0.02）MPa　（0.7±0.02）MPa　（0.9±0.02）MPa
9. 固定定位　　导框式定位
10. 列车控制级　　车辆控制级

二、选择题

1~5 CBBDD　　　　6~10 AABCD

三、判断题

1. ×　2. ×　3. √　4. √　5. √　6. ×　7. √　8. √　9. √　10. ×

四、简答题

1.（1）轮径测量，测量工具为数显轮径尺，轮径 ϕ770 mm、ϕ841 mm；同一轮对轮径偏差不超过 2 mm；同一转向架上 4 个车轮的轮径差不超过 4 mm；同一车两个转向架上 8 个车轮的轮径差不超过 7 mm。

（2）轮对轮缘高度、厚度及 qR 值测量，测量工具为数显轮缘尺，轮缘高度为 28~36 mm，轮缘厚度为 26~33mm，qR 值为 6.5~12.7 mm。

（3）轮对内侧距尺寸测量，测量工具为内侧距尺，内侧距尺寸为 1 353~1 355 mm。

2.（1）设置安全防护，挂禁动牌。

（2）对箱体表面进行清洁。

（3）拆除排油堵。

（4）回收废油至废油桶。

（5）拆除注油堵。

（6）对注油、排油磁性螺堵进行检查、清洁。

（7）使用 0.5 L 新油冲洗箱体。

（8）更换新垫圈，安装排油堵。

（9）加注新油，注油量为 3.9 L，注油后油位显示在上下刻度线 2/3 以上位置。

（10）使用扭力扳手对注油堵、排油堵进行扭力校核，并打防松标识及加装铁丝。

YA3　车辆高级检修工理论模拟试题

部门：　　　　　　　　　　　　　　　　　姓名：

题号	填空题	选择题	判断题	简答题	总分
题分	20	20	20	40	
得分					

一、填空题（每题 2 分，共 20 分）

1. DXMe 模块中文意思是_____。

2. 在均衡修中,检查车门门槛条、导槽、门页的技术要求是,内外侧门槛条_____,导槽内无异物,门页与导槽内_____。

3. 蓄电池熔断器开关检查的技术要求是_____。

4. 制动盘上从内径贯穿到外径或者贯穿到散热片的穿透裂纹_____存在。

5. 空气制动存在可恢复性和不可恢复制动模式,可恢复性指_____,不可恢复制动模式指_____。

6. 昆明地铁车辆高压供电采用_____受流方式,额定电压为_____,允许电压范围为_____。

7. 在每个空调控制盘上设有功能选择开关 SA1,SA1 设有_____。

8. 在日检中,检查车门开关门动作以及指示灯、蜂鸣器功能的技术要求是,指示灯功能正常,蜂鸣器声音正常;_____。

9. 昆明地铁每列车有_____受流器。

10. 再生制动时最高电压为_____。

二、单项选择题(每题 2 分,共 20 分)

1. 辅助逆变器冷却系统采用( )方式实现对逆变器模块、电抗器、变压器、充电机模块等发热器件的散热。
   A. 水冷却　　　　　　　　B. 油冷却
   C. 强迫风冷却　　　　　　D. 走行风冷却

2. 一列车配 2 台 SIV 柜。若某台 SIV 故障,另一个辅助电源可通过( )为整列车的基本负载供电。
   A. 扩展供电　　　　　　　B. 紧急供电
   C. 应急启动　　　　　　　D. DC 110 V

3. 在门锁闭到位的情况下,操作紧急出/入口装置时解锁轮的旋转将触发( ),进行车门切除时会触发( )。
   A. 门锁到位限位开关　　　B. 车门隔离限位开关
   C. 车门紧急解锁限位开关　D. 门关到位限位开关

4. 轮缘润滑装置的润滑油储油箱的容积是( )。
   A. 2 L　　　B. 3 L　　　C. 4 L　　　D. 5 L

5. 轮缘厚度测量标准值是( )。
   A. 26～33 mm　　　B. 26～32 mm
   C. 28～33 mm　　　D. 28～32 mm

6. 一套接地装置接地炭刷数量为( )。
   A. 3 块　　　B. 4 块　　　C. 5 块　　　D. 6 块

7. 在客室车门铰链板上的 4 个紧固六角螺母 M20×15 mm,指定扭力是( )。
   A. 30 N·m　　B. 40 N·m　　C. 45 N·m　　D. 50 N·m

8. HMI 上显示烟火报警■(红色)表示( )。
   A. 烟火报警正常　　　　　B. 烟火报警

C. 烟火报警故障　　　　　　　D. 烟火报警通信故障
9. 轮对内侧距值在（　　）范围内。
   A.（1 352 ± 1）mm　　　　　B.（1 352 ± 2）mm
   C.（1 353 ± 1）mm　　　　　D.（1 354 ± 1）mm
10. 昆明地铁客室车门开/关门模式有（　　）
   A. 全自动　　　　　　　　　B. 手动
   C. 半自动　　　　　　　　　D. 以上都正确

三、判断题（每题 2 分，共 20 分）

1. 110 V 充电机电路采用三相全波整流 + IGBT 半桥式高频 DC/DC 电路。（　　）
2. 控制手柄、换向手柄和机械锁之间相互机械联锁。（　　）
3. 静调中，通过按紧急制动蘑菇按钮，高速断路器分按钮亮，在 AW0 载荷条件下，查看制动压力，Tc 车为（0.25 ± 0.02）MPa、M 车为（0.27 ± 0.2）MPa。（　　）
4. 在加强修中，车门需要测量尺寸的项目有车门门页平行度、车门门页上下外摆、车门门页顶部底部密封、车门对中性、车门 V 形、车门最大静开度、护指胶条密封度。（　　）
5. 在 AW0 载荷条件下，在 HMI 上查看空簧的压力，压力显示 Tc 车为（0.3 ± 0.02）MPa、M1 车为（0.275 ± 0.02）MPa、M2 车为（0.27 ± 0.02）MPa。（　　）
6. 在空调制冷系统中，冷凝器管内高压高温制冷剂气体被管外循环空气冷却，冷凝成低压低温制冷剂液体。（　　）
7. 每个动车车轴配置 1 个接地装置，每辆拖车配置 2 个接地装置，全列车共配置 20 套。（　　）
8. 空调机组中的干燥过滤器其作用是可除去制冷剂中的水分和杂质，防止水分和杂质对系统及部件造成损害。（　　）
9. 现有列车的基础制动装置是空气制动系统制动模式的执行机构，基础制动装置采用踏面制动的方式。（　　）
10. 在加强修中，检查车门紧急拉手解锁玻璃片的技术要求是，玻璃片完好、无遗失。（　　）

四、简答题（每题 20 分，共 40 分）

1. TCMS 的功能有哪些？

2. 联轴节检查时需检查的项点方法及注油标准是什么？

参考答案

一、填空题

1. 数字量输入/输出模块
2. 无松动   滑动灵活
3. 熔断器完好，测量无断路，刀口无烧损，合闸可靠
4. 不允许
5. 常用制动   紧急制动
6. 第三轨   DC 750 V   DC 500~900 V
7. 测试1、测试2、停机、自动、22 ℃、24 ℃、26 ℃、28 ℃。
8. 开关门动作灵活、整齐
9. 8个
10. DC 960 V

二、选择题

1~5 CA（CB）DA   6~10 ABBDD

三、判断题

1. √ 2. √ 3. × 4. × 5. √ 6. × 7. √ 8. √ 9. √ 10. √

四、简答题

1.（1）控制功能：列车级牵引、制动集中控制；安全联锁保护；空调启动和扩展供电控制。

（2）监视和统计功能：设备状态集中监视；车辆运行信息统计；车辆运行参数修改。

（3）诊断及记录功能：列车级和设备级故障诊断和记录；列车运行参数实时记录；故障数据和实时数据的下载和分析。

2.（1）检查联轴节功能，用手把联轴节往轴向方向推，联轴节无异常，联轴节与电机连接端有弹性。

（2）检查联轴节及其紧固，无损坏，无漏油，螺栓无松动。扭矩：联轴节联接螺栓为 68 N·m，油堵螺栓为 13 N·m。如发现漏油应及时检查并补油 Shell Omala HD 460（共 0.35 L/侧）。注油孔螺塞拧开后需更换紫铜垫圈。

YA4　安全门检修工理论模拟试题

部门：　　　　　　　　　　　　　　　　姓名：

题号	填空题	选择题	判断题	简答题	总分
题分	20	20	20	40	
得分					

一、填空题（每题 2 分，共 20 分）

1. 地铁屏蔽门分为_____、_____和_____，其中全高安全门和半高安全门通常被叫作"_____"，只起到安全和美观的作用。封闭式的通常才被人们叫作"屏蔽门"，也是最常用的一种，昆明地铁屏蔽门采用_____和_____。

2. 安全门系统由_____和_____组成。

3. 安全门门体结构由_____、____、____、滑动门、_____、_____和____等组成。

4. 滑动门由_____、底部与门槛相接触的导靴、滑动门与传动装置相连接的拖板、_____、_____、_____等组成。

5. 门机系统主要由____、____、DCU、____、MCB（空气开关）、_____、驱动皮带、滚轮、____、_____、接地炭刷等组成。

6. 测量滑动门与立柱之间的间隙要求为_____。

7. 测量滑动门 3 次关门力要求为_____。

8. 测量标准滑动门净开度要求为_____。

9. 滑动门能满足三级控制方式要求，即系统级控制、_____和_____，_____优先级最高。

10. LCB 操作档位顺时针依次为____、____、_____、_____。

二、选择题（每题 2 分，共 10 分）

1. 手动解锁所需要的力（　　）。
   A. ≤67 N　　　　B. ≤133 N　　　　C. ≤7 N　　　　D. ≤6 N

2. 站台火灾时，由站务人员在车站控制室在（　　）盘上发出开门命令给屏蔽门系统，其控制优先级高于系统级及站台级。
   A. PSL　　　　B. PEDC　　　　C. IBP　　　　D. LCB

3. 滑动门的英文缩写为（　　）。
   A. EDA　　　　B. MSD　　　　C. EED　　　　D. ASD

4. 应急门有（　　）开关状态反馈机构以及门状态指示灯等。
   A. 应急门门体　　　　　　　　B. 应急门门锁
   C. 解锁机构、行程开关　　　　D. 以上都是

5. 安全门电机额定电压为（　　）
   A. DC 110 V　　　B. DC 48 V　　　C. DC 50 V　　　D. 108 V

三、判断题（每题2分，共10分）

1. 探测装置能探测到最小的障碍物为5 mm（厚度）×40 mm（宽度）的钢板。（　　）
2. 全高应急门、端门、固定门和滑动门均安装有门槛，门槛要求弹性变形量不超过2 mm。（　　）
3. 安全门控制系统主要由屏蔽门控制器（PEDC）、门控单元（DCU）、通信介质、通信接口及外围设备等组成。（　　）
4. 设备室由控制电源柜、驱动电源柜、PSCC柜组成。（　　）
5. PSCC柜内主要设备由两个PEDC、工控机、断路器等组成。（　　）

四、简答题（每题20分，共60分）

1. 安全门的控制模式可分为哪些？各控制模式等级高至低依次是什么？

2. 试述就地控制盘PSL互锁接触操作过程。

3. 看图填写部件名称

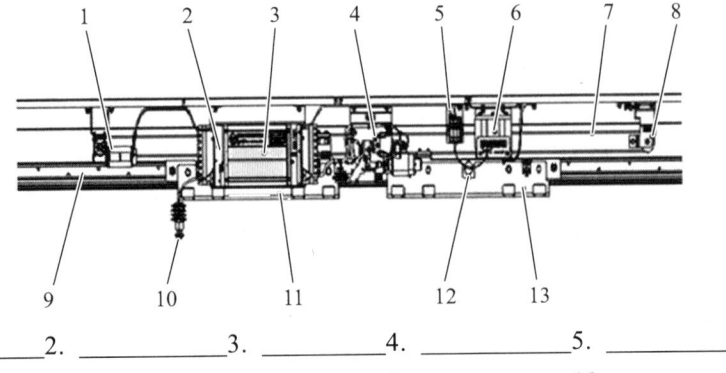

1.＿＿＿＿　2.＿＿＿＿　3.＿＿＿＿　4.＿＿＿＿　5.＿＿＿＿
6.＿＿＿＿　7.＿＿＿＿　8.＿＿＿＿　9.＿＿＿＿　10.＿＿＿＿
11.＿＿＿＿　12.＿＿＿＿　13.＿＿＿＿

参考答案

一、填空题

1. 封闭式　全高安全门　半高安全门　"安全门"　全高安全门　半高安全门
2. 机械部分（门体结构和门机系统）　电气部分（电源系统和控制系统）
3. 承重结构　门槛　顶箱　固定门　应急门　端门
4. 滑动门门体　滑动门门锁　门状态指示灯　手动解锁机构
5. 电机　主板　闸锁　变压器　导轨　紧急解锁钢丝绳
6. ＜ 5 mm
7. 3 次均不大于 150 N
8. 1 900 mm ± 2 mm
9. 站台级控制　手动就地控制　手动就地控制
10. 自动　隔离　手动关门　手动开门

二、选择题

1 ~ 5 ACDDB

三、判断题

1. √　2. √　3. ×　4. √　5. ×

四、简答题

1.（1）安全门系统的控制可分为：系统级控制、车站级控制、站台级控制和就地级控制操作。

（2）等级高至低依次是：就地级（手动解锁或 LCB 盒操控）、车站级（IBP 盘操控）、站台级（PSL 盘操控）、系统级。

2.（1）使用"互锁解除专用钥匙"插入"互锁解除"操作钥匙孔。

（2）顺时针旋转操作钥匙至互锁解除位，此时互锁解除指示灯点亮（红灯），互锁解除信号发出。

（3）列车离站时，待列车完全驶出站台后，方可松开互锁解除操作钥匙，松开后操作钥匙孔自复位至禁止位，此时互锁解除指示灯点熄灭。

（4）列车进站时，待列车完全进站停稳后，方可松开互锁解除操作钥匙，松开后操作钥匙孔自复位至禁止位，此时互锁解除指示灯点熄灭。

3.

电机	主板	DCU	闸锁	MCB
变压器	驱动皮带	滚轮	导轨	解锁钢丝绳
左门页	接地炭刷	门页		

YB 实操样题

1. 说　明

（1）考查考生的基本操作技能、安全文明生产意识及相关的工艺常识和操作的熟练程度。

（2）试题内容依据国家劳动部和机械工业部 1995 年联合颁布的《工人技术等级标准》和《职业技能鉴定规范（考核大纲）》。

（3）本考题适合于电客列车受流器调整。

（4）本考题适合于考核车辆检修的技术工人。

（5）本考题有关技术要求见考试题。

2. 考试题

受流器测量及调整（受流器锁闭功能调整、集电靴高度调整、第三轨缝到轨面的距离、集电靴接触压力、集电靴炭滑块磨耗）。

3. 监考评分人员

（1）监考人员的数量（见考试通知单）。

（2）评分人员的数量：7 人（其中 6 人为检测评分，1 人为统计总分）。

4. 评分标准

（1）考评员同时给考生评分，取平均值为该考生的得分。

（2）评分法：单项计分、扣分。

（3）采用百分制：100 分为满分，60 分为合格。

5. 评分记录样表

（1）初级车辆检修工技能考试总成绩表如表 1 所示。

表 1　初级车辆检修工技能考试总成绩表

项目名称	得　分	备　注
调整、测量		
工具、设备的使用与维护		
安全及其他		
合　计		

总分统计人：　　　　　年　月　日

（2）工具的使用与维护评分记录表如表 2 所示。

表 2　工具的使用与维护评分记录表

序号	鉴定范围	鉴定项目	配分	考场表现	得分
1	电客列车受流器工具	压力计	5		
2		水平尺	5		
3		钢直尺	5		
4		直角尺	5		
5		游标尺	5		
6					
		合　计			

监考评分人：　　　　　年　月　日

（3）安全及其他评分记录表如表 3 所示。

表 3　安全及其他评分记录表

序号	鉴定范围	鉴定项目	配分	考场表现	得分
1	安全	严格执行有关安全生产的各项制度、规定	15		
		合　计			

监考评分人：　　　　　年　月　日

（4）调整质量评分表如表 4 所示。

表 4　调整质量评分表

序号	鉴定范围	鉴定项目	配分	检测结果	得分
1	列车受流器	受流器锁闭功能调整：各部件完好，安装正确牢固，锁闭功能正常	10		
2		集电靴高度调整	10		
3		第三轨缝到轨面的距离	20		
4		集电靴接触压力	10		
5		集电靴炭滑块磨耗测量	10		

中英文对照

中英文对照如表 5 所示。

表 5　中英文对照

缩　写	中英文注释
A/C	Air Conditioning 空调
AC	Alternating Current 交流
AI	Auxiliary Inverter 辅助逆变器
ATC	Automatic Train Control 列车自动控制
ATO	Automatic Train Operation 列车自动驾驶
ATP	Automatic Train Protection 列车自动保护
BC	Brake Chopper 制动斩波器
BECU	Brake Electronic Control Unit 制动电子控制单元
BHB	Bus bar High Breaker 母线高速断路器
CAN	Controller Area Network 控制器区域网络
CACU	Cab Audio Communication Unit 司机室声音通信单元
CC	Cab to Cab communications 司机室对讲
CCTV	Closed-Circuit Television 闭路电视
DC	Direct Current 直流
MDCU	Master Door Control Unit 主门控单元
DDS	Driver's Direction Switch 司机方向开关
DID	Door Isolation Device 车门隔离装置
DIN	DIN Standard DIN 标准
EAD	Emergency Access Device 紧急入口装置
ED-brake	Electro-Dynamic Brake 电制动
EED	Emergency Egress Device 紧急出口装置
EMC	Electro Magnetic Compatibility 电磁兼容性
EPA	Emergency Public Address 紧急广播
EP-brake	Electro-Pneumatic Brake 电空制动
FRP	Fiber Reinforced Plastics 玻璃钢
HPL	High Pressure Laminate 高压叠制
HSCB	High Speed Circuit Breaker 高速断路器

续表 5

缩写	中英文注释
HVAC	Heating Ventilation Air Conditioning 采暖通风空调
ICU	Inverter Control Unit 逆变器控制单元
IEC	International Electrotechnical Commission 国际电工协会
IGBT	Insulated Gate Bipolar Transistor 绝缘栅双极晶闸管
IP	Protection Class 防护等级
LED	Light Emitting Diode 发光二极管
MCB	Miniature Circuit Breaker 微型断路器
MRE	Main Reservoir 主风缸
MRP	Main Reservoir Pipe 主风管
MVB	Multiple Vehicle Bus 多功能车辆总线
OCC	Operation Control Center 运营控制中心
PA	Public Address 广播系统
PCB	Printed Circuit Board 印制电路板
PEACU	Passenger Emergency Alarm Communication Unit 乘客紧急报警通信单元
PI	Passenger Information 乘客信息
PID	Passenger Information Display 乘客信息显示器
PIS	Passenger Information System 乘客信息系统
PISC	Passenger Information System Controller 乘客信息系统控制器
PC	Passenger Communication 乘客通信
PTT	Press To Talk 即按即说
PWM	Pulse Width Modulation 脉宽调制
RAM	Random Access Memory 随机存取内存
SACU	Saloon Audio Communication Unit 车厢声音通信单元
TDD	Train Destination Display 列车目的地显示器
TOR	Top of Rail 轨面
UIC	Union Internationale Des Chemins de Fer 国际铁路联盟
VCM	Vehicle Control Module 车辆控制模块
VSI	Voltage Source Inverter 电压源逆变器
VVVF	Variable Voltage Variable Frequency 变压变频
WSP	Wheel Slide Protection 车轮防滑

参 考 文 献

[1] 上海申通地铁集团有限公司. 城市轨道交通车辆技术[M]. 北京:中国铁道出版社,2011.
[2] 吕刚. 城市轨道交通车辆概论[M]. 北京：北京交通大学出版社，2011.
[3] 张凡，钱传贤. 城市轨道交通概论[M]. 成都：西南交通大学出版社，2007.
[4] 曾青中，韩增盛. 城市轨道交通车辆[M]. 2版. 成都：西南交通大学出版社，2009.